SECCIÓN DE OBRAS DE POLÍTICA Y DERECHO

Gobernabilidad: Un reportaje de América Latina

DIEGO ACHARD / MANUEL FLORES

Gobernabilidad: Un reportaje de América Latina

Programa de las Naciones Unidas para el Desarrollo
Fondo de Cultura Económica
MÉXICO

Primera edición, 1997

D. R. © 1997, Fondo de Cultura Económica
Carretera Picacho-Ajusco, 227; 14200 México, D. F.

ISBN 968-16-5289-4

Impreso en México

A Maneco y a Wilson,
porque vivieron pagando
el precio de concebir
la política como una cultura

Índice

ORGANISMOS INTERNACIONALES

LAS REGLAS DEL JUEGO, LOS PARTIDOS POLÍTICOS
Y LA SOCIEDAD CIVIL

GOBERNABILIDAD Y SOCIEDAD: ACTORES, RETOS Y PROBLEMAS

LA INSERCIÓN INTERNACIONAL Y LA INTEGRACIÓN

TESTIMONIO DE UNA CRISIS DE GOBERNABILIDAD

Acerca de los autores

DIEGO ACHARD nació en Montevideo en 1951. Cursó estudios de derecho en Uruguay (Universidad de la República), de ciencias políticas en México (UNAM) y de ciencias políticas en Buenos Aires (FLACSO). Como periodista ha sido gerente de información internacional de Canal 13 de México y director del programa *Diálogo Latinoamericano* en Radio Universidad de la misma ciudad entre 1977 y 1979, así como subdirector del periódico *La Democracia* de Montevideo —dirigido por Wilson Ferreira Aldunate— entre 1987 y 1990. En 1992 publica el libro *La transición en el Uruguay,* que —ya en su tercera edición— se ha convertido en un libro de consulta en su país. En el Uruguay ha sido director del Banco de Seguros del Estado entre 1988 y 1990 y presidente del Instituto Wilson Ferreira Aldunate entre 1991 y 1995. Ha participado como coordinador en programas de *gobernabilidad* para el PNUD en Bolivia y Honduras entre 1992 y 1996. Ha trabajado en análisis comparado de élites en el Mercosur —BND-INTAL— en 1992 y en análisis de élites para PNUD en diferentes estados de Brasil en 1995. Ha coordinado misiones de *observación electoral* para la OEA en Perú entre 1991 y 1993 y ha sido consultor de diversos programas de integración fronteriza en 1990 y 1995. Tuvo a su cargo el secretariado político de Wilson Ferreira Aldunate entre 1983 y la muerte del líder político uruguayo —exilio, desexilio, transición y democratización uruguayas— y fue, consecuentemente, secretario de Medios de Comunicación del Directorio del Partido Nacional. En conjunto con Manuel Flores y Luis Eduardo González publicó *Estudio de la variable política en el proceso de integración regional de los países pequeños del Mercosur y análisis de las opiniones de sus élites sobre dicho acuerdo* (BID-INTAL, 1993) y *Las élites de Brasil y Argentina ante el Mercosur* (BID-INTAL, 1994). Director ejecutivo del Centro Mundial de Investigaciones de la Universidad de la Paz (ONU).

MANUEL FLORES nació en Montevideo en 1950. Se graduó en sus estudios para ejercer el profesorado de letras en 1979 (Instituto de Profesores Artigas). Fue profesor de literatura española moderna y de literatura uruguaya en el Instituto de Filosofía, Ciencias y Letras (Universidad Católica) hasta 1984. Publicó en 1976 un trabajo de análisis literario sobre la leyenda medieval de *Tristán e Isolda.* Fue docente de historia universal en 1976 y 1979. Columnista de diversas publicaciones, fue luego —entre 1983 y 1986— director fundador del semanario *Jaque,* el que recibió numerosos premios internacionales por su labor en la recuperación democrática del Uruguay. Electo senador de la República por el Partido Colorado, encabezando una hoja de votación generacional e independiente, en el desempeño de sus funciones —1985-1990— fue sucesivamente presidente de la Comisión de Economía y Finanzas de la Cámara Alta, presidente de la Comisión de Ley de Partidos Políticos, vicepresidente del Senado y presidente de la Comisión Permanente del Poder Legislativo. Entre 1991 y 1994 realizó numerosas consultorías sobre ciencia política para PNUD e INTAL/BID sobre prospectiva de gobernabilidad democrática e integración regional, respectivamente. A partir de 1994 es director fundador de la revista *Posdata,* la que —al igual que el semanario *Jaque* diez años antes— se convirtió en un suceso editorial en su país. Por sus esfuerzos en la difícil transición hacia la democracia en Uruguay fue condecorado en 1988 por el gobierno francés con la *Orden Nacional del Mérito.* Presidente del Consejo del Centro Mundial de Investigaciones de la Universidad de la Paz (ONU).

Agradecimientos

La mecánica con que se efectuaron las entrevistas incluidas en esta obra fue bastante sencilla. Los autores distribuyeron entre los entrevistados un vasto temario general de los puntos que podrían ser abordados durante las entrevistas. En todos los casos se aplicó el mismo temario, el cual abarcaba los múltiples aspectos del problema de la gobernabilidad, según las distintas familias de definiciones relacionadas con el concepto. Así, la gobernabilidad se consideró en tanto eficiencia de la acción estatal y reforma del Estado o en cuanto sustento social de las políticas públicas; o bien, concentrada en la idoneidad de la representación y de la decisionalidad políticas inherentes a las reglas del juego de cada democracia, o abordada desde las limitaciones y las oportunidades que brinda la integración regional. Como se ve, se emplearon las diferentes acepciones que de común —a menudo sin gran precisión— utilizan los organismos internacionales y la academia cuando aluden a ella.

Las entrevistas se realizaron en todos los casos personalmente y con grabador mediante. Debemos agradecer a los entrevistados no sólo haber accedido a participar en ellas, sino, además, no haber puesto en ninguno de los casos —ni directa ni indirectamente— condición o restricción alguna a los temas abordados a lo largo de cada reunión. Asimismo, a gran parte de ellos queremos agradecerles haberse tomado el tiempo de revisar las transcripciones originales de las entrevistas y proponer las sugerencias aclaratorias necesarias.

Durante un buen tiempo, los autores requerimos el auxilio generoso de un sinnúmero de personas. Primero, para concertar y concretar entrevistas previas con algunos informantes calificados. Después, para programar las entrevistas con los futuros protagonistas en un número muy amplio de países. Más tarde, para transcribir lo conversado con cada entrevistado. Asimismo, para preparar, en su momento, una primera versión y realizar, luego, una más afinada. Por último, para aclarar las correcciones con los entrevistados. Todo ello implicó gran cantidad de colaboraciones personales que tenemos el gusto de reconocer públicamente aquí.

En primer lugar, queremos agradecer particularmente al Bureau para Latinoamérica y el Caribe del Programa de las Naciones Unidas para el Desarrollo el aporte material e intelectual que hizo posible la obra. La selección de los entrevistados, sin embargo, correspondió a la exclusiva responsabilidad de los autores, y en este sentido deseamos subrayar el ámbito de absoluta libertad que nos brindó el organismo internacional patrocinador de la empresa.

En cuanto a las entrevistas que sostuvimos con especialistas para discutir algunos aspectos específicos previos a las conversaciones con los protagonistas de este trabajo, debemos agradecer a Marcelo Cavarozzi, Carlos Escudé, Guillermo Calvo y Domingo Cavallo (Argentina); Claudio Fermín (Venezuela); Ricardo Lagos, Luis Malra y Sebastián Edwards (Chile); Olga Pellicer y Santiago Oñate (México); Edelberto Torres Rivas, Héctor Rosada y Mario Solórzano

(Guatemala); María de Concepción Tavarez y Ciro Gomes (Brasil); Joseph Elridge, Arturo Valenzuela, Jorge Domínguez, Carmelo Mesa Lago, Viron Vicky, Peter Hakim, Bernard Aronson y Richard Feinberg (Estados Unidos), así como Gustavo Magariños y Alberto Methol Ferré (Uruguay). Cualquiera de las transcripciones de estas 24 entrevistas merecería formar parte del libro —al igual que las 39 que sí lo integran— pero, lamentablemente, no lo permite el tirano espacio.

En cuanto a la preparación de las entrevistas —sobre todo por el valiosísimo respaldo ofrecido en cada caso—, debemos empezar por agradecer a Antonio Araníbar, canciller de Bolivia; a Rolando Franco (CEPAL); a Javier Bonilla, director ejecutivo del Banco Interamericano del Desarrollo; a Carlos Gianelli, embajador uruguayo en México; a los representantes en general del PNUD residentes en los diferentes países de la región, particularmente a Carlos del Castillo (Colombia), César Miquel (Brasil) y Zoraida Mesa (Honduras); al economista José María Puppo (BID, Argentina); a Carlos Pérez Castillo, subsecretario de Estado de la cancillería uruguaya; al sociólogo Romeo Grompone (Uruguay) y al diplomático Jorge Ciasullo (Uruguay).

Nos brindaron especial apoyo los embajadores uruguayos ante la OEA, Fernando González Guyer y, ante Panamá, Ernesto Martínez Gariazo.

En la difícil tarea de edición de las entrevistas aportaron su talento Pablo Vierci, Aldo Mazzuchelli e Ivonne Trias.

El trabajo de transcripción y traducción de las entrevistas fue realizado por Ivonne Ibarburu y Lila del Cerro. Se realizaron consultas bibliográficas en las bibliotecas del Centro Latinoamericano de Economía Humana (CLAEH), de Montevideo.

Rosemarie Jourdan y Lydia Legnani, funcionarias del PNUD en Montevideo y Nueva York, respectivamente, estuvieron a cargo del manejo de la infraestructura operativa. Pedro Cote asumió la responsabilidad del cuidado de edición del libro.

A todos ellos nuestro cálido agradecimiento.

En particular, este libro no se hubiera podido realizar sin el entusiasmo que pusieron en la idea dentro del PNUD —y la paciencia que brindaron en su ejecución— Gilberto Flores y Clemencia Muñoz, esta última oficial de programa del proyecto respectivo en el seno del Bureau. Vaya a ellos dos, entonces, nuestra muy especial gratitud. Según se nos explicó en la invitación a participar en el proyecto, la confianza inicial que depositaron en nuestros antecedentes —el hecho de que ambos hubiéramos sido dirigentes políticos en periodos de construcción democrática y que después tuviéramos responsabilidades de gobierno; la circunstancia de que los dos hubiéramos sido periodistas y participado luego en la dirección de medios de prensa; el hecho de que ambos tuviéramos cierta experiencia en consultorías en ciencias políticas en diversos países de la región e, incluso, que en nuestra pasada actividad política representáramos a partidos democráticos diferentes— fue superada por el calor, en todo caso generoso e irracional, con que siempre nos apoyaron desde la sede del Bureau estos dos altos funcionarios y sus colaboradores.

Obviamente, ninguno de quienes contribuyeron a nuestra tarea tiene responsabilidad alguna en las fallas y carencias de que adolezca la obra; como es natural, éstas sólo se pueden atribuir a los autores.

Y, claro está, fue imprescindible el sostén que siempre han significado nuestras respectivas esposas, Paula Brito del Pino de Achard y Mercedes González Acosta de Flores.

DIEGO ACHARD y MANUEL FLORES

Los problemas de la gobernabilidad latinoamericana de fin de siglo

La lógica seguida en la presente introducción parte de presentar muy someramente, primero, los componentes sencillos del tema de la gobernabilidad democrática —se trate de las definiciones empíricas más al uso sobre el asunto o de las observaciones de la práctica política y social que nos han brindado nuestros entrevistados cuando se han referido a problemas concretos de su gestión— para contextualizar dichos componentes, luego, con la descripción de alguno de los campos en que la reflexión teórica se está presentando como más fermental en los últimos tiempos.

Así, hemos tomado inicialmente y grosso modo los cuatro "bloques" de conceptos y abordajes a propósito del problema de la gobernabilidad —como es lógico, no todos los autores y actores centran su atención en los mismos puntos— con que se suele trabajar tanto en la academia como en los organismos internacionales. Sobre ellos hemos interrogado a nuestros entrevistados a partir de un breve documento que repartimos previamente. Como es natural, en cada caso se hizo luego —a lo largo del reportaje— un hincapié específico en algunos de los aspectos contenidos en el documento común a todos.

El breve documento[1] no tenía, enton-

---

[1] El contenido del documento repartido previamente a los entrevistados es el que sigue: "Se entiende la 'gobernabilidad' usualmente de cuatro formas, las que incluyen cada una de ellas, a su vez, diferentes subtemas.

1. La gobernabilidad como la eficiencia del gobierno y del Estado para formular y aplicar políticas económicas y administrar la gestión pública.
Subtemas:
1.1. El tamaño del Estado y la definición de los campos público y privado.
1.2. Las carencias institucionales tanto en la formulación de los presupuestos nacionales como en la regulación estatal de las nuevas áreas antes estatales ahora asumidas por la sociedad.
1.3. El problema de la burocracia y la capacidad del servicio civil.
1.4. La eficacia del sistema legal y de la administración de justicia.
1.5. La descentralización administrativa y la compatibilización de las administraciones nacionales, regionales y locales.
1.6. La transparencia en la toma de decisiones o su obstaculización por presiones vinculadas a la corrupción.
1.7. La seguridad pública como garantía de los ciudadanos y la aptitud del combate contra el narcotráfico.
2. La gobernabilidad como el grado de sustentación social que alcanzan las políticas públicas enmedio de los ajustes modernizadores.
Subtemas:
2.1. Nuevos modelos de políticas sociales sectoriales —educación, salud, vivienda, empleo, microempresa, trabajo informal, etc.— que optimicen el uso de los recursos ya existentes.

[23]

ces, otra aspiración que empezar a ordenar pragmáticamente el material que tan privilegiado trabajo de campo nos debía brindar más adelante. Subrayamos que la idea básica fue no caer —como nos gusta a quienes sentimos cierta voluptuosidad por lo teórico— en la trampa de salir al campo a comprobar tesis, sino regresar de él con problemas detectados a partir de los cuales elaborar teorías.

De este modo, como resulta claro, el problema de los partidos —la naturaleza de su mediación, la creciente presencia de "competidores" en el área de representación, la crisis de su modelo tradicional— se plantea como uno de los asuntos pendientes más importantes de la región. La parcial evolución del presidencialismo latinoamericano hacia un "hiperpresidencialismo" (Cavarozzi)[2] —signado por la elección con legitimidad de doble vuelta electoral, la figura de la reelección y ahora de la posible re-reelección— ha provocado, desde luego, no pocas incertidumbres en el plano académico (en todo caso, probablemente más que en el popular). El desarrollo de una nueva aptitud coaligante entre los partidos de la región —Jaime Paz cogobernando con el general Bánzer en la Bolivia de los años ochenta, el partido de Balaguer apoyando al candidato del partido de Juan Bosch en República Do-

2.2. Funcionalidad económica de la equidad y la integración social como soportes del crecimiento económico.
2.3. Estrategia de la reforma social para enfrentar el dualismo estructural, la pobreza y la marginalidad.
2.4. Políticas específicas para las áreas de emergencia social.
2.5. Articulación social de las diversidades culturales, sean étnicas, religiosas o de otro tipo.
2.6. Nuevas expresiones societales (las ONG, p. ej.) que coelaboran políticas con el Estado.
   3. La gobernabilidad como variable política que resulta de la capacidad decisoria que emerge de las reglas de juego de cada democracia, y de las respectivas dotaciones de decisionalidad, representación y participación políticas que egresen de su sistema de gobierno, de su sistema de partidos y de sus sistemas electorales, así como la relación entre dichas variables y los elementos distintivos de la cultura política de cada país.
Subtemas:
3.1. Aptitud de los respectivos sistemas políticos para mantener la estabilidad.
3.2. Aptitud de los sistemas políticos para configurar mayorías gobernantes.
3.3. Aptitud de los partidos políticos para canalizar satisfactoriamente la representación popular.
3.4. Aptitud de los partidos políticos y de las organizaciones sociales para canalizar satisfactoriamente la participación popular.
3.5. Aptitud del sistema político de generar instancias de concertación social.
3.6. Aptitud de las democracias para establecer el control político sobre las fuerzas armadas y encarar nuevas doctrinas profesionales.
   4. La gobernabilidad como capacidad de administrar los ajustes producidos como consecuencia de los procesos de integración económica.
Subtemas:
4.1. Las opciones de cada país en términos de bloques intralatinoamericanos y extralatinoamericanos.
4.2. Las tradicionales rivalidades geopolíticas como obstáculos a la integración.
4.3. La capacidad de los gobiernos para enfrentar los intereses corporativos que perjudica un proceso de integración económica.
4.4. La capacidad de los gobiernos de lograr que el público acepte como propias la consideración de la variables de las otras economías integradas, o lo que es lo mismo, la asunción del concepto de interdependencia al mismo tiempo que el replanteamiento del concepto de soberanía nacional".

[2] Entrevista de los autores con Marcelo Cavarozzi, Montevideo, octubre de 1990.

minicana; Teodoro Petkof respaldando a Rafael Caldera en Venezuela, por citar algunos ejemplos novedosos— es un hecho que suscita, además, reflexión y debate.

Como es fácil apreciar, todas estas nuevas realidades están profundamente vinculadas a la caída del bloque soviético y a los sucesos posteriores a 1989. La desideologización del debate político —su consecuente despolarización— permite coaliciones antes imposibles, evidentemente acicateadas, además, por el surgimiento de un nuevo orden económico, cuyas apertura comercial y globalidad requieren, al interior de los países, un mayor acumulado de "políticas de Estado"; el factor externo exige, en suma, mayores consensos nacionales y el diseño de la mencionada aptitud coaligante.

En el mismo sentido, los liderazgos "reelegibles" del hiperpresidencialismo han surgido a partir del prestigio político resultante de la estabilización económica —se ha aprendido en la "universidad del caos" (Ciro Gomes)—[3] y, básicamente, por la consecuente reforma económica que diseña el ingreso de la región en la competencia global. Fernando Henrique Cardoso ha dicho —abandonando "la teoría de la dependencia", que explicaba los males de la región por el sesgo de su integración económica internacional en condiciones de explotación por el resto del mercado mundial— que "ahora identificamos la integración y la participación en el sistema internacional como la solución para nuestros problemas, no como su causa".[4] La conducción de los procesos de reforma económica y reinserción comercial internacional ha conferido —en no pocos casos— prestigio a sus liderazgos. Todo ello ha moldeado formas presidencialistas distintas a las que his-

tóricamente se habían resistido con vehemencia buena parte de los padres constituyentes, y que, como es natural, no están exentas de problemas.

En el caso del problema de los partidos es evidente, asimismo, que la desideologización consecuente al fin de la Guerra Fría los ha despojado de uno de sus incentivos de articulación. Sin embargo, otros muchos factores contribuyeron a la crisis. Por ejemplo, el derrumbe previo del Estado de bienestar —aunque en la mayoría de los casos latinoamericanos, se trataba, en rigor, más apropiadamente, como veremos, de la crisis del Estado nacional y popular— desarmó la modelística de los actores estatistas, entre los que se contaban los partidos protagonistas de esa época (así como los sindicatos tradicionales, los empresarios protegidos por la sustitución de importaciones o los funcionarios públicos). La evolución de las comunicaciones, por un lado, así como una mayor autonomía derivada de varias causas de la sociedad respecto "de la política", por otro, despertaron, a su vez, actores que compiten con los partidos en el área de la representación ciudadana.

Luego, la crisis de los partidos, el neopresidencialismo emergente o la mayor aptitud coaligante, se presentan como los problemas más agudos a dilucidar en el campo de la gobernabilidad política.

Obviamente, los sucesos de 1989 y sus consecuencias determinan, también, que esté en plena efervescencia el problema de la integración económica interna y externa de Latinoamérica: todo el nuevo dibujo latinoamericano pasa por la forma de inserción en la economía internacional en gestación.

Pese a ser América del Sur, aproximadamente y por ejemplo, una región

---

[3] Entrevista de los autores con Ciro Gomes, Boston, septiembre de 1995.
[4] *Rumbos,* República Dominicana, 5 de diciembre de 1995.

con un producto bruto interno cuatro veces menor que el de las repúblicas de la ex URSS, cuatro veces y media menor que el de Japón, nueve veces menor que el de los países del TLC y 10 veces menor que el de la Europa unida con sus miembros orientales y occidentales que no integran la Comunidad Económica Latinoamérica es una región con gran habilidad para relacionarse multilateralmente. Lo anterior ha dado calor tanto al debate sobre el paradigma de su integración interna como a las reflexiones y acciones sobre las relaciones externas de la región. Esto es, la globalización resultante —entre otras causas— de la universalización del modelo de economía de mercado tras la "caída del Muro", no sólo ha hecho inevitables las reformas económicas que volvieron competitivas las economías nacionales, sino que ha generado reflexiones y acciones en dos escalas mayores: ¿cómo integrar a la región en sí? y ¿en qué grado se debería apoyar la entidad resultante en otro bloque económico ya existente?

La literatura producida en los países desarrollados —con frecuencia bastante escéptica por el lado sajón respecto de los atractivos de mercado y comerciales de América Latina— suele estar desfasada de las acciones políticas que promueven cada vez en mayor medida diversos bloques económicos con respecto a esta región, empezando por los propios Estados Unidos.

Asimismo, los grados de impacto de la desintegración social ocasionada por los ajustes económicos, las estrategias usadas para enfrentarlos y el entramado de problemas que supone la reforma del Estado integran, obvia y centralmente, el problema de la gobernabilidad democrática.

En resumen, los nuevos planteos globales nacidos en 1989 acarrearon a la región drásticas reestructuras de las economías nacionales, inserciones económicas en escalas mayores que las de los Estados nacionales y cambios sustanciales en la sintaxis política. El "militante" se convirtió en un "consumidor" pasivo de política —más informado, sin embargo, que antes— y el partido se desideologizó y generó un nuevo modelo que no termina de cristalizar, mientras nuevos actores amenazan el monopolio de su representación y los partidos se ven en la necesidad de poner a circular en la oferta de la representación a figuras de la sociedad no política. A la par que se diversifica la representación política, la gramática política y comunicativa vigente tiende a fortalecer a figuras individuales (una suerte de "videocaudillismo") más que a entidades colectivas, pareciendo un requisito del proceso que semejantes liderazgos personalizados modifiquen su discurso anterior —que frecuentemente les ha llevado al poder— y adopten el discurso modernizador de la época.

A este escenario emergente le son útiles aspectos desarrollados en el periodo posterior a 1989, tales como la inalterabilidad de la democracia pues —aun en caso de mal desempeño de la misma— no hay alternativa a la legitimidad que la sustenta, la reducción de la polaridad política y el debilitamiento de los partidos opuestos al sistema.[5] Al no estar básicamente en cuestión la estabilidad del sistema, de lo que se trata es de que éste sea operado por un régimen decisor eficaz y legítimo. El centro de atención se ha trasladado de la estabilidad del sistema a la efectividad del mismo: así surge el interés por el problema de la gobernabilidad. Es lógico que se dé esa prelación de interés —gobernabilidad antes que estabilidad—, porque la región ha procesado la modernización de

[5] Sobre estos aspectos ha profundizado Giovanni Sartori, *Estudios Públicos*, núm. 42, 1991.

su economía con una crudeza tal que, hasta hace poco tiempo, hubiera sido imposible pensar que ello no afectara la estabilidad política o económica. Sin embargo, una vez que ha sido posible, de lo que se trata es de hilvanar los derivados sociales, económicos y políticos, de modo que la estabilidad se reproduzca regularmente: la gobernabilidad. La crisis, entonces, se combate bajo la forma de una crisis de gobernabilidad y no de una crisis del sistema.

Pese a todo, el vértigo del proceso económico, político, social y cultural en curso deja tiempo en la región para una rica reflexión en la que todo está en debate. El problema de los partidos, la evolución del presidencialismo latinoamericano y la nueva aptitud coaligante de los sistemas políticos de la región, decíamos, suscitan necesariamente referenciamientos teóricos. La gobernabilidad política planteada globalmente como matriz de análisis que cruce factores como la decisionalidad, la representación y la participación política con variables formales como el sistema electoral, el sistema de gobierno y el sistema de partidos, así como todo ello atravesado por sus relaciones con la cultura política surge, también, como una herramienta necesaria para el estudio de los problemas de la política. La gobernabilidad como sustento social enmedio de un ajuste modernizador y excluyente resulta, asimismo, un tema ineludible. La reforma del Estado y la gobernabilidad como egreso de gestión estatal y social atrapa también la atención de quienes reflexionan en torno a estas preocupaciones.

Nos hemos inclinado, sin embargo, en este espacio generoso —pero sin duda insuficiente para abarcar todo el problema de la gobernabilidad— por una presentación global del origen del tema seguida del análisis de los fermentales problemas de la gobernabilidad integratoria que hoy se plantean bajo forma de debate sobre el futuro de la inserción internacional en la economía global.

1. LA IRRUPCIÓN DEL PROBLEMA DE LA GOBERNABILIDAD

La teoría de la crisis de gobernabilidad nace, como suele suceder, de pronósticos académicos frustráneos: en este caso, tres sucesivos. El primero fue bastante previsible. Cuando —luego de décadas de crecimiento económico continuo en el mundo desarrollado— ese proceso se estanca, a causa básicamente de la crisis del petróleo, un economista marxista, James O'Connors,[6] anunció en 1973 una crisis fiscal de gran envergadura en los países más avanzados. Según la hipótesis de O'Connors —matiz más, matiz menos—, dicha crisis derivaría en la tantas veces anunciada crisis final del capitalismo, vicisitud que, a la postre, ha persistido en esperar algo vanamente el lado apocalíptico del imaginario político de la especie a lo largo de todo el siglo XX.

El hecho paradójico fue que las preocupaciones y la argumentación de O'Connors convencieron en cierta forma a los respetados académicos Samuel Huntington, Michel Crozler y Joji Wakanuti, padres del segundo pronóstico

---

[6] *The Fiscal Crisis of the State,* Nueva York, 1973. La tesis central de O'Connors era que el Estado hacía viable la economía mediante dos sistemas de transferencias de recursos a las empresas: la "inversión social", gastos estatales que hacen posible la rentabilidad de los negocios privados, y el "consumo social" —salarios acrecentados por servicios sociales—, que dinamizan la actividad de las empresas. Como el Estado ya no puede pagarlos —esta crisis a diferencia de la prekeynesiana radica en los recursos del Estado y no de las empresas—, un nuevo proletariado lo contestará: básicamente integrada por los obreros, los parados, jóvenes, ancianos, mujeres y minorías étnicas, aliados con la burocracia en tren de perder renta.

—equivocado a nuestro juicio—, tildado luego de "neoconservador". Dichos autores, en su informe "sobre la gobernabilidad", producido para la Comisión Trilateral, y titulado "La crisis de la democracia" (1975), anuncian la incontrolabilidad de la crisis fiscal en los Estados Unidos, Europa y Japón, y sugieren medidas fuertemente restrictivas en la operación del sistema democrático de los países centrales y lo que llamaron "su exceso de democracia".[7] El mismo, sostenían, provocaba una demanda imposible de satisfacer, y esa "sobrecarga"

[7] Según los autores del Informe sobre Gobernabilidad, lo que ha ocurrido es lo siguiente:

1) *Erosión de la autoridad.* El Estado de bienestar ha difundido una ideología igualitaria que al no poder cumplirse tiende a deslegitimar la autoridad pública. En rigor, de lo que se trata es de sostener ahora como incompatibles el keynesianismo y la democracia. La expresión de Huntington es la siguiente: "La vitalidad de la democracia en los años sesenta —manifestada por el aumento de participación política— generó problemas para la gobernabilidad de la democracia en los años setenta, derivados de la disminución de confianza del público en la autoridad del gobierno".

La búsqueda de igualdad y el individualismo han llevado a la deslegitimación de la autoridad general y a la pérdida de confianza en el liderazgo. El Estado había sustituido los vínculos comunales y familiares. Ello llevó a un aumento considerable de la actividad gubernamental y a una notable disminución de la autoridad gubernamental. La descripción de Huntington sobre la pérdida de autoridad en la familia, la escuela y el trabajo lleva a sospechar que en él estuviere influyendo como preocupación, en 1975, el cuestionamiento a la autoridad promovido por los estudiantes en 1968.

Pasquino lo describe así: "La disminución de confianza de los ciudadanos respecto de las instituciones de gobierno y la falta de credibilidad en los gobernantes provocan automáticamente una disminución de las capacidades de estos últimos para afrontar los problemas, en un círculo vicioso que puede definirse como la espiral de la ingobernabilidad. Las causas de dicho fenómeno se remontan a las transformaciones culturales de amplio alcance que culminaron en los años sesenta en un tipo de sociedades altamente escolarizadas, expuestas a los medios de comunicación de masas, tendientes a la participación reivindicativa lanzada a desafiar a la autoridad en todos los campos y en todas las instituciones, de la familia a la escuela, de la fábrica a la burocracia".

2) *Sobrecarga del gobierno.* La disponibilidad del Estado para intervenir en las relaciones sociales provoca un enorme aumento de las demandas dirigidas a las instituciones políticas, lo que determina una parálisis por sobrecarga de demandas. La satisfacción de esas demandas exacerba las tendencias inflacionarias en la economía.

Según Rose (1978): "Cuando el producto nacional aumenta más lentamente que los costos de los programas públicos y de las demandas salariales, la economía está sobrecargada". Consecuencias de sobrecarga: debilitamiento de la eficacia del gobierno; debilitamiento del consenso de los ciudadanos. Sin eficacia se debilitará el consenso y sin consenso se frustrará la eficacia. Pasquino lo dice así: "Solamente un gobierno que se base en la eficacia y en el consenso es un gobierno plenamente legítimo y así, pues, en los sistemas políticos contemporáneos, cada vez más la legitimidad es el producto de las prestaciones gubernamentales que satisfacen las exigencias de amplios grupos sociales".

3) *Intensificación de la competencia política,* con la consiguiente desagregación de intereses. La competencia entre organizaciones políticas lleva a la incapacidad de seleccionar y agregar intereses causando la incapacidad de las instituciones respecto de la absorción de las demandas fragmentarias. El peso asumido por la administración en la mediación de los conflictos provoca una burocratización de la vida política, que a su vez genera una "disolución del consenso".

Por su parte, Waldo Ansaldi, *Gobernabilidad y seguridad democrática,* 1991, ha observado críticamente que: "Si ese 'exceso' de democracia acarrea resultados tan negativos, es obvio que la 'solución' propuesta reside únicamente en la disminución de la democracia, definiendo áreas de inaplicabilidad y grupos o sectores sociales con comportamiento apático. La despolitización de la sociedad aparece como una prioridad, junto a la cual se afirma la convicción de la necesidad de una conducción constituida por las élites empresariales, políticas y burocráticas de modo que la pasividad política se transforma en virtud y es es-

sería insoportable para la democracia tal cual se venía desarrollando. Como se recordará, durante esos años la democracia no era un tema muy latinoamericano.

Sea porque no se atiende el cúmulo de demandas o porque se atienden artificialmente en un principio —hasta que lo permiten la falta de competitividad, el endeudamiento y la inflación—, lo cierto es que la limitación estatal para resolver el problema determina una pérdida de confianza pública en la capacidad del Estado; una eventual y consecuente crisis de legitimidad del mismo, que en situaciones extremas se sostenía que podía derivar en una crisis de democracia (en 1975) y, desde ya, en una crisis política manifestada en el desencanto, la apatía y la *malaise* —el Estado de malestar— ciudadanas respecto de los actores políticos y el propio Estado.

El argumento anterior no sugiere —se ha anotado—[8] que la democracia genere en sí misma la ingobernabilidad, sino simplemente que ella estimula demandas por encima del nivel que puede absorber el tamaño del excedente económico y que, en consecuencia, la propia democracia debe producir mecanismos de gobernabilidad para manejar el problema.

La academia ha profundizado el análisis describiendo —a partir del hecho inicial de que la economía no crea en la medida de lo necesario los bienes y servicios demandados— una situación que pone al descubierto una doble crisis ante el problema: de gestión estatal y de apoyo ciudadano. Es decir, la ingobernabilidad se concibe como la suma del debilitamiento de la eficacia del gobierno simultánea al debilitamiento del consenso de los ciudadanos. Sin *output* de eficiencia en las políticas públicas y un *input* de legitimidad a la hora de los ajustes económicos, la situación desborda a los actores políticos en una arena que se ha denominado "democracia embotellada",[9] en que "demanda es fácil y la respuesta es difícil".[10]

En un nivel más teórico se ha descrito,[11] entonces, el hecho de que los sistemas administrativos no logren manejar los mecanismos de control del sistema económico, y que sean disfuncionales en las decisiones que egresan, todo ello como "una crisis de salida con forma de crisis de racionalidad". Aunque opera al mismo tiempo que el sistema legitimador, no logra mantener el nivel de lealtad necesario de las masas hacia el Estado —en otras palabras, el sistema político no cuenta con el insumo de respal-

timulada. Es, como alguna vez escribió Sheldon Wolin, la muerte del ciudadano político y el surgimiento, en el mejor de los casos, del votante".

4) *El incremento del provincialismo nacionalista en la política exterior,* desde las presiones ejercidas por la sociedad respecto de sus necesidades interiores.

[8] La anotación es de Carlos Pereyra: "Es obvio que la atención de las demandas sociales no depende sólo del tamaño sino también del uso del excedente. Es fácil pensar situaciones en las cuales un excedente de menor magnitud permita una mejor satisfacción de las necesidades sociales por el simple hecho de que su utilización corresponda en forma más adecuada a tales necesidades. En tal caso, podría afirmarse lo contrario de lo que sostiene la tesis conservadora: el uso más adecuado del excedente es función de la presencia plural de los diversos sectores en la toma de decisiones, o, dicho de modo más simple, la democracia hace posible el mejor uso del excedente".

[9] Expresión de Giovanni Sartori sobre el problema de la gobernabilidad: "democracia embotellada, acosada por presiones de diversa índole, caracterizada por la escasa capacidad de gobierno, es decir, por la poca resistencia ante las demandas y por insuficiente capacidad para adoptar decisiones y llevarlas a cabo".

[10] Así lo ha sintetizado Norberto Bobbio.

[11] Reflexión de Jürgen Habermas.

do social necesario por no poder responder a la sobrecarga de demandas—, al verse limitado por el sistema económico, en lo que se ha denominado "una crisis de entrada con forma de crisis de legitimidad". El *input* de legitimidad de los ajustes no está resuelto —crisis de entrada— y tampoco el *output* —crisis de salida— de eficiencia administrativa estatal para adoptar políticas públicas.

En rigor, entonces, la teoría de la gobernabilidad nace como teoría de ingobernabilidad y se suscita en un escenario de país desarrollado. Al trasladarse al espacio latinoamericano, el problema es bien diferente, y ya no se puede hablar de una crisis de la democracia por exceso de la misma, sino que debemos situarnos en un proceso de construcción democrática. No se trata de una sobredemanda que ponga en peligro la democracia, sino de una subdemanda que apuesta a la democracia para poder crecer, lo que hace mucho más dramáticos los pendientes por satisfacer. Para ello se deben administrar otras polarizaciones sociales, resolver el modo de inserción internacional desde posiciones menos poderosas que otros actores internacionales, modernizarse sin capacidad de crear tecnología y al salir a la descubierta comercial a construir una productividad y una competitividad propias. Se trata de crisis fiscales, por lo demás, que envuelven a un Estado que ha desempeñado un papel diferente al de Estado de bienestar —construcción liberal que por lo mismo define la autonomía de los interlocutores del Estado—, y que es muy frecuentemente un Estado nacional y popular de vocación movimientista que busca por lo mismo integrar a todos los actores en un discurso unánime y politizador de la sociedad. Se trata —en el mundo desarrollado y en el subdesarrollado— de crisis de Estado diferentes, puesto que dejan vacíos distintos. La segunda embarga

claramente mayores tensiones. Existe, luego, un *"plus* de ingobernabilidad" que es necesario enfrentar en razón del subdesarrollo.

Por otra parte, algunos años después, el comienzo de la crisis de la deuda anticipó en poco tiempo el extendido fenómeno de la democratización de los países latinoamericanos. Al llegar, la democracia enfrentó no sólo la necesidad de aplicar severos ajustes económicos, sino de procesar cambios más profundos en la estructura de su economía. En realidad, lo que había caducado era el modelo de acumulación de mercado-internista conducido, además, por un Estado fuertemente interventor. Así, los servicios de la deuda, los ajustes y las reestructuras que debieron procesarse en el ambiente de explosión de demandas y expectativas que, naturalmente, habían sido estimuladas por la llegada de la propia democracia. Es entonces (1985-1995 aproximadamente) que innumerables académicos de la región —en general con influencia dependentista, estructuralista o desarrollista— llegan al tercer pronóstico mencionado y concluyen que el mantenimiento de la democracia sería incompatible con el fuerte impacto disgregante y socialmente excluyente de las reformas económicas en aplicación. Según su opinión y pronóstico, democracia y ajuste se contradecían inexorablemente, por lo cual se corría el riesgo de provocar una situación —para decirlo de una manera que recoja el dramatismo de aquellos análisis— en que los "caracazos" se volvieran, más que excepción, costumbre.

Con todo, el capitalismo ha sobrevivido a su enésima crisis final (pese a O'Connors) y la democracia no sólo se ha mantenido en el mundo desarrollado (pese a Huntington, Crozier y Wakanuti) —aunque la perspectiva de la crisis anunciada por los neoconservadores constituyó el andamiaje de la plataforma ideológica asumida por la corriente emanada de los gobiernos de Thatcher y Reagan—, sino que se ha extendido a toda Latinoamérica y ha sobrevivido dos ajustes y todo tipo de dificultades sociales, aunque no sin zozobra (pese a las preocupaciones de numerosos cientistas latinoamericanos). Una vez más, la historia ha resultado más rica que las previsiones de los hombres. En la región, el problema de pronosticar la ingobernabilidad —las catástrofes por venir— se transformó, en cierto modo, en el problema de explicar y domeñar la gobernabilidad: ¿cómo hacer compatibles las restricciones de la modernización con las expectativas de la democratización? O, ¿cómo —de acuerdo con Celso Lafer— se acompasan los problemas de la "acumulación" con los problemas de la "legitimación"?

Sin embargo, una sucesión de infortunios prospectivos emitidos por gente razonablemente escéptica, no construye en forma alternativa, y de por sí, un escenario optimista. ¿Cuál es la América Latina que tenemos? En los ocho años transcurridos desde la caída del Muro de Berlín, las peripecias regionales que leemos todos los días en los periódicos nos han hablado ya de guerras (Ecuador-Perú); insurrecciones populares en búsqueda de alimentos (el "caracazo"); nuevas y diferentes insurgencias guerrilleras (Chiapas); media docena de intentos de golpes militares fracasados (Paraguay, Argentina, Venezuela); uno exitoso (Haití); autogolpes frustrados (Guatemala) y exitosos (Perú); un helicóptero que sobrevuela el principal cuartel panameño y explica a través de un megáfono que no se trata de una invasión sino de que sólo han ido a llevarse al presidente —tras lo cual se produce la invasión que deja cientos o miles de muertos—; dos presidentes destituidos bajo acusaciones de corrupción (Brasil y Venezuela); tres presidentes que al mismo tiempo alegan legitimidad (Ecuador); dos presidentes acusados por los Estados Unidos de tolerancia frente al narcotráfico (Colombia, Bolivia); fraudes electorales que determinan la salomónica resolución de acortar el mandato del que ganó al perder (República Dominicana), y asesinatos de candidatos presidenciales innovadores (Luis Carlos Galán y Luis Donaldo Colosio). ¿Realmente ha cambiado América Latina? ¿Sería muy diferente una descripción del ·escenario latinoamericano de hace 40 años?

Obviamente, no es función de estas páginas inclinarse por el escepticismo o el optimismo.[12] En todo caso, en lo que resta de esta introducción se describirá apenas el estado que guarda el debate en los diversos y múltiples asuntos de la América Latina de hoy —desde al ángulo de su papel como impulsores u obstáculos de la toma de decisiones y de la gobernabilidad—, para que pueda apre-

[12] Otra perspectiva de los mismos hechos subrayaría que la caída pacífica y constitucional de dos mandatarios era un hecho bastante impensable hace pocas décadas. También lo es que menos de cinco años después de una invasión norteamericana gobierne pacíficamente el partido entonces derrocado. La disciplina parlamentaria del Partido Liberal ha soportado en Colombia presiones internacionales que muchos partidos de países desarrollados no hubieran sostenido. Chiapas existe, sí, pero México está embarcado en una reforma política diferente a las anteriores que no tuvieron mucha eficacia. Los golpes militares no sólo han fracasado sino que ha declinado su frecuencia. La guerra Ecuador-Perú fue breve, y la comunidad de naciones latinoamericanas actuó rápidamente y con una influencia decisiva. El fraude electoral es una posibilidad mucho más remota hoy en Latinoamérica que hace tan sólo una década, cuando la redemocratización se intentó en muchos países sin registros electorales permanentes. En Haití, la comunidad regional revirtió la situación, haciendo volver el poder al presidente legítimo.

ciarse cuán difíciles de resolver son muchos de ellos. El lector podrá sacar así sus propias conclusiones.

No obstante, al mismo tiempo que este continente sur es el único en que están relativamente controlados los conflictos étnicos que amenazan con protagonizar, si bien de modo muy diferente, las primeras décadas del próximo siglo y en que no existen fundamentalismos religiosos que nieguen la secularidad del Estado, América Latina es la única región subdesarrollada del globo que presenta la singular situación de ser prácticamente democrática en su totalidad.[13] Para lograrlo, por lo demás, en no pocos sitios, antes que construir la democracia, se ha debido edificar la paz. Visto desde el sur, no resulta nada difícil asentar democracias sobre economías de mercado desarrolladas. La construcción de democracias en realidades subdesarrolladas —y, consecuentemente, practicar la gobernabilidad en el subdesarrollo— parece, sin embargo, un problema de otra naturaleza que en los países más avanzados. En los años setenta había en la región sólo tres democracias indis-

cutibles: Costa Rica, Venezuela y Colombia. Tres más restringidas en cuanto a su competitividad: República Dominicana, Panamá y México. Y 14 dictaduras de derecha y una de izquierda. Hoy, sin embargo, existen 20 democracias competitivas en la región.[14]

En menos de 15 años se han realizado más de 120 elecciones democráticas en América Latina.[15]

Y es América latina, probablemente, la región que se ha involucrado con más flexibilidad y rapidez en el nuevo fenómeno de la globalización económica, lo cual significa que ha entendido con anticipación lo que significó el año 1989.[16] Tal vez le haya servido para ello, paradójicamente, un concepto que, en otro marco de ideas, dejó la teoría cepalina —tan combatida hoy—, para la cual el desarrollo de la región está vinculado a la manera en que se resuelva su inserción en la escala económica universal. En clave de inserción, pues, se pergeñó velozmente un diseño que quería huir urgentemente de la marginalidad regional respecto del comercio universal,[17] a la que la región se condenaba si no se

[13] O'Donnell (1991) ha señalado que a la hora de confrontar la democratización europea de la posguerra con la democratización latinoamericana debe recordarse que: *1)* la democracia fue impuesta desde afuera en, por lo menos, Alemania, Italia y Austria; *2)* que las expectativas de los ciudadanos en la Europa destruida de la posguerra, y consecuentemente la demanda social, eran extremadamente moderadas, y que *3)* Europa recibió inyecciones masivas de capital a través del plan Marshall.

Pese a ello, Europa occidental conoció dictaduras hasta bien avanzados los años setenta.

[14] Seguimos la clasificación de Luis Meira en su ponencia para CEFIR, noviembre de 1996.

[15] Ver alusión a este tema en entrevista con Fernando Calderón en la p. 280.

[16] El crecimiento promedio de la región entre 1990 y 1994 fue de 3.5% anual, lo que se volvió a dar después de la crisis de México en 1996. Los pronósticos de Enrique Iglesias en marzo de 1997 (reunión BID de Barcelona) calculan 4.5% para 1997 y 5% para 1998. La tasa de inflación regional fue de 888% en 1993, de 337% en 1994, de 26% en 1995 y de 11% en 1996, esperándose un solo dígito para 1997. La inversión extranjera directa neta (deducidas las inversiones en el exterior de residentes en países latinoamericanos) fue de 6 599 millones de dólares en 1990, de 21 554 millones de dólares en 1995 y de 30 835 millones de dólares en 1996. El 25% de esta última cifra está vinculada a privatizaciones. Los más grandes ingresos previstos —los de las privatizaciones brasileñas— aún no se han producido. El déficit fiscal promedio de la región estuvo en 1.5%. Con las soluciones de Perú y Nicaragua en 1996 para la reprogramación de la deuda según el plan Brady, se ha terminado en la región el largo proceso de reprogramación de la deuda con la banca comercial.

[17] En 1950 América Latina participaba en 10.9% de las exportaciones mundiales. Para 1990 su participación había bajado 8%. En 1975 absorbía 6% de las importaciones mundiales. En

estancaba, y se actuó con celeridad modificando drásticamente las políticas públicas —soportando ahora socialmente el costo de otro ajuste adicional, el ajuste integratorio— e impulsando fuertes dinámicas de una integración regional abierta al mundo. Para ello, se debieron empezar a superar las formas mercantilistas propias de su economía —capitalismo de prebenda y no de mercado—, las que, heredadas de la colonia, se habían reactivado y consolidado durante el periodo del Estado mercantil y permisionario propio de la sustitución de importaciones y del mercado-internismo. América Latina se está liberando, pues, de tres siglos de patrimonialismo estatal, originado en la legitimidad borbónica, primero, en la vocación autárquica, después, la que vino cuando se convenció —algo acríticamente— que el resto del mundo la estafaba.

Y, pese al desafío abrupto y crudo de la competitividad mundial, Latinoamérica atrae ahora inversión y crece. Más allá, incluso, de las nuevas volatilidades de un mercado de capitales globalizado que ha hecho de la confianza en las políticas económicas domésticas un dato muy complicado, como lo demuestra el colapso de México en diciembre de 1994. En algunos de los países que empezaron

antes su reforma estructural, se puede incluso agregar que los niveles de pobreza han empezado a descender[18] paulatinamente.

Cualquier optimismo que se obtuviera de estos datos genéricos —y, ciertamente, debatibles— no sería riguroso, sin embargo. América Latina es, también, la de los indigentes que pueden bajar, cualquiera de estas tardes, de las laderas de La Paz, de Caracas o de Río; es el campo frecuente de la violencia contra el individuo y la propiedad; es la productora del narcotráfico cosmopolita; es la de la corrupción en escala macondiana, y es la de la economía informal que se defiende del Estado y recorre el tejido social de todos los Andes.

La globalización de Latinoamérica a través de los medios de comunicación

En esta carrera contra reloj, el primer indicio de inserción del mundo en Latinoamérica se produce en el campo cultural, concretamente en el campo de las comunicaciones: los televisores hogareños globalizan información, valores y expectativas.

La coincidencia entre el fin de la

1987 había bajado a 3.1%. En 1982 América Latina generaba 7.1% del PBI mundial. En 1980 había bajado a 4.3%. En 1975 la región recibía 15.3% de la inversión extranjera directa mundial. En 1987 esa cifra había disminuido a 8%. En 1980, 17% de la inversión directa estadunidense iba para América Latina. En 1989 esa cifra había bajado a 10.6%. Las exportaciones de los Estados Unidos a la región llegaron en 1980 a 17.5% , bajando en 1989 a 13.45%. Las importaciones de los Estados Unidos bajaron de 15.5% en 1979 a 12% en 1989.

[18] Chile está creciendo en los últimos años a un ritmo de 7%. El 70% del presupuesto chileno está designado a políticas sociales. En 1987 esa tasa era de 51%. En 1986, 45% de la población vivía en la pobreza; actualmente, esa tasa está en torno a 25% (*Gazeta Mercantil*, abril de 1997, según datos de la CEPAL). Desde 1993 hasta finales de 1997 la economía habrá crecido 25%, y 13 millones de brasileños atravesaron hacia arriba la línea de pobreza entre 1993 y 1995. Según lo expresara Enrique Iglesias en la reunión del BID de marzo de 1997, Chile logró sacar a 1.3 millones de personas de la pobreza crítica en los últimos años. Brasil consiguió sustraer a 13 millones de personas, y Uruguay ha conseguido desde la democratización, en 1985, bajar su nivel de pobreza de 21% a 7%; habría que crecer a una tasa del doble del actual, 7%, para acabar definitivamente con la pobreza. Ésta ha bajado en el promedio regional, solamente de 41 a 39%, pese a que en los últimos años el gasto social latinoamericano ha aumentado de manera bastante homogénea en 30 por ciento.

Guerra Fría y la explosión tecnológica que multiplica la oferta internacional de comunicaciones —al margen de definir nuestra época— resulta funcional tanto a la unificación de imágenes que se realiza a través de los medios de comunicación como a la unificación global del mercado de bienes y servicios.

Hay por lo menos cuatro aspectos que destacar con respecto al nuevo orden de la información globalizada: *a)* cómo varían las expectativas sociales; *b)* cómo se transmuta la mediación política; *c)* cuál es el discurso intrínseco de los medios de comunicación, y *d)* qué función cumple ahora la prensa con respecto al problema del poder. Nos referiremos a ellos muy someramente.

Con respecto a la relación entre el estallido mediático y la multiplicación de las expectativas se plantean dos posiciones opuestas. El argumento de Crozier, en la obra antes citada, señala que la inflación de las expectativas a raíz del espectáculo mediático tiene influencia en la gobernabilidad. Apunta que el fenómeno se convierte en una fuente importante de desintegración de la viejas formas de control social. El derrumbe de las antiguas y segmentadas barreras hasta ahora presentes en la comunicación social —como instrumentos tradicionales de control social— hace imposible el desarrollo de la fragmentación estamental y de la jerarquía verticalizante, regulando el tránsito de la información en el seno de la sociedad.

Y, subraya, asimismo, que las comunicaciones de hoy día "reproducen" los problemas que captan. Aceleran la dinámica cultural con que se procesan los problemas, de modo que dan menos tiempo a las autoridades para resolver asuntos a los que, además, se les ha aumentado la cuota de exigencia por parte del público.

En sentido contrario —preocupados ya no por la acotación de las aspiraciones, sino por saciarlas—, numerosos autores latinoamericanos perciben el problema a partir de la contradicción entre las carencias de la realidad social y el efecto acumulado, despertador de expectativas de la democratización política y de la internacionalización de la información. La dinámica consecuente, afirman, acrecienta la demanda popular mientras los sucesivos ajustes limitan las posibilidades de satisfacción de esas demandas. En esa antinomia reside, según ese punto de vista, la crisis de gobernabilidad.

El lado mediático del problema no es sencillo. Paramio[19] ha reflexionado sobre la carencia de recursos políticos para generar respuestas de parte de quienes han quedado fuera del mercado económico. La producción política de quienes no han integrado la "coalición distribucional"[20] (partidos políticos, sindicatos, empresarios, todos ellos estatistas y vinculados al modelo del Estado nacional y popular), sino que están lisa y llanamente excluidos, resulta inarticulable. Los marginados no se organizan sino en pequeña escala local, según el argumento referido. Los actores sociales tradicionales ven erosionados sus recursos al desarticularse la matriz sociopolítica estadocentrista con la que habían desarrollado sus estrategias de antagonismo y negociación. La caída del presidente Pérez en Venezuela, por ejemplo, no es producto del "caracazo", ni de los intentos de golpes militares con apoyo estudiantil y ciertos sectores de izquierda, ni tampoco de los nuevos sectores populares organizados. En realidad no hubo respuesta

[19] "Consolidación democrática, desafección política y neoliberalismo", *Cuadernos del Claeh,* núm. 68.
[20] La expresión es de Mancur Olson.

general al ajuste en el continente. Ello es así, además, cuando los populismos de los años ochenta, a diferencia de los clásicos, han resultado de corto alcance —pensamos en Bolivia, con mayor profundidad, o en Ecuador—; no solamente porque son insostenibles, sino porque se han basado, en general, en la sintaxis de volatilidad de los medios electrónicos de comunicación.

Estas inmensas muchedumbres excluidas del sistema económico —que no han contado, en general, con la dosis didáctica que proporcionan los partidos—, en cierta forma se "ciudadanizan" mediáticamente, porque adquieren mayor conciencia de su posición relativa en la escala social y perciben los derechos habituales en los escalones superiores; su demanda sigue desarticulada, pero ahora ejerce mayor presión porque es más informada. Por ejemplo, el papel que ocupa la violencia en el discurso de las ficciones estadunidenses lo ocupa el ascenso social —vía maldad o amor, lo mismo da— en las producciones de fic-

ción latinoamericanas. Amparo Menéndez-Carrión ha señalado la disfunción de la no ciudadanización de estos grupos y ha propuesto considerar el problema de la gobernabilidad "desde la gente", para dotar al sistema de mayor gobernabilidad.[21] La exclusión del mercado económico, la presencia informalizada en el mercado político a través del desarrollo del clientelismo, se contradice con la presencia unánime del público en la ciudadanía televisiva. El nervio de esta ciudadanía, sin embargo, ya rige la vida política de la región.

Con respecto a las mutaciones que se han producido en la mediación política —el segundo aspecto del orden de la información globalizada que nos interesa subrayar—, no pocos suelen observar que la nueva omnipresencia ha hecho relevantes ante el gran público —como veremos más adelante— a actores que han comenzado a competir con los partidos en el campo de la representación ciudadana; periodistas políticos, personalidades de la actividad societal, inte-

[21] Amparo Menéndez-Carrión, "Para repensar la cuestión de la gobernabilidad desde la ciudadanía. Dilemas, opciones y apuntes para un proyecto", *Revista Latinoamericana de Ciencias Sociales,* 1991. Dice el texto: "¿Cómo puede la gente común acceder a la producción de mecanismos y dispositivos de *a)* control del poder de los gobiernos y de todo agente de representación, y *b)* de regulación cotidiana de su convivencia? (...) Propongo pensar la ciudadanía, también, como un sistema de convivencia y como un dispositivo clave de cambio social, cuya ausencia de constitución vacía al sistema político y a la coexistencia societal de responsabilidades compartidas y de *accountability* y que, por consiguiente, es un punto de entrada clave para repensar la gobernabilidad desde la gente". "Sugiero que lo frágil, lo exiguo de nuestras instituciones políticas se exhibe generalmente en el plano de las instituciones formales, y lo institucionalizado (en las prácticas políticas concretas) se exhibe en el plano de las relaciones informales que constituyen, por lo general, obstáculos considerables para la producción de proyectos de ciudadanización. Pensando América Latina desde lo andino, fundamentalmente, las instituciones 'tradicionales' de la política en tanto tales (los partidos políticos, los parlamentos, las asociaciones y grupos de interés) han tenido escasa relevancia para contribuir a generalizar prácticas de ciudadanía (...) Es la razón por la cual los partidos carecen en general de bases firmes de sustento más allá de lo coyuntural, y las cortes de justicia no cumplen el rol previsto para ello en las cartas constitucionales. En la medida en que los 'canales informales' —no sólo paralelos a las instituciones políticas tradicionales, sino enquistados en/o interpenetrando las mismas— refuercen prácticas inmediatistas para la resolución contingente de intereses personalistas, fragmentados y parciales, el proceso político no será conducente a la institucionalización de prácticas democratizadoras de las relaciones políticas, sino a la perpetuación de institucionalidades que no por informales son menos relevantes, ya que, por el contrario, constituyen la institucionalidad misma de nuestras prácticas políticas concretas (clientelares)".

grantes de las ONG y otros "competidores organizacionales", según la feliz expresión de Lamounier.

Por otra parte, la mediación de los políticos cambia en sí misma. Es frecuente encontrar la percepción de que se ha instrumentalizado la política vía medios de comunicación de masas, encuestas y opinión pública. Según Calderón, esa instrumentalización no contribuye a constituir "la producción de sentido en la relación Estado-partidos".[22]

En las versiones más críticas, dicha instrumentalización adquiriría una dimensión de teatralidad completa:[23] libreto, actor, audiencia. Si los datos son el libreto (encuesta) y existe una audiencia (opinión pública), el mejor político es el mejor actor. Una denuncia, en suma, al eventual seguidismo de los políticos con respecto a la dictadura de las encuestas.

En las entrevistas que componen este libro diversos interlocutores se referirán al punto de la nueva situación de la mediación política. Sartori, por ejemplo, advertirá sobre el peligro de los candidatos "teletrónicos", y llegará a aconsejar la revalorización del papel de las elecciones indirectas para evitar gambitos mediáticos de circunstancia en los que se pueda envolver al público.[24] Figueres se referirá al nuevo lenguaje de "segundos" que impone la emisión televisiva y su nueva necesaria sintaxis de la brevedad.[25] Se alude así a un problema característico de la modernidad: el reducido ancho de banda para contenidos comunicacionales que tolera el lenguaje mediático requiere un escenario de pocos y nítidos actores. El costo de la información no puede ser alto y el conjunto de opciones políticas tiende a optimizar su comunicabilidad en la baja cantidad de las mismas.

Castillo Peraza acuñó la expresión "polilogoarquía" para referirse a una suerte de otro circuito de la inmersión mediática en que "hablan todos de todo, se les cree, se les da la razón a todos y se les deja, luego, de creer a todos".[26]

En un deslinde conceptual muy diferente, el presidente Cardoso[27] advierte que la modernidad complica las decisiones de la sociedad —más diferenciadas, emitidas desde múltiples centros de decisión—, de manera que una opinión pública con ganancia de información decide ahora, además, en diferentes niveles. Lejos de seguidismos auténticos, los nuevos tiempos democratizan —en su opinión— la decisionalidad societal.

Esto nos remite, en suma, a un problema propio de la mediación política que se analizará más adelante: ¿la pasividad del elector "consumidor de la política" —ya no militante ni afiliado— significa el retroceso o el progreso del sistema democrático actual?

El tercer aspecto que cabe señalar en cuanto al impacto de la globalización de la información atañe, decíamos, al discurso intrínseco de los medios de comunicación.

Es evidente, para empezar, que el discurso de buena parte de los productos mediáticos universalizables difunde los valores de la democracia y del libre mercado. Resulta incluso bastante difícil deslindar el triunfo de la democracia occidental de la universalización del dis-

---

[22] Ver alusión a este tomo en entrevista con Fernando Calderón en la p. 204.

[23] El argumento es de Alberto Ferrari, en "Democracia, crisis estructural y gobernabilidad: el caso argentino".

[24] Ver alusión a este tema en entrevista con Giovani Sartori en la p. 256.

[25] Ver entrevista con el presidente José Figueres en la p. 52.

[26] Ver alusión a este tema en entrevista con Carlos Castillo Peraza en la p. 278.

[27] Ver alusión a este tema en entrevista con Fernando Henrique Cardoso en la p. 26.

curso mediático. Diríase que hasta los límites de este suceso democrático alcanzan las fronteras de la libre emisión de la señal televisiva; sólo donde no hay televisión libre —con todo su bagaje de relatos de individuos que resuelven sus problemas en el seno de la sociedad— no hay democracia.

La materia de ese mensaje está compuesta, desde ya, por el propio funcionamiento democrático propalado. Pero el relato tiene *in se* fuerte componente sistémico apoyado, básicamente, en defensa de la seguridad pública y en la puesta en exhibición muy reiterada del funcionamiento de la justicia. Es decir, que frecuentemente la metáfora esencial de las narraciones televisivas hace más hincapié en este aspecto de la democracia que Sartori llama *demoprotección* —el núcleo de pensamiento constitucionalista liberal que concibe la democracia como un conjunto de derechos legales— que en el componente demodistributivo. El discurso publicita los derechos de los individuos sobre los derechos colectivos. El problema de la gobernabilidad se presenta asiduamente como una especie de tensión entre los *lobbies* y los políticos, según la lógica de las producciones estadunidenses: una cultura política que, como veremos, se ciñe en última instancia a la división de poderes como cristalización de la desconfianza en cualquier poder.

El cuarto aspecto que nos interesa destacar como resultado del nuevo orden de la información global se refiere al problema de la nueva relación entre la prensa y el poder. El fin de la ideología como factor integrante del escenario político —consecuencia de la caída del orden preexistente hasta 1989— reduce el papel de la prensa de partido, tan importante, por mucho tiempo, en América Latina, y da paso a una mediación perio-

dística partidariamente neutral que ya no ubica su utopía en los referentes ideológicos partidarios sino en objetivos de fiscalización social, como la transparencia de lo público. Así, por ejemplo, se cree que el debate sobre la corrupción ha ganado tanta notoriedad como la revalorización de la democracia liberal surgida después de 1989, de manera que "en el fondo, forma parte de ese escrutinio permanente que el pensamiento liberal hace del poder y de sus abusos":[28] la prensa contesta, en suma, al poder desde la neutralidad partidaria. Algunas opiniones, sin embargo, expresan dudas sobre la existencia de una realidad así constituida. Unos, desde sensibilidades más próximas a la izquierda, advierten que —particularmente en los medios de comunicación electrónica— los oligopolios mediáticos tienen un peso político descomunal. Administran el peaje de la comunicación entre los políticos y el público y, en cierto sentido, satisfacen las inquietudes de todos ellos, asumiendo la función pedagógica que desempeñaban antaño los partidos políticos.

Muchas de las concesiones de emisión fueron otorgadas en tiempo del Estado patrimonial mercantilista, y esa misma situación los condena, según las opiniones referidas, a la defensa ciega de un *statu quo* premoderno.

Desde ángulos de pensamiento más conservadores, el modelo del acrecentamiento del poder mediático es cuestionado en tanto se presenta con un inmenso poder —bajo forma de neutralidad—, un actor que escapa a los mecanismos de control y equilibrio que rige al resto del sistema; la contrapartida de responsabilidad resulta, según esta visión, asimétrica con respecto al amplio campo de sus libertades.

[28] E. Posada Carbó, 1994.

2. La nueva inserción internacional de América Latina y la gobernabilidad integratoria

Al surgir el mundo global —mercado global de bienes y servicios, impulsado además de las razones políticas por un desarrollo tecnológico que reduce el costo de circulación de las mercancías—, lo primero que hicieron los analistas consistió en definirlo como uniforme en términos de democracia y economía de mercado, unipolar en lo militar y multipolar en lo económico. Y acompañan esa definición describiendo la sensación generalizada en los diferentes países de que, de allí en adelante, cada uno iba a depender más y más de variables externas —y, por lo tanto, no controlables— que de sus propios desempeños. Se divulgó así, inicialmente, que la idea de incertidumbre acompañaría inexorablemente a la modernización. "Tiempo errático de búsquedas y aproximaciones", aseveró Luis Maira. "Navegamos este huracán de cambio de la globalización casi sin brújula, con limitados y desactualizados mapas", expresó a su turno Guillermo O'Donnell. Esa fase del análisis correspondió temporalmente con el traumático reordenamiento de los Estados en una parte de Europa oriental, en un marco de resurgimiento nacionalista en toda Europa, como primer subproducto de la globalización.

Ante la toma de conciencia de la globalización, la idea que afloraba como más controvertida era la del Estado nacional. Aparecía frente a un virtual agotamiento, con tendencia a fundirse en uniones regionales, en un tiempo de preponderancia transnacional. El ataque al Estado nacional por la repercusión de la cultura y del mercado global se presentaba, además, desde dos frentes: el de la supranacionalidad, que venimos refiriendo, y

el de la subnacionalidad o reclamación localista. La evolución de la representación democrática hacia cánones de mejor acceso del ciudadano a una escala política que lo tome en cuenta, la descentralización como óptimo de gestión pública, la necesidad actual del referenciamiento comarcal frente al mundo como espectáculo abrumador y transpersonal, llevaban a ligazones de pertenencia individual de orden comunal.

El poco tiempo transcurrido ha permitido comprobar, sin embargo, que más que permanencias de incertidumbre, lo que ha ocurrido es que, tanto a nivel macroeconómico como microeconómico, las sociedades latinoamericanas han reaccionado con rapidez, estableciendo relaciones entre sí con más perspectivas que nunca, más allá de sus notorias diferencias de desarrollo. Esas articulaciones regionales en proceso no se defienden arancelariamente de la globalización, sino que sumen la competencia internacional como disciplina para "licitar"[29] sus capacidades nacionales y regionales en el concierto mundial. Además, no anulan el Estado nacional, sino que el corto lapso de experiencia histórica transcurrido de 1989 demuestra que los países —obviamente— no renuncian fácilmente a su peculiaridad ni a su historia.

La adecuación al gobierno transnacional

El problema se presenta entonces más como un caso de disfucionalidad que de incertidumbre. Seamos más claros. El Estado nacional no se desmantela, pero ya no es posible elaborar políticas nacionales sin tomar en consideración los intereses de otros países. El asunto, entonces, deriva en saber en qué medida el

[29] La expresión es de Paul Kennedy.

Estado nacional tradicional tiene capacidades para diseñar políticas que abarcan variables que no maneja.

Yehezkel Dror (Informe al Club de Roma, 1984), por ejemplo, plantea básicamente su preocupación porque el nuevo Estado es incapaz de asumir las demandas de la economía globalizada, tanto en lo institucional como en lo político. En este último aspecto, y ante la crisis de los actores tradicionales (partidos políticos, burocracia, etc.) y el surgimiento de nuevos roles particularistas (empresarios, *lobbies,* ONG, etc.), se pregunta quién será el encargado de gestionar y preocuparse por los temas públicos generales.

Dror manifiesta la necesidad de cambiar conceptualmente la *raison d'Etat* por la *raison d'Humanité,* razón vinculada a las necesidades de toda la humanidad, capaces de establecer imperativos por encima de todos los gobiernos.

Los problemas no son menores. Las nuevas tecnologías, sostiene, tienen una enorme repercusión en los mercados laborales. La biosfera plantea evidentes retos. Muchos otros rasgos de la cultura política agravan las deficiencias de la gobernación. "Los medios de comunicación, los creadores de imagen y los *lobbies* —dice— pueden utilizar su influencia para distorsionar el proceso político, y más si se tiene en cuenta el creciente cinismo y la apatía del público general. La política es cada vez menos ideológica y más emocional, y los gobiernos parecen incapaces de manejar la intolerancia racial y el nacionalismo más enfermizo".

Por consiguiente, agrega, mejorar la capacidad de gobernar no es tanto una cuestión de eficacia, eficiencia, recorte de gastos, calidad del servicio de distribución o manejo de problemas cotidianos. Antes bien, lo esencial es equipar a los gobiernos para afrontar las tareas de responsabilidad que conforma el futuro de las sociedades indi-

viduales y de la humanidad como un todo.

Por ello, continúa, habría que conjuntar esfuerzos para mejorar la capacidad de gobierno en ese nivel administrativo, así como en las instituciones de gobernación supranacional o mundial que empiezan a emerger con el fin de enfrentar problemas como la "equidad global".

Según el argumento de Dror, las transformaciones globales determinan que los gobiernos deben afrontar en todo momento asuntos como la justicia global, el medio ambiente, problemas de la sociedad (la ingeniería genética, el aborto), y deben estar capacitados para tomar estas decisiones trágicas según reglas de procedimientos acordadas y prioridades éticas declaradas.

Hasta la más insignificante concepción de *raison d'Humanité* requerirá rediseños de gobernación de largo alcance. La gobernación global debe reforzarse, y tanto las élites de gobierno como el grueso de las poblaciones necesitan ser educadas para pensar y sentir en términos de solidaridad humana. No se puede depender, agrega, "de la sociedad de la información para la creación automática de un público ilustrado —hay indicios para pensar todo lo contrario—, por lo que habrá que esforzarse en educar a la gente".

Aunque los políticos tuvieran mayor poder y recursos, afirma, problemas como los de la drogadicción, el futuro laboral, la proliferación de armamento de destrucción masiva, los conflictos étnicos y el ensanchamiento de la brecha entre ricos y pobres seguirían careciendo de respuestas adecuadas.

Finalmente señala que "el desarrollo de la gobernación hace necesaria, por ejemplo, una mayor vigilancia legal; habría que crear un cuerpo de inspectores, con libertad para moverse y recabar información en todos los países, que velaran por el cumplimiento de las leyes y normas de carácter global en materias como derechos humanos, protección del medio ambiente, limitación de armamentos (...). En concomitancia, los individuos privados y los grupos representativos deberían poder recurrir más al sistema judicial global contra los gobiernos que infrinjan los imperativos categóricos de la humanidad o transgredan las normas globales de cumplimiento obligatorio".

¿Cuánto consenso hubo en Washington?

A fines de los años ochenta, la participación de América Latina había descendido en el PIB mundial, en las inversiones extranjeras directas universales y en las exportaciones e importaciones planetarias. En dos décadas, sus guarismos habían decaído aproximadamente a la mitad (véase nota 17). En términos generales, podríamos decir que a la región se le presentaba, según la expresión de Robert Reich, la posibilidad de estar entre los "ganadores", o de ubicarse definitivamente entre los "perdedores". Se trataba, entonces, de huir desesperadamente de la marginación universal.

El fracaso de experiencias económicas heterodoxas en Argentina, Brasil y Perú —y el consecuente desencadenamiento hiperinflacionario— y el éxito de los modelos ortodoxos de Chile (particularmente a partir de 1982) y de Bo-

livia (1985), que a pesar de todo parecían eficaces, comenzaron a revertir el pensamiento de liderazgo en la región. La perspectiva de enfrentar la globalización con los instrumentos que habían derivado en la creciente marginación de la región —si no se viraba, obviamente, la globalización iba a profundizar la marginación— resultó revulsiva. La globalización de un capitalismo competitivo impide la permanencia de un capitalismo premoderno en la región a través de una matriz estadocéntrica y de corte patrimonial mercantilista.

D. C. North ha sostenido que el patrón de sustitución de importaciones del medio siglo reforzó las disfunciones centenarias de las instituciones existentes desde el molde colonial hispánico, obstaculizando el desarrollo del capitalismo de mercado. El giro de finales de los ochenta en la región tuvo como base el desmantelamiento de esa concepción y la decisión de poner a la región en la carrera por una mejor participación en la inversión y el comercio mundial.

La consecuente reforma económica —reforma y disciplina fiscal, privatización, desregulación, liberación comercial y financiera—[30] ha sido denominada "Consenso de Washington", a partir de que el economista John Williamson la acuñara en la Universidad de Maryland en marzo de 1991. A este respecto caben algunas precisiones. No se trata —según lo ha reconocido el propio autor—[31] de un modelo que resumiere la voluntad

[30] En rigor, el Consenso de Washington, según John Williamson, incluye: 1) disciplina fiscal, para no recurrir al impuesto inflacionario, esto es, déficit fiscales menores a 22% del PIB; 2) orden de prelación de los objetivos del gasto público, posponiendo los gastos de administración, defensa nacional, subsidios indiscriminados, hacia campos como infraestructura, salud y educación que mejoran los recursos; 3) reforma tributaria que amplíe la base impositiva; 4) liberalización financiera, aboliendo las tasas de interés preferenciales y logrando una tasa de interés real moderadamente positiva; 5) tipo de cambio unificado; 6) liberalización de comercio exterior con arenceles del entorno de 10%; 7) inversión extranjera directa, aboliendo las barreras que impiden su radicación; 8) privatización; 9) desregulación, de manera que se optimice la competitividad, y 10) derechos de propiedad, sin costos excesivos, para ponerlos al servicio del sector informal.

[31] Williamson ha aclarado, luego, que se trata de "medidas que se han venido gestando en

de Washington y al cual los gobiernos latinoamericanos se fueran adhiriendo, sino que antes, y como fruto de un duro aprendizaje, el liderazgo latinoamericano fue asumiendo la necesidad de aplicar determinadas medidas, que posteriormente estarán incluidas en ese paquete que encontrara la antedicha denominación. En segundo término, no se trató estrictamente de un modelo. Cada país latinoamericano buscó su adecuación particular; el hecho de concebir el "Consenso de Washington" como una receta no pasa de ser una simpleza a cargo de algún funcionario. En tercer término, entre las prioridades del Consenso de Washington se consideran políticas sociales claves —como el interés en educación y salud— para las cuales no había, según Williamson, mucho interés en Washington. Pero en la medida que coincidían dos vertientes de opiniones, sí eran fundamentales para el protagonista latinoamericano. El Consenso de Washington no fue más que la cristalización de un concepto genérico que expresa un momento del proceso de modernización latinoamericano —que surge de la peripecia histórica latinoamericana previa y propia— y no un paradigma; momento que encuentra, naturalmente, sus límites: el debate de hoy ha rebasado el Consenso de Washington, en temas como la mayor necesidad de integración social para sustentar el desarrollo, o "el regreso" del Estado —que debe

ser diferente del Estado anterior—. Para muchos autores, es necesario que éste cumpla un papel más trascendente que el que le otorgaba dicho Consenso.

Se equivocan quienes quieren ver en el Consenso de Washington un modelo, y quienes quieren ver, por ejemplo, en la superada crisis financiera de México, la caída de un modelo. Fue, sí, una fase ineludible de la funcionalidad integratoria, imprescindible para poder construir después los actuales formatos de regionalismos abiertos, los que precisan —a la hora de ligar economías— una coincidencia de conceptos macroeconómicos alineados en la apertura económica.

Los problemas del regionalismo abierto

En todo caso, el llamado Consenso de Washington fue posible por la convergencia de los valores democráticos y por la puesta en valor de la economía de mercado. Sobra decir que la conquista de la democracia latinoamericana no es un mérito que deba acreditarse —como bien lo ha señalado Sepúlveda— a los Estados Unidos. O'Donnell ha expresado que la globalización hace más necesaria la democracia, por dos razones: "una, es que la democracia es la positiva aceptación de la diferencia, de una multiplicidad de voces que aprenden a coexistir pacíficamente".[32] La articulación óptima de actores y productores en cada

respuesta a la formación gradual de un consenso político y económico latinoamericano (...). De hecho, creo que existió una evolución paralela en el pensamiento de Washington y de América Latina en el marco de una trayectoria intelectual de escala mundial". Aclaró, sí, que a su juicio hubo un consenso porque el mismo no recoge sólo lo que Washington quería, sino también aquello en lo que podía hacer consenso con el liderazgo latinoamericano. Williamson ha destacado la presencia, entre las prioridades del Consenso, de temas como la salud y la educación, para sostener que "puede probarse, en cierta medida, que el 'Consenso de Washington' y un gasto social eficaz desde el punto de vista de su costo, son factores que se complementan mutuamente, en lugar de ser antitéticos (...). La composición del gasto público importa mucho más que la cuestión en que se ha centrado la controversia, a saber, su nivel". Enfatiza incluso que "la aplicación del Consenso de Washington debe ser el punto de arranque para aquellos preocupados por la equidad".

[32] Guillermo O'Donnell.

país a que obliga la competividad internacional hace necesario perfeccionar esa coexistencia, para lo cual resulta obviamente funcional el procedimentalismo democrático. El segundo argumento de O'Donnell se refiere a que el Estado democrático puede cumplir ese óptimo a través de la antedicha función centralmente articuladora, lo que afirma su legitimidad desde que los protagonistas de las tareas sociales son "voces activas, no solamente recipiendarios pasivos".

México resulta un caso *test* de la relación entre globalización y democracia. No debe olvidarse que en los años anteriores al TLC el tema de la ampliación democrática mexicana venía incrementando su importancia en la agenda autónoma de esa nación, y que las grandes líneas de la política exterior estadunidense de los últimos años —promoción de la democracia y ajustes económicos estructurales— estaban trazadas también previamente y signaban de igual modo la relación entre los dos países, con o sin TLC. No se trata, pues, de que el TLC condicione la evolución democrática mexicana, sino que —como ha observado Olga Pellicer—,[33] en todo caso, el asunto de México tuvo mayor repercusión a raíz del tratado; ello llevó necesariamente a poner atención en las debilidades de su sistema político, relacionadas con el ejercicio de la democracia. Tal vez la coincidencia de las prioridades de la política exterior estadunidense y la evolución interna del país se hayan conjuntado el 1º de enero de 1994, cuando entró en vigor el TLC, al tiempo que se producía la insubordinación en Chiapas.

Los valores del mercado venían dados, por otra parte, por la propia globalización. Como lo ha dicho Cavallo, "la integración requiere orden, por ende estabilidad, y un conjunto mínimo de reformas económicas en cada una de las economías nacionales".[34] Al margen de los cuestionamientos que hoy se hacen al modelo de sustitución de importaciones, debe considerarse, a la hora en que las economías de la región comienzan a alinearse en políticas ortodoxas, que buena parte del éxito de estos modelos se apoya en la aptitud y el parque industrial implantados en esa época.

El discurso de regionalismo abierto —Mercosur o ALCA— sostiene que no se trata de los viejos esquemas cerrados de integración, sino de "ver la integración como una forma de facilitar también el proceso de inserción en la economía mundial globalizada y de apertura hacia terceros mercados, más que de bloque que se encerraba en sí mismo. Y esta idea se fue acentuando, nunca dio marcha atrás".[35]

La tesis de que en realidad el Mercosur supone una desviación de comercio, como sostenían importantes funcionarios estadunidenses —como, sin duda, lo ha supuesto el TLC—, se apoya en el gran crecimiento del comercio intra-Mercosur. El hecho de que el intercambio comercial del Mercosur haya crecido, por ejemplo, entre 1990 y 1996, 309%, y haya pasado a casi 15 000 millones de dólares (en 1985 era de 2 000 millones de dólares) determina una tasa anual de crecimiento de 22% que lo acercaría a los 30 000 millones de dólares para el año 2000, según ha previsto el presidente Sanguinetti en artículo para *Gazeta Mercantil*. La apertura comercial ha determinado, sin embargo, que en el mismo periodo las importaciones provenientes de la Unión Europea se hayan incrementado en 246%, y las embarcadas desde los Estados Unidos en

[33] Conversación con los autores en la ciudad de México, abril de 1996.
[34] Conversación con los autores en Buenos Aires, julio de 1996.
[35] Domingo Cavallo, conversación citada.

195%. Probablemente, Fred Bergsten[36] se ha basado en este tipo de información para afirmar que las zonas de libre comercio contribuirán al avance del libre comercio mundial, porque juegan como factor exógeno fortalecedor de la liberalización comercial de los países subdesarrollados. Para Lowenthal, la garantía de que estos procesos conserven su apertura reside en la capacidad de los países miembros del conjunto integrado por buscarse socios en otras partes del mundo. Por su parte, Albert Fishlow resume el problema aseverando que el regionalismo debe convertirse en una ruta, antes que una opción, hacia el globalismo.

El debate sobre el regionalismo abierto se ha intensificado en los últimos meses. Alexander Yeats (Banco Mundial), por ejemplo, ha escrito para el *Wall Street Journal* un artículo titulado: "¿Justifica la representación comercial del Mercosur las preocupaciones por los efectos de reducción de bienestar global de los acuerdos comerciales regionales? Sí", donde sostiene que —sobre todo en el mercado de bienes de capital— la integración protege a los productores ineficientes y se aleja de los criterios convergentes de la Organización Mundial del Comercio. El tema de la compatibilización de los acuerdos regionales con la OMC parece ser una de las claves del futuro del comercio mundial.[37]

En respuesta a Yeats, Robert Devlin[38] señala que las importaciones de Mercosur, a diferencia de las exportaciones, no han sufrido modificaciones en su estructura; antes bien, las originadas en el TLC

aumentaron su participación de 23 a 24%, las de la Unión Europea se acrecentaron de 23 a 29%, y las de Japón y los países de reciente desarrollo crecieron de 8 a 11%; así, se redujeron las importaciones de los países menos desarrollados, por lo cual no es posible hablar de desviación de comercio. Ello obedece, entre otras causas, a que entre 1990 y 1995 el arancel promedio de los países de la región para productos elaborados descendió de 25 a 12%. El regionalismo abierto se ha mostrado, luego, como un eficaz receptor de productos del resto del mundo.

El lector podrá leer las preocupaciones del presidente Zedillo con respecto al Mercosur (que no se convierta en un "mecanismo de cerrazón"),[39] o las de Rosenthal ("Aquí estamos tratando de sostener lo imposible: que regionalismo y globalización son complementos"). Bernard Aronson[40] y Carlos Escudé[41] mostraron —desde referenciamientos diferentes— su preocupación con respecto a la eventual utilización estratégica del Mercosur por parte de Brasil para confrontar comercialmente a los Estados Unidos, lo que lo haría inviable según las dos opiniones.

Esto nos lleva de la mano a otro asunto que se ha planteado de manera incipiente: ¿América Latina es más o menos autónoma para tomar decisiones, después del fin de la Guerra Fría?

Hurrel contesta que no: "Al revés de lo que ocurre en otras partes del mundo en desarrollo, la terminación de la Guerra Fría no ha abierto un 'espacio regional' autónomo en América La-

---

[36] Del Instituto de Economía Internacional de Washington.

[37] Jaime Serra, Carla Hills y Michael Wilson hacen su aporte de ideas para esta compatibilización en "Reflection on Regionalisms".

[38] Jefe de la División de Integración, Comercio y Asuntos Hemisféricos del BID; su artículo "En defensa del Mercosur" se puede consultar en *Archivos del presente,* núm. 7, Buenos Aires.

[39] Ver alusión a este tema en entrevista con Ernesto Zedillo en la p. 100.

[40] Conversación con los autores, Washington, septiembre de 1996.

[41] Conversación con los autores, Buenos Aires, septiembre de 1996.

tina".[42] Testimonios frecuentes recogidos en Washington ven la autonomía restringida en la medida que, con el fin de la Guerra Fría, América Latina ha perdido capacidad de "chantaje" en cuanto a no usar la opción soviética y mantener el alineamiento con los Estados Unidos. Por lo mismo, el desinterés de este país hacia Latinoamérica, luego de la caída del Muro de Berlín, fue el primer pronóstico que se hizo respecto de las repercusiones de ese hecho en nuestra región.

Maira,[43] por el contrario, ha sostenido que en realidad la autonomía ha aumentado: "Es cierto que en el periodo actual hay un reconocimiento más homogéneo de los criterios y valores asociados a la democracia liberal, pero esto dista de generar un modelo político global. Por el contrario, en los países tiende a existir un mayor margen de maniobra en cuanto a la conducción de sus gobiernos y a la definición de sus opciones internas y externas, como lo confirma un examen sucinto de lo que hoy ocurre en regiones como Europa, el Asia del Pacífico, África y la propia América Latina".[44]

En el terreno más precisamente económico, la teoría de la mayor autonomía no sólo se apoya en el mayor grado de libertades comercialmente asociativas vigentes, sino dentro de un marco macroeconómico apuntalado en premisas parecidas: los modelos japonés, estadunidense, renano y el del sudeste asiático, etcétera.

Para muchos países, el acceso a la in-

[42] Andrew Hurroll, "Regionalismo en las Américas", en *América Latina en un mundo nuevo*, Lowenthal y Traventon (comps.).

[43] *Op. cit.*

[44] Paul Kennedy, Robert Chase y Emily Hill de la Universidad de Yale se plantean la necesidad de que los Estados Unidos diseñen principios para una estrategia nacional sobre los cuales fundar un nuevo orden internacional posguerra fría. Básicamente plantean que los Estados Unidos son el país beneficiario del *statu quo*. Y ése debe ser el objetivo del nuevo orden. "Para ello, los Estados Unidos deben mantener como prioritarias sus relaciones con Europa, Japón, Rusia y China. Sin embargo, el interés nacional de los Estados Unidos requiere también estabilidad en partes importantes del mundo en desarrollo". Los Estados Unidos deben focalizar sus "esfuerzos sobre un pequeño número de naciones cuyo destino es incierto y cuyo futuro afecta profundamente a las regiones circundantes. Son éstos los Estados pivote".

Estado pivote "es un país cuyas decisiones podrían no sólo afectar el destino de su región sino, también, la estabilidad internacional". "La asistencia preventiva a los Estados pivotes, para reducir la posibilidad de colapso, serviría mejor a los intereses norteamericanos". Siempre es mejor reaccionar antes que después, aunque el Congreso y la opinión pública puedan no estar de acuerdo. Las amenazas son ahora la sobrepoblación, la migración, la degradación del medio ambiente, la inestabilidad económica y los conflictos étnicos en países como México, Brasil, Argelia, Egipto, Sudáfrica, Turquía, India, Pakistán e Indonesia. Brasil limita con todos los países sudamericanos, excepto con Ecuador y Chile. Está poblado por 155 millones de habitantes. Padece inequidad, educación deficiente y desnutrición. "Si Brasil se desplomara, las consecuencias desde el punto de vista económico y del medio ambiente serían graves. La cuenca amazónica contiene el bosque tropical más grande del mundo y ostenta una biodiversidad inigualable. El ordenamiento de plantas y árboles en el Amazonas es una importante fuente de productos farmacéuticos naturales. La deforestación podría diseminar también enfermedades, ya que huestes naturales de virus y bacterias se desplazarían a otras regiones.

"Un colapso social y político afectaría directamente intereses económicos e inversiones norteamericanas significativas. El destino de Brasil está inextricablemente unido al de toda la región sudamericana... y ahora es potencialmente el mercado de más rápido crecimiento para las empresas de los Estados Unidos en las décadas por venir. En suma, si Brasil tuviera éxito en estabilizarse en el largo plazo, reduciendo la brecha entre ricos y pobres, abriendo más tarde sus mercados y privatizando sus a menudo ineficientes industrias estatales, podría ser un motor poderoso para la economía regional y un estímulo para la propiedad de los Estados Unidos. Si fracasara, los norteamericanos resentirían las consecuencias".

tegración económica ha supuesto un paso adelante para desempeñarse en un contexto de mayor autonomía, pero al mismo tiempo ha implicado una menor autonomía respecto del Estado líder del conjunto integrado. Algunas resistencias encontradas en Argentina, por ejemplo, en realidad rechazan la teoría de los Estados pivote, que prevé un ordenamiento global con base en países hegemónicos regionales: en el caso referido, Brasil.

Desde otro ángulo, militar ahora, la mayor autonomía no es simplemente un dato del nuevo orden, sino un objetivo fundamental.[45]

De todos modos, en América Latina se percibe esa autonomía latente (integrarse con otro bloque —Europa, por ejemplo—, no integrarse con nadie y concertar todo a través de la OMC, establecer múltiples acuerdos simultáneos con otros organismos como con los siete países del sudeste asiático reunidos en ASEAN) como cartas en la manga, antaño imposibles, a la hora de sentarse a negociar con los Estados Unidos.

Esta multiplicidad de alianzas tácticas posibles, facilitada por la eliminación de la rigidez impuesta por la Guerra Fría, deriva también del predominio de la economía en la agenda posterior a aquélla. Las alianzas se definen por los intereses, no por las lealtades político-militares o ideológicas, que son inevitablemente más estables, según Celso Lafer.[46]

La autonomía no es otra cosa, pues, que la capacidad que tienen tanto los países como las regiones integradas para obtener los beneficios del intercambio económico internacional resguardando, sin embargo, el máximo de libertad de opciones.

La Guerra Fría era un articulador de la política exterior estadunidense, que, como se sabe, se conforma por el acumulado de varias voluntades en diferentes áreas del Poder Ejecutivo y el Congreso. El fin de la Guerra Fría desarmó el elemento que estructuraba la política exterior, de modo que frecuentemente cada agencia apareció con su acento pro-

[45] Coronel Geraldo Lesbat Cavagnari, director del Núcleo de Estudios Estratégicos de la Universidad Estatal de Campinas. "El avance en esa dirección deberá ser útil en la medida en que proporcione mayor presencia de América del Sur en las decisiones internacionales, para poder influir progresivamente en cuestiones de interés directas, sin intención de enfrentamiento con las grandes potencias. Sin duda, es una reivindicación que sólo será plenamente atendida con la afirmación de la autonomía sudamericana. Si la construcción de un espacio económico fuerte y competitivo es la etapa inicial del esfuerzo conjunto, la autonomía debiera ser el punto culminante de todo el proceso de integración sudamericano. Es un amplio compromiso de seguridad regional.

"Por lo pronto, para que se afirme la autonomía sudamericana en el contexto de las relaciones mundiales de fuerza se impone el rechazo del continente a la hegemonía. No hay duda de que existe una voluntad de romper con ella. Pero, en realidad, los Estados Unidos rehúsan renunciar al ejercicio de su hegemonía. El agotamiento del sistema interamericano no es, necesariamente, el agotamiento de esa hegemonía. Aunque se extingan todas las estructuras que garantizan el control norteamericano en América del Sur, los Estados Unidos continuarán ejerciéndolo mientras tengan una función que cumplir por su seguridad. De este modo, el proceso de integración no deberá representar una ruptura con esa superpotencia, pero sí un fortalecimiento del conjunto frente a ella."

[46] Celso Lafer, "América Latina en un nuevo mundo", *Brasil en nuevo mundo* (Lowenthal, y Treverton, comps.), 1994. "Igualmente operan diferentes geometrías por encima del nivel de las grandes potencias. Brasil, por ejemplo, se ubica al lado de países desarrollados como los Estados Unidos y Australia en las negociaciones del GATT con la Comunidad Económica acerca de la agricultura, pero está más cerca de otros países en cuestiones como el acceso a mercados de manufacturas o el tratamiento de los servicios. Otras alianzas que no serían obvias por adelantado son la cercanía de la mayoría del Grupo de los 77 y los países nórdicos en lo tocante a los problemas ambientales."

pio de política, y en consecuencia descoordinadas.

América Latina —particularmente el Cono Sur de América del Sur— comienza a organizar su política externa común, en el momento de menor articulación de la política exterior estadunidense sobre la región.

Es posible detectar en el inicio de esa construcción —que derivaría en el Mercosur— un núcleo duro brasileño resistente al alineamiento automático con los Estados Unidos.[47] Se ha dicho que existe una paradoja en la posición internacional de Brasil: ahora el mundo es mucho más importante estratégicamente para Brasil que a la inversa. Para lo cual, agrega Celso Lafer,[48] "el objetivo fundamental de la política exterior actual —la inserción competitiva de Brasil en el mundo— debe alcanzarse mediante asociaciones operativas predominantemente económicas, pero en algunos casos de contenido político".

La idea brasileña de llegar a las negociaciones con los Estados Unidos con un recorrido previo que le haga ganar tiempo de adecuación y acumular fortaleza de negociación[49] es descrita por Hurrel: "la cooperación subregional [es] un instrumento de regateo frente a Washington". Uno de nuestros entrevistados fue —off the record— todavía más

gráfico: "El arancel externo del Mercosur está hecho para que Brasil gane tiempo". Peter Hakin[50] sostuvo que en la relación entre estos dos fenómenos de regionalismo abierto —Mercosur y TLC—, "hay una visión brasileña que concibe el proceso como una negociación hacia un acuerdo y una visión de los Estados Unidos que piensa que si todos actúan correctamente liberando su comercio, el acuerdo vamos a tenerlo de modo automático". Sin embargo, el problema básico de la alternativa inicial a la negociación por bloques era que el primer proyecto de bilateralizar los acuerdos de los Estados Unidos con cada país de la región suponía poner en manos de este país la capacidad de discriminación secuencial, ordenando de acuerdo con sus intereses la agenda integradora.

Mientras tanto, la integración modular o escalonada planteada desde el Mercosur va avanzando. Realizados los acuerdos de libre comercio con Chile y Bolivia, en trámite con Perú, en el acta de Sucre de abril de 1997 los países de la Comunidad Andina (Colombia, Ecuador, Venezuela y Bolivia) se fijan ocho meses para concluir la negociación con el Mercosur. Sudamérica, entonces, estaría convertida ya en una zona libre de comercio.

Bernard Aronson, por ejemplo, co-

---

[47] Para ver el proceso del nuevo relacionamiento entre Argentina y Brasil en los años ochenta, consúltese Diego Achard, *Las élites argentinas y brasileñas frente al Mercosur,* Manuel Flores, Luis E. González, BID-INTAL, 1994.

[48] Celso Lafer, artículo mencionado.

[49] En abril de 1997, la declaración presidencial que coronó el encuentro Cardoso-Menem sostuvo que "el Mercosur intensificará la integración interna, de modo de conservar su identidad y su singularidad. En consecuencia, la velocidad relativa en la que debe avanzar la consolidación y profundización del Mercosur debe ser mayor que su relacionamiento externo". La secundarización del relacionamiento interno fue subrayada por el canciller Di Tella, quien agregó en la rueda de prensa de dicho evento que "tenemos proyectos hacia Europa y hacia el hemisferio que deben ser compartibles con un Mercosur permanente". Obviamente la tesis del Mercosur permanente descarta que sea subsumido en otra entidad. Pocos días después, en Montevideo, en mayo de 1997, el presidente Cardoso alienta al Mercosur a dar "los pasos necesarios para tener más fuerza en las negociaciones del ALCA", lo que pasa, agregó, por consolidar su futuro como tal.

[50] Peter Hakim, presidente de Diálogo Interamericano, en entrevista personal con los autores, junio de 1995.

mentó con los autores[51] que le parecía correcta la afirmación de Kissinger en el sentido de que los Estados Unidos no le han prestado suficiente atención a Brasil.

La idea de un bloque sudamericano no es necesariamente disfuncional al nuevo orden, en opinión de Viron Vaky,[52] sino que es posible la coexistencia de los dos bloques —Sudamérica y Norteamérica— en tanto tales, sin profundización absoluta de su relación. En su opinión, esta funcionalidad depende de la aptitud de cada bloque para el multilateralismo, para acordar principios y reglas que le den a cada jugador *predictibility*. La "irritación" que provocan en los Estados Unidos las pretensiones de Brasil, afirma, no tiene razón en la nueva lógica que debe premiar a los ordenadores de bloques o sub-bloques. Los Estados Unidos, añade, necesitan de ese multilateralismo —campos de cooperación y negociación ordenados— porque así restringe sus responsabilidades, ya que no las puede concentrar todas.

Vaky vislumbra el *path* de la unión sudamericana como la integración de tres bloques subregionales y el *access* Argentina-Brasil como el centro neurálgico de la entidad.

La relación con Argentina es básica para Brasil[53] en la lógica modular, y parece que ha habido una clara evolución de la Argentina de 1994, que aspiraba públicamente a integrar bilateralmente el TLC, respecto de ésta de ahora, defensora ahincada de la profundización del Mercosur.[54] En todo caso, la principal preocupación argentina parece apuntar a las eventuales y básicas volatilidades financieras que se pueden presentar súbitamente ante cualquier crisis de confianza. Las repercusiones en Argentina del "efecto tequila", hoy superadas, parecen haber dejado huella en la sensibilidad argentina. Tal vez por ello es que el presidente Menem insiste en la creación de un Fondo Monetario del Mercosur: si viene la crisis, que Brasil arme para Argentina el plan de rescate que los Estados Unidos instrumentaron para México.[55]

Si la marginalización del sur en la intemperie globalizada actuó como disparador de un impulso integrador que sepultó las heterodoxias y los resabios de cepalinos —cuya acta de defunción fueron los acuerdos Collor-Menem—, la conveniencia de la marginalización fue también la que apuró a México a ingre-

---

[51] Entrevista con los autores, septiembre de 1996, Washington. En su comentario, el señor Aronson expresó que América Latina es más importante para los Estados Unidos de lo que éstos han reconocido. Los Estados Unidos, agregó, sólo han mirado hacia el sur en épocas de crisis para optar entre malas opciones. Ahora existe una oportunidad para mantener relaciones maduras, añadió.

[52] Entrevista con los autores, junio de 1996, Washington. Viron Vaky fue subsecretario de Estado para América Latina durante la administración Carter.

[53] Así como en Europa para el país económicamente más fuerte ha sido fundamental la alianza con otro país importante —el eje Alemania-Francia— para evitar una coalición antialemana, el *test* que demuestra la existencia de un Brasil no "imperialista" es su buena relación con Argentina.

[54] En abril de 1997 el presidente Menem, luego de un encuentro con el presidente Cardoso, declaró que el TLC es un proyecto "complementario" del Mercosur y agregó: "no creo que tengamos una especie de temor reverencial a los Estados Unidos a Canadá o al NAFTA. Estamos en igualdad de condiciones para tener o compartir el liderazgo. El Mercosur es muy fuerte. Los problemas existentes en el NAFTA son muy superiores a los que tiene el Mercosur. Aquí existe circulación de bienes y de personas y las fronteras están abiertas". En su entrevista en este libro, el presidente Menem se refiere al TLC diciendo que todos los países de ALADI ya se olvidaron del mismo, ya que en él "hay severos problemas".

[55] En la entrevista con el presidente Menem transcrita en este libro, el mandatario plantea este tema.

sar al TLC. El viaje a Europa del presidente Salinas —en un momento en que Europa parecía dispuesta a volcar todo su capital únicamente en Europa del Este— puso en marcha la iniciativa mexicana, imposible de concebir en el México que habitaba un mundo con los hiatos de la oposición Este-Oeste. Sin embargo, la focalización de México hacia el Norte va dando paso a un espacio de relación con el Sur, que equilibre políticamente la natural influencia de sus asociados nórdicos. No obstante, en el tránsito, núcleos importantes de la élite mexicana pudieron preguntarse ¿para qué mirar al Sur si el paradigma de la integración latinoamericana está muerto? En la entrevista con Víctor Urquidi se alude a ese escepticismo.

El campo de las razones que explican los procesos de integración en cada país —al margen de las comunes que se refieren a la globalización— es muy variado. Paul Krugman sostiene,[56] por ejemplo, que la decisión estadunidense fue, a diferencia de la mexicana, de motivación más política que económica. El TLC suponía implícitamente —según Richard Feinberg[57] y Vaky— la democratización de México, dada la relación para ellos indisoluble entre mercado libre y democracia. En la visión de Carlos Escudé,[58] existe un cierto paralelismo en el caso Argentina-Brasil. Sostiene que para este último el Mercosur es un proyecto estratégico en el campo de la política exterior,

mientras que el interés argentino es exclusivamente económico.

En los casos paraguayo y uruguayo,[59] otras causas de impulso integrador fueron, por ejemplo, un "reaseguro democrático", que operó sólo en el primer caso, y una "modernización exógena", en el segundo.

Sobre el eje de la respuesta de integración frente a la globalización se articulan intereses nacionales coadyuvantes de la estructuración de la integración modular. Ésta genera reacciones de aceptación (como la de los liberales estadunidenses) o de rechazo (manifestaciones recientes de funcionarios de la secretaría de comercio estadunidense) en el TLC. En América Latina, a su vez, la ruta modular suele concebirse como la integración hemisférica propuesta por el presidente Bush en la Iniciativa para las Américas (junio de 1990) o el presidente Clinton en la Cumbre de las Américas (diciembre de 1994).

El debate sobre ALCA implica varios debates subterráneos. Básicamente, es imposible entenderlo si no se repara en los procesos de elaboración de la política exterior de Brasil y de los Estados Unidos, y si no se percibe que, en ninguno de los dos casos, están definidos los límites que se pretenden alcanzar ni, consecuentemente, las prioridades.

El regionalismo abierto es un producto intelectual latinoamericano. Es con ese concepto que México pide su ingreso

[56] Paul Krugman, "La incómoda verdad sobre el NAFTA", *Foreing Affairs,* noviembre-diciembre de 1993. Allí afirma que "la verdad sobre el NAFTA puede ser resumida en cinco proposiciones. El NAFTA no va a tener efecto en el número de empleos de los Estados Unidos. El NAFTA no va a dañar y tal vez ayude al medio ambiente. El NAFTA, sin embargo, solamente producirá una pequeña ganancia en ingresos totales reales de los Estados Unidos. El NAFTA probablemente también lleve a una pequeña caída en los salarios reales de los trabajadores no calificados de los Estados Unidos. Para los Estados Unidos, el NAFTA es esencialmente un tema de política exterior más que económico".

[57] Entrevista con los autores, junio de 1996, Washington. Richard Feinberg fue responsable de América Latina en el Consejo de Seguridad Nacional del presidente Clinton.

[58] Entrevista con el autor, septiembre de 1990, Buenos Aires.

[59] Véase *Estudio de la variable política en el proceso de integración regional de los países pequeños del Mercosur,* Achard, Flores, González, BID-INIAL, 1993.

al TLC. Es con ese concepto que Sudamérica arma el Mercosur. Los estadunidenses concurren a la Cumbre de Miami con prioridades derivadas de la búsqueda de un liderazgo político en el seno de un concierto democrático. Son los latinoamericanos quienes apremian la agenda con el tema de la integración económica.

Pero debajo de ese regionalismo abierto subyacen diversos proyectos. Para muchos, el Mercosur prefigura una identidad latinoamericana esencial[60] que se basta a sí misma. Esa lógica no intentará apurar, obviamente, el avance del ALCA, sino que se siente más a gusto con la propuesta del presidente Itamar Franco de formar la Asociación de Libre Comercio de Sur América (ALCSA).

Visiones más economicistas recomendarán una política brasileña de retención de tiempos. José Augusto Guilhon Albuquerque, de la Universidad de São Paulo,[61] observa que, sumergido en un agudo déficit comercial en medio de un plan de estabilización, Brasil no está en condiciones de permitir un ingreso masivo de productos de los Estados Unidos. Agrega: "Siendo así, cualquier negociación que implique mayor acceso de los Estados Unidos a nuestro mercado, sea en términos de liberalización arancelaria, sea en términos de reglas GATT-plus relativas a servicios, propiedad intelectual, etc., es encarada con gran reserva, como amenaza a la consolidación de la estabilidad y al retorno del crecimiento".

Otro punto para el que Brasil no parece sentirse preparado es el que atañe a los llamados "nuevos temas": *dumping* social (compensaciones por competitividad con países de costos salariales más bajos), medio ambiente, servicios, patentes, agricultura, regulaciones laborales. Estos temas van a incluirse en la nueva ronda de la OMC —que probablemente se abrirá a partir de 1999— y se regularán para todo el globo; por tanto, Brasil no obtiene ninguna ventaja de ajustarse a ellos previamente en la negociación con los Estados Unidos.

[60] Alberto Methol Ferré, "La batalla por América Latina", *Cuadernos de Moroha,* marzo y abril de 1997. "Para nosotros el Mercosur es ante todo una alianza de Argentina y Brasil [...]. Esta alianza supone la conjugación íntima de los dos rostros básicos de América Latina: el mestizaje de sello principal castellano y el mestizaje de sello principal portugués. Esos dos rostros configuran juntos América Latina. Desde su origen, el Mercosur es la alianza de los dos rostros esenciales de América Latina. Por eso su repercusión en toda América Latina [...]. Para nosotros el objetivo explícito del Mercosur es un mercado común, si es sudamericano, mejor. El camino de la liberación va más allá. El Mercosur lleva inexorablemente más allá del mercado. Esto supone que es posible en América del Sur una gran nación continental latinoamericana bilingüe, una confederación latinoamericana de América del Sur [...]. En cambio el TLC es lo contrario: supone dos círculos histórico-culturales distintos que quieren libertad de circulación de mercaderías pero no de personas. Es decir, quiere sólo mercado. No quiere fusión panamericana de pueblos. No busca la libre circulación de personas. Quiere comercialismo puro. No más allá. El Mercosur sí, pues quiere la confluencia de los pueblos latinoamericanos de América del Sur." Y afirma, cuando se refiere al crecimiento del Mercosur hacia los países andinos: "Este segundo momento de 'ampliación' es constitutivo de la vocación del Mercosur. No le es un añadido extrínseco. Integra la problemática del 'adentro' del Mercosur, no el 'afuera'. Esto lo sabemos todos, aunque no se diga. América del Sur es la unidad realizable de América Latina. Lo demás es infinitamente más problemático. Tal la realidad y probabilidades de nuestro círculo histórico-cultural en la constelación mundial de los poderes efectivos".

Sin sostener tesis parecidas a las de Methol, Ricardo Lagos le ha dado mucha importancia a este Brasil del portuñol que redescubre América Latina.

La homogeneidad de los países de América Latina —una veintena de países que hablan la misma lengua, sumados a otro país, grande como un continente, que habla una lengua muy parecida— es, obviamente, mayor al principio general europeo de un país una (o varias) lengua.

[61] *Gazeta Mercantil,* abril de 1997.

Albuquerque apunta, sin embargo, más a fondo: aludo a las carencias de la política exterior brasileña: "Brasil parece abrir varias puertas simultáneamente para impedir con eso que cada una de ellas se abra demasiado", señala.

Pero esta precaución obedece a la carencia de objetivos claros. Subraya que lo que falta es una jerarquización de objetivos que permita convertir la cautela en un medio para alcanzar aquéllos y no en un fin en sí mismo.

Una clave para entender la política exterior brasileña es percibir que se está en presencia de una coalición heterogénea integrada por liberales y proteccionistas que coinciden en cuanto al tema de "ir despacio" en relación con el ALCA. El mejor exponente de esa posición es el propio presidente Cardoso. La crítica a esa política de parto de algunos dirigentes brasileños es que eso de "ir despacio" en realidad implica no saber bien a dónde ir.

Si la elaboración de la política exterior brasileña ha merecido reparos, lo mismo ocurre con el proceso estadunidense. La coparticipación del Congreso y la postergación del *fast track* a Chile —probable consecuencia de la crisis mexicana— supusieron un empantanamiento de la política estadunidense en la región. Este gozne de la política exterior de los Estados Unidos lo convierte en un pasivo en cuanto a la credibilidad integradora de ese país, acusado de no tener política al respecto.[62] Por un lado, el presidente Cardoso ha dicho que no puede hablar seriamente del ALCA hasta que esté otorgado el *fast track* del Congreso. La reunión hemisférica de ministros de comercio en Belo Horizonte dio pie a que el Mercosur condicionara el inicio de las negociaciones del ALCA en marzo de 1998 cuando estuviera aprobado el *fast track* para toda la región.

Al mismo tiempo, se acuerda una profundización tal del Mercosur que lleva al ministro de Economía de Argentina a anunciar —luego de la Cumbre Cardoso-Menem— la moneda única a partir del año 2001, con la consecuente coordinación de políticas macroeconómicas y la libre circulación de capital y trabajo. Anunció, asimismo, que se acordará el mercado común de capitales y las políticas tributarias.

La articulación sudamericana que se vislumbra se apoya, además, en una matriz energética integrada, al igual que en el origen del Mercado Común Europeo. Brasil importará, por ejemplo, petróleo de Argentina y Venezuela, energía eléctrica de Venezuela, gas de Perú y Bolivia, y producción hidroeléctrica de Paraguay.[63] Gasoductos, oleoductos y carreteras componen así una integración física. Se viene de inaugurar la carretera Arica-La Paz, de modo que puede recorrerse en cinco horas; Argentina construye el gasoducto hacia Chile, y este país exportará, en pocos años, energía hidroeléctrica hacia Argentina. De los 12 pasos fronterizos entre Argentina y Chile hay sólo uno asfaltado, pero 10 más están en ese proceso. Los corredores bioceánicos saldrán hacia el Pacífico por Chile y Perú: en no mucho tiempo, la Amazonia se recostará sobre el Pacífico.

---

[62] La respuesta del señor Aronson a los autores con respecto a la falta de políticas es interesante, ya que se refirió al cambio revolucionario que lograron los Estados Unidos al sustituir la doctrina de la no intervención por la defensa colectiva de la democracia. Eso fue la capitalización del fin de la Guerra Fría. La respuesta del señor Feinberg fue parecida a la anterior: la política exterior estadunidense es democracia y libre comercio. La mala prensa del TLC en los Estados Unidos después del "efecto tequila" es considerada por todos, sin embargo, un dato insoslayable para un Congreso que coelabora la política exterior.

[63] En la entrevista realizada al presidente Cardoso en este libro, él se refiere al punto.

El acuerdo del Mercosur con Chile abre la dimensión pacífica de la integración a través de un país que integra la APEC y que ya mantiene un tercio de su comercio con Asia.

Chile ha sido un buen *test* de las diferentes pulsiones integradoras. Mientras el *fast track* no llegue (su carácter es más bien simbólico porque no altera la corriente comercial ya existente, pero supondría una integración a distancia por parte de los Estados Unidos), Chile ha profundizado su relación latinoamericana. Entre otros medios, a través de fuertes inversiones en el área. Chile tiene bien diversificado su comercio y aspira a ampliarlo en todos sus rubros, pero con uno solo de sus destinos —en principio, con menos comercio que con Europa, Japón y los Estados Unidos— puede hacer la integración física; por eso, ésta reviste un carácter estratégico.

Para Brasil, la salida al Pacífico lo pone directamente en línea con Asia.

Convendría concluir este apartado haciendo un deslinde necesario. El proceso de reforma económica no ha supuesto, en rigor, un nuevo modelo, sino que él está en construcción, siendo Latinoamérica un laboratorio que lo somete a las máximas tensiones. Esa construcción parece posible dados los nuevos márgenes de autonomía que tiene la región (democracia, conjunto de masa crítica industrial, ajustes para hacer competitivos los sistemas, que tienen que huir de la marginación económica internacional). El tipo de inserción internacional definirá buena parte del nuevo modelo, y América del Sur se pregunta si ello pasa por la integración hemisférica o la posibilidad de convertirse en un jugador global. Estas decisiones precisan, como insumos simultáneos, que los países sean capaces de procesar los conflictos proteccionistas, lo que a su vez requiere que las élites procesen la integración como un proyecto político con objetivos claramente establecidos.

¿Qué pueden buscar los Estados Unidos con la integración hemisférica?

Sin lugar a dudas, los Estados Unidos han fortalecido su poderío militar y su fuerza ideológica, pero se ha debilitado su peso económico. Representaban un tercio del PIB mundial a fines de la segunda Guerra y hoy representan un quinto. Diversos autores señalan, luego, que cada bloque económico precisa de miembros capaces de ofrecer mano de obra barata y mercados con capacidad de crecer.

Cuando se lanza la iniciativa de las Américas, en seguida de la caída del Muro de Berlín, había incertidumbre sobre el destino de la economía global; Europa recibía, como herencia de la crisis soviética, los problemas del Este europeo; los países capitalistas del Asia del Pacífico crecían cada vez más, y la ronda Uruguay del GATT no avanzaba. Todo ello hacía lógico que los Estados Unidos concibieran el proyecto hemisférico.

América Latina es, en muchos aspectos, el mejor mercado para los Estados Unidos, cuya participación comercial es de 50%, aproximadamente. Es un mercado de exportación y socio comercial importante, con población joven, clase media emergente y patrón de consumo generado por la influencia estadunidense en las comunicaciones.

Los acuerdos de integración planteados, según Hurrell,[64] traen, como beneficios económicos, accesos a mercados, regímenes de inversión favorables, protección adecuada de patentes y un marco político para el manejo conjunto de

---

[64] Andrew Hurrell, "Regionalismo en la Américas", *América Latina en el nuevo mundo*, Lowenthal y Treverton (comps.), 1994.

problemas como el narcotráfico, la migración y el medio ambiente. Mientras Europa oriental atraviesa una situación difícil —Rusia es un caos y existen fricciones políticas con China— América Latina se presenta, con 430 millones de habitantes, como un espacio en que la economía de mercado viene avanzando disciplinadamente y donde hay crecimiento económico. Abraham Lowenthal[65] señala, como factores de conveniencia estadunidense, el crecimiento de las exportaciones y las inversiones en América Latina, y la importancia del suministro petrolero desde dicha región.[66]

En tales condiciones, Aronson arriesgó la tesis de que la región puede convertirse en modelo del nuevo orden para el resto del mundo, dado que es el primer hemisferio que ha declarado la democracia como única forma de gobierno —con un énfasis que no existe en Asia, ni en África, ni siquiera en Europa— y dado que también sería el único hemisferio comprometido con el libre comercio. La relación con América Latina es vista como un banco de pruebas universal. Pero no todo es tan sencillo. Se ha dicho que, en realidad, los Estados Unidos tienen cuatro opciones (apoyarse en el GATT y en la globalización abierta; optar por el regionalismo hemisférico del ALCA;

elegir el regionalismo subcontinental con Centroamérica y el Caribe, y extender el TLC a Asia), y que la opción hemisférica —favorecer a los productores latinoamericanos menos eficientes en contra de los productores asiáticos más eficientes— minaría la competitividad de su industria.

La idea de algunos académicos estadunidenses y latinoamericanos de que el fin de la Guerra Fría llevaría a segundo término el papel de América Latina ha sido desmentida por los hechos. En abril de 1993, por ejemplo, luego del cónclave Chretien-Clinton, ambos señalaron con preocupación que por primera vez el Mercosur había comenzado a comerciar más con Europa que con Norteamérica.

La afirmación de la democracia, el ajuste estructural y el libre comercio como principios de la política exterior de los Estados Unidos arroja también algunos cuestionamientos en la medida que se sostiene que hay otras prioridades para este país.

Por un lado, en los casos de Haití y Paraguay, los Estados Unidos asumen su papel y salen en defensa de la democracia; pero se ha planteado la pregunta: ¿qué habría pasado si no hubieran dado prioridad a la democracia en la escena latinoamericana? Porque no necesaria-

[65] En la misma obra.
[66] Dice Lowenthal: "El primer valor de América Latina para los Estados Unidos es económico. A medida que los países de la región se levantan de la recesión, América Latina se ha convertido de nuevo en el mercado de más rápido crecimiento para las exportaciones estadunidenses, como ocurrió también en los años sesenta. Los países latinoamericanos están comprando más de 65 000 millones de dólares de exportaciones estadunidenses por año, más que Japón o Alemania, y la tasa de crecimiento de las exportaciones estadunidenses a América Latina en los últimos años ha sido tres veces mayor que la de las exportaciones a todas las demás regiones. La importancia de América Latina como un mercado de exportación es especialmente grande en una época en que ha aumentado la dependencia de los Estados Unidos de su comercio exterior, y cuando la recuperación de la competitividad de las exportaciones es uno de los objetivos fundamentales de este país. También están aumentando las oportunidades de inversión para las empresas estadunidenses, a medida que las perspectivas de la recuperación y el aumento de su mercados vuelven atractiva a América Latina, y a medida que los inversionistas advierten que la combinación de recursos de la región, su infraestructura, la educación de su fuerza de trabajo y su larga experiencia con economías de mercado la convierten en una apuesta mejor que la de los antiguos países comunistas. América Latina sigue siendo también fuente de cerca de 30% de las importaciones petroleras de los Estados Unidos".

mente la democracia en Latinoamérica —salvo en lo axiológico— es fundamental para los Estados Unidos.

La agenda hemisférica estadunidense registra, además, temas como el narcotráfico, la inmigración y el medio ambiente, que no se pueden atacar unilateralmente porque requieren cooperación interamericana.

Dos aspectos llaman la atención a los observadores latinoamericanos. Apoyada en los problemas de esa agenda —caso narcotráfico— la justicia estadunidense ha extendido la territorialidad legal de los Estados Unidos para actuar en otros países, con el fin de aprehender a extranjeros y llevarlos a juicio.

Jorge Castañeda hizo notar que la invasión a Panamá constituye el primer caso de intervención directa y abierta de los Estados Unidos en América Latina, después de la segunda Guerra Mundial, que no tenía origen en la Guerra Fría.

Viron Vaky ha observado que cuando los Estados Unidos actúan unilateralmente —como en la cuestión del narcotráfico en Colombia— surge el discurso antinorteamericano.

En todo caso, parece claro que el futuro de la negociación del ALCA depende, en última instancia, de la resolución de los temas entre Brasil y los Estados Unidos. El gobierno brasileño tiene que lidiar, obviamente, con un *lobby* opuesto al ALCA, y el gobierno de los Estados Unidos tiene que enfrentar a su vez el proteccionismo del Congreso. Consecuentemente, la posibilidad de que se llegue a un acuerdo de libre comercio hemisférico depende —aquí y ahora— de la capacidad de gobernabilidad integratoria de Brasil y de los Estados Unidos. En el caso del país sudamericano, hay que saber manejar una coalición liberal-proteccionista que propone ir despacio en la vinculación con los Estados Unidos porque no vislumbra claramente qué se gana con el ALCA. En el caso de éstos,

hay que tener capacidad de persuasión para convencer al *lobby* proteccionista del Congreso de que la apuesta por América Latina es parte de un proyecto estratégico.

¿Qué puede buscar América Latina con la integración hemisférica?

Abraham Lowenthal, en su artículo final del libro *América Latina en un mundo nuevo,* se pregunta: "¿Los Estados Unidos están preparados para la asociación con América Latina?" Los latinoamericanos deberíamos invertir la pregunta: ¿América Latina está preparada para la asociación con los Estados Unidos?: ¿qué le conviene y que no le conviene?

Esto implica responder algunas preguntas: ¿América Latina quiere tener un camino económico hemisférico común? ¿Prefiere articular varias asociaciones simultáneas (con Europa, por ejemplo)? ¿Quiere permanecer sola, apostando a la liberación comercial global en la OMC? ¿Qué objetivos tendría la integración hemisférica: exclusivamente comerciales, fortalecer las posiciones negociadoras en organismos como la OMC, competir por financiamiento internacional, mejorar niveles de tecnología, aumentar su participación en las corrientes pujantes del comercio internacional? ¿Qué características tendría la entidad integratoria? ¿Qué participación tendrían, en ese caso, las opciones que estuviesen al margen del bloque?

La tesis que subyace en este planteamiento es que América Latina ha madurado y no sólo es receptora de la política que le aplican los Estados Unidos —política sobre cuya existencia misma hay duda—, sino que está formulando, aunque de forma embrionaria, su política hacia este país.

Repasemos algunos datos que tienen

que ver con la cuestión central de los Estados Unidos hacia Latinoamérica. En 1980 la participación de éstos en las exportaciones latinoamericanas aumentó de 32.2 a 38.2% en 1987; la de Brasil, de 17.4 a 29.2%; la de Chile, de 12.1 a 21.5%; y la de México, de 63.2 a 69.6 por ciento.

En 1980 también los Estados Unidos participaron en 21.8% de las exportaciones manufactureras latinoamericanas, y pasaron a 49.5% en 1987. En 1990 las manufacturas representaban 76% de las exportaciones brasileñas a los Estados Unidos.

Veamos sobre qué realidad estaríamos posiblemente desviando comercio en caso de la unión hemisférica. La diversificación del comercio brasileño, por ejemplo, es evidente: Comunidad Económica, 31% de las exportaciones y 22% de las importaciones; Estados Unidos, 20% de las exportaciones y 23% de las importaciones; América Latina, 15% de las exportaciones y 17% de las importaciones; Japón representa 7.5% del comercio brasileño.

Por otra parte, un estudio reciente citado por Albert Fishlow (Erzan, Yeats, 1992) demuestra que un incremento único de las exportaciones latinoamericanas a los Estados Unidos sería menor de 10% si se eliminaran todas las restricciones comerciales. La ganancia máxima implícita para el ingreso latinoamericano sería entonces menor a 2%; además, los únicos dos grandes beneficiarios serían México y Brasil. Adviértase también que el efecto positivo obtenido por los Estados Unidos es menor por un orden de magnitud: cerca de 0.1%. México y Brasil captarían 90% de las ventajas totales de la región, y México 50% más que Brasil.

El tema de fondo, desde el punto de vista latinoamericano, es la atracción de inversiones más que el desarrollo comercial, pese a que se viene dando una inversión creciente, sin integración.

Sebastián Edwards[67] ha señalado que, en estricto sentido comercial, los países de América Latina no tienen mucho que ganar con el TLC, salvo Brasil y México. ¿Qué nos da el TLC? El honor de pertenecer a un club exclusivo de credibilidad inversora, lo que supone el anclaje del modelo y una asociación con la modernidad. Pero, ¿cuáles son los costos? Tanto los estándares laborales como los del medio ambiente que deben concederse aceleran todo un proceso local que debiera, tal vez, ser gradual y que, en cierto modo, va a imponer a los países en desarrollo los modelos de los ricos.

La clave Brasil-México

El giro latinoamericanista de Brasil hacia sus vecinos de lengua castellana sucede al mismo tiempo que en los Estados Unidos crece la influencia hispánica. Digamos que la identidad de origen ibérico se cohesiona y se expande. Mientras la frontera económica de América Latina está, según algunos autores, al sur de México[68] —pues la economía mexicana se ha integrado a América del Norte—,[69] la frontera cultural de Améri-

[67] Conversación con los autores, junio de 1995, Washington. Sebastián Edwards era economista en jefe para América Latina, por parte del Banco Mundial.

[68] Un presidente centroamericano nos reveló que un argumento que sobrevolaba el ambiente presidencial centroamericano a principios de 1997 consistía en plantearse a Centroamérica, ya no a México, como la frontera sur de los Estados Unidos.

[69] El 39.4% de las exportaciones estadunidenses a América Latina en 1980 iban a México. En 1991 pasó a 50%. En las importaciones estadunidenses en el mismo periodo, México pasó de 32.3% a cerca de 50 por ciento.

ca Latina viene adentrándose en los Estados Unidos.[70] Obviamente, por su parte, en términos de fronteras políticas, la latinoamericanidad se reconoce en México y es protagonista, por ejemplo, de los principales hitos de articulación de políticas externas de América Latina en los años ochenta: Grupo Contadora (propuestas latinoamericanas de solución para la paz de Centroamérica), Consenso de Cartagena (perspectiva común sobre el problema de la deuda), Grupo de los Ocho (consensos de política exterior latinoamericana). Y constructor, por otra parte, de uno de los sesgos culturales constitutivos e irrenunciables de la citada latinoamericanidad. México debe ser valorado desde el sur en función de esta triple mirada: económica, cultural y política. En la globalidad económica gira su mercado en torno al imán de su vecino del norte, sí, lo que se capitalizará en agregado de bienestar social. Pero, probablemente desde esa ubicación será más capaz de enriquecer la posición de la coalición cultural hispánica en los Estados Unidos, a la que se dirigirá desde la identidad y la pertenencia política latinoamericana que inevitablemente acarrea México. En todo caso, el papel de este país asegura los enlaces latinoamericanistas de los Estados Unidos. México no está frente, pues, a graves dilemas de identidad, como se ha dado a entender a veces, sino en situación de compatibilizar y articular férreamente dos esferas —la latinoamericana y la norteamericana—, reunidas en la configuración de la población misma de los Estados Unidos, y que entre ambas suman 700 millones de personas.

Los procesos de regionalización tienen un componente político que posee, las más de las veces, un peso estratégico mayor que las propias perspectivas económicas. El motor de la integración es más político que económico. Es por ello, por ejemplo, que los Estados Unidos decidieron suscribir el TLC, y que las políticas exteriores de Argentina y Brasil tendieron en los años ochenta a un entendimiento y a una acumulación de poder para negociar.

El cruce de caminos del nuevo diseño de la latinoamericanidad lo conforma la relación entre México y Brasil.[71] ¿Por qué un acuerdo económico con un tercer país puede hacer pensar necesariamente que México va a desertar de su vocación latinoamericana? ¿Por qué, justo en este caso tendría que ser más importante la economía que la política? México precisa del sur para que su proyecto económico no contradiga su natural sintaxis latinoamericana. La necesita para que la inevitable influencia que ejercerán los Estados Unidos en el modo de vida de los mexicanos no antagonice con una identidad debilitada, pese a su antigüedad de siglos, y para que la permeabilidad de su relación latinoamericana reavive, día a día, un factor hispánico que, siendo fuerte, podrá articularse mejor y menos traumáticamente con las nuevas influencias.

El sur precisa de México, de su influencia en Centroamérica y del peso que ambos tienen en el aluvión hispano presente en los Estados Unidos. México es necesario como uno de la familia en su calidad de emergente económico, y cuanto más fuerte sea más necesario será.

La cuestión estriba en cómo los latinoamericanos compatibilizarán estas dos políticas latinoamericanas (mexica-

---

[70] Lowenthal señala que ya 10% de los estadunidenses son de origen hispano, siendo la comunidad de más rápido crecimiento en ese país. Por ejemplo, la mitad de los niños nacidos en el condado de Los Ángeles —agrega—, y 63% de los estudiantes de las escuelas públicas del mismo condado, son hispanos.

[71] Cruce de caminos que parece poco estudiado académicamente.

na y mercosuriana) para que siga teniendo sentido hablar de América Latina y evitar que América Latina se limite
a América del Sur. Lo contrario sería
una omisión respecto de la historia y del
fondo cultural latinoamericano; se debe
buscar la coincidencia de la frontera histórica y cultural con la económica, para
volver a tener una América Latina no
desfigurada. Todo lo anterior tiene que
ver con un nuevo planteamiento de las
relaciones entre México y Brasil.

Cabe preguntarse si hay desafíos comunes a los latinoamericanos o si la división norte-sur es irreversible, por lo
que América Latina será en el futuro sólo un concepto cultural.

Por otro lado persisten, también, razones políticas que vuelven funcional

ese equilibrio. En este sentido es claro el
ejemplo de México: por razones políticas
requiere una mayor cooperación económica con el Sur para equilibrar sus relaciones económicas y sus políticas externas con el Norte.

Asimismo, hay otros desafíos comunes que aúnan los destinos de todos los
latinoamericanos: los que surgen de la
geografía (medio ambiente, narcotráfico,
etc.) y los que emergen de la necesidad
de mantenerse como bloque político para
afrontar negociaciones internacionales a
partir de intereses afines.

En última instancia, los desafíos que
debe encarar América Latina se relacio-
nan al mismo tiempo con su gramática
y su sintaxis internas. Son, en definitiva, uno solo: su identidad.

GOBERNABILIDAD Y ESTADO

Carlos Menem: Por mandato de Perón

La entrevista fue al mediodía, en la infinita quinta presidencial de Olivos, el 24 de septiembre de 1996. El presidente trabaja en las oficinas allí situadas buena parte de la semana. Salió de una reunión en la sala del Consejo de Ministros y se concentró, de inmediato, en el diálogo con los autores. Con un acento provinciano menor al de hace unos años, el presidente expresa muy rápidamente y sin dudar en ninguna ocasión un discurso muy estructurado. Diríase que todos sus énfasis, su gestualidad, su mirada, el orden didáctico de sus párrafos, están al servicio de convencer con su oficio a los interlocutores. Diríase, también, que el trajín del entorno del poder —hay gente por todos lados, que entra y sale; todos están nerviosos, salvo el presidente— le cae como si hubiera nacido en él: nada indica que el presidente viene de una lejana provincia habitada por menos de uno por ciento de los argentinos.

—Cuando usted asume el gobierno, el modelo de sustitución de importaciones había colapsado en lo nacional y, en lo internacional, se producía el derrumbe del mundo socialista. ¿En qué medida estos hechos históricos son los que lo conducen a usted hacia políticas económicas ortodoxas?

—Argentina pasó durante muchos años por diferentes etapas. Etapas realmente excelentes, promisorias, especialmente a principios de este siglo que se termina. Pasó también etapas realmente catastróficas, pese a que habíamos llegado a vivir en el marco de la democracia y de la libertad. También transitó por etapas simplemente regulares, ni excelentes ni catastróficas.

Quiero rescatar un periodo particularmente excelente de gobierno en Argentina, el que va de 1945 a 1955 —en el ámbito de una plena democracia a partir del 24 de febrero de 1946—, que nos dio la posibilidad de crecer en forma sostenida y de incorporar el mundo de la política a un sector que estaba totalmente postergado, que era el sector del trabajo, del empleado, del obrero. Hipólito Yrigoyen había incorporado a la clase media y, por supuesto, uno de los grandes logros para hacer gobernable el sistema fue el voto universal. Esto nos permitió avanzar en forma interesante en todo lo que significaba una Argentina que crecía y desarrollaba su enorme potencial, recursos naturales y recursos humanos.

Carlos Saúl Menem es presidente de Argentina por segunda vez consecutiva. Nació en La Rioja, Argentina, el 2 de julio de 1930. En 1962 fue electo diputado provincial, pero no ejerció el cargo porque se lo impidió el golpe militar que destituyó al presidente Frondizi. Fue gobernador de La Rioja en 1973. Durante la dictadura (1976-1983) estuvo preso por casi cinco años. Restaurada la democracia fue reelecto gobernador de La Rioja en 1983 y en 1987. En 1989 fue electo presidente de la nación por primera vez.

Luego la etapa catastrófica —como ya la he calificado— que va desde 1955 en adelante, salvo algunos periodos de gobiernos seudodemocráticos. Ustedes me preguntarán qué es un gobierno seudodemocrático. Es un gobierno que llega al poder con la proscripción de un significativo número de ciudadanos agrupados en un partido político o en un movimiento. El doctor Frondizi, cuyo talento no pongo en tela de juicio, llega al gobierno con el peronismo proscrito. Yo era un proscrito en aquella época, así que no pude ni tan siquiera acceder a la posibilidad de presentarme como candidato porque tenía un estigma peronista.

> Debimos asumir la conducción del país con seis meses de anticipación. ¿Por qué? Porque esto era un caos total y absoluto, con una corrupción generalizada y con una inflación de más de 5 000% anual.

Después vino el golpe de Estado que ya todo el mundo conoce, lo que hizo aún más ingobernable el sistema. No se puede gobernar un sistema donde está marginada gran parte de la población. Después el gobierno del doctor Illia, un hombre honesto, transparente, pero que llega al gobierno con 23% de los votos. Y el justicialismo totalmente marginado y sin posibilidad de incursionar en lo que se denominaba "democracia" en aquel entonces, sin posibilidades de que determinados hombres y mujeres pudieran ser actores en estos procesos a los cuales estoy haciendo referencia.

EL CAMINO JUSTICIALISTA HACIA
LA ORTODOXIA ECONÓMICA

—¿Sin el reconocimiento del peronismo, entonces, no había democracia posible?
—No. Cae el doctor Illia porque no tenía sustento entre la gente, en el pueblo que no había tenido posibilidad de elegir a sus gobernantes. Ése fue uno de los factores o de las razones por las cuales cae el doctor Illia, y antes sucedió lo mismo con el doctor Frondizi. Es tumbado el régimen constitucional en ambos gobiernos.

Con posterioridad hay siete años de régimen militar un tanto duro —1968 a 1973—, llega ya la posibilidad de una democracia plena: triunfa el justicialismo y se hace un tanto más gobernable el sistema. Pero era en un momento muy difícil, con organizaciones subversivas y guerrilleras que desarrollaban una tarea dramática y muy cruel, muy dura, con las fuerzas armadas enfrentadas con ese sector en la "guerra sucia". Y todo lo que ya conocemos. Esto da como resultado —luego de la muerte del general Perón— la caída del régimen peronista en 1976, siete nuevos años de proscripción hasta que se reinstala la democracia en forma definitiva, de eso estoy totalmente seguro, en la Argentina.

Una democracia que se instala gracias a la lucha de la gente, del pueblo. El justicialismo fue desgarrado en este proceso de recuperación de la democracia, de la libertad y del respeto a los derechos humanos.

> ¿Cómo hacer gobernable a Argentina, en el marco de la democracia, en este momento y en plena libertad? La historia la conocía, fue una vieja película que se repitió en Argentina durante muchos años; yo no quería que se siguiera repitiendo. Ése era el problema.

Y en 1983, si bien es cierto que triunfa el radicalismo a nivel nacional, no es menos cierto que en 10 provincias el justicialismo gana las elecciones. Y a partir de esa plataforma, o de esos cimientos, empezamos a trabajar para llegar a 1989, donde nosotros ganamos y debimos asumir la conducción del país con seis meses de anticipación. ¿Por qué? Porque esto era un caos total y absoluto, con una corrupción generalizada y con una inflación de más de 5 000% anual. ¿Cómo hacer gobernable a Argentina, en el marco de la democracia, en este momento y en plena libertad?

La historia la conocía, fue una vieja película que se repitió en Argentina durante muchos años, yo no quería que se siguiera repitiendo. Ése era el problema.

—¿*En qué momento decide darle el signo que le dio a su gobierno?*

—Yo había hecho un estudio profundo de lo que ocurría en muchas partes del mundo, y cuando salí como candidato a presidente había países donde me miraban medio de reojo los empresarios, los políticos, porque les hablaba de este proceso de transformación que iba a poner en marcha. Era sospechoso que un hombre del peronismo, además "vinculado con el nazismo" —cosa totalmente equivocada—, fuera a llevar a cabo una revolución o una tarea de esta magnitud.

> Empezamos el proceso de privatización de las empresas que estaban en poder del Estado, todas eran, sin excepción, totalmente deficitarias en cuanto a los servicios y en cuanto a las finanzas. Le costaban al país 17 000 millones de dólares por año.

Lo anunciamos en la plataforma electoral de 1989. Ahí ya hablábamos de flexibilización laboral y nos propusimos de entrada tres tareas cruciales, fundamentales: la reforma del Estado, la economía de mercado y una política rígida en el campo fiscal y monetario. Y

> El pico de crecimiento de estos años fue el de 1994, pero, considerados en conjunto los siete años de nuestro gobierno, hasta este momento hemos crecido 35-38% desde 1989. En los últimos 10 años, desde 1979 a 1989, decrecimos, sin un solo año de crecimiento.

empezamos el proceso de privatización de las empresas que estaban en poder del Estado, todas, sin excepción, totalmente deficitarias en cuanto a los servicios y en cuanto a las finanzas. Le costaban al país 17 000 millones de dólares por año. Había llegado un momento en que no había recursos y se había empezado a emitir, como todos sabemos, lo que desencadenó ese proceso tremendo de inflación e hiperinflación.

Nosotros instalamos una economía de mercado y conseguimos del Parlamento una legislación que estuviera de acuerdo con lo que nosotros queríamos hacer. Y además nos manejamos con decretos de necesidad de urgencia cuando la cosa tardaba en el Parlamento y las urgencias eran muy grandes. La ley de convertibilidad[1] se puso en vigencia, un decreto de necesidad y de urgencia tendiente a consolidar la deuda interna y la deuda externa, ya que no sabíamos en esa época cuánto debíamos. A partir de entonces ya empezamos a saber de cuánto era la deuda de Argentina. Nosotros pensábamos que a nivel interno teníamos una deuda de 6 000 o 7 000 millones de dólares, y en definitiva fueron 21 000 millones de dólares. De todo esto nos tuvimos que hacer cargo, y especialmente de la deuda previsional que superaba los 12 000 millones de dólares.

Solucionamos todo a partir de este proceso de consolidación, y arreglamos también la deuda externa, que, con las

---

[1] La ley de convertibilidad fija la paridad de un dólar con un peso argentino y permite el libre cambio de uno a otro.

privatizaciones, hemos rebajado de un anterior 70% de nuestro producto interno bruto a un 30% del mismo en la actualidad. Esto nos ha posibilitado empezar a crecer. El pico de crecimiento de estos años fue el de 1994, pero, considerados en su conjunto los siete años de nuestro gobierno, hasta este momento hemos crecido 35-38% desde 1989. En los últimos 10 años, desde 1979 a 1989, decrecimos, sin un solo año de crecimiento.

Crecimos pues, a partir de 1989 en ese porcentaje, se estabilizó la economía, se estabilizó el país, y a partir de un tipo de cambio fijo hemos conseguido capitalizar, de 60 millones de dólares que teníamos en el Banco Central en 1989 —actualmente con un régimen de autonomía del banco—, reservas en oro y divisas por más de 22 000 millones de dólares. Pero hay que tener en cuenta que ya el Estado no puede echar mano a los recursos del banco como antes, pues éste funciona con autonomía. De tal forma que no hay un peso en Argentina que circule sin ese respaldo. Y esto ha hecho gobernable al sistema, con el pleno funcionamiento de las instituciones que hacen a la democracia: Parlamento que dicta las leyes, Justicia que dicta las sentencias y Ejecutivo que gobierna como corresponde a partir de la legislación, pero también en un ámbito donde puede legislar con los decretos-leyes de urgencia.

EL CAMINO DE PERÓN

—*Su partido, tildado de populista y nacido —como usted recordaba— en el comienzo del modelo de sustitución de importaciones está muy vinculado, por lo tanto, con el Estado de bienestar de los años cuarenta y cincuenta. ¿Cómo hace usted para que ese partido asuma esta política de severo ajuste y modernización?*

> Yo no hice nada más ni nada menos que cumplir con las enseñanzas del general Perón. Él nos hablaba permanentemente de "aggiornamiento" de la doctrina del justicialismo. La doctrina justicialista tiene conceptos un poco amplios, pero que se pueden desarrollar fácilmente: la soberanía política, la independencia económica y la justicia social.

—Yo no hice nada más ni nada menos que cumplir con las enseñanzas del general Perón. Él nos hablaba permanentemente de "aggiornamiento" de la doctrina del justicialismo. La doctrina justicialista tiene principios fundamentales. El objetivo final es la grandeza de la patria y la felicidad del pueblo. ¿Con base en qué? ¿A partir de qué? Son conceptos muy amplios pero que se pueden desarrollar fácilmente: la soberanía política, la independencia económica y la justicia social. En ese marco nosotros hemos ido actualizando nuestra doctrina, a tal punto que, cuando nosotros hicimos encuestas al iniciar este proceso de cambio, 90% de los peronistas estaba de acuerdo.

—*¿No le resultó de un alto costo?*

—No, a mí no me costó. Pero lo importante es que pudimos cambiar el pensamiento y la mentalidad de todos los argentinos, pero especialmente de los justicialistas. Y se hizo gobernable el sistema; por más que tengamos problemas —¿quién no los tiene ahora?— es fácil-

> El general Perón ya había puesto las bases de este proceso de transformación en Argentina cuando quiso privatizar la riqueza petrolera con aquella famosa medida tomada con una empresa extranjera, la "California" argentina. A partir de ese proceso de transformación, iniciado por Perón con la privatización de la riqueza petrolera, viene el golpe de 1955.

mente gobernable este sistema con una doctrina justicialista totalmente actualizada. De esto no hay ningún tipo de dudas. Y ahora, después del famoso "efecto tequila" y de la crisis mexicana, empezamos de nuevo a crecer.

Cuando viene gente de otra parte y nos pregunta cómo lo hicimos, tenemos que dar las mismas explicaciones que estoy dando en este momento, pero a partir de una experiencia realmente lamentable que vivió Argentina en los últimos tiempos.

El general Perón ya había puesto las bases de este proceso de transformación en Argentina, cuando quiso privatizar la riqueza petrolera con aquella famosa medida tomada con una empresa extranjera, la "California" argentina. A partir de ese proceso de transformación que Perón inicia, con la privatización de la riqueza petrolera, viene el golpe de 1955. Cuando vuelve Perón en 1973, habla a la CGE en ese momento y pide de favor a los empresarios que se hagan cargo de las empresas del Estado, que no sirven para nada, que dan pérdida y son deficitarias en cuanto a los recursos y los servicios. Y menciona a una de ellas especialmente: Yacimientos Petrolíferos Fiscales (YPF). Quiere decir que lo único que recibí en ese aspecto es un mandato tácito del general Perón para llevar a cabo esta reforma del Estado y hacernos gobernables. Porque si el anterior presi-

> Cuando vuelve Perón en 1973, habla a la CGE en ese momento y pide de favor a los empresarios que se hagan cargo de las empresas del Estado, que no sirven para nada, que dan pérdida y son deficitarias en cuanto a los recursos y los servicios. Y menciona a una de ellas especialmente: Yacimientos Petrolíferos Fiscales (YPF). Quiere decir que lo único que recibí en ese aspecto fue un mandato tácito del general Perón para llevar a cabo esta reforma del Estado.

> La reforma previsional va a posibilitar, por ejemplo, crecer, de los 4 500 millones de pesos o de dólares que hay actualmente en este sistema previsional, a 20 000 millones en el año 2000 y a 40 000 millones en el año 2004. Estas cifras no las doy yo, las dan los titulares de las administradoras de fondos de pensiones y jubilaciones.

dente Alfonsín se va con seis meses de anticipación es porque el sistema se había tornado totalmente ingobernable.

EL RECUERDO DE LA HIPERINFLACIÓN

—*Se ha sostenido que la sociedad fue afín a este cambio económico en virtud del recuerdo y del temor a la hiperinflación. Pero pasado el tiempo, logrados los resultados que usted menciona, ya la sociedad no está tan dispuesta al sacrificio económico o va disminuyendo el espectro fantasmal de la hiperinflación. Entonces en términos de gobernabilidad se requiere una nueva habilidad. ¿Cómo hacerle entender a la gente los sacrificios que son ahora necesarios?*

—Profundizando el modelo, como lo estamos haciendo. Y yo casi me sonrío. ¿Sabe por qué? Porque en 1989 yo gané las elecciones con 46% de los votos, y en 1995 con 50% de los votos. Ya en plena crisis del "efecto tequila", habíamos entrado en una suerte de no crecimiento, de recesión, y sin embargo la gente votó por nosotros, que ésa es la mejor encuesta. No hay otra, no me inventen otro tipo de encuestas porque ésas no sirven para nada. Para 1995 decían que yo no tenía posibilidades de triunfar, y lo hice con 50% de los votos. Una cosa es la opinión pública y otra es la opinión publicada. Son dos aspectos totalmente distintos.

No fue muy difícil convencer a la gente, ni tampoco va a serlo ahora; porque hemos obtenido grandes logros; por más que haya descendido el índice de ocupación, estamos recuperando esos índices con todas las medidas que vamos tomando. Por ejemplo, el nuevo sistema de jubilación —que no saben cómo implementarlo en países como Francia o España, y tienen problemas impresionantes— sí lo hicimos aquí nosotros. Hay cinco millones ya de afiliados a este sistema privado de pensiones y jubilaciones. En la medida en que nosotros flexibilicemos la legislación laboral, los más de cinco millones de trabajadores informales van a pasar al sistema formal con una economía pujante, vigorosa. Esto va a posibilitar, por ejemplo, crecer, de los 4 500 millones de pesos o de dólares que hay actualmente en este sistema previsional, a 20 000 millones en el año 2000 y a 40 000 millones en el año 2004. Estas cifras no las doy yo, las dan los titulares de las administradoras de fondos de pensiones y jubilaciones.

—¿Se trata de impulsar el ahorro interno como motor?

—Sí. Si no hay ahorro interno es difícil que un país pueda despegar. Es lo que está ocurriendo con Chile, y está sucediendo ya con nosotros, porque de esos 4 500 millones ya hay algo colocado en todo lo que hace al desarrollo de Argentina. Y vamos a seguir creciendo en la medida en que incorporemos más trabajadores a este sistema previsional.

Pero no debemos tener tan solo en cuenta el ahorro interno: hablemos del ahorro externo, hablemos de las inversiones. Aquí han llegado en los últimos años cerca de 50 000 millones de dólares, y estamos calculando para los próximos tres años cerca de 34 000 o 35 000

millones de dólares más. Es decir, las perspectivas que se le abren a Argentina son inmensas, enormes, con un sistema —para mí— fácilmente gobernable: la democracia, la libertad, el respeto a los derechos humanos y una reinserción de Argentina en el mundo como nunca la tuvo en su historia.

LOS APOYOS Y LAS RESISTENCIAS

—Maquiavelo ha advertido a los reformadores a propósito del riesgo de las reformas. Habitualmente los beneficiarios de las reformas tardan en enterarse y no actúan rápidamente en apoyo de ellas, señala. En cambio, los perjudicados sí actúan rápidamente, agrega. En su experiencia como gobernante ¿quiénes han sido sus apoyos y quiénes sus adversarios?

—La gente, el pueblo.

—¿Ése es su apoyo?

—Ése es mi apoyo. Esa gente que antes iba a comprar, por ejemplo, un kilo de azúcar, y la sacaba de la góndola a un precio y cuando la iba a pagar a la caja tenía otro precio distinto, esa gente del pueblo que aprecia la estabilidad, esa gente que para cargar un litro de nafta tenía que hacer colas de 20 o 30 cuadras y cuando llegaba ya le habían cambiado el precio, ésa es la gente que me apoya.

Ahora, por supuesto, los políticos de la oposición, bajo ningún punto de vista apoyan los cambios. ¿Por qué? Porque ellos están jugando a la herencia del poder en 1999. Pero hacen el ridículo todos los días.

—¿Los empresarios?

—Los empresarios están totalmente de acuerdo, apoyan. Ayer salió una solicitada de más de 50 gremios oponiéndose al paro,[2] y gremios importantes, entre ellos los ex petroleros del Estado.

Pero yo he dicho ayer, y lo sostengo: aquí va a quedar demostrado que el que gobierna y manda en la Argentina es el presidente Menem, y no los sindicatos.

—No teniendo por ahora la Constitución la posibilidad de una nueva reelección, ¿no se autonomizan de algún modo algunos actores políticos, que pueden ahora ser menos disciplinados y apoyarlo menos? ¿No crea a usted una dificultad el saber que en 1999...?

—Yo tengo el apoyo de 50% de la gente: si hacemos una elección ahora va a ser un poco más. Pero fundamentalmente el apoyo es el de una estructura política que ha soportado las peores de las persecuciones: yo mismo pasé cinco años en la cárcel. Y el movimiento, creció. Ese movimiento, o ese partido —como le quieran llamar—, es el que apoya a este gobierno.

LA POLÍTICA EXTERIOR

—El general Perón tenía una visión de la región —y, probablemente, de las limitaciones del modelo industrialista de la época— al proponer el ABC.[3] Por lo tanto, él vinculaba el éxito de su modelo a un mercado también más ampliado, el cual no se pudo concretar en su momento. Usted finalmente ha contribuido a concretarlo con el Mercosur. Eso implica niveles de cooperación con otros países.

Es decir, cae el bloque socialista y se acaba lo de la tercera posición. Entonces, ¿con quién nos vamos a alinear si nosotros somos profundamente democráticos, amamos la libertad y estamos en condiciones de crecer? Con los países que piensan de la misma forma. Con Cuba no nos vamos a alinear.

¿Cuáles son los niveles de autonomía que tiene cada uno de los países en la elaboración de sus políticas? ¿Cuánto concretamente consulta usted con el presidente Fernando Henrique Cardoso, o él con usted?

—Todas las veces que sean convenientes y necesarias. Pero aquí lo importante es que ustedes comprendan que este bloque no se constituyó para competir entre los países que lo integran. Todo lo contrario: para hacernos más fuertes y competir con otros bloques y con otros países de la tierra. Si no fuera así no estarían pidiendo su incorporación, entre otros, Venezuela, Colombia, todos los países de la ALADI, que ya se olvidaron del TLC, donde hay severos problemas; estos países están poniendo sus miradas en el Mercosur. Y éste es uno de los grandes méritos de los gobernantes de esta región.

Los comentarios de prensa de los Estados Unidos dicen que este país ya perdió fuerza con el TLC y que México está mirando...

—Durante su gestión, Argentina ha pasado de una posición internacional de "no alineación" a una de alineación con Occidente, y muy particularmente con la política exterior de los Estados Unidos. Es un cambio muy importante. ¿Cuáles son las ventajas o los motivos que llevaron a esa decisión? Se habló incluso

[2] En días siguientes a la entrevista, la CGT realizó un paro general contra la política económica del gobierno.

[3] Acuerdo de integración de Argentina, Brasil y Chile.

—*por parte de voceros oficiales argentinos— de una "relación carnal".*

—Es una expresión con mucho sentido del humor. Hay que comprender la realidad. Cuando yo llegué al gobierno había caído el bloque socialista, y prácticamente todo el mundo, incluso China, se había occidentalizado. En esta nueva China, yo tuve la ocasión de hablar con el ministro de Economía largamente y él me hablaba de una economía socialista de mercado en contraposición a la economía de mercado a la cual yo hacía referencia. Le pregunté qué diferencia tenía la economía socialista de mercado, cuando yo veía a Shangai y a Pekín en plena economía de mercado. Y terminó admitiendo que ninguna.

Es decir, cae ese bloque y se acaba lo de la tercera posición. Entonces, ¿con quién nos vamos a alinear si nosotros somos profundamente democráticos, amamos la libertad y estamos en condiciones de crecer? Con los países que piensan de la misma forma. Con Cuba no nos vamos a alinear. Ni con otros países que todavía mantienen algún régimen socialista de por medio —socialista en el sentido cubano— como Angola. Pero sí con la potencia más grande de la tierra —en un pie de igualdad— como es los Estados Unidos. Nosotros nos vamos a alinear con los países que nos van a posibilitar crecer. Y a partir de ese crecimiento vamos a ayudar, sí, en forma solidaria, a los países que lo necesitan.

Pero nosotros salíamos de una situación de pobreza extrema: seguir alineándonos con los pobres no tiene sentido. Hay que alinearse para que todos los que estén abajo vayan subiendo, y no para descender. Es claro. Alinearse para que nos empobrezcamos todos no es sensato.

—*La pertenencia de México al bloque que integra le permitió sortear exitosamente el llamado "efecto tequila". Usted acaba de proponer la creación de un banco para el Mercosur. ¿En qué consiste la propuesta?*

—A imagen y semejanza del FMI, pero más pequeño. Donde los países que integramos el Mercosur podamos aportar recursos para casos de emergencia, para mantener nuestro signo monetario a partir de esas reservas en ese banco y a partir de las propias reservas, en el caso de Argentina del Banco Central.

—*¿El Mercosur termina en una integración hemisférica a través de pasos modulares?*

—Eso esperamos. Pero no olvidemos que el Mercosur implica dos aspectos distintos: la continentalización —de la que hablaba Perón también— tiene un sentido de zona de libre comercio, pero a partir del Mercosur, que es un espacio en sí integrado como una unión aduanera. De tal forma que en este proceso de continentalización el Mercosur va a actuar con su propia personería jurídica como tal, lo que va a simplificar las cosas para abrirse al libre comercio. El Mercosur, por ejemplo, integrando una zona de libre comercio con el resto de los países de América. Lo mismo que pueden hacer el TLC o el Pacto Andino.

Gonzalo Sánchez de Lozada: Bregamos por un ensamble entre la Bolivia precolombina y la Bolivia occidental

El Palacio del Quemado, donde se realizó la entrevista con el presidente Gonzalo Sánchez de Lozada, está localizado sobre la Plaza Murillo, donde también se encuentra el Parlamento, la Catedral y, en el otro extremo, la Cancillería. Gonzalo Sánchez de Lozada dejó de manifiesto sus características más marcadas: la franqueza de su análisis, su castellano peculiar, sus soluciones imaginativas en términos políticos y su excelente disposición para una charla sobre gobernabilidad realizada, en torno a una mesa de trabajo, un 27 de noviembre de 1995 particularmente atribulado. Horas antes se había estrellado el avión en que viajaba Max Fernández, el líder de un importante partido de la coalición de gobierno y quien había sido velado en una sala contigua del mismo Palacio. La pasión con que Sánchez de Lozada —un exitoso empresario minero y un hombre que vivió muchos años en los Estados unidos, de donde trajo un grado en cinematografía— habla de que la entraña boliviana es contagiosa. También participó de la charla y del té de coca el sociólogo boliviano Fernando Calderón, asesor del PNUD.

—*Alain Touraine le preguntó a usted por qué en Bolivia se da tan alto grado de innovación política, lo que les permite afrontar situaciones en forma completamente nueva. ¿Qué tiene Bolivia que no tienen los demás?*

—No hay una respuesta simple. La gente también me pregunta por qué no llegó Sendero Luminoso a Bolivia teniendo condiciones tan parecidas a Perú, y cómo no tenemos cárteles organizados del narcotráfico, aunque sí tenemos gente involucrada. Es difícil contestar, pero lo intentaré.

Yo creo que fue la necesidad. Nuestra recuperación de la democracia fue muy traumática y nos fuimos dando cuenta de que era imprescindible superar las rigideces de nuestra política. Yo creo que lo que ha hecho un gran daño a

GONZALO SÁNCHEZ DE LOZADA es presidente de la República de Bolivia (1993-1997). Jefe nacional del Movimiento Nacionalista Revolucionario. Fue ministro de Planeamiento y Coordinación (1986-1988) y senador de la República por el departamento de Cochabamba. En su trayectoria empresarial se destaca la fundación y dirección de las empresas Telecine Ltda. —productora de películas documentales y comerciales—, Andean Geo-Services Ltda. —empresa de servicios petroleros, geodesia y aerofotografía, etc.— y Compañía Minera de Sur, S. A. (COMSUR). Licenciado en Filosofía y Letras de la Universidad de Chicago.

Latinoamérica es la inmensa influencia y prestigio de la democracia presidencialista norteamericana, que es un caso excepcional que no se puede reeditar en estos países. Un país como el nuestro, con una votación de tipo proporcional —no mayoritaria, como la norteamericana— no tiene las condiciones para elegir un presidente con mayorías, porque por más contundente que sea su victoria, es muy difícil que pueda funcionar el sistema sin acercamientos a otros partidos. Entonces precisamos hacer una política más maleable.

Para superar las rigideces también creo que fue fundamental la influencia del doctor Víctor Paz Estenssoro.[1] Su último gobierno, el de 1985 —lo inició con 78 años y lo culminó con 82—, comenzó con una hiperinflación que él logró superar. Tenía la capacidad, la inteligencia, la experiencia y la vida que le enseñaron que se pagan muy caro las posiciones demasiado rígidas, el querer destruir al adversario. La primera gran lección fue que no se puede gobernar si no hay mayoría en el Parlamento y que la democracia, en última instancia, no existe sin esta condición.

LA BOLIVIA DE LOS PACTOS

—*Usted es un parlamentarista de corazón, pero es presidente de un sistema semiparlamentario, ¿qué evaluación hace del sistema?*

—En Bolivia estamos viviendo efectivamente un sistema semiparlamentario. Si el presidente no tiene una mayoría absoluta en los comicios populares, su elección va al Congreso, quien elige al presidente. Tomemos mi caso en la

> Lo que ha hecho un gran daño a Latinoamérica es la inmensa influencia y prestigio de la democracia presidencialista norteamericana.

elección de 1993, cuando gané ocho de nueve departamentos. El único que perdí fue Pando, donde hubo sospechas de una masiva votación brasileña, porque el gobierno anterior había habilitado a mucha gente con carnés de identidad que, después, al correr el riesgo de perder su ciudadanía brasileña, nos pedía que se los retiráramos. Lo cierto es que a nivel nacional yo saqué 36% de los votos, mientras que el general Banzer, que quedó en segundo lugar, tuvo 21% de los votos. Don Max Fernández quedó en el tercer puesto.

A pesar de que yo tenía 15 puntos de diferencia sobre Banzer, hubiera sido un grave error que en la segunda vuelta disputáramos nosotros dos en comicios populares. Por eso, el propio sistema me obligó a buscar una alianza —que creo ha resultado positiva— con un grupo de izquierda, el Movimiento Bolivia Libre, que decidió que no podía seguir en la eterna oposición. A pesar de contar con sólo siete diputados, tenía una muy buena imagen —de gente honesta, de gente que jamás había claudicado, ni en lo moral ni en lo político—, lo que nos dio un importante bagaje de imagen y reputación. Y además hicimos la alianza con don Max Fernández, una relación buena en lo personal y complicada en lo político, porque los políticos somos, casi por definición, egomaníacos. Es muy difícil estar en esta actividad sin tener un ego sobredesarrollado. En el caso de don Max son dos las actividades, porque

[1] El doctor Paz Estenssoro, como se sabe, fue cuatro veces presidente de Bolivia y le tocó tanto encabezar la revolución de 1952 —estatizadora, nacionalizadora, impuso el voto universal, la reforma agraria y la educación gratuita— como luego conducir, a partir de 1985, uno de los más notorios y exitosos planes de economía ortodoxa del continente, el que comenzó con el despido de más de 20 000 mineros estatales.

además de político era un empresario exitoso. Era un hombre que manejaba su partido en forma casi unipersonal, el hombre-voto era él, era el jefe de su partido y, además, el jefe de su empresa.[2]

En definitiva, a pesar de tener una victoria contundente, en ese momento tuve que buscar una alianza. Entonces mi gobierno es francamente parlamentario. Y yo creo que sea cual sea el sistema, éste funciona si se tiene mayoría en la Cámara.

En este sentido hemos hecho reformas políticas interesantes. Antes podía elegirse presidente entre los tres más votados. Ahora, si no se obtiene la mayoría absoluta en la votación directa —50%, más uno— hay que ir a la segunda vuelta en el Congreso, que entonces debe elegir entre los primeros dos.[3]

A su vez, hemos avanzado en los gobiernos municipales. Si se obtiene la mayoría absoluta, el primer concejal automáticamente se convierte en alcalde, sin necesidad de que lo elijan. Si no se obtiene esa mayoría se elige entre los dos candidatos más votados y después de un año puede haber un "voto de censura constructivo",[4] que requiere 60% de los votos. Es decir que si la gestión no ha conformado una mayoría de concejales, puede sustituir al alcalde. Yo creo que si este sistema funciona a nivel municipal, Bolivia se va a tornar un país bastante parlamentario, semejante al caso español. Esta experiencia municipal será muy importante porque podrá llevar a que Bolivia tenga un sistema casi parlamentario, en cuyo caso innovaríamos nuevamente... ¿Por qué somos innovadores, me preguntaban? ... No sé, creo que en parte resulta de las necesidades y de las circunstancias, y en parte de hombres excepcionales, como fue don Víctor Paz Estenssoro.

—*¿Un sistema casi parlamentario, para dar pasos más parlamentaristas en el futuro?*

—En Bolivia el sistema electoral proporcional era sagrado,[5] pero el sistema proporcional lleva tantos actores al escenario político, que únicamente funciona en un sistema semiparlamentario, debido a que nadie puede obtener la mayoría absoluta. Fue muy importante el ejemplo de Paz Estenssoro, quien en 1985[6] dio el primer gran paso, al ser

[2] Max Fernández era el principal empresario cervecero boliviano —la cerveza tiene gran consumo en Bolivia, y las empresas cerveceras patrocinan casi todas las festividades populares, que no son pocas— que reprodujo sobre su extendida organización de distribución de dicha bebida una organización política, constituyendo un caso político muy curioso. Llegó a establecer contratos —con garantía incluida— con sus representantes políticos, similares a los de sus distribuidores comerciales. Su partido, la Unión Cívica Solidaridad, por lo demás, se destacó por una obra asistencial (policlínicas, campos deportivos, etc.) que tuvo un costo de millones de dólares. Para entender bien este caso de neopopulismo debe repararse en las coordenadas de la cultura indígena, tan presente en Bolivia. Algunos autores han emparentado, por ejemplo, el sentido del "obsequio" en la cultura aymara —en la precariedad de los 4 000 metros de altura, en un conflicto, el vencedor es quien "regala" al vencido, pues todos se precisan mutuamente— con la popularidad de las políticas asistencialistas.

[3] En 1989, en aplicación del anterior sistema, el Parlamento eligió presidente a quien había llegado en tercer lugar en los comicios populares: Jaime Paz Zamora

[4] Sistema alemán que determina que un gobierno parlamentario sólo puede caer si hay mayoría parlamentaria para formar otro gobierno sustitutivo.

[5] El sistema electoral boliviano era un sistema proporcional tomando por circunscripciones los nueve departamentos, sin igualación proporcional nacional. Se está instaurando un sistema mixto similar al alemán, en que se eligen parlamentarios a través del sistema mayoritario por circunscripciones más pequeñas, pero, a través de listas presentadas por los partidos en los Departamentos, se iguala proporcionalmente en cada departamento con diputados por partido, además de los elegidos por circunscripción local.

[6] En 1985, el acuerdo del Movimiento Nacionalista Revolucionario (MNR, de Víctor Paz Es-

elegido con votos parlamentarios de la izquierda y gobernar con votos parlamentarios de la derecha. Él había salido segundo en el voto popular —el general Banzer fue el primero—, y ocupaba el centro del espectro político, lo que lo habilitaba para que, de ser elegido, pudiera apelar a la izquierda. Y despúes pudo ir hacia el general Banzer para gobernar, sin perder imagen ante la opinión pública. Con él aprendimos que es necesario ser elegido por intermedio de alianzas, negociando, tratando. No es fácil, pero hay que compartir la responsabilidad y la autoridad.

Luego ocurrió algo más artificial, cuando las elecciones de 1989. Yo obtuve la primer mayoría popular, pero el general Banzer —que entonces había salido segundo— apoyó a Jaime Paz. Y ahí hubo, lamentablemente, un problema con la Corte Electoral, una corrupción electoral que determinó que se asignaran unos cuantos diputados y senadores a los partidos de esos dirigentes, porque cuando terminó la elección originaria, la suma de los legisladores de Banzer y Jaime Paz no era suficiente: precisaban más.

Pero bien o mal, eso nos llevó luego a un gran paso, y fue la elección de una Corte Nacional Electoral imparcial. La Corte Electoral en Bolivia, que goza de una gran credibilidad, es elegida por dos tercios de votos del Congreso, son cinco personas en cada departamento y cinco en la Corte Nacional.

Entonces, si bien implica un proceso muy dificultoso, permite que los gobiernos tengan mayoría en el Congreso.

> Bolivia es un país con una gran capacidad de organización y una gran capacidad de subdividirse y de fraccionarse.

Desde Paz Estenssoro no hemos tenido un presidente minoritario. La tragedia de todas las tragedias es tanto cuando el gobierno no cuenta con las mayorías para llevar adelante su plan, como cuando hay un Congreso tan sometido que ya no hay oposición. Nosotros logramos el equilibrio a través del papel elector del Parlamento —porque el gobierno debe tener la mayoría para constituirse, pero luego de elegido tiene que ingeniarse para tener durante su mandato mayoría parlamentaria para gobernar—, pero a la vez hemos mantenido la fuerza de la oposición.

—*Desde la revolución de 1952 se vienen generando formas de integración social y política bien fermentales...*

—Sí, lo cierto es que en las últimas décadas ha habido mucho movimiento popular.

A través de lo político también hay mecanismos de integración social. El mismo Max Fernández, un empresario generoso, filántropo, se convierte en una oferta de gran sensibilidad y comienza a ser un actor político importante. O el proceso de Conciencia de Patria, de Carlos Palenque, un comunicador radial con el cual la gente siente que participa y que puede cambiar.[7] Si uno mira la historia de Bolivia desde el inicio de la democracia no ha habido una elección donde no haya habido cambios completos de gobierno.

tenssoro) y la Acción Democrática Nacionalista (ADN, del general Banzer) se llamó el "Pacto por la Democracia". Gonzalo Sánchez de Lozada fue durante esa administración ministro de Planeamiento. En 1989, el entendimiento entre la Acción Democrática Nacionalista y el Movimiento de Izquierda Revolucionario (MIR, de Jaime Paz Zamora) se llamó "Acuerdo Patriótico". En 1993, el acuerdo se realizó entre el MNR, la Unión Cívica Solidaridad (UCS, de Max Fernández) y el Movimiento Bolivia Libre (MBL, de Antonio Araníbar).

[7] Carlos Palenque es un ex cantante y conductor radial que a través de su canal televisivo abre las puertas diariamente a las demandas individuales de los ciudadanos, generalmente particularistas. Su partido, CONDEPA, lleva varias elecciones siendo mayoría electoral en La Paz y El Alto.

La reforma por la "participación popular"

—*Respecto de las tres reformas básicas de su gobierno, la llamada "participación popular", la reforma educativa y la "capitalización",* [8] *¿dónde han estado sus apoyos y sus resistencias?*

—Maquiavelo lo señaló muy claramente: yo no recomiendo al príncipe que instaure cambios porque los afectados se dan cuenta inmediatamente y los beneficiados tardan mucho tiempo en percibirlo.

—*¿Y qué dice usted?*

—Creo que me ha ayudado el hecho de que nadie creía que yo realmente iba a hacerlo. Además, tenía una coalición bastante disciplinada y la legitimidad de haber sido elegido sobre un plan que se llamaba Plan de Todos, una oferta muy explicada, muy digerida, diferente a la de otros presidentes que llegan con un proyecto y después lo cambian completamente. Por eso la primera cosa era la participación. La sociedad boliviana es una sociedad que tiene un fuerte estamento de organización comunitaria. [9] Desde antes de la conquista existía la comunidad, los *ayllú*, agrupaciones de comunidades. Esto es muy fuerte. Y la inmigración campesina ha entrado en

[8] El gobierno de Sánchez de Lozada (1993-1997) lleva adelante tres reformas básicas. La primera es la que se ha llamado "capitalización" de las empresas públicas. Ésta supone que en cada empresa estatal el inversor privado —mediante una competencia de precios entre oferentes tanto nacionales como extranjeros— hará un aporte económico equivalente a 50% del valor de la empresa y obtendrá con ello no sólo dicho porcentaje de las acciones, sino el gerenciamiento de la misma. El 50% que queda en manos del Estado distribuye sus acciones —pasado determinado plazo— entre todos los bolivianos mayores de edad para integrar los fondos de pensiones para la cobertura de la seguridad social. En un país en que menos de 20% de la fuerza de trabajo está formalizada, el sistema propuesto no sólo prevé la capitalización de las empresas para su modernización, la distribución entre los ciudadanos de las acciones de la mitad de dichas empresas, sino, además, como efecto indirecto, la tendencia a la formalización de la masa laboral para que la misma esté en condiciones de recibir los beneficios de seguridad social de la capitalización. Al cierre de esta edición, en noviembre de 1996, se habían capitalizado ENDE, ENFE, ENTEL y LAB. Faltan, entre otras, la petrolera YPFB. Se estima que han igresado 800 millones de dólares en las empresas capitalizadas. La ley de participación popular, por su parte, es una ley de descentralización que imbrica los municipios —extendiéndolos— con el reconocimiento de las organizaciones territoriales de base, la organización comunitaria indígena. Supone también descentralización fiscal, de modo que los municipios recauden —antes el escalón fiscal más bajo eran las provincias—, de manera de gestionar la educación, la atención primaria en salud, la caminería vecinal, el riego, etc., dentro de su ámbito geográfico. Se establecen comités de control social. A la fecha, la municipalización ha avanzado hasta pasar los 300 municipios; también han avanzado la redistribución de recursos y de poder a los municipios así como el control social de la gestión municipal. La tercera ley, la de educación, ha encontrado escollos fundamentales en la medida en que la descentralización pone el control de los maestros en manos de los municipios. Pese a que los salarios de los maestros son muy bajos, se calcula que un porcentaje cercano a 30% cobra sin trabajar.

[9] Algunos autores sostienen que la organización comunitaria está tan imbricada a la cultura política aymara, por ejemplo, que ello se recoge incluso en la propia gramática de su lengua: tiene, a diferencia de otras lenguas, una persona verbal que hace singular un colectivo. En efecto, el lenguaje aymara tiene cuatro personas del singular y cuatro del plural: Yo, tú, él, "nosostritos" —singular—, y nosotros, vosotros, ellos y un conjunto de "nosostritos", como plural. "Nosostritos", como singular, expresa un conjunto de personas que se encuentran reunidas en un lugar en un momento determinado y que son consideradas, consecuentemente, como un solo elemento. La noción de representación política occidental encuentra ciertas dificultades en una cultura de sujetos tan centrípetos. La idea de que alguien se puede externalizar del colectivo para representarlo colide con la unicidad con que se concibe el colectivo. Por lo mismo, el funcionamiento del colectivo tiene como requisito imprescindible el consenso, y su logro insume buena parte de la cultura política aymara.

> La tragedia de todas las tragedias es tanto cuando el gobierno no cuenta con las mayorías para llevar adelante su plan, como cuando hay un Congreso tan sometido que ya no hay oposición.

los cinturones marginales de las ciudades, cinturones que nos rodean y donde en cierta forma sobreviven elementos de la organización comunitaria, como antes. Bolivia es, luego, un país —heredero de ese comunitarismo— con una gran capacidad de organización y una gran capacidad de subdividirse y de fraccionarse.

Yo promoví que esos organismos se convirtieran en actores legales. Los llamamos oficialmente Organizaciones Territoriales de Base, un nombre poco afortunado porque fue puesto por un abogado, especialista en derecho administrativo.

Esto fue acompañado por la distribución de 20% de los ingresos del Estado a estas comunidades, de acuerdo con la población. El activamiento de las organizaciones de base y su financiamiento le han dado un gran impulso a nuestro proyecto.

Yo diría que las tres reformas están unidas en una sola metodología y en la búsqueda de un único fin, que es la redistribución. Ahora, la gran teoría neoliberal dice que primero se crea riqueza y después hay un efecto cascada. Nosotros hemos llegado a la conclusión más simple de que, cuando se tienen cinco panes para diez bocas, es más crítico el problema de distribución, porque en ese caso hay que asegurarse de que por lo menos haya medio pan para cada boca.

—*Es el viejo dilema del político: crecimiento y distribución, o crecimiento o distribución. ¿Estamos en torno al concepto de crecimiento con equidad?*

—Exacto. Las tres medidas consisten en un crecimiento con distribución, con justicia social. Cuando yo llegué, tanto la izquierda como la derecha habían

perdido credibilidad. Ya no había dudas de las virtudes y los beneficios de la estabilidad, pero no había crecimiento, y tampoco había justicia en la distribución. Lo que había era una concentración —como siempre sucede en estos casos— de la riqueza, y después de una hiperinflación, más inequidad en la distribución. Y estaba todo detenido en eso. Porque la reforma estructural que habíamos llevado adelante entre 1985 y 1989 fue interrumpida por este juego del hombre de derecha cuidando al hombre de izquierda, que estaba en la raíz del pacto Banzer-Paz Zamora, y este último, que había prometido cambiar el modelo neoliberal, se volvió el presidente apoyado por la gente más identificada con ese modelo. Esa contradicción les llevó, en realidad, a que propugnaran el modelo pero no lo llevaran adelante.

—*A mitad de su periodo ¿cuál es su balance en cuanto al cambio...?*

—No creo que haya un caso de un gobierno en Sudamérica que haya intentado y que esté haciendo tantos cambios. Sin embargo, esto no quiere decir que el éxito esté asegurado. La ley de participación popular es un método redistributivo de la riqueza y es una descentralización. Hay dos *leit motiv* en lo que estamos haciendo: descentralizar y redistribuir. Y el tercero es crecer.

Esto es una descentralización del poder, es darles autoridad y responsabilidad a los gobiernos locales. Les hemos traspasado responsabilidades. Por ejemplo, la administración de la infraestructura en educación y salud: los materiales que requieren esos dos grandes servicios son responsabilidad del gobierno local. Cultura, deporte, caminos vecinales, riego, desarrollo productivo, todo lo hemos entregado al gobierno local. Y hemos entregado lo más valioso: los recursos. Cada día los gobiernos locales reciben 20% de lo que recauda el Estado. Tienen responsabilidades, pero tienen autoridad. Y hemos tratado de crear un "ensamble" entre la Bolivia precolombina, que es la Bolivia de las comunidades, y la Bolivia occidental, que es el gobierno municipal. Hemos creado un municipio urbano-rural, con secciones de provincias, destruyendo esa diferenciación que siempre existió en Bolivia entre la ciudad explotadora y el campo explotado por ella. Ahí vivían el corregidor, el terrateniente, el que cobraba impuestos; obviamente fueron destruidos por la reforma agraria. Pero esas ciudades encerradas están desapareciendo y la intensa intermediación entre el campo y los centros urbanos las ha hecho mixtas, urbano-rurales y más permeables al mundo campesino.

Entonces hemos devuelto poder al gobierno local, que es el gobierno municipal, el gobierno más cerca del pueblo. ¿Quién lo ha apoyado? Lo apoya básicamente la gente del campo, la que nunca recibió un centavo de las provincias. En las ciudades hay una lucha de las alcaldías por no poner en marcha la participación popular en su efecto social. Es que la "participación popular" organiza y da personalidad jurídica al barrio, y esos barrios organizan un comité de vigilancia que supervisa cómo son manejados los propios recursos de la participación popular. Imagínense que es la propia gente la que supervisa cómo son manejados los recursos de la participación popular. Las alcaldías tienen otros recursos, les hemos dado el impuesto sobre bienes reales urbanos y rurales, e incluso sobre la transferencia de esos bienes.

La dinámica de todo esto es que, aunque nadie lo creía, la gente votó con la esperanza de que algo nuevo sucediera en este campo.

Yo no creo que haya un gobierno en Sudamérica que esté haciendo tantos cambios como el nuestro.

—¿Esta reforma introduce más gobernabilidad?

—Toda reforma, hasta asentarse, es peor de lo que tenías antes. La medida con más apoyo popular —con 65%— es la reforma educativa, y le sigue la medida de participación popular, que tiene un apoyo de 63% a nivel nacional urbano, lo que es extraordinario. Nuestros datos muestran un apoyo realmente abrumador a las dos grandes medidas. La tercera —que está en nuestras encuestas entre 30 y 40%, porque la gente se siente muy incómoda con esa medida— es la "capitalización". Pero las otras dos medidas son admirablemente apoyadas, incluso por gente que no ha sentido beneficios o que no la entiende.

El 1º de julio de 1994 comenzó a aplicarse la medida de la "participación popular". Nuestro problema es que se nos va a ir el tiempo sin lograr ese acceso a la participación, al control social del gobierno municipal. Se han resistido. La Paz está empezando a firmar, el Alto todavía no ha firmado, Tarija no ha firmado; quieren recibir los recursos y no las responsabilidades. En las provincias esto de la participación popular es una revolución.

—Los que se fortalecen son los alcaldes...

—En lo urbano no tiene mucha legitimidad y no se traduce en votos. Lo que hemos logrado es hacer muy populares a los alcaldes, sean del partido que sean, los que se convierten en invencibles, porque hacen obras, la gente siente que están llegando recursos, pero no identifican ese movimiento con el presidente.

—Ni con los partidos.

—Están comenzando a identificarlo, aunque todavía predomina lo de "vamos a votar por este alcalde". No se ha completado la ligazón más global todavía.

—Quiere decir entonces que la sustentabilidad política está garantizada por la "participación popular".

—Si en el tiempo que me queda logramos que se le dé la posibilidad jurídica a estos organismos territoriales de base para que organicen los comités de vigilancia, de modo que tengan no sólo su reforma municipal, su gobierno local, sino también la participación social y el control social a ese gobierno local, entonces será un éxito.

—*Pensando en el saldo de gobernabilidad de las reformas, se percibe, sí, una tendencia a su legitimidad —sobre todo en materia de "participación popular"—, pero esto no se traduce necesariamente en un apoyo al gobierno. Quienes sí se han beneficiado de la participación popular, hasta ahora, resultan ser los alcaldes...*

—Yo creo que la participación popular ha tenido un efecto positivo más amplio. Primero, es un gran mensaje de igualdad, que ha permitido que todo boliviano sepa, ya viva en el Beni o en el norte de Potosí, que el Estado le destina a su gobierno local la misma suma *per capita*. Es una regla tan sencilla que sería rechazada en cualquier país sofisticado, pero desde el punto de vista político es válida justamente por su sencillez. Es igual que el voto: tu voto es igual que el voto del millonario, y todos somos iguales en el momento de la participación política y todos somos iguales en el momento de la participación económica. ¡Yo quisiera ver algún gobierno que se atreva a amenazar con quitarles lo que han logrado! Ahora lo importante para nosotros es terminarlo y poder "venderlo" con la elección. Si yo tuviera idea de ir a la reelección —que no la tengo, por mi edad entre otras razones— haría la campaña basada en este eslogan: "si no votan por mí, les quitan la 'participación popular'". Frunciendo la nariz, odiando mi acento, igual votarían por mí, porque es algo que han comprendido. Y ésa es la desesperación

Hemos tratado de crear un "ensamble" entre la Bolivia precolombina, que es la Bolivia de las comunidades, y la Bolivia occidental, que es el gobierno municipal.

de los partidos políticos. No pueden ir contra la "participación popular".

Pero es un gesto democrático, no es demagógico, porque lo hemos hecho con transparencia.

—*¿Qué efectos electorales prevé usted que tendrá la ley de "participación popular"?*

—Nos va a ir relativamente bien porque mi partido, el Movimiento Nacionalista Revolucionario, con su victoria de 1993 y con la elección municipal del mismo año, logró la mayoría de los alcaldes. Y esos alcaldes que están en el gobierno local, en el gobierno municipal, son casi invencibles.

Ahora, es interesante observar cómo responden las grandes ciudades. Exigen, hacen huelgas, luchan para tener la descentralización. Porque ésta es una ley que va contra la concentración de poder en las capitales urbanas departamentales. Los beneficios van para las provincias.[10] Y yo creo que la provincia nunca se va a dejar quitar este poder, tanto económico como político.

LA REFORMA EDUCATIVA

—*¿Cómo se desarrolla la reforma educativa?*

—La reforma educativa es más complicada, porque enfrenta resistencias justamente en los dos sectores que tienen que hacerla funcionar: los maestros y las universidades; es decir, los directamente afectados, que no quieren perder sus fueros. Por eso es una reforma difícil de ejecutar, porque, si bien tiene una

[10] Bolivia se divide en departamentos, los que a su vez se dividen en provincias.

inmensa popularidad, la mayoría de la población quiere cambios sin disturbios. Le echa la culpa al gobierno tanto si reprime —y toma presos— como si no reprime y permite el desorden.

> La sociedad boliviana es una sociedad que tiene un fuerte estamento de organización comunitaria, lo que ha entrado en los cinturones marginales de las ciudades.

Se trata de una medida que está asentada en la conciencia de la gente porque sabe que la educación es el único pasaporte que la sacará de la pobreza, sabe lo que le están empezando a decir los grandes conocedores de la teoría del desarrollo: que únicamente la educación va a cambiar su condición de pobre. Entiende que salud y educación son los únicos instrumentos hacia el futuro.

La paradoja, la contradicción, es entre el apoyo popular de la reforma y el hecho de que los encargados de ejecutarla la resisten intransigentemente.

—*¿Cuál sería la sinergia con las otras reformas?*

—Es increíble, pero la reforma más popular en la opinión pública, la mejor vista, la reforma de la educación, es la que menos ha funcionado. Es un gran planteamiento, en el sentido de la educación bilingüe en los primeros años y después la educación en español: un sistema que reconoce la diferencia de la diversidad pero a la vez crea una unidad. El que aprende a leer y escribir en su propio idioma domina luego un idioma nuevo, porque su estructura mental va a estar formada previamente en su propio idioma, que es la única forma en que la gente aprenda luego otra lengua. Es la identidad pero a la vez con inserción, de modo que Bolivia no se vuelve un país retrasado, retraído, sino un país incorporado. Es como un árbol, el pie es criollo, pero ahí se le puede poner el

gajo y da la fruta que es obviamente occidental, porque los bolivianos se van a volver hispanoparlantes, van a manejar el español magníficamente, van a tener un gran dominio.

Ahora, todo este aparato maravillosamente coherente, que a su vez tiene un democrático sistema de evaluación del resultado de estas reformas, no está funcionando porque tiene una resistencia a muerte en el magisterio y en las universidades.

—*¿Qué fuerza necesita para vencer esa resistencia?, ¿lo que le da la "participación popular"?*

—Como todos los aprendices de revolucionarios, estas personas se han asustado de dar el último paso: el de dar a la comunidad el control sobre la educación. Si lo diéramos, si la contratación de docentes y todo lo demás fuera entregado a la comunidad, terminaría esa resistencia. La gran pelea es que el magisterio, los estudiantes y los profesores no quieren someterse a la voluntad de la comunidad —no estoy diciendo del gobierno federal, sino de la comunidad—. Lo único que puede vencer esa resistencia es la comunidad, pero lo hemos dejado a medio camino. Le hemos dicho: "Usted va a administrar la infraestructura, va a proveer los libros, las tizas, los colegios, los va a mantener". En el campo de Bolivia lo primero que hacen los más pobres es arreglar su colegio. No tienen qué comer, pero arreglan el colegio. Sin embargo no les hemos dado el último poder, que es el de elegir al maestro.

El próximo año me queda por ganar esa batalla: convencerlos o destruirlos ¿Qué podemos hacer con el antiguo régimen? Yo soy reformista, no soy revolucionario, quiero el cambio con orden y el orden con cambio. Pero puede ser que tenga que venir un momento traumático, porque el antiguo orden no acepta perder sus privilegios.

—*No tome a mal la pregunta...*

—No tomo a mal nada, me insultan todos los días...

—*... ¿pero usted se saltea a los partidos políticos cuando va a buscar directamente el apoyo de la gente?*

—Estoy tan ocupado en la mecánica de concebir y de lanzar que no voy a los partidos... espero que haya una especie de aceptación. No estamos trabajando como deberíamos. Un buen político diría: "Tengo que tener un electorado, tengo que tener un apoyo. Si no lo consigo de los políticos y si voy a ir contra los feudos, tendré que obtener acuerdos". Y yo no he ido a la búsqueda de acuerdos. Todavía estoy involucrado en la tarea de llevar los planteos a la realidad, inmerso en el derecho administrativo...

—*Respecto de la burocracia, encargada de ejecutar todas estas decisiones, ¿está funcionando como usted piensa o está morosa?*

—No. Hemos reorganizado la burocracia. Llegué a la conclusión de que para cortar el árbol necesitaba una hacha nueva... pero hacer una nueva hacha es peor que usar la que tenía antes. Es muy difícil la reforma porque creamos un cambio profundo que a la larga va a tener resultado, pero en principio a la gente le resulta teórico. Cuando uno hace cambios, al principio retrocede: en cierta forma todo cambio hace retroceder la gobernabilidad. Al funcionamiento del Poder Ejecutivo lo hemos cambiado muy profundamente, y todavía la gente no se acostumbra al manejo de este nuevo sistema que, por lo demás, todavía no anda como debe. Y además, se nos dice, en vez de dejarlo andar en paz, le estamos pidiendo que cambie.

—*En América Latina los indicadores demoscópicos muestran desprestigio en muchas de las instituciones de la democracia: partidos políticos, parlamentos, cortes electorales, Poderes*

Todo cambio, en primera instancia, retrocede la gobernabilidad.

Ejecutivos. ¿Percibe lo mismo en Bolivia?

—Sin dudas. El Poder Ejecutivo está muy cuestionado, el Parlamento está deshecho. Todas las instituciones de la democracia están muy debilitadas. La dinámica de la democracia abre las instituciones y pocas pueden resistirlo si no están muy asentadas. Pero yo creo que uno de los gobiernos respetados ahora es el gobierno municipal. Cuando uno le pregunta a un ciudadano: ¿qué puede cambiar tu vida, qué puede afectar tu calidad de vida, qué es un gobierno que responda a tus necesidades y dónde puedes influir en su conformación decisivamente?, él dirá: "El gobierno local".

El pueblo cree en el gobierno local y ahí comienza todo el proceso democrático, no comienza en la superestructura. Y en este sentido Bolivia ha tenido un gran avance, porque nos estamos cuidando de hacer buenos cimientos en la infraestructura...

—*Está construyendo legitimidad desde abajo...*

—Yo creo que sí.

LA "CAPITALIZACIÓN"

—*Estructurar componentes de espacio y descentralización, de distribución de los ingresos y de crecimiento supone un modelo político y económico obviamente novedoso. En cuanto a la reforma de "capitalización", ¿cómo avanza?*

—La "capitalización" es la medida más compleja de entender y de realizar. Es una respuesta a un país muy nacionalista, que en 1937 nacionalizó el petróleo, que en 1952 nacionalizó las minas, que ha tenido un proceso de reforma agraria profunda. En esto hemos ido nuevamente a la fuente del poder, que es el pueblo, y hemos visto la mente campesina que domina Bolivia. En 1952 75% de la población boliviana era rural, y 25% urbana, y si bien ahora es más o menos 50% y 50%, la verdad es que la mitad de la población urbana sigue siendo rural en su composición mental. Gracias a Dios no se han arreglado con otros grandes capitales, aunque no quiere decir que tengamos mucho tiempo que perder, porque ésa es la amenaza que se viene: la destrucción de la organización sociológica.

Esa gente en el campo trabaja a partir de lo que se llama "partición": uno pone la tierra, el otro la semilla y el fertilizante. Los dos la trabajan y el rendimiento se divide a la mitad. Es un método mágico de justicia concebido por ellos mismos. Pues esto es, a nivel macroeconómico, la "capitalización". No vendemos nada, sino que pedimos que alguien haga contribución de dinero y lo derivamos hacia la sociedad. Siempre el que pone la plata, el que pone el fertilizante o la semilla, es el que gestiona, el que administra la tierra, mientras el otro pone la mano de obra.

Y con esos recursos y esa dinámica pensamos que vamos a poder reorganizar los fondos de pensiones en una forma mucho más amplia. Ahora, de las 400 000 personas, 100 000 son jubilados y 300 000 son trabajadores. Las instituciones con administración estatal están completamente quebradas. Por eso queremos ir a la jubilación con base en el ahorro personal, individual, como la capitalización individual que usa Chile, y no ir a este sistema en que los trabajadores de hoy trabajan para los jubilados de hoy, y los de mañana pagarán para los jubilados de mañana. Obviamente, el sistema está absolutamente quebrado, como en todos los países —el gran ejemplo fue Uruguay—, y es contracíclico.

—¿Cómo engarza exactamente la "capitalización" al crecimiento?

—Así volvemos a lo del crecimiento y la distribución. La "capitalización" es absolutamente necesaria para el crecimiento porque trae el ahorro externo y porque crea una fuente de ahorro interno al usar las acciones que pertenecen al Estado para reformar al sistema y ampliarlo a cualquiera que quiera ahorrar. Todavía está en gestación esta mecánica, porque estamos como exploradores entrando en campos muy nuevos. Pero nuevamente es distributivo y a la vez genera actividad. Igual que la educación, que es productividad, que genera distribución y genera participación popular.

—¿Cuál es la función estratégica de los fondos de pensiones?

—El resultado es crear un mecanismo de ahorro. Esos fondos de pensiones van a comprar las acciones de las empresas capitalizadas, van a ir otras empresas a colocar acciones, van a comprar los certificados de depósito, los bonos. Lograremos las dos cosas que necesita la economía moderna, ahorro externo y ahorro interno. Latinoamérica se caracteriza porque casi todo su crecimiento se basa en el ahorro externo, y, con la excepción de Chile, no hay país que esté generando grandes índices de ahorro interno. Salvando las distancias, nosotros queremos alcanzar porcentajes de ahorro interno similares a los de Asia y Chile. Y eso se logra mediante fondos de pensiones de administración privada para que tengan credibilidad y buena administración. Y hemos creado todo un sistema de superintendencias, de reguladores. No obstante, todo esto es tan endiabladamente dificultoso que no tengo tiempo de explicarle al pueblo lo que estoy haciendo. Y en las encuestas vemos que nuestra popularidad ha caído, pero todavía —dicen— "es capaz, es honesto y va a cumplir lo que prometió".

—¿*Cuál es en suma el principio organizador de todas estas reformas?*

—Yo diría que las dos cosas que organizan esas medidas son el principio de descentralización y el principio de redistribución. La descentralización de las decisiones, la participación popular y la reforma de la educación devuelven el poder a la comunidad. La "capitalización" pasa producto acrecentado del sector público al sector privado. Lo que une todo esto es la redistribución de la poca riqueza que tenemos —el ejemplo de los cinco panes para diez bocas— y el hecho de que tenemos que descentralizar porque el Estado central no tiene la capacidad de administrar los pocos recursos que tenemos.

MEDITERRANEIDAD

—*Respecto de los nuevos papeles de Bolivia en América del Sur y en este mundo globalizado que abre nuevas posibilidades ¿hay un nuevo abordaje de la mediterraneidad?*

—Creemos que Bolivia, por su geografía, va a volverse un país de vinculación bioceánica. En el centro de Sudamérica, estados muy importantes del Brasil, del norte de Argentina, de Paraguay, están más cerca del Pacífico —en línea recta— que del Atlántico. Aunque nosotros tenemos un gran problema, porque debemos levantar esa carga hasta cuatro mil metros y bajarla del otro lado. Entonces hay una gran discusión tecnológica, de si vamos a poder ser realmente competitivos. Yo creo que, como en todas las

> Uno pone la tierra, el otro la semilla y el fertilizante. Los dos la trabajan y el rendimiento se divide a la mitad. Es un método mágico de justicia concebido por los campesinos mismos. Pues esto es, a nivel macroeconómico, la "capitalización". No vendemos nada, sino que pedimos que alguien haga contribución de dinero y lo derivamos hacia la sociedad.

cosas, no hay una respuesta blanca o negra. Posiblemente podamos incorporar a la red bioceánica la salida al Pacífico por Bolivia a estados como Rondonia, Acre, Matto Groso del Sur... Dependerá de nuestra eficiencia, de los ferrocarriles, de los caminos, de los puertos.

Pero hay muchas áreas donde es mucho más claro nuestro papel. Nos vamos a convertir en el eje de la distribución de energía, porque además de tener un importante potencial, el potencial energético del Perú probablemente llegue a los grandes mercados del sureste de Brasil por intermedio de Bolivia, y Bolivia llega a la Argentina. Y Argentina llega a Chile. Nos volvemos, así, una especie de red distribuidora. Lo que vendemos ahora a Argentina es equivalente a lo que Argentina piensa vender a Chile. Hay una regulación que está llevándose a cabo en telecomunicaciones, en caminos, en energía eléctrica, que también tiene un inmenso potencial, porque podremos llevar energía eléctrica al sur de Perú, al norte de Chile, a diversos estados brasileños.

En otras palabras, nuestra condición de mediterraneidad, el hecho de que estemos en el centro, se ha convertido en una ventaja —no una ventaja contundente, pero valiosa si la combinamos con los recursos naturales—; y si tenemos la capacidad de reestructurar la sociedad para aprovechar otras ventajas adicionales podremos hacer la gran diferencia. Estamos luchando para no volvernos irrelevantes, porque nuestra economía es tan pequeña que ya no resultamos importantes para nadie.

—*Usted está relatando una estrategia de trascendencia, no de intrascendencia. En esa estrategia de trascendencia, ¿hay un dilema boliviano entre Mercosur y Pacto Andino?*

—No. Yo siempre he dicho en chiste que Bolivia quiere ser como doña Flor, y tener dos maridos.

Fernando Henrique Cardoso: La sociedad cercó al Estado

La entrevista con el presidente Fernando Henrique Cardoso se realizó a las 5 de la tarde del 8 de enero de 1996, en su despacho del Palacio del Planalto. Sin un esquema de seguridad aparente, y prácticamente sin ningún protocolo, el presidente se mostró entusiasmado, explayándose en un perfecto castellano, en el que él mismo corregía posibles errores de concordancia. Vistiendo un traje claro de hilo, Fernando Henrique hizo caso omiso a los secretarios e inmaculados edecanes que le recordaban otros compromisos de la agenda presidencial y estiró la charla por más de una hora. La entrevista contó con la presencia del representante residente del Programa de las Naciones Unidas para el Desarrollo en Brasil, César Miquel, y de Gélson Fonseca Junior, su jefe de asesores. El despacho presidencial es muy iluminado y, a través de sus amplias ventanas, se deja ver la meseta del Planalto donde se asienta la capital brasileña. Los autores, en referencia al dominio que el despacho ejerce sobre el Planalto, le dijeron al presidente, antes de prender el grabador, que el suyo parecía el despacho de un emperador. "Pero el de un emperador cordial", respondió rápidamente el primer mandatario.

—El problema central del político latinoamericano es, tal vez, compatibilizar el crecimiento con la distribución. Una estrategia de navegar contra el viento, decía aquella imagen náutica de Albert Hirschmann referida al avance cruzado y diagonal que se apoya una vez en el lado crecimiento y otra vez en el lado distribución y así va progresando. ¿Cuál es su estrategia para compatibilizar ambas variables y enfrentar este dilema?

—Nosotros tuvimos este año una situación más sencilla, más fácil. La verdad es que, con la inflación que teníamos, se rezagaban ambas variables, se tornaban regresivos ambos planos. Por el contrario, el camino para compatibilizar crecimiento y distribución de la renta era combatir la inflación. Así se creaban las condiciones para lograr los dos objetivos, lo que de hecho se dio. Eso ya había ocurrido cuando el Plan Cruzado que el presidente Sarney propuso a comienzos de 1986. Ya en aquel entonces quedaba muy claro que un programa de estabilización, con la condición de que

---

FERNANDO HENRIQUE CARDOSO es presidente de la República Federativa de Brasil. Fue electo por alianza partidaria entre el PSDB/PFL/PTB en la primera vuelta de octubre de 1994. Es sociólogo y fue senador de la República a partir de 1982, fue ministro de Relaciones Exteriores (1992-1993) y de Hacienda (1993-1994) del gobierno de Itamar Franco. Fundador del Partido de la Social Democracia Brasileña (PSDB). Profesor emérito de la Universidad de São Paulo, enseñó también en las universidades de Cambridge, París-Nanterre, Berkeley y Stanford, y ha recibido el título *Honoris Causa* de varias universidades.

se cumplieran ciertos requisitos previos, tendría como consecuencia tanto el crecimiento como la distribución de la renta. Sólo que en 1986 no hubo condiciones para algo más duradero porque no fue posible, por razones políticas, frenar luego el crecimiento. El crecimiento fue muy fuerte, lo que produjo, entre otras cosas, contracorrientes inflacionarias.

Nosotros tomamos muy en consideración ese proceso, así como también lo que sucedió en aquella época en Argentina con el Plan Austral. Entonces, cuando creamos el Plan Real, lo hicimos a sabiendas de que eso produciría una gran redistribución de la renta. Advertimos a los empresarios —quienes no lo creyeron— que la demanda iba a aumentar significativamente, mientras toda la oposición decía lo contrario. Durante la primera semana del Plan Real, los sindicatos salieron a la calle con carteles con esta leyenda: "El Real es una pesadilla". Además estábamos en plena campaña electoral. Inmediatamente, sin embargo, la población se dio cuenta de que el Plan sí era positivo y ello, en definitiva, desmoralizó a algunos líderes sindicales. Estadísticas publicadas recientemente sobre lo que pasó el año pasado demuestran que, en promedio, hubo un aumento del consumo de alimentos registrado en 1930. En la última Navidad la venta aumentó aun respecto del año 1994. ¡Y ya había transcurrido un año del Plan Real para las capas populares! Todos los datos sobre distribución de salarios demuestran que los más bajos tuvieron un aumento de casi 30% en términos reales.

> Solamente fue posible llegar a la estabilización económica porque la sociedad se hartó del desorden que produjo la inflación y de la situación de angustia en que vivían, sobre todo los pobres.

Además, el aumento del salario mínimo vital tuvo un efecto enorme porque era incremento real, ya que antes —considerado el promedio— el salario mínimo vital siempre caía por causa de la inflación.

En ese sentido, aquí se lograron las dos cosas: crecimiento y distribución de la renta. Pero tuvimos que contrarrestar la fuerte tensión expansionista de la economía. De ahí nacen los problemas de la crisis de México: las consecuencias de estas dinámicas. En el primer trimestre del año 1995 la tasa de crecimiento era de 10% anual. Entonces tuvimos que tomar medidas que no son populares. Por dos razones: por la presión externa, debido a lo de México, pero también porque la obsesión de los economistas que manejaban esa cuestión en el Banco Central era la de frenar el sobrecalentamiento de la economía. Y lo hicimos. Eso produjo una serie de desajustes, por ejemplo, que quedaran algunos sectores con desempleo. Si bien durante el año pasado no hubo pérdida global de puestos de trabajo, ello sí ocurrió en sectores específicos. La tasa de crecimiento debe estar entre 4 y 5%: lo que está bien para una economía que tiene hoy día un producto interno bruto del orden de los 600 000 millones de reales. Acá eso fue posible en esas condiciones. Lo que nos dio un buen punto de partida.

Los sectores que toman decisiones de inversión se dieron cuenta de que el margen de lucro tiene que disminuir, mientras que la cantidad producida debe aumentar. Eso requiere un cambio de mentalidad. De alguna manera pasó en Argentina también. Los argentinos tuvieron menos suerte en cuanto al desempleo y más suerte en cuanto a las condiciones de la economía internacional de la época en que hicieron su estabilización, lo cual les permitió un crecimiento más rápido. Argentina, además, no tenía la rémora inflacionista que supone la "indexación" que tenemos en Brasil: una plaga que estamos liquidando de a poco.

La estabilización produce en la sociedad un cambio de mentalidad. Yo diría más: que solamente fue posible llegar a la estabilización económica porque la sociedad se hartó del desorden que produjo la inflación y de la situación de angustia en que vivían, sobre todo los pobres. Eso fue lo que permitió la estabilización, pero en contrapartida obligó a un ajuste en la mentalidad.

UNA NUEVA TRAMA SOCIETAL
SE PUSO A LA VANGUARDIA

—*Se sostiene que junto a la crisis del Estado latinoamericano han entrado en crisis también el grupo de actores propugnadores de dicho Estado, llamado "la coalición distribucional que sostenía el Estado de bienestar": partidos clientelares, sindicatos de funcionarios estatales, empresarios protegidos, etc. En este nuevo orden que surgirá luego de la estabilización y la modernización, ¿quiénes serán los actores que se desarrollarán? ¿Qué tipo de empresarios, qué tipo de trabajadores, qué tipo de partidos?*

—Lo que pasó aquí fue lo siguiente. La sociedad civil ha cambiado más de prisa que las instituciones políticas. En sus dos vertientes: la de la presión de las organizaciones no gubernamentales —que crecieron como hongos en los últimos 10 años, crecimiento que incluso comenzó bajo los militares— y de los sindicatos por un lado, y la vertiente relativa a las decisiones empresariales por otro. Hay que verlo como un proceso, no meramente como un momento.

Yo siempre digo que la gente tiene la impresión de que en Brasil se decide algo y luego se cumple. Pero no es así.

> La sociedad civil ha cambiado más de prisa que las instituciones políticas.

Ésta es una sociedad compleja y diferenciada donde los lugares de decisión son múltiples, donde la gente no obedece automáticamente. Y es una sociedad, desde ese ángulo, democrática y, si se quiere, moderna. Es decir, tiene la información y toma decisiones a varios niveles, y reacciona a las decisiones del Estado. Esa nueva mentalidad se comenzó a generar ya desde el tiempo de la oposición al régimen militar. Había una disputa entre los intelectuales acerca de cómo se darían las transformaciones en esa relación Estado-sociedad. Lo que sucedía, en realidad, era que la sociedad estaba ahogando al Estado, hubo una especie de Estado cercado por la sociedad: sí, la sociedad cercó al Estado. Ocurrió, en ese contexto, un *impasse* —yo escribí mucho sobre esto— en que ni uno ni otro llevaba la delantera del proceso, pero de a poco se fue viendo que eso iba a producir una mutación en el Estado.

No se trata entonces de que vayamos a sacar este Estado y a poner otro: lo que habrá, sí, es una mutación del Estado. Por eso me acusaban de reformista: porque la gente creía entonces que había que quebrar al Estado. Yo decía que no, que no era eso lo que iba a ocurrir, sino que la sociedad había cercado al Estado, y eso iba a producir un cambio interno en el mismo. Y luego un puente. Así sucedió acá.

—*¿Quiénes eran los actores principales de esa reforma que llevaba adelante la sociedad?*

—Los actores de la reforma eran muchos e interactuaban de forma compleja. Y ahí no solamente estaban los sindicatos, sino los partidos de oposición, los grupos empresariales. Incluso algunos otros que creo que caracterizan a la so-

> Ésta es una sociedad compleja y diferenciada donde los lugares de decisión son múltiples, donde la gente no obedece automáticamente. Y es una sociedad, desde ese ángulo, democrática y, si se quiere, moderna. Es decir, tiene la información y toma decisiones a varios niveles, y reacciona a las decisiones del Estado. Esa nueva mentalidad se comenzó a generar ya en el tiempo de la oposición al régimen militar.

ciedad de masas en lo que hace a la información, porque, de alguna manera, los medios de comunicación crearon actores también, principalmente cuando la sociedad no era democrática o estaba empezando la democratización.

Aquí un periódico muy importante llamado *Gazeta Mercantil* inventó, creó, a los empresarios modernos. Siempre difundía un discurso que criticaba la política, principalmente después del gobierno de Geisel, en que se produjo una estatización muy fuerte. Entonces el gran empresariado paulista, productor de bienes de capital —que fue generado en la época de Geisel pero que bajo el mandato de Figueredo empezó a ser actor crítico— se juntó y se independizó. Estos empresarios fueron "creados": se les hizo tomar conciencia de su papel. A ellos y a la sociedad. El medio buscó al actor, como buscó a Lula, y a mí también. Es decir, dieron la posibilidad de que actuaran los intelectuales que hacían la crítica, les dieron visibilidad, y de alguna manera el juego pasó a ser entre ellos: algunos intelectuales, sindicalistas, iglesia y empresarios. No tanto así los partidos, que llegaron un poco más tarde. Por eso digo que la sociedad cambió antes que los partidos.

Este juego complejo todavía está en marcha, todavía está en proceso. En cuanto a su pregunta sobre los empresarios, en este momento un sector del empresariado empezó a ser muy activo

incluso en la formulación de políticas sociales. Había aproximaciones interesantes, y lo que se dice en los manifiestos de los empresarios es lo mismo que se dice en los manifiestos del Partido Movimiento Democrático Brasileño (PMBD), y muchas veces en los manifiestos de la Iglesia, porque era el mismo grupo de intelectuales que escribía todo. Yo participé, en parte, de este proceso, aunque nunca fui escriba de esos documentos. Otros sí ayudaron mucho en esa dirección, por ejemplo el grupo de la Universidad de Campinas. ¡Cuántas veces ese grupo escribió textos! Después sus mismos integrantes entraron en el Estado con Sarney y el Plan Cruzado.

Entonces el empresariado empezó a tener una actitud más responsable frente a la sociedad, a hablar no solamente de lucro, sino de la distribución de la renta —no la hacía pero hablaba de ella—, de reforma educativa. Ese proceso siguió. Claro que en este momento la cosa cambió, porque todo este empresariado de alguna manera estaba bajo el paraguas del Estado, era también parte de un Estado burocrático, más que autoritario. Sus empresas mismas eran protegidas porque el mercado era cerrado. Quizá la decisión que cambió esta situación haya sido la de abrir la economía, que fue tomada por Fernando Collor. Él entusiasmó a todos los empresarios sin que ellos se dieran cuenta de los cambios que se produjeron entonces. Después la actitud empresarial se transformó, se apartaron de Collor, fundamentalmente por la corrupción y el mal manejo de éste en el Congreso. El hecho de que él como persona triunfara en las elecciones, pero sin apoyo político, pesó mucho para que yo me decidiera a hacer alianzas, aun cuando para ganar las elecciones estas alianzas no fueran necesarias, porque si bien yo sabía que podía ganar solo, no me convenía. Ésa fue una discusión muy dura en mi partido y en la prensa, de por qué hacíamos acuerdos con lo que ellos llamaban la derecha.

Luego viene Itamar Franco y sigue el proceso de transformación económica, pero —aun cuando hubiera resistencias varias— las cosas no podían detenerse. Yo llegué al Ministerio de Hacienda y conscientemente favorecí la apertura de la economía. Así doblamos en cuatro años el flujo del comercio internacional, de 50 000 millones de dólares a casi 100 000 millones de dólares, lo que produjo una transformación radical en la economía. Pero eso fue posible a la vez porque las empresas ya se habían independizado del Estado, se estaban modernizando y caminaban solas.

Cuando yo era todavía ministro de Relaciones Exteriores en el año 1993, fui a Estados Unidos y a Japón y les dije a los empresarios de las multinacionales que las empresas brasileñas estaban sanas. Les decía: "Ustedes hablan de inflación y yo quiero que me hablen de exportación y de lucro, porque están ganando mucha plata, y ésa es la inflación".

La inflación no permitía que ese proceso que ya estaba ocurriendo se visualizara. ¿Cuál era el proceso? Había una fuerte modernización del sector productivo. Yo acabo de ir a Petrópolis para entregar el certificado número 1000 del ISO 9000 de calidad total. Pregunten ustedes a los demás países cuántas empresas han logrado el ISO 9000 de calidad total. La mayoría no llegan ni a 100.

—*Las empresas han hecho el ajuste…*

—Antes que cualquier cosa, aun en plena inflación.

—*Lo hicieron solas.*

—Solas. Hubo primero una enorme crisis. Pero ya en 1993, con toda la inflación y antes de la estabilización, la economía había crecido en 5.7%. Entonces se vio que había una base real que permitía la apertura de la economía. To-

davía hoy existen muchos empresarios que protestan contra la apertura. "No tenemos condiciones, no vamos a competir." Pero cuando se mira globalmente, no es así, la economía brasileña está compitiendo, continúa la exportación. "La tasa de cambio no está bien", protestan, pero cuando se miran las cifras de la exportación, se ve que siguen exportando.

> Había una disputa entre los intelectuales acerca de cómo se darían las transformaciones en esa relación Estado-sociedad. Lo que sucedía, en realidad, es que la sociedad estaba ahogando al Estado, hubo una especie de Estado cercado por la sociedad: sí, la sociedad cercó al Estado.

ASIGNATURA PENDIENTE: REFORMA DEL ESTADO

—*Reformadas las empresas, si no hay reforma del Estado hay un "costo Brasil" que no lo generan las empresas sino el Estado. Esa asignatura pendiente, ¿no requiere una carrera contra reloj?*

—La requiere, sí.

—*¿Usted cree que tendrá plazos políticos suficientes para llevar adelante la reforma del Estado?*

—Sí. Nosotros estamos haciendo la reforma del Estado. ¿Qué es la reforma del Estado? Aquí hubo una complementación de la apertura económica con la modificación de la Constitución en lo que hacía al papel del Estado en la economía, vinculado al Estado como monopolista de varios sectores. Ya hicimos ese cambio constitucional. Va a llevar cierto tiempo el obtener las consecuencias prácticas, pero ya lo hicimos. Luego empezamos con las otras reformas, la de la seguridad social, la reforma impositiva, la reforma administrativa. Ésas están en marcha. La impositiva ya fue hecha en parte con la ley ordinaria,

> Entonces el empresariado empezó a tener una actitud más responsable frente a la sociedad, a hablar no solamente de lucro, sino de la distribución de la renta —no la hacía, pero hablaba de ella—, de reforma educativa

luego el impuesto a la renta de las empresas, luego el impuesto a la renta de las personas. En este tema fiscal lo que más bien está a estudio es una serie de medidas para permitir que las exportaciones no paguen impuestos: devolución de impuestos. Así como, también, un asunto técnico que es la relación, a la hora de cobrar los impuestos —al disminuir la evasión—, entre los Estados, la Unión y los municipios.

La reforma más difícil es la de la seguridad social. Ahora, eso no involucra tanto al sector del trabajador de la empresa privada, como al funcionario público. ¿Cómo cambiar el estatuto del funcionario público? Y eso no hace tanto a la Unión sino a los estados y municipios. Cuando se mira la cantidad de empleados de la Unión, o la participación de los salarios pagados por la Unión en el presupuesto, se concluye que no es tan dramático. En cambio, cuando se observa lo mismo en los estados, se ve que sí lo es. Entonces la reforma que estamos haciendo es más bien para que los gobernadores puedan ajustarse. Pero como los estados están quebrados, el gobierno federal los está ayudando antes de hacer las reformas. Y, simultáneamente, les estamos imponiendo reglas de ajuste. Los que tienen situaciones más dramáticas no tienen alternativa y están aceptando las reglas del ajuste.

Eso está en marcha. Otro asunto que tiene que ver con los funcionarios es la reforma administrativa, que es una pequeña parte de la reforma del Estado. Ahí tenemos otra vez la cuestión de la jubilación, que es un conflicto que todavía no solucionamos, aunque creo que este año terminamos con eso.

Lo otro más complicado y menos visible es la propia gestión del Estado. ¿Qué es lo que se está haciendo? Disminuyendo la ocupación directa del Estado federal, la responsabilidad directa en materia de educación, de salud, de asistencia social. ¿De qué modo? Haciendo convenios y pasando a los estados y municipios la gestión.

En salud ya se hizo, no lo hice yo, sino que viene de antes. Ahí tenemos problemas graves de falta de dinero y de reorganización de los mecanismos del Estado central para que pueda ser capaz de controlar, sin crear trabas burocráticas, ese proceso de atención a la salud.

En educación ya tenemos la reforma en el Congreso. Ahí hay dos líneas. Una, reforzar la educación primaria, dar un mínimo para los maestros de primaria, la Unión va a aportar en esa línea. La otra, frenar el crecimiento de las universidades federales y darles autonomía, pero con objetivos de gestión, para lo cual tienen una cantidad fija de dinero asignada en el presupuesto, y ahí sí pueden ser autónomas, pero no para gastar más de lo que tienen. Eso está en marcha.

Y luego cerramos dos ministerios: Asistencia Social e Integración Regional, que eran el corazón del clientelismo brasileño. O sea, el Ministerio de Integración Regional tenía más plata para hacer carreteras que el mismo Ministerio de Transporte. El dinero era asignado por los diputados y después era liberada la partida presupuestal. Lo que hicimos fue crear un programa llamado de Comunidad Solidaria, que no es un programa autónomo, no tiene recursos propios, sino que es un mecanismo del Estado para agilizar lo que existe en el aparato estatal, como si fuera un catalizador de la acción en la salud, en la educación, etcétera.

—*Siempre la construcción de un orden nuevo agrede al corporativismo establecido...*

—Había mucho corporativismo.

—*También están las demandas del clientelismo tradicional. ¿Cómo se procesará ese problema en el futuro?*

—Yo creo que en un plazo de 10 a 20 años esos actores y esas prácticas no tienen ningún futuro, porque poco a poco la sociedad va empujando a esa gente contra la pared. Le voy a dar ejemplos. La cuestión de la vivienda. Aquí hacía mucho tiempo que no había programas de vivienda popular porque estaba todo en quiebra. Estamos reorganizando, entonces, la caja de ahorro nacional —se llama Caixa Económica Federal— para que pueda iniciar programas de vivienda que son diseñados por el Ministerio del Plan como políticas, ejecutados por Caixa Económica, pero que son decididos a nivel de consejos locales. En esos consejos locales está la oposición, están los sindicatos y los grupos de control, que son los que asignan los recursos. Y los políticos tradicionales protestan: "Bueno, el programa está muy bien, ¿pero qué gano yo con eso?" Porque ellos así, ya no tienen cómo liberar la plata, la partida presupuestal.

—*La respuesta, entonces, es el control social.*

—Claro. Igualmente el Programa Comunidad Solidaria creó lo que llaman interlocutores, gente que se ocupa de la agilización de estas políticas en todo el país, que no son necesariamente los mecanismos formales del gobierno, aun cuando los agentes puedan ser funcionarios. Aumentar el control social lleva cierto tiempo.

Pero lo más difícil no está ahí, sino que lo más difícil está en la cuestión de rehacer el papel del Estado, por ejemplo en la cuestión de las privatizaciones. Disminuir la presencia del Estado en lo económico —como lo estamos haciendo nosotros— no implica disminuir la importancia del Estado en el control del proceso económico.

El Estado brasileño tiene un patrimonio enorme. Petrobrás sola debe valer 100 000 millones de dólares. El sistema de generación y distribución de energía valdrá unos 60 000 millones de dólares. Aquí todo tiene muchos ceros, tiene mucho peso. Petrobrás ya no es monopolio, y en el sector energético estamos activando, con concesiones al sector privado, unas 15 o 16 plantas generadoras de energía eléctrica que estaban paralizadas. Para hacer eso hay que rehacer la función Estado, porque si no, ¿quién va a fijar la política de tarifas? ¿Quién va a cuidar del interés del consumidor? ¿Quién va a cuidar que haya una armonización nacional de los diferentes emprendimientos?

> Entregamos el certificado número 1 000 del ISO 9 000 de calidad total. Pregunten ustedes a los demás países cuántas empresas han logrado el ISO 9 000 de calidad total. La mayoría no llega ni a 100.

Antes no se pensaba en estos términos: la empresa misma era el Estado, o quería ser el Estado. Ahora hay que crear en el aparato del Estado otras estructuras: un consejo nacional de petróleo, un nuevo departamento nacional de energía, lo mismo para los teléfonos. Aquí hay mucha gente que se queja de que el proceso de privatizaciones no va suficientemente rápido. No va rápido porque no queremos hacer las privatizaciones sin esos instrumentos que significan —ni más ni menos— un nuevo Estado. Lo estamos haciendo.

ALIANZAS SIN COALICIÓN

—*Usted está llevando adelante un proceso de reformas económicas y sociales importantes, desde un sistema de gobierno presidencialista y desde un sistema multipartidista. Pero, a su vez, su partido no es mayoritario. ¿Cuáles son los datos fundamentales de esa fórmula política? ¿Cómo los describiría usted y cómo los gestiona?*

—Cuando yo era candidato ya sabía que podía ganar las elecciones solo. Tengo encuestas y no olvido que todavía era ministro de Hacienda cuando el dueño de uno de los principales institutos de encuestas me vino a ver, me mostró los números y me dijo: "Usted va a ser el presidente. No necesita de ningún partido para salir electo". Él me pasó la información a mí y a otros, y entonces empezaron las disputas dentro de mi partido. "Si podemos ganar solos ¿por qué ganar junto a otros?", me decían.

Mi tesis partía de la base de que yo no estaba tan seguro. Esa encuesta representaba un momento, y cuando no se tiene una red es más difícil. Pero lo más importante para mí era otra cosa, ¿cómo gobernar después? Ésa era la experiencia de Collor, yo en ese momento era senador, tenía una experiencia larga en el Congreso y sabía cómo eran las cosas. Me opuse entonces y dije: aquí hay que hacer alianzas partidarias.

Hicimos las alianzas con el Frente Liberal, que fue el partido que resque-

brajó al régimen militar, y mi partido las aprobó. Ellos pertenecían a parte del antiguo Partido Democrático Social, que había elegido a Tancredo Neves. Además contamos con el respaldo del Partido Travalhista do Brasil —el partido de Getulio Vargas—, que tenía un dirigente que ahora es ministro; y teníamos el apoyo de una buena parte del Partido Movimiento Democrático Brasileño. Luego, otros partidos más pequeños también se fueron uniendo.

Y así gané. Mi partido, que era el cuarto en el *ranking* del Congreso, ahora es el segundo o tercero porque yo soy presidente, entonces es más fácil. Y otra vez se planteaba la cuestión de cómo gobernar en esos términos.

Les voy a decir con mucha franqueza que tenía fuerzas para nombrar los ministros a mi gusto y lo hice. No le pedí a los partidos que me indicaran los nombres.

—No es una coalición.

—No lo es. Como aquí el sistema es presidencialista, yo nombré a quien quise. No acepté el sistema de cuotas de partidos. La composición de los ministerios guarda una cierta relación con los partidos, pero no es la expresión de los partidos. Eso creó una tensión que la gente del Congreso no siempre declara o explicita, pero que está por detrás y hace que, a cada rato, digan que hay que nombrar un coordinador político. Entonces hay una tensión, pero sin esa tensión no puedo hacer la modernización. Es el precio de la modernización.

—Usted actúa como moderador de esa tensión...

—Sí. Acá el presidente tiene que ser moderador y simultáneamente, en ciertos momentos, tiene que ser conductor. Aquí el papel tiene que cambiar mucho.

—Juan Linz diría que ese régimen presidencial que usted está describiendo está lleno de riesgos, porque requiere determinadas habilidades del presidente...

> Quizá la decisión que cambió esta situación haya sido la de abrir la economía, que fue tomada por Fernando Collor. Él entusiasmó a todos los empresarios sin que ellos se dieran cuenta de los cambios que se produjeron entonces. Después la actitud empresarial se transformó, se apartaron de Collor, fundamentalmente por la corrupción y el mal manejo de éste en el Congreso. El hecho de que él, como persona, triunfara en las elecciones, pero sin apoyo político, pesó mucho para que yo me decidiera a hacer alianzas.

Estamos disminuyendo la ocupación directa del Estado federal, la responsabilidad directa en materia de educación, de salud, de asistencia social. ¿De qué modo? Haciendo convenios y pasando a los estados y municipios la gestión.

—Eso es cierto. Yo voté por el parlamentarismo.

—*¿Y ahora?*

—Creo que hay que crear un sistema parlamentario, pero en el nuevo Estado. Yo no creo que en el Estado anterior un sistema parlamentario pudiera cambiar realmente las cosas.

—*En otras partes del continente aparece este fenómeno emergente de la reelección presidencial...* *

—Yo nunca opiné sobre esa cuestión. El mandato aquí duraba cinco años, se redujo a cuatro para tener una reelección, y luego, cuando se redujo, no se cumplió la segunda parte. Cuatro años técnicamente es poco. Si yo hubiera estado, habría votado cuatro años y reelección.

—*Es necesaria una mediación, un puente con la sociedad civil, y en ese puente hay un actor que sigue siendo un tanto lento: los partidos.*

—Los partidos siguen siendo débiles. Hubo algunas medidas legales que van a disminuir el número de partidos, pero los partidos no tienen todavía mucha claridad en cuanto a las reformas, en cuanto al cambio en la sociedad misma. Tienen miedo de perder votos cuando se avanza en la modernidad, pero están equivocados. Yo les doy siempre mi ejemplo. Pedí que se vetara el aumento del salario mínimo en determinado momento, estuve en contra del aumento de salarios para los funcionarios públicos, y fui elegido presidente y tengo popularidad hasta el día de hoy. Yo creo que la sociedad se cansó de una actitud doble.

—*¿Son partidos que no están leyendo bien la sociedad?*

—Hay un desacompasamiento, pero no sé si es algo propio de Brasil, porque también existe en Francia, por ejemplo, y en otras partes. Hay un problema complicado en ese punto, propio de la sociedad de masas: la comunicación, la forma en que se hace el juego de las representaciones, la forma en que la sociedad tiende a influir más directamente, y cómo se crea en ese orden un nuevo papel para los presidentes. Es una cosa muy complicada.

Cuando se disminuye la presencia del Estado en lo económico, como lo estamos haciendo nosotros, eso no implica disminuir la importancia del Estado en el control del proceso económico. Para hacer eso hay que rehacer la función Estado, porque si no, ¿quién va a fijar la política de tarifas? ¿Quién va a cuidar del interés del consumidor? ¿Quién va a cuidar que haya una armonización nacional de los diferentes emprendimientos?

—*Usted ha dicho que los presidentes ahora están sometidos a una tensión emergente de dos demandas muy distintas. Una es la demanda internacional de modernización para incorporarse a la globalización de la economía. La otra es la demanda de la realidad nacional, de la pobreza, de los excluidos. ¿Cómo se compatibilizan esas dos demandas?*

—Con el verbo. Ésa es la expresión simbólica. Yo he leído alguna cosa acerca de eso: Roosevelt, Churchill, Mitterrand, Felipe González, el rey de España. El presidente tiene que darse cuenta de que tiene que desempeñar también un

* La entrevista se realizó antes que se propusiera parlamentariamente —y se aprobara en enero de 1997— la instauración de la reelección presidencial en Brasil.

papel simbólico porque, a veces, no hay puente posible para resolver estas contradicciones. Entonces tiene que dar aliento, en cierto momento, a una esperanza y tener, al mismo tiempo, los pies en la tierra para saber lo que puede y lo que no puede hacer. Pero siempre tiene que ir más allá de lo inmediato, indicando que el avance es posible.

BRASIL-ESTADOS UNIDOS

—*La relación Brasil-Estados Unidos es todo un tema. Daba la impresión hace poco más de un año que Brasil propiciaba un Mercosur modular, creciendo gradualmente para negociar luego, en conjunto, más firmemente con los Estados Unidos. Ahora parece haber una relación más cordial.*

—Eso es cierto, tenemos hoy día una relación más cordial porque los grandes problemas de roces también han sido resueltos al finalizar el conflicto ideológico. Algunos eran roces militares, cuestiones de tecnología armamentista. Eso disminuyó. El hecho de que Brasil tenga hoy una conciencia más fuerte de su papel internacional y de que su relación no es únicamente con los Estados Unidos o hemisférica, sino también con Europa, con Asia, con África, nos deja más cómodos en relación con los Estados Unidos.

—*Las relaciones son más firmes porque están menos preocupados...*

—Menos preocupados. Yo creo que los norteamericanos —por lo menos Clinton— no hacen ninguna presión que nos moleste en estas materias.

Yo creo que de hecho la relación es cordial, lo cual no significa que no tengamos problemas. Cuando hay una diferencia no la globalizamos, del mismo modo que los Estados Unidos puede tener problemas con Japón, con Alemania, con Francia. Son problemas puntuales, lo cual no significa que estén

> Yo pedí que se vetara el aumento del salario mínimo en determinado momento, estuve en contra del aumento de salarios para los funcionarios públicos y, sin embargo, fui elegido presidente y tengo popularidad hasta el día de hoy. Yo creo que la sociedad se cansó de una actitud doble.

globalmente en confrontación. Lo mismo sucede con nosotros, tenemos problemas puntuales que nunca significan un enfrentamiento.

Pero eso no significa tampoco que Brasil se despreocupe de los países de América Latina y de lo que antes se llamaba el tercer mundo. Claro, Brasil no es tercer mundo, ése es un concepto que ya se ha vaciado. Pero tampoco queremos tomar la posición de que estamos en el mundo desarrollado. No es ésa nuestra actitud. Seguimos con el Grupo de los 15 para tener un diálogo que no sea del primer mundo. No repudiamos las reivindicaciones de los países del tercer mundo: por el contrario, si es posible, las encauzamos. Sí, somos un país con muchos problemas, todavía en desarrollo, somos solidarios con el mundo en desarrollo, pero somos grandes, somos como India, como China. Tenemos, en consecuencia, una dimensión que nos permite también un diálogo con los norteamericanos que no es el diálogo del tercermundismo.

> Brasil cambió su matriz energética para comprar petróleo de Argentina y ahora de Venezuela, mil millones de dólares a cada uno. Ahora estamos con Bolivia en la cuestión del gas. Vamos a empezar a negociar con Venezuela energía eléctrica. Con Paraguay ya tenemos una vinculación fuerte. Hay importantes proyectos en desarrollo con Perú. Lo mismo pasa con Uruguay. Es decir, Brasil no puede pensarse más fuera del ambiente de América del Sur.

El presidente tiene que darse cuenta de que tiene que desempeñar también un papel simbólico porque a veces no hay puente posible para resolver estas contradicciones. Entonces tiene que dar aliento, en cierto momento, a una esperanza y tener, al mismo tiempo, los pies en la tierra para saber lo que puede y lo que no puede hacer. Pero siempre tiene que ir más allá de lo inmediato, indicando que el avance es posible.

—*Un capítulo del viejo enfrentamiento concebía el problema de la integración como la pugna de dos paradigmas: un paradigma de integración Mercosur —de escalonamiento y acumulación sudamericana— y un paradigma* NAFTA, *apoyado en la capacidad de los Estados Unidos de bilateralizar con su protagonismo la articulación integradora país a país. ¿Esa bifurcación de paradigmas está desapareciendo entonces?*

—Hay que tener claro que para nosotros, el sistema multilateral de alianzas, el Mercosur, es fundamental. Punto dos, miramos hacia América del Sur, y ahí tenemos cosas muy concretas. Esto es, Brasil cambió su matriz energética para comprar petróleo de Argentina y ahora de Venezuela, mil millones de dólares a cada uno. Ahora estamos con Bolivia en la cuestión del gas. Vamos a empezar a negociar con Venezuela energía eléctrica. Con Paraguay ya tenemos una vinculación fuerte. Hay importantes proyectos en desarrollo con Perú. Lo mismo pasa con Uruguay. Es decir, Brasil no puede pensarse más fuera del ambiente de América del Sur, y espera tener una relación muy buena —y la tiene—, porque el Mercosur es el dínamo propulsor de todo eso.

—*Es el primer paso, entonces, de una integración modular de América del Sur.*

—Así es.

—*Para negociar luego con el* NAFTA.

—Y no solamente. Cuando México tomó la decisión de entrar al NAFTA, Brasil lo aplaudió. Nunca nos opusimos a México...

Ernesto Samper: Gobernabilidad sin soberanía no vale la pena

En medio de un diluvio, los autores llegaron —el 3 de octubre de 1996, al finalizar la tarde— al Palacio Nariño, residencia y sede presidencial. Los acompañaba Carlos del Castillo, experiente representante de Naciones Unidas. El presidente Samper es, como se sabe, un hombre joven que fuera, en sus primeros años de militancia, un enfant terrible en su partido, al fragor de sus ideas progresistas. Durante muchos años preparó su proyecto político de socialdemocratización del Partido Liberal. El proyecto y su crisis son también objeto de conversación en esta entrevista: la impresión que el presidente transmite es que sobrelleva la crisis con mucho vigor y que se debate muy dinámicamente entre su deseo de impulsar su proyecto y esa crisis que aparece una y otra vez desde el momento mismo en que fue elegido. También es conocido que lleva en su torso las cicatrices de numerosas heridas que recibió, hace algunos años, cuando se encontraba en compañía de un legislador que fue ultimado por el narcotráfico. La reunión no se celebró en el despacho presidencial, sino en una sala de reuniones contigua. El presidente se encontraba en mangas de camisa y luchó vanamente con un habano que nunca terminó de encender bien.

Al salir de la entrevista, los autores notaron que quien esperaba al presidente era Alberto Villamizar, el llamado zar antisecuestro, quien es coordinador del cuerpo especial antisecuestro que depende del presidente de la República. Villamizar es el esposo de una de la secuestradas cuyo caso relata García Márquez en su libro Noticias de un secuestro *y, como tal, el "zar antisecuestro", activo personaje de dicho relato.*

—Nos gustaría comenzar por algo que hemos encontrado en su país, y es la afirmación de que Colombia vive una de las crisis políticas más importantes de este siglo. Es una afirmación que hemos encontrado en conversaciones habidas con múltiples analistas y políticos. ¿Cómo llegó el país a este momento?

ERNESTO SAMPER PIZANO, presidente de Colombia por el periodo 1994-1998, nació el 3 de agosto de 1950 en la ciudad de Bogotá. Se graduó en Derecho y Economía en la Universidad Javeriana de su país, especializándose luego en México. A su regreso a Colombia dirige la Asociación Nacional de Instituciones Financieras (ANIF), a la que renuncia en 1981 para dedicarse de lleno a la actividad política. En 1982 funda y dirige el Instituto de Estudios Liberales y, como director del Instituto, asume la Secretaría General del Partido Liberal hasta 1984. Diputado de Cundinamarca y concejal de Bogotá (1984), fue senador (1986) y miembro de la Dirección Nacional del Partido Liberal (1987). Con posterioridad al grave atentado que sufriera en el aeropuerto de Bogotá (1989), Samper se desempeñó como ministro de Comercio Exterior en el ministerio creado por el presidente Gaviria. Renuncia al ministerio en 1991 y es entonces nombrado embajador en España. En mayo de 1993 anuncia su candidatura a la presidencia, resultando vencedor en la contienda electoral.

¿Cuáles fueron los actores y los factores de esta crisis?

—Eso no nos lleva al tema gobernabilidad, sino que ya nos lleva al tema de la crisis. Todo esto tiene que ver con la influencia del narcotráfico en la determinación de los procesos políticos, sociales y económicos de Colombia. Durante muchos años el país ha estado recibiendo, a través de la economía subterránea, unos flujos de dinero provenientes de exportaciones de la droga, que han buscado penetrar los circuitos institucionales económicos, de una manera más o menos violenta. Hay distintos aspectos en esta infiltración como factor de alteración de la capacidad de gobernar al país que algunas veces se expresó de manera violenta a través del narcoterrorismo, asesinando jueces, colocando bombas contra medios de comunicación, volando centros comerciales, secuestrando personalidades de la vida nacional, asesinando políticos. Un capítulo aparte fue el efecto corruptor de los dineros del narcotráfico, tratando de comprar posiciones políticas, posiciones sociales, o simplemente abriendo espacios económicos clandestinos.

LA CRISIS DE GOBERNABILIDAD

—*En un informe de IRELA de marzo de este año [1996] —que se refiere laudatoriamente a la histórica capacidad del sistema político colombiano de enfrentar situaciones difíciles—, se afirma que la característica diferencial de esta crisis de gobernabilidad con respecto a otras es que ésta proviene de las propias instituciones. Y se refiere también al fenómeno de permeabilidad frente al narcotráfico. ¿Qué reflexión le merece este problema? ¿Son las actuales instituciones políticas capaces de resolver una crisis que también las abarca? ¿Cómo se reforman las instituciones con estas instituciones?*

> Lo que hemos logrado demostrar es que el sistema democrático colombiano tiene la suficiente fortaleza para poder tramitar y solucionar crisis como la producida por la investigación de la influencia de los dineros del narcotráfico en la financiación de la campañas políticas. La crisis no fue el producto de una debilidad de las instituciones, sino que la crisis fue superada gracias a la fortaleza de esas mismas instituciones.

—Hay dos formas de mirar el problema: por su causa y por sus resultados. Lo que hemos logrado demostrar es que el sistema democrático colombiano tiene la suficiente fortaleza para poder tramitar y solucionar crisis como la producida por la investigación de la influencia de los dineros del narcotráfico en la financiación de las campañas políticas. En medio de la crisis, hemos tenido fiscales investigando, jueces juzgando, el Congreso legislando, el gobierno gobernando y la prensa informando. Durante un año, a pesar de toda la tensión, las instituciones no se resquebrajaron y eso es lo que finalmente cuenta. No hubo una crisis institucional en el sentido de un enfrentamiento de poderes, por ejemplo. Tampoco se disparó un solo tiro, como hubiera sucedido en los momentos del narcoterrorismo. No se censuró a ningún medio de comunicación. Ningún juez ni fiscal fue coartado en su libertad para investigar y calificar. Se transmitieron íntegramente por televisión —a través de los canales del Estado— los debates en los cuales se juzgó al presidente de la República.

La crisis no fue el producto de una debilidad de las instituciones, sino que la crisis fue superada gracias a la fortaleza de esas mismas instituciones.

—*Si bien respetamos, naturalmente, lo que usted dice, debemos insistir. Hemos escuchado opiniones diversas en relación con el tema de las instituciones.*

El doctor Cepeda, por ejemplo, nos ha dicho que algunos de los males del sistema político colombiano actual se han generado en la falta de fiscalización y oposición que derivó de la existencia del Frente Nacional ¿Usted le atribuye también los males presentes a los efectos políticos y sociales atávicos generados por el Frente Nacional? Porque básicamente el relato que encontramos, conversando con algunos académicos y politólogos, es que formalmente las cosas están funcionando bien, pero hay una crisis de credibilidad del sistema político.

—Estamos hablando de temas distintos. La solución política a la crisis ha sido mucho más difícil que la solución judicial o institucional. Institucionalmente hablando, aquí se juzgó al presidente, se investigaron los hechos, los jueces se pronunciaron. La solución política fue más difícil porque el gobierno no encontró una oposición consistente que le hubiera permitido encontrar una salida, no hubo interlocutor político.

Personalmente, cuando se estaba superando la crisis, enuncié algunas salidas políticas. Hablé de anticipar las elecciones, de una consulta popular, de un gobierno de unidad nacional para una salida de reconciliación nacional. No hubo respuesta. Entonces debí asumir el liderazgo de plantear una salida de reconciliación. ¿Por qué? Aquí entra la tesis del profesor Cepeda, a quien conozco y admiro. Porque en Colombia acabamos con la oposición institucional. Se hace oposición desde la guerrilla, desde la protesta callejera y desde el mismo Estado, pero no se hace dentro de las instituciones. El Frente Nacional anestesió el libre juego de gobierno y oposición. Los partidos hicimos una especie de matrimonio de conveniencia durante 20 años en que nos repartimos el poder. Ese acuerdo del Frente Nacional produjo sus efectos positivos en el sentido de que permitió una convivencia democrá-

tica, superada la época de violencia, pero también le quitó identidad a los partidos, anuló el juego de gobierno y oposición, creó la idea de que estábamos condenados al concubinato ideológico para poder.

Si algo extrañé yo en la solución de la crisis fue no haber tenido suficientes interlocutores válidos, sobrevivir políticamente. Por eso, no es de extrañar que en la crisis pasada algunos empresarios, unos cuantos obispos y algunos periodistas asumieran gratuitamente el papel de opositores.

Le acepto entonces que la ausencia de un esquema fuerte de gobierno de oposición pudo influir haciendo mucho más difícil la salida política a la crisis.

LA RESPUESTA A LA CRISIS

—Usted debe ser un hábil negociador. Desde el exterior, en determinado momento, se pensó que su renuncia era inminente.

—No sólo en el exterior, aquí también…

—¿Como hizo? ¿De dónde sacó su apoyo?

—De dos sentimientos: el de mi inocencia en lo personal y el de la dignidad del país en lo internacional. Me explico. Terminar una crisis —en la cual funcionó el Estado de derecho, se cumplieron las reglas del debido proceso, operó la democracia— con el retiro de un presidente inocente hubiera resultado contraproducente. Haber permitido que la conclusión internacional del episodio, por doloroso que fuera, consistiera en el sacrificio de la dignidad del país por cuenta de un presidente tumbado por la droga hubiera sido todavía más inaceptable.

Preferí entonces pasar a la historia como el presidente de Colombia que acabó con el narcotráfico, y no como el presidente acabado por el narcotráfico.

Claro, además de este esfuerzo de convicción, existieron factores internos que hicieron posible la gobernabilidad en medio de la crisis. Factores como el permanente apoyo de las fuerzas armadas —que son muy civilistas en el caso colombiano— y el del Congreso, que fue clave. También conté en todo momento con apoyo popular. Ni en los momentos más duros de la crisis bajé del 40% de apoyo popular. ¿Por qué? Porque finalmente la gente sabía que lo que se estaba viviendo no era un capítulo personal de la vida de Samper, sino otro capítulo de nuestra historia de lucha contra el narcotráfico.

La diferencia entre mi caso, por ejemplo, y el caso de otros ex presidentes acusados de corrupción es que, mientras en el de éstos la culpa individual terminó solucionándose con una propuesta de expiación colectiva que llevó a exigir su renuncia, en mi caso, por el contrario, muchos interpretaron que a una presunta culpa colectiva se estaba tratando de darle una salida a través de una expiación individual, y que eso no era justo.

—...sigue insistiendo la oposición con su renuncia.

—La oposición, en todas partes del mundo, no pierde ocasión de solicitar renuncias.

—Usted nos acaba de relatar cuáles fueron sus iniciativas políticas, que éstas fueron rechazadas y que usted, sobre sus hombros, toma la responsabilidad de llevar adelante una iniciativa política. Parte de esa iniciativa política es una reforma constitucional que usted acaba de enviar al Congreso. Esta reforma aumenta bastante las potestades del Ejecutivo, lo capacita más para gobernar, pero revierte algunas de las tendencias más tradicionales en materia de descentralización y en algunas otras materias. Concretamente ¿cuál es el objetivo que usted busca con esta reforma constitucional? Y segunda pregunta, ¿por qué no

El apoyo lo obtuve de dos sentimientos: el de mi inocencia en lo personal y el de la dignidad del país en lo internacional. Haber permitido que la conclusión internacional del episodio, por doloroso que fuera, consistiera en el sacrificio de la dignidad del país por cuenta de un presidente tumbado por la droga hubiera sido todavía más inaceptable.

está incluido en la reforma el instituto de la reelección, como se está dando en otros países de América Latina, donde la reelección se presenta —por lo menos en apariencia— como funcional a los nuevos procesos de liderazgo político de las reformas económicas?

—Pasado el proceso del Congreso, yo identifico cuáles son los factores para la superación de la crisis. Primero, el factor económico. Sin duda éste no fue un buen año para la economía colombiana, como lo va a ser para muchos países del área. Entonces, hago una propuesta de reactivación económica.

Segundo, la necesidad a nivel internacional de dar una muestra clara y contundente de que Colombia sigue en la dirección de la lucha contra el narcotráfico. Es decir, este proceso no ha debilitado en lo más mínimo la voluntad política del país de luchar contra el narcotráfico. Entonces presento los proyectos sobre aumento de penas y persecución de bienes, que ya están siendo considerados en el Congreso.

Tercero, la necesidad de fortalecer la legitimidad del gobierno, no en términos formales sino en términos reales, a través de la continuación del modelo de desarrollo alternativo. Se trata de un modelo de gobernabilidad —que he planteado para toda el área, no sólo para Colombia— que apunta a recuperar la legitimidad a partir de un nuevo énfasis en inversión social.

La propuesta de mi gobierno es elevar la participación de inversión social

> Preferí entonces pasar a la historia como el presidente de Colombia que acabó con el narcotráfico y no como el presidente acabado por el narcotráfico.

de 8.5% del PIB, a 14.7% en cuatro años, a través de programas de salud, educación, etc. Entonces refuerzo el componente social, retomo lo que podríamos llamar la acción social del gobierno.

En cuarto lugar, también estoy consciente de que aquí lo que se está comenzando a mostrar claramente es una peligrosa alianza entre la guerrilla y el narcotráfico. Una peligrosa y explosiva alianza, porque eran dos factores de violencia aparentemente separados.

Las marchas cocaleras en el sur del país, el auge de los grupos paramilitares en zonas identificadas con el narcotráfico, prueban claramente que el narcotráfico se armó, ya sea directamente, ya sea a través de grupos de seguridad privada, o a través de la guerrilla que le brinda protección. Y es en ese momento cuando hago una serie de propuestas relacionadas con el orden público. La reforma, sin alterar para nada el espíritu garantista de la Constitución de 1991 —porque no se toca el aspecto descentralizador ni tampoco el garantista—, propone una reforma política para superar el síndrome de la crisis, a través de varias medidas.

Primero, financiación del Estado a las campañas presidenciales: eso se los habrá explicado bien Cepeda, porque participó en su diseño y en algunas partes de la redacción.

Segundo, la constitucionalización de la oposición, es decir, darle garantías reales a la oposición a través de esta reforma. Recuerden que, como decíamos, lo que no funcionó fue la oposición.

Tercero, la democratización de los partidos.

Finalmente, otro capítulo tiene que ver con el fortalecimiento de las facultades del Ejecutivo frente al control de determinadas situaciones de alteración del orden público. Era una clara y seria respuesta, no a la crisis, sino a muchos de los factores que la originaron...

EL "PODER EUNUCO"

—*En relación con las facultades del Ejecutivo, usted se ha referido a la idea de que el poder aquí en Colombia es eunuco. ¿La reforma busca resolver ese problema de "poder eunuco"?*
—Claro.
—*¿Qué quiere decir "poder eunuco"?*
—El poder eunuco consiste en que el presidente cada día tiene más responsabilidad política y menos espacio de acción política. Eso es el poder eunuco. Doy ejemplos. El presidente tiene la capacidad de declarar la perturbación del orden público para estados de conmoción, lo que le da ciertas facultades excepcionales para controlar excepcionales perturbaciones del orden público. Pero la Corte Constitucional se ha reservado el derecho de calificar esas facultades. Es decir, el Poder Judicial se atribuye funciones de poder político que le corresponden fundamentalmente al Poder Ejecutivo.

Segundo ejemplo. El presidente responde por el comportamiento de la economía, pero existe un Banco de la República que es el que toma todas las decisiones y que solamente responde por la inflación. Para ponérselos en términos más gráficos: yo soy el piloto de avión, pero el copiloto es el que maneja los instrumentos y solamente le importa el altímetro.

Creo que hubo un fracaso del neoliberalismo de la década de los ochenta. En esa década todos los países nos metimos ciegamente en el modelo neoliberal: compramos una serie de dogmas. Ese

[95]

modelo hizo crisis a comienzos de los noventa, porque nos dimos cuenta de que las cosas no funcionaban tan fácilmente, y que en estos países no existían mercados tan perfeccionados como para entregarle la solución de todos los problemas. Que no podíamos desprendernos completamente de la intervención del Estado.

—*¿Pero la autonomía, entonces, del Banco Central es parte del viejo modelo que usted está criticando, el que tiene —entre otros componentes institucionales— la independencia del Banco Central?*

—Son dos cuadros distintos. El Banco Central debe ser autónomo y está bien que lo sea, pero el problema no es de autonomía, sino de responsabilidad. La autonomía debe comportar responsabilidad. Usted no puede mantener un sistema en el cual el Banco Central toma decisiones por las cuales solo responde el Poder Ejecutivo. Es así de sencillo. Es, digámoslo, un problema no de repartición de competencias, sino de responsabilidades, de responsabilidades políticas. .

—*Usted está planteando un modelo general alternativo al llamado "neoliberalismo", al que se suele acusar de asignar todo el funcionamiento de la economía al mercado, de desmontar al Estado, de renunciar a los contralores políticos, de concentrar el ingreso, de subestimar la inversión social, etcétera...*

—Sí, se trata de ensayar un modelo alternativo. Entonces —me dirá usted y con razón— ¿qué hacemos en América Latina? No vamos a regresar al viejo modelo proteccionista, a resucitar el viejo modelo cepalino de los años sesenta, al modelo intervencionista. Tampoco nos sirvió el modelo neoliberal, que ayudó a desmontar la hiperinflación en algunos países, y pare de contar. Sólo nos queda ensayar un modelo distinto: que regrese al campo de lo social y lo enfatice, que haga más transparente la cosa pública, abierto, democrático, participativo...

La diferencia entre mi caso y el caso de otros ex presidentes acusados de corrupción es que, mientras en el de éstos la culpa individual terminó solucionándose con una propuesta de expiación colectiva que llevó a exigir su renuncia, en mi caso, por el contrario, muchos interpretaron que a una presunta culpa colectiva se estaba tratando de darle una salida a través de una expiación individual, y que eso no era justo.

LA GUERRILLA

—*Le queremos mostrar algo que nos resultó impresionante a nosotros que no somos colombianos. Tiene que ver con la presencia de la guerrilla en 1985 y en 1995. [Los autores exhiben dos mapas de Colombia —publicados por la revista* Estrategia Económica y Financiera *de agosto de 1996— que muestran, respectivamente, la presencia de la guerrilla en 1985 y su impresionante multiplicación en 1995.] Pensando en las iniciativas políticas que usted se está planteando, pensando en los desafíos de la guerrilla y el narcotráfico y pensando en la situación de crisis política que aún no logra estabilizar los ánimos, ¿no es demasiado recargada su agenda política para dos años de gobierno? ¿No está queriendo recuperar el tiempo perdido?*

—En estos dos primeros años de gobierno la gente tiene, como ustedes, la idea equivocada de que yo estuve de vacaciones, cuando si algo me mantuvo en el poder es que no dejé de gobernar un solo minuto. En cualquier otro país del mundo se puede abandonar el poder por unas horas sin que la gente se dé cuenta, excepto en Colombia. En Colombia, la ausencia del presidente, un solo minuto, se nota. Ya les dije que durante la crisis no hubo ruptura institucional, ahora agrego que tampoco la hubo administrativa.

Para entender cómo Colombia sobrevive a esta ola de violencia que existe —y que lo grave no es sólo que exista, sino que se ha interrelacionado recientemente—, hay que pensar que este país funciona con determinados consensos implícitos. Eso es lo único que los va a ayudar a ustedes a entender por qué todo este dinamismo, esta efervescencia, no ha terminado por destrozar al país. Para entender cómo funciona Colombia, en suma —y cómo sobrevive—, deben entender que en Colombia existen una serie de consensos implícitos que aseguran la gobernabilidad.

El consenso económico es el primero. Nuestra política económica es superconservadora, no hay un gobierno que se aparte de ella.

También existe un consenso implícito sobre la política internacional. Durante la reciente crisis se lastimó este consenso. Los colombianos por lo general no lavamos los trapos sucios domésticos fuera de la casa.

También hay un consenso sobre el orden público y sobre su manejo respaldado en la larga tradición civilista de nuestro ejército.

Las fuerzas armadas, durante 20 años, han tenido el más alto índice de

credibilidad entre todas las instituciones, o está entre las dos o tres primeras.

Entonces, me dirán ¿en qué hay disensos? Existen disensos alrededor de todo lo demás, pero, como dicen los italianos, no acostumbramos escupir en el plato de nuestra propia sopa.

—*Un artículo reciente sostenía que en Colombia conviven tres poderes económicos y militares —Estado, guerrilla y narcotráfico— que imponen tres leyes en distintos espacios de territorio y de los mercados, pero ninguno tiene capacidad de imponerse sobre los demás. Se ha afirmado, incluso, que con la guerrilla aquí hay una especie de empate estratégico. La pregunta tiene que ver con la gobernabilidad posible. ¿El dilema de Colombia es la guerra, es la destrucción del enemigo guerrillero, o es la negociación?*

—El asunto es muy complejo como para reducirlo a un simple dilema entre la paz y la guerra. Si fuera tan sencillo ya habríamos hecho la paz, o ya nos habría aniquilado la guerra. La salida integral a los problemas de Colombia pasa por una solución compleja, que involucra componentes persuasivos y disuasivos. Tenemos ciertamente una situación de *statu quo* en relación con el enfrentamiento armado. Pero, al interior, esas fuerzas han evolucionado. Las fuerzas enfrentadas han evolucionado no sólo cuantitativamente, sino también cualitativamente. Por ejemplo, la guerrilla ha cambiado sus formas de lucha.

Ya no estamos asistiendo a la guerrilla de los años cincuenta —que era una guerrilla partidista, liberal, *versus* conservadores, armados como resultado de la violencia de los años cuarenta—, sino que estamos asistiendo a una guerrilla mucho más identificada con prácticas terroristas. Volando oleoductos, secuestrando personas, participando abiertamente en actividades de narcotráfico.

El meollo del problema es que nadie se ha atrevido a confrontar la esencia del modelo de proyecto político que nosotros estamos poniendo en marcha. Creo que el telón de fondo de toda esta crisis ha sido la confrontación entre dos esquemas, que seguramente serán los que dividirán a América Latina en los próximos años. Un esquema neoliberal, de concepción del desarrollo privatista, de mercado, y un esquema que yo llamaría alternativo, social, que reivindica la necesidad de que el Estado mantenga ciertos sectores de intervención. Un esquema que no plantea una apertura abrupta, sino una apertura gradual.

No es la guerrilla que hubiera soñado el Che Guevara, ni tampoco son las guerras napoleónicas: estamos asistiendo a una guerra mucho más compleja que la que vivíamos hace 40 años. Al interior de las fuerzas armadas se ha producido también, correspondientemente, un cambio cualitativo en su modernización, y en el cambio de sus concepciones de lucha.

EL NARCOTRÁFICO

—*Con relación a cómo enfrentar el tema del narcotráfico, ¿guerra o negociación?*

—Guerra. En Colombia no cabe sino una guerra con el narcotráfico, y una guerra integral. O sea, actuando sobre todas las etapas de los procesos: sobre la parte de los cultivos ilícitos, la del procesamiento industrial, la de la narcofinanciación... que es donde existe la gran discrepancia a nivel internacional, porque esta guerra no es unilateral, sino multilateral. Por ello no acepto que conviertan a Colombia en el Vietnam de la lucha contra las drogas, es decir, en el país donde los países consumidores vienen a librar la guerra que están perdiendo dentro de sus fronteras.

—*El narcotráfico permea buena parte de la sociedad...*

—Cuando hablamos de narcotráfico estamos hablando de millones de dólares tratando de infiltrar los circuitos políticos, sociales y económicos, comprando finca raiz, equipos de futbol, hoteles, casinos, haciéndose un estatuto social, ganando poder político. Nos hemos demorado en reaccionar a esta avalancha, pero lo estamos haciendo...

—*¿Usted tiene alguna idea de cuánto significa económicamente el fenómeno? ¿De cuánto estamos hablando?*

—Es difícil precisarlo, pero son sumas importantes, a pesar de lo cual no representan más de 10 o 20% de lo que se queda en el extranjero...

La propuesta de mi gobierno es elevar la participación de inversión social de 8.5% del PIB, a 14.7% en cuatro años, a través de programas de salud, educación, etcétera.

—*¿Cómo va a hacer Colombia para manejar estos temas —guerrilla y narcotráfico— en los próximos años?*

—El tema del narcotráfico tiene que manejarse multilateralmente, dentro de la agenda global de la lucha contra la droga que propuse en las Naciones Unidas. El tema de la guerrilla, avanzando, simultáneamente, en el frente militar y político de combate a la misma. No es fácil, lo reconozco. A medida que la guerrilla colombiana se ha ido desideologizando, se ha ido narcotizando...

LA DIFÍCIL RELACIÓN
CON LOS ESTADOS UNIDOS

—*Usted ha hablado del tema de la droga como un fenómeno global, multilateral. Vayamos a un tema ineludible: la hostilidad —o los mensajes hostiles— que usted ha recibido de los Estados Unidos, de la administración y de sectores del Congreso. ¿Cuánto ha afectado su capacidad de gobierno este ambiente?*

—Ha dificultado el gobierno pero han ayudado a la gobernabilidad. Me explico. Nadie desconoce que los actos unilaterales de hostilidad por parte del gobierno de los Estados Unidos han creado situaciones de tensión para la administración, pero precisamente por su carácter abiertamente hostil e injusto también han abierto espacios de solidaridad internacional e interna, exacerbando el nacionalismo, que se ha traducido en mayor respaldo al gobierno.

—*Por otra parte usted ha afirmado que las relaciones con los Estados Unidos están narcotizadas. ¿Puede precisar el alcance de la afirmación?*

[98]

> Creo que hubo un fracaso del neoliberalismo de la década de los ochenta. En esa década todos los países nos metimos ciegamente en el modelo neoliberal: compramos una serie de dogmas. Ese modelo hizo crisis a comienzos de los noventa, porque nos dimos cuenta de que las cosas no funcionaban tan fácilmente, y que en estos países no existían mercados tan perfeccionados como para entregarle la solución de todos los problemas.

—La agenda bilateral de Colombia y los Estados Unidos durante los últimos 15 años ha estado circunscrita en importante medida a discusiones sobre el tema del narcotráfico. Y siendo este tema tan sensible, la gráfica de la relación no es lineal, sino cíclica, con altibajos. Más recientemente se ha tratado de "despolitizar" el manejo, de reducirlo a un simple problema policial: error. A lo largo de esta entrevista hemos hablado de todas las incidencias del narcotráfico sobre el comportamiento político, sobre lo institucional, sobre la economía y sobre la propia concepción de la sociedad. ¿Creen ustedes que una materia tan compleja puede reducirse al cumplimiento de unas metas en erradicación de cultivos, a la captura de unos capos, a destruir unos laboratorios e incautar unos insumos y unas toneladas de cocaína? El tema es mucho más profundo y eso es precisamente lo que no han entendido o no han querido entender quienes han reducido la relación bilateral a una agenda de policía...

Yo no puedo medir el grado de gobernabilidad del país de acuerdo con el número de hectáreas [de plantación de coca] destruidas. Si yo me enfrento —como me enfrenté— a 200 000 campesinos en el sur del país, que viven en unas regiones abandonadas, en las cuales no tienen otra cosa que cultivar que no sea la coca, lo que tengo que hacer no es solamente brindarles una fumigación de sus cultivos. Debo darles una alternativa de sustitución. Y esa alternativa de sustitución no se entiende sino a partir de un contexto de diálogo político alrededor de la importancia y de la incidencia del narcotráfico en la vida colombiana.

Parte, por ejemplo, del fenómeno que estamos viviendo de desaceleración de la economía colombiana, tiene que ver con lo que yo llamo el ajuste ético de la economía. Es decir, lo que nos está costando el haber combatido y estar combatiendo a los carteles de la droga en cuanto a disminución de la actividad constructora, de la actividad agrícola, de la actividad turística, y hasta el futbol, que ellos de cierta manera lograron penetrar.

—¿Se puede hablar de un proceso de crecimiento del antimperialismo en la opinión pública colombiana?

—No diría tanto de antimperialismo en el sentido marxista de la palabra, sino de sentimiento antinorteamericano. Lo muestran las encuestas. Al comenzar esta década, Colombia era un país abrumadoramente pro gringo, hoy, lamentablemente, el sentimiento "anti" pasa de 70%. ¿Por qué? Porque los colombianos se sienten maltratados, desconocidos en su lucha contra la droga, desbordados por el unilateralismo.

—¿Y en las élites colombianas sucede el mismo fenómeno? ¿Cómo lo siente usted aunque no haya encuestas?

—Las élites están, digamos, a la expectativa.

—Se está dando en América del Sur un proceso de integración: Mercosur, Pacto Andino, Mercosur-Bolivia, Mercosur-Chile. ¿Cuál va a ser el signo de la relación de América del Sur con los Estados Unidos en este contexto?

—Lo importante es trazarse un objetivo común, por ejemplo, llegar a un mismo sitio en una misma fecha. Cómo lleguemos a ese sitio me parece ya una discusión más flexible. Algunos, como Chile, están tratando de llegar a través de acuerdos bilaterales: ellos no forman parte de bloques. Colombia, por el contrario, debe llegar a través de la conformación de bloques. Tenemos el Pacto Andino, somos parte del G3 con Venezuela y México, ejercemos un cierto liderazgo sobre la zona del Caribe. Si todos sabemos que en el año 2005 habrá una zona de libre comercio, allí llegaremos aunque por distintos caminos.

El problema es que estamos confundiendo integración con libre comercio. Por el hecho de que nosotros tengamos un mercado desde Alaska hasta Patagonia no vamos a estar integrados. Entre otras cosas porque la integración es un problema de factores de producción. Para producir más, tenemos que desarrollar un mercado más democrático de factores de producción, de capital, de tecnología, de servicios... Que los países en desarrollo puedan acceder a los factores que determinarán las ventajas competitivas.

LA AGENDA DE LA GOBERNABILIDAD

—*En todo este proceso del que hemos estado conversando ¿cuál ha sido el papel de la prensa? ¿La prensa no cumplió el papel que la oposición debía cumplir y no lo hizo?*

—La prensa cayó en el síndrome del virtualismo. Con contadas excepciones, muy honrosas por cierto, los medios construyeron una realidad virtual a través de la crisis. Como en el mito de la caverna, de Platón, en que las imágenes de las cosas terminaron siendo más importantes que las cosas mismas, aquí también la percepción de la realidad terminó siendo más importante que la realidad misma. A partir de ese momento la información quedó encarcelada en

No vamos a regresar al viejo modelo proteccionista, a resucitar el viejo modelo cepalino de los años sesenta, al modelo intervencionista. Tampoco nos sirvió el modelo neoliberal, que ayudó a desmontar la hiperinflación en algunos países, y pare de contar. Sólo nos queda ensayar un modelo distinto: que regrese al campo de lo social y lo enfatice, que haga más transparente la cosa pública, abierto, democrático, participativo.

su propia tautología y fue difícil sacarla de ese ensimismamiento. Me queda la satisfacción de que en ningún momento fue afectado ningún medio de comunicación, no hubo censura, se informó libérrimamente.

—*Desde su punto de vista y con su definición de gobernabilidad ¿cuál sería su agenda de gobernabilidad?*

—Distinguiría escenarios. En un escenario de corto plazo mi agenda de gobernabilidad consiste en lo que estoy haciendo, en recuperar los factores de estabilidad del país: mantener el orden público, reactivar la economía, mejorar el nivel de comunicaciones entre el gobierno, el Congreso y los distintos estamentos de opinión. Recuperar consensos básicos sobre temas de fondo. Avanzar en la agenda social del gobierno. En un contexto de mediano plazo, tiene mucho que ver con la reforma política, con el modelo alternativo de desarrollo, con la inversión social, con una política inter-

Nadie desconoce que los actos unilaterales de hostilidad por parte del gobierno de los Estados Unidos han creado situaciones de tensión para la administración, pero precisamente por su carácter abiertamente hostil e injusto también han abierto espacios de solidaridad internacional e interna, exacerbando el nacionalismo, que se ha traducido en mayor respaldo al gobierno.

nacional que tiene que ser de apertura pero selectiva, gradual, concertada. Tiene que ver también con nuestra capacidad para multilateralizar nuestras aspiraciones en el contexto de los países en desarrollo, especialmente las que tienen que ver con la agenda global de lucha contra las drogas que presenté en la reciente Asamblea de las Naciones Unidas.

EL PROYECTO ALTERNATIVO

—*¿Cuánto tiene la crisis que ha vivido este país de elementos ideológicos? ¿Cuánto hay de combate a su proyecto político y cuánto hay de otros elementos?*

—Ésa es la mejor pregunta que me han hecho. El meollo del problema es que nadie se ha atrevido a confrontar la esencia del modelo de proyecto político que nosotros estamos poniendo en marcha. Creo que el telón de fondo de toda esta crisis ha sido la confrontación entre dos esquemas, que seguramente serán los que dividirán a América Latina en los próximos años. Un esquema neoliberal, de concepción del desarrollo privatista, de mercado, y un esquema que yo llamaría alternativo, social, que reivindica la necesidad de que el Estado mantenga ciertos sectores de intervención. Un esquema que no plantea una apertura abrupta, sino una apertura gradual.

—*¿Usted está preparando un equipo político con un Partido Liberal para muchos años en el poder?*

—No lo estoy haciendo, ya lo tenía preparado. Llevo 15 años pensando lo que estoy pensando, y tratando de hacer lo que estoy haciendo. Si no hubiera tenido ese equipo, seguramente no hubiera sobrevivido. Afortunadamente, hemos tenido la capacidad de mantener la coherencia ideológica: sobrevivimos y seguimos.

—*¿Entonces vamos hacia un Partido Liberal más ideológico, más programático?*

—Esa parte programática del liberalismo es exactamente la que está gobernando. La parte que no es movida por los intereses sino por los principios.

José María Figueres: Hay que arreglar lo social para que se componga lo económico

El presidente José María Figueres sólo permitió que una persona interrumpiera la entrevista con los autores, realizada el 28 de julio de 1995 en el Palacio Presidencial de San José de Costa Rica: un adolescente irrumpió en el despacho, le habló algo al oído y se retiró de inmediato. Figueres excusó, con timidez, la interrupción de su hijo y de inmediato continuó respondiendo nuestras preguntas, con rapidez y seguridad. La escena podría ser similar a una ocurrida hace 50 años cuando otro Figueres era presidente —Figueres padre fue varias veces primer mandatario de su país— y el hijo que interrumpía era quien hoy se encuentra al frente del destino costarricense. El actual presidente viene de acordar con el hijo del otro caudillo histórico de la política de Costa Rica, con su antecesor en la presidencia, Calderón Fournier, hijo a su vez de otro presidente, Calderón, un pacto de gobernabilidad —los acuerdos entre partidos son algo escasos en este país— en el que estampan su calidad de hijos de los caudillos.

El moderno edificio donde funciona el Palacio Presidencial de Costa Rica no tiene historia, ni —obviamente, tratándose de Costa Rica— presencia militar.

—En el primer informe de su gobierno, usted plantea que Costa Rica puede ingresar en un periodo de ingobernabilidad. La idea que tiene un extranjero sobre Costa Rica es la de un país muy estable, con un sistema institucional y un bipartidismo que funcionan bien. ¿No se excedió en aquella afirmación?

—No, me parece que no. Yo pienso que tenemos que ver el contexto internacional en el cual se mueven hoy en día nuestros países. Durante muchísimos años, antes de la economía globalizada, de la caída del mundo bipolar, el mundo tenía un ritmo y una velocidad mucho más lentos que los que tiene hoy en día. Era un ritmo y una velocidad en los cuales nuestras instituciones, los pe-

José María Figueres Olsen es presidente de Costa Rica. Nació el 24 de diciembre de 1954. Es hijo de José Figueres Ferrer, presidente a su vez de Costa Rica en tres ocasiones. Después de completar sus estudios en los Estados Unidos, José Figueres volvió a su país y a la actividad empresarial de su familia. Bajo el gobierno del presidente Óscar Arias Sánchez regresó a la actividad pública, desempeñándose como ministro de Comercio Exterior y luego como ministro de Agricultura. Realizó su posgrado en Administración Pública en la Universidad de Harvard, y al regresar asumió un papel de primera línea en el Partido de Liberación Nacional por el cual fue nominado, en 1993, candidato presidencial.

sos y contrapesos que ellas ejercían les permitían perfectamente cumplir con sus cometidos y con las justas aspiraciones de desarrollo de nuestros pueblos.

Hoy en día, sin embargo, las cosas son distintas. Las expectativas de desarrollo y bienestar de nuestros pueblos crecen exponencialmente, los problemas que vivimos son mucho más complejos, y nuestras instituciones no han venido evolucionando en la misma dirección y con la misma velocidad.

La economía globalizada, la revolución de la informática, la sofisticación financiera, hacen que el mundo se mueva hoy a una velocidad semejante a la velocidad de la luz, comparada con la velocidad de hace apenas pocas décadas, cuando se fundó y estableció nuestra institucionalidad. Entonces, por supuesto, hoy en día las cosas marchan a un ritmo diferente en ambos planos. Los países están haciendo un gran esfuerzo por competir en el concierto de las naciones: casi da la impresión de que quien se queda atrás, se queda atrás para siempre. Los pueblos tienen hambre de más bienestar, y, sin embargo, las instituciones no se mueven con ese mismo ritmo.

—*A la vez que plantea esa circunstancia dramática para Costa Rica, usted anuncia también una agenda de temas realmente importantes. ¿No es incompatible una cierta ingobernabilidad o carencia de capacidades institucionales con una agenda tan recargada?*

—No es incompatible, y me parece que una cosa lleva a la otra. Porque al mismo tiempo que mencionaba que el mundo de hoy se mueve mucho más velozmente, también tendría que decir que en nuestro país —aunque me parece que es un mal compartido por otros países— durante muchos años se ha venido acumulando una cantidad importante de problemas, en los que ningún gobierno ha querido entrar a fondo. Ningún gobierno ha querido pagar el costo

> Hoy en día aumenta la ingobernabilidad porque los problemas son ya muy complejos y se han venido haciendo más grandes durante muchos años. Y las instituciones, sencillamente, se nos quedaron atrás. El reto de la democracia a principios del nuevo milenio es precisamente poder autotransformarse sin perderse a sí misma.

político de resolverlos de lleno, por la raíz. Lo que han hecho es pegar parches, darle una patadita a la pelota, y el problema ha seguido creciendo.

Este hecho hoy en día aumenta la ingobernabilidad, porque los problemas son ya muy complejos y se han venido haciendo más grandes durante muchos años. Y las instituciones, sencillamente, se nos quedaron atrás. El reto de la democracia a principios del nuevo milenio es precisamente poder autotransformarse sin perderse a sí misma. El reto de la democracia está en pasar de la democracia formal —de la democracia representativa, que es el término correcto—, que hemos venido disfrutando, a una democracia mucho más participativa, en donde se meta de lleno la sociedad civil.

EL ACUERDO NACIONAL

—*En su informe de gobierno usted apela al acuerdo nacional, al pacto político, como instrumento para fortalecer y cargar esta agenda.*

—Apelo al acuerdo nacional con la ilusión de que bajo ese contexto podamos mirar un poco más allá de la punta de nuestras narices. Que podamos pensar en el tipo de país y el tipo de sociedad que queremos formar, más que pensar en los votos que vayamos a ganar o perder en la próxima elección, dependiendo de la posición que adoptemos.

> Durante muchos años se ha venido acumulando una cantidad importante de problemas, en los que ningún gobierno ha querido entrar a fondo. Ningún gobierno ha querido pagar el costo político de resolverlos de lleno, por la raíz. Lo que han hecho es pegar parches, darle una patadita a la pelota, y el problema ha seguido creciendo.

—*El acuerdo nacional o la concertación, ¿están en la cultura nacional o aquí la idea vigente es que quien gana gobierna y quien se opone controla?*

—Me parece que siempre hemos estado más inclinados a la segunda opción. Más bien las variantes en los distintos periodos de gobierno han sido diferentes grados de confrontación. Hemos tenido periodos muy confrontativos y otros menos confrontativos. Pero siempre ha existido esa confrontación. Con el acuerdo nacional yo no creo que vayamos a pensar todos de la misma manera, ni falta que hace. Pero sí abrigo la esperanza de que con verdadero sentido y fervor patriótico avanzaremos rápidamente en aquellas cosas que son medulares para nuestro posicionamiento como nación dentro del mundo globalizado. Y que tengamos la entereza y la convicción para romper esas cadenas y abandonar esos lastres que a los costarricenses nos impiden avanzar con velocidad y agilidad.

Pienso que, en alguna medida, con esto estamos combatiendo por la raíz a la ingobernabilidad. Porque la gente dice que los partidos políticos y los que participamos en la política somos todos lo mismo. Que todos prometen y después ninguno cumple, que todos se tapan con la misma cobija cuando están en el gobierno y liderean la oposición, que todos gobiernan para sus grupos, olvidándose de la gente.

Eso viene produciendo un desencanto con los partidos políticos y con el sistema democrático, lo que me resulta muy peligroso. La manera de contrarrestarlo es hacer gobierno y oposición responsable, donde podamos ponernos de acuerdo sin que seamos lo mismo. Así la gente podrá decir que no está de acuerdo con el gobierno, o con lo que está haciendo, pero jamás podrá decir que no le está entrando a fondo a los asuntos.

—*Quien es presidente o quien fue presidente ya lo tuvo todo, desde el punto de vista institucional. Entonces es factible actuar como usted señala. Pero los partidos políticos —incluso el suyo— que son las instituciones permanentes, que tienen que competir luego entre sí por el gobierno, ¿qué aportan a esta gobernabilidad a la que usted hace referencia?*

—Aportan mucho y aportan poco. Aportan mucho en el sentido de que añaden a los acuerdos nacionales peso específico y credibilidad de que las cosas se puedan lograr. Porque al fin y al cabo, instituciones de mucha trayectoria, como los partidos políticos, se están comprometiendo a lograr esas cosas. Aportan poco en el sentido de que muchas veces la política es discrepar, entonces uno se encuentra con que incluso dentro de la propia casa, lejos de buscar un acuerdo nacional, buscan el camino de la confrontación, porque piensan que así llevan más agua a su molino. De manera que en el sentido institucional los partidos pueden aportar mucho, y en el sentido más individual, de muchos de sus actores internos, puede ser que aporten poco.

ACTORES DEL CAMBIO

—*Usted ha dicho que estamos cambiando el contexto económico, estamos en una economía globalizada, pero nuestras instituciones son las viejas instituciones que surgieron en la época del Estado protector. Los actores políticos, los* partidos políticos, los sindicatos, aún son los sindicatos del viejo Estado, son actores estatalistas, prebendalistas. *Más allá de su figura y de la del ex presidente Calderón, ¿cuáles son los otros actores genuinos del cambio dentro de los partidos?*

—Ellos son muy pocos y realmente me parece que esto requiere de una gran convicción personal de parte del pequeño grupo que liderea el esfuerzo para que la cosa cambie. Para comprender por qué vivimos esta época de ingobernabilidad más acentuada que en otras épocas hay que retroceder un poco en la historia.

Podríamos decir que durante los años cincuenta, los sesenta y los setenta, tuvimos un modelo de desarrollo que era el del Estado creador, el de la sustitución de importaciones, de los mercados comunes dentro de nuestras áreas, con altas protecciones y barreras arancelarias. Era la época de oro del Estado hacedor, del Estado que lo resuelve todo.

Podríamos decir que todas, o prácticamente todas, las instituciones afloraron a la vida nacional durante esa época, en una misma corriente, con una misma orientación. Podríamos decir, asimismo, que muchos de los políticos y de los actores políticos hicieron sus armas durante esa época. Pero entonces viene el duro golpe al final de los setenta con el *shock* del precio del petróleo y con los intereses que llegaron a más de 20%, los más altos en la historia de nuestra cultura. Eso creó un tremendo desbarajuste, conmocionó por completo a nuestras sociedades. Fue la crisis de la deuda, la falta de capacidad para hacerle frente, la incertidumbre ante una nueva situación, completamente desconocida. Y la década de los ochenta, más que una década perdida, como se llama en América Latina, es una década en donde damos vueltas y vueltas sin encontrar la salida, donde intentamos todas las recetas

El reto está en pasar de la democracia representativa a una democracia mucho más participativa, en donde se meta de lleno la sociedad civil.

de las décadas pasadas y ninguna nos sirve. Es, también, una década de profunda transición, donde estamos cambiando rumbos, orientaciones, formaciones; donde estamos abandonando dogmas, desechando cosas que ya no nos sirven, sin saber exactamente cuál será la forma de las nuevas cosas que sí nos sirvan.

Y entonces me parece que esto añade mucha carga a la ingobernabilidad.

LA REFORMA DEL ESTADO

—*El tema de la ingobernabilidad nos lleva, natural y obviamente, al tema de la reforma del Estado. ¿Qué Estado, de qué tamaño? Lo que el Estado hace ahora, ¿quién debe hacerlo? ¿Cómo será la relación entre las empresas públicas y las privadas?*

—No me preocupa tanto el tamaño del Estado. Pienso que preocuparse por el tamaño es una posición muy dogmática; para los que dicen que el Estado debe ser más pequeño, nunca será suficientemente pequeño. Y para los que quieren un Estado grande, nunca será lo suficientemente grande. Entonces yo no me voy a enfrascar en esa discusión. Yo ambiciono un Estado ágil, estratégico, que sirva como motor del desarrollo nacional, dando las orientaciones apropiadas para que la empresa privada participe en aquellas actividades en las que lo puede hacer bien, y el Estado lo haga en las otras, en donde todavía las empresas privadas no tienen la capacidad de incursionar.

Pero debe ser un Estado concertador, porque en las sociedades siempre habrá

La década de los ochenta, más que una década perdida, como se llama en América Latina, es una década en donde damos vueltas y vueltas sin encontrar la salida, donde intentamos todas las recetas de las décadas pasadas y ninguna nos sirve.

grupos más fuertes que otros, que quieren comerse la tajada más grande del pastel. Entonces este Estado ágil y eficiente, orientador, debe también ser concertador para mediar, para balancear. Eso no quiere decir ni interventor ni paternalista. El Estado debe garantizar un mínimo de condiciones que sirvan de plataforma para un verdadero desarrollo humano sostenible.

—¿Ya no será más el Estado productor?

—Pienso que uno de los grandes errores de estas décadas anteriores ha sido el aferrarnos a dogmas. Como antes el dogma era que el Estado fuera productor, ahora queremos que nunca más sea productor. No digamos eso, no nos encasillemos, no nos comprometamos con posiciones fijas. Veamos cómo van pintando las oportunidades —dicen nuestros campesinos— para aprovecharlas de la mejor manera. Los países que han sido exitosos en su desarrollo son los que, lejos de tomar posiciones fijas han tenido la flexibilidad para moldearse a las cambiantes circunstancias, y donde el Estado ha sabido trabajar a la par de la empresa privada y de los grupos organizados.

Por eso le doy la mayor importancia hoy en día a la participación de la sociedad civil. Claro que esa participación es difícil, es mucho más fácil decirlo que hacerlo, porque ahí otra vez no tenemos formas. No podemos decir: en los setenta la participación de la sociedad civil era así, hoy va a ser asá. No. Tenemos que buscar las nuevas formas de esta década.

—*El actual modelo productivo produce riqueza a un ritmo vertiginoso, pero a la vez genera pobreza. Hay cada vez más países a dos velocidades.*

—Yo no diría que es el Estado el que lo genera. Me parece que ése es el modelo de desarrollo que tenemos hoy en día.

—*¿Pero qué hace el Estado ante esta realidad?*

—Precisamente, uno de los objetivos principales por los cuales debe reformarse y modernizarse el Estado es porque actualmente no está atendiendo el problema de la pobreza como debe hacerlo. Y tampoco veo que lo vayan a hacer las fuerzas del mercado. Porque los pobres no generan un mercado. Las señales que no existen, que son las señales de los pobres, no las ven los mercados.

En este asunto de la pobreza debemos ir "a Dios rogando y con el mazo dando". "A Dios rogando" son los programas de ayuda, focalizados sobre aquellos grupos más vulnerables de la sociedad. "Con el mazo dando" consiste precisamente en combatir los orígenes y las causas de la pobreza. Y ahí es donde hoy, menos que nunca, se puede concebir un desarrollo económico sin plantearse un vigoroso programa de inversión social estratégica. ¿Cómo vamos a competir en la economía globalizada si no tenemos gente cada vez más saludable, más educada, más capacitada? La diferencia no la van a hacer las máquinas ni los bienes de capital. Esa diferencia, teniendo dinero o pidiéndolo prestado, se borra, porque cualquiera podrá comprar la máquina. La diferencia la va a hacer la gente, su inventiva, su creativi-

Para los que dicen que el Estado debe ser más pequeño, nunca será suficientemente pequeño. Y para los que quieren un Estado grande, nunca será lo suficientemente grande. Entonces yo no me voy a enfrascar en esa discusión.

dad, su productividad. Y para eso necesitamos invertir en lo social con énfasis estratégico. Porque nuestro objetivo debe ser competir en la economía globalizada basándonos en eficiencia y en productividad, para pagar buenos salarios, y no basándonos en salarios bajos.

En la sociedad industrializada tenemos un buen reflejo de esto. Estados Unidos tiene un salario mínimo de cinco dólares la hora aproximadamente, y, sin embargo, tiene un déficit comercial impresionante. Alemania tiene un salario mínimo que, si no me falla la memoria, es de alrededor de 18 dólares la hora, tres veces más que el norteamericano, y, sin embargo, exporta mucho más de lo que importa. Es decir, hoy en día el precio del trabajo como factor de producción, a Dios gracias, ya no es el elemento determinante de la competitividad entre las naciones. Esto nos permite pagar mejores salarios para levantar el nivel de vida de nuestra gente. Pero para lograrlo debemos invertir en lo social, y debemos hacerlo ahora. Eso de que primero hay que solucionar lo económico para que después se arregle lo social, no es así. Llevamos 50 años arreglando lo económico, y lo social no se termina de solucionar. Hay que arreglar lo social para que se componga lo económico.

—*De todas maneras no se puede desconocer que a veces el excesivo gasto social genera crisis fiscales, que a su vez genera inflación, etc. ¿Cómo compatibilizar los dos abordajes?*

—De dos maneras. Priorizando los programas sociales —no me gusta usar la palabra gasto en lo social, sino más bien inversión— para estar seguros de que nos estén dando el mejor rendimiento, y también priorizando lo de la crisis fiscal por el lado de los ingresos. La verdad es que en América Latina queremos vivir con los programas sociales que tienen los países escandinavos, pero queremos vivir con los nive-

> En América Latina queremos vivir con los programas sociales que tienen los países escandinavos pero con los niveles de impuestos de los norteamericanos, que son mucho más bajos que los de los escandinavos.

les de impuestos de los norteamericanos, que son mucho más bajos que los de los escandinavos. Eso es imposible. Hay que hacer una gran labor y una gran concientización a favor de tributar y de pagar. Muchos de los que quieren ver desaparecer el Estado, en el fondo es porque no quieren tributar. El Estado, sin embargo, tiene una responsabilidad que cumplir.

—*Muchos partidos políticos, en democracias con sistemas de financiación poco claros para sus campañas electorales y para su propia vida, suelen depender de contribuciones individuales y de empresas. Aquí nos enfrentamos a un círculo vicioso, porque cierto es que no se pagan suficientes impuestos, pero quienes deberían pagarlos frecuentemente son quienes financian a los partidos. ¿Cómo romper ese círculo vicioso?*

—Con voluntad política, con acuerdos nacionales entre las distintas agrupaciones, donde se pongan de acuerdo no solamente para hacerle un bien al país sino para repartirse el costo político de cosas que en el mediano y largo plazo son beneficiosas. Esas cosas nunca se hacen. Y entonces un acuerdo político nacional tiene la doble virtud de que permite adelantar el camino con una velocidad y un brío renovados, y, por otro lado, permite distribuir el costo político, con lo cual le perdemos miedo a ese factor.

DESARROLLO SOSTENIBLE

—*¿A usted le gustaría, cuando termine su periodo, que lo recordaran como el presidente del desarrollo sostenible?*

Estados Unidos tiene un salario mínimo de cinco dólares la hora aproximadamente, y, sin embargo, tiene un déficit comercial impresionante. Alemania tiene un salario mínimo que, si no me falla la memoria, es de alrededor de 18 dólares la hora, tres veces más que el norteamericano, y, sin embargo, exporta mucho más de lo que importa. Es decir, hoy en día el precio del trabajo como factor de producción, a Dios gracias, ya no es el elemento determinante de la competitividad entre las naciones.

—Sí. Siempre y cuando, por supuesto, definamos el desarrollo sostenible.

—*Vamos a definirlo.*

—Significa tomar las medidas y las acciones diarias con una perspectiva que las oriente hacia el mediano y largo plazos. Es tomarlas de·tal manera que las resoluciones de hoy no sean los problemas del mañana. Es tomar las medidas de tal manera que vayan integradas, en donde pongamos tanto empeño en los balances macroeconómicos como en la inversión social estratégica. Combinemos todo eso con un tercer factor que es el de construir una alianza con nuestra naturaleza y nuestros recursos naturales. Usarlos, sí, responsablemente, agregándoles valor, pero también saberlos guardar para las generaciones venideras.

—*Hay pocos presidentes en América Latina que estén acentuando tanto el tema del desarrollo sostenible. ¿Usted qué le diría a sus colegas presidentes o futuros dirigentes en relación con las dificultades que enfrenta; cuáles son las piedras que se encuentran en este proceso de implementar el desarrollo sostenible? ¿Y cuáles son los apoyos?*

—Varias dificultades. Una de ellas es que esto significa un cambio de paradigma, es abandonar un estilo de desarrollo poco articulado, casuístico, por un estilo de desarrollo mucho más armonioso y planeado, sin que planeado signifique planificado a la antigua. Y sin que planeado signifique perder agilidad, de modo de aprovechar, siempre, y de la mejor manera, el entorno en que se mueve el país.

Otra dificultad que tiene este paradigma es el cortoplacismo en que ha caído la humanidad. Desde que todo necesita una definición de 20 segundos para que quepa como noticia en la televisión, resulta que ya no se pueden explicar las cosas en profundidad. Y este concepto de desarrollo sostenible necesita más de 20 segundos para ser transmitido. Pero estamos acostumbrados a pensar y a actuar en tractos de 20 segundos, o menos, lo que no es para la semana entrante ya no nos interesa. Esto es, me parece, un subproducto negativo de la revolución en el campo de la información, a la cual estamos todos sometidos. Eso tiene que variar. Ésa es una tremenda dificultad para pasarse a un desarrollo sostenible.

—*Hay necesariamente un proceso de construcción institucional para aplicar las políticas de desarrollo sostenible. Sabemos que aquí no hay recetas, pero es bueno que usted relate su experiencia.*

—En nuestro caso no hemos sido muy exitosos en crear instituciones. Pero con sólo articularlas de una manera más moderna, interesante, uno logra lo que quiere para el desarrollo sostenible. En lo que hace al desarrollo sostenible lo fundamental no son las instituciones, sino que la piedra angular sobre la que se va a apoyar es la sociedad civil. Debemos tener claro que cambiar el paradigma del desarrollo para que sea sostenible, no se hace con un gobierno en

Si nosotros no anclamos los conceptos del desarrollo sostenible en la sociedad civil, para que los internalice, los promueva y los defienda, corremos el riesgo de ser estrellas de una sola noche.

cuatro años, sino que ocupará dos o tres. Si nosotros no anclamos esos conceptos en la sociedad civil para que los internalice, los entienda, los promueva y los defienda, corremos el riesgo de ser estrellas de una sola noche.

—*En materia educativa usted está trabajando en esa dirección, promoviendo* ONG *ambientalistas. ¿En qué nivel está operando?*

—En todo sentido. A nivel de la educación, en la escuela, en el colegio, a nivel de la relación con la sociedad civil, a nivel de poder incorporar a la sociedad civil a la toma de decisiones. Y eso es muy duro porque los mandos medios y las burocracias no quieren perder su poder. Pero hay que llevarlos en esa dirección a efectos de quitar responsabilidades que antes cumplía el gobierno y dárselas a la sociedad civil, para fortalecerla.

—*¿Está teniendo apoyo a nivel de la sociedad civil, a nivel de la opinión pública?*

—Contamos con apoyo entre los grupos que tienen un pensamiento más elaborado, no así de los otros. A un año de gobierno, el apoyo a un desarrollo sostenible es bajo. La gente todavía no entiende el concepto, muchos piensan que solamente tiene que ver con el ambiente. Pero el ambiente es apenas una parte de la cuestión, pero no es todo. De manera que eso va a requerir mucha explicación, mucha docencia y mucha paciencia.

—*¿Y los partidos políticos?*

—Tienen la opción de modernizarse o de permanecer iguales, en cuyo caso terminarán obteniendo 5% de los votos en las elecciones del futuro.

—*Sin embargo, Costa Rica tiene un sistema de partidos estable.*

—Es un bipartidismo estable. Pero es un bipartidismo en el que también ambos partidos —al igual que si fueran tres o cuatro, o como sucede en muchos

> Desde que todo necesita una definición de 20 segundos para que quepa como noticia en la televisión, resulta que ya no se pueden explicar las cosas en profundidad. Y este concepto de desarrollo sostenible necesita más de 20 segundos para ser transmitido.

otros países— sufren el desgaste que mencionaba anteriormente.

—*¿Cuál es la opción a los dos partidos tradicionales?*

—No veo todavía una opción, ni la ando buscando. Lo que sí ando buscando es que los partidos políticos se renueven, porque me parece que es la mejor forma de organizarse con miras a participar en política.

LA PAZ EN CENTROAMÉRICA

—*¿Qué significó para Costa Rica la paz en Centroamérica?*

—Tranquilidad emocional y la posibilidad de vivir mejor. Significó nuevas oportunidades, un flujo mayor de inversiones. Muchas cosas buenas. Pero también cosas no tan buenas. Significó el corte de la ayuda.

—*¿Cuánto?*

—Los 285 millones de dólares regalados a Costa Rica en 1985 se convirtieron en 15 millones este año. Y significó también que Costa Rica tuviera que despertarse, porque estábamos dormidos sobre nuestros laureles. Resulta que como éramos los únicos con paz y democracia, pensábamos que toda la inversión tenía necesariamente que venir acá. Hoy en día, gracias a Dios, todos tienen paz y democracia, y por eso todos competimos por la misma inversión. Eso significa que el costarricense va a tener que adorar —como siempre lo ha hecho— su paz y su democracia, pero deberá basarse también en otras cosas para formar su ventaja comparativa.

[109]

—*¿Está teniendo dificultades en hacer cambiar las cosas en Costa Rica?*

—Claro que sí. Porque el ser humano no es dado a cambios, lo más cómodo es seguir en el trillo. Muchas veces añoramos tanto esa comodidad que, aunque en lo más profundo sepamos que algo anda mal y que esa comodidad no es duradera, o que está sobre bases frágiles, preferimos cerrarle los ojos y seguir disfrutando de la comodidad. Así es el ser humano, no lo vamos a culpar por eso. Es mucho más difícil dar el paso, ir adelante, explorar otras oportunidades, sobre todo cuando no hay nada escrito sobre esas oportunidades, sobre todo cuando vamos a tener que volver a buscar nuestro propio camino.

—*¿Qué significa para un presidente no poder reelegirse?*

—Un consuelo, en el sentido de que ayuda a tomar las decisiones responsables a pesar de su costo político. Y, por

> No poder reelegirse es un consuelo, porque ayuda a tomar las decisiones responsables a pesar de su costo político.

el otro lado, un sentimiento de nostalgia y tristeza si a uno le gusta su trabajo, y si uno piensa que puede aportar mucho más de lo que se puede hacer en cuatro años. Un sentimiento no excluye al otro.

—*Existe otro efecto político no tan estudiado y es que los ex presidentes se van transformando en pequeños núcleos de poder alrededor del poder. ¿Eso es bueno?*

—¿Me lo preguntan o me lo dicen?

—*Se lo preguntamos.*

—Depende de cómo empleen ese poder los ex presidentes. Si lo saben utilizar con madurez, a favor de posiciones de interés nacional, es bueno, aunque estén en divergencia con los gobiernos. Si lo utilizan de una manera personalista porque añoran volver al poder y no lo pueden hacer, eso es malo.

Eduardo Frei: Legitimamos la democracia a través del éxito económico

Acceder al despacho del presidente Eduardo Frei, en La Moneda, sorprende por lo sencillo: un carabinero, sin intermediarios, va franqueando puertas hasta aproximarnos a la gran sala donde aguarda el presidente. Es una tarde soleada, de mediados de mayo de 1996, pero al recorrer el bello edificio, ahora restaurado, se hace inevitable el recuerdo de aquel bombardeo de hace 23 años, que convirtiera al edificio en albergue del cadáver de un presidente de la nación. Eduardo Frei está solo en un amplio salón, frente a un escritorio poblado de papeles. Ante la interpelación de los entrevistadores, Frei comienza la charla de manera muy formal —se le había advertido a los autores que el presidente es un ingeniero de hablar muy cauteloso—, pero, a medida que pasa el tiempo, se distiende el ambiente y se termina en una charla muy directa, en la que el presidente se entusiasma con algunos temas y pone énfasis en todos. Finalizada la entrevista, mientras el propio presidente, como un anfitrión cordial, acompañaba a los autores hasta la salida, éstos le dijeron: usted más que ingeniero es un político. Por respuesta, el presidente sonrió y habló de su padre.

—El primer asunto se refiere a la experiencia política de la concertación, que en un principio fue pensada como una suerte de tregua y luego como una opción táctica para lograr la democracia. Con el tiempo se convirtió en algo de más envergadura, una suerte de coali-ción más permanente. ¿Esto es así? ¿Ha habido una evolución en el concepto de concertación?

—En primer lugar, yo no diría que el esfuerzo de la concertación fue y ha sido deponer las actividades o las posturas partidarias, porque una de las grandes ri-

EDUARDO FREI RUIZ-TAGLE es presidente de Chile (1994-1999). Frei nació el 24 de junio de 1942 en Santiago. Militante del Partido Demócrata Cristiano desde 1958, fue dirigente estudiantil y trabajó con su padre, Eduardo Frei Montalva, en la campaña electoral que llevara a éste a la presidencia de la República en 1964. Fue presidente de la Fundación Eduardo Frei Montalva hasta 1993 y uno de los fundadores del Comité de Elecciones Libres, campaña llevada a cabo por los partidos de la oposición durante la dictadura chilena (1973-1986). En 1988 se presentó como candidato a la presidencia. Fue electo senador de la República en 1989, y presidente del PDC en 1991. En 1992 vuelve a presentar su candidatura a la presidencia de la República por el PDC y el año siguiente es proclamado candidato presidencial de la Concertación de Partidos por la Democracia. Frei cursó estudios en la Universidad de Chile y se graduó como ingeniero civil con especialidad en hidráulica. Resultó vencedor en las elecciones de 1993 y asumió la presidencia el 11 de marzo de 1994.

> Una de las experiencias más traumáticas de América Latina ha sido la de tener gobiernos de minoría con 20 o 30% de apoyo.

quezas que tiene la concertación es la unidad en la diversidad. Yo creo que la concertación nace fundamentalmente por el esfuerzo de consolidar la democracia en Chile. Ése es el objetivo primario.

LA CONCERTACIÓN

—*Pero nacieron luego otros objetivos.*
—Desde el punto de vista político, el gran objetivo de la concertación es consolidar gobiernos de mayoría. Una de las experiencias más traumáticas de América Latina ha sido la de tener gobiernos de minoría, con 20 o 30% de apoyo de la ciudadanía, gobiernos a los que desde el comienzo les es imposible mantener la gobernabilidad. ¿Qué gobierno puede trabajar con 20 o 30% del electorado, sin representación parlamentaria suficiente, sin equipos para aplicar una gestión?

Yo diría que ésos son los hechos fundamentales. Primero, la concertación nace como respuesta a 16 años de gobierno autoritario. Nace para unir a todas las fuerzas democráticas dispuestas a consolidar la transición respetándose mutuamente. En Chile cada partido tiene su perfil, cada partido tiene sus ideas, pero el objetivo de la concertación era converger en una gran fuerza, que no solamente consolidara la democracia, sino que fuera capaz de imponer ante el país un programa de corte político, económico y social de gran envergadura.

Y yo creo que ése ha sido el gran éxito de la concertación. Uno de los grandes temas que se planteó en el curso de la campaña de 1989, fue que la concertación no iba a ser capaz de conducir, de

dar estabilidad política, social y económica al país. Y los resultados están a la vista. Pocas veces en su historia Chile ha tenido seis años de mayor estabilidad en lo económico, en lo político y en lo social. Las cifras económicas que tenemos hoy día no se dan por casualidad, se dan en un marco de gran estabilidad política. Si no hay estabilidad política y social no vamos a tener inversiones de 3, 4 o 5 000 millones de dólares por año. No vamos a tener tasas de ahorro e inversión del orden de 28 a 30%, como tenemos hoy, cifras nunca conocidas en la historia de Chile y muy poco conocidas en Latinoamérica. Eso se ha dado fundamentalmente porque hemos dado estabilidad política, social, y eso ha conllevado una gran estabilidad económica.

LA TRANSICIÓN DEMOCRÁTICA

—*¿La transición ha acabado en Chile?*
—A esta altura la discusión de cuándo comienza o cuándo termina la transición resulta un poco inútil. Yo creo que el país ha tenido un proceso a partir del plebiscito de 1988. Pocos meses después hubo un referéndum en el cual se aprobaron 54 reformas de la Constitución, incluso antes que protestara el presidente Aylwin, reformas que se han sucedido continua y periódicamente. Después vino toda la reforma por el tema municipal, lo que significó la elección, en el año 1992, de todas las autoridades comunales del país, en más de 340 comunas. Y así se sucedieron una serie de reformas de la Constitución que han ido consolidando el proceso democrático.

Véase este proceso en el que generalmente ha participado casi 90% de la población. En el año 1988, plebiscito constitucional. A comienzos de 1989, referéndum para aprobar 54 modificaciones a la Constitución. En ese mismo año, elección del presidente Aylwin, de

120 diputados y de 38 senadores. En
1992, elecciones municipales. En 1993,
nuevas elecciones presidenciales con
elección de nuevo Parlamento.

Ahora, después de todo esto ¿queremos seguir perfeccionando la democracia? Claro que queremos, porque nos parece que tiene algunos puntos que no
son plenamente democráticos, por ejemplo, tener senadores designados. Pero es
evidente que el país ha avanzado, se ha
consolidado en todos sus organismos.
Hay un sistema democrático, tenemos
una política de defensa definida desde
el punto de vista del Estado... Ayer
aprobamos un plan estratégico de defensa nacional, que es una propuesta de
los comandantes en jefe al presidente
de la República. Es decir, realmente estamos avanzando muchísimo en todos
los campos.

—*Sin salirnos del tema concertación
¿En qué medida la presencia de elementos supérstites del régimen anterior ha
disciplinado el sistema político? Más
claramente, en la medida que el sistema
político es consciente de la transición
que se vive y en consecuencia percibe
claramente los tests de gobernabilidad
que tiene que sortear, dicha tensión con
el pasado todavía presente ¿ha disciplinado el sistema político?*

—Yo creo que lo que ha disciplinado
al sistema político fueron 16 años de gobierno autoritario. Ésa es la disciplina,
lo demás es música, lo demás son elu-
cubraciones.

El año pasado nombré a los nuevos
comandantes en jefe: al director general de carabineros y al comandante en
jefe de la fuerza aérea. El próximo año
cumplirá su periodo el comandante en
jefe del ejército y la marina y yo voy a
nombrar un nuevo comandante en jefe.
Por lo tanto es un proceso.

Eso que vengo de señalar fue lo que
disciplinó al país. ¿Por qué ocurrió la
crisis institucional? Se pueden hacer
muchos análisis, pero fundamentalmente por la pérdida de la capacidad de diálogo, de entendimiento entre las fuerzas
políticas. La pérdida de la capacidad de
discernir, de precisar los grandes objetivos nacionales. Además está toda la
carga de la década de los sesenta, que
no es una cosa de Chile solamente. Pero
yo estoy convencido de que el gran orde-
nador fue la experiencia de 16 años de
gobierno autoritario.

LOS AMARRES DEL SISTEMA

—*Fundamentalmente en el año siguiente al triunfo del no a la Constitución
propuesto por el régimen militar, el gobierno del general Pinochet construyó
fuertes "amarres" para evitar el desmantelamiento abrupto de su poder. A saber,
un régimen electoral binominal que premia a la segunda fuerza electoral; un
plus de senadores no electos popularmente que le ha dado a la derecha política el control del Senado y, consecuentemente, un control muy grande del proceso
parlamentario; un gran peso al Poder
Judicial superviviente del régimen anterior a través del nombramiento de jóvenes jueces en la Suprema Corte; un gran
peso en el tribunal Constitucional a través de procedimientos similares, tribunal que puede ilegitimar cualquier ley
de manera inapelable en cualquier momento del proceso de formación de la
ley; la propia presencia del general
Pinochet; el nombramiento entonces de*

la mayoría de los alcaldes; mecanismos rígidos de reforma de la Constitución. ¿Cómo y en cuánto tiempo se desmantelarán estos "amarres"?

—Yo no comparto el juicio, por ejemplo, respecto al sistema judicial. ¿Por qué va a ser una amarra? Estamos en un sistema democrático con absoluta independencia de los poderes del Estado, Poder Legislativo, Ejecutivo y Judicial. Más bien la carga que hubo en el gobierno militar fue la falta de acuciamiento de la justicia. La gente pedía más acción de la justicia.

En ese tema, por ejemplo, nosotros hemos presentado un conjunto de proyectos de ley que ha sido de gran consenso nacional, porque han participado organizaciones e institutos de todos los sectores ideológicos del país en la preparación de una reforma al Código del Procedimiento Penal y del Ministerio Público, lo que constituye un cambio radical respecto a un sistema judicial que viene de hace 100 años. Cuando yo mandé la reforma al Congreso, señalé que el último presidente que había hecho alguna reforma había sido el presidente Mora en el año 1895. Ése es un cambio fundamental. Es decir, dentro del plan de gobernabilidad y modernización del Estado, la reforma del sistema judicial es un tema clave. Después de 100 años vamos a reformar el Código del Procedimiento Penal, y vamos a establecer el Ministerio Público.

Desde ese punto de vista, no veo ninguna razón para decir que el sistema judicial dejó algo amarrado. No dejó amarrado nada. Yo presenté un conjunto de reformas constitucionales con el objetivo de modernizar el Estado. Establecía,

por ejemplo, nuevos poderes fiscalizadores al Congreso. Yo, como presidente, perfectamente podría haberme negado a tratar esos temas, y decir que mantengo mis poderes, sin embargo, creo que es bueno para un sistema democrático que se consolide el Parlamento. Sin un Parlamento fuerte, respetado, con capacidad de fiscalizar un gobierno, no hay un sistema democrático. Y dentro de esos temas yo planteé esas reformas, que se concordaron también con partidos de oposición. En el conjunto de reformas no solamente está el tema de terminar con los senadores designados, el tema del Consejo de Seguridad Nacional y el tema del Tribunal Constitucional, sino que hay un conjunto de reformas respecto a la ética, a la fiscalización del Parlamento, a la agilización de los sistemas legislativos... Es decir, un paquete grande.

A nuestro juicio son tres los elementos fundamentales que nos parece importante reformar en el caso de la Constitución. Uno es terminar con los senadores designados. El segundo es, en el caso del Tribunal Constitucional, no tanto sus atribuciones —a las que no les variamos una coma— sino la fórmula de generación de sus autoridades. Nosotros consideramos que esa fórmula es poco democrática. Por lo tanto, planteamos que las designaciones se generen a través de los tres poderes del Estado: a proposición del Poder Judicial, el presidente de la República escoge y el Parlamento aprueba. Es decir, participan los tres Poderes del Estado. Y las atribuciones y responsabilidades del Tribunal no se tocan, se mantienen inalteradas. Es decir, estamos cambiando la fórmula de gestación del nombramiento de los

[114]

personeros que están en ese Tribunal, que lógicamente tiene una fuerte presencia de los miembros del Poder Judicial.

Y una tercera reforma está orientada al tema del Consejo de Seguridad Nacional que tiene un sistema de votaciones. Y ahí señalamos claramente que el Consejo de Seguridad Nacional, tal como lo establece la Constitución, es un órgano asesor del presidente de la República. Por lo tanto, no puede haber votaciones, porque en Chile hay un régimen presidencial, y el que decide es el presidente. ¿Qué pasa si dentro del Consejo pierde el presidente? Es una contradicción. Si es un régimen presidencial, el organismo, tal como lo establece la Constitución, tiene que ser un organismo asesor del presidente de la República, y no un organismo en el cual proceda votar.

Ésos son los tres puntos más importantes. El resto va en la línea de modernizar el Parlamento, modernizar la acción fiscalizadora del Parlamento, modernizar el sistema de tratamiento de las leyes.

—¿Y reformas electorales?

—En el sistema no están planteadas reformas electorales. Nosotros tenemos un sistema binominal, como el que existe en muchos países. Estados Unidos e Inglaterra tienen también sistema mayoritario, no proporcional. Desde nuestro punto de vista, para el tipo de sistema político y el tipo de sistema de partidos que hay en Chile, es todavía más importante el sistema proporcional, porque aquí no hay un sistema bipartidista como el de los Estados Unidos o Inglaterra. Chile es un país que tiene cinco o seis grandes fuerzas o corrientes políticas. Lo que pasa es que, con el sistema binominal, se privilegia a la primera fuerza y a la segunda, pero no necesariamente se deja de considerar a la tercera o a la cuarta, por ejemplo. Y de hecho, hoy día en el Parlamento chileno tienen

Las cifras del año 1996 reflejan que más o menos 71% de todo el presupuesto va a inversión social.

representación parlamentaria seis partidos, que tienen 5 o 6% del electorado, y, por el sistema binominal rigurosamente aplicado, no tienen ninguna posibilidad de acceder a cargos parlamentarios.

Por otro lado, nosotros creemos que en ese sistema, el partido que tiene 34% de los votos tiene una representación en el Parlamento muy sobredimensionada con respecto a lo que es su votación. Pero no podríamos decir que no es un sistema democrático.

¿HACIA DÓNDE DERIVARÁ
LA COMPETITIVIDAD PARTIDARIA?

—*Desaparecen todos estos residuos del pasado: los comandantes se van en 1998. La concertación, en términos de futuro, ¿es un paradigma de coalición permanente o cederá paso a una competencia partidaria más clásica? De algún modo nos estamos refiriendo a una suerte de crítica que hace Juan Linz respecto a que las coaliciones en general —como la que se ha armado ahora en Costa Rica— devalúan la competencia partidaria. ¿En qué medida, cuando se disipe la atmósfera de presión que todavía pueda quedar, se derivará hacia un sistema partidario más competitivo?*

—Evidentemente que en un proceso político de mayor consolidación democrática se puede tener una mayor diversidad y una mayor competencia. Pero creo que el mantenimiento de la concertación, más que un acuerdo político, es un acuerdo fundamental para Chile. Creo que de las experiencias políticas de Chile de este siglo, la de la concertación es de lejos la de mayor envergadura.

—*Puede decirse que es casi refunda-cional.*

—Yo diría que sí. Primero porque ha permitido retornar a la democracia. Segundo porque ha dado estabilidad. Y reitero lo que dije al comienzo, para América Latina y para Chile, uno de los grandes factores de inestabilidad del sistema político han sido los gobiernos de minoría. Se puede revisar la historia de Chile y ver los resultados que obtuvieron los últimos seis u ocho gobiernos, con votaciones de 30, 36, 38%. Ése era un factor de inestabilidad brutal. Por lo tanto yo estoy convencido de que la concertación es un factor de gran unidad

> Hoy día estamos vendiendo 150 000 vehículos al año, el parque vehicular que Chile tenía cuando mi padre era presidente de la República.

política en Chile y tiene además un respaldo mayoritario de la inmensa masa de gente que no milita en los partidos. ¿Cuáles son sus alternativas? ¿Volver a una derecha? La gente cree que la concertación asegura la profundización de la democracia, asegura un desarrollo en crecimiento como el que tenemos hoy día, y asegura también mayores grados de justicia y equidad. Ése es el gran tema que se debate hoy día en Chile.

Ningún sector entra hoy en discusión respecto a las cifras económicas porque el gran tema es la equidad. Yo creo que la concertación asegura equidad en el país, asegura un grado de solidaridad, de compromiso, con las políticas sociales que estamos impulsando. Y por eso estoy convencido de que el día que haya grupos o sectores o personas que trabajen de alguna manera minando o no clarificando su posición respecto a la concertación, van a ser duramente castigados por el electorado. Cosa que ha pasado, por lo demás, en la última elección.

—*Para terminar este punto. Vamos, por lo que usted dice, hacia la conformación de un megapartido de centro-izquierda...*

—Yo creo que lo primero que hay que ver es que llevamos dos años de un gobierno de seis. Si se mide en términos reales, para compararme con mi antecesor, el presidente Aylwin, que estuvo cuatro años en el poder, de esos cuatro yo llevo quince meses. Eso también hay que tenerlo en cuenta.

Yo creo que nutrir a la concertación de diversas vertientes y visiones es importante. Lo central es ponerse de acuerdo en un programa, que fue lo que hicimos en 1989 y en 1993. Tenemos que ser, además, muy responsables en eso. Todo esto está muy relacionado con todos los temas de gobernabilidad, que es lo que pide la gente hoy día. La gente no quiere grandes proyectos ideológicos, grandes utopías, quiere resolver los problemas concretos. Que le den acceso a la educación, a la salud, a la vivienda, que el país funcione, que la inflación baje, que haya seguridad, que se termine con la pobreza. Ésos son los grandes desafíos que tenemos, y ponerse de acuerdo en esos temas creo que no requiere mayores esfuerzos.

LA BRECHA SOCIAL

—*La gestión pública de la concertación ha logrado el mantenimiento de importantes niveles de crecimiento económico. Si bien ha caído la tasa de pobreza, no disminuye la brecha social.*

—El punto central es el siguiente. Este país ha crecido en los últimos seis años a una tasa promedio de 7%, y prácticamente en el periodo de mi gobierno vamos a duplicar el producto interno bruto. La opción que hemos tomado es señalar que no es responsabilidad del Estado estar en el sector productivo, porque el sector productivo corresponde a la empresa privada, es adecuado para la imaginación y para los riesgos de la empresa privada. A su vez, hemos incorporado fuertemente la inversión privada en el desarrollo de las obras de infraestructura, porque hemos comprobado que el país tiene un cuello de botella en su infraestructura: caminos, puertos, aeropuertos, energía, telecomunicaciones. También allí hemos incorporado fuertemente la inversión privada. Y eso nos permite liberar fondos para que el Estado invierta en lo social.

Hoy día, las cifras del presupuesto de 1996 reflejan que aproximadamente 71% de todo el presupuesto va a inversión social. Si se descuenta de ahí todo lo que es el sistema previsional, se llega a una cifra cercana a 50%, que representa unos 8 500 millones de dólares. Eso es lo que estamos invirtiendo en educación, en salud, en vivienda, en seguridad ciudadana y en la lucha contra la pobreza.

En el periodo 1989-1990, cuando se restauró la democracia en Chile, prácticamente 40% de la población de este país vivía en la pobreza y otro porcentaje importante en la indigencia. En las últimas encuestas nacionales, de 1994, esa cifra se redujo a 28%. De acuerdo con nuestras evaluaciones, estimamos que con el crecimiento de este año vamos a llegar a un índice de 22-23% de pobreza y a un 6% de marginación que está incluido en ese porcentaje.

Por lo tanto, de mantener nosotros un desarrollo del orden de 6 o 7% permanente, de mantener una eficiencia en la política social, con una visión de un tiempo corto, estamos más que duplicando el ingreso *per capita* de la década en el país. Y hay que recorrer el país para ver dónde está esa realidad. Por prime-

ra vez en 50 años vamos a tener, por tres años consecutivos, una inflación promedio de 8.5%. Y hay un crecimiento importante de los salarios en los últimos años, de la productividad, del trabajo...

No estoy diciendo con esto que hemos resuelto todos los problemas del país, pero hay un estándar de vida que se percibe claramente. Hoy día estamos vendiendo 150 000 vehículos al año. Ése es el parque vehicular que Chile tenía cuando mi padre era presidente de la República... Estamos construyendo 130 000 viviendas al año, y las necesidades del país son 180 000 viviendas, o sea que estamos disminuyendo el déficit habitacional.

Además, estamos avanzando fuertemente en todo lo que es inversión. Tenemos como meta llegar al 2000 invirtiendo 7% del producto en educación, entre el esfuerzo público y el esfuerzo privado. Y así sucesivamente, en todas las áreas de la inversión social. Estamos trabajando muy fuertemente porque creemos que tenemos que incorporar al proceso productivo a grandes sectores de la ciudadanía. Hoy día, los niveles de cesantía del país son del orden de 5%, pero hay muchas zonas del país en que es inferior a 4%: prácticamente pleno empleo. Y eso requiere capacitar a nuestra fuerza laboral para que sea capaz de incorporarse a un proceso de desarrollo que ha sido muy acelerado y que, además, está muy vinculado al sector externo. Si se suma, la importación y la exportación en los servicios que Chile suministra al extranjero representan 52.5% de nuestro producto interno bruto: más de la mitad del PIB está en el sector externo. La inversión de la empresa chilena en el extranjero también es inédita.

[117]

> Tenemos más o menos un tercio de nuestro comercio con los países de Asia del Pacífico.

Hoy el gran desafío, la primera prioridad, es la lucha contra la pobreza y la marginación. ¿Cómo lo hacemos? Creo que fundamentalmente con toda esta tremenda inversión, a través de la educación. Yo creo que la gran palanca de desarrollo hoy día es educación y capacitación. Y en mi próximo mensaje público daré una señal muy fuerte en materia educativa, ubicándola como la gran herramienta para salir del subdesarrollo. Se puede gastar mucho en inversión social, se puede hacer mucho subsidio, pero al final el problema no es mantener a la gente. El problema es cómo dar las herramientas para que una persona se incorpore al proceso productivo y no siga dependiendo siempre del apoyo del Estado.

POLÍTICA EXTERIOR

—*En el continente se comenta mucho lo que se ha dado en llamar la "multipolaridad de la política exterior chilena". Todos quieren ver hacia dónde va la geopolítica chilena. Por otro lado el hecho de que haya habido una baja unilateral de aranceles le ha dado a Chile una capacidad comercial muy grande. ¿A Chile le conviene quedarse en una zona de libre comercio con el Mercosur, si éste avanza institucionalmente? ¿O precisará una integración más plena al Mercosur? ¿Qué hay con el TLC?*

—Prácticamente un tercio de nuestro comercio es con los países de Asia del Pacífico. Es una visión del futuro, pensando cuáles son los mercados del mañana, porque evidentemente que en todo esto estamos pensando a cinco decenios, no estamos pensando en los años inmediatos. Cuando evaluamos el desarrollo agrícola, por ejemplo, tenemos que pensar qué hará el país. A raíz del Mercosur se plantean problemas en esta área: ¿qué va a hacer el mundo agrícola en el año 2015? ¿Dónde van a estar los grandes centros de consumo?... En el Asia del Pacífico. En función de eso hemos definido un regionalismo abierto. Nos interesan los acuerdos internacionales, pero no para cerrar fronteras, sino para abrirnos al comercio global y al comercio mundial.

Desde ese punto de vista, hace tres o cuatro años el país tomó la opción de buscar un acuerdo e ingresar en la asociación que reúne a los países de Asia del Pacífico, somos, junto con México, los dos países latinoamericanos que estamos en la APEC, lo que nos ha significado colocar productos, traer inversiones, hacer un desarrollo muy importante. Después, aproximadamente 27% de nuestra relación se desarrolla con Europa. En cuanto al Mercosur, tenemos más exportado a esa región que a los Estados Unidos, pero importamos más de los Estados Unidos que del Mercosur, por eso la balanza *import-export* es más o menos pareja. Pero, repito, las exportaciones de Chile son mayores al Mercosur que, incluso, a los Estados Unidos. Y además, con el agregado de que nuestro comercio exterior con los países industrializados, APEC, TLC, Europa, son productos primarios, o son productos *commodities,* mientras que con el Mercosur son productos manufacturados.

Desde ese punto de vista nosotros hemos definido, primero, que nos interesa nuestra región. Aquí tenemos que estar. Y por eso, desde el primer día que asumí la presidencia, dije: vamos a buscar la alianza con el Mercosur, es una alianza estratégica y fundamental para nosotros. En los años pasados el país siguió un camino de acuerdos bilaterales, porque siempre tenemos que ir paso a paso.

[118]

Chile tiene hoy acuerdos bilaterales con 30 o 31 países, que han significado, primero, el acuerdo comercial, después, el acuerdo de doble protección de inversiones, por ejemplo, y luego los acuerdos de doble tributación. Son etapas que se van consolidando. Desde ese punto de vista ha sido una experiencia notable. Hoy en día en muchos productos tenemos arancel cero con México, tal vez el primer país con el que firmamos acuerdos en 1990 o 1991, mucho antes de que se hablara del Tratado de Libre Comercio.

Creemos que lo del Mercosur es fundamental, porque hay más de 20% de nuestro comercio exterior que va para allá, y porque las empresas chilenas tienen allí una presencia creciente. La inversión chilena en el extranjero representa unos 10 000 millones de dólares, y yo diría que 80-90% está en el Cono Sur. ¿Qué signo más fuerte de confianza en la región puede haber que el hecho de que las empresas chilenas estén invirtiendo ahí?

Lo que pasa es que nosotros hemos planteado el camino de la integración. Nosotros no buscamos en el Mercosur solamente un acuerdo de aranceles, nos interesa también la integración física, energética, y de los servicios. Porque ésa es la capacidad que tenemos. Somos un país de 14 millones de habitantes, ¿y cuál es nuestra fuerza?: la inteligencia, los servicios. Nosotros no vamos a competir con Brasil en el mercado automotriz, ni con Argentina en el mercado de los granos. ¿Dónde está nuestra fortaleza? ¿Por qué nosotros estamos invitando a empresas de Asia a que vengan a Chile? No estamos pensando en un mercado de 14 millones de habitantes, estamos pensando en toda la región. Cuando decimos: mejoremos nuestra ruta interoceánica, abramos nuestros puertos, estamos pensando en que realmente somos...

—¿La entrada del Pacífico al Merco-

sur y la salida del Mercosur hacia el Pacífico?

—Ésa es la visión que tenemos. Y por eso hemos priorizado el Mercosur, pero no hemos dejado de lado el resto de los acuerdos comerciales. Todos fuimos a Miami, a la Cumbre de las Américas, y dijimos que en el 2005 íbamos a tener una zona de libre comercio hemisférica. En esa línea va también una búsqueda de nuestros acuerdos con el TLC, pero fundamentalmente reafirmando nuestra postura y nuestra presencia en la región sur.

—¿Chile ve la zona de libre comercio con el Mercosur como un fin en sí mismo o como un paso inicial?

—Nosotros queremos la integración plena. Cuando fui a Buenos Aires, en los primeros pasos del Mercosur, ya planteé la necesidad de buscar la integración, porque a nosotros nos interesa la integración completa, no nos interesa solamente el tema arancelario.

—Los procesos de integración muchas veces van detrás de lo que la economía y los empresarios ya han ido haciendo. En otras ocasiones, la integración tiene más de iniciativa política y los Estados aparecen avanzando más rápidamente que los actores económicos. En el caso del Mercosur parece claro que la economía y la política en cierta manera van acompasándose. En relación con la voluntad chilena de asociarse al TLC, ¿estamos en la segunda hipótesis, en la que la política va antes que la economía?

—Es evidente. Cuando yo fui a Buenos Aires, en la última visita, al llegar al almuerzo con el presidente Menem, ya había 550 empresarios de los dos países. Y había empresarios chilenos que esta-

> Desde el primer día que asumí la presidencia dije: vamos a buscar la alianza con el Mercosur, es una alianza estratégica y fundamental para nosotros.

ban invirtiendo 6 000 millones de dólares en Argentina. No lo hacían solamente por negocios comerciales, lo hacían fundamentalmente porque había estabilidad política y social. ¿Por qué no lo hicieron en la década de los setenta o comienzos de los ochenta, cuando había un régimen autoritario? Lo hacen ahora que hay un régimen democrático. El inversionista mira primero el factor confianza, no va a invertir si no tiene confianza. Y todos sabemos la sensibilidad que tienen las inversiones en esta materia.

Nosotros miramos el factor TLC fundamentalmente con una visión de futuro, de un mundo cada vez más global, cada vez más integrado, con barreras que se van rompiendo todos los días.

—¿Qué buscan específicamente con lo que usted llama "el factor TLC"?

—Buscamos acceso a nuevas tecnologías, nuevas inversiones, asegurarnos nuevos mercados. No es el gobierno el que hace el negocio. Yo he viajado dos veces a Asia. Hoy día las empresas chilenas que exportan fruta, por ejemplo, están negociando con los dueños de los supermercados de Japón para colocar sus productos. Al final ésa es la real integración; la integración la hacen las personas, las empresas. Hay empresas chilenas de *software* que están vendiendo tecnología en muchos países de América Latina. Eso es lo que yo creo que tenemos que hacer nosotros. ¿Y cómo vamos a competir con las grandes potencias? Primero tenemos que estar unidos, nadie va a competir ni va a venir a hacer inversiones de alta tecnología para 14, 20 o 30 millones de consumidores, sino que buscan mercados de 200 o 300 millones. El Mercosur se ha convertido en un mercado de gran interés.

—*El enlace chileno entonces tiene*

El gran pilar del éxito chileno son sus tasas de ahorro e inversión.

La inversión chilena en el extranjero representa unos 10 000 millones de dólares, y yo diría que 80-90% está en el Cono Sur.

esta lógica: con los Estados Unidos, una decisión política de legitimidad a la hora de atraer inversiones y tecnología; con el Mercosur, el mercado.

—Y colocar nosotros el conocimiento. Hoy día ya sabemos cómo se van los capitales, y con qué velocidad. Las tecnologías se pueden comprar, pero al final ¿qué es lo que queda en el país?

—*¿Cómo va gestionando usted las presiones corporativas que resisten esos procesos de integración? ¿Cómo lo va entendiendo la población, cómo lo van entendiendo las élites, el empresariado?*

—Con el Mercosur hemos tenido la disposición muy favorable de todo el empresariado, con preocupación por parte de algunos sectores agrícolas, porque es evidente que los distintos sectores económicos no están todos en las mismas condiciones. Hay rubros que están muy avanzados, que están exportando. Como en todo país, hay sectores, como el de telecomunicaciones, donde Chile está muy avanzado y donde hay gran competencia, mientras que hay otros sectores en que estamos más atrasados, y lógicamente que esas personas ven el desafío como un peligro. Cuando viajé a Brasil, por ejemplo, los sectores agrícolas estaban preocupados. Yo creo que es una gran oportunidad para las empresas. Hoy día las empresas que no piensan en mercados mucho más grandes tienen muy poca capacidad para competir.

EL MODELO CHILENO

—*Respecto al tema del modelo económico chileno como paradigma...*

—No creo en los paradigmas ni en los milagros.

[120]

—¿*Pero cree usted que hay un modelo económico exitoso en Chile?*

—El gran pilar del éxito chileno son sus tasas de ahorro e inversión. Claro que todo es importante: mantener el equilibrio macroeconómico, tener la economía sana, un desarrollo social importante. Pero el gran pilar es ése que les señalé. Nosotros tenemos hoy una tasa de ahorro de 28.5%, y la tasa de inversión, si sumamos los stocks, asciende a 30% del producto, tasas que nunca había conocido este país, cuyas tasas eran 10, 12, 14, 16 por ciento.

—¿*A esa tasa de ahorro contribuyó la reforma previsional?*

—Además, la reforma previsional. Entonces lo que pasa es que hoy en día la deuda externa del Estado chileno será 7% del producto. Tenemos una deuda externa que no llega a los 5 000 millones y las reservas internacionales están sobre 15 000-16 000 millones de dólares.

Tenemos una economía sólida fundamentalmente por eso. Ahora recibimos inversión extranjera, pero yo creo que, sistemáticamente, el esfuerzo lo ha hecho el país.

—*La inversión extranjera directa está relacionada correctamente con la deuda externa pública y privada.*

—El año pasado recibimos 3 500 millones, y la deuda privada debe de ser 12 000-14 000 millones, pero está asociada a proyectos de largo plazo.

—*Digamos que, a su juicio, la tasa de ahorro sería la gran enseñanza del modelo chileno para América Latina.*

—Y, además, porque hemos puesto traba al ingreso de capital especulativo. Cualquier inversionista que viene a Chile en una actividad especulativa tiene que hacer depósitos de un año en el Banco Central.

—*Brasil también ha comenzado a utilizar mecánicas parecidas.*

—Hay claros mecanismos para des-

¿Por qué nosotros estamos invitando a empresas de Asia a que vengan a Chile? No estamos pensando en un mercado de 14 millones de habitantes, estamos pensando en toda la región.

incentivar y trabar al capital especulativo. A nosotros nos interesa que el capital venga a hacer inversiones productivas, que nos aporten nuevas tecnologías, nuevos mercados. El gran problema de los países en desarrollo es que mientras colocan *commodities* no tienen problema. Usted exporta tomate, pero si el tomate tiene valor agregado, ya le ponen trabas. O sea, cualquier grado de manufactura tiene dificultades, vienen las barreras para-arancelarias. Ése ha sido el criterio en el país y creo que ha sido muy beneficioso.

—*En cuanto al papel del Estado, ¿cómo opera su control sobre las áreas privatizadas?*

—Hablemos de los hechos concretos. En el norte de Chile había un gran problema de desarrollo porque no teníamos energía, que era muy cara, tanto para la industria como para el consumo. Definimos una política de incorporación del sector privado, y en las tres provincias del norte hoy tenemos inversiones energéticas por más de 1 500 millones de dólares, que equivalen prácticamente a un tercio de toda la capacidad energética instalada del país. Esto ha significado que, en menos de tres años, el costo de la energía para el sector privado se ha reducido 50%, y el costo domiciliario se ha reducido entre 20 y 25%. Fue una clara definición del gobierno. Es decir, hay un sistema de incorporación del sector privado con un marco regulatorio, una superintendencia que regula las tarifas con un sistema que está aprobado por la ley y los reglamentos, y con eso se controla el sistema. Y si eso puede resultar para la energía eléctrica, para las telecomunicaciones, ¿por qué no va a resultar para el puerto, para lo sanitario, para el resto de los servicios?

En la energía usted tiene posibilidad de comprarla a tres o cuatro empresas, que llegan hasta la puerta de su casa. Entonces hemos definido sistemas regulatorios. También lo hemos definido en las telecomunicaciones, donde tenemos grandes inversiones. En este país están todas las grandes empresas mundiales de las telecomunicaciones. Lo mismo ha sucedido con la energía, en el puerto, en el sector sanitario. Es el Estado regulador.

EL NUEVO PAPEL
DE LOS PARTIDOS POLÍTICOS

—*Ese Estado regulador, que es un cambio significativo respecto del Estado tradicional —ya en crisis en toda América Latina—, modifica el papel de los actores que se movían alrededor de ese Estado, como los partidos populistas, los sindicatos y aun algún tipo de empresario. ¿Qué efectos está provocando dicho cambio en los partidos?*

Los partidos tienen que adecuarse. Yo planteé hace un año, en una Junta Nacional de la Democracia Cristiana, cuál era el papel de los partidos y cuál era su intermediación en la sociedad. No es lo mismo que los partidos de la década de los sesenta, partidos muy ideológicos, con un gran sentido de reivindicación. Hoy en día, en este nuevo escenario, los partidos tienen que tener capacidad de intermediación de otro tipo. Ésa es una realidad. El cambio es notable. Además, cuando usted incorpora el sector privado en todo lo que es la infraestructura social y productiva, de todos modos le quedan al Estado mu-

chos otros sectores del país. Usted puede licitar la gran estructura central de vialidad, puede licitar los principales puertos, pero usted no va a pedirle a la empresa que entregue agua potable a un villorrio de 1 000 habitantes, porque la empresa no va a ir. Tampoco va a hacer el camino transversal a 1 000 kilómetros de los grandes centros urbanos. En las puertas del siglo XXI, nadie puede estar sin agua potable y sin electricidad. Ahora bien, como a la empresa no le interesa un poblado de 1 000 o 2 000 personas, entonces ese papel lo cumple el Estado. Pero se liberan los recursos, las grandes plantas, los grandes caminos, los grandes puertos, y eso le permite, como pasa hoy, que 60% de nuestro presupuesto vaya a inversión social. Por eso estamos llegando fuertemente al mundo rural con caminos, escuelas, electrificación, radiotelefonía, para que la gente se incorpore al resto del país. Si no, ¿cómo va a permanecer en el campo la gente del mundo rural?, ¿qué joven va a permanecer en el campo si no tiene siquiera un televisor?

Pero eso también crea la discusión sobre cuáles son los grandes temas de la sociedad hoy día. Los asuntos culturales, del tiempo libre, los temas valóricos. Entonces, los partidos tienen que tener la capacidad de ser los grandes intermediarios de la sociedad y ponerse a actuar en función de los tiempos que se están viviendo.

Si un partido está con las mismas tesis de hace 30 o 40 años...

—*¿Y cómo ve usted a los partidos chilenos reaccionando frente a eso?*

—Esto cruza a todos los partidos. Hay sectores que se renuevan, que entienden los procesos, y hay otros sectores, dentro de los mismos partidos, a los que les cuesta muchísimo entenderlos. Hoy día el servicio público tiene dos funciones principales que debe mirar. Primero, el concepto ético —no hemos hablado del tema de la corrupción, otro gran tema de la gobernabilidad—, y el segundo es solucionar los problemas concretos de la gente. Hoy día un jefe de Estado tiene, primero, que ser transparente. Tiene que hablarle con la verdad a la gente, y tiene que tener un área pública y un área privada de absoluta transparencia.

Y segundo, tiene que resolver los problemas concretos. Eso es lo que la gente quiere. Ya no estamos en los grandes debates ideológicos de hace 30 o 40 años en América Latina. Cuando llego a una población o a un villorrio, la gente me pide escuelas, caminos, sacar sus productos, energía, alcantarillado.

—La mediación entonces se hace a través del presidente. ¿Y los partidos?

—¿Sabe por qué hay críticas al servicio público, al mundo político, a los parlamentos?... Lo que pasa es que muchos sectores del país se desarrollan, se modernizan, pero hay sectores que se estancan. Y ésa es la gran crítica contra la política, contra los parlamentos. En todo el mundo hay una crisis. Y esto está muchas veces entrelazado con el debate de los regímenes presidenciales, semipresidenciales o parlamentarios. En un mundo tan rápido, tan moderno, usted tiene que tomar decisiones permanentemente. Y a uno lo eligen para que tome decisiones, no para estar haciendo debates.

Además, está el otro tema, porque desgraciadamente hemos visto muchos gobiernos en América Latina caer por problemas éticos. Entonces hay un problema de credibilidad también.

> ¿Cómo se financian las campañas hoy en día? Pasando el platillo. Y ahí vienen los compromisos.

—Hay un tema que está vinculado a todo el problema de la política y el dinero. ¿Cómo empezar a resolver este tema? ¿Con leyes de financiación de partidos?

—Nosotros estamos trabajando en un proyecto de financiamiento público que incluya financiamiento público del Estado y financiamiento privado absolutamente transparente. La persona que quiera hacer una donación a un partido tiene un margen, tiene una cuota, pero tiene que hacer públicamente su declaración.

—¿Con topes?

—Eso lo estamos discutiendo, tenemos un borrador de proyecto, lo estamos discutiendo con los partidos. Nuestra decisión es enviarlo al Congreso. Yo prefiero que el fisco asuma ese costo, pero que haya absoluta transparencia. ¿Cómo se financian las campañas hoy en día? Pasando el platillo. Y ahí vienen los compromisos.

Hasta que yo entré en la política era empresario, y para entrar en la política vendí toda mi participación. Porque es incompatible la actividad política con la actividad privada: uno tiene que tener una sola línea. Y, además, tiene que tener su conciencia tranquila, tiene que dormir toda la noche, como corresponde.

LAS FUERZAS ARMADAS

—Después de la Guerra Fría, las fuerzas armadas asumen una nueva misión. ¿Cómo evalúa usted este nuevo papel?

—Una de las condiciones básicas para un trabajo con las fuerzas armadas en un sistema democrático es, obviamente, que éstas respeten al poder civil constituido

[123]

y elegido soberanamente. Y a su vez, que el poder político respete el papel profesional de las fuerzas armadas. Pero, en definitiva, creo que la política de defensa de un país es naturalmente una materia de decisión del gobierno, del Estado, y en eso tienen que participar lógicamente las fuerzas armadas. Pero hoy día, la definición de política de defensa de un país que no tiene conflictos de fronteras ni aspira a la guerra, sino que aspira a la paz, es: fuerzas armadas que protejan la integridad y la seguridad del país. Y desde este punto de vista, entra en ese concepto el desarrollo, las relaciones internacionales. Por lo tanto eso es lo que estamos haciendo.

—*¿El general Pinochet se ha adecuado a ser un hombre subordinado al poder civil?*

—Cuando asumí mi mandato definí muy claramente lo que yo llamo la impersonalidad del poder. Y en ese sentido, un jefe de Estado tiene que relacionarse con las instituciones, con las personas que están a cargo de las instituciones, respetando la impersonalidad del poder. Aquí todos tenemos que respetar la Constitución, respetar las leyes. Éste es un Estado de derecho. Cada uno tiene su responsabilidad, yo tengo la mía como jefe de Estado, y los comandantes en jefe o las fuerzas armadas tienen las suyas. Éste no es un problema personal.

Álvaro Arzú: Todos los sectores de la sociedad —ejército, empresarios, iglesias, sindicatos, guerrilleros— se habían desbordado

El 12 de marzo de 1996, cuando se realizó esta entrevista, Álvaro Arzú acababa de asumir la presidencia de Guatemala, con la prioridad de construir —prioridad compartida con varios países de Centroamérica— la paz y la democracia en medio de procesos de transición. La sólida construcción morisca del Palacio Presidencial, que no sólo alberga a la mayoría de los ministerios, sino también a toda un ala residencial para el presidente —si bien éste no la utiliza como tal—, trasuntaba el ajetreo de un gobierno que todavía se estaba conformando. Álvaro Arzú, quien está llevando adelante políticas heterodoxas para consolidar el proceso de paz —incluso nombrando como negociador de la paz a un ex guerrillero— no acude a la retórica política más tradicional, sino, tal vez, a la precisión del ingeniero, su otra profesión. Así también orienta las políticas anticorrupción y las que limitan la autonomía de las fuerzas armadas. Acompañó a los autores en la entrevista con el presidente Arzú —empresario, ex alcalde de la capital del país, ex canciller— el representante de las Naciones Unidas en Guatemala, Lars Franli.

—¿*Cuáles son las realizaciones prioritarias que aspira para este periodo de gobierno?*

—Nosotros dijimos que la paz constituía la prioridad dentro del primer año de gobierno. Ojalá la logremos. Básicamente hicimos, además, un enfoque de tres puntos fundamentales hacia los cuales dirigir la acción del gobierno: acabar con la discriminación racial, terminar con los privilegios y combatir la miseria. Resultado de ello, por supuesto, nuestra acción conlleva el combate a la violencia indiscriminada que existe en el país, así como el desarrollo de la educación y de la salud. Obviamente, todo ello relacionado con el crecimiento de la infraestructura, lo que es básico para

---

Álvaro Arzú Irigoyen, presidente de la República de Guatemala, nació en la ciudad de Guatemala el 14 de marzo de 1946. Fue alcalde de su ciudad natal y ministro de Relaciones Exteriores (1991). Fue fundador y secretario general del Partido de Avanzada Nacional (PAN). Activo empresario en los sectores turísticos, comerciales e industriales, se desempeñó en el sector público como director del Instituto Guatemalteco de Turismo.

lograr el desarrollo del país, y que resulta sumamente complicado a causa de las condiciones y limitaciones en las que nosotros vivimos.

—¿*Qué sustento político y social tiene su gobierno para poder encarar estos temas?*

—En la primera vuelta electoral tuvimos un buen respaldo popular que nos permitió ganar la mayoría en el Congreso de la República, 43 diputados en 80. Ganamos 107 alcaldías, a las que después se adhirieron otras 20 o 25 de las 330. Ganamos ocho representantes en el Parlamento Centroamericano, que van a ser vitales para todo el proceso de integración centroamericana, y ganamos la alcaldía de la ciudad capital, que significa 30% de los habitantes de todo el país.

En fin, obtuvimos una cuota de poder importante, que es un respaldo sustancial para poder hacer las mejoras y las transformaciones que se van a requerir en los próximos cuatro años. Es por ello que hemos lanzado una ofensiva de paz en el país, con supervisión a nivel internacional. Conscientes, claro está, de que una cosa es la firma del acuerdo de paz, y que algo más difícil y que se debe hacer luego es cumplir propiamente con los compromisos que se deriven del mismo. Pero creemos que si preparamos el ambiente vamos a tener el apoyo y el respaldo de la comunidad internacional en este sentido.

LA CONQUISTA DE LA PAZ

—¿*Qué espera usted de la paz desde el punto de vista de la agenda de realizaciones? Si se rompe el nudo gordiano del conflicto ¿podrán liberarse fuerzas para enfrentar otros desafíos?*

—La firma de la paz no es el principio del fin de los problemas. Al contrario, como usted dice, es el principio de muchas otras inquietudes, que lógicamente han surgido. Inquietudes que son resultado de una guerra de treinta y tantos años, que no ha sido de alta intensidad pero sí ha sido desgastante para el país. Debido a que no ha sido la suya una guerra de alta intensidad, el guatemalteco no está muy consciente de lo que significa llegar cuanto antes a la firma de un acuerdo de paz firme y duradera. Más aún, las mediciones indican que sólo 6 o 7% de los guatemaltecos considera vital la firma de un acuerdo.

—¿*No existe una gran demanda de paz?*

—No. Sin embargo, este conflicto de baja intensidad es, como decíamos, sumamente desgastante, sobre todo respecto a la inserción del país en la economía mundial. Hoy día un país que no tiene incorporación plena a ese gran concierto de naciones democráticas del mundo difícilmente podrá lograr su desarrollo. Guatemala no es una isla. Y el hecho de que pasemos a ser la frontera del mercado más grande del mundo, el TLC, nos abre oportunidades. Claro que algunos empresarios ven ahora como una amenaza el embate de productos muy bien manufacturados provenientes de México, con controles de calidad total. Nosotros lo vemos como una oportunidad que se les abre a los guatemaltecos para enfrentar precisamente ese mercado. Una oportunidad para ir y cautivar ese mercado con buenos productos, y abrir el país a la inversión extranjera para que ésta se afinque en Guatemala, dándole señales claras, facilitando los procesos administrativos. Obviamente,

> Que los miembros de la guerrilla no sientan que ellos van a firmar el acuerdo de paz y nos van a dejar la carga de la prueba solamente a nosotros para que se cumpla, sino que nosotros los estamos invitando a coparticipar en la aplicación de los acuerdos, que es lo más difícil y lo más importante.

es imprescindible iniciar el proceso de profesionalización y de capacitación de esa industria minusválida que tenemos en estos momentos, porque sólo así podremos competir en un mundo globalizado. Para todo esto, tenemos que generar confianza.

Y la paz obviamente es un requisito *sine qua non*. La perspectiva o la imagen que se tiene de Guatemala es de un país en conflicto. Nosotros tenemos que demostrar que Guatemala puede convivir pacíficamente en lo interno, desde luego, y por supuesto relacionarse pacíficamente con las demás naciones.

—*¿Usted prevé una negociación difícil con la guerrilla?*

—Yo creo que no va a ser tan difícil. Pienso que los mismos guerrilleros ya están conscientes de que la oportunidad para firmar este acuerdo de paz es ahora o nunca. Ellos, me imagino, estaban esperando hacerlo con un gobierno estable, con un gobierno sólido, que tuviera verdadera representatividad en el país. Pues nosotros la tenemos. Me imagino que ellos también quieren terminar este conflicto poco sensato que se ha mantenido durante 35 años, y perciben que la coyuntura es oportuna. Por nuestra parte no estamos jugando con cartas debajo de la mesa, sino al contrario, con un juego abierto. Les decimos: aquí estamos, vengan, involúcrense en el proceso democrático, participen política y electoralmente dentro de sus propias agrupaciones. Es más: coadyuven a cumplir esos acuerdos de paz a los que vamos a llegar conjuntamente. Es decir, que los miembros de la guerrilla no sientan que ellos van a firmar el acuerdo de paz y nos van a dejar la carga de la prueba solamente a nosotros para que se cumpla, sino que nosotros los estamos

> No existe una gran demanda de paz. Es un conflicto de baja intensidad pero sumamente desgastante, sobre todo respecto a la inserción del país en la economía mundial. Hoy día un país que no tiene incorporación plena a ese gran concierto de naciones democráticas del mundo difícilmente podrá lograr su desarrollo.

invitando a coparticipar en la aplicación de los acuerdos, que es lo más difícil y lo más importante.[1]

—*Es de presumir que los acuerdos van a generar tensiones entre miembros de la sociedad civil guatemalteca, entre empresarios, indígenas, trabajadores. ¿Qué tipo de tensiones prevé?*

—Las tensiones ya comenzaron. Por ejemplo, en este viaje que hice a México, invitado por el presidente Ernesto Zedillo, me reuní con los comandantes de la UNRG.[2] Ya lo había hecho, pero no en calidad de presidente. Y fui muy criticado en Guatemala por esa reunión, incluso algunos editorialistas de prensa consideraron que estaba poniendo en peligro la estabilidad nacional. Pero yo les hice ver que estaba dispuesto a asumir cualquier tipo de riesgo con tal de llegar cuanto antes a la firma de la paz, y que si para ello era necesario saltearme algún tipo de prácticas ortodoxas tradicionales, yo lo iba a hacer. A esta altura probablemente se necesita asumir actitudes inéditas para lograr lo que queremos, y las vamos a asumir.

De manera que lo que le estamos presentando a la UNRG es la alternativa de un proyecto socioeconómico y agrario más global. No ir tanto a lo puntual, a los adjetivos, a los verbos, a los adverbios, que ha sido en lo que se han enfrascado en el pasado y por lo que se han retar-

---

[1] Durante el proceso de edición de este libro, el 29 de diciembre de 1996 se firmó finalmente en Guatemala el acuerdo de paz.

[2] Unión Nacional Revolucionaria Guatemalteca, coordinadora de los grupos revolucionarios.

Me reuní con los comandantes de la UNRG. Ya lo había hecho, pero no en calidad de presidente. Y fui muy criticado en Guatemala por esa reunión, incluso algunos editorialistas de prensa consideraron que estaba poniendo en peligro la estabilidad nacional. Pero yo les hice ver que estaba dispuesto a asumir cualquier tipo de riesgo con tal de llegar cuanto antes a la firma de la paz y que si para ello era necesario saltearme algún tipo de prácticas ortodoxas tradicionales, yo lo iba a hacer.

dado tanto las negociaciones. Se ha ido demasiado a cuestiones de semántica, entonces salen obviamente unas conclusiones voluminosas cuyo cumplimiento se vuelve difícil de comprobar. Estamos intentando convencer a la UNRG de que es preferible un acuerdo global realista y comprobable, verificable, antes que un compendio de miles de páginas.

—¿Usted cree entonces que se llegará a un acuerdo en el correr de este año?

—Yo tengo la esperanza.

—Suele decirse que la guerra beneficia a ciertos sectores de la sociedad. En el caso de Guatemala, para tener una idea de quiénes son los que pueden resistir este tipo de armisticio ¿quiénes han sido beneficiados por la guerra y quiénes son los perjudicados por la paz?

—Yo no creo que nadie salga beneficiado hoy por esta guerra, porque es una guerra absolutamente desgastante: no es ya una guerra por conquistar territorios o cautivar opiniones. En mi opinión, es una guerra en la que todos pierden. Todos resultan perdedores en este conflicto. Sin embargo, en el fondo yo creo que no hay mal que por bien no venga, pues la guerra de estos 30 años ha sacado a luz la problemática profunda del país en materia de miseria, de conflictos étnicos, sociales. Si tenemos que capitalizar con un sentido estrictamente positivo algo de este conflicto, lo único que podemos rescatar es que ha hecho emerger los problemas que estuvieron acallados durante tantos años: ahora los tenemos a la vista y los tenemos que solucionar.

EL PODER CIVIL Y EL EJÉRCITO

—En cuanto a la guerra y la paz, ¿cómo define usted las relaciones entre el poder civil y el Ejército?

—En el pasado, los sectores de poder en general habían sobrepasado los límites para los que habían sido creados. El ejército se había sobredimensionado, involucrándose en actividades que no le correspondían, desgastándose internamente por cuestiones de corrupción y violación de derechos humanos. El mismo exceso ocurrió en el sector privado. En el pasado no había una reforma tributaria que no hubiera sido hecha por el mismo sector privado, el cual pasaba a ser juez y parte. Las iglesias también asumían actividades que no están dentro de lo que son sus parámetros de acción lógicos. Oponiéndose muchas de ellas, por ejemplo, a incrementos en los precios de la energía eléctrica. Esos problemas los tenemos hasta ahora.

Pero todo era producto de la desesperación, de ver que las cosas no se solucionaban, y entonces cada quien iba asumiendo actitudes y papeles diferentes a los que les corresponden.

Hoy día nuestra actitud ha sido la de decirles "cada mico a su columpio", cada quien a lo propio, a hacer lo que le corresponde. Hemos saneado bastante los organismos del Estado a nivel de la corrupción administrativa de la burocracia estatal, aunque nos falta mucho por hacer. Hemos saneado también, por dentro, las policías civiles y del ejército, elementos que estaban siendo discutidos e impugnados por la sociedad. Al sector privado le hemos dicho que hay que pa-

> No hay mal que por bien no venga, pues la guerra de estos 30 años ha sacado a luz la problemática profunda del país en materia de miseria, de conflictos étnicos, sociales.

gar impuestos, que no se puede seguir pagando en términos reales lo mismo que se pagaba en 1960, que todos tienen que contribuir y que cuanto más se tiene, más se tiene que contribuir.

Estamos poniendo en marcha en estos momentos una escalada tributaria importante. Actualmente la presión fiscal está en algo más de 7% del producto interno bruto, y hay que subir por lo menos a 8.5 y quizás a 9% sobre el PIB. Yo siento que estamos volviendo a poner las cosas en su lugar. Otro elemento que se ha sobredimensionado es la prensa. Tenemos una prensa muy poco profesional, en desborde total y absoluto, que tergiversa demasiado, que trastoca las opiniones, que no va al fondo de la noticia y que, además, se nutre del chisme, que pasa a ser la fuente de la información. Sin siquiera señalar las fuentes, se ha manchado la reputación de muchas personas. En fin, todo estaba sobredimensionado. Reitero, estamos intentando que todo el mundo vuelva, dentro del fuero de la cordura, a hacer lo que le corresponde.

—*Es de suponer que la firma del acuerdo repercuta más en los actores de la guerra. ¿Qué efecto espera que tenga el acuerdo de paz hacia el interior del ejército?*

—El ejército va a tener muchas otras tareas en el momento de la paz. Estamos trabajando en la acción cívica del ejército, reorganizándolo para acercarlo a la población civil. Tiene tareas muy importantes, como el combate al narcotráfico o la conservación del ambiente, porque cuidar nuestras fronteras significa también preservar las áreas que deben ser protegidas. Tenemos dos océanos donde

la marina cumple una función importante. De manera que las fuerzas armadas tienen tareas fundamentales que cumplir. Queremos un ejército más moderno, logísticamente más ágil: pretendemos reconvertir toda esa maquinaria militar en el momento que se firme la paz.

—*Tenemos un ejemplo muy cercano, el de El Salvador. Usted recordará que la firma de la paz en El Salvador llevó a la disolución de la policía y a una depuración dentro del ejército. ¿Aquí se llegará a extremos similares?*

—Habría que ver cuál ha sido el resultado en El Salvador. La depuración tiene que ser general, no sólo dentro del ejército, sino dentro de toda la burocracia administrativa del Estado. Lo que hemos heredado es un dinosaurio reumático, resultado de una burocracia, quizás numéricamente no muy alta, pero sí terriblemente ineficiente.

Ése es el plan de reconversión, de modernización del Estado en general, que yo no focalizaría solamente en el ejército. Hemos empezado por el ejército y las fuerzas civiles de seguridad, pero no escapará el resto de la burocracia administrativa, protegida muchas veces por organismos u organizaciones sindicales que también están desproporcionadas, que no están siendo representativas de la clase trabajadora y que muchas veces responden a intereses muy propios de los cuadros organizativos de esos sindicatos. Es otro sector de expresión que también se ha desbordado en el pasado.

—*¿Por qué se ha comenzado por el ejército?*

—Porque queremos llegar a la firma de la paz cuanto antes. Entonces teníamos que encaminar nuestros pasos hacia la depuración, la sindicación y la señalización permanente de actos de corrupción o de violación de los derechos humanos. Eso es devolverle credibilidad a las fuerzas de seguridad del país, tanto civiles como militares.

Despedimos, por ejemplo, 118 jefes de policía. Y hoy leo en la prensa que el tribunal ha ordenado su restitución inmediata. Los tribunales de justicia son otro gran problema del país. Porque tampoco la burocracia de todo el sistema del organismo judicial ha escapado a la corrupción.

—*Se afirma que la sociedad guatemalteca todavía se siente un poco atemorizada, incluso como consecuencia de estos factores que usted está describiendo, los delitos que no se castigan, los problemas que usted señala con la justicia. ¿Cómo consolidar un proceso democrático en ese escenario?*

—Es el gran desafío que tenemos. Yo creo que existe una vocación democrática y que el pueblo de Guatemala lo demostró con la reacción al intento de manotazo a nuestras instituciones que intentó dar el ex presidente Serrano. En esa oportunidad el pueblo de Guatemala defendió el sistema democrático, salió a la calle ofendido y exigiendo que se devolvieran los fueros democráticos y el proceso electoral.

Yo creo que ya se ha ido tejiendo una conciencia muy propia dentro del guatemalteco de que la democracia, si bien no es un sistema perfecto, es el mejor hasta que no se demuestre lo contrario.

LA CORRUPCIÓN

—*Usted ha colocado el tema de la corrupción como parte de todo este desajuste que tiene que enfrentar. ¿Qué piensa hacer en relación con la transparencia y la democracia? ¿Cuáles son los énfasis de su política?*

—La corrupción es como el pescado, empieza a pudrirse por la cabeza. Si la cabeza está mal, el resto del cuerpo se descompone. La corrupción administrativa del Estado en Guatemala ya había llegado a pudrir el alma de la nación. De manera que tenemos que asumir actitudes muy enérgicas y drásticas con todos los sectores que ya se han visto involucrados dentro de la corrupción, la que se ha vuelto un *modus vivendi* en general.

Yo creo que hemos dado pasos firmes, sobre todo con el ejemplo. Tenemos experiencia con la municipalidad de Guatemala, que era la institución más corrupta que existía en el país. Allí logramos llevar un grupo muy sano de gente, que tomó una serie de acciones cristalinas, y ahora me atrevería a decir que es una de las instituciones que está funcionando mejor.

—*En relación con el desarrollo económico y social del país, ¿cuáles serán los sectores económicos que se constituirán en la base de un desarrollo económico sostenible?*

—Nosotros tenemos que mejorar la situación de infraestructura. Indudablemente, en nuestro medio el productor realiza su labor en condiciones desventajosas. Tiene que actuar con un sistema energético deficiente, un sistema de comunicación telefónica pésimo, utilizar carreteras que prácticamente se han colapsado porque han sobrepasado su vida útil, con una capacitación del personal muy pobre. Y a pesar de eso el país se mueve. En las carreteras están circulando permanentemente camiones con *containers*, y la actividad comercial, a pesar de que se está haciendo en condiciones adversas por cuestiones de infraestructura, no se detiene.

Si bien tenemos la bondad de dos océanos, los puertos no reúnen los requisitos básicos, tienen una mecánica anacrónica y el tiempo de carga y descarga está muy por debajo del promedio de los demás puertos de América Latina. Para mejorar la infraestructura del país, probablemente será necesario privatizar muchos servicios públicos que en estos momentos están siendo deficitarios y deficientes, y constituyen un obstáculo al desarrollo. Un ejemplo es el sistema ferroviario, que se colapsó total y absolutamente. Sin embargo, allí podría haber una inversión extranjera interesante, lo que permitiría mejorar o poner en funcionamiento nuevamente el sistema ferroviario. Con ello se desahogarían las carreteras, mejorando las vías de comunicación y la agilidad en el transporte de productos. Se ha hablado siempre de la posibilidad de un canal seco entre ambos océanos, que podría ser un elemento importante para nosotros.

¿Por dónde empezar? Son varios frentes. Estamos en un plan de desarrollo enlazado. Porque una cosa era una oferta de campaña, hacer un plan de gobierno desde afuera del gobierno, y otra es venir aquí y encontrarse con que se abre una gaveta y no hay absolutamente nada. Tenemos que arrancar prácticamente de cero en muchas de las actividades que queremos realizar.

El Estado que hemos heredado es un dinosaurio reumático, resultado de una burocracia, quizá numéricamente no muy alta, pero sí terriblemente ineficiente.

EL SECTOR INFORMAL

—¿Cuál es el papel del sector informal de la economía?

—Es importante. No tenemos datos estadísticos exactos de cuántos guatemaltecos están involucrados en la informalidad, pero son muchos, y es un elemento de sustentación económica en todos los países de América Latina. No se le puede ver con menosprecio ni con desdén. Por el contrario, hay que ordenarlos: la gente tiene que tributar, tiene que formalizarse.

—Muchas veces el sector informal está asociado a la idea de poca tecnología, poco capital...

—Todo el mundo encuentra justificaciones, incluso el sector empresarial, el sector privado. Yo soy del criterio de que tenemos que "privatizar la empresa privada" en Guatemala. Los empresarios hablan obviamente de teorías neoliberales y de libre juego de la oferta y la demanda, pero siempre y cuando no les afecte a ellos en lo personal, que no sea una competencia que ellos considerarían desleal en un momento determinado.

—¿Cómo hacer que el sector informal, aparentemente más débil que los demás, se fortalezca para poder ser parte del proceso de la economía globalizada? ¿Cómo no dejarlo rezagado?

—Lo que sucede es que esa economía informal está concentrada básicamente en la ciudad, es producto de la emigración del campo a la ciudad. Y eso tampoco es bueno, porque ese macrocefalismo causa problemas enormes en una ciudad que ya no se da abasto en los servicios públicos de agua potable, de energía eléctrica, de vialidad o de transporte. Tenemos aquí muchos problemas. Calculamos que hay dos millones de personas viviendo en la capital, lo que significa aproximadamente entre 30 y 35% de los habitantes de todo el país. Si de París se decía que era Francia, pues Guatemala ciudad capital es el lugar donde se produce 60% del producto interno bruto, aquí está establecido 70% de la industria y 65% del comercio. Es decir, la actividad económica del país está demasiado concentrada.

Pero si no invertimos en infraestructura, si no llevamos energía eléctrica, comunicaciones, telefonía, etc., es difícil forzar a la descentralización de esa ac-

> La corrupción es como el pescado, empieza a pudrirse por la cabeza.

tividad económica. Entonces lo único que estamos haciendo es inflando una vejiga que en un momento determinado puede explotar.

No es un fenómeno ajeno al resto de los países de América Latina. Pero creo que todavía estamos a tiempo para controlarlo, diversificando, haciendo parques industriales fuera del perímetro urbano... Estamos decididos a crear el distrito metropolitano, lo cual implica el desarrollo de los 16 municipios. Tenemos esa ventaja, de los 17 municipios del departamento de la ciudad de Guatemala nosotros tenemos alcaldes en 16.

INTEGRACIÓN CENTROAMERICANA

—*En su estrategia de desarrollo para Guatemala, ¿qué papel juega la integración centroamericana?*

—Es vital. Por eso decía yo que tener ahora ocho representantes en el Parlamento Centroamericano nos va a permitir imprimirle una dinámica mayor, ya no sólo como un ente colegiado y un medio consultivo a nivel político, sino para que explore mecánicas del tránsito de bienes, servicios y personas en el área centroamericana, pero en forma un poco más pragmática. Nos hemos propuesto la creación del triángulo norte —Salvador, Honduras y Guatemala— para suscribir un tratado bilateral de comercio con México.

Queremos que el Parlamento Centroamericano tenga un papel un poco más dinámico. Y quizá lo logremos ahora a partir de octubre. Después, obviamente, nosotros respetamos todos los organismos internacionales centroamericanos a nivel económico, como el Sistema de Integración Económica de Amé-

rica Latina, donde queremos darle más dinámica, más actividad, a todo lo que sean tratados de libre comercio con nuestros socios centroamericanos. Eso implica ir eliminando pasos fronterizos que ya no tienen mayor sentido. Estuve en El Salvador recientemente, invitado por el sector empresarial de ese país. Allí tuve la oportunidad de platicar con el presidente Calderón, y hemos avanzado. Ya se creó una comisión para agilizar cuanto antes el libre paso fronterizo con El Salvador, también con Costa Rica, con Honduras, con México. Nos hemos referido al mundo maya, a la ruta maya, que puede llegar a ser algo importante para canalizar el rumbo turístico en una forma más proporcional con México, Guatemala, Honduras y El Salvador.

El BID está trabajando mucho en eso. Y el Banco Centroamericano de Integración Económica le está dando el respaldo que requiere.

LA REFORMA DEL ESTADO

—*Usted hablaba de la necesidad de reformar y modernizar el Estado. ¿Qué ideas va a proponer, qué pasos piensa dar?*

—El vicepresidente de la República es el encargado de la reforma del Estado, de la modernización del Estado. Sin lugar a dudas, no se trata de reducir el tamaño del Estado. Numéricamente son 200 000 los burócratas en la administración pública, lo que no es excesivo en relación con el número de habitantes, que está entre 9 y 10 millones de personas. Lo que es escandaloso es la ineficiencia de esa burocracia y el hecho de que se lleva una buena parte del presupuesto general de gastos.

De lo que se trata, en primer lugar, es de fijar reglas claras en materia tributaria. Creo que eso es vital. Después, debe haber reglas claras para la inversión extranjera. Estamos trabajando en eso, para que los inversionistas del exterior sepan a qué atenerse, cuáles van a ser las reglas fiscales, en qué forma van a poder reditar o devolver sus utilidades al exterior, cómo puede agilizarse la mecánica administrativa para otorgar sus patentes de comercio, de industria. Y, obviamente, estamos trabajando en favor de la facilitación administrativa. Esto es básico. Hoy en día cualquier trámite en la administración pública es un asunto eminentemente engorroso que le cuesta mucho tiempo y sacrificios al sector productivo.

Luego, se trata de reformar el servicio exterior. Ya no queremos representantes diplomáticos —con cuellos almidonados— que se limiten a asistir a las recepciones de los países donde están acreditados. Se trata en cambio de que estos diplomáticos sean verdaderos gestores de negocios, gente que va a tocar las puertas de los importadores en los países para colocar nuestros productos. Y de esa forma vamos a ir mejorando. Obviamente, los adelantos científicos y tecnológicos de la era nos permiten maravillas a nivel de Internet, de sistemas de cómputos, todas esas cosas que a mí —será por viejo— me parecen cuestiones de brujos, en las que Guatemala ha ido quedándose a la zaga. Por ejemplo, tenemos el cable submarino vía Yucatán, que nos permite a nosotros un mejor sistema telefónico, y no nos hemos interconectado. Tenemos la opción de interconectarnos vía satélite, tampoco lo hemos hecho. La telefonía sigue siendo como de cuerda, hoy día en que tanto se habla de fibra óptica.

—*Refiriéndose a la reforma del Estado usted planteó la necesidad de una mayor recaudación. Pareciera que la escasa recaudación correlativa a la gran evasión es un punto central del Estado guatemalteco. ¿Qué piensa hacer? Las reformas tributarias han generado más de un intento de golpe de Estado en este país.*

—El problema tiene dos aspectos. Uno es la deficiencia en la recaudación. Como le digo, estos sistemas administrativos hacen engorroso hasta el mero hecho de ir a pagar los impuestos. Y el otro obviamente son las bajas tasas. Creo que es el único país del mundo que en los últimos 10 años ha bajado su nivel tributario. En términos reales estamos pagando lo mismo que en 1960. Eso no puede seguir así. Claro, el sector empresarial dice que son unos pocos los que sostienen el pago tributario en Guatemala; es decir, la mayor parte está ajena a sus responsabilidades de contribuir con el Estado. Y es cierto también. Creo que 3 000 contribuyentes del impuesto sobre la renta pagaban 80% de lo que se recaudaba. Cuestiones absurdas. Tenemos que ampliar la base tributaria en Guatemala. Algo se ha logrado estableciendo la figura del delito fiscal, figura que sin duda vamos a ejercer.

> Tenemos que "privatizar la empresa privada" en Guatemala.

Lo que ha sucedido es que quien paga impuestos en Guatemala lo hace por su buena voluntad, porque los sistemas legales para poder llevar a los tribunales a quien no está cumpliendo con sus obligaciones tributarias demoraban entre 400 y 600 días para poder darle seguimiento.

De manera que hoy entramos con esta nueva reforma reduciendo dramáticamente los plazos del proceso legal y obviamente afianzando más la figura del delito fiscal, de modo que el que no paga los impuestos va a la cárcel. Entonces la moral tributaria se va a hacer presente.

> Hemos referido al mundo maya, a la ruta maya, que puede llegar a ser algo interesante para canalizar el rumbo turístico.

—Del tema de la reforma del Estado surge naturalmente la discusión sobre cuáles son los papeles que el Estado debe dejar de cumplir y cuáles debe empezar a asumir.

—Básicamente el Estado se debe concentrar en la seguridad de la ciudadanía, en la educación —que debe ser pública y gratuita, aumentando su cobertura— y en la salud. Asimismo, debe crearse la infraestructura necesaria, de preferencia con base en contratos con la iniciativa privada, para lograr mayor eficiencia.

—Hay otra forma también de ver el tema de la reforma del Estado que está vinculada con la determinación de cuáles son las tareas que quedan para el nivel central y cuáles las que quedan para el nivel local.

—En estos momentos tenemos un sistema de gobernadores que son nombrados, no son electos; pero queremos ir descentralizando ese sistema y ya lo estamos haciendo. Por ejemplo, en el presupuesto del Estado existe una obligación constitucional de que 10% del mismo se destine a las municipalidades y se entregue en cuatro trimestres. Nosotros nos hemos puesto al día. Y a los gobernadores, que han sido bastante simbólicos, queremos darles un nivel de presencia mayor, conjuntamente con el diputado de su distrito.

—¿Y va a llegarse a la elección del gobernador?

—Hay un proyecto en ese sentido. Probablemente para el siguiente periodo electoral ya tengamos gobernadores electos.

—¿Ha evaluado la posibilidad de descentralizar tareas como la salud o la educación?

—Desde luego. Y además queremos hacerlo presupuestariamente, de modo que cada gobernador sea quien ejecute, y además quien pueda crear su propio presupuesto de acuerdo con sus necesidades.

—¿En eso está pensando?

—Queremos hacerlo. Tenemos un proyecto casi concluido que presentaremos al Congreso.

LA CUESTIÓN ÉTNICA

—Las características de su país necesariamente nos llevan a plantearnos el tema indígena. ¿Hasta dónde cree usted que es posible avanzar en el proceso de integrar y articular las diversidades culturales de Guatemala?

—Ésa es una lucha constante. El presidente del país es el representante de la unidad nacional, en un momento en que todos los grupos quieren tener su propia autonomía. Los grupos étnicos no quieren involucrarse en ese campo ni en el aspecto general de unidad nacional, sino que quieren tener su propia voz. Y recibimos el gobierno en un momento en el que el que grita más es el que tiene la palabra. Tenemos nuevamente que volver sobre los fueros de la cordura y decirles: el país es uno y, por consiguiente, mi obligación como gobernante es mantenerlo unificado.

Claro, hay muchas presiones externas también que tratan de buscar rescoldos dentro de esa diversidad étnica, de exacerbar posiciones, y nos están creando un problema sumamente delicado. Estamos muy preocupados en ese sentido.

Sin embargo, yo tengo la esperanza de que al final de cuentas los guatemal-

> Hay siempre un derecho consuetudinario, propio de las comunidades indígenas, que debe respetarse.

tecos tomarán conciencia clara de la importancia de mantener unificado al país.

—*Se acaba de aprobar el Convenio 169, donde se tratan diversas cuestiones vinculadas a los pueblos indígenas, a las tierras y demás. En relación con las instituciones se habla de la necesidad de buscar compatibilizar las instituciones de la democracia representativa con las instituciones de gobierno tradicionales de los indígenas.*

—Hay siempre un derecho consuetudinario propio de las comunidades indígenas que debe respetarse. Pero nunca cuando ello sobrepase la norma general en el país. Por ello el Congreso aprobó este convenio de la Organización Internacional del Trabajo (OIT) con una salvaguarda, certificando que se aprueba el convenio en todo lo que no contravenga a la Constitución. Es una manera de decirles: estoy de acuerdo en que este derecho consuetudinario, esa costumbre, "el costumbro", como se le dice acá, debe ser respetado. Muchas veces ha sido atropellado indebidamente pero debe respetarse, pero siempre dentro del marco general del ordenamiento jurídico del país.

—*¿Qué capacidad tiene el indígena como actor económico?*

—El indígena es un actor con mucha capacidad. Hoy día usted va por el altiplano y aquel hombre dedicado al cultivo del maíz se está dando cuenta de que le rinde más la diversificación de sus cultivos. Hoy día se habla de sembrar otros cultivos —plantas ornamentales inclusive—, porque ellos mismos tienen dentro de sus cooperativas contactos con los mercados en el exterior en una forma muy activa. El indígena ya no es un hombre sedentario que se queda a

> La posición de los grupos socioeconómicos del país, sobre todo de las clases más empobrecidas, ya es muy beligerante.

esperar que el maná le caiga del cielo al día siguiente, sino que está buscando, hay gente productiva que está ganando, que está produciendo y que está generando riqueza, que incluso está dando empleo. Hoy día las cooperativas indígenas del altiplano están funcionando excelentemente.

POSIBILIDAD DE ACUERDOS POLÍTICOS

—*Usted tiene la esperanza de lograr el acuerdo de paz. Ahora bien, girando hacia el resto del arco político, ¿tendría usted un ministro del Frente Republicano Guatemalteco (FRG)?* [3]

—Sí, desde luego. Por ejemplo, la bancada nuestra va a proponer en el Congreso de la República a uno de los principales cuadros del FRG, el licenciado Arturo Soto, para la Junta Monetaria. Él estuvo presidiendo en determinado momento una comisión de finanzas en el Congreso en representación del FRG. Es decir, a la gente buena la queremos incorporar.

—*Pero esto no significa acuerdos políticos con los partidos...*

—No necesariamente son acuerdos políticos, pero yo por ejemplo mantengo muy buenas relaciones con el grupo Frente Democrático Nueva Guatemala. Tenemos sólo 60 días de gobierno, pero tenemos la firme voluntad de tener una relación cordial y constructiva.

—*Los gobiernos de América Latina, a veces, parecen desgastarse rápidamente. ¿Está de acuerdo?*

---

[3] Partido político lidereado por el general Efraín Ríos Montt, ex gobernante *de facto* en un periodo de gran derramamiento de sangre, con cuyo candidato actual —Alfonso Cabrera— compitió en la segunda vuelta presidencial.

—Es así. Influyen las situaciones económicas muy dispares y el hecho de que en las campañas electorales, muchas veces sin quererlo, los candidatos generan grandes expectativas dentro de la población, y la gente interpreta que el maná del cielo va a caer al día siguiente a la toma de posesión. Y la gente tiene cada vez menos paciencia. Hoy nos encontramos con pueblos mucho más exigentes, ya no es aquella actitud pasiva del pasado, conformista. Hoy día la posición de los grupos socioeconómicos del país, sobre todo de las clases más empobrecidas, ya es muy beligerante, a veces rebasan los límites de esa beligerancia y ellos mismos constituyen un obstáculo para que el desarrollo pueda llegar. O sea, nos encontramos con un pueblo impaciente, bastante impaciente.

—*Esas reformas, esas dificultades desgastantes que usted está señalando ¿no lo llevan a pensar en la eventualidad de problemas de estabilidad de su gobierno o aun de falta de legitimidad?*

—Falta de legitimidad, por lo pronto, no. Porque ahora nosotros tenemos un respaldo electoral. Aunque la segunda vuelta fue muy ajustada, el respaldo general del esquema de gobierno es bastante sólido. Espero que no perdamos la legitimidad a través de los años de mandato. No tengo una bola de cristal. Voy a poner mi mejor esfuerzo para que la gente se sienta representada.

Carlos Roberto Reina: La reubicación de los militares en el orden constitucional

El presidente de Honduras recibió a los autores en la mañana del día 12 de agosto de 1996. Los acompañaba la representante residente de Naciones Unidas, la señora Zoraida Mesa. El despacho presidencial se encuentra en el quinto piso del nuevo edificio que, en las afueras de Tegucigalpa, se ha convertido en oficinas presidenciales. El presidente Reina es un hombre mayor, profesor de derecho cuyo hablar trasunta de a ratos el dejo juridicista. El presidente ordenó bloquear las llamadas telefónicas y se dispuso a conversar por más de una hora y media con los autores. Éstos sintieron frente a sí al hombre que —más allá de su suerte política— desmilitarizó el poder político de su país.

—Usted afirmó en su campaña electoral que Honduras vivía la crisis más peligrosa de su historia, y que esa crisis era moral. Para resolverla prometió una revolución moral. ¿En qué ha consistido esa revolución y qué hechos indicaría usted como los más relevantes de la misma?

—Consciente de los grandes y graves problemas de Honduras, de Centroamérica y, en general, de América Latina, mi mensaje se concentró en el combate a la corrupción, en crear de nuevo un estado de derecho, en regresar a un estilo de gobernar que se había perdido, el mismo que aplicó el general Francisco Morazán, nuestro héroe regional y a la vez inspirador del liberalismo centroamericano.

Mi discurso de campaña se compenetró exactamente en proponer un nuevo estilo de gobierno, tesis que hemos expuesto en muchos discursos y en muchos documentos que desarrollan el programa de gobierno.

Según nuestra concepción, el burocratismo ha sido proclive a la corrupción porque ha abierto espacios inadecuados, como el hecho de que al mandatario se le concedan partidas confidenciales que sólo en el caso de Guatemala se acercan a los 150 millones de quetzales. En Honduras hay cifras distintas que seguramente deben andar por guarismos muy elevados. Esas partidas confidenciales eran manejadas directamente por el mandatario sin darle cuenta absolutamente

CARLOS ROBERTO REINA, presidente de Honduras, nació en Comayaguela el 13 de marzo de 1926. Desempeñó cargos públicos desde la década de los cincuenta en forma continua. Fue juez de la Corte Interamericana de Derechos Humanos (1979-1985). Presidente del Consejo Central del Partido Liberal, diputado (1965 y 1971). Fue dos veces candidato a la presidencia de la República antes de su elección en 1994. Licenciado en Ciencias Jurídicas, abogado y diplomado en la Escuela de Altos Estudios Internacionales de la Sorbona, Reina es autor de varios libros sobre ciencia política.

> El burocratismo ha sido proclive a la corrupción porque ha abierto espacios inadecuados, como el hecho de que al mandatario se le concedan partidas confidenciales.

a nadie y sin ningún tipo de control de ningún órgano del Estado. Yo suprimí en mi gobierno esa idea, por lo que hoy los gastos se pasan conforme a los mecanismos naturales de control del Estado.

En otro orden de ideas, antes, los poderes del Estado no funcionaban separados. Una orden del presidente se cumplía en cualquiera de los otros poderes a costa de cualquier precio. Eso destruía el Estado de derecho, en vista de que, además, tal práctica iba acompañada de la impunidad que, en el caso de Honduras, reinaba totalmente. Aquí era inconcebible que a un ministro —y no digamos que a un presidente— se le pudiera cuestionar. Por otra parte, hay que decir que no existían los mecanismos adecuados para hacerlo.

Lo expuesto anteriormente se relaciona mucho con el manejo del presupuesto de la nación, con la debilidad del poder civil, valga decir, la mayor autoridad del poder militar que se dedicó a ejercer el poder político, hecho que les permitió salirse de sus funciones asumiendo otras que no estaban en capacidad de manejar con eficiencia.

A todo lo anterior habría que agregar una actitud negativa y generalizada del ciudadano común que cree que los fondos del Estado no son de nadie y que hay que aprovecharlos. Todo esto fue degenerando mucho el sistema democrático y la pureza en el manejo de los caudales públicos.

En ese sentido, nuestra revolución moral ha ya trascendido las fronteras patrias, porque en la Cumbre de Miami me tocó ser el primer orador que planteó el tema de la corrupción, y en Caracas, nuestro país fue relator, porque con

el presidente Caldera hemos tenido mucha aproximación sobre el contenido ético de los mensajes.

Si esto continúa así, yo creo que nuestro país y América Central se salvarán, sin perjuicio de que existan circunstancias difíciles.

LA REVOLUCIÓN MORAL

—*A los pocos días de su asunción, usted tomó un conjunto de medidas contra la corrupción, entre ellas creó la Comisión Interventora y Fiscalizadora para investigar actos de corrupción. ¿Qué resultados tuvo esa comisión? ¿Cuáles cree usted, según esa experiencia, que son los instrumentos idóneos desde el Ejecutivo para combatir la corrupción?*

—La Comisión para el combate de la corrupción y para la prevención de la misma ha funcionado y sigue funcionando. Tiene ya una cantidad muy grande de casos que pasan a la Fiscalía General del Estado, que es organismo de reciente data —desde 1993 se permite la presencia del Estado como inquisidor y llevar al Poder Judicial los casos que violenten nuestra normatividad jurídica general—. Ha dado, pues, muy buenos resultados ante todas las expectativas, pero debemos estar conscientes de los difícil del trabajo que tiene que realizar.

Sobre este tema, mucha gente se pregunta dónde están las pruebas concluyentes. Si se trata de los dilapidadores de los fondos públicos, las pruebas concluyentes no son fáciles, máxime si se tiene en cuenta que dentro de una cultura del cinismo, diría yo, no daban los informes respectivos a la Comisión del control de los fondos del Estado, de probidad administrativa propiamente. En tal sentido se han encontrado muchas vaguedades que poco a poco han sido aclaradas y posteriormente presentadas a la Fiscalía, instancia que continúa con la investigación para luego presentarla ante los juzgados competentes, es decir, al poder jurisdiccional del Estado.

—*En su experiencia, ¿cuáles han sido los principales obstáculos que ha encontrado en este combate y cuáles los principales apoyos?*

—Como obstáculos hemos visto la falta de una cultura general para llevar esto a la práctica, además de la actitud de los medios. Por ejemplo, cuando a alguien se le trata de probar irresponsabilidades en el ejercicio de una función pública, el primer argumento que se esgrime es que eso es persecución política, con el agravante de que en los medios hay cierto eco, cierta orquestación para tratar así dichos temas.

El principal apoyo que hemos encontrado es la firmeza de la gente honorable de este país que nos dice que sigamos adelante con la revolución moral. De esta manera ya hay ministros de Estado, ex funcionarios de alto nivel nacional y municipal, unos huyendo, otros en las cárceles y otros protegiéndose en la inmunidad de que puedan gozar.

Lo más importante sobre este tema es que ya existe una conciencia de que todos tienen que dar parte de sus actos dentro del ejercicio del gobierno.

—*Usted vincula el obstáculo y el apoyo con temas relacionados con la opinión pública, ¿cuál es en rigor el papel de los medios de comunicación y el de la opinión pública?*

—Sobre este tema tenemos algunos problemas. Un nuevo estilo de gobernar a veces es incomprendido. Se trata de

> Una orden del presidente se cumplía en cualquiera de los otros poderes del Estado a costa de cualquier precio. Eso destruía el Estado de derecho, en vista de que, además, tal práctica iba acompañada de la impunidad que, en el caso de Honduras, reinaba totalmente.

ridiculizar, de minimizar la importancia de ese nuevo estilo, y la opinión pública es dirigida por los medios. En los medios hemos hecho una labor constante de tratar de venderles la idea de seriedad con que se está actuando, por lo que, considero que poco a poco se va logrando. Esta tarea no ha sido fácil porque siempre hay un dejo de resistencia que evita que esto se acelere más.

JUSTICIA, PARTIDOS Y CORRUPCIÓN

—*¿Está preparada la justicia para llevar adelante procesos genuinos de información? ¿Qué papel esta jugando el Ministerio Público?*

—El Ministerio Público, como nueva entidad, ha tenido problemas de personal, de presupuesto y de toda índole, incluso de garantías personales, porque ha existido una especie de ofensiva contra ellos: sin embargo va saliendo adelante.

Ninguno de los temas sobre los cuales hoy estamos conversando sería posible si no hubiera existido un cambio, una directriz como la de la revolución moral que implica tener una Corte Suprema de Justicia con gente altamente calificada y honorable. Es indudable que siempre existe un ingrediente político, porque las jerarquías judiciales surgen del Congreso Nacional, que es un órgano político, pero la calidad profesional, la calidad ética de los miembros del Poder Judicial es muy superior a la que antes había, razón por la cual todo se va complementando gradualmente.

Hemos afirmado —y hoy lo objetivo con una frase— que los soldados de Morazán van surgiendo dentro de nuestro partido, dentro de los gremios, dentro de distintas circunstancias y ambientes, y eso va formando un pelotón de vanguardia con la clara misión de concientizar este país. La revolución moral va en serio, con la esperanza de que no sólo sean cuatro años, sino que continúe en los siguientes periodos para que tenga un espacio histórico más adecuado.

RELACIONES CÍVICO-MILITARES

—*Cambiando ahora hacia otro tema central de su gobierno que tiene que ver con la agenda hondureña, el que atañe a las relaciones cívico-militares. ¿A su juicio cuáles son los efectos más destacables que produjo en las relaciones cívico-militares de Honduras el fin de la Guerra Fría por un lado, y el fin del conflicto centroamericano, por otro?*

—El conflicto centroamericano tenía dos facetas. Una fue el surgimiento de movimientos armados inconformes por las injusticias sociales, como en el caso de El Salvador, o problemas étnicos, como en el caso de Guatemala, o problemas ideológicos, como en el caso de Nicaragua.

En tales circunstancias, los problemas internos se internacionalizaron gradualmente y caímos en la polarización de la Guerra Fría, es decir, por un lado la ayuda de los Estados Unidos y por otro lado la ayuda de Cuba y la Unión Soviética. Íbamos a ser el teatro de esas operaciones, lo cual era el tributo más grande a esa tragedia de la polarización y de la ideologización del mundo.

Reconciliada la Unión Soviética con los Estados Unidos, desaparecidos los síntomas de esa polarización, centrada en el caso de Honduras en los "contras", quienes tenían su cuartel general en

Honduras y nos hicieron jugar un triste papel en esa época. Toda esa triste historia desapareció, pero quedaron secuelas, como una gran cantidad de armas del tipo AK 47 que gradualmente se han ido liquidando.

De esa historia estamos viviendo las últimas etapas, como el desminado de las zonas ocupadas por los "contras". Se cometieron crímenes de lesa humanidad al colocar las minas terrestres sin un plano oficial profesional de los ejércitos en contienda. Se dispersaron miles de minas y hoy la primera labor es encontrarlas. En aquel momento levanté voces muy altas para señalar tales injusticias, y hoy estamos gradualmente limpiando esas zonas.

Tal experiencia ha sido una consecuencia trágica de la Guerra Fría, no sólo por las víctimas que hubo entre los sistemas represivos, sino también las otras consecuencias que todos conocemos.

Hemos afirmado que el conflicto centroamericano tuvo dos facetas. Una, el deseo de montar un teatro de guerra con todas sus consecuencias, y dos, la guerra sucia encubierta debajo de dicho teatro, siendo que allí lo que existía era el hampa —lo peor, el tráfico de drogas, tráfico de armas, de sustancias psicotrópicas—, razón por la cual toda esa realidad nos golpeó mucho.

En esa época el poder militar se expandió más allá de sus fines tradicionales y el poder civil, por tanto, pugnaba por sobresalir o por controlar el poder militar.

Sobre su pregunta de cómo influía la Guerra Fría en las relaciones cívicomilitares en Honduras, le diré que hay distintas etapas. Una primera, donde los ejércitos toman el poder político. Esa etapa en Honduras viene desde 1972 y dura hasta 1982 cuando el país vuelve a la constitucionalidad. En esos 10 años las fuerzas armadas ejercen todos los poderes hasta el grado de llegar a algo

Cuando a alguien se le trata de probar irresponsabilidades en el ejercicio de una función pública, el primer argumento que se esgrime es que eso es persecución política, con el agravante de que en los medios hay cierto eco, cierta orquestación para tratar dichos temas.

increíble, como la afirmación de que la Constitución quedaba vigente en todo aquello que no se opusiera a las resoluciones del Ejecutivo. Es decir, la expresión más increíble de lo que puede ser el poder absoluto.

Después vienen los regímenes civiles muy condicionados a lo difícil de la etapa, y con unas fuerzas armadas muy decisorias, porque el país vivía tensiones mundiales muy fuertes.

En esa etapa un presidente dijo que era una figura decorativa, lo cual es muy doloroso escuchar de alguien que ejerce el poder soberano de un pueblo que lo elige.

Gradualmente, en la medida en que desaparecía esta situación, el poder civil se fue consolidando hasta llegar a esta etapa en la que, sin ninguna confrontación, más bien con una convergencia en la búsqueda de consensos, el poder militar declara —no una vez sino muchas veces— que reconoce la autoridad del presidente y que está sometido a la misma.

Anexo a lo anterior muchos hechos, como el servicio militar voluntario, como la reducción del presupuesto, como el paso de la policía al poder civil, acciones que van consolidando un Estado de derecho con una sociedad civil, con un poder civil depositario de la soberanía popular, sin limitaciones ni cortapisas.

—*Más allá de ese proceso de consolidación del poder civil evidente que ya nadie discute, hay quienes opinan que históricamente las fuerzas armadas hondureñas —no solamente por voluntad propia sino porque el poder civil así lo ha establecido— tienen una especie de poder arbitral. ¿Usted está de acuerdo con esa afirmación?*

—No, esa afirmación no es exacta. Que en el pasado se haya ejercido eso, no me cabe la menor duda, pero que actualmente sea así, no es cierto.

—*¿Es más bien un tema del pasado?*

—Efectivamente, es un tema del pasado.

Ya hay ministros de Estado, ex funcionarios de alto nivel nacional y municipal, unos huyendo, otros en las cárceles y otros protegiéndose en la inmunidad de que puedan gozar.

—*¿Quiere decir que en este momento ya no mantienen ese papel?*

—Así es.

—*¿Cuáles indicaría usted que son los hitos de ese proceso de rencauzar al poder militar?*

—Hay varios hechos concretos que evidencian que es el presidente de la República quien ejerce el Poder Ejecutivo del Estado. En esa dirección le puedo ofrecer diez ejemplos. En primer lugar, el servicio militar es voluntario; antes era obligatorio y con una forma de reclutamiento realmente inadecuada para una sociedad de fines de siglo.

En segundo lugar, los nombramientos de miembros de las fuerzas armadas en responsabilidades del Estado, los que antes se hacían por simple recomendación de la cúpula militar: esa recomendación era como una orden.

—*¿El nombramiento de quiénes por ejemplo?*

—El nombramiento del ministro de Defensa, del gerente general de Hondutel, del director general de la Marina Mercante, del director general de Migración y otros puestos en los cuales ellos tenían algún poder de decisión. Incluso otros ministros eran nombrados a veces por sugerencias de militares que eran tenidas como órdenes. Esa práctica ha desaparecido.

—*Entendemos que a usted le intentaron sugerir el nombre del ministro de Transporte y Comunicaciones en cumplimiento de un supuesto pacto entre civiles y militares.*

—Se equivocaron, porque no existía ningún pacto. Incluso en el momento de nombrar al ministro de Defensa a mí se

> El conflicto centroamericano tuvo dos facetas. Una, el deseo de montar un teatro de guerra con todas sus consecuencias, y dos, la guerra sucia encubierta debajo de dicho teatro, siendo que allí lo que existía era el hampa —lo peor, el tráfico de drogas, tráfico de armas, de sustancias psicotrópicas—, razón por la cual toda esa realidad nos golpeó mucho.

me dijo que había una terna. Yo pregunté cuál era la base legal para que ellos propusieran esa terna, a lo que respondieron que nada más era una costumbre que el poder civil había aceptado.

Hubo épocas muy dramáticas en las que había por ejemplo dos políticas exteriores: una del poder civil y otra del poder militar. Tal práctica la hemos combatido como juristas y como ciudadanos. Dijimos que eso no podía ser y tal práctica no se repitió.

Debo decir en honor a la verdad que no he tenido gran resistencia. Se trataba más bien de que una persona tuviera la conciencia de su legitimidad y de su autoridad moral. Ante tales circunstancias nunca solicitamos nada que estuviera fuera de la ley. Por lo que es la historia, el fin de siglo y de milenio van contribuyendo a que estas situaciones sean menos dramáticas.

Me permito expresarle algo más: existe la conciencia general de que no es posible un golpe de Estado. La actitud de los Estados Unidos —y lo digo en elogio a esa nación—, en los casos de Haití, de Guatemala y de Paraguay, demuestra de manera elocuente y contundente que ya no hay espacio para golpes de Estado y que hay que respetar los procesos electorales.

Sin la Guerra Fría no es posible ya encontrar razón para seguir ofendiendo la voluntad de los pueblos. En el contexto de la Guerra Fría existían explicaciones de carácter estratégico que permitían a medias explicar esos procesos. Hoy no existe ninguna justificación, los Estados Unidos lo ha entendido así y es un gran beneficio para nuestra autodeterminación.

—*¿Honduras está preparada para tener un ministro de Defensa Civil?*

—Perfectamente. Incluso lo he conversado con los militares. Lo que sí es cierto es que tendría que ser un civil muy especializado para no llevarlo a un campo que desconozca totalmente y que naturalmente pudiera provocar un caos. Cuando se eligió el jefe de las fuerzas armadas en el Congreso Nacional dijimos que él sería el último ciudadano que ostentaría el cargo de jefe de las fuerzas armadas de Honduras y que ese título habría que suprimirlo, porque ya no tendría razón de ser.

Considero que hay que darle el paso a que sea el ministro de Defensa el que ejerza esa función, así como el propio presidente es quien tiene el cargo de comandante general. En honor a la verdad, ellos han sido muy respetuosos del rango militar que tiene el presidente de la República como comandante general. Sobre este tema ha existido una sola excepción, que fue una discusión producida al inicio de mi gobierno, en la cual aclaré cuál era mi posición, y después no ha habido ningún problema.

—*El fin de la Guerra Fría y el fin de siglo traen seguramente algunas crisis en las misiones tradicionales de las fuerzas armadas. Las hipótesis tradicionales de conflicto quizá en Honduras no hayan cambiado tanto, pero en general en América Latina han cambiado. ¿Está de acuerdo en que hay una especie de crisis de misión de las fuerzas armadas, y segundo, cuáles son las nuevas misiones que deben tener?*

—Coincido con ustedes y ese tema lo he definido como una etapa de crisis de transición. En un estilo de gobierno en que lo bélico era lo primordial, las fuerzas armadas desempeñaron un papel definitorio, en vista de que todo era movido hacia una confrontación bélica de carácter mundial. Pasado eso, la hipótesis es la de unas fuerzas armadas para la paz, dentro de la Constitución, un soldado constitucionalista, un soldado impulsor del desarrollo y sometido a la Carta Magna de la República. Ese periodo es el que se está desarrollando actualmente. Nosotros cambiamos el servicio militar obligatorio por el servicio militar voluntario educativo, democrático y humanista, es decir, vamos a educar dentro de las fuerzas armadas con las reglas que establece la escuela morazánica, que es un cambio realmente sorprendente. Coincido con ustedes en que sólo un fin de siglo puede producir esto.

—*Hay sobre todo en Centroamérica una tendencia clara abolicionista de las fuerzas armadas. ¿Cuál es su posición al respecto?*

—En lo personal y con todo respeto no estaría de acuerdo, porque tenemos un grado de analfabetismo muy grave, tenemos una tradición machista, una tradición de consumo de alcohol, y si no tenemos una fuerza que respalde las decisiones del Estado, es decir, la parte coercitiva del derecho, corremos el peligro de anarquizarnos.

Unas fuerzas armadas constitucionalistas, un soldado respetuoso de la sociedad civil, un soldado de la patria con las ideas morazánicas es una ayuda de primer orden a cualquier gobierno civil. Sintetizando podemos decir que termina una etapa de una clase de fuerzas armadas y comienza una distinta, con una institución armada al servicio del pueblo.

—*¿La política civil hacia las fuerzas armadas es una política de Estado, es una política homogénea de los dos grandes partidos de Honduras, o hay diferencias?*

—Yo creo que en el planteamiento formal no hay diferencias. Lo que ha habido históricamente son distintas actitudes, y la Guerra Fría prostituyó mucho las ideas. De un lado estaban las fuerzas conservadoras, que incluso en una etapa lanzaron a un militar que no era del partido, sólo porque era jefe de las fuerzas armadas, y lo hicieron presidente con unas elecciones escandalosamente fraudulentas.

—*¿A quién se refiere?*

—Al general López Arellano en las elecciones de 1965.

—*¿Del Partido Nacional?*

—Sí, lo lanzan a él como jefe de las fuerzas armadas. Las elecciones fueron un escándalo. Y lo tienen de presidente seis años. Después, en un golpe de Estado que da en 1972, López Arellano levanta una bandera populista. La historia va a tener problemas en ubicarlo, porque en esa nueva etapa él hace las reformas sociales más avanzadas, más reclamadas por el pueblo, como la reforma agraria; se rodea de un gabinete de lujo, en fin, tiene sus matices. Durante la Guerra Fría López Arellano hacía declaraciones muy interesantes, muy apegadas a lo que el ciudadano común quería oír.

Pero la actitud del Partido Nacional, del partido conservador de Honduras, ha sido más que nada apegarse a los poderes reales en toda la historia de Honduras, primero al poder colonial y clerical, después a los consorcios bananeros y después a las fuerzas armadas.

El Partido Liberal ha sido el de enfrente, el de la oposición, el de los derechos humanos, el de las libertades públicas, el del exilio, el de las cárceles, etc., el que ha seguido fiel a todo eso, sufriendo por

Incluso en el momento de nombrar al ministro de Defensa a mí se me dijo que había una terna. Yo pregunté cuál era la base legal para que ellos propusieran esa terna, a lo que respondieron que nada más era una costumbre que el poder civil había aceptado.

combatir el *statu quo* que tenía enfrente con poderes reales muy fuertes.

Eso es lo que hace la gran diferencia en general entre los dos partidos, pero los planteamientos son muy parecidos: en esta etapa de convergencia vamos a las reuniones con ellos y estamos buscando el consenso.

FUERZAS ARMADAS Y NARCOTRÁFICO

—*¿Y en materia de combate al narcotráfico usted cree que las fuerzas armadas tienen un papel que desempeñar allí?*

—Creo que deben especializarse. La policía es una fuerza civil pero con una disciplina militar que está en proceso de transición hacia la desmilitarización de la fuerza policial, sin perder las virtudes de la disciplina, del respeto a la jerarquía y del respeto a la sociedad civil.

En relación con el narcotráfico le diré que es uno de los azotes más grandes que tiene la humanidad hoy en día. Tenemos que combatirlo y necesitamos la colaboración de las fuerzas armadas. Hay toda una estructura para ese combate, incluso una base hondureña en el centro del país con asistencia de los Estados Unidos, llamada Palmerola, para servir a ese fin.

Esa base se construyó en ocasión de las confrontaciones bélicas, pero hoy debemos dedicarla específicamente a combatir los vicios que la sociedad tiene y

En relación con el narcotráfico le diré que es uno de los azotes más grandes que tiene la humanidad hoy en día. Tenemos que combatirlo y necesitamos la colaboración de las fuerzas armadas. Hay toda una estructura para ese combate, incluso una base hondureña en el centro del país, llamada Palmerola, con asistencia de los Estados Unidos para servir a ese fin.

Cuando se eligió al jefe de las fuerzas armadas en el Congreso Nacional dijimos que él sería el último ciudadano que ostentaría el cargo de jefe de las fuerzas armadas de Honduras y que ese título habría que suprimirlo, porque ya no tendría razón de ser.

que acicatean la conciencia de nuestros pueblos.

El narcotráfico no sólo es el consumo de drogas, la venta y su comercialización, es además el daño ético, la destrucción de la moral de los pueblos y la confusión de los valores. Por esa razón considero que lo debemos combatir con mucha energía aplicando una estrategia que podemos planificar con todos los países del mundo.

LA CONVERGENCIA POLÍTICA

—*En el mismo momento de su discurso de toma de posesión usted anunció su decisión de gestar un gran acuerdo nacional que luego se llamó convergencia. ¿Cuál es su reflexión sobre esta experiencia a más de dos años y medio de ejercicio de la presidencia de la República?*

—Creo que esa convergencia sigue avanzando. No era fácil buscar los puntos de entendimiento, pero hemos logrado que haya mesas de trabajo que aborden toda la temática nacional: precios, canasta básica, medicinas, reforma agraria. Todo está abordado ahí. No hemos llegado a las últimas conclusiones pero sí es un foro de discusión de primer orden.

Estamos en un rencuentro de las fuerzas políticas, conscientes de que éste es el mejor camino, con unas fuerzas armadas que ya no son árbitros sino colaboradores de la convergencia. Ellos ven esto con agrado. Y creo que es uno de los grandes méritos de este gobierno.

—*¿Por qué sintió usted la necesidad*

de convocar a esta convergencia? Diga-
mos que usted, desde el punto de vista
político, no tenía dificultades de gober-
nabilidad, en tanto tenía un Congreso
donde su partido es mayoritario, podía
pasar razonablemente bien las leyes.
¿Qué lo llevó a ese llamado? Porque a
veces estos acuerdos se hacen en función
de que el presidente no tiene la mayoría
parlamentaria o tiene dificultades para
gobernar el país.

—Hay algo de todo eso que ustedes mencionan. Primero, para tener autoridad moral hay que tener tesis conciliatorias, sobre todo en una etapa especial donde la conciliación es posible. No estamos en una etapa de confrontaciones: salimos de las etapas de confrontaciones. Un llamado a la oposición creo que era obligatorio si queríamos darle fuerza a la revolución moral. Pero de otra parte estaba la aceptación de parte de ellos, que me ha parecido muy inteligente y muy congruente con nuestros planteamientos.

Tenemos la convicción plena de que después de aquella polarización tiene que venir una etapa de reconciliación, afianzamiento y profundización de los procesos democráticos, de respeto a la ley. ¿Y por qué tratar a la oposición como enemiga? No hay razón. Ellos lo han entendido, y en elogio a sus dirigentes, debo decir que han actuado con mucha sensatez, con mucho apego a los objetivos nacionales que nos obligan a estar juntos.

Además de eso, ya hubo un interés específico. Para ciertas decisiones en la Cámara Legislativa se necesitan las dos terceras partes. Para el traspaso de la policía se necesita modificar la Constitución, tenemos que estar de acuerdo con la oposición, pues muchos en ella son políticos con un alto grado de sensatez.

—Los procesos de convergencia y de
concentración implican, por definición,
concesiones. El presidente, que es quien

> Llamé a la convergencia política, primero, porque para tener autoridad moral hay que tener tesis conciliatorias, sobre todo en una etapa especial donde la conciliación es posible. No estamos en una etapa de confrontaciones: salimos de las etapas de confrontaciones. Un llamado a la oposición creo que era una obligación si queríamos darle fuerza a la revolución moral.

tiene la potestad de adoptar algunas po-
líticas públicas, tiene que conceder. Pero,
naturalmente, usted como presidente
tendrá límites para las concesiones.
¿Cuáles son los límites que usted se ha
impuesto? Y concretamente, ¿la política
económica es objeto de convergencia y de
acuerdos?

—La política económica sí es objeto de convergencia y de acuerdos. Tal vez para darle mi punto de vista debo hacer un análisis un poco más amplio.

La revolución moral, para volverse realmente una fuerza con plena gobernabilidad, tiene que enfrentar los problemas reales. Todos los cambios que hemos hecho no nos resuelven el problema económico. Al contrario, algunos sectores se restringen y nos causan problemas de tipo financiero. Necesitamos un espacio de tranquilidad para poder después de rehacer la economía del país, pasar a que el pueblo sienta los beneficios de todo este planteamiento ético, porque si no, le haríamos un daño profundo a la democracia y a la propia ética.

Está muy bien la revolución moral pero si yo no tengo satisfecho mi estómago, dice un ciudadano común, entonces voy a protestar. Y puede surgir la ingobernabilidad por la insatisfacción de las necesidades populares.

Para detener esa posible ingobernabilidad hay que construir una gobernabilidad muy sólida. Para que esa gobernabilidad sólida, con consenso, vaya abriendo el espacio en el que la gente

[145]

sienta el cambio: el cambio en los precios de la canasta básica, el cambio en el precio de las medicinas, el cambio en lo que son sus exigencias prioritarias.

En esa dirección nosotros concedemos cualquier cosa. ¿Pero qué le pasaba a la oposición antes? No les daban elecciones libres, la justicia no era imparcial, la arbitrariedad era muy común, el sectarismo era galopante. Las concesiones son, en definitiva, que esos conceptos se manejen con un gran sentido ético. No hay que discriminar a nadie porque sea de otro partido: las preferencias partidistas tienen que ceder frente a ciertas reglas respecto de las personas que llenen mejores requisitos que otras.

Y dentro del Partido Nacional —nuestros adversarios— el problema es que la derrota que sufrieron la vez pasada fue una derrota moral. Se perdieron los fondos de la campaña, se acusaban unos a otros. Nunca han tenido en toda la historia de ese partido una elección interna porque allí el caudillismo fue permanente.

Ellos también están viviendo la etapa de la revolución moral. En una sociedad como la nuestra todos nos conocemos, todos somos amigos, con casi todos ellos hemos sido compañeros en la Facultad de Derecho y hemos tenido, entonces, mucha aproximación. Eso va produciendo el ambiente favorable a la concertación o convergencia.

—*En una cultura política como la de los partidos hondureños, de tanta confrontación, ¿cómo está usted gestionando esa cultura que no ayuda de por sí a la convergencia?*

—Creando la cultura de la convergencia, dialogando constantemente con ellos. Tengo una comunicación muy fluida con el último candidato de la oposición. Pero lo que ustedes dicen es exacto, hemos vivido la cultura de la confrontación, y los medios la siguen fomentando. Para los medios sólo es noticia lo que vende periódicos, y ésa es por lo general la noticia confrontativa. Eso nos produce mucho daño. Pero hay una conciencia gradualmente más consolidada de que ya no hay que dar tanta noticia de esa naturaleza porque daña y perjudica al país.

Ernesto Zedillo: Transición política con estabilidad

La entrevista con el presidente de México se desarrolló al mediodía del 29 de octubre de 1996 en la residencia presidencial de Los Pinos, ubicada a un costado del Bosque de Chapultepec. El presidente, de natural parco, se fue apasionando por los temas que constituyen su especialidad: la administración de políticas públicas. En torno a la mesa redonda de su despacho particular se alinearon, además de los interlocutores, Bruno Guandalini, representante de Naciones Unidas en México, y Carlos Almada, vocero presidencial. La entrevista se fue constituyendo, a lo largo de su transcurso, en una de las más distendidas de cuantas integran esta obra. La franqueza del presidente allanó el trabajo de los autores, prevenidos que fueron por el prestigio de formalidad que rodea al poder presidencial mexicano. Diríase, incluso, que la llaneza del primer mandatario contrastaba con la pomposidad de la residencia presidencial. Pero era, al mismo tiempo, la llaneza de alguien que —pese a lo extremadamente complejo y difícil de la situación política en que se mueve— parece saber con total claridad hacia donde va.

—*Hablar de gobernabilidad democrática implica hablar de la capacidad del Estado para implementar políticas públicas, eficaz y legítimamente. ¿Cuáles diría usted que son los principales desafíos, en términos de gobernabilidad democrática, que enfrenta México, y particularmente su gobierno?*

—El principal desafío es evolucionar con más rapidez y sin el costo que han supuesto otras transiciones políticas, de un sistema ciertamente democrático, desde el punto de vista formal, pero en el que ha habido predominancia de un partido político, el mío, el PRI, a un sistema que logre tener la misma estabilidad que hemos gozado durante 60 años, en el que esta estabilidad se base en una competencia cabalmente democrática entre varios partidos. Creo que ésta es, digamos, la piedra de toque de la construcción de una nueva normalidad democrática, con estabilidad política. Deben conciliarse las dos cosas.

ERNESTO ZEDILLO PONCE DE LEÓN es presidente constitucional de los Estados Unidos Mexicanos. Nació el 27 de diciembre de 1951 en la ciudad de México. Se graduó en la Escuela Superior de Economía del Instituto Politécnico Nacional cursando posgrado en la Universidad de Yale, en los Estados Unidos. Fue el creador del Fideicomiso para la Cobertura de Riesgos Cambiarios. Subsecretario de Planeación y Control Presupuestario de la Secretaría de Programación y Presupuesto (1987). Titular de la Secretaría de Educación Pública (1992). Candidato en 1994 a la presidencia de la República por el PRI, partido al que pertenece, resultó vencedor en las elecciones nacionales.

Ha habido procesos en el mundo en los que se avanza hacia la democracia, dejando atrás rasgos centralistas, incluso autoritarios, pero donde se sacrifica la gobernabilidad, con costos altísimos y muy prolongados en términos de desarrollo económico.

Yo considero que el gradualismo del proceso democrático en México —que se inicia hace ya 20 años, en 1977, con la reforma de Jesús Reyes Heroles, aunque sus antecedentes quizá sean desde 1968— y el hecho de que no venimos de un régimen autoritario, conforme a la definición clásica, está permitiendo esta evolución progresiva, y creo que vamos a culminarla satisfactoriamente.

LA APERTURA PACTADA

—*¿Se está —ya que usted cita los antecedentes— yendo de una apertura otorgada desde el poder hacia una apertura más pactada?*

—Creo que las aperturas, si bien siempre conllevan un otorgamiento desde el poder, siempre tienen una contraparte en la demanda social y en la participación de otros actores políticos. La reforma de 1977 fue precedida de un periodo de casi 10 años, en el que el tema de la democracia empezó a tener una fuerza mucho más grande que en décadas anteriores. En cada una de las reformas subsecuentes ha habido una contraparte clara en las distintas fuerzas políticas.

Siempre es necesario un liderazgo y siempre es necesaria una participación activa desde el propio poder público. En la reforma en marcha en México eso es claro. Yo, en lo personal, he debido asumir una gran responsabilidad en cuanto a la iniciativa y en cuanto a la negociación. Claro, apoyándome en los funcionarios responsables de gobierno y en la muy intensa demanda social, pero hubiera sido inconcebible la reforma de no haber habido una enorme iniciativa por parte nuestra.

—*La reforma del Estado en México comienza como una reforma política.*[1] *Normalmente en América Latina no es así, ya que otros tópicos de la reforma del Estado se tornan prioritarios. ¿Por qué esa prioridad? ¿Qué objetivos busca usted con esa reforma política?*

—La reforma política, o mas bien le diría la reforma electoral, es uno de los componentes importantes, mas no el único. Posiblemente haya sido el más visible en el último año. Pero, ciertamente, estamos avanzando con gran rapidez en otros aspectos. Lo que sucede es que en la reforma electoral los interlocutores son los partidos políticos nacionales y eso le da al tema una gran visibilidad y resonancia. En términos cualitativos es probable que en la descentralización, en lo que yo llamo el nuevo federalismo, hayamos avanzado igual o más en los últimos años. Lo que pasa es que los interlocutores son distintos, y eso le da una menor visibilidad, pero el efecto sobre la configuración del Estado va a ser igualmente trascendente.

Apenas hace un momento veía una gráfica del porcentaje del gasto que hace poco tiempo manejaba centralmente el gobierno federal en su totalidad, y ahora hemos pasado a más de la mitad que ya está manejado directamente por los gobiernos locales. Y eso, en términos cualitativos, dada la gradualidad que ha tenido la reforma electoral, puede ser más importante que la misma cuestión electoral.

[1] La agenda mexicana ha puesto en primer término asuntos como la integración del Instituto Federal Electoral (IFE), legislación sobre partidos (financiamiento, acceso a los medios de comunicación), legislación electoral, elección directa del gobernador de la ciudad de México, etcétera.

—¿*Y la agenda de la reforma del Estado es consensual?*

—De hecho, hay un documento que pactamos con los partidos políticos a principios de 1995. No fue difícil integrar esa agenda: los temas habían sido ya objeto de análisis y de pronunciamientos por parte de muchos interlocutores, y yo mismo, como candidato, había propuesto una agenda. Aun antes de ser candidato, siendo funcionario público, pero atendiendo más a la cuestión académica, había trabajado en este tema.

Entre otras cosas, fui presidente del Consejo Directivo del Centro Latinoamericano de Administración para el Desarrollo (CLADE), y nuestro tema central también allí era la reforma del Estado. Entonces, no fue difícil establecer la agenda. Existe esa agenda, y sobre ella se está trabajando.

EL NUEVO DESARROLLO
DEL PRESIDENCIALISMO MEXICANO

—*Nos referíamos al nuevo equilibrio de poderes en México. El régimen presidencial mexicano se ha caracterizado por una asimetría en los poderes. Usted mismo, desde el comienzo de su gobierno, ha expresado la necesidad de equilibrar mayormente los poderes, y se ha hablado de la necesidad —creo que usted también lo ha dicho así— de ir a un presidencialismo acotado. ¿Cómo va la evolución de este proceso de equilibrio de poderes? Es una primera pregunta. Otra, que nos interesa mucho: ¿cuánto de legal tiene esta hegemonía presidencial y cuánto de cultural la compone?*

—Una aclaración previa. Yo considero que la ingeniería constitucional conveniente para México consiste en un sistema presidencialista. Pareciera ser que para muchos otros países, aun aquellos que hoy tienen un régimen parlamentario, ya hay una aspiración en tér-

El principal desafío es evolucionar con más rapidez y sin el costo que han supuesto otras transiciones políticas, de un sistema ciertamente democrático, desde el punto de vista formal, pero en el que ha habido predominancia de un partido político, el mío, el PRI, a un sistema que logre tener la misma estabilidad que hemos gozado durante 60 años, en el que esta estabilidad se base en una competencia cabalmente democrática entre varios partidos. Creo que ésta es, digamos, la piedra de toque de la construcción de una nueva normalidad democrática, con estabilidad política. Deben conciliarse las dos cosas.

minos de estabilidad política y gobernabilidad, para evolucionar hacia la existencia de un Ejecutivo más fuerte. Ahora bien, si considero que el sistema idóneo es el presidencial, que está en nuestra Constitución, considero con la misma convicción que el presidencialismo mexicano debe tener una más exacta correspondencia con el presidencialismo constitucional.

Por razones históricas y culturales, el presidente de México ha llegado a acumular una cantidad muy apreciable de poder real, que en algunos casos sobrepasa el texto constitucional, aunque es también difícil decir si el texto constitucional especifica, en términos de "real política", qué es o no es el poder presidencial. Por eso he insistido mucho, no tanto en el debilitamiento del poder presidencial, sino en el fortalecimiento de los otros poderes y de los otros órdenes de gobierno.

No es una cuestión únicamente entre poderes federales. De nuevo aquí puede resultar más trascendente el reacomodo respecto de los otros niveles de gobierno. Esto es importante para tener un sistema de pesos y contrapesos, como el que en teoría aceptaron, concibieron y escribieron los constituyentes. Pero tam-

> El gradualismo del proceso democrático en México, que se inicia hace ya 20 años, y el hecho de que no venimos de un régimen autoritario, conforme a la definición clásica, está permitiendo esta evolución progresiva, y creo que vamos a culminarla satisfactoriamente.

bién para hacer más eficiente la labor de gobierno y el desempeño del Estado, comprometiendo a otras instancias del Estado en la responsabilidad de gobernar, porque la contraparte del excesivo poder fáctico del presidente de México es, también, una ausencia de responsabilidad de los demás poderes y de los demás interlocutores.

—Presidente, ¿el presidencialismo acotado por el que usted está pugnando...?

—Yo le llamo presidencialismo constitucional.

—¿Pero está haciéndose desde un presidencialismo hegemónico?

—Se está haciendo por un presidente constitucional, con una enorme legitimidad democrática, dados los resultados electorales de 1994. Se está dando a partir de una visión no solamente del presente, sino del futuro, y con una profunda preocupación, precisamente por el tema central de la próxima Cumbre Iberoamericana, que es la gobernabilidad. Durante mi periodo de gobierno, pudimos haber actuado con un ejercicio tradicional del poder. Pero viendo hacia el futuro, y con una preocupación central por la gobernabilidad del país, es mucho mejor hacer ahora los ajustes y las reformas en este marco de gradualismo que felizmente ha caracterizado al sistema político mexicano. Gradualismo que nos distingue mucho de la generalidad de otros países de América Latina, que han tenido que sufrir traumas, para luego vivir transiciones, rupturas, reconciliaciones. Afortunadamente hoy ese panorama latinoamericano va mejorando sensiblemente.

UNA APERTURA CONSENSADA

—*La próxima es una pregunta sobre la relación del proceso de cambio y la gestión presidencial. Ha dicho Giovanni Sartori que en estos procesos de cambio —aun de transición como los que vive su país— es necesario tener centralizado el control político del proceso: ¿usted lo centraliza? ¿Cómo gestiona el proceso? ¿Qué participación tienen los partidos? El presidencialismo constitucional de nuevo cuño que usted está tratando de diseñar ¿qué nuevo trato conlleva con los partidos?*

—Es indispensable que exista una iniciativa fuerte por parte del Ejecutivo. Esto no pretende soslayar la importancia de las iniciativas ni de las acciones de los partidos políticos, pero los propios partidos políticos, en los momentos decisivos, en lo individual y en privado, han alentado la conducción del Ejecutivo para llegar a los acuerdos importantes, y yo coincido plenamente en que éste es el camino que permite construir los acuerdos.

Sin embargo, esto tiene que estar precedido de un diálogo. Frecuentemente el diálogo informal resulta tan importante como el diálogo formal, y para ambos diálogos es necesario establecer una relación de confianza, de comunicación, de seguridad entre los partidos de que efectivamente hay un propósito reformador genuino. Esto lleva tiempo —se ha llevado tiempo— pero creo que se ha logrado en buena medida en el país, y creo que está en la explicación de los acuerdos que ya se han podido concretar.

Yo diría que un avance muy importante ha sido el poder tener esa relación y ese diálogo con todos los partidos políticos. Un rasgo distintivo de la reforma constitucional[2] recién lograda fue el consenso, que en términos de estrategia política se antojaba imposible. Construir consensos —en el sentido riguroso de la palabra— es muy difícil.

—¿Y frecuentemente tiene mayoría?

—Frecuentemente es imposible, ¿no? Normalmente los acuerdos trascendentes se dan a través de la coalición. Sin embargo, yo en ese punto fui muy insistente y logramos más: logramos el consenso, con un costo transitorio —previo a la culminación del acuerdo— muy alto. Pero se logró.

—¿Usted tiene la sensación de estar haciendo algo refundacional en materia constitucional?

—No refundacional en materia constitucional, porque yo diría que los principios constitucionales, las bases, son bastantes buenas. Pero sí los estamos afinando, lo que nos permitirá un funcionamiento del sistema mucho más congruente con los principios constitucionales.

La Constitución mexicana abunda en detalles. Toma en el cuerpo de la propia Constitución una serie de posiciones que quizá en otras constituciones se dejaría a legislaciones secundarias. Entonces, hay que hacer una distinción entre la parte medular y la parte instrumental o regulativa que sí tiene la Constitución. Yo creo que los cambios constitucionales se refieren esencialmente al segundo aspecto. No hay una discusión respecto a los principios. Podría ser sorprendente para algunos, pero en el tema de la reforma política nunca se planteó el dilema entre presidencialismo y parlamentarismo. Se llegó a discutir el tema de la representación, pero ni siquiera se llegó a cuestionar realmente el tamaño de las Cámaras. Lo que finalmente se discutió como tema más complejo fue el tema de los porcentajes de representación de las Cámaras, en función de los porcentajes de votación. Ahí puede verse claramente un grado de acuerdo sorprendente respecto de la ingeniería constitucional básica.

EL PAPEL DE LOS PARTIDOS

—Este nuevo papel que usted está desempeñando y este nuevo momento que vive México implica una redefinición de las relaciones del presidente con su partido: ya no es más el partido de Estado.

[2] Luego de una actitud de mayor tolerancia y "apertura política" hacia la oposición —sin correlato institucional— producidas durante la presidencia de Luis Echeverría, las reformas electorales de 1977, 1986 y 1989 fueron abriendo muy paulatinamente al sistema político mexicano. La Ley Federal de Organizaciones de Procesos Políticos y Electorales (LOPPE) de 1977 —bajo el gobierno de José López Portillo—, seguida por el Código Federal Electoral de 1986, bajo el gobierno de Miguel de la Madrid, se continuó con el COFIPE, elaborado entre 1989 y 1990, bajo el gobierno de Carlos Salinas de Gortari. Se fueron liberalizando los permisos de registros de partidos, se fue bajando la barrera electoral de un determinado porcentaje de votos para que un partido pudiera acceder a la representación parlamentaria: en 1972, por ejemplo, se bajó a 2.5%. Se fue otorgando acceso a los medios de comunicación, se facultó primero a que la Corte de Justicia conociera de quejas electorales para luego crearse un Tribunal Electoral en el que, finalmente, se ha permitido la presencia de miembros de la oposición. Se pasó de 300 circunscripciones uninominales —casi la totalidad de las mismas ocupadas por el PRI— a 200 más (a partir de 1988), éstas por representación proporcional, de manera que la oposición lograra algunas decenas de bancas (se garantizó luego que controlaran al menos una cuarta parte de las curules). La agenda del "nuevo federalismo" de Ernesto Zedillo incluye una reforma electoral, la elección popular del gobierno de la ciudad de México, una mayor participación de los grupos indígenas, una importante ampliación de la descentralización, así como la articulación de una más amplia participación ciudadana. En 1996, se eligió un consejo electoral de nueve miembros, determinándose que no hubiera en el mismo presencia gubernamental.

> La contraparte del excesivo poder fáctico del presidente de México es, también, una ausencia de responsabilidad de los demás poderes y de los demás interlocutores.

¿Cómo se construye ese nuevo papel? Usted ha hablado de una "sana distancia con el PRI". Cuéntenos ¿cómo es esa nueva relación?

—La reforma es una reforma de Estado que va a afectar a todos los partidos políticos, les va a establecer referentes distintos a los que habían conocido en su actuación, en su vida política. Es necesario y es inevitable que esto mismo se refleje en el PRI, y es más señalado el caso atendiendo a que el PRI es el partido en el gobierno y que cuenta además con una tradición de permanencia en el poder prácticamente ya inédita en el mundo.

Hemos partido del cambio en las reglas generales, que va a afectar a todos los actores políticos, y lo que yo he procurado con el PRI es que haya un proceso de adaptación del partido hacia ese cambio en el entorno. El cambio en el entorno es la parte formal, la parte de la reforma, pero también la intensificación de la competencia política.

Entonces, el gran cambio del PRI es el participar en la construcción de nuevas reglas, algunas de las cuales afectan su *modus operandi* tradicional. Asumir plenamente esas nuevas reglas y, además, asumir a plenitud que aun con las viejas reglas la competencia política se ha vuelto mucho más intensa y, por lo mismo, difícil. La iniciativa que yo tomé —desde que fui candidato a la presidencia de la República— fue decirle esto al partido: que tenía que haber esa adaptación y que teníamos que ser sumamente disciplinados —yo como presidente y el partido como partido— para honrar los compromisos que estábamos asumiendo, yo desde el gobierno, y el partido como partido político.

Ahora, a veces este cambio se malinterpreta. Ha habido versiones, puedo decir que categóricamente alentadas por ciertos sectores de la oposición, que tienen un interés político, que es el de ver dividido al PRI, y que sostienen que entre el PRI y el presidente no hay identificación. Incluso algunos han sugerido divorcio o ruptura. Bueno, eso es falso. Yo realmente estoy muy satisfecho de la relación que he tenido con el PRI, no por el aspecto superfluo de trato, en términos de actos políticos, sino en cuestiones concretas.

El mejor indicador de la relación entre un presidente y su partido se da en la arena legislativa. En México y en cualquier parte del mundo, ahí es donde se miden realmente las lealtades, y el récord en mi gobierno es impresionante. Si se construyese un índice de identificación, de lealtad y de disciplina de partido, creo que ese índice para mi gobierno sería comparado muy favorablemente con otros gobiernos priístas.

Lo que es sorprendente es que los analistas no tomen nota de esto: es verdaderamente sorprendente. Pero, además, que se dé ajustado por el grado de dificultad presente.

Mi gobierno tuvo que iniciarse en circunstancias muy difíciles por una crisis financiera. Tuvo que enfrentar esa situación tomando decisiones muy difíciles —en las que desde el principio traté de comprometer al Poder Legislativo—, y por lo mismo llamé al partido a participar, a hacerse corresponsable, a través del Legislativo, de muchas de esas decisiones. Y el registro de las votaciones, no sólo en lo que hace a la votación relativa, sino al grado de participación de los legisladores del PRI en las votaciones más difíciles —yo diría algunas de ellas claramente antipopulares en ese momento—, fue extraordinario.

Y reitero, es notable que los analistas no tomen nota de esto.

—Muchos académicos, concretamente estamos pensando en Ludolfo Paramio, señalan que junto con la crisis del Estado de bienestar y el cambio de paradigma de desarrollo, entran en crisis y cambian los actores tradicionales de ese esquema, de ese modelo, básicamente los partidos populistas, los sindicatos y algún tipo de empresario muy vinculado al viejo modelo. La pregunta es ¿usted reconoce ese hecho aquí, en México?; y si lo reconoce ¿cómo se está gestionando el cambio? ¿Quiénes van a ser los nuevos actores del nuevo modelo que se está construyendo?

—Ciertamente ha habido en todos o en una buena parte de los países del mundo occidental —por no referirnos a la experiencia mucho más traumática de los países del bloque socialista— un proceso de cambio muy complejo en razón de que hizo crisis lo que usted llamaba el Estado de bienestar, las políticas paternalistas, el proteccionismo, etc. Y esto, naturalmente, ha creado problemas, incluso de identidad, problemas de ideología y de praxis, para muchos actores políticos.

México no ha sido la excepción, quizá, curiosamente, la más dramática transformación ha tenido que ocurrir en la izquierda. Nos sorprenderíamos, de acudir a la hemeroteca: ¡cuántos que hoy han engrosado las filas de fuerzas democráticas, hace no muchos años aceptaban como valor político la llamada dictadura del proletariado!

Y eso no es irónico, hay que reconocer e incluso valorar que se hayan incorporado a formas democráticas de lucha por el poder, que fueron inaceptables para esas fuerzas hace no muchos años.

Ahora, creo que en México, felizmente, hemos tenido la virtud de la gradualidad, de la adaptación y de la tolerancia. Yo lo he visto en la izquierda: ha evolucionado en lo político drásticamente. Quizá todavía tiene resabios fuertes en

la parte económica; está en búsqueda de un paradigma que no aparece, rechaza lo nuevo, no puede reclamar lo viejo, y todavía hay un problema muy serio de definición.

El PRI ha debido tener una evolución, máxime habiendo sido partido en el gobierno en el momento de la crisis del viejo paradigma. De nuevo hay ahí un proceso gradual, no siempre sin accidentes, no siempre sin dudas. Pero el resultado final es que se ha ido trasladando ese punto de gravedad hacia el espacio al que había que llevarlo.

—La experiencia latinoamericana sugiere que muchos partidos que tienen la titularidad del Poder Ejecutivo y que administran procesos de crisis más o menos importantes sufren un serio desgaste ante la opinión pública. Usted es un presidente no reelegible, eso lo diferencia de otros presidentes latinoamericanos. ¿Cómo administra usted la tensión surgida de la voluntad que naturalmente tiene su partido de mantenerse en el poder con los requisitos de los tiempos económicos, que no necesariamente se ajustan a los tiempos políticos?

—Primero está el aspecto de la responsabilidad, la responsabilidad de Estado por encima de la responsabilidad con el partido, y eso se convierte en un asunto ético. La ética de la responsabilidad, que para mí es absolutamente esencial para el desempeño de mi función, hace que dé por descontado que, ante el dilema de elegir entre cumplir mi responsabilidad de Estado o cumplir mi

Es mucho mejor hacer ahora los ajustes y las reformas en este marco de gradualismo que felizmente ha caracterizado al sistema político mexicano, y que nos distingue mucho de la generalidad de otros países de América Latina, los que han tenido que sufrir traumas, para luego vivir transiciones, rupturas, reconciliaciones.

> Hemos partido del cambio en las reglas generales, que va a afectar a todos los actores políticos, y lo que yo he procurado con el PRI es que haya un proceso de adaptación del partido hacia ese cambio que supone la intensificación de la competencia política.

responsabilidad con el partido, tendré que ir por el primer camino. No hay otra opción.

Sin embargo, en mi caso o en mi circunstancia no necesita haber un conflicto entre mi responsabilidad de Estado, el honrar mi ética de responsabilidad como presidente, y la suerte de mi partido. Estoy convencido de que cualquier otra estrategia que yo siguiera prolongaría la crisis económica, con efectos sociales más graves.

Por lo mismo, la estrategia que estoy siguiendo, creo que es la que más pronto nos abrirá la perspectiva de ese crecimiento, y de esa base material para tener una política social más ambiciosa. Si se logra acreditar las virtudes de esta estrategia, que es una estrategia sincera —tan es así que hemos tomado costos iniciales muy altos—, creo que entonces el interés partidista estará bien cuidado.

Si yo hubiera simplemente armado algo para librar las elecciones locales de 1995, seguramente ya en 1996 hubiera estallado el problema, con una fuerza mucho mayor, y con un costo político mucho más alto que el que hemos pagado por la crisis.

Estoy convencido de que afortunadamente no se está dando ese dilema. Ahora, eso lo tiene que comunicar el gobierno. A veces no es fácil, sencillamente porque la gente no quiere ni debe escuchar argumentos de qué hubiera pasado si no se hubieran tomado las medidas adoptadas. Pero hay que buscar la manera de acreditar la integridad y la sensatez de las políticas del gobierno. Ahí el partido tiene una tarea inmensa, pues eso se tiene que hacer en el partido también.

—¿*México ya está preparado para la alternancia de partidos en el poder?*

—México está preparado para la democracia, con todas las consecuencias que ello implica. Que haya o no alternancia en los hechos va a depender en primer lugar de la voluntad soberana de los mexicanos, expresada a través del voto ciudadano. Por supuesto, dependerá también del trabajo de los partidos y, ciertamente, del que haga el propio gobierno, en tanto que yo provengo de un partido. Espero hacer mi parte bien para que la probabilidad de alternancia para mi partido no sea tan alta. Pero, ciertamente, la posibilidad existe.

¿CRECER O DISTRIBUIR?

—*El dirigente, el formulador de políticas, el presidente latinoamericano, se encuentra habitualmente con un angustioso dilema: crecer y/o distribuir. De hecho hemos leído declaraciones suyas relacionadas con su dilema de adoptar decisiones políticas en relación con el corto plazo, no populares, pensando precisamente en el largo plazo. ¿Cuál es su estrategia para ir alimentando el corto plazo necesario para subsistir y para tener estabilidad política, con el largo plazo, que es el que determinará el país del futuro?*

—Creo que se trata de un falso dilema que forma parte del viejo paradigma y del viejo debate. Creo que en el mediano y largo plazos, si queremos una mejor redistribución de la riqueza y ciertamente una reducción apreciable en los niveles de pobreza, necesitamos el crecimiento económico. Esto no quiere decir que en la secuencia del diseño y en la ejecución de las políticas públicas debamos simplemente concentrarnos en la

[154]

Yo he sido obstinadamente insistente en el Mercosur. He hecho un llamado muy fuerte a mis colegas latinoamericanos, los jefes de Estado de los países que están en el Mercosur, para que avancemos mucho más rápido en un acuerdo de libre comercio. A mí me preocupa que Mercosur se quede en lo que es ahora. Creo que eso sería dañino para las economías de esos países, porque acabaría siendo, lejos de un instrumento de libre comercio, un instrumento o un mecanismo de cerrazón, de protección.

cuestión del crecimiento económico. Sería imposible lograrlo así, porque uno de los componentes fundamentales del crecimiento es el capital humano, y para contar con capital humano se necesita tener políticas sociales que subrayen la educación, la salud, y políticas sociales que acaban teniendo un efecto redistributivo real.

Entonces no acepto el dilema. Si hay una política juiciosa de crecimiento económico, exitosa, tiene que tener un componente de política social muy importante, y para que la política social sea viable en el largo plazo, en cuanto a sus efectos redistributivos y de atemperamiento y reducción de la pobreza, tiene que tener éxito la parte del crecimiento económico.

LOS MODOS DE LA INTEGRACIÓN

—*Vayamos hacia el tema de las relaciones con los Estados Unidos. Se ha dicho que se rompió el tradicional consenso nacionalista entre los partidos del país respecto a una política de Estado referida a las relaciones México-Estados Unidos. Primer interrogante: ¿usted está de acuerdo con esta afirmación?*

—No. Creo que eso lo ha dicho algún intelectual trasnochado. Es una conclusión que no pasa por un análisis riguro-

so. Yo creo que al contrario, ahora estamos teniendo una relación más transparente y más equilibrada con los Estados Unidos de América, menos sujeta a arbitrariedades, aunque todavía sufrimos algunas que nos afectan mucho, y la gente entiende eso.

Hoy puede criticarse al TLC remitiéndonos a la crisis de 1995 o a algunos hechos traumáticos de 1994. Pero hay que recordar que el proceso de negociación del TLC fue muy prolongado. Los análisis de opinión pública eran francamente en favor, aun en sectores llamados, por buenas o por malas razones, progresistas.

Ahora que tenemos los hechos, los resultados concretos del Tratado, que se expresan esencialmente en un aumento muy importante de la exportación, uno de los colchones que tuvimos en la crisis de 1995, pues no debiera haber mayores dudas, por lo menos no mayores a las que se tenían hace tres o cuatro años. Creo, de nuevo, que estos clichés son instrumentos propagandísticos o de análisis poco rigurosos, que algunas personas ponen sobre la mesa, pero con un interés político de otra índole.

—*Además de las ventajas comerciales que usted citaba en relación con la exportación, ¿qué otras ventajas en materia tecnológica o en materia de inversiones le está trayendo, efectivamente, el TLC a México?*

—El TLC ha descontado muchas de las desventajas que tenía el país para ser plataforma de fabricación de productos, por ejemplo, de alta tecnología. Un dato poco conocido, es que Guadalajara se ha convertido en uno de los principales centros de producción de computadoras portátiles del mundo, con un porcentaje de integración nacional muy apreciable, de más de 50%: plantas en las que trabajan obreros e ingenieros prácticamente cien por ciento mexicanos. Éste es un ejemplo puntual, pero como éste, hay muchos otros ejemplos de cómo se está absorbiendo rápidamente no sólo el capital que viene a tomar una plataforma de exportación, sino también a tomar recursos humanos nacionales y capacitarlos. Ello está permitiendo desarrollos manufactureros y tecnológicos ulteriores, y esto está ocurriendo en muchísimos sectores de la producción nacional.

Creo que nos vamos a sorprender de los efectos en unos pocos años. Hasta ahora parecieran ser garbanzos de a libra, pero no lo son tanto: hay un proceso muy dinámico que todavía no se percibe, ni se estudia, ni se racionaliza, pero ya está ocurriendo.

—*La integración hemisférica, a partir del TLC y a partir del Mercosur y de la revitalización de algunos otros acuerdos subregionales, ha tomado un renovado ímpetu en los últimos años. ¿Cómo cree usted que se pueden compatibilizar estos acuerdos con las diversas opciones que pudieran existir? ¿La ampliación del TLC?, ¿la convergencia de bloques subregionales: TLC, Mercosur, Pacto Andino? ¿Cuál cree usted que será el mejor camino y qué papel está dispuesto o aspira desempeñar México en todo este proceso?*

—Mi preferencia es que tratemos de avanzar por todas las vías disponibles. No sería conveniente, pues el riesgo de fracaso sería muy alto, que apostásemos a una sola fórmula. Por ejemplo: lograr un gran acuerdo continental para establecer una área de libre comercio hacia el año 2005 o 2010, como se propuso en Miami, creo que es un buen camino, pero no debe ser el único.

Creo que debemos trabajar —y México lo está haciendo— por las vías estrictamente bilaterales. Se pueden allanar muchos obstáculos para la integración completa por las vías bilaterales, y creo que debemos avanzar en la ampliación de las zonas actuales, y también en la vinculación con los bloques regionales. Nosotros, por ejemplo, estamos muy interesados en que Chile forme parte del TLC. Nosotros estamos trabajando, además de lo que ya hemos concluido, con Perú, Ecuador, con el Triángulo del Norte, con Nicaragua, en la vía bilateral. Yo he sido obstinadamente insistente en el Mercosur. He hecho un llamado muy fuerte a mis colegas latinoamericanos, los jefes de Estado de los países que están en el Mercosur, para que avancemos mucho más rápido en un acuerdo de libre comercio.

A mí me preocupa que el Mercosur se quede en lo que es ahora. Creo que eso sería dañino para las economías de esos países, porque acabaría siendo, lejos de un instrumento de libre comercio, un instrumento o un mecanismo de cerrazón, de protección. De hecho nosotros ahora estamos teniendo problemas para consolidar el acervo histórico de preferencias por la protección natural que supone Mercosur, y por eso estoy insistiendo mucho en que avancemos hacia otro tipo de acuerdo.

En tal virtud, mi estrategia es trabajar en todas las vías, y creo que si logramos avanzar, un poquito o mucho, en cada una de ellas, al final la convergencia hacia un área de libre comercio va a ser mucho menos difícil.

LA IMPORTANCIA DE LA CREDIBILIDAD
COMO INSTRUMENTO DE GOBERNABILIDAD

—*Quiero hacerle una pregunta vinculada con lo que usted ha denominado "la crisis de diciembre". Guillermo Calvo, entre varios académicos, analizando la crisis financiera de diciembre de 1994 en México, habló de la credibilidad que debe tener el formulador de políticas públicas. La postura política que genera confianza se transforma en un dato económico finalmente. ¿Comparte esta afirmación?, y si la comparte ¿cuál diría usted que son las variables no económicas que más credibilidad generan en los agentes económicos?*

—Dado que los agentes económicos tienen información incompleta por definición —porque el mundo de información completa y perfecta no existe—, los agentes económicos forman sus expectativas en cierta medida descansando en la credibilidad de quienes despliegan las políticas públicas. Hay ahí un elemento que es determinante.

Ahora, refiriéndonos a la crisis de fines de 1994, yo ciertamente creo que el problema de credibilidad agravó la situación financiera que vivía el país, y posiblemente le dio un grado de gravedad extrema a la crisis. Pero ciertamente la crisis no se desató por un problema de credibilidad. Había un desequilibrio gravísimo. Un país que durante cinco años absorbe entre 6 y 9% de su ingreso nacional en ahorro externo, que no lo traduce en inversión adicional y por lo mismo no lo traduce en crecimiento económico, está condenado a tener un problema de solvencia. Y cuando se hace evidente ese problema de solvencia en un mundo de cuasi perfecta movilidad instantánea de capital, se desata la crisis financiera del peso, a fines de 1994.

Cómo recuperar y luego establecer la credibilidad, depende esencialmente de varias cuestiones. Primero, de la coherencia, de la racionalidad de las políticas que se propongan. Segundo, de la aplicación de esas políticas: que sea verificable la aplicación de esas políticas. Aunque no puede ser al cien por ciento verificable, porque siempre se aplica en condiciones de incertidumbre. Y tercero, los resultados. En nuestro caso, creo que hemos ido reconstruyendo la credibilidad, a partir de esos tres elementos. Las políticas son coherentes. Se ha ido acreditando su cumplimiento y, en tercer término, el haber podido rencauzar

La lección de la crisis de diciembre de 1994, de la crisis de 1987, de la crisis de 1982, de la crisis de 1976 —todas éstas de México—, y la lección de todas las crisis financieras que hubo en América Latina en los últimos 20 o 30 años es que el desarrollo debe afincarse en el ahorro interno.

un país después de haber sufrido una crisis financiera tan grave, ciertamente establece un registro de resultados que ahora nos ayuda a la credibilidad.

Hay otros factores que influyen y que tienen que ver con la cuestión política, y también tienen que ver con los medios. Un elemento de dificultad que enfrentamos todos los gobernantes y todos los políticos, hoy en día, es que los medios de comunicación, como resultado de algo entendible y que no podemos cambiar —hay que asumirlo como parte de las realidades del mundo moderno—, tienen una actitud mucho más vigilante, crítica y a veces sensacionalista del desempeño de la función pública, y eso ciertamente eleva el grado de dificultad.

Pero, repito, eso hay que tomarlo como un dato, no hay que atormentarse, y simplemente aceptar que el mundo ya cambió, y cambió en parte por la tecnología, porque ahora hay una competencia también por atraer la atención. Es tan grande la oferta en información, la oferta de imágenes, que casi inevitablemente eso introduce un sesgo hacia el sensacionalismo, hacia la ruptura de los diversos órdenes. El editor de un periódico muy importante de México me dijo una vez: "Es que ustedes no entienden que lo único que hace noticia es lo que rompe el orden establecido".

—*¿La gran lección de la crisis de diciembre es la necesidad de fincar en niveles de ahorro interno mayores el modelo de desarrollo? ¿Ésa es la lección?*

—Ésa es la lección, diría, de la crisis de diciembre de 1994, de la crisis de 1987,

Esa parte de Chiapas estuvo aislada durante la Colonia, no vivió la Guerra de Independencia, tampoco vivió la Revolución mexicana, y no es extraño, dada toda esa acumulación de factores históricos, pues, que también ahí se tenga uno de los rezagos sociales más graves.

de la crisis de 1982, de la crisis de 1976 —todas éstas de México—, y es la lección de todas las crisis financieras que ha habido en América Latina en los últimos 20 o 30 años. La gran distancia que hay entre los países latinoamericanos, todavía, y los países asiáticos, no reside en la iniciativa, en la capacidad de trabajo, en nada de ello, sino en nuestra todavía insuficiente capacidad de ahorro interno. Mientras no entendamos colectivamente, culturalmente, que debemos ahorrar más, mucho más, vamos a estar expuestos a crisis económicas recurrentes, y tendremos resultados negativos en términos de crecimiento y de desarrollo satisfactorio.

De hecho yo sostengo que podemos hacer muchas cosas más, incluso podemos tener políticas que pudieran parecerse más a las del pasado. Ello si tenemos tasas de ahorro altas. Pero si no resolvemos el asunto del ahorro interno, vamos a tener una tarea prácticamente imposible.

—*Volviendo al tema de la confianza y de la credibilidad, ¿cómo hacer para romper con la tradición del desarrollo sexenal que existe en México, y que no necesariamente da continuidad a los agentes económicos?*

—Ahora no hay tal ruptura total cada seis años: la construcción institucional acumulada no lo permite. En relación con otros países de América Latina, dada la estabilidad política que hemos tenido, ha habido una construcción apreciable de instituciones, que posiblemente en algunos casos hayan quedado ya cortas. Claramente, no "posiblemente", instituciones del sistema de justicia, por ejemplo, se quedaron obsoletas o simplemente se descompusieron. Tal vez, simplemente nunca estuvieron tan bien como pensamos, y eso reclama una tarea de construcción muy grande.

A final de cuentas, creo que la estabilidad la va a dar la normalidad democrática, en la medida que los partidos políticos sientan que están participando en una competencia justa por el poder público, eso se va a traducir en una permanencia, en un respeto, en una mejora mucho más clara de las instituciones fundamentales del país.

Hasta ahora pareciera que los únicos que tienen que cuidar las instituciones de México son los gobernantes que proceden de un solo partido político; y los demás pareciera que están en la tarea de demoler esas instituciones del país. Cuando consumemos la reforma política y los partidos —hoy oposición— se sientan con oportunidad real, entonces creo que todos vamos a empezar a cuidar la fortaleza de las instituciones. Ahora, no es que se haya frenado este proceso: de hecho en los últimos años ha habido la tarea muy importante de crecer institucionalmente. En el ámbito electoral, por ejemplo, vamos a dar un último paso importante. Habrá otros, pero ya no tan importantes, ya no será parte de nuestro tiempo ni de nuestra circunstancia ni de nuestra tarea.

Pero lo que se ha hecho en este país en los últimos 20 años es muy importante. Hoy tenemos también una comisión de derechos humanos, un sistema de *ombudsman* que se encuentra entre los mejores del mundo, y estamos avanzando en la profesionalización de los funcionarios públicos. Todo esto, entonces, le va a dar más estabilidad al país. Ahora, reitero, no hay tal ruptura total cada seis años. Sencillamente las circunstancias y la propia racionalidad de los actores políticos no lo permitirían. Lo que pasa es que también ahí hay una carencia de análisis muy notable. Yo conozco muy bien el caso de la educación; sé que siempre se decía que cada gobierno hacía su política educativa, o que más bien cada secretario de Educación hacía su política educativa, y la verdad es que ello no es cierto. Si algún problema tuvimos fue el contrario: fuimos demasiado estáticos.

Cuando yo fui secretario de Educación Pública, encontré que las políticas o el esquema básico no se habían transformado, prácticamente, en 20 años. Se hizo una reforma —por cierto, con un gran consenso, incluida la participación del sindicato de maestros— y hasta ahora ha habido una continuidad notable. ¿Por qué? Porque una reforma educativa no madura en dos años y, sin embargo, desde que yo fui secretario de Educación, ha habido cuatro secretarios y, también, continuidad en la política.

CHIAPAS

—*Mirando en perspectiva al movimiento zapatista que surgió en Chiapas, me gustaría una reflexión suya sobre los porqué del surgimiento de ese fenómeno.*

—Yo creo que hay una conjunción de factores. En primer lugar, porque hubo un grupo de personas con una cierta ideología, con una cierta orientación para actuar en la vida política —a saber, "revolucionarios"—, y no lo digo en un sentido irónico, sino porque ésa fue su decisión; y decidieron actuar en un lugar donde había, ciertamente, un fermento social muy propicio, vinculado al rezago que en esa parte del país ha existido siempre.

Esa parte de Chiapas estuvo aislada durante la Colonia, no vivió la Guerra de Independencia, tampoco vivió la Revolución mexicana, y no es extraño, dada toda esa acumulación de factores históricos, pues, que también ahí se tenga uno de los rezagos sociales más graves. Y luego también había ciertas organizaciones que facilitaron la amalgama de circunstancias.

Lo importante para mí, como presidente, ha sido la enorme capacidad dialogante que han tenido el gobierno y el propio grupo, que si bien surge violentamente, a los pocos días no dispara más tiros. Y que, con altas y bajas, se ha mantenido un proceso de negociación que ha requerido mucha tolerancia, pero que nos ha evitado traumas que conocemos en otros países de América Latina.

—*Cuando usted plantea el tema de Chiapas como una zona de país abandonada, el nuevo federalismo que planteó ¿busca readecuar el país de una manera distinta?*

No dije que fue una zona abandonada. Paradójicamente, los años previos al surgimiento del EZLN fueron años en que históricamente se registró la mayor inversión social en Chiapas: no deja de ser una paradoja. Yo conozco muy bien los datos, porque en esa época fui secretario de Programación y Presupuesto. Esto nos lleva a la vieja discusión de que no necesariamente hay una correlación perfecta entre el surgimiento de un movimiento de esta naturaleza y las condiciones sociales. Hay que tener mucho cuidado en ese tipo de análisis. Lo que he dicho es que es una zona aislada. Era un enclave, y en la época de la Colonia y durante el siglo XIX todavía, y en buena parte del XX, un enclave de carácter religioso.

Violeta Chamorro: La transición se hizo platicando

El 15 de julio de 1995, a las 10 de la mañana, doña Violeta salió a la puerta de su despacho en el Palacio Presidencial de Managua acompañada de un hombre joven, de gesto adusto. Se despidió, e invitó a pasar a los autores, que aguardaban hacía 10 minutos para iniciar la entrevista. El hombre de gesto adusto al que acababa de despedir era Joaquín Cuadra Lacayo, el recién nombrado jefe del ejército que sustituyó a Humberto Ortega, culminando la transición de un ejército sandinista a un ejército nacional. Ésa era una de las tareas que se había propuesta doña Violeta, una mujer que no puede evitar el tono maternal y que inevitablemente termina tratando a sus interlocutores como a hijos o a sobrinos a quienes les regala, tras una hora de charla tan vehemente como enternecedora, una artesanía de su pueblo natal, León, que hasta el momento adornaba su propio escritorio. Con ese tono, también, condujo la consolidación democrática en Nicaragua.

—*¿Por qué ingresó en la política?*

—¡Si yo ni he ingresado en la política! Sólo soy nicaragüense: amo a mi patria.

—*Pues para no haber ingresado en la actividad política ha logrado un buen performance: ya ha sido dos veces miembro del Poder Ejecutivo, la primera vez en la Junta de Gobierno sandinista de 1979.*

—Cuando se quiere tener un país libre, democrático, yo creo que cualquier persona está en el deber de hacer algo por su patria, sin fijarse en los distingos de colores o de partidos políticos. Usted me está diciendo que es la segunda vez que participo. Es verdad, yo formé parte de la Junta de Gobierno en el tiempo del sandinismo. Pero uno no es ciego ni sor-

---

VIOLETA B. DE CHAMORRO, fue presidente de Nicaragua hasta 1996. Nació en Rivas, Nicaragua, el 18 de octubre de 1929. Cursó estudios universitarios en el Blackstone College for Women, en Virginia, Estados Unidos. Después del asesinato del doctor Pedro J. Chamorro, su esposo, ella comienza una campaña internacional denunciando las violaciones a los derechos humanos cometidos por el régimen somocista. En 1978 asume la presidencia de la Junta Directiva de la Prensa. Miembro de la Junta de Gobierno al triunfo de la Revolución que derrocó a la dictadura de Somoza (1979), renunció a la misma por lo que consideró desviaciones del FSLN al programa original de gobierno. Violeta Chamorro apoyó los Acuerdos de Paz de Esquipulas II y logró forzar el inicio de su cumplimiento en Nicaragua. Candidata a la presidencia de Nicaragua en las elecciones de 1990, por la Unión Nacional Opositora (UNO), alianza de 14 partidos políticos conservadores, liberales, social-cristianos, social-demócratas, socialistas, comunistas y centroamericanistas, fue electa por mayoría de votos.

do, y me di cuenta, a los poquitos días, de que lo que se le estaba ofreciendo a Nicaragua, en el barco en que yo me había metido —tal vez usted no comprenda mis expresiones, dicen que no son muy comunes—, no era realmente el barco de la libertad, sino uno con ideología marxista-leninista. Desde ese primer momento puse mi renuncia a consideración, y me la dieron a los nueve meses. Fue triste, horrible. Yo estoy con mi conciencia limpia y tranquila, gracias a Dios.

Ésta es la segunda vez. Yo me quedé en Nicaragua y no me he ido ni me voy a ir. Y tiene razón toda esa gente que se fue del país, huyendo de aquel servicio militar, que le llamaban patriótico. Eso no era patriótico, era obligatorio. En fin... son muchas cosas tristes. Un país tan pequeño como el nuestro, que en esa época tenía tres millones de habitantes, quería tener un solo pensamiento, coartar la libertad totalmente. Yo me quedé en Nicaragua, yendo al diario *La Prensa*, que es mi diario, que era de mi marido, quien perdió la vida en busca de la libertad y la democracia para su patria. Muchos me preguntan: "Si Pedro estuviera vivo, ¿se hubiera imaginado que estarías sentada en esa silla?"... No se lo hubiera imaginado jamás. Ni yo tampoco.

—*Ni usted hubiera ingresado en la actividad política.*

—No, en absoluto. Pero, bueno, como le repito y no me retracto, no soy política.

—*Pero hace política.*

—Yo no sé si ustedes le llaman hacer política a eso, pero yo creo que cuando uno ama, así como uno ama a su marido, a su familia, también ama a su patria. Pues me invitaron a formar parte de ese grupo de 14 partidos políticos, hace casi seis años, en la Unión Nacional Opositora (UNO), que ahora no existe. Hubo muchos candidatos para ir a esa oficina

En lo interno era un país en bancarrota, en guerra: todavía se le sentía el olor a fusil.

de la UNO, que casualmente quedaba frente al Estadio Nacional. Entonces yo salí del diario *La Prensa* montada en mi jeep —porque no tenía ni automóvil en ese momento— sola con mi chofer. Y me encontré a muchos candidatos que ya iban saliendo, acompañados, apadrinados de un amigo. Yo fui sola, no tengo miedo de estar sola ni de enfrentarme a nadie. Pasé mi examen... así me dijeron. "¿Y cómo sabés vos —pregunté— que pasé bien el examen?" "Porque te vi tranquila." "¿Y qué más?", dije yo. "Porque cuando vos te sentaste así y después doblaste la pierna se vio: está tranquila la señora." Y pasé. Entré, me metí, gané una elección contra Daniel Ortega. Fue durísimo, y aún sigue siendo duro, pero la ganamos, y la ganamos con el voto popular, la ganamos en elecciones democráticas y limpias. Costó muchísimo. Fue una campaña electoral de guerra, horrible.

—*Usted siempre hace referencias a su marido en sus discursos, incluso en el de asunción del mando el 10 de enero...*

—¡Como no voy hacer referencias! ¡Es que ése es el día en que asesinaron a mi esposo! Escogieron el 10 de enero para muchas cosas.

—*Hay un compromiso con la memoria de su marido.*

—Pues sí. Cuando nos casamos, él me dijo que no era político, que era periodista. Cuando hay amor, uno va conociendo, comprendiendo al hombre, y viceversa. No se imaginó nunca, tal vez, que me iba a meter en esta carrera política con tan horrible panorama.

—*¿Por qué?*

—Dios mío, si ésta era una campaña horrible, una campaña de odios.

—*¿A qué se refiere?*

—Es que yo sufrí porque hice una campaña con mi físico fracturado, una campaña de dolor, pero la hice por amor a la patria también. Sufriendo con alegría. Sufriendo porque era horrible ver cómo los adversarios maltratan al de la oposición, a la persona adversa. Esas cosas no deberían suceder.

—*Con su familia dividida...*

—Es una de las cosas que voy a aclarar. Una cosa es que tengan su manera de pensar diferente, pero yo, como madre, nunca me separé de ellos ni ellos se separaron de su madre. Mi casa siempre estuvo abierta y sigue estando abierta para todos mis hijos y mis nietos. Lo otro fue parte de una propaganda. Y me imagino, también, que hacían negocio, porque realizaron hasta películas, libros, folletos...

—*¿Quiénes hacían negocio?*

—Los periodistas, no sé. Poquito a poco, conforme podía, esos comentarios, esos recortes los guardaba a escondidas en la bolsa, con miedo de que me fueran a revisar en el camino rumbo a casa, porque entonces estaba prohibido, aquí no había libertad. Guardo muchos de esos recuerdos.

Pero cuando me dispuse a buscar el bien de Nicaragua, cuando me metí en esta barca de la libertad, no fue porque hubieran asesinado a mi esposo, sino porque el mundo necesita, la gente necesita libertad hasta para hablar y escribir, para todo.

LA VICTORIA ELECTORAL

—*¿Por qué ganó? ¿Qué prometió?*

—La gente quiso un cambio en este país.

—*¿Y qué prometió usted? ¿Qué cambios prometió?*

—Libertad, que la gente se pudiera expresar, que se pudiera buscar una solución mejor a este país. Pero ahora vamos a la parte triste, negativa. Yo no me imaginé nunca que iba a recibir a este país en el estado en que lo encontré. En lo interno, un país en bancarrota, en guerra. Todavía se le sentía el olor al fusil. Antes de empezar a ver cuánto dinero había, o cómo íbamos a subsistir o a vivir, era mejor parar la guerra primero. Entonces empezamos a platicar con toda la "contra" para que depusiera sus armas.

—*¿Le sorprendió la victoria o usted la esperaba?*

—Yo tenía una enorme fe en que iba a ganar. Poco tiempo antes de empezar la campaña, fui a Europa a visitar cinco países. Me acompañaron Ernesto Palacios, quien luego iba a ser embajador, y Antonio Lacayo, mi yerno, que es ministro de la Presidencia y que en ese entonces era jefe de campaña. Cuando estábamos en Inglaterra, yo me estaba alistando para ir a visitar a Margaret Thatcher, prendí la televisión para oír bulla, ver noticias, algo, para no sentirme tan sola, y veo que cae el muro de Berlín. Y me dije: "Si ha caído el muro de Berlín ¿por qué no vamos a ganar nosotros, los nicaragüenses?" Me arrodillé en la habitación del hotel y le dije a la Virgen y a Dios —yo soy muy católica—: "Ayúdame, no me desampares y vamos a ganar". Y así fue, ganamos.

—*Muy poca gente, además de usted, creía que podía ganar.*

—Nadie creía, ni en los Estados Unidos ni en ningún otro lugar. Todos lo ponían con un enorme signo de interrogación. Pero cuando yo andaba montada en una camioneta —porque ni siquiera podía andar a pie—, los muchachos que estaban en el servicio militar obligatorio me hacían un gesto con la mano, con miedo, saludándome. Y cuando me bajaban en la silla de ruedas, con mis muletas, hacía un enorme esfuerzo para ir a darle un beso a los muchachos, pidiendo a Dios que no los mataran.

—*Ahí se dio cuenta de que ganaba.*

—Ah, claro. Es que la gente quería el cambio. Y la gente perdió en ese momento el miedo. Tal vez no andaba en manifestación por las calles, pero se sumaba en las aceras. Esto fue un milagro de Dios. Vea aquella fotografía.[1] Salió —me lo han contado— en *Life Magazine,* me la mandaron hasta enmarcada, y le pusieron, como leyenda, "El cielo y el infierno". Arriba está el cierre de mi campaña. Y abajo está Daniel Ortega y su cierre de campaña.

LA NEGOCIACIÓN CON LOS SANDINISTAS

—*Luego del triunfo se encontró con un país en guerra y con un ejército que era sandinista.*

—Y, además, marxista-leninista.

—*Extendió su mano y negoció con los sandinistas. ¿Cómo fue?*

—Miren, en un país como el nuestro... Yo siempre digo, es mi expresión: "Ir al piano, do, re, mi, fa, sol, la, si do". A ustedes los sudamericanos ¿les encanta cantar, son musicales?... Nosotros dijimos: "aquí tenemos que empezar suave". Es que si entramos con mano dura, como en otros países, yo no sé dónde estaría Nicaragua, y no solamente Nicaragua, porque Nicaragua es el centro de Centroamérica. Un país comunista, con cuatro países alrededor, un peligro. Yo no conocía a ninguno de mis colegas, había que ir poquito a poco. Ellos se dieron cuenta cuando les dije que íbamos a trabajar con el señor don Humberto Ortega.

—*¿Cuándo decide llamar a los sandinistas para negociar?*

—Cuando ganamos. Es que en un país como el nuestro, cuando hemos vivido en dictadura por muchísimos años —pa-

Cuando me enteré, en Londres, que había caído el muro de Berlín, me dije: "Si ha caído el muro de Berlín ¿por qué no vamos a ganar nosotros, los nicaragüenses?"

samos la dictadura de Somoza y la dictadura sandinista—, si usted no llama y si no platica, no se arreglan las cosas. Pero no les voy a hablar más del pasado, porque al principio de las dictaduras yo no había nacido, a pesar de que tengo 65 años. No hay que perder el humor... Entonces, para encontrar una solución a su patria, usted tiene que hablar.

—*¿Y a quién llamó primero? ¿A Daniel Ortega, a Humberto Ortega? ¿Con quién acordó la transición que era tan difícil?*

—La transición fue una cosa muy dura, y delegué en muchas personas para que se empezaran todas esas pláticas. Si no, no se podía hacer. Muchas veces es bueno delegar también.

—*¿En qué momento decidió que se quedaría Humberto Ortega, el comandante en jefe del ejército?*

—Cuando gané. Incluso antes. Cuando ya había escogido los ministros, les dije: "Va a trabajar conmigo Humberto Ortega". Nadie me dijo nada. Pero la noche antes de la toma de posesión, cuando los llamo a todos y les digo que al día siguiente nos juntamos a determinada hora, me dicen: "No, doña Violeta, vamos a renunciar". ¿Por qué?, pregunto. "Porque va a entrar Humberto Ortega." "Yo se los advertí, yo no hago nada a escondidas", les dije.

—*¿Cuántos renunciaron?*

—Renunciaron tres personas, de las cuales dos regresaron y la otra no volvió a entrar, se fue a la empresa privada.

[1] La presidente señala un impreso de revista en que aparecen las fotos de los mitines finales de las dos campañas, la sandinista y la de la UNO. La foto del mitin sandinista está impregnada de los colores rojo y negro —pancartas, banderas, distintivos— que identificaban a ese partido. La foto del mitin de la UNO está cubierta de las banderas azules y blancas que identificaban a esa coalición.

> En un país como el nuestro, cuando hemos vivido en dictadura por muchísimos años —pasamos de la dictadura de Somoza a la dictadura sandinista—, si usted no llama y no platica, no se arreglan las cosas.

—*¿Qué opinaron los norteamericanos de la presencia de Humberto Ortega al frente del ejército?*

—Yo no sé si les gustó o no. Sus problemas, Violeta los ha resuelto en su patria. Humberto trabajó con nosotros por un tiempo prudencial. Luego llegó el momento del cambio y se cambió. Hicimos, por primera vez en nuestra historia, una ley orgánica militar, que ni siquiera se había hecho en los tiempos de Somoza.

—*¿Cuántas personas han dejado el ejército?*

—Fueron 14 000. Y quisiera que eso terminara en un tiempo no muy largo. Pero se necesita un ejército. Si usted me pregunta, yo no soy de ejército, a mí no me gusta nada esas cosas. Pero tenemos que tenerlo. Dicen que en Costa Rica no hay ejército, pero, en realidad, tiene otro nombre. Muchos de mis colegas me han dicho: "Pero Violeta, ¿cómo has hecho esa reducción enorme?" Es que gracias a esa reducción se pudo ayudar a la educación. Porque, ¿para qué queríamos tanta gente en el ejército?

—*Se llamaba Ejército Popular Sandinista.*

—Sí, y ahora se llama Ejército de Nicaragua. Ya estamos con la ley como marco constitucional. Ustedes me preguntan qué dicen los Estados Unidos. Es que nadie debe decir nada. Nuestros problemas los arreglamos en Nicaragua.

—*¿Cómo se cambió a Humberto Ortega? ¿Fue por las buenas?*

—¡Ah! ¿cómo no? Por las buenas, ¡claro que sí!

—*¿Usted lo llamó un día y le dijo se va y se fue?*

—Claro, yo lo anuncié públicamente.

—*Pero no le gustó.*

—¿Y a ustedes les gustaría que yo les dijera: "¿Te vas, lindo?"... Las personas cuando quieren a su patria me imagino que deben recapacitar. Se fue y se fue. Que se dedique a sus negocios, que haga su vida, yo no me voy a meter en la vida de nadie.

—*¿Y su relación con el ejército?*

—El muchacho que usted vio pasar se llama Joaquín Cuadra Lacayo. Es el nuevo jefe del ejército, el que sustituyó a Humberto Ortega. Yo siempre tengo pláticas con Joaquín.

—*Suponemos que no alcanza con el cambio de nombre. ¿Realmente se va profesionalizando el ejército?*

—En el tiempo del sandinismo este edificio vivía lleno de guardias. Era horrible. ¿Y ustedes vieron a algún guardia ahora?

—*Lo que decimos es que no alcanza con cambiarle el nombre a las cosas para que las cosas cambien. El Ejército Popular Sandinista, que ahora es Ejército Nicaragüense, ¿en cuánto tiempo, a su juicio, va a convertirse en un ejército profesional y no sandinista?*

—Este ejército no tiene partido. El ejército que ustedes vieron encabezado por este señor no tiene partido. Tiene que ser apolítico, si no, no se puede.

—*¿Y cuánto tiempo llevará para que sean efectivamente apolíticos?*

—Ya están aprendiendo. Todo en la vida cuesta, uno no nace aprendido. Ya se han ido cantidades, todo el mundo se está profesionalizando, se están civilizando. Una maravilla. Bendito sea Dios.

TENDER LA MANO

—*Todo el mundo reconoce su esfuerzo para reconciliar este país. ¿Le gustaría que la recordaran por ese hecho?*

—No, yo no quiero que me recuerden.

[164]

—*Pero si la van a recordar, mejor que la recuerden por algo así...*

—En el mundo, afuera, sí, pero en Nicaragua no. Hay que conocer al nicaragüense. Para poder encauzar, encaminar a su patria, se tiene que dar la mano, se tiene que saber perdonar, se tiene que saber reconciliar. En caso contrario, vivimos en guerra. Y aquí han regresado más de un millón de nicaragüenses a su patria.

Yo ni quiero recordar cómo era esto hace seis años.

—*¿Cómo era?*

—Triste, en guerra, con una ideología horrible; no había educación, en los textos escolares había rojo y negro; no existía la bandera nacional, la bandera azul y blanca, que es la única que nos cobija. Todo el mundo con un fusil. La poca televisión que había era para adoctrinar a los niños; no había comida, con un racionamiento espantoso; no había libertad. Horrible. Ustedes me preguntan, pero no quiero ni recordarlo.

—*¿Cómo comenzó ese proceso de reconciliación, de tender la mano?*

—¿Sabe qué fue lo primero que yo hice cuando gané?... Fui a pintar mi casa.

—*¿Cómo a pintar su casa?*

—Es que mi casa tiene un muro desde que la construí hace 33 años. ¡Qué no decía ese muro! "Vendepatria", "Traidora". Y lo pinté de blanco, como era antes. Eso se llama reconciliación: olvidar. Por eso es que no me gusta ni recordar el pasado, porque ¿para qué? Y vaya a ver ahora. Usted sale por Managua, por donde la gente va construyendo sus casas, y está todo pintadito. Ahorita, en esta campaña, Dios mío, la van a empezar a ensuciar. Casualmente ayer estaba hablando sobre cómo hacer para sacar una ley, como en Chile o en otros lugares más civilizados, para que no manchen las paredes, de modo que a cada partido le toque un lugar. Y después lo pintan. Pero para eso se necesita tiempo y educación, así que no tenemos más remedio que volver a pintar.

—*Si ése es el precio de la democracia no es tan caro. En todo caso, en ese proceso difícil debe de haber necesitado gente que la comprendiera.*

—Poca gente, pero muchos ministros con muy buena cabeza y deseos de superar y de buscar el bien para el país. Y los hemos encontrado, gracias a Dios. Y he encontrado también mucha gente del exterior que colabora: presidentes, Naciones Unidas, etcétera.

—*¿Qué partidos políticos la apoyaron?*

—Lo único que les digo es que antes no se hablaba ni de partidos políticos, no existían los partidos políticos. Aquí se juntaron y le llamaron UNO.

—*Pero se disolvió inmediatamente. ¿Usted no pensó en mantener esa coalición opositora como el partido que la respaldara en el gobierno?*

—Me hubiera encantado, pero no me gusta menospreciar. Muchísimos de los 14 partidos que conformaron la UNO, jamás sospecharon que se iba a ganar. Lo que querían era encontrar un asiento en la Asamblea Nacional. Y así fue.

—*¿Entonces no pudo componer un respaldo parlamentario?*

—No. Es mejor la independencia del Parlamento. Tenemos los tres poderes completamente independientes.

—*¿Cómo formó su gabinete?*

—Buscando amigos, buscando gente.

—*¿Gente de su confianza personal?*

—A muchos no los conocía, a otros sí. Muchos vinieron de afuera.

—*¿Pero no era gente que respondiera a la coalición que había ganado?*

—No. Tenían el deseo de ayudar a este país.

—*Su relación con los sandinistas*

El Ejército Popular Sandinista ahora se llama Ejército de Nicaragua.

¿cómo fue? ¿La apoyaron en el proceso de reconciliación?

—Si ellos no hubieran puesto también su granito de arena, no estaríamos como estamos.

CUATRO HECHOS CRÍTICOS

—Hemos registrado cuatro hechos críticos en los cinco años de gobierno: las asonadas de 1992, la suspensión de la ayuda de los Estados Unidos, los secuestros gemelos de 1993 y la toma de Estelí por parte de los rearmados del Ejército Popular Sandinista. [2]

—Vamos uno por uno. Ustedes hablan de las asonadas, pero ¿cómo va a creer usted que en un país que se está haciendo de nuevo no iba a haber huelgas, o que el partido sandinista de Daniel Ortega no iba a estar buscando cómo amedrentar al nicaragüense? Tenía que suceder. Pero luego encontramos una solución.

—¿Cómo gestionó usted la solución de estas crisis? ¿Fue usted personalmente?

—Pues sí. Para comenzar, solucioné con la resistencia nicaragüense. Pasábamos platicando. Hace poquito acabamos de pasar lo que llamaron la crisis inconstitucional. ¡Eso es parte de la democracia! ¿Cómo se arreglan todos los problemas? Platicando. Entonces, aquí, hasta el amanecer, y seguir. Y así se arreglan los problemas. Los hemos arreglado de muchas maneras. Por eso digo que espero que no se pierda esta herencia que estoy dejando, que se siga construyendo. Es una maravilla.

—Usted insiste mucho en la educación.

—Desgraciadamente no tengo los libros que había antes por aquí, los libros

> ¿Me preguntan cómo se fue Humberto Ortega?... ¿Y a ustedes les gustaría que yo les dijera: "¿Te vas, lindo?"...

sobre cuál era la educación que había que impartir a los chavalos. ¡Sí, para comenzar, aquí estaba prohibido decir la palabra inglés, porque no querían la palabra del imperialismo! Ahora todo el mundo aprende inglés. Hay colegios, universidades.

LAS TRES TRANSICIONES

—Usted ha hablado de tres transiciones. De la guerra a la paz, del autoritarismo a la democracia y de la economía centralizada a la economía de mercado.

—He tenido muy buena suerte.

—¿Podrá terminar con las tres transiciones?

—¿En qué sentido?

—¿Será suficiente un periodo de gobierno como para terminar?

—Yo estoy terminando lo que me ha tocado, porque es un periodo largo.

—Va a entregar el país pacificado.

—Eso sí, espero y confío, y le pido todos los días a Dios que nos ilumine.

—¿Y va a entregar este país siendo una democracia consolidada?

—Yo lo estoy entregando mucho mejor que como lo recibí, con una enorme libertad y con una cantidad de cambios. No me gusta alabarme mucho.

—¿Y en lo económico?

—Va a estar bien. Aquí le debíamos a todo el mundo, ahora hemos ido desenredando todos los enormes problemas que heredé. Éste era un país confiscado, endeudado, deudas de armas, de gue-

---

[2] Los autores señalan aquí los cuatro momentos de mayor tensión política durante el mandato de Violeta Chamorro: la inestabilidad social de 1992, las diferencias con los Estados Unidos, los secuestros simétricos de izquierda y derecha en 1993 y los conatos armados que rebrotaron.

rra. Tal vez yo deje un país con deudas de banco, donde usted tiene que pagar. Aquí estaban acostumbrados a no pagar. Quiero decir que el mundo, los países amigos, han ayudado a Nicaragua, me han ayudado a sacarme de este infierno de deudas. Me han condonado muchísimas, por lo que ésa es una cruz menos que yo llevo.

—¿Usted siente que a nivel internacional los países la han apoyado?

—Por supuesto que sí.

—¿No la han condicionado?

—No señor, no acepto ninguna condición. Hasta me saca de quicio cuando me preguntan, porque una cosa que yo no acepto son las condiciones, y mucho menos en este trabajo en que estoy, en esta misión. Pues me tocó y, como mujer, tal vez no lo hice tan bien como lo hubiera podido haber hecho un gran magnate, un gran personaje de la banca o de la economía.

—Nicaragua está viviendo un importante proceso de baja de la inflación.

—Muchos colegas me han preguntado cómo lo he hecho. Suave, a mi manera, piano, piano, les digo.

LA NUEVA CONSTITUCIÓN

—Ahora tiene un nuevo enfrentamiento...

—¿Cuál enfrentamiento?

—La crisis institucional provocada por las discrepancias que usted tuvo con la Asamblea Nacional por la promulgación de la nueva Constitución, ¿está de acuerdo con los nuevos términos negociados? [3]

—Sí, yo estoy de acuerdo con que hubiéramos hecho una Constitución completamente nueva, limpia, desde el primer momento. Pero lo que pasa es que

Todo el ejército se está profesionalizando, se está civilizando. Una maravilla. Bendito sea Dios.

las cosas en este país tenemos que hacerlas platicadas. Como se dice ahora con estas nuevas palabras: consensualmente. ¡Cómo voy a estar en favor de la Constitución sandinista y en contra de una Constitución nueva!

—¿Comparte los términos del acuerdo?

—¡Por supuesto que sí!

—¿Cuál fue el problema entonces?

—El problema fue que empezamos a platicar y luego, en el camino, mis amigos de la Asamblea Nacional se apartaron e hicieron una Constitución a su manera, que tenía muchísimos artículos que eran peores que los del pasado. Pero los fuimos cambiando en un salón, que yo llamé Salón de la Unidad, porque han pasado políticos y no políticos, sandinistas y no sandinistas, partidos políticos y sindicatos. ¡Qué no ha pasado por aquí platicando por el bien del país!

Con el asunto de la Constitución en un momento me digo ¿estaré equivocada o no?

—¿Cómo fue eso?

—Empecé a llamar a partidos políticos, a la iniciativa privada, a la iglesia católica y no católica, a cantidad de personas, para ver si los nicaragüenses habían leído la Constitución, la Constitución política que la Asamblea había publicado. Nadie la había leído. Pero se me ocurre que como el nicaragüense tiene horror de volver al pasado, a la Constitución de los sandinistas, me decían: "Nosotros no la hemos leído, no estamos de acuerdo, pero fírmela doña Violeta". Hasta eso me decían.

[3] Entre otros elementos, la Constitución elaborada por la Asamblea excluía a los parientes del primer mandatario a presentarse como candidatos presidenciales. La norma impedía que Antonio Lacayo —ministro de la Presidencia y yerno de doña Violeta— se presentara como candidato. La norma se mantuvo finalmente.

> ¿Sabe qué fue lo primero que yo hice cuando gané?... Fui a pintar mi casa. Es que mi casa tiene un muro desde que la construí hace 33 años. ¡Qué no decía ese muro! "Vendepatria", "Traidora". Y lo pinté de blanco, como era antes. Eso se llama reconciliación: olvidar.

—*Y usted no la firmaba.*

—No señor. Llamaba a los amigos de la Asamblea para que vinieran a platicar. Hasta que al fin hubo una iluminación de Dios y decidimos poner al cardenal Ovando.

—*¿Usted por qué no la firmaba?*

—Porque ése no era mi criterio.

—*¿Quería que negociaran con usted?*

—Claro que sí, teníamos que arreglar nuestros problemas, hablarlos. Decidimos, pues, poner al cardenal y platicamos.

—*¿Ahora hay una mejora?*

—Sí.

—*¿Es decir que usted está de acuerdo con que le hayan quitado cantidad de poderes a la presidencia, además de la eliminación de la duración del mandato de seis años y de la reelección?*

—Sí. Yo no estaba de acuerdo con la Constitución de los sandinistas. ¿Pero sabe la tristeza? Que muchos ya me han dicho: "De todas maneras, si yo gano, voy hacer otra Constitución". ¡Así es la idiosincrasia de los nicaragüenses!

—*¿Van a hacer otra Constitución?*

—Estoy repitiendo lo que me decían los visitantes que pasaron por aquí.

—*¿Alguno de ellos puede ser el futuro presidente?*

—Tal vez, algunos que son candidatos, que ahora van a empezar a salir a las calles. "Yo no estoy de acuerdo —me decían—, pero fírmela." Yo escuchando. Tengo mis notitas por aquí. Pero yo quería salir con mi frente en alto. Y así fue.

¿Entonces sabe lo que sucedió?... Platicando con el presidente de la Asamblea, el doctor Humberto Guzmán, se nos ocurrió que podíamos poner al cardenal Ovando como testigo y garante. Y se arreglaron los problemas. Aquí pasamos muchas veces desde las tres de la tarde hasta las 10 u 11 de la noche. Algún día hasta las cuatro de la mañana. Hasta que al fin salió humo blanco.

—*¿Venían a negociar también los sandinistas?*

—Esta Constitución la firmamos con un grupo del Parlamento, de la Asamblea Nacional y nosotros. Es decir, de común acuerdo. Aquí estaban los representantes de la Asamblea Nacional, yo no sé si trajeron sandinistas. Doris [4] es sandinista ¿verdad? De las renovadas.

—*¿Y los sandinistas ortodoxos? ¿Daniel Ortega estaba de acuerdo?*

—No, él aquí no estaba. Pero había una representante. Aquí los que vinieron fueron representantes de las bancadas, y ahí hay de todo.

—*Llega un momento en que los presidentes están solos en las decisiones: las tienen que tomar solos con su conciencia.*

—No solamente un presidente; una persona, un hombre, una mujer, toma su decisión sola también. Cuando usted decide casarse o no casarse, o hacer su vida.

—*Pero los presidentes toman decisiones más trascendentales porque involucran a todos los ciudadanos. Entonces eso obliga a una reflexión diferente.*

—Por el bien del país, todo se hace. Cuando el país tiene miedo y uno tiene

> ¡Aquí estaba prohibido decir la palabra inglés, porque no querían la palabra del imperialismo! Ahora todo el mundo aprende inglés.

---

[4] Se refiere a Doris Tijerino, comandante sandinista y diputada.

que tomar la responsabilidad, yo tomo mi responsabilidad sola.

RECUERDOS DUROS Y PASAJEROS

—*De su actividad política, ¿cuáles son los recuerdos más duros?*
—Siempre tiene que haber más de un recuerdo duro. Pero son pasajeros.
—*¿Son pasajeros?*
—Una no puede hacer que todo el mundo piense igual. Uno de mis pasajes más duros ha sido solucionar el problema del ejército. Y se solucionó. Ustedes lo saben mejor que yo.
—*No lo dé por sabido.*
—Cuando les estaba contando que los ministros me habían renunciado, me fui donde Humberto Ortega el día antes de tomar posesión. Esa noche tenía una recepción en mi casa. Le pedí a Antonio Lacayo que me consiguiera una cita con Humberto Ortega, inmediata. Aquí somos muy campechanos para hablar. "Yo necesito hablar con él ya", le dije. Ni me preguntó para qué porque sabía que yo no le podía contestar. "Pero me vas a acompañar", le dije. Estábamos en la recepción y en eso veo a don Pablo Antonio Cuadra.[5] También le pedí que me acompañara. Dejé a todo el mundo, me fui al garaje de mi casa, me monté en el carro con Antonio y Pablo Antonio y fuimos a la cita con Humberto, adonde él la ha-

Los países amigos me han ayudado a sacarme de este infierno de deudas. Me han condonado muchísimas, por lo que ésa es una cruz menos que yo llevo.

bía fijado. Estaba esperándome en la puerta. Al verlo le dije: "Necesito hablar dos palabras con vos, rápido. Mañana es el día de toma de posesión. Quiero que se pacte". Así, como si fuera íntimo amigo, ni lo traté de usted. "Quiero que sepas, Humberto, que vos y tu hermano Daniel son *non* gratos en este país. Pero quiero saber si tenés palabra de caballero, te vas a quedar trabajando para mi gobierno, para Nicaragua, durante un tiempo, hasta que yo lo crea conveniente. Vas a cambiar tu vida. Ustedes son nicaragüenses y se van a quedar en Nicaragua", le dije. El hombre se puso blanco, del color de esa guayabera. Se quedó muerto. "¡Sí!", me dijo. "¡Perfecto!" Y Antonio no sabía ni una palabra de lo que yo le iba a decir. Al ratito llegó Carlos,[6] mi hijo, que también estaba en la recepción. "¿Qué andás haciendo vos aquí? ¿Que has venido a hacer de metiche?", le digo yo. No me contestó nada, hasta me dio lástima que lo regañé frente de tres personas. Al ratito se levantó Humberto, y apareció con Joaquín Cuadra Lacayo.[7] "Apuntá que Daniel y Humberto Ortega, todos ustedes son *non* gratos en este país, pero se van a quedar: son nicaragüenses", repetí para él. Me vine para mi casa y le dije a todos los demás que Humberto Ortega seguiría como comandante del ejército. Ahora no me preguntes dónde está ese señor. Yo no se dónde está. Es nicaragüense y ya está.
—*¿Qué cosas le hubiera gustado ha-*

---

[5] Destacado periodista e intelectual nicaraguense, vinculado con el diario *La Prensa* y con la familia Chamorro.
[6] Carlos Fernando Chamorro es periodista, fue director de *Barricada,* órgano oficial del sandinismo. Hoy es cercano al sandinismo renovador que orienta Sergio Ramírez.
[7] Oficial sandinista, segundo en jerarquía después de Humberto Ortega desde la llegada al gobierno del sandinismo. Sustituyó a Humberto Ortega como comandante en jefe del ejército de Nicaragua, según ya se ha dicho.

> "Quiero que sepas, Humberto, que vos y tu hermano Daniel son *non* gratos en este país. Pero quiero que trabajes para mi gobierno hasta que yo lo crea conveniente." "¡Sí!", contestó.

cer que no logró poner en marcha durante su presidencia?

—Por ejemplo, terminar con el desempleo, la crisis económica. Que en Nicaragua se estuviera mejor que como la recibí. Pero lo principal es que ahora, si bien hay crisis, no hay un solo hombre cargando un fusil. Ésa es mi comparación. Tenemos que ir poquito a poco, educándonos. Recientemente fui a Taiwan, un país que pasó muchos años en guerra. Allí la gente se unió para trabajar en parcelas de tierra más pequeñas que las de Nicaragua, y ahora son ejemplo del mundo. Aquí no quieren trabajar, yo no sé. Allí hay una enorme unidad, pero en cambio aquí no, cada cual busca para su propio bolsillo.

Y cuando salga de la presidencia, me voy para mi casa, sigo haciendo mis obras sociales y mis trabajos calladita la boca. Uno de los problemas que tiene mi gente es que a mí no me gusta salir, no me gusta la publicidad.

EL DÍA A DÍA

—¿Qué es lo que le ha resultado más difícil en estos años?

—Las cosas más chiquitas, como no poder ser libre, no andar por Managua. No conozco muchos lugares porque no me gusta salir, no me gusta andar con guardaespaldas. Eso no me gusta, me ha maltratado mucho eso.

—En lo personal, su vida ha sido difícil.

—En eso, sí. No he gozado lo que se ha hecho en este país, supermercados remodelados, nuevos, nada de eso lo conozco, se lo juro por Dios. No he ido a un restaurante, ni viejo ni nuevo. Me han mandado invitar del Intercontinental, y no lo conozco. Yo le digo a mis nietos y a mis hijos: "Esperen, que ya me falta poquito tiempo, entonces me van a invitar y no me van a aguantar". Sufro también cuando salgo de viaje, porque hay una enorme seguridad, entonces no conozco los países. Aquí en Nicaragua la gente dice: "¡Qué dichosa la Violeta, anda paseando!" En primer lugar, no es paseo. "¡Qué alegre conociendo Dinamarca, Boston, Costa Rica!" ¡Pero si a uno no lo dejan ni moverse! Sale de un avión y pasa a un carro o a una limusina, con sirenas. Te llevan a un hotel y muchas veces te meten por la cocina, no entrás por el salón. Esas cosas no me gustan. En los Estados Unidos les he dicho: "¿Por qué me traen por esta cocina? ¿No mataron así al señor Robert Kennedy?"

Yo soy una persona completamente independiente. Salgo de aquí, tomo mi carro y me voy manejando, con mi chofer Roberto, que ya hace como 17 años que está conmigo. Pero yo no permito que nadie me maneje a mí.

—¿Usted maneja?

—Claro, siempre y cuando ande con mi licencia en la cartera, si no, no. Y paro en los semáforos.

—Probablemente usted quiera dejarle un consejo a su sucesor.

—Al que me siga le pido que no destruya lo que se ha construido, que siga haciendo por el bien de todos los nicaragüenses, y que sea amigo de todos, con respeto. Eso es lo fundamental.

Ernesto Pérez Balladares: *Estados Unidos maduró en relación con América Latina*

La construcción colonial del Palacio de las Garzas, en el centro viejo de la ciudad de Panamá, se destaca por el estricto protocolo de todos los que allí despachan, por el refinamiento de su mobiliario y por las garzas que deambulan junto a las fuentes de los exuberantes patios interiores. El 16 de enero de 1995, a las cinco de la tarde, cuando estaba programada la entrevista, la temperatura superaba los 35 grados en Panamá. El presidente Pérez Balladares respondió al verdadero bombardeo de preguntas cruzadas con solidez y solvencia, en un tono aplomado y sin un solo titubeo. Nada diría que este país fue invadido hace siete años y que el actual presidente pertenece —aunque opositor en su tiempo al general Noriega— al partido fundado por el general Torrijos, que estaba en el gobierno en tiempos de aquella invasión.

—*La gobernabilidad tiene directa relación con el funcionamiento del Estado. Habitualmente en América Latina el proceso de reforma comienza por una apertura comercial y luego se pasa a lo que se conoce como la reforma del Estado. ¿Cómo visualiza el presidente la reforma del Estado en Panamá, tanto en términos de empresas públicas como de administración central?*

—Lo primero que hicimos nosotros durante el primer año de gobierno, a partir de septiembre de 1994, fue lo que se ha denominado tradicionalmente el cambio estructural. Con esto quiero decir adecuar todo el sistema económico —y dentro de él, por supuesto, el tamaño y la función del Estado— a la nueva realidad del mundo moderno. En ese sentido, durante el año 1995 propusimos las leyes necesarias para la apertura comercial y para lograr la eficiencia de las empresas estatales, privatizando algunas y permitiendo la asociación de capitales privados en otras. Ha sido un modelo un poco diferente, quizá, al que se utilizó en otros países, sobre todo al principio de esta época de cambios estructurales. Quizá por esa razón, y ayudado por las experiencias buenas y ma-

ERNESTO PÉREZ BALLADARES, es presidente de la República de Panamá (1994-1999). Nació en Panamá el 29 de junio de 1946. En el sector público, se desempeño como miembro de la Convención Legislativa (1975-1976), ministro de Finanzas y Tesoro (1976-1981) y ministro de Planificación y Policía Económica (1981-1982), fue director general del Instituto de Recursos Hidráulicos y Electrificación (1983). Pérez Balladares fue negociador de los Tratados sobre el Canal de Panamá de 1977. En el sector privado, fue presidente y director de la Golden Fruit Company, S. A., Coffee Boquete Mills, S. A., entre otras. Es uno de los fundadores del Partido Revolucionario Democrático (PRD), en 1979.

las de otros países, la nuestra ha tenido, hasta el momento, un costo social relativamente bajo. Con la ley de la libre competencia —vinculada con los derechos intelectuales y patentes—, se cierra el círculo que comenzó introduciendo la ley de privatización de la compañía telefónica, la que permite la generación privada de energía eléctrica y la que permite la privatización de los puertos, su administración y las concesiones privadas de nuevos puertos. Luego vinieron las leyes que instrumentan la apertura económica, la libre competencia y la flexibilización del mercado laboral. Éstas son simplemente las bases. Sobre ellas debe construirse el desarrollo en los próximos 10 años.

LA REELECCIÓN

—*Existe, tal vez, un nuevo presidencialismo emergente en la región, como es el caso argentino y el peruano y que se insinúa en Brasil y en otros países de la región: un presidencialismo que incorpora la figura de la reelección. ¿Cuál es su opinión sobre este tema?*

—Sin adentrarme en la realidad de otros países, porque por supuesto difieren en algún grado de la nuestra, en Panamá vinimos de una época muy traumática, en la que hubo dictaduras —o dictablandas, como decía Torrijos, refiriéndose a la suya—. Un periodo en el que no hubo un sistema democrático renovador de las instituciones gubernamentales y de las normas, como ahora lo hemos hecho. A mí me parece que, en el caso muy particular de Panamá, pensar en una reelección es arriesgar un poco todo lo que se ha logrado en la consolidación del sistema democrático. Además, es importante para los pueblos que cada cinco años exista la oportunidad de un cambio real, no solamente un cambio cosmético, sino un cambio real que pue-

En Panamá vinimos de una época muy traumática, en la que hubo dictaduras, o dictablandas, como decía Torrijos, refiriéndose a la suya.

da reevaluar lo hecho por un gobierno. Quiérase o no, las influencias que en países pequeños como el nuestro puede ejercer un gobierno son muy grandes. No es el caso mío, pero yo no puedo juzgar por el mío a los futuros. De manera que yo tengo serias aprehensiones respecto del instituto de la reelección presidencial en el caso de Panamá...

—*Se maneja el argumento de que, o bien se toma por el camino de la reelección o bien se puede extender el periodo de gobierno: un sistema que no sea de cuatro o cinco años, sino, como el caso francés, de seis o siete años. ¿Esta opción le parece conveniente en la estructura institucional panameña?*

—En el caso de Panamá es más factible pensar en una posible reelección —sobre la que ya he dicho lo que pienso— que en una extensión de plazos.

EL CLIENTELISMO

—*Un instrumento muy habitual en todo este siglo en América Latina ha sido el clientelismo. Ya hacia el fin de siglo estamos construyendo las instituciones del nuevo Estado pero el viejo instrumento del clientelismo —por lo menos parcialmente— sigue vigente en las prácticas políticas. ¿Usted cree que habrá que cambiar el instrumento? ¿Se puede hacer un nuevo Estado con el viejo instrumento?*

—En la medida que nuestras economías vayan evolucionando a tasas de crecimiento aceptables, el clientelismo deja de ser un problema real. El clientelismo existe desde el momento en que la aspiración a la solución del trabajo de una persona depende de su participación política. Ésa es la semilla del clientelismo. En la medida que podamos establecer generación de empleos adecuados y bien remunerados en los sectores privados, el clientelismo va a tender a desaparecer como experiencia latinoamericana. Nunca va a desaparecer en su totalidad: evidentemente habrá siempre personas que aspiren a un puesto en el engranaje gubernamental en vez de permanecer en el sector privado. Pero no en los niveles que desafortunadamente hemos visto en América Latina.

LAS BASES

—*Respecto a las bases norteamericanas, ¿es posible pensar en una sociedad con los Estados Unidos para mantenerlas con posterioridad a la fecha de entrega establecida por los Tratados Torrijos-Carter?*

—Usted sabe que a solicitud del presidente Clinton estamos evaluando el tema conjuntamente, explorándolo, viendo si hay beneficios que ameriten una negociación formal de parte a parte. A los efectos de Panamá, nosotros lo hemos definido con mucha claridad: tiene que haber beneficios tangibles directos de tipo económico. En caso contrario, no habría una razón fundamental ni explicable ante el pueblo panameño para que haya una permanencia norteamericana, por más reducida que fuera, después de la vigencia de los tratados.

—*Las encuestas indican que el pueblo panameño no estaría reactivo frente a la presencia estadunidense.*

—Pero lo que no indica la encuesta es la razón de esa aceptación. Ésa es la obligación que tenemos los políticos: de escudriñar, de leer entrelíneas. ¿Por qué el sesenta u ochenta y tanto por ciento —dependiendo de la encuesta que usted lea— de los panameños encuestados quisieran que hubiera una presencia norteamericana en Panamá? Yo le puedo asegurar que no es porque a los panameños les guste que haya militares norteamericanos en Panamá. No, viene más bien por los posibles beneficios económicos de esa presencia norteamericana en el país. Y en estos momentos estamos evaluando si es posible que haya un beneficio económico directo. En caso de que no lo haya, esas encuestas que usted leyó mañana indicarán exactamente lo contrario.

—*¿Es necesaria una concertación política nacional para establecer una política de Estado respecto de este tema?*

—Es un tema que lo llevamos todos los panameños, cada cual a su modo, muy arraigado. En consecuencia, cualquier propuesta tiene que ser una consulta nacional. Yo no sé si un consenso es la palabra, pero sí una consulta. Lo que estamos haciendo en esta etapa exploratoria es tratar de establecer un lenguaje común. Hemos encargado a un par de economistas locales, en conjunto con los partidos políticos del gobierno y de la oposición, que preparen un estudio de lo que realmente significan económicamente las bases militares, su repercusión y su posible costo si no se usan como bases militares y se quieren mantener como instalaciones tal y como están ahora mismo. Porque se nos ocurre, por ejemplo, que una base tal y como está definida ahora mismo por los Estados Unidos no es necesariamente lo que nosotros definiríamos como una base o como una instalación militar. Le doy un ejemplo concreto. La pista del aeropuerto de una de las bases para nosotros tiene un posible uso comercial, un posible uso como aeropuerto internacional, pero no necesariamente todo

> En la medida que podamos generar empleos adecuados y bien remunerados en los sectores privados, el clientelismo va a tender a desaparecer como experiencia latinoamericana.

el perímetro de la base. Hay que definir eso entre los panameños. Definir, valorizar, dimensionar de qué estamos hablando, porque se habla de toda clase de cifras. Yo he oído en los últimos meses hablar de 5 000 a 30 000 millones en bienes invertidos.

Estamos tratando, en consecuencia, de establecer un lenguaje común para poder concretar un poco más nuestro pensamiento.

ADMINISTRACIÓN DEL CANAL

—*Existen diversas opciones para gestionar las grandes obras públicas en América Latina. Recientemente Argentina, por ejemplo, cedió algunas grandes obras hidroeléctricas que está privatizando a empresas binacionales. Cuando el Canal pase a la administración de Panamá, ¿en qué tipo de organización —pública, privada o mixta— usted está pensando para gestionarlo?*

—En este momento estamos explorando la posibilidad de una estructura mixta, es decir una administración fundamentalmente pública, pero con una junta directiva conformada de alguna manera por países usuarios del área. Hay que recordar que ésta es una empresa que no beneficia solamente a Panamá, sino que tiene repercusiones en el comercio mundial y un impacto importante en la economía de muchísimos países. De manera que, aunque es un bien que podemos entender como propio, no es menos cierto que somos muy conscientes de la repercusión que tiene en la economía de países vecinos. Y no necesariamente de los grandes países.

Quizá los Estados Unidos han descubierto los beneficios de no tomar ventaja de América Latina, sino de desarrollar conjuntamente las cosas en el futuro.

Por ejemplo, la repercusión que tendría el Canal de Panamá en los Estados Unidos, que es el principal usuario, no es tan grande desde el punto de vista relativo como el que tiene en los casos de Perú o Ecuador.

Entonces estamos explorando la alternativa de que haya una participación, a nivel de una junta directiva, de usuarios, o algún cuerpo asesor, de manera que haya seguridad de que el Canal se está administrando eficientemente, de que no se va a hacer un uso irracional del paso casi obligado que existe por Panamá, y de que se seguirá beneficiando al comercio mundial. Pero sabiendo que ahora, siendo nuestro, generará riquezas para Panamá, a diferencia de la situación anterior. Porque con la administración de los Estados Unidos tenía un fin más estratégico-militar que comercial. Nosotros pensamos que el Canal de Panamá va a poder generar una serie de actividades comerciales y económicas que beneficiarán a la República como nunca lo han hecho hasta ahora.

Estamos pensando en ese tipo de administración, y paralelamente nos estamos asegurando de que haya una legislación que lo mantenga muy aislado de los vaivenes políticos internos. Aunque haya una administración pública, trataremos de que esté aislado del clientelismo, de los problemas presupuestarios, de los problemas de la intervención de las contralorías, todos los temas que sabemos que retrasan y hacen ineficiente la labor de gobierno. En ese esfuerzo nos encontramos en estos momentos.

RELACIÓN MÁS MADURA
CON LOS ESTADOS UNIDOS

—*Resulta bastante evidente que en los grandes países de la región —caso Argentina, Chile, Brasil y México— existe un acercamiento hacia los Estados Unidos. El antimperialismo de los sesenta y setenta viene retrocediendo. Teniendo en cuenta que Panamá siempre ha sido un caso clave para el relacionamiento de América Latina y los Estados Unidos, ¿cómo ve el gobierno panameño este vínculo?*

—En relación con el Canal, hemos estado hablando sobre la posible permanencia, más allá del año 2000, de soldados norteamericanos en Panamá. Los panameños y los Estados Unidos —nuestro gobierno y el de Clinton— tenemos un entendimiento clave, más allá de lo que pueda suceder en estas conversaciones exploratorias, con independencia de que pueda haber o no bases en el futuro. Lo importante es que definamos ahora nuestra relación hacia el siglo XXI, que ambos hemos denominado como una relación especial.

Quizá es especial en el caso de Panamá por razones históricas que todos conocemos. Pero no es menos claro también, por lo menos para mí, que ha habido una madurez de las relaciones de América Latina con los Estados Unidos y viceversa. No se trata solamente de un cambio nuestro, el cambio es también de ellos. Ellos ahora ven en América Latina un continente avanzando hacia la modernidad, con conceptos claros, afines en muchos casos a los suyos; ven que podría resultar mucho más beneficioso para ellos y para nosotros definirnos como socios, y no con intereses encontrados. Quizá los Estados Unidos han descubierto los beneficios de no tomar ventaja de América Latina, sino de desarrollar conjuntamente las cosas en el futuro.

Esto se define muy bien en la cumbre de Miami, con ese concepto de una integración de toda América, que abarque

Se hará un parque industrial en una de las áreas que fue fuerte militar. Ya hay 45 empresas interesadas.

Hay un gran interés en usar a Panamá y las facilidades que nosotros brindamos como un centro de redistribución de mercaderías e incluso de manufactura liviana.

desde Canadá hasta la Patagonia, para el año 2005. Yo creo que los conceptos de los años sesenta y setenta, que fueron muy válidos en su momento, han ido perdiendo validez frente a las nuevas realidades y los nuevos conceptos políticos.

—*Para complementar esta visión, ¿está pensando Panamá en desempeñar un papel de bisagra entre América del Sur y América Central?*

—Nuestro papel histórico ha sido lo que se llama en inglés *cross-road*, un puente de intercambio. Pensamos que con la nueva realidad económica vamos a redefinir ese puente de intercambio, pero seguiremos siendo un punto donde se podrán encontrar diferentes productos y corrientes comerciales. Y un punto desde donde se puedan distribuir, desde donde se pueda acceder a diferentes mercados, no solamente físicamente, sino utilizando la tecnología de la electrónica. Es decir, una serie de servicios que en el futuro seguirán siendo los que históricamente hemos prestado, pero ahora con las nuevas tecnologías.

LA REFORMA LEGAL

—*Los organismos multilaterales de crédito están insistiendo en el tema de la modernización de la justicia, en la reforma legal, en las reglas de juego en las transacciones económicas, en los derechos de propiedad. ¿Qué papel juega ese tema en la agenda del debate panameño, país sede de sociedades anónimas, de sociedades bancarias y de flotas que actúan en todo el mundo?*

—Está justamente en la Asamblea ahora. Ésa es la ley de la libre competencia, que incluye el respeto a los derechos intelectuales. Y está en la agenda porque es una de las condiciones, nos guste o no —ya hemos aceptado que nos gusta—, para el ingreso en la Organización Mundial de Comercio y para la apertura de nuestro mercado.

—*Un problema que en los países de la región aparece vinculado con la articulación de la política y la justicia es la corrupción. ¿Cómo se está encarando este tópico?*

—El tema está vigente en las conversaciones que mantenemos con el órgano judicial, con el ministerio público. Le voy a ser muy franco, no con la velocidad ni con el ímpetu que yo quisiera, pero también existe una limitante, que es la separación de los poderes y su independencia. Yo quisiera que ambas instituciones, el órgano judicial y el ministerio público, fueran mucho más agresivos en su reforma, en su toma de conciencia. Pero lo más que puedo hacer y lo que me atrevo a hacer es sugerírselos con mucho respeto a los miembros de la Corte Suprema de Justicia y al procurador.

Es un problema serio, no es de fácil resolución, y quizá con una buena colaboración de Naciones Unidas podamos hacer que se acelere un poco más su toma de conciencia y su modernización.

—*En los organismos multilaterales este tema está implícito —reforma legal, reglas de juego estables y claras, salvaguarda de los derechos de propiedad— en lo que ha dado en llamar "la segunda generación de reformas". ¿Panamá participa en ellas?*

—De parte mía, sí.

—*En el mismo sentido, ¿qué políticas públicas se están implementando para promover la inversión?*

—Estamos creando facilidades que eviten que un inversionista o un posible inversionista sea víctima de una burocracia que pretende beneficiarse —de alguna manera— dilatando, demoran-

do, impidiendo. Esto ha sucedido tradicionalmente en Panamá. Nosotros estamos tratando de darle mucho ímpetu, mucha agilidad a estas decisiones. Asimismo estamos creando, por supuesto, lo que es fundamental para la inversión: que haya condiciones económicas que la hagan rentable. Porque por más facilidad que haya, si no hay rentabilidad no hay inversionistas.

Para eso se han estado cambiando las estructuras económicas del país, con resultados muy favorables en los primeros 14 o 15 meses de gobierno. Hemos logrado, por ejemplo, bajar el costo del transporte y del uso de puertos. Estamos ya a niveles razonables de competencia en el costo de generación eléctrica con los países vecinos. Faltan algunas otras cosas en las que estamos trabajando para asegurarnos de que el inversionista nos ubique por lo menos en una misma curva de indiferencia —como le llamamos los economistas al hecho de que no haya diferencias-país negativas— en relación con otros países en cuanto a la prestación de los servicios básicos, lo que puede definir su decisión de inversión o no. Que fundamentalmente depende de su producto, su mercado y su rentabilidad en Panamá.

—*Es decir, no hay un "costo Panamá".*

—No.

—*¿Hay inversiones de gran volumen que el gobierno está negociando?*

—Estamos haciéndolo. Ya hemos concretado con un inversionista de Taiwan, específicamente, la formación de un parque industrial en una de las áreas que fue fuerte militar. Ahí se creará una "zona de exportación" y, según me acaba de decir el embajador de China, ya hay alrededor de 45 empresas muy interesadas en ubicarse en esa zona.

Se concretó la construcción de un nuevo puerto, que va a competir no solamente con los puertos nacionales, sino con un puerto privado que ya existe, lo que trajo como consecuencia un significativo abaratamiento del manejo de carga de los puertos panameños. Al introducir esta competencia, inmediatamente empezó a ser mucho más eficiente la prestación de los servicios.

Y existen posibilidades y ofertas de inversionistas de otros países asiáticos, de Corea por ejemplo, para construir obras importantes en el sector turismo, como hoteles. En el mismo sentido estamos evaluando ofertas de inversionistas japoneses.

Sin duda hay un gran interés en usar a Panamá y las facilidades que nosotros brindamos, como un centro de redistribución de mercaderías, e incluso de manufactura liviana.

EL NARCOTRÁFICO

—*El fenómeno continental del narcotráfico, ¿cómo lo combate Panamá?*

—Yo creo que no hacemos nada diferente de lo que hacen los otros países que tienen la desgracia de ser usados como países de tránsito. Intercambiamos información con países que tienen el mismo problema. Estamos al tanto de lo que se está haciendo allá, de las personas que están involucradas. Estamos agilizando la extradición de extranjeros capturados en Panamá, y estamos embarcados en una campaña para evitar que los panameños hagan uso de la droga, que desafortunadamente es uno de los subproductos que nos queda del tráfico. Porque mucha droga queda rezagada por acá, y comienza a usarse, creando todos los problemas sociales que eso significa.

> Pese a pertenecer al PRD, me tuve que ir de Panamá amenazado por Noriega. Eso que en su momento fue para mí muy duro, después me dio una especie de respaldo moral frente a nuestra propia membresía.

Nosotros hemos propuesto algo que fue acogido en una de las cumbres del Grupo de Río y presentado al presidente Clinton. La idea es que aquí se establezca un centro interregional, un centro multipaíses, de intercambio de información, de evaluación, e incluso de diseño de operaciones conjuntas, para tratar de hacer un frente común de lucha contra el narcotráfico y su derivado, que es el lavado de dinero. Estamos trabajando en eso. Estamos todos de acuerdo en que hay que luchar contra ello, pero debe hacerse sin vulnerar las soberanías, sin que nadie sienta que está sufriendo imposiciones. Estamos madurando esa idea, y yo tengo la esperanza de que podremos concretarla.

EL TRIUNFO DEL PARTIDO REVOLUCIONARIO DEMOCRÁTICO

—*Usted era el secretario general del PRD en todo el proceso para reconquistar el poder desde la oposición. ¿Cómo vivió y gestionó todo eso? Nos gustaría un testimonio personal.*

—Mi caso es quizá un poco especial por el hecho de que yo fui parte del gobierno de Torrijos, miembro fundador del partido, carné número cuatro o cinco. Pero luego de la muerte de Torrijos fui dejado de lado. Y en 1984, predicando lo que decían los estatutos del partido, traté de hacer un replanteamiento de la relación del partido con los militares, que venía deteriorándose cada vez más. Y me costó muy caro, me costó no solamente el ostracismo de la clase política, de mis compañeros políticos, sino incluso el exilio. Me tuve que ir de Panamá amenazado por Noriega. Eso que en su momento fue para mí muy duro, quizá fue mi mejor carta de presentación después de lo que pasó a partir de 1984 y que culmina con la invasión de 1989, porque me dio una especie de respaldo moral frente a nuestra propia membresía. Se daban cuenta de que lo que yo había dicho antes era correcto, no me habían hecho caso y lo habíamos sufrido. Eso me permitió recoger las bases.

Y luego pasamos por un periodo de reorganización interna, respetando estrictamente los estatutos y la democracia del partido. Eso fue fundamental. Sin aprovecharme de esa coyuntura que me era favorable para montarme sobre ella, sino haciendo la apertura partidaria de verdad. Respetando las tendencias, asegurando que se cumplía con todos los reglamentos de los estatutos del partido. En ese proceso he ido a cuatro elecciones internas, y en las cuatro me he ido fortaleciendo porque las cosas han caminado muy bien. Y tuve un aliado estratégico, porque el anterior fue un muy mal gobierno.

El secreto fue, fundamentalmente, el haber mantenido los mismos principios desde hace mucho tiempo. Y luego, cuando se pudieron llevar a la práctica, llevarlos a la práctica de verdad.

Recientemente hicimos un Congreso —nosotros tenemos un partido de 600 000 miembros— y hubo sesenta y tantos mil votos internos para elegir 2 000 delegados. Al Congreso fueron 1 740 delegados y obtuve 1 660 votos. Fue la primera vez que competí sin contrincante en el partido. Pero de todas formas la votación era secreta, se podría haber votado en blanco si se quería protestar. Y obtuve 1 660 votos.

—*Hay muchas teorías sobre por qué algunos partidos en América Latina subsisten y otros no. ¿Por qué, por ejemplo, el* APRA *está tan mal y el peronismo continúa en el poder? El profesor Domínguez, de Harvard, sostiene que la clave del éxito está en los procesos de democracia interna.*

—No hay duda, la clave es ésa: el someterse a la democracia interna, no importa el puesto que se tenga ni la posibilidad coyuntural sobre la cual esté montado.

—*La adecuación entre la campaña electoral y el gobierno suele ser difícil. Hay casos exitosos como el de Menem o Fujimori; hay casos más traumáticos. ¿Cómo administra usted la tradición de un partido antimperialista y estatalista en un momento de transformación?*

—Yo creo que con mucho diálogo interno, con mucha discusión interna en el partido. Pero sin castigar la disidencia, porque nosotros somos muy amplios en eso. Hay mucha discusión, mucha crítica, a veces muy dura, pero siempre respetuosa. Es imposible no ver la realidad cuando se la descarnas a la persona, con independencia de que su preferencia política esté por otro lado. Pero la realidad es la realidad. Y se va adecuando el pensamiento, sin perder los principios, se va adecuando a la realidad de hoy. Creo que eso lo ha logrado el partido.

—*De algún modo eso supone un partido permeable a la realidad.*

—Un partido de principios, pero no aferrado a criterios ya superados.

—*Ese partido que debe ser permeable, ¿es la base de una coalición social?*

—Sí.

—*¿Cómo la imagina? ¿Quiénes son los actores? Es decir, estaba el Estado de bienestar, que tenía actores claros y frecuentemente corporativos, los sindicatos, los partidos populistas, los funcionarios públicos, los industriales, todo en el contexto de las "economías cerradas". Se desmonta todo eso, usted protagoniza un proceso de modernización en la jefatura del gobierno y en la jefatura del partido. Ahora bien, la coalición política que va a hacer sustentables las reformas, ¿es política o es social? ¿Cómo continuamos? ¿Cómo nos mantenemos? ¿Cómo no volvemos atrás?*

—Ése también es mi gran interrogante. Ése es el que, cuando lo pienso durante la noche, me quita el sueño. Porque no lo tengo resuelto.

Juan Carlos Wasmosy: Salvamos el examen de la democracia

La entrevista con el presidente Juan Carlos Wasmosy se realizó el 4 de junio de 1996. Pocos días antes había ocurrido el episodio de la insurrección del general Oviedo —primero relevado, horas después presentado por el presidente como futuro ministro de Defensa, horas después relevado definitivamente—, quien al día siguiente de esta entrevista se aprestaba a presentar denuncias referidas a las interioridades y negociaciones ocurridas durante el levantamiento. Durante la crisis, el presidente había llegado a dormir, por razones de seguridad, en la embajada norteamericana. El general Oviedo —granada en mano— fue quien, en su momento, detuvo al general Stroessner, lo sacó de su protegido cuartel y lo puso en un avión hacia Brasil. El clima no podía ser más agitado, la mañana de la entrevista, en el Palacio Presidencial, junto al pacífico río: el presidente purgaba unas fuerzas armadas donde Oviedo tenía sólido apoyo. Wasmosy recibió a los autores en la sala de reunión de gabinete, contigua a su despacho, munido de profusos documentos y acompañado por su asesor económico, el secretario de la presidencia y su secretario privado. Durante la entrevista, el presidente dio rienda suelta a su natural extroversión, ante la mirada atenta de sus asesores.

—¿Cuál fue el papel de los países de la región, y en particular de los países del Mercosur, en la resolución de la última crisis, así como el del desarrollo del concepto, un poco novedoso, de esta suerte de "seguro regional democrático" que parece haber operado?

—El Paraguay, por décadas, ha tenido la fama de un país gobernado en forma omnímoda y autoritaria. Al asumir la presidencia, me propuse hacer conocer el nuevo Paraguay y mostrar al mundo lo que hoy es mi país. No ya un nido de contrabandistas, un sitio de protección de delincuentes y asesinos internacionales. No ya un país de crímenes impunes, sino una democracia, incipiente pero en desarrollo, que trata de construirse con base en el respeto.

Desde el inicio de mi mandato he salido a dar a conocer un país que respira libertad, donde hay paz, hay una justi-

JUAN CARLOS WASMOSY nació el 15 de diciembre de 1938. Actual presidente de Paraguay, fue el primer presidente electo por voto directo desde la independencia de ese país en 1811. Pertenece al Partido Colorado. Fue presidente de COEP, para los trabajos de ingeniería civil en la planta hidroeléctrica de Yacyretá. Miembro fundador de la Cámara Paraguaya de la Construcción. Wasmosy se graduó como ingeniero civil en la Universidad de Asunción y cursó luego estudios en administración de empresas.

cia renovada, hay una justicia electoral pluripartidaria, regida de acuerdo con los cánones constitucionales, donde la justicia está integrada por jurisconsultos de todos los partidos políticos, también acorde con los principios constitucionales, fruto de un Consejo de la Magistratura. Los tres poderes, si bien están interligados, son totalmente independientes.

Hemos mostrado al mundo un país joven, que cuenta con la energía más barata del mundo, escasamente poblado, con tierras vírgenes, inserto en un Mercosur en el que tiene todas las facilidades: la menor carga impositiva, la menor carga social, mano de obra fácilmente adaptable a las nuevas tecnologías y un mercado potencial, como son Argentina y Brasil. Eso es lo que yo salí a mostrar al mundo.

En esa gestión me cupo la oportunidad y la suerte de establecer relaciones —no sólo de Estado, sino también de amistad— con presidentes, con ministros, con reyes. Y también con el Sumo Pontífice. Nunca pensé que todo ello iba a tener un efecto tan positivo en un momento sumamente difícil como el que pasamos: una verdadera prueba de examen para la democracia, para un país y, en especial, para un gobierno que busca afanosamente consolidar esa democracia.

No pude cumplir con todos los presidentes del mundo que me han llamado y me han escrito para manifestarme su preocupación y su solidaridad, y lo hice en forma simbólica con los presidentes del Mercosur para agradecerles ese gesto de apoyo. Nadie pensó que con el Mercosur nacería una verdadera empresa de seguros de la democracia. La prueba de fuego la tuvimos nosotros. Ésta sí es una señal inequívoca de que todos los pueblos de América y del mundo —salvo excepciones que ustedes conocen, tal vez uno o dos gobiernos que no han captado el pensar y el sentir de

> Con el Mercosur nació una empresa de seguros de la democracia.

sus pueblos— quieren vivir en libertad y en democracia.

Los procesos de integración son, sí, las herramientas para poder sacar a nuestros pueblos de la pobreza, del subdesarrollo. Pero, al mismo tiempo, son mecanismos políticos para la consolidación de la democracia en los países que participan en esos procesos.

En resumen, le tocó ahora a Paraguay rendir esa prueba que han aprobado todos los países libres del mundo.

LA INTEGRACIÓN REGIONAL
COMO SEGURO DEMOCRÁTICO

—*Desde la cabeza del Estado, usted vivió en su país la más reciente crisis de gobernabilidad del continente. Ese "seguro democrático" del que usted habla, regional y mercosuriano, ¿en qué consistió, más específicamente?*

—Yo le diría que hasta hace una o dos décadas, lo que pasaba en cualquier país tenía su repercusión en el resto del mundo sólo meses o años más tarde. Con el avance tecnológico, con esta globalización económica que está imperando en el mundo, con esta interdependencia y gracias a las comunicaciones, cualquier acto, desde el punto de vista político, económico, social, de cualquier país del mundo, tiene su repercusión casi instantánea hasta en sus antípodas. Al surgir algún peligro que podía destruir lo construido hasta ahora, nació ese apoyo solidario, esa convocatoria voluntaria de venir hasta aquí, porque ni siquiera tuve que llamarlos. Y así vinieron desde César Gaviria, de la OEA, hasta representantes de los países miembros de Naciones Unidas, todos los cancilleres del Mercosur. Los embajadores acreditados en el país han estado conmigo permanentemente, conversando y dialogando toda la noche, incluyendo al decano del cuerpo diplomático, el Nuncio.

> Yo creo que aquí las fuerzas armadas son las que más se han adecuado a los cambios.

De modo que no fue una invitación del presidente Wasmosy, sino al contrario, fue como una reacción, voluntaria, frente a lo que podía haber acontecido. A eso hay que sumarle las llamadas de muchos presidentes y jefes de Estado. El presidente Clinton, por ejemplo, ha tenido la gentileza de llamar para expresarme su apoyo. Otros presidentes no podían comunicarse porque las líneas estaban bloqueadas. He tenido que remitir numerosas cartas de agradecimiento a todos ellos.

Cualquier país, de aquí en adelante, que pueda tener algún traspié en ese sentido estará seguro de que la comunidad internacional va a acudir voluntariamente a ponerse al lado de las instituciones que garantizan el orden democrático.

—*Se ha sorteado la crisis sin derramamiento de sangre. ¿Cuál es el balance en perspectiva?*

—El balance fundamental es la subordinación del estamento militar —por primera vez en la historia política de este país— a la autoridad civil. Ése es el resumen.

—*Usted sintió que en cuanto a la suerte de las instituciones se vivió una incertidumbre real.*

—Yo me jugué el todo por el todo.

—*Con ese decreto que firmó relevando al general Oviedo usted estaba...*

—Apostando a la libertad y a la democracia en mi país. Yo se lo dije a Oviedo, se lo entregué a él. Le dije: "Ahí tenés dos opciones, o te retirás por la puerta grande o das un golpe; y si das un golpe..."

—*¿Y el presidente tuvo incertidumbres? ¿En algún momento pensó que podía perder la pulseada?*

—No. Yo conozco a mis colaboradores. Lo que no quería era derramamiento de sangre, porque yo sabía lo que había detrás y delante. Si la aeronáutica venía de donde estaba, aquí no quedaba ladrillo sobre ladrillo. Además, era la fiesta de san Jorge al día siguiente, y estaban concentrados todos los tanques para los actos de festejo, de modo que hubiera sido una verdadera carnicería.

—*Porque usted pensaba que en todo caso iba a haber división en el ejército, que iba a haber gente leal a la Constitución.*

—Seguro, en su mayoría.

—*Es decir que estaba ante una opción real de derramamiento de sangre.*

—No me cabe la menor duda.

AUTONOMÍA DEL ESTADO RESPECTO DEL PARTIDO DE GOBIERNO

—*Los académicos suelen medir la madurez de una democracia de acuerdo con la autonomía que las fuerzas armadas y el Estado puedan detentar respecto de los partidos políticos, básicamente respecto del partido que ha protagonizado una hegemonía autoritaria. La experiencia paraguaya de varias décadas muestra en su cúpula un trípode muy interrelacionado: partido-fuerzas armadas-gobierno. El mismo parece estarse superando en el camino de la construcción democrática. ¿Cómo es realmente hoy la relación de independencia, de autonomización, entre el partido y el Estado? Por ejemplo, hemos visto que hay embajadores que no pertenecen al Partido Colorado.*

—Sé que hay gente que piensa que la alternancia de los partidos políticos en

> Acá estamos con el primer presidente civil, y estamos haciendo maravillas sin una gota de sangre, con un Parlamento en que la oposición es mayoría, haciendo reformas del Estado, no a la velocidad que hubiera deseado, pero estamos avanzando

el poder constituye la mejor prueba de la vigencia de la democracia. Los hechos demostraron que en el caso paraguayo estaban equivocados, ya que, luego de una larga hegemonía del Partido Colorado, era conveniente —para una transición sin altos costos— que el mismo partido iniciara el proceso. ¿Cómo se va a buscar una consolidación democrática, un proceso de alternancia, cuando usted tiene al ejército colorado, a los funcionarios públicos colorados y a la mayoría del pueblo colorada? Tenía que venir un presidente, y esto no es jactancia, que soportara todo lo que yo estoy soportando —pero perteneciente al partido—,[1] a efecto de que se procesara en el país un aprendizaje tendiente a la tolerancia, a la comprensión y a la gobernabilidad.

—¿La fuerza del cambio tenía que venir de adentro del partido de gobierno?

—Claro. Toda la prensa, los Estados Unidos, etc., querían a Caballero Vargas[2] de presidente. Y yo, en 45 días, lo abatí y lo pasé como a esos caballos cuarto de milla. Gracias a Dios, porque él no hubiera podido asumir. ¿Usted se imagina qué situación para la gobernabilidad: un candidato fabricado por la prensa, que quiere asumir la presidencia y no puede hacerlo?

Ahora bien, para todo se necesita un aprendizaje. Y la gente tiene todo el derecho de estar ansiosa por solucionar los problemas sociales que ya existían, que no nacieron durante este gobierno, ni como consecuencia del accionar gubernativo. No. Acá se aprecian esos problemas en la medida que se perfecciona la democracia. Es como el nivel de aguas de un lago que va bajando y se van descubriendo las piedras o los montículos de arena, que siempre han existido pero que hasta entonces estaban tapados.

Ese perfeccionamiento es el que hace ver los problemas que siempre ha habido. ¿Qué requiere la gobernabilidad? Mucha madurez para decir que el Ejecutivo solo no puede dar soluciones a esos problemas, y es necesario que el Poder Legislativo esté de acuerdo. Éstas son las claves de la gobernabilidad para tener mucha eficiencia. Podemos discrepar, pero en los puntos claves tenemos que ponernos de acuerdo en lo que queremos. Y la justicia, a su turno, tiene que ser valiente. Porque el Ejecutivo quiere poner orden, quiere sanear, quiere dar seguridad, pero, señores, ¡se prende a los delincuentes y el juez los pone en libertad a las 24 horas!. ¿Qué culpa tiene el Ejecutivo?

Es decir que se trata de un accionar conjunto Ejecutivo-Legislativo-Judicial, respetando, por supuesto, cada uno, su ámbito de competencia exclusiva. Ésta es una cuestión que debería recalcarse, porque habitualmente se atribuyen debilidades de gestión únicamente al Poder Ejecutivo. La eficiencia en la ges-

[1] En Paraguay, el sistema de constitución de listas partidarias tiene en cuenta la correlación de fuerzas que ha resultado de la interna partidaria, de modo que las diferentes tendencias de un partido se hallan representadas parlamentariamente. La fuerte división en el seno del Partido Colorado, que se manifestara muy claramente en sus elecciones internas (ocasión en que se interrumpió el conteo de votos durante algunas semanas), provocó no pocos problemas parlamentarios a la gestión del presidente.

[2] Guillermo Caballero Vargas, descendiente del fundador del Partido Colorado, fue el candidato del Encuentro Nacional, al que la mayoría de las encuestas le vaticinaban el triunfo en las elecciones.

tión del Ejecutivo depende especialmente de la eficiencia con que cumplen sus papeles los demás poderes del Estado. La gobernabilidad, en la medida que depende de la gestión eficiente, depende también del grado de relacionamiento que exista entre los tres poderes. Es inútil que el Ejecutivo tome la iniciativa en la generación de programas y proyectos que podrían mejorar significativamente las condiciones de bienestar y equidad si no hay una firme disposición de los otros poderes de suministrar la base jurídica que necesita el accionar público.

—¿Qué otros actores incluye en esta estrategia de concertación de acciones?

—He visto por primera vez en mi país que llenan esta plaza vitoreándome por la determinación tomada.

Pero no he visto un empresariado que sea agresivo y sepa defender sus derechos cuando dos o tres individuos —pagados desde el exterior— exigen un imposible aumento de 31%, que todos saben que terminaría perjudicando al campesino, al más desvalido. Se trata solamente de una reivindicación destinada a colmar las aspiraciones de alguno como político, no como sindicalista. ¿Dónde está ese empresariado para defender sus derechos? ¿Es sólo el presidente el que tiene que dar la cara, cuando eso va, por lo demás, en detrimento absoluto de toda la economía? Cerramos mayo con 0.4% de inflación, y esa gente quiere un 31% de aumento. Ustedes saben que abrir las compuertas es muy fácil, cerrarlas es lo difícil.

—Volviendo a la relación entre el Estado y el partido hegemónico en cuanto a la autonomía de la administración respecto del partido ¿en qué medida se ha avanzado concretamente?

—Le voy a demostrar una cosa. Existe un Consejo que toma examen de calificación a las maestras. Para que usted vea el espíritu democrático que nos anima, si tienen mayor puntaje, nombro como profesores a gente del Encuentro Nacional, liberales, febreristas, democratacristianos. Pero la oposición no actúa siempre del mismo modo. En la ciudad de Concepción se dio el caso de una profesora de afiliación colorada que obtuvo 100% en la prueba y, una vez nombrada, no admitieron que asumiera, poniéndose el obispo a la cabeza de la reacción. Entonces, ¿quién es más democrático?

—Antes para ser maestro ¿era necesario pertenecer a un partido determinado?

—Creo que el requisito fundamental no era ése precisamente, sino estar bien recomendado.

—Los nombraban los partidos.

—No. Los nombraba el gobierno, pero por la influencia de las recomendaciones.

—Reformar el Estado suele ser difícil con partidos clientelistas, es decir, partidos que se acostumbraron al viejo Estado del bienestar, a otorgar puestos en la administración pública. Hay una contradicción entre un partido que demanda posiciones y un gobierno que tiene que achicar el presupuesto para bajar la inflación. Esa contradicción gobierno-partido suele ser bastante difícil.

—Es bastante difícil, se lo puedo garantizar. Es más, diría que dentro de mi propio partido tengo oposición, así como también en los partidos de oposición existen fracciones que quieren seguir con el estatismo porque piensan que pueden llegar al gobierno y la única manera de premiar a sus correligionarios sería con cargos públicos. Para la mentalidad de esta gente, el mayor empleador tiene que

> Para que usted vea el espíritu democrático que nos anima, si tienen mayor puntaje, nombro como profesores a gente del Encuentro Nacional, liberales, febreristas o democratacristianos.

ser el Estado, y no es así. Yo creo que el Estado siempre ha fracasado en todo aquello que no hace a su papel específico y que, en puridad, corresponde al sector privado.

Pero tiempo al tiempo. Si yo hubiera tenido mayoría parlamentaria podría haber hecho las reformas mucho más rápidamente. No hay que desesperarse, todos esos son escollos propios de un proceso incipiente de democracia.

—*El llamado pacto de gobernabilidad, ¿en realidad funcionó?*

—Sí, ha servido muchísimo, pero el actual presidente de nuestro partido, por ejemplo, no comparte esa idea.[3] Entonces tenemos que sentarnos a dialogar.

Nuestra agenda de gobernabilidad democrática necesariamente pasa por la renovación de los partidos políticos. Así como por la reforma del Estado, las reformas económicas y sociales y el fortalecimiento de la sociedad civil.

LAS FUERZAS ARMADAS Y LOS CAMBIOS

—*¿Cómo se han adecuado a los cambios las fuerzas armadas?*

—Yo creo que aquí las fuerzas armadas son las que más se han adecuado a los cambios. Sin embargo, hay quienes se acostumbraron durante 40 años al viejo sistema y es difícil adaptar a la gente de un día para otro. Por eso es

> Yo soy huérfano, a los dos años y medio ya no tenía madre y mi padre fue deportado. Me criaron dos tías. Entonces desde chico me acostumbré a luchar. A mí no me amilana nadie.

que yo digo que otros países, como Argentina o Brasil, han tenido varios periodos presidenciales para llegar a lo que han llegado. Acá estamos con el primer presidente civil, y estamos haciendo maravillas sin una gota de sangre, con un Parlamento con mayoría opositora, haciendo reformas del Estado, no a la velocidad que hubiera deseado, pero estamos avanzando.

Yo creo que hay que valorizar lo mucho que se ha hecho. Este gobierno ha hecho más viviendas que las que se han hecho desde la época de Stroessner hasta hoy, ha electrificado todo el país, tenemos departamentos con 90% de electrificación, hemos consensuado la reforma educativa con todas las corrientes políticas y religiosas. Todo esto va a arrojar resultados en 20 años, pero hemos comenzado.

—*¿Se está apuntando hacia un ejército más profesional?*

—De 150 personas que ingresaban en la Escuela Militar, ahora ingresan 30. Hemos firmado un acuerdo con la Universidad Católica para que los oficiales tengan un título universitario al

[3] Se refiere al doctor Argaña, presidente de la Corte Suprema de Justicia bajo el gobierno de Stroessner, quien fue luego uno de los promotores de su caída. Representó, sin embargo, a las corrientes más afectas al antiguo jefe de Estado en las elecciones internas para elegir candidato presidencial del Partido Colorado, en las que polémicamente venció el doctor Wasmosy, antes de ser electo presidente de la República como candidato de su partido. En las elecciones internas para elegir presidente del Partido Colorado, realizadas unas semanas antes de esta entrevista, el doctor Argaña resultó ganador, enfrentando a los candidatos más cercanos respectivamente al presidente Wasmosy y al general Oviedo. En el curso de la entrevista, uno de los asesores interrumpió para sugerir que se estaba produciendo un acercamiento entre los sectores de la interna partidaria que respondían a los doctores Argaña y Wasmosy, de manera de facilitar la gobernabilidad de la fase final del gobierno de este último. El doctor Argaña es, claramente, uno de los principales candidatos en las elecciones internas para elegir candidato presidencial, las que estarán próximas a realizarse cuando sea editado este libro. En Paraguay hay, como se ve, dos tipos de elecciones internas en los partidos: para elegir presidente del partido y para elegir candidato del partido.

> Yo no quiero jactarme, pero lo invito a que me acompañe y vea cómo se me cuelga la gente.

retirarse. Es decir, estamos buscando que, para ascender a general de división tengan que tener un título universitario, y para ascender a la Escuela de Estado Mayor, tengan un estudio universitario e idiomas. Pero eso se verá sólo de acá a 10 o 12 años.

—¿*Ya no es necesario —como ocurría antes— ser afiliado al Partido Colorado para ingresar en la Escuela Militar?*

—Solamente se requiere examen de admisión, y el que lo salva, entra.

—*En el proceso reciente de crisis ¿usted sintió que la institución fuerzas armadas había madurado, que ya no se prestaba a seguir "caudillismos" sino que se asumía como una institución de toda la nación?, ¿que había una ganancia de institucionalidad en esa área?*

—Desde luego que ha quedado claro que las fuerzas armadas han madurado, porque en su gran mayoría han apoyado la institucionalidad. Ahora bien, ninguno de los dedos de la mano son iguales, pero todos sirven. Hay oficiales bien calificados, pero que no se adecuan para determinado trabajo. Para fortalecer este proceso deben quedar oficiales que justamente sirvan para la institucionalidad, para respetar la Constitución y para consolidar este proceso democrático. Y existen, y son la mayoría.

EL SUSTENTO DEL PODER
Y EL PROCESO DE MODERNIZACIÓN

—*Usted tiene unas fuerzas armadas de las que es comandante en jefe, pero está tratando de que ellas jueguen un nuevo papel. Usted tiene un aparato del Estado en proceso de modernización, pero con un partido que le compite en el orde-*

namiento de ese aparato estatal, ya que la reforma del Estado le quita prebendas clientelares a esos partidos. Usted tiene un Parlamento con el que tiene sus desencuentros. ¿Dónde está la base de su poder y de su fuerza?

—En primer lugar en mi vocación de servicio. Yo tengo mucha fe en mí mismo, sé muy bien adonde quiero llegar. Yo soy huérfano: a los dos años y medio ya no tenía madre y mi padre fue deportado. Me criaron dos tías. Entonces desde chico me acostumbré a luchar. A mí no me amilana nadie. Cuando uno tiene esa fe en sí mismo y en lo que quiere lograr, toda cosa es superable.

En segundo lugar, en la confianza que le tengo a mi pueblo. En este sentido, los invito a que me acompañen a cualquier inauguración en el interior de la República. Verán como se me cuelga la gente.

En el interior, el pueblo es agradecido y sabe quién le soluciona sus problemas. La gente que dice que el pueblo es ignorante, que no sabe lo que quiere, se equivoca. La última elección de nuestro partido fue la prueba palpable. Había seis boletas, y el pueblo votó en forma cruzada por el líder local y en contra del candidato a la Junta, que no le parecía adecuado. Ésa es una prueba evidente de que el pueblo sabe lo que quiere.

—*En este proceso de reforma del Estado, y teniendo en cuenta este fenómeno local del interior de la República al que viene haciendo referencia ¿cómo se inserta institucionalmente la descentralización de las decisiones?*

—Somos los ejecutores del proyecto de descentralización. Infelizmente nuestra Constitución nos ha dado una descentralización centralizada. Es la peor Constitución que se ha dado a luz, no es "ni chicha ni limonada". El propio doctor Argaña me decía: "Qué bárbara esta Constitución, no sé como usted se maneja con ella. Porque uno tiene todas las responsabilidades y ningún derecho".

La gente del Congreso es la que tiene todos los derechos y ninguna responsabilidad. No puedo vetar el presupuesto de la nación. Nosotros hacemos un presupuesto de gastos y los señores alzan 8 000 millones de guaraníes encima, y listo. Y yo no puedo vetar, porque al hacerlo no se puede hacer un cheque el 1° de enero.

Las estrategias de descentralización y participación comunitaria constituyen uno de los principales medios que el gobierno ha escogido para imprimir sustentación social a su proyecto de modernización y desarrollo. Más que el subsidio y el incremento de impuestos, que tienden a desalentar el funcionamiento adecuado de mercados competitivos, el protagonismo de las distintas gobernaciones y municipalidades debe asumir su liderazgo en la convocatoria de las comunidades para diseñar, con ellas, sus propios proyectos de desarrollo.

—*En términos más generales ¿cómo modernizar sin excluir?*

—La funcionalidad económica de la equidad se da en los países altamente desarrollados, que han transitado ya por la célebre "curva en U invertida" de la que nos habla Kuznets. En las sociedades muy atrasadas, la equidad social no sólo es una realidad palpable sino dolorosa. Todos están igualados en la miseria. A medida que la sociedad se desarrolla, se introducen sesgos y polarizaciones en la distribución del ingreso. Únicamente cuando la sociedad ha logrado un alto nivel de desarrollo, la asimetría en el acceso a los beneficios cede nuevamente terreno a la equidad social. En esas sociedades, la equidad tiene una clara connotación económica: todos están igualados en la abundancia, y es esta misma abundancia la que sostiene las inversiones, el empleo y el alto nivel de actividad económica. Aunque a nuestros pueblos les falta un buen tramo en el recorrido de la curva mencionada, el principio de equidad no debe ser perdido de vista nunca.

Si optamos por la modernidad y la competitividad, hemos de admitir el costo social que esta estrategia conlleva. Las posibilidades de competir con éxito en nuestras sociedades no están equitativamente distribuidas. Peor aún: existe una inequidad inicial en la distribución, a partir de la cual la polarización puede acentuarse en etapas ulteriores del proceso de crecimiento. En consecuencia, existe una manifiesta tendencia, no sólo a perpetuar la "elitización" de las oportunidades, sino a reforzarla.

No existe ningún mecanismo de mercado que asegure una inversión de esta tendencia concentradora, ni una atenuación de sus consecuencias. Por lo tanto, existe una necesidad de intervención que todo Estado ha de reservarse para corregir las tendencias de polarización, porque estas tendencias amenazan con desencadenar crisis sociales que pueden conducir al colapso de la economía libre.

Si forzosamente el principio de competitividad introduce la diferenciación de retribuciones, una de las funciones esenciales del Estado moderno es la de reducir las diferencias de oportunidades. En otras palabras, el principio de equidad define claramente el campo de lo público. No queda otra opción sino admitir que el mercado, aun siendo el mejor asignador de recursos con que cuentan nuestras sociedades, es ineficaz en atender el problema de la equidad, de la pobreza agudizada, de la polarización social o del deterioro ecológico. Es ahí que el Estado debe asumir su función reguladora.

El error histórico del intervencionismo y del populismo estatista ha sido el

> El balance fundamental de mi gobierno es la subordinación del estamento militar —por primera vez en la historia política de este país— a la autoridad civil.

de poner al Estado a competir con el sector privado. En la medida que se amplió el campo de lo público, se achicó el de lo privado. Se asfixió al sector privado que tuvo que soportar la carga de un Estado hipertrofiado al que se lo sacó de su competencia natural: la atención de los servicios básicos y la preservación del principio de equidad social.

El Estado hipertrofiado es una herencia del pasado y no puede ser eliminado como si se cancelara una deuda menor, ya que detrás del empleo que el Estado otorga a una importante proporción de la población activa, está el drama de la desocupación y el riesgo de agudizar críticamente el problema de la pobreza si se lo redujera bruscamente. El redimensionamiento del Estado debe ser planteado entonces dentro de un programa integral de ingeniería de los recursos humanos que permita ir eliminando gradualmente el excedente de mano de obra en el área estatal.

EL FIN DE LA TRANSICIÓN

—*Respecto de la transición, ¿en qué etapa cree usted que se encuentra el Paraguay?*
—Yo diría que en la mitad.
—*¿Qué le falta hacer?*
—En primer lugar, parte de esa mitad es que los civiles también respeten a los militares. Acuérdese de lo que decía el presidente Sanguinetti: "Las fuerzas armadas, las fuerzas policiales, son parte de un espectro importante de la sociedad".

Es más, nuestro pueblo es muy sufrido: ha sabido sobreponerse a las consecuencias de una guerra de exterminio y salir victorioso de otra. Cada paraguayo tiene orgullo de vestir el verde olivo. Acá tenemos orgullo de nuestra historia, de nuestros héroes, de nuestros próceres: hay un ser nacional. Eso hay que respetarlo.

Se lo digo por lo que a mí me ha pasado: a lo mejor yo soy un militar frustrado. Cuando fui al cuartel me creía un mariscal y era solamente un aspirante. Fui uno de los primeros de mi promoción. Me gustaba eso.

Como le decía, estamos en la mitad, ahora le toca a los civiles respetar.

En segundo lugar, el tema de los medios de comunicación. Allí debe haber cambios cualitativos porque los medios tienen la responsabilidad de formar a la opinión pública. Para ello tienen que capacitar a su personal para que sepa diferenciar lo que es la información y lo que es la opinión sobre ciertos hechos. Si esta gente no tiene conciencia del momento político que estamos viviendo, si no hace nada positivo en su favor, su influencia será negativa y no estará contribuyendo al fortalecimiento de nuestra incipiente democracia. ¿Por qué están surgiendo ahora todas estas carpas,[4] y la iglesia católica que es la mayoría, lo está permitiendo?

En tercer lugar, a mi criterio, los políticos no se dedicaron a solucionar los problemas sociales. Y entonces el cura, que es receptáculo de todos los problemas de su barrio, de su comarca o de su área, dejó de lado su función pastoral y se dedicó a hacer política en aras de solucionar problemas sociales. Ahí se empiezan a confundir los roles y en esa mezcolanza no existe madurez. Por eso hablaba de que falta un tiempo todavía para que cada uno cumpla su papel dentro de lo que le corresponde. La prensa el suyo, las fuerzas armadas el suyo, las fuerzas vivas el suyo, los sindicalistas el suyo y los partidos el suyo.

—*¿Y cuál es el papel de los partidos?*
—Para mí el papel de los partidos es

4 Campamentos de protesta.

definir políticas, buscar los puntos de convergencia. Muchas veces todos tienen el mismo objetivo pero eligen caminos diferentes. Bueno, para los gustos están los colores, entonces cada uno elige el camino. Pero vamos a ponernos de acuerdo en las cosas esenciales. Y no oponerse por oponerse, hacer oposición por la oposición misma. Eso es inmadurez, porque al final de cuentas va en contra de los mismos opositores y del proceso que estamos construyendo.

—*Aquí el ejército es tradicionalmente colorado, ¿está en diálogo con la oposición civil?*

—Las fuerzas armadas no son deliberantes, el que delibera soy yo, que soy su comandante en jefe. En ese sentido no creo que haya un presidente más abierto y democrático que yo en la historia de este país.

Desde el inicio de mi mandato, me he visto obligado a gobernar con la discrepancia de algunos sectores de mi partido y sin el respaldo que significa una mayoría propia en el parlamento. Como demócrata y atendiendo a estas circunstancias, para posibilitar el cumplimiento de los objetivos gubernamentales, recurrí al diálogo y a la concertación como una nueva manera de hacer política en este país. En este sentido puedo señalar con satisfacción que hemos dialogado con todas las fuerzas políticas, con los empresarios, con los trabajadores y con los campesinos. Concretamos así no solamente el Pacto de Gobernabilidad sino otros acuerdos importantes, por ejemplo, el de institucionalización y estructuración de la fuerza pública, en la que fueron contemplados aspectos relacionados con la categorización y profesionalización de los miembros de las fuerzas armadas y de las fuerzas policiales, así como lo referente a la actualización de sus estatutos y reglamentos.

> Si la oposición ganara, yo le entrego el gobierno, puede tener la seguridad.

—*Una última pregunta, que usted ya contestó hacia el pasado, pero nos interesa respecto del futuro. Usted dijo que este país no estaba preparado para que la oposición asumiera el gobierno. En cuanto a la capacidad del país para la alternancia, a su juicio ¿cuánto tiempo le falta a Paraguay para eso?*

—Yo le diría que la vocación política de mandar es lo que mueve a todo ser humano y a grupos humanos a gravitar sobre los demás. El Partido Colorado tiene vocación de gobierno. La oposición también, pero no creo que eso sea muy pronto.

—*Si la oposición ganara, ¿asumiría?*

—Si la oposición ganara, yo le entrego el gobierno, puede tener la seguridad.

—*Pero no es ésa la pregunta, la pregunta es si tendría capacidad para gobernar.*

—Lo creo difícil, porque sólo ahora, en este periodo…

—*¿Le falta capacidad?*

—Vamos a suponer que la oposición busque 12 personas para ser ministros. Tienen que ir formándose, asistir a Consejos en los entes descentralizados, ocupar bancas en el Parlamento, conocer de leyes, conocer los problemas de gobierno. No estoy diciendo que sean incapaces, quiero decir que es necesario un aprendizaje.

Necesitamos tiempo. El partido de gobierno es difícil de desmantelar de un año para otro, de un periodo para otro, en toda su estructura de gobierno. A eso es a lo que yo llamo madurez política; para eso faltan años. La Argentina llegó, pero con cinco presidentes en varios periodos. Y Brasil también necesitó cinco presidentes.

Alberto Fujimori: *En Perú se requiere un símbolo que represente a este sistema*

La entrevista empezó puntualmente a las 19 horas. Terminó a las 21:05. Detrás del presidente un inmenso mapa del Perú colgaba de la pared. No pocas veces se levantó a señalarnos, durante el relato, puntos geográficos específicos a los que aludía. A pocos metros una mesa tenía unos cuantos planos grandes. Eran los cortes de construcciones populares que estaba estudiando y que nos describió con detalle durante un rato, una vez terminada la entrevista. El hablar del presidente es de tono muy bajo —tiene que haber un total silencio para hacerlo perceptible—, tono que al mismo tiempo es muy firme y convencido. El tono de sus expresiones —sean de entusiasmo al describir muy concretamente obras en las que se embarca, sean de enojo cuando se refiere a "los políticos"— no se trasunta en el tono de voz, que permanece lineal y contenido, sino en el énfasis de sus gestos.

—¿Cómo definiría el estado de gobernabilidad del Perú el día antes de la disolución del Parlamento, el 5 de abril de 1992?

—Yo lo diría en un solo término: el país estaba ingobernable. Ingobernable porque el sistema político no estaba capacitado para hacerle frente a los problemas planteados. El Congreso, en primer lugar, no tomaba las medidas legislativas adecuadas para corregir estas situaciones. Se pasaba discutiendo horas y horas, para nada. En segundo lugar, el Poder Judicial, con todas sus organizaciones conexas, como el Ministerio Público, estaba atemorizado frente al problema de la violencia. Además, el sistema político estaba infiltrado por la corrupción, lo que impedía que se tomaran las medidas adecuadas. Un día antes del 5 de abril, el Perú era un caos total.

Era prácticamente ingobernable. La situación se podía tornar más grave dado que este sistema político no funcionaba, y mientras tanto, los dos grupos terroristas avanzaban. No es una cosa meramente especulativa decir que Sendero

ALBERTO FUJIMORI es el presidente de Perú. Nació en Lima, el 28 de julio de 1938. Egresado de la Universidad Nacional Agraria como ingeniero agrónomo, cursa sus estudios de posgrado en Francia y los Estados Unidos. Hace su carrera docente en la UNA, como profesor del departamento de Matemáticas de la Facultad de Ciencias, departamento del cual será jefe y director. Decano de la Facultad de Ciencias en 1984 y rector de la UNA. Presidente de la Asamblea Nacional de Rectores de la Universidad Peruana. Es doctor honoris causa en la universidad de Lovaina, Bélgica y en San Martín de Porres, en Lima. Fujimori, con un grupo de profesionales de diversas disciplinas, todos independientes, fundaron en 1985 el Movimiento que se inscribiría luego como Movimiento Político Independiente Cambio 90, para participar en las elecciones presidenciales de 1990.

> Tuvimos que ponerle blindaje a todas las puertas y ventanas del despacho de los ayudantes de mis hijos, porque llovía morteros por acá. Habíamos llegado a un extremo tal que cualquier cosa podía ocurrir.

Luminoso podría haber tomado el poder, era una posibilidad real. El país estaba controlado en una buena parte por Sendero y en otra por el narcotráfico.

Existía una sensación de inacción, de anomia. El Ejecutivo estaba atado de manos, porque los proyectos de leyes que se presentaban tenían observaciones, o simplemente se rechazaban para hacer oposición.

—*¿Usted presentó un paquete de medidas en diciembre de 1995?*

—Sí, en diciembre. Incluso se comenzaba a discutir sobre la vacancia de la presidencia de la República cuando ésta cuestionaba varias leyes aprobadas por el Congreso. Por ejemplo, el presupuesto de la República lo observé, de acuerdo con la Constitución. Pero el propio Congreso dijo que no era constitucional la observación presidencial, y se comenzó a discutir la vigencia de la propia presidencia de la República. Eso era a fines de 1991, comienzos de 1992. Fue un momento muy crítico, y la situación comenzó a empeorarse. Mientras tanto, Sendero y el MRTA, con una gran precisión y frente a un Estado corrupto e incapaz, avanzaban.

Los hechos me demuestran cuán ingobernable era este país. Tuvimos que ponerle blindaje a todas las puertas y ventanas del despacho de los ayudantes de mis hijos, porque llovía morteros por acá [señala una ventanas al fondo del despacho]. Habíamos llegado a un extremo tal que cualquier cosa podía ocurrir. Así de ingobernable estaba el país. Después del 5 de abril de 1992 —naturalmente la cosa no cambió inmediatamente—, para sorpresa de los analistas

internacionales, las medidas tuvieron un respaldo popular altísimo, llegando, según las encuestadoras, a 90%. Eso significaba que incluso los militantes de los grandes partidos políticos estuvieron de acuerdo con las medidas.

Ahora la cosa es totalmente distinta. Es un país que se puede gobernar. Las palabras para definir lo que ocurría antes eran: ingobernable y sin esperanzas. Se había perdido toda perspectiva de futuro.

—*¿Usted está afirmando que sintió el peligro del vacío del poder?*

—Yo sentí dos responsabilidades en dos ocasiones distintas. Una, en el año 1989, cuando yo mismo, como ciudadano común y corriente, advertí que este país se estaba encaminando a esa ingobernabilidad. Entonces me dije: algunos de los que somos líderes en diversas áreas tenemos que participar y asumir nuestra responsabilidad, no podemos dejar el gobierno del país solamente al sistema tradicional de los partidos políticos. En esa ocasión sentí una gran responsabilidad y entonces fui candidato presidencial, así como en esta otra ocasión del 5 de abril.

El objetivo era hacer un país viable. El país no era viable. Le pongo un caso: el de las universidades. Según la Constitución, las universidades son consideradas autónomas. Esa interpretación, que incluso yo hice cuando era rector, no significaba extraterritorialidad. La Universidad estaba controlada por Sendero en una forma muy enérgica. Sin embargo, los políticos de los partidos consideraban que las universidades eran intocables. Estábamos ante un atolladero: no podíamos intervenir en las universidades, por ejemplo, porque eran autónomas según la Constitución y entonces eran refugio para los terroristas. ¿Cómo —porque lo diga la Constitución y se interprete en esa forma— vamos a dejar que la sociedad quede en el desamparo? Había que actuar. O salvábamos la democracia y hacíamos un país gobernable, o se permitía que —en nombre de la llamada democracia entre comillas— yo permaneciera dentro de ese marco general, para en un futuro figurar en la galería de los retratos de los presidentes democráticos.

Preferí echar por la borda todos esos conceptos ya obsoletos, inoperantes, e ir en contra de los llamados principios de la democracia. Entonces, en salvaguarda precisamente de los genuinos principios de la democracia es que tomo medidas drásticas. Hago un quiebre. Si no, la sociedad era insalvable.

> Preferí echar por la borda todos esos conceptos ya obsoletos, inoperantes, e ir en contra de los llamados principios de la democracia. Entonces, en salvaguarda precisamente de los genuinos principios de la democracia, es que tomo medidas drásticas. Hago un quiebre. Si no, la sociedad era insalvable.

El combate al terrorismo

—*Meses después de abril, el 12 de septiembre de 1992, cae preso el líder de Sendero Luminoso. ¿En qué medida usted precisaba el nuevo orden para combatir al terrorismo? ¿Qué instrumentos nuevos tiene a partir del 5 de abril, o qué trabas tenía antes, para hacerlo?*

—Logramos una legislación que permitió una estrategia de lucha contra el terrorismo, que en realidad se inscribe en toda la gran estrategia para recuperar el país. Esta legislación va acompañada, además, de medidas paralelas que son propias del Ejecutivo. Pero ya sin el obstáculo de que fueran criticados acremente por el Congreso a pesar de ser medidas necesarias. La legislación de lucha contra el terrorismo es compleja. Establecimos y tipificamos delitos con sanciones drásticas, y al mismo tiempo mecanismos que nos permitían ubicar a los terroristas. La "ley de arrepentimiento", por ejemplo, la tipificación del delito de "traición a la patria". También medidas de tipo administrativo, como la prohibición de la venta de nitrato de amonio, que era el elemento para la fabricación de explosivos. Y la intervención de universidades y de los centros penitencia-

rios. Las cárceles estaban controladas por Sendero y por el MRTA, y eran centros de entrenamiento y de capacitación. Eran las "escuelas de graduados" de los grupos terroristas. Intervinimos eso, hicimos toda una estrategia, con una legislación que ya estaba compendiada y que fuimos perfeccionando a medida que nos íbamos encontrando con todos estos problemas. En dos años y medio pudimos decir que el terrorismo estaba siendo controlado.

—*¿Usted afirma entonces que con el anterior orden democrático no podía derrotar al terrorismo?*

—No, no se podía, era imposible.

—*¿La opción era: nuevo orden o terrorismo?*

—La opción era: democracia o dominio terrorista. Guerra civil también, pero esa guerra civil la íbamos a perder. Me acuerdo, por ejemplo, cómo había paros armados. Los paros armados eran dos o tres días en que Sendero ordenaba que no podía haber actividad de ninguna especie en una ciudad. Eso empezó en Ayacucho y se extendió a varias ciudades hasta que llegó a Lima. Y en Lima paralizaba todas las actividades. Por ejemplo, decretado un paro armado, se incendiaban en un solo día entre 30 y 40 autobuses.

Le explico cómo hicimos la cadena para evitar la paralización del país. Por supuesto que con la legislación, pero ya en la parte ejecutiva, que no podía ser cuestionada por el Congreso. Yo he salido a lugares peligrosos a las 4 de la madrugada, transportando a la gente con los camiones del ejército.

[191]

Las cárceles estaban controladas por Sendero y por el MRTA, y eran centros de entrenamiento y de capacitación. Eran las "escuelas de graduados" de los grupos terroristas.

—¿Al trabajo?

—Al trabajo. Había que contrarrestar. Frente a esas acciones vandálicas de los terroristas, llamábamos a los dueños de los autobuses —que son generalmente empresas unipersonales— y les compensábamos con dinero en efectivo el valor del daño para recuperar un vehículo. Luego vino el segundo paro armado, el tercero, el cuarto. Luego vino lo que acá llamamos boca a boca. Los choferes se pasaban la voz de que el gobierno estaba pagando los daños. Ellos destruían los autobuses y nosotros los pagábamos. Y fueron cientos. Desde el punto de vista internacional no podemos decir que hubo un quiebre. Porque en realidad la legislación que se implementó después del 5 de abril se pudo haber implementado antes en términos de legalidad. Lo que pasa es que no existía el principio de autoridad para imponerla, y tampoco la viabilidad política parlamentaria para implementarla.

—¿No quiere que usemos la expresión "nuevo orden"?

—Suena como nuevo orden internacional. Se trató de un quiebre de sistema.

PERSONALIZACIÓN DE LIDERAZGOS

—Hay un fenómeno que se está llamando ahora la personalización de los liderazgos en América Latina. Es decir, en algunos países de Latinoamérica se está presentando un presidencialismo de un tipo diferente al tradicional, que incluye, por ejemplo, la reelección presidencial. Es el caso de Perú, obviamente, pero es el caso de Argentina y eventualmente será el caso de Brasil. Es curioso, porque se hablaba de que íbamos a un parlamentarismo y estamos yendo a un neopresidencialismo de otras características. ¿Es posible pensar en una segunda reelección del presidente Fujimori?[1]

—Le voy a hacer algunos comentarios. En primer lugar, yo estoy al inicio de mi gobierno, de un segundo periodo, ni siquiera he cumplido medio año, y no tengo todavía ninguna perspectiva definida sobre este tema. Pienso que en Latinoamérica, y en particular en Perú, el parlamentarismo se ha desprestigiado. Y se ha desprestigiado porque se trabajaba en función de los partidos, y no en función del país. Éste es el partido A que estaba haciendo oposición al partido B, y lo que hace es destruir lo que el partido B en el gobierno está haciendo, sin importarle lo que le ocurra al país. Al desprestigiarse, viene entonces el partido A al gobierno y B hace lo que hizo A.

Ese sistema es el que ha primado en el Perú y creo que en varios países de América Latina. El parlamentarismo está desprestigiado. Obviamente, estoy de acuerdo en que hay que tratar de recuperar el nivel que le corresponde. Lo hemos hecho en Perú, y ahora tiene un aceptable nivel de credibilidad, incluso porque se discute con sustentos técnicos y no solamente políticos. La ciudadanía comprende bien cuál es la orientación, si es técnica o si es política.

En Perú se requiere un símbolo que represente a este sistema, y que sea el motor, el conductor. No puede estar di-

[1] Pocos meses después de esta entrevista —mientras continuaba la elaboración de este libro— una ley interpretativa de la Constitución declaró posible una nueva reelección del presidente Fujimori. La pregunta a propósito del papel del liderazgo resultaba pertinente, ya que acababa de ser derrotado en elecciones municipales el delfín del presidente, poniéndose en la agenda peruana el tema de la eventual intransferibilidad del liderazgo.

luido. Ésa es la sensación que yo tengo. Es cierto que no se puede traspasar el prestigio de una persona a otra, porque la ciudadanía tiene sus propias peculiaridades en la relación frente a un voto. Pero yo considero que lo que se hace y lo que se inculca a través de la pedagogía política va calando en la gente. Y eso es lo que al final va a habilitar la elección del próximo presidente.

—*Es decir que usted en su momento verá si ha surgido alguna figura política que pueda continuar con el símbolo del régimen político que usted representa.*

—Efectivamente.

—*Y actuará en consecuencia...*

—Yo no voy a estar al margen de ese proceso, obviamente, porque a mí me interesa que haya continuidad. Uno de los graves errores en América Latina ha sido la alternancia de las políticas, ese movimiento pendular de programas de Estado que va de un extremo al otro. Eso es lo que tratamos de corregir, queremos que haya continuidad, persistencia.

CONTACTO DIRECTO CON LA GENTE

—*En Perú, los partidos políticos han cedido espacios a las candidaturas independientes. Viejos militantes de partidos se presentan ya no como tales, sino como candidatos independientes. Al mismo tiempo, la oposición intenta presentar al presidente como un político en campaña electoral permanente. Entonces, desde el punto de vista politológico, ¿cómo se imagina la mediación entre los ciudadanos y el Estado? Acá hay un problema de teoría política bastante complicado. ¿Cómo se imagina usted en el futuro de Perú esa mediación? ¿Siempre personalizada? ¿Siempre a través de candidatos independientes? ¿Siempre a través de partidos que usted define de tinte más técnico que político?*

—Pienso que la intermediación va a

> La opción era: democracia o dominio terrorista. Guerra civil también, pero esa guerra civil la íbamos a perder.

seguir siendo personalizada por el presidente. El poder está en Perú simbolizado en el presidente, sin que eso necesariamente signifique que no haya una estructura de funciones del ejercicio del poder en los diversos órganos. Lo hay, y lo hemos tecnificado en los niveles más altos que fuera posible. La oposición me critica porque yo permanentemente ando en contacto con la gente, la escucho, trato los problemas y, dentro de la magnitud de los problemas —que en realidad son pequeños para el país pero grandes para ellos—, vamos construyendo modelos. Yo salgo cuatro días a la semana, en Palacio estoy de noche para hacer entrevistas como ésta, pero durante el día, estoy afuera.

Es un estilo chocante para la oposición, porque ésta, cuando estuvo en el gobierno o cercana a él, o incluso en la propia oposición, no ha estado en contacto con la gente. Ese contacto con la gente solamente se ha dado durante la campaña electoral, durante cuatro o seis meses a lo más. Es como celebrar el Día de la Madre: ese día todo es flores, y el resto del año ortigas. Algo similar ocurre con la política. Yo, por el contrario, estoy en contacto permanente con la gente. Recojo su impresión, tengo un diálogo, no es un contacto de grandes discursos. Ser comunicativo me hace sentir como gente de mi país, y palpo cuál es la recepción, la aceptación de una propuesta. Este contacto permanente es lo que choca a la oposición, porque lo califica como una campaña mía permanente. Son visitas de sorpresa, y eso es lo que hace la diferencia con la campaña electoral permanente.

—*¿No hay una organización previa?*

—No es organizado, yo no he convo-

Uno de los graves errores en América Latina ha sido la alternancia de las políticas, ese movimiento pendular de programas de Estado que va de un extremo al otro. Eso es lo que tratamos de corregir, queremos que haya continuidad, persistencia.

cado a nadie. Voy a un pueblo, vienen multitudes, escucho sus planteamientos y los analizo rápidamente, porque esos problemas pequeños son para ellos problemas grandes. En una visita a un pueblo de 50 000 habitantes probablemente la solución inmediata al problema que los abruma se arreglará con 50 o 100 000 dólares. Mañana nadie sabe adónde voy a ir. Esta noche voy a analizar las prioridades. A las 11 de la noche los edecanes están recibiendo la orden de que reserven el avión o el helicóptero y los periodistas, ya a la misma hora, están recibiendo la convocatoria. Voy a un pueblo, analizo sus problemas y construyo un modelo que se va repitiendo, no digo que en todos los pueblos, pero se multiplica por 20, por ejemplo.

Si yo estuviera encerrado en este lindo palacio, admirando los mármoles y los cuadros, no hubiera sabido que había 50 turbinas hidroeléctricas regadas en el país, abandonadas durante 20 o 30 años. Descubro una turbina en un pueblo. No me lo dice el funcionario del Ministerio de Energía y Minas, porque cuando recibió las estadísticas no figuraba esa turbina. Me lo dice la gente del pueblo. Me voy a Cotahuasi, que es un pueblo perdido, en Arequipa, capital de provincia, y los problemas son la carretera, el canal de irrigación y una hidroeléctrica que está a medio construir, y falta poco para terminarla. Y donde además no tenemos electricidad. Yo no lo podía creer. Me traslado de Cotahuasi a otro lugar, a un pueblo que se llama Alca, donde hay una hidroeléctrica que se llama Chococo, que puede generar

400 kw, pero cuyo canal está viejo. Le digo al ministro de Energía que me evalúe ese proyecto, y veo que efectivamente era viable. Y muy pronto voy a inaugurar la hidroeléctrica de Chococo.

Hace poco estuve en el departamento de Cajamarca, en un pueblito perdido, usted pregunta a cualquiera, a un historiador, y no lo conoce. Yo voy a ese pueblo y me encuentro con otra sorpresita: que no figuraba en los registros del Ministerio. Había un proyecto hidroeléctrico que podía resolver el problema de la energía eléctrica. Y así construimos minicentrales hidroeléctricas para los pueblos pequeños y olvidados. Esos proyectos habían estado encajonados 30 años.

—*Se ha vuelto un experto en la cuestión hidroeléctrica.*

—Sin dudas. Voy a Chachapoias, que no contaba con energía hidroeléctrica. Tenía unos grupos térmicos antiquísimos, seguramente de hace 30 años. Ahí había un proyecto de la central hidroeléctrica de Catlic, que produce en una etapa inicial 6 megavatios, una cantidad de energía eléctrica suficiente para Chachapoias y para todas las provincias del sur. Ahí había una turbina, adquirida no sé por qué gobierno hace 40 años, que no era adecuada para el proyecto, porque se requería una cantidad grande de agua y poca altura. Todos los candidatos, presidenciales o parlamentarios, hablaban de la hidroeléctrica de Catlic durante cada campaña electoral. Yo fui, vi a los técnicos, encontramos el financiamiento adecuado, hice el seguimiento de los problemas, me los resolvieron y el 31 de diciembre del año 1995 la hidroeléctrica comienza a funcionar. Entonces, en enero voy allá en una visita espontánea, sin aviso previo, y les digo que hoy día siento mucho por haber matado un caballo, pero me siento contento porque he matado el caballo electoral de Catlic.

Yo le he mencionado la línea eléctrica, nada más. Podría seguir contando estas cosas casi anecdóticas, increíbles. Es necesario un seguimiento y una orden de que se cumpla, que la burocracia sea más eficiente.

En una ocasión yo había indicado que se electrificaran unos 15 pueblos de una parte alta del río Cañete, donde estaba presente Sendero, hace unos tres años. Efectivamente, veo que se están cumpliendo todos los pasos, se colocan las líneas secundarias, los postes, las líneas de alta tensión. Como siempre me doy mi vuelta para ver cómo van las cosas. Llegué un día, estaba todo muy bonito, ¿pero dónde estaba la luz? Le pregunté al ministro cuál era el problema. "Es el transformador", dijo. "Bueno, coloque usted ese transformador", repliqué. A los tres días llegó la luz a todos esos pueblitos. Por supuesto, la gente cree que un semidiós le mandó la luz inmediatamente.

Eso es gerencia. Ese tipo de cosas son las que se van resolviendo. No solamente propongo la solución en concordancia con la gente del pueblo, sino que me doy mi vuelta persistentemente, chequeando que la cosa esté caminando.

—¿Usted afirma que el Estado no tenía capacidad de inventario, no sabía lo que tenía?

—El Estado da servicios. Y estos seguimientos hacen que la administración pública sea más eficiente, porque cada funcionario sabe que todos los proyectos tienen que estar a punto, porque en cualquier momento el presidente puede caer. Este contacto no es campaña, es supervisión, búsqueda de soluciones

> Si yo estuviera encerrado en este lindo palacio, admirando los mármoles y los cuadros, no hubiera sabido que había 50 turbinas hidroeléctricas regadas en el país, abandonadas durante 20 o 30 años.

construyendo modelos y reproduciendo ese modelo. Probablemente habrá algunas preguntas sobre los militares, entonces le puedo mencionar el caso de cómo hemos construido un modelo para resolver los problemas de habitabilidad de estos pueblos. Uno de la oposición o un analista diría: pero en Lima hay 1 000 pueblos jóvenes —en realidad hay 1 300—, si va a uno, ¿cómo va a resolver los del resto? Hay que construir un modelo. Ahora en Lima tenemos 25 puntos donde simultáneamente está trabajando la maquinaria del ejército, bajo el modelo que construí personalmente en 12 o 15 lugares.

—Esa modelística que le permite reproducir experiencias, ¿usted la trae de su formación universitaria?

—El presidente de la República debe tener una visión suficientemente amplia como para enfocar el problema y no guiarse simplemente por los asesores. Yo voy por supuesto con ingenieros, arquitectos, no voy con políticos.

—Va con gente de su partido.

—No, tampoco, voy con el equipo técnico, con gente que conoce del tema.

—¿No va a Cambio 90?

—Generalmente no, tampoco le quito tiempo.

PRIVATIZACIONES

—Según el informe al presidente del Consejo de Ministros, hacia mediados de 1995 había 87 empresas privatizadas por 3 600 millones de dólares. Ahora estamos frente a la privatización de la extracción de hidrocarburos, que parece tocar otras aristas por la eventual situación estratégica de esta actividad económica. ¿Cómo pudo sortear el obstáculo en la privatización de esas empresas?

—Simplemente procediendo a la privatización. No me afectaron esos obstáculos de la oposición, que manipula

> Les digo que hoy día siento mucho por haber matado un caballo, pero me siento contento porque he matado el caballo electoral de Catlic.

los conceptos y ciertamente ha manipulado a algunos sectores de la población. La preocupación de la oposición por la privatización de Petroperú no se centra en la situación estratégica del petróleo, se centra en su preocupación de aquí a tres años, cuando esa privatización, efectuada en 1996, esté rindiendo enormes frutos al final de 1998 y comienzos de 1999. Frutos en mayor empleo, en mayor producción, modernización de toda la infraestructura, mayor actividad económica. Ésa es la preocupación de la oposición. No es la situación estratégica, porque si hablamos de situación estratégica, habría que analizar la peligrosa situación en que nos dejó la empresa petrolera. Porque solamente con el oleoducto que viene de las selvas, desde el río Marañón, tenemos una deuda de 1 000 millones de dólares.

Aquí en Perú somos un poco desmemoriados, como en toda Latinoamérica. Hace apenas cuatro años, Alan García estatizó la Belco, que tiene plataformas marinas en el extremo norte de Perú. Después que pasó a manos del Estado, las pérdidas que dejaba eran inmensas. Y naturalmente las coimas y las riquezas mal habidas de algunos funcionarios también eran grandes. Y por la expropiación de la Belco, el anterior gobierno, el que expropió, no llegó a un buen término con la aseguradora, y tuvimos que asumir la deuda de casi 170 millones de dólares, en lugar de comprar elementos estratégicos. Yo personalmente he ido a verla, porque no quiero simplemente informes. Estaba que se deshacía. Y ésa era la empresa estratégica estatal de la ex Belco.

—¿Es decir que la improductividad

estatal tiene un costo estratégico también?

—Sí. Y ahí tal vez está el juego sucio de la oposición, el juego político. Mientras tanto tenemos reservas diez veces más grandes en un lugar que se llama Camisea, con gas, y por ello la oposición está de acuerdo en que se negocie con la empresa privada, con las grandes transnacionales, y apura y critica cuando postergamos los plazos para tener un buen entendimiento en las condiciones más favorables para el Estado.

Ortodoxia económica
y progreso social

—Los primeros resultados económicos del año de 1996 —inflación, producto, balanza de pagos— parecen ser menos alentadores que los del año de 1995. La prensa peruana se refiere a una posible tensión entre los partidarios del programa social y los partidarios de profundizar la ortodoxia económica. De ser cierto, ¿hacia qué lado inclinará la balanza el señor Presidente?

—Antes que nada debo aclararle que yo tengo el poder, pero no hago el ejercicio del poder: es el ejercicio de la función de presidente de la República. Yo no ejerzo el poder en función de personas, de grupos, sino que es el ejercicio de la presidencia, algo muy distinto. El concepto lo quiero cambiar radicalmente. El hombre poderoso no es el presidente de la República, sino el hombre que ejecuta y se ciñe a un programa y conduce a la nación: no ejerce el poder.

Yendo específicamente a su pregunta, durante varios quinquenios hemos tenido inflación alta, tasas negativas de crecimiento y reservas internacionales muy limitadas, a veces negativas. El objetivo final es el programa social, no es el aspecto económico. Si nosotros aplicamos todo un programa económico, eso

[196]

apunta al bienestar social. El programa económico busca la generación de empleo, el equilibrio en la balanza de pagos, mayores exportaciones, pero fundamentalmente lucha contra la pobreza. Sobre este tema yo no retrocedo, y eso ha sido así desde un comienzo. La estrategia de lucha contra el terrorismo, la seguridad interna, la estrategia de tipo económico, la estrategia de la deuda externa, todo eso apunta a un objetivo común que es el programa social de lucha contra la pobreza. Y por ello se da aquí un fenómeno que creo no debe ser muy común. El electorado del año 1990, el mayor caudal electoral, no está en los sectores de la clase media y la clase alta, está en los sectores más pauperizados del país, lo que los encuestadores llaman la clase *B*. Aunque por supuesto la clase *A* ahora también está respaldando la gestión gubernamental.

Creo que es necesario hacer mención de todas las estrategias focalizadas, de darle, por ejemplo, "poder económico" a los vicuñeros, a las comunidades campesinas. A los vicuñeros este gobierno les da la propiedad de la vicuña, con lo cual acceden al mercado. En cuanto a las tierras de los campesinos, no sólo se construyen carreteras, sino que se les da vehículos para que puedan transportar sus bienes. El Estado está proveyendo a los pequeñitos [productores] que normalmente no tenían acceso al mercado, los está proveyendo de herramientas para que, puedan ejercer sus derechos naturales.

El concepto es éste. Los campesinos de los Andes han estado abandonados a su suerte durante cinco siglos, no durante dos décadas. Explotados, expoliados y abandonados, y sin sentirse parte de la nacionalidad en cierta forma. Estamos tratando de integrarlos a la nacionalidad.

Así les vamos inculcando la conciencia de que son parte de la nacionalidad

> La gente cree que un semidiós le mandó la luz inmediatamente.

y de que el Estado no es ajeno a ellos. Antes, por la manipulación del mercado, se les pagaba 20 dólares por cada alpaca. ¡Una hermosa alfombra! Entonces nuestro Estado interviene. No es un Estado neoliberal: interviene y adquiere las alpacas a 100 dólares por cabeza, obligando a los compradores a pagar 100 dólares.

—*Precio sostén...*

—Y para sostenerlo compramos en grandes cantidades. Los trasladamos a la zona norte, donde la vicuña había desaparecido. Todo esto se lo damos a las comunidades norteñas. Después de 100 dólares pagamos 120 y finalmente 150 dólares por cabeza. Todos los alpaqueros de la parte alta de Cuzco conocen perfectamente el precio de la alpaca. Entonces los grandes no se los pueden "comer" así nomás. Ése es el poder del presidente. Y ése es uno de los muchos ejemplos.

LOS INFORMALES Y LA JUBILACIÓN

—*Es conocido el papel de los fondos de pensiones en los esquemas de modernización latinoamericanos. En una economía tan informalizada como la peruana, ¿cómo cree que las AFAP pueden cumplir su papel? Es decir, en Chile primero, ahora en Argentina, empezan-*

> En Perú se requiere un símbolo que represente a este sistema, y que sea el motor, el conductor. No puede estar diluido. Ésa es la sensación que yo tengo. Es cierto que no se puede traspasar el prestigio de una persona a otra, porque la ciudadanía tiene sus propias peculiaridades en la relación frente a un voto.

Si buscamos un poco los conceptos de lo que hay en planificación familiar, descubrimos que no tienen los mismos derechos las familias católicas pobres y las ricas, hay una inequidad de tipo religioso. Lo que no puedo soportar es esa inequidad. Me parece una actitud que revela hipocresía de parte de la jerarquía de la Iglesia.

do en Brasil, empezando en Uruguay, estos fondos muy grandes de ahorro privado manejados por las AFAP se constituyen en un componente estratégico del modelo de desarrollo. Pero acá estamos en una situación más compleja, más difícil.

—Para pasar el sector informal al formal se tiene que buscar un sistema imaginativo de ahorro con miras a la jubilación, así como lograr ahorro interno mediante un sistema de seguro para el sector informal. Pienso que es posible.

—*¿Usted está pensando en buscar un sistema tipo seguro, de manera que la informalidad también pueda tener un retiro?*

—Que puedan adquirir su futuro a la vez que ahorra el país. Entre los miles de ambulantes, muchos de ellos tienen negocios prósperos.

—*El día que se logre eso no podremos llamarlos informales.*

—Serían informales en la medida que no estarían constituidos en empresas.

PLANIFICACIÓN FAMILIAR

—*Usted ha puesto énfasis en la necesidad de estimular en la realidad peruana un sistema de planificación familiar. ¿En qué conceptos se apoya esta propuesta? ¿Hay un tema de equidad social?*

—Pienso que éste es un tema fundamental, un programa que es una de las piedras angulares en la lucha contra la pobreza. Y si buscamos un poco los con-

ceptos de lo que hay en planificación familiar, descubrimos que no tienen los mismos derechos las familias católicas pobres y las familias católicas ricas, hay una inequidad de tipo religioso. Lo que no puedo soportar es esa inequidad. Me parece una actitud que revela hipocresía de parte de la jerarquía de la Iglesia. Hay ciertos sectores de la jerarquía católica que están en abierta oposición, e incluso hacen campañas en contra de este programa. Pero afortunadamente la población está de acuerdo, y además los curas de pueblo, los párrocos, ellos, que conocen la realidad social de la familia, son los que apoyan el programa.

El segundo concepto es el derecho de la mujer para decidir sobre lo que a ella concierne. La mujer no es simplemente un elemento reproductivo como pretende y ha pretendido siempre nuestra sociedad.

Y, además, hay un objetivo nacional. El objetivo nacional es que el país debe poder manejarse con una población que pueda atender su propia economía.

Además del papel de la mujer pobre en Perú en la época de la crisis. Eso fue también fundamental. Las mujeres pobres se organizaron en la época de la crisis y tuvieron apoyo, ciertamente parcial, del Estado, a través de los clubes de madres y de los comedores populares.

Lo que quiero, en resumen, es darle equidad, establecer los mismos derechos que tiene la familia rica —que va a misa todos los domingos, se confiesa y se comulga— para las familias pobres. Exactamente lo mismo.

PACTO ANDINO

—*El proceso de integración del Mercosur ha avanzado más rápidamente en lo económico —a través de acuerdos de aranceles internos y externos comunes—*

que institucionalmente. El Mercosur tiene una institucionalidad muy débil y tiene un muy fuerte programa arancelario. La impresión que surge de los eventos que han sucedido con el Pacto Andino es que ocurre lo contrario, es mucho más fuerte institucionalmente —por lo menos en su declaratoria, en su apariencia— sin el correlato de lo económico, de la convergencia arancelaria, etc. ¿Estamos todavía muy poco maduros en este último sentido?

—Aquí está nuevamente la diferencia entre lo que es la práctica y la teoría. La teoría un poco la ligo a la institucionalidad. Todo el esquema del Pacto Andino es muy bello, pero es poco funcional, mientras que el Mercosur no está institucionalizado probablemente con el mismo nivel, pero es un mercado que funciona. Y creo que nos falta aplicar un poco más de pragmatismo y no simplemente crear institucionalidad.

—¿Hay voluntad del empresariado peruano de integrarse al Pacto Andino?

—Está dividido, porque hay algunos a quienes favorece y otros a quienes desfavorece. En términos generales hay una voluntad para integrarse al Pacto Andino, pero en condiciones más equitativas.

—¿Cómo se saldrá del actual impasse? [2]

—Ha habido notables avances en todo este proceso después del lamentable conflicto de límites. Y un avance es que se ha suscrito la llamada Declaración de Itamaratí, que reconoce los tratados internacionales. Los avances han significado que de la generalidad de supuestos *impasses* hemos pasado a lo concreto. De un total de aproximadamente 1 500 kilómetros, hay 1 400 que no tienen absolutamente ningún *impasse*.

> Los campesinos de los Andes han estado abandonados a su suerte durante cinco siglos, no durante dos décadas. Explotados, expoliados y abandonados, y sin sentirse parte de la nacionalidad en cierta forma. Estamos tratando de integrarlos a la nacionalidad.

Vayamos ahora a cada uno de los *impasses* y analicémoslos con los instrumentos del derecho internacional y de los tratados, punto por punto.

INTEGRACIÓN E IDENTIDAD

—Usted sostiene que la centralidad de su gobierno apunta a romper la desintegración y a construir con la integración una identidad nacional. Es una identidad que requiere un nuevo Estado, no el Estado descrito académicamente por Hernando de Soto hace algunos años. Es un Estado que tiene aptitud para recoger las señales más finas de la sociedad...

—Es un Estado que se maneja "con planificación central" para descentralizar el Estado con miras a incorporar a todas esas comunidades campesinas a la nacionalidad. Entonces las supercarreteras que hacemos en las sierras o los pequeños caminos rurales, o el programa de alpaca o de vicuña, o la construcción de cientos de canales de irrigación, es incorporar nacionalidad. De alguna manera, cuando hablamos de las comunidades campesinas estamos hablando de 5 000 comunidades, cada una de 1 000 personas, algunas un poco más. Ésas sí se están descentralizando. La toma de decisiones de cómo se van a administrar esos recursos, qué cosa es mejor, dónde invierten, cómo sacan, eso es lo que se

[2] La palabra *impasse* tiene cierta carga en el debate peruano, ya que es como califica críticamente la oposición al resultado de la política de Fujimori respecto de las negociaciones con Ecuador.

está descentralizando. El objetivo es darle el poder a los más pequeños y traerlos al mercado para integrarlos. Este gobierno está fortaleciendo más esos núcleos que antes estaban aislados, inarticulados

—*Usted se habrá planteado en soledad alguna vez el problema: ¿en qué medida descentralizar obstaculiza un proceso que requiere una conducción política muy fuerte?*

—Se puede descentralizar ciertos sectores, pero la descentralización de los recursos tiene que hacerse con priorización nacional.

—*Si entendimos bien, usted sostiene que todavía la llave de los recursos precisa una mentalidad nacional.*

—Exactamente.

—*Entonces la descentralización tiene que ser de gestión más que económica.*

—Es progresiva.

—*Y paulatina.*

—Y paulatina.

Julio María Sanguinetti: En el Uruguay el Estado sigue teniendo prestigio

El séptimo piso del edificio Libertad, donde se encuentra el despacho del presidente Julio María Sanguinetti, tiene la austeridad que caracteriza a su país. De hablar desbordante —reafirmando sus pensamientos con gesticulación apasionada—, Sanguinetti crea una atmósfera sesuda y entretenida al mismo tiempo. Por momentos la charla se torna coloquial; por momentos el presidente recupera un ademán más académico. La entrevista se desarrolló una tarde del mes de agosto de 1995, seis meses después de que Sanguinetti asumiera por segunda vez la presidencia de su país.

—*A usted le tocó participar como primer presidente democrático, luego de más de una década de gobiernos de facto, en la conducción de un proceso de transición sumamente complejo. ¿Con qué datos o componentes favorables de la cultura política de los uruguayos se contaba a la hora de reconstruir la democracia?*

—Nosotros teníamos una particularidad en nuestro proceso de salida hacia la democracia, y ella resultaba del periodo en el cual habíamos estado negociando con los militares. A diferencia del proceso argentino —en el cual no hubo negociación, sino implosión del régimen militar, porque ningún sistema castrense soporta la derrota militar y, obviamente, el fracaso de las Malvinas precipitó la caída del régimen autoritario—, nosotros tuvimos un largo proceso de negociación en el cual tratábamos de influir en las fuerzas armadas haciéndole llegar nuestros puntos de vista sobre la propia conveniencia militar de salir del ejercicio fáctico del poder. Pero a su vez ellos nos persuadían a nosotros de muchos puntos de vista relativos a la visión militar y al futuro de las fuerzas armadas.

Además de eso, hay un ingrediente que no tiene valor teórico pero del que nadie puede prescindir en ningún análisis político: los factores personales. A lo largo de todo este proceso habíamos adquirido conocimiento los unos de los otros. Entonces, nosotros conocíamos al ejército, y el ejército nos conocía a nosotros.

Eso nos permitió llegar al gobierno con un clima muy madurado. Y creo que esto que vengo señalando también hace a lo que son las condiciones generales

---

JULIO MARÍA SANGUINETTI nació en Montevideo el 6 de enero de 1936. Diputado nacional por el Partido Colorado en 1963. Ministro de Industria y Energía (1969-1971), ministro de Educación y Cultura (1972). En 1976, durante la dictadura, se le proscriben sus derechos políticos hasta 1981. Presidente de la República en el periodo 1985-1990. Reelecto presidente de la República en 1994. Sanguinetti se graduó como doctor en abogacía en la Universidad de la República; es periodista y escritor.

> Uruguay es el resultado de una sociedad hiperintegrada porque todo el mundo tiene algo para perder y no tiene tanto para conquistar.

de la gobernabilidad global. Gobernabilidad presupone diálogo. Donde haya sectores de la sociedad que se enquisten y se "gueticen" naturalmente iremos al conflicto, porque partimos de la incomprensión, y la regla es que, cuando la gente no se conoce, se teme. Yo creo, sí, que esa dimensión personal a que se llegó fue un factor muy importante.

CULTURA POLÍTICA Y TRANSICIÓN DEMOCRÁTICA

—*¿En qué medida pesó la cultura política uruguaya —sin dictaduras militares durante el siglo— en el proceso de transición?*

—Naturalmente, en esto había un viejo trasfondo que era la cultura cívica uruguaya: ella era un fenómeno inmanente del país. Y eso estaba ya acabadamente demostrado. El episodio máximo que lo demuestra es el referéndum de 1980, en que las fuerzas armadas someten a la consideración del país un proyecto constitucional que, sin embargo, es rechazado por el voto popular. Ahí ocurren dos episodios ejemplares en cuanto a la cultura cívica nacional. El primero es cómo una propuesta de salida institucional —salida discutible, pero salida al fin— es rechazada por el pueblo, cosa que no ocurría normalmente en las situaciones dictatoriales. Hay sobrados precedentes históricos de que ello no suele acaecer, pero teníamos un antecedente mucho más reciente y cercano, que era el chileno, donde se había producido dos meses antes una victoria electoral de la dictadura en un plebiscito.

Cuando ocurrió el referéndum nosotros teníamos un gran temor. Confiábamos en la cultura cívica del país, pero era tal la masa de propaganda oficial tratando de demostrar que la propuesta militar era un camino de salida de la situación *de facto* —todo se daba, además, en un momento de prosperidad económica— que era muy difícil prever el resultado de las urnas.

La noche anterior estábamos con Manuel Flores Mora[1] en *El Día* y salimos a caminar por la calle. Le dije: "Tengo miedo de lo que pueda pasar, no me doy cuenta..." Habíamos hecho un boca a boca por los cafés trabajando en contra de la propuesta militar. Entonces Maneco me dijo: "Ahora se va a saber si fue verdad que el Uruguay fue alguna vez la Suiza de América, porque los plebiscitos de salida de las dictaduras han ocurrido siempre en países donde ha habido dictaduras, pero en Inglaterra o en Suiza nunca hubo. Lógicamente, como nunca hubo dictaduras, nunca pudo haber plebiscitos para salir de ellas. Si acá ganamos quienes nos oponemos a la propuesta militar, el resultado del plebiscito querrá decir que realmente fuimos la Suiza de América y todavía nos queda algo de ella". Al día siguiente ocurrió el pronunciamiento popular contra el régimen.

Segunda cosa importante de la cultura cívica nacional es que una vez producido el pronunciamiento popular negativo, los militares dijeron que acatarían y que, consecuentemente, negociarían con los partidos políticos. En una palabra, esto demuestra lo que es la fuerza de la cultura política de un país. Es decir, las

---

[1] Ex diputado, senador y ministro de diversas carteras que a la sazón ocupaba —al igual que el doctor Sanguinetti— un sillón en el consejo editorial del periódico *El Día,* que fundara, en 1886, José Batlle y Ordóñez.

fuerzas armadas no estaban dispuestas a enfrentar a esa cultura política. Ellos habían inventado el referéndum —lo cual podía haber sido un error político de su parte—, pero una vez producido el pronunciamiento soberano, no se le podía desconocer.

—¿*Qué papel desempeñaron entonces los partidos políticos? Porque hay alguna discusión sobre si los partidos desempeñaron un papel importante o si realmente fue una respuesta cívica más autónoma...*

—En ese momento hubo un papel bastante importante de los partidos. Obviamente, ese papel no se hubiera podido dar de no existir esa cultura de la gente. También es verdad que la gente se alineaba mucho en función de la referencia de sus líderes.

En este caso era así. Los partidos no nos podíamos expresar muy abiertamente, pero a todo el mundo le quedó clara nuestra posición a través de un par de mítines que pudieron hacerse en aquel momento y de esa traslación boca a boca a la que me he referido.

LA GOBERNABILIDAD

—*En Costa Rica, por ejemplo, hemos encontrado ahora una tendencia en algunos actores políticos a identificar gobernabilidad con coalición. La concertación política hace gobernable al país, según se desprende de esa percepción. Por el contrario, en Colombia, donde hay una vieja tradición de concertación de los partidos mayoritarios ya instituida, hemos encontrado defensores del gobierno-de-partido como elemento necesario para que exista mayor carga de decisionalidad. Se sostiene en ese caso que un exceso de concertación no sólo produce la anomia de la función de los partidos —particularmente el debilitamiento del papel de contralor que le cabe a la oposi-*

ción—, sino un "empate" de características antidecisionales en cuanto a la eficacia gubernativa. ¿En su opinión —vistos estos puntos de vista encontrados— qué quiere decir, estrictamente, una vez que llegamos a la democracia, la expresión "gobernabilidad"?

—Yo creo que no deben confundirse fines y medios. La gobernabilidad refiere la funcionalidad del sistema. Gobernabilidad es el estado en virtud del cual el sistema democrático puede actuar con normalidad, está dotado de funcionalidad, actúa con cumplimiento de los roles esenciales. El Estado en virtud del cual un gobierno puede relativamente aplicar su plan, las administraciones funcionar y las instituciones desarrollarse armónicamente según las reglas de juego que define una Constitución. Ahora ¿cómo se logra esto? En algunos momentos es por un método, en otros momentos es por otro. Cuando en Colombia se hizo el pacto del Frente Nacional era, entonces, la salida de una dictadura y, después, de un periodo brutal de violencia. Allí lo que había que lograr era pacificar el país, y el método fue que los dos grandes partidos pactaran para lograr esa pacificación, porque sin paz, obviamente, no iba a haber gobernabilidad. Esto llegó un momento que se agotó, y la gente sentía que el sistema democrático se estaba debilitando, porque los ciudadanos ya comenzaban a no votar en Colombia: la abstención era fenomenal. Y ello se daba porque ya se sabía de antemano quién iba a ser el presidente: no había, luego, una verdadera disputa. Entonces empezaron a aparecer primero López Michelsen, después Luis Carlos Galán, con acciones en el sentido de salirse de la disciplina del partido para enfrentar al sistema. Hasta que al final el pacto cayó, pero ya era un país pacificado desde el punto de vista político. En algún momento fue un bueno y eficaz medio y después ya no.

En otros lugares, por ejemplo, en Uruguay, hemos tenido una bastante fuerte cultura de gobiernos de partido. Hasta que llega un momento en que la fragmentación electoral nos impone la necesidad de los acuerdos. O hay gobiernos de coalición o acuerdos políticos, o de lo contrario no hay mayorías parlamentarias, y sin mayorías parlamentarias no hay operatividad en el gobierno.

Quiere decir que todo esto es una panoplia de instrumentos, pero no confundamos los fines con los instrumentos. Los instrumentos todos son políticamente válidos en una democracia en la medida que sean conducentes al fin primario, que no es otro que las instituciones funcionen con normalidad.

—*En Uruguay, el instrumento central para mejorar la gobernabilidad ¿es el cambio de las reglas de juego? ¿Es necesaria una reforma constitucional?*

—Yo creo que pasa básicamente por una reforma del sistema electoral. Ello en la medida que el Uruguay tiene un sistema particular por el cual se tiende a una gran fragmentación política.

Nosotros tenemos un sistema electoral en virtud del cual la combinación de una representación proporcional extrema con el llamado "doble voto simultáneo" —la posibilidad de que cada partido acuda a las elecciones presidenciales con varios candidatos— acentúa los males de la representación proporcional. La ley Duverger-Sartori dice que la representación proporcional tiende a la fragmentación partidaria, y el sistema mayoritario tiende al bipartidismo. Y eso, en general, es demostrable. En el Uruguay tenemos una situación en virtud de la cual usamos el "doble voto simultáneo", que en realidad es la elección primaria realizada de forma simultánea a los comicios presidenciales, lo que lleva a que las divisiones adentro de los partidos resulten muy legitimadas. Eso ha conducido a un gran mosaico

En un país donde hay un claro predominio de las clases medias, las expectativas son bastante superiores a las posibilidades.

electoral que hace muy difícil la tarea de gobernar. Imposible no, porque la sabiduría política habilita los acuerdos políticos. De hecho los hace existir.

En el primer periodo de gobierno después de la dictadura nosotros no teníamos mayoría absoluta, y tuvimos un acuerdo para algunos puntos básicos con el partido adversario. En el segundo gobierno, que fue del Partido Nacional, ocurrió lo propio. Tampoco tenía mayoría absoluta —ahora la mayoría relativa era un poco menor aún que durante el primer periodo— y aparecieron acuerdos, primero más generales, después más parciales, pero que en ningún momento condenaron al gobierno a no poder funcionar.

Tercer periodo, el actual, las mayorías son aún más exiguas y estamos en un país casi dividido entre tres, como en la situación chilena precedente al golpe de Estado, lo cual es la posición normalmente más delicada desde el punto de vista de la gobernabilidad política. Y han existido los entendimientos políticos que han permitido darle funcionalidad al sistema. Es decir que no ha faltado en los hechos la posibilidad de que la gobernabilidad realmente se consiga.

Pero también es evidente que si lo que queremos es lograr que las condiciones de gobernabilidad estén favorecidas por las instituciones y que no quede todo librado a la sabiduría y al equilibrio de los dirigentes, es evidente que habría que buscar alguna reforma del sistema que ayude a que, primero, el partido de gobierno tenga una posibilidad más proclive a tener mayorías, y segundo, que haya también un sistema que favorezca, facilite o ayude los entendimientos políticos para sustentar un gobierno.

UNA SOCIEDAD HIPERINTEGRADA QUE RESUELVE TODO DENTRO DEL SISTEMA

—*Germán Rama habla del proceso histórico uruguayo como un proceso de "hiperintegración" en que la coparticipación excesiva de las fuerzas políticas en la función gubernativa fue determinando una suerte de incapacidad para tomar decisiones al ritmo que se necesitaba.*

—El concepto de Rama va en profundidad en cuanto a la sociedad. Él considera que no sólo los partidos sino toda la estructura social está tan integrada —en una palabra, hay tan poca contestación desde afuera del sistema— que en definitiva el impulso conservador es mucho más fuerte que el impulso del cambio. Lo cual es bastante verdad en un país en el que tenemos una demografía baja, una cantidad de ancianos muy importante y como consecuencia una tendencia al *statu quo* muy vigorosa. En segundo lugar, un Estado benefactor muy precoz que a principios de siglo ya generó condiciones de distribución del ingreso, luego de las cuales todo el mundo tiene algo para perder. Y ahí viene la regla de Merleau Ponty, entre la expectativa de lo que hay para conquistar y el miedo a perder lo que se tiene. Eso hace que el Uruguay sea el resultado de una sociedad muy hiperintegrada porque todo el mundo tiene algo para perder y no tiene tanto para conquistar.

Eso, también, es lo que le ha dado a la sociedad uruguaya una gran prudencia, pero acaso una dinámica bastante baja.

—*Ser gobierno en Uruguay suele tener un alto costo político. Parecería existir un costo por la titularidad-del-sistema, lo cual remitiría a una cierta insatisfacción con el sistema.*

—Eso es verdad y ocurre desde 1954. Desde el año de 1954 hasta aquí todos los gobiernos han perdido —adentro o afuera del lema;[2] es decir, si ha continuado el mismo partido en el gobierno lo ha hecho a través de un sector o sublema opuesto internamente al que venía gobernando— porque no han podido colmar las expectativas generadas. Esto ha sido así con una sola excepción que fue la que se dio en el momento de la violencia en el año 1971, en que el gobierno colorado del presidente Pacheco ganó las elecciones. Y es justamente el único momento en el cual la elección no está determinada por el factor económico sino por el factor político. Entonces nadie votó por razones económicas sino en favor o en contra de la violencia política, y ganó quien representaba en esos momentos la defensa del Estado frente al terrorismo.

Y este no colmar las expectativas se da en un país de clases medias, con 68% de la población que vive en casa propia, hoy prácticamente sin analfabetismo. Es que en un país donde hay un claro predominio de las clases medias, obviamente siempre las expectativas de los hábitos de vida son bastante superiores a las posibilidades. A tal punto que esto ocurre en una sociedad que en la última década no tuvo un solo año de evolución negativa del producto *per capita* y sí creció los 10 años a una tasa promedio *per capita* de 3.4%. Sin embargo, el imaginario colectivo sigue pensando que el país no está en una situación de prosperidad, pese que acumuló en una década de democracia 70% de aumento del ingreso de sus hogares.

Éstas son las dicotomías que se dan en la sociedad de consumo: son fenó-

---

[2] "Lema" es la denominación jurídica de partido político en Uruguay, y se le usa como sinónimo. Los diferentes "sublemas" dentro de cada partido postulan candidaturas presidenciales o parlamentarias diferentes.

El imaginario colectivo sigue pensando que el país no está en una situación de prosperidad, pese a que acumuló en una década de democracia 70% de aumento del ingreso de sus hogares.

menos de psicología social que no tienen una respuesta sencilla.

—*Esa circulación a que obliga la votación popular hasta ahora se ha dado siempre dentro de los lemas históricos. Alguna nueva expresión dentro de esos lemas ha llenado siempre el vacío producido. Hasta ahora, también, el costo de la titularidad del sistema lo pagan los dos lemas históricos...*

—Sí, por ahora, hasta que los otros sectores empiecen a ser también sectores tradicionales y empiecen a pagar su desgaste por las cuotas de poder que comienzan a ejercer.

—*¿Hay que descartar el surgimiento de expresiones de fuera del sistema de partidos?*

—El Uruguay, claramente, no ha ido a ninguno de esos mecanismos. En el Uruguay no hay Collors ni Fujimoris porque no se da la situación de Brasil ni de Perú. En Perú hubo un viejo sistema de partidos que se desprestigió y debilitó hasta un punto en que la elección estuvo entre dos *outsiders:* Fujimori y Vargas Llosa, un novelista y un agrónomo, ajenos ambos a los partidos. En Brasil no ha habido partidos estables históricamente, y eso permitió fenómenos publicitarios tipo Collor. En Uruguay los partidos siguen siendo básicos, y diría que todos son tradicionales. El Frente Amplio es un conglomerado de partidos que tienen un siglo de historia, porque tanto el comunismo como el socialismo son partidos con casi un siglo de existencia. Simplemente se han conglomerado.

Yo no veo que aquí haya un vacío político. Lo que hay son configuraciones de otra naturaleza. Vamos a ver lo que les

ocurre a estas fuerzas con el correr del tiempo. Ellos han empezado a ser gobierno en la medida que han tenido el gobierno municipal de Montevideo desde el año 1990 —han vuelto a ganar allí— y eso de algún modo los va aproximando a la cultura de gobierno, como también les puede ir aproximando a los desgastes. Personalmente —y aquí ya estamos en el terreno de la especulación política— creo que ese conglomerado de partidos seguirá creciendo o no en función de su capacidad de cambio. Atado a la nostalgia marxista no va a seguir creciendo más; volcado a una posición más moderada puede seguir creciendo. En este último caso, ya no estamos, entonces, frente a conglomerados de izquierda marxista sino ante una nueva versión de la socialdemocracia, que tiene un origen distinto al referente histórico nacional de la socialdemocracia.

—*En América Latina está en crisis el Estado de bienestar y también están en crisis los actores de ese Estado de bienestar: sindicatos, partidos, etc. ¿Quiénes van a ser los actores del cambio de ese Estado?*

—La palabra crisis recorre todo el vocabulario político. Desde que me reconozco nunca oí hablar de una época en la cual alguien considerara que estuviera superada "la crisis". En plena prosperidad de los años cincuenta todos los discursos políticos y los artículos periodísticos comenzaban con frases del estilo: "Inmersos en esta profunda crisis que sacude al país..." Es una conciencia agonista de un país convencido de que siempre está en crisis. En otros países es distinto —la sociedad aparece como más ciclotímica—: de pronto se siente en una gran prosperidad y de pronto se siente en una gran depresión, cosa bastante común en la Argentina, por ejemplo. El Uruguay nunca es demasiado optimista y nunca es demasiado pesimista, pero todo lo ve con un escepticismo permanente, en vista de lo cual siente que siempre las cosas están "más o menos". Entonces, este estado de ánimo llega hasta un punto en que encuestas confiables reiteran, a lo largo de los años, que cuando a la gente se le pregunta sobre su situación económica individual, más de 80% contesta que está bastante bien, pero cuando se le pregunta por la situación económica general del país siempre la encuentra horrible. Esto explica un poco lo que es la psicología uruguaya.

Diría esto, en suma: en el Uruguay los partidos no están en crisis por la circunstancia de que los partidos son enormemente expresivos de la realidad política y social. Es decir, los orientadores de la opinión son los partidos.

Lo que sí es verdad es que ha habido fragmentación de los partidos, pero eso es otra cosa. Esto nos hace pensar que hay una crisis del bipartidismo y una crisis del sistema electoral, pero no de los partidos. El viejo predominio de los partidos tradicionales, por ejemplo, no ha cedido en favor de grupos de presión social, sino que ha cedido en favor de otros partidos políticos que han crecido. Quiere decir que la mediación se da siempre adentro del sistema de partidos.

¿De dónde van a venir los agentes de cambio? De los propios partidos. Y esto se aprecia hoy bastante bien. Los procesos de integración económica regional no fueron impulsados por las fuerzas sociales, ni los grupos de presión, ni los núcleos intelectuales: fueron impulsados por los partidos. Las reformas económicas que se han ido cumpliendo en los últimos años también han nacido de adentro de los propios partidos. Los sectores gremiales vinculados a los trabajadores hoy son defensores acérrimos del *statu quo* social de un Estado que durante los 50 años anteriores combatieron porque lo consideraban burgués, y hoy lo consideran un Estado bastante

solidario frente a propuestas de reducción del Estado o frente a la racionalización del Estado benefactor.

Quiere decir que los agentes de cambio van a seguir estando en los partidos. Naturalmente están en los medios de comunicación que hoy tienen una fuerza mayor que antes, pero que también están muy referidos a las opiniones de los partidos. Los medios de comunicación son normalmente voceros, portavoces, del debate que se introduce desde dentro de los propios partidos políticos.

—*El profesor Jorge Domínguez, de Harvard, coloca a Uruguay, junto a Colombia y otros países en estos últimos años, como ejemplo de situaciones en las que los partidos históricos van dejando un vacío que va ocupando un tercero, en función de la permanencia en ellos de las viejas rutinas políticas tradicionales. De una cierta incapacidad de adaptarse a los nuevos modos de mediación de la sociedad. Y el crecimiento del Frente Amplio es puesto como ejemplo de eso. Los partidos históricos uruguayos ¿tienen real capacidad de adecuación a los tiempos actuales?*

—Yo diría que han demostrado capacidad de adecuación, de lo contrario no seguirían teniendo el predominio que hoy tienen. Es verdad que los sectores de izquierda han crecido en los últimos tiempos, pero es un fenómeno muy particular del país. Es uno de los pocos países del mundo donde los sectores marxistas no han descendido su poder después de la caída del muro en 1989. Por el contrario, lo han acrecentado. Esto no es fácil de explicar y de entender en el mundo actual. Yo tengo mi interpretación. Pienso que esos movimientos que fueron marxistas, al producirse la caída del mundo comunista, no la asumen plenamente, no la internalizan como el "fracaso" de la idea, y siguen creyendo que, aun cuando ésta pueda tener algo de equivocado, en todo caso es la idea más bonita. ¡Qué lástima —parecen decir— que no ha podido ser verdad lo que siempre creímos!

En un país que tiene una fuerte tradición de socialdemocracia y de Estado benefactor desde principios de siglo ¿qué ocurre? Esta nostalgia marxista se traslada a otra utopía, que es la de la defensa del Estado benefactor en su versión original. Entonces, los viejos partidos marxistas asumen como utopía la vieja ideología del partido reformista. Éste a su vez tiene hoy que racionalizar su propio reformismo, lo cual pone a ese partido reformista a mitad de camino entre la reacción neoliberal ortodoxa y la defensa del *statu quo* que él mismo había construido. En términos uruguayos, el Estado batllista hoy es defendido sin matices ni cortapisas por los viejos partidos marxistas, en el mismo momento en que el propio batllismo sostiene que los valores y fines de aquel Estado siguen sirviendo, pero cuyos procedimientos hay que cambiar porque hay elementos que requieren una racionalización. Por ejemplo, el sistema de jubilaciones. El Uruguay fue pionero de un paraíso jubilatorio que llamaba la atención en el mundo, que se sustentó en tiempos de una gran prosperidad económica beneficiada por circunstancias internacionales y que hoy ya no es posible mantener.

EL PÉNDULO VUELVE AL CENTRO

—Usted está definido por la corriente socialdemócrata. Se acaba de referir a ella como a la mitad del camino entre el statu quo *del Estado benefactor y las recetas ortodoxas. Se sostiene que el flujo ortodoxo parece estar dando paso a reflujos más progresistas.*

—Yo creo que hay claramente un reflujo. Es decir, hoy el péndulo está volviendo al medio. Los años ochenta marcaron el agotamiento de las economías

En plena prosperidad de los años cincuenta todos los discursos políticos y los artículos periodísticos comenzaban: "Inmersos en esta profunda crisis..."

con desarrollo hacia adentro y sobrevino también la crisis del Estado benefactor, básicamente por factores de orden económico.

En ese contexto aparece la caída del marxismo y viene la gran interpretación respecto de que ello significa el éxito de lo que se consideró en ese momento la línea reaganista-thatcheriana, es decir el neoliberalismo ortodoxo. Esta reacción que apunta hacia el Estado mínimo y hacia economías abiertas, hacia un Estado sin mayores responsabilidades sociales, se impone en los Estados Unidos, en Inglaterra y en muchos países de América Latina. Europa continental no la asume, porque ni la izquierda ni la derecha asumen esa orientación. Y luego se produce el reflujo en los Estados Unidos —que es donde empezó la ola neoliberal con Reagan— y empieza a invertirse el péndulo con Clinton, cuya gran apelación electoral fue el tema del seguro de salud. A partir de allí se ve claramente que hay un retorno. ¿Por qué vuelve ese péndulo? Porque el otro movimiento que quizá era necesario produjo también consecuencias socialmente peligrosas. No hay ninguna duda de que el Estado benefactor precisaba una racionalización, y que las economías debían abrirse. Hecho muy violentamente en algunos países, produjo resultados sociales que hoy son los que lo vuelven a mover hacia un punto mucho más equilibrado.

En algunos países estos flujos y reflujos se produjeron de modo muy traumático, con expresiones muy nítidas, con cortes muy tajantes, como el caso de Argentina. El proceso de agotamiento de la situación anterior se produce por una

[208]

crisis hiperinflacionaria, y como consecuencia viene una tendencia muy fuerte hacia el otro lado. El presidente Menem advierte hoy que su mayor problema es la desocupación y las consecuencias sociales del ajuste, y se lanza en su segundo periodo a ver cómo puede liquidar las consecuencias de ese primer ajuste. Yo no discuto que lo primero no fuera necesario, lo que digo es que ahí se dio muy rígidamente.

En un país como Uruguay todo eso se ha dado de un modo más acompasado, más gradual. Acá la apertura de la economía empezó y se ha desarrollado a través de 15 años aproximadamente; la libertad financiera tiene ya 25 años, los procesos de privatización empezaron antes que en ningún otro país. Así como empezaron los procesos de estatización primero, los procesos de privatización también empezaron hace muchos años lentamente. Y así han seguido, ya a un *tempo* distinto. Creo que el país en eso denota las características de su estructura demográfica y de su estructura cívica, como lo decía anteriormente.

—*Algunos fenómenos económicos y políticos más bien propios de la década de los cincuenta —tanto económicos como políticos— están siendo hoy fuertemente criticados. En el plano económico nos referimos, por ejemplo, al fuerte e inflacionario proteccionismo y a la apuesta al mercado interno —tan luego en un país de tan pequeño mercado como Uruguay— así como a todo el sistema de estirpe más bien mercantilista, como los cupos, cuotas, permisos, tipos de cambio preferenciales que desplegaba el Estado en beneficio de determinados particulares. Fenómenos todos estos no presentes en grado importante en el reformismo uruguayo de las primeras décadas del siglo, cuando se siguieran políticas socialmente reformistas pero apoyadas en planteos económicos más ortodoxos. En el plano político nos referimos, por ejem-*

plo, a la conversión más populista y clientelista de los partidos tradicionales uruguayos. ¿La sociedad uruguaya ha reflexionado de modo suficientemente crítico —si corresponde hacerlo— sobre los errores de ese momento histórico?

—No creo que hayan sido errores. El error ocurrió más tarde, cuando no se cambiaron, a tiempo, esas políticas. En su momento ellas no estuvieron mal, porque no había otro modo de tener industrias y, además, porque, en tiempos de la segunda Guerra Mundial, no había otro modo de abastecerse que producir internamente cosas que antes se importaban de países en conflicto y que ahora no estaban disponibles. Es un anacronismo juzgar con nuestra mentalidad los años cincuenta, del mismo modo que es otro anacronismo seguir hoy soñando con protecciones y mecanismos propios de aquella época de la guerra y posguerra.

—*El plebiscito de diciembre de 1992 sometió a la opinión pública un proyecto —con aprobación parlamentaria— de reforma de las empresas públicas, que introducía en éstas capital privado en poco más de 50% de su propiedad. La gente, sin embargo, votó en contra...*

—Aquí hay que mencionar, primero, un equívoco bastante habitual en la percepción del problema, y luego algunos comentarios que valen la pena.

El primer equívoco es reducir este plebiscito a un esquema "privatizaciones sí" o "privatizaciones no", cuando el mencionado plebiscito tuvo matices más complejos. En una ley de 32 artículos sólo cinco eran impugnados. En los artículos cuya vigencia todo el mundo aceptó había la privatización, por ejemplo, del ente aeronáutico, cosa que efectivamente ocurrió y que aceptaron aun los partidos de izquierda. Lo que se impugnó fue específicamente la privatización de la telefonía básica de la empresa telefónica del Estado, por la sencilla causa de que es una empresa que presta un buen servicio a una tarifa razonable y que además arroja utilidades. Ésta es una realidad. El pueblo no actuó con dogmatismo, actuó con pragmatismo.

Y éste es un comentario que vale la pena hacer. En el Uruguay aún hoy el Estado sigue teniendo prestigio. La gente critica los excesos burocráticos que hay que corregir —a veces los costos de algún servicio— pero no cree que haya que abolir el Estado: el Estado, sin dudas, sigue teniendo prestigio. A nadie se le ocurre pensar que un banco del Estado va a dejar de honrar un documento, nadie duda del valor de un título de deuda, porque en un siglo y medio de existencia el país nunca dejó de pagar sus papeles. Esto es un hecho, el Estado tiene prestigio, es considerado un buen pagador. Y en algunos servicios que se dan bien, como es el caso de algunas empresas públicas, tiene prestigio.

Lo interesante de observar en el resultado de ese plebiscito es que en Montevideo es donde tienen mayor fuerza los partidos de izquierda, o sea estatistas, y en el interior del país es donde hay un predominio mucho mayor de las fuerzas tradicionales. Donde era más fuerte la defensa de los servicios del Estado era, sin embargo, en el interior del país, donde esos servicios tienen prestigio porque han satisfecho indiscutibles necesidades sociales de la gente. Allí han sido civilizadores los servicios de teléfonos, de energía eléctrica, etcétera.

Entonces, lo que no acepta un referéndum de este tipo es una lectura simplista. En el Uruguay nada acepta una lectura simplista por lo mismo que estamos hablando; todo requiere expresiones muy complejas y matizadas, porque la cultura del país así lo impone.

EL SOCIO MENOR

—*Pasemos al tema de la integración. ¿Cuáles son las limitaciones del gobernante de un país pequeño en este proceso de integración económica con países tan grandes?*

—Para el Uruguay el proceso de integración es muy difícil. ¿Por qué? Porque es el socio más chico de una coalición de cuatro, y tiene una economía 40 veces más pequeña que el socio mayoritario. A su vez, se da la paradoja de que el socio mayoritario es el que tiene situaciones de depresión social mayor en algunas zonas de su territorio. Y, por oposición, Uruguay es el que tiene los mejores indicadores sociales, lo cual supone también mayores costos internos.

Quiere decir todo esto que el desafío para un país como Uruguay es muy fuerte, y es, fundamentalmente, cómo procesar la integración sin que se le produzca una igualación social hacia abajo en la región. Esto sólo se puede sustentar en la misma medida que el país pueda competir en sectores relativamente sofisticados de la economía —sea agraria, industrial o de servicios— a través de un nivel educativo relativamente elevado también. No es una apuesta sencilla porque, como lo decía la pregunta, hay una gran limitación de posibilidades, y, efectivamente, el proceso de integración supone enajenar márgenes de decisión. Una vez que se entra en un proceso de éstos hay que competir, y la competición habilita muchas cosas pero también impone mucho límite.

Éste es un desafío muy fuerte. La economía de escala, a su vez, genera una asimetría que para el Uruguay es difícil. Los saldos de una industria brasileña en cierto momento pueden liqui-

---

Viejos partidos marxistas asumen como utopía la antigua ideología del partido reformista, el que a su vez tiene hoy que racionalizar su propio reformismo.

[210]

dar para siempre una industria uruguaya.

—*¿Qué opciones de política externa le quedan a un país como Uruguay? ¿Cuáles son los posibles nuevos papeles de esa política externa?*

—Dante Caputo decía que el Uruguay era el país bisagra, sin el cual no se articulaban las demás partes de la puerta. Ése es un papel que hemos jugado y seguimos jugando. Digo que hemos jugado porque fue parte de la política exterior de Uruguay, a partir de 1985, tratar de apuntar a una integración y tratar de coadyuvar, en la medida que se pudiera, al entendimiento argentino-brasileño, sin el cual no había proceso de integración posible. Eso lo asumimos como política propia, como política uruguaya. Ahí empieza el cambio de la histórica política externa uruguaya pendular entre Argentina y Brasil. Nosotros ahí estábamos renunciando ya al péndulo, en la medida que sabíamos que un entendimiento mayor de Argentina y Brasil nos impediría actuar de ese modo.

En eso se tuvo éxito. Argentina y Brasil han ido superando su vieja situación de disputa hegemónica a cambio de un periodo de mayor colaboración. Pero eso no quiere decir que las dialécticas de política y de desarrollo económico hayan desaparecido. El proceso de integración no hace desaparecer esas circunstancias, no las hizo desaparecer en Francia, en Inglaterra, en Alemania. Y no las hace desaparecer acá.

Entonces, la política uruguaya supone —por tratarse de un proceso de integración— no el actuar pendularmente sumándose a quien se considere hegemónico, sino trabajar permanentemente con los dos socios mayores, los que ya se han integrado.

Por otra parte, estamos en otro escenario. Si los Estados Unidos han sentido la necesidad de asociarse con Canadá y México pese a ser la economía más grande del mundo, difícilmente podríamos nosotros, aislados, ser nada en este mundo de competencia. Un mundo de competencia, además, que perdió su vieja bipolaridad política.

De modo que nuestra inserción es distinta. Nosotros en el mundo tenemos que irrumpir, tanto política como económicamente, con otro instrumento. El instrumento ha sido el Mercosur. Y se ha mostrado un instrumento eficaz, a tal punto que hoy es no sólo un espacio económico a través del cual se insertan en el mundo cuatro países, sino que es, además y sin ninguna duda, un fuerte interlocutor político. Por esa causa es que el Mercosur también políticamente desarrolla una política internacional propia. En los años ochenta Latinoamérica mostró, con el grupo de Cartagena y el grupo de Contadora, una capacidad de iniciativa fuerte. Ésta se diluyó. Y luego empezamos a dispersarnos. Y hoy no hay una política exterior latinoamericana. La de México ha sido integrarse al Norte, y lo ha hecho. La de Chile fue primero la de tratar de integrarse hacia el Norte y ahora vuelve a buscar hacia el Sur.

Entonces, el Mercosur adquirió rápidamente una personalidad no sólo económica sino política. De modo que hoy existe una diplomacia del Mercosur y no está atada a ninguno de los extremos del mundo actual. Por esa causa hay un diálogo hacia el norte de América, con los Estados Unidos, y también un diálogo muy importante con la Comunidad Europea.

—*¿Hay una vocación del Mercosur de tratar de articular América Latina económica y políticamente?*

—Es un objetivo, pero no prioritario. Hoy el objetivo prioritario del Mercosur es poder ser realmente un interlocutor fuerte de Europa, de China, de Japón y de los Estados Unidos.

—*Para abordar el Pacífico el Mercosur precisa a Chile.*

—Y por eso es que Chile es uno de los ingredientes importantes de esta perspectiva. No sólo por la voluntad de los chilenos sino por la nuestra. Nosotros pensamos que Chile es, además de una economía fuerte, un país con prestigio político, con cultura, que nos puede aportar esas fuerzas hacia el Pacífico que son muy importantes.

—*En esto de los Estados Unidos y de Europa, ¿hay una opción a tomar?*

—Nosotros no creemos que la haya porque partimos de una realidad distinta. La influencia de los Estados Unidos económicamente es muy fuerte en el norte de Sudamérica, en México y en el Caribe. Los países atlánticos y del Sur tenemos una muy fuerte tradición de relacionamiento con Europa. Aún hoy, para nosotros Europa sigue ocupando un porcentaje mayor de nuestro comercio que los Estados Unidos. Es más, en los únicos países de América Latina donde la inversión extranjera europea es mayor que la de los Estados Unidos es casualmente en Brasil, Argentina, Paraguay y Uruguay.

Nuestra relación con Europa no es igual a la que pueden tener el resto de los países de América Latina. Somos los países que tradicionalmente han tenido una vinculación europea. Hay que partir de esa realidad. Y hasta ahora nadie nos ha puesto en la disyuntiva de tener que optar entre uno u otro.

—*¿Las prioridades terminan en Chile, o también en Bolivia?*

—Chile y Bolivia.

—*Estos procesos de integración conllevan generalmente discusiones sobre las identidades culturales. ¿Qué rasgos de las culturas brasileñas o argentinas puede internalizar o articular Uruguay?*

—Creo que el tema de las identidades es importante. Por esa causa es que para el Uruguay —y pese a que hoy está pensando en términos de Mercosur más que en Chile y Bolivia— esta integra-

En el Uruguay nada acepta una lectura simplista; todo requiere expresiones muy complejas y matizadas, porque la cultura del país así lo impone.

ción no significa un renunciamiento a lo que es un fenómeno cultural latino. Es decir, el Mercosur es, primero, de cultura occidental. Segundo, es de cultura latina. Eso nos sigue vinculando con México, con ciertos países del Caribe y de Centroamérica. Evidentemente es un vínculo mucho más cultural que político.

El Mercosur tiene, sin ninguna duda, enormes áreas de identidad cultural comunes a sus países, dentro de las cuales existen, naturalmente, ciertas peculiaridades nacionales. Brasil, Argentina, Bolivia, Paraguay, Chile y Uruguay tienen, indudablemente, peculiaridades desde el punto de vista étnico, demográfico, cultural. Sin embargo hay un conjunto de elementos comunes que refuerzan la mutua identificación. Primero, el idioma, que siempre es el principio en todas las cosas. Hablamos dos vertientes del idioma muy parecidas, lo que nos permite comunicarnos: se entienden muy fácilmente el español y el portugués. Segundo, tenemos una fuerte tradición común: somos todos hijos de los países ibéricos. En tercer lugar tenemos una historia común. Paraguay, Uruguay, Brasil y Argentina somos resultado del mismo proceso histórico de colonización ibérica en América y, en consecuencia, respondemos a los mismos parámetros culturales. La mayor diferencia podría estar en que el ingrediente negro e indígena es más fuerte en ciertas áreas, pero la respuesta de mezcla racial y de tolerancia étnica —de lo que fundamentalmente Brasil es un ejemplo excepcional a nivel universal— ha desdibujado el peso eventual de esas diferencias. Hasta tal punto de que esto, que era lo que más nos diferenciaba, nos une. En

El Mercosur es un espacio económico y es, además, un fuerte interlocutor político.

Brasil, el rey del futbol es un negro y en el Uruguay es otro negro: Pelé y Obdulio Varela. Y el público los asume como las máximas expresiones de su gloria nacional.

Esto nos demuestra que hay una identidad muy fuerte. Naturalmente, nosotros uruguayos vemos una subidentidad —lo que llamaríamos cultura gaúcha o cultura gaucha— que nos identifica con Buenos Aires, Corrientes, Entre Ríos, Misiones, Paraguay y Río Grande del Sur. Ésta es una subcultura, porque Brasil tiene otras zonas que responden a otros elementos. Pero los elementos centrípetos son mucho más fuertes que los centrífugos.

—*Tenemos un pasado histórico, un siglo XIX, muy liberal en la Argentina, en Uruguay y en Brasil...*

—Por eso hay una historia común, con aspiraciones comunes, con anhelos comunes. Con una música común. ¿Cuál es la música nacional uruguaya hoy? No sé si es la brasileña o es el tango. No sé.

—*En la cumbre regional de Quito usted propuso la creación de una DEA latinoamericana.*

—El tema del narcotráfico, desgraciadamente, está pesando mucho en varios países de América Latina, como Colombia, Perú, Bolivia. Es un factor hasta de desestabilización institucional, que hace a la vida democrática y aun a la soberanía de los países. Esos países sienten que hay una corresponsabilidad en el tema, tanto de ellos, como productores, como de los Estados Unidos, como consumidores. Pero esto no se traduce en los hechos, pues la agencia norteamericana que trabaja en el tema, como es natural, enfoca su acción hacia ellos. De allí deriva la necesidad de tener una concertación latinoamericana mayor. Nosotros no estamos viviendo una situación igual a la de aquellos países. Por eso, con tranquilidad, decimos que simplemente no se puede estar siempre a la defensiva, que es necesario desarrollar una estrategia propia de actuar en el tema, sin esperar simplemente lo que diga la DEA. Hay que trabajar, con ella, desde ya, porque la cuestión es necesariamente internacional, pero también hay que desarrollar servicios y acciones propias.

[213]

ORGANISMOS INTERNACIONALES

Enrique Iglesias: La nueva utopía latinoamericana es la integración regional y hemisférica

La entrevista con Enrique Iglesias se realizó el sábado 17 de junio de 1995, en el despacho de la presidencia del BID, ubicado en el último piso de un edificio entonces casi desierto, sobre New York Avenue de Washington. Con la distensión de un sábado, con la ciudad a sus pies desde ese mirador privilegiado, con la perspectiva que le confiere su acabado conocimiento de América Latina —y su continuo relacionamiento con toda la dirigencia política y empresarial de la región—, durante un par de horas Iglesias recorrió, del derecho y del revés, el continente. Lo hizo con imaginación y versatilidad, reflexionando en voz alta, más desde la perspectiva política que desde la perspectiva económica.

—*Los problemas de la gobernabilidad han adquirido una gran trascendencia en la actualidad. ¿Qué ha cambiado en América Latina?*
—En América Latina hubo ya un proceso de gobernabilidad que funcionó. Antes de 1975 la América Latina era más simple. Los objetivos del Estado eran limitados y el espectro de acción del Estado menos ambicioso. Ciertos fundamentos de la economía funcionaban bien: por ejemplo, los conceptos tradicionales de la vieja ortodoxia económica estaban presentes. Había de común superávit fiscal y la política monetaria se manejaba por los Bancos Centrales sin caer en excesos.

Esos conceptos fundamentales eran principios de buena administración, eran objetivos más limitados, que se desempeñaban con un alto nivel de probidad. Yo creo que la gente era más honrada en el sentido corriente del término. En los años sesenta algo pasó y pasó bien: si no la región no hubiera crecido como creció. Cierto es que la participación social era mucho más acotada, pero, a partir de un conjunto de ideas, hubo gobernabilidad. Esas ideas llegaron a un conjunto de liderazgos políticos que a su vez las fue aplicando con relativo éxito. Algo, sin embargo, empezó a dejar de funcionar a mediados de los setenta.

ENRIQUE IGLESIAS, ex presidente del Banco Central, nació en 1930 en Asturias, España, y es ciudadano uruguayo. Se graduó en economía y administración en la Universidad de la República del Uruguay, y realizó estudios de especialización en los Estados Unidos y Francia. Fue ministro de Relaciones Exteriores del Uruguay, secretario ejecutivo de la CEPAL y secretario general de la Conferencia de la ONU sobre Fuentes de Energía Nuevas y Renovables. A partir de 1988 preside el Banco Interamericano de Desarrollo.

> Los intereses corporativos se han instalado en América Latina en forma muy fuerte: por ejemplo, el corporativismo de los viejos, de los educadores, de los militares.

¿Qué pasó después de mediados de los años setenta? Los objetivos del Estado, impulsados por los fenómenos sociales emergentes —entre ellos la emigración del campo a las ciudades—, se ampliaron enormemente: el surgimiento de la nueva sociedad latinoamericana explota allí. Existieron además elementos exógenos que desempeñaron un papel importante: la crisis de la deuda y el aumento de los precios del petróleo. Este último fue un fenómeno muy perturbador —si se le mira en perspectiva histórica—, porque generó muchas expectativas. No sólo en los países petroleros —la sensación de bonanza—, sino también en los no petroleros, donde generó toda una sensación de desorden, producto de los grandes movimientos financieros que sobrevinieron. Hubo asimismo una sensación de abundancia de recursos que fue alimentada por la banca privada internacional, ocupada en la recirculación de los excedentes monetarios originados por el alza del petróleo. Y, finalmente, hubo una persistencia del gran cheoque ideológico, sobre todo el provocado por la Revolución cubana.

LAS TENSIONES DE LA GOBERNABILIDAD

—¿La gobernabilidad, en suma, se tornó más compleja?
—Creo que el problema de la gobernabilidad hay que tomarlo por ese lado: los elementos que influyeron desde adentro y los elementos que influyeron desde afuera. Desde afuera, los elementos que mencionaba antes, y desde adentro, los que hicieron que la sociedad se volviera más compleja, más organizada, más demandante, más movida por las fuerzas sociales y las ideologías que empezaron a influir más fuertemente: a consecuencia de la revolución cubana, como decía, hubo un impulso a la organización de la izquierda.

Todo esto trajo consigo cambios que generaron nuevas demandas sobre los Estados, ahí es donde empezó a fallar la gobernabilidad. Porque, además, empezó un proceso de pérdida de probidad en la administración en general. Y ahí se nos desarmó el paquete.

Cuando se mira en perspectiva se ve que los países como Brasil tenían metas muy claras. Había grandes utopías, las grandes metas de Kubitschek: una cosa muy vertebral en toda la acción brasileña. Los brasileños armaron toda una concepción de Estado a partir de ese plan de metas. Fue un concepto que la CEPAL sintetizó muy bien: el desarrollo de los mercados internos, la protección frente al exterior para lograr amparar el desarrollo endógeno. Todo eso se desarmó en los años setenta.

—Se habla mucho de que estamos en un proceso de cambio del Estado. Nos gustaría conocer su opinión sobre quiénes son en realidad los protagonistas principales de ese cambio. ¿Cómo se forma la nueva coalición política encargada de promover los cambios?
—Éste es un tema muy complicado porque hay muchos actores e intereses corporativos. En América Latina han surgido intereses corporativos muy fuertes, por ejemplo el corporativismo de los viejos, de los educadores, de los militares. Los intereses corporativos tienen hoy en día una grande y nueva fuerza en la pugna distributiva. Entonces, pensar en un gran pacto es algo muy complicado. Pero no hay otro camino.

En toda experiencia yo examinaría qué es lo que ha funcionado y por qué funcionó, a la vez qué es lo que no ha funcionado y por qué no funcionó. Y conviene mirar la experiencia tanto en América Latina como en otras regiones. ¿Por qué funciona la gobernabilidad en Chile hoy? Se vivió allí un trauma muy fuerte, de muchos costos y dolores que asumieron todos los partidos —de derecha y de izquierda— desembarazándose luego en lo necesario de sus cargas ideológicas. Consecuencia de eso, se generó un pacto político.

Y se vivió antes una experiencia económica que anduvo a los tumbos y erró durante muchos años pero que luego se recompuso y tuvo resultados positivos. Ocurrió que la reforma política vino en Chile después de que se vieron los resultados de la reforma económica, de manera que fue más fácil asimilarla pacíficamente Algo muy importante, además: no podemos olvidar la cultura tradicional de gobernabilidad del país, que es algo de larga historia.

—*Superada la emergencia económica —generalmente enfrentada por un pequeño grupo de tecnócratas asesorando a un presidente "estabilizador"— ahora parece requerirse una participación mayor del sistema político para encarar una nueva etapa en la que son claramente mayores las necesidades que las capacidades.*

—Para la gobernabilidad es fundamental que haya un consenso básico sobre ciertas cosas centrales que ya no se discuten. La gobernabilidad debe estar asentada en pactos, decía. Esos acuerdos deben tener básicamente dos grandes componentes: las condiciones básicas de la eficiencia económica y las condiciones básicas de la eficiencia social. La gobernabilidad en sí misma es la conciliación de la eficiencia económica con la eficiencia social.

La eficiencia económica supone un acuerdo basado en la reivindicación de la importancia del papel del mercado. Sin mercado la eficiencia económica es imposible. Así lo demostró el socialismo.

En Chile, la reforma política vino después de que se vieron los resultados de la reforma económica, de manera que fue más fácil asimilarla pacíficamente.

Y ése es un tipo de cosas que hoy ya no se discute: que el déficit fiscal ya no funciona, que las tasas de interés tienen que tender a ser positivas, que cuanto más se exporte más un país podrá beneficiarse del intercambio internacional y desarrollarse. Nosotros jugamos durante décadas con el déficit fiscal. Tuvimos que pasar por la década de los setenta y de los ochenta para entender, en los noventa, lo importante que es la disciplina fiscal.

El acuerdo sobre la eficiencia social, por su parte, debe hacerse redefiniendo el gran pacto del Estado de bienestar, que ha quedado superado, entre otras causas, por la evolución demográfica, que en todo el mundo tiene una dinámica importante pero que en América Latina es aún muy fuerte. Ha quedado superado también por la gran crisis de todo el sistema previsional en América Latina y en el mundo. Recomponer el nuevo pacto social es en el fondo mediar en la gran pugna entre jóvenes y viejos, entre enfermos y sanos, entre los que trabajan y los desocupados. En el Uruguay hubo un gran pacto de distribución social, el pacto batllista que duró 40 años y le dio una gran unidad al país, además de su identidad.

EL PAPEL DEL LIDERAZGO

—*Para que haya un consenso político capaz de conducir estos procesos de transformación es necesario que haya actores que quieran ese consenso y sean capaces de hacerlo...*

—Eso hay que responderlo de acuerdo con la historia: los consensos trans-

> La eficiencia económica fuera del mercado es imposible, lo demostró el socialismo. Y ése es el tipo de cosas que hoy ya no se discuten.

formadores se dan a causa de un gran choque externo o por un gran liderazgo interno. Ello acontece o no. El liderazgo se da o no se da. ¿Por qué la década de los sesenta fue una experiencia tan creativa en América Latina? Porque se dio una coyuntura muy especial: Kennedy en los Estados Unidos, Kruschev en la URSS y el papa Juan XXIII. En América Latina tuvimos a los Frei, a los Lleras, y eso generó un liderazgo importante. La década de los sesenta fue una época brillante.

Cuando uno reflexiona sobre lo que pasó en América Latina en los años sesenta, se debe reconocer que fue un período extraordinario, con la Alianza para el Progreso, la integración a través de la ALALC, el establecimiento del BID, del Pacto Andino, de la Corporación Andina de Fomento, del Banco Centroamericano, etc. Fue un periodo de una enorme creatividad. ¿Por qué? Porque había un gran liderazgo interno y un gran liderazgo externo: una coincidencia muy interesante.

—*Ahora, en la nueva concepción del liderazgo de los años noventa, venimos de reelegir a Menem y a Fujimori, y parece haber una convalidación popular de políticas más ortodoxas de modernización en algunos países.*

—En esos dos países se dio un fenómeno muy importante: la población estuvo muy expuesta a la hiperinflación. La gente resiente la tragedia de la hiperinflación. Tanto Menem como Fujimori sacaron a sus países de la hiperinflación y eso está siendo reconocido por los pueblos.

—*Ahora parece plantearse el asunto en Brasil...*

—Si se ve un poco la historia, se puede observar que el gran triunfo del PMDB después del plan Funaro es un triunfo de una forma de asegurar la estabilidad. El triunfo de Collor fue porque la gente creyó que un liderazgo joven podía asegurar eso mismo. Y el triunfo de Fernando Henrique está muy influido por el éxito del Plan Real. Creo que el caso de Sánchez de Lozada en Bolivia tiene algo, también, de estos elementos.

UNA NUEVA UTOPÍA

—*Enfrentemos los años sesenta con los años noventa. ¿En los sesenta había una utopía latinoamericana?*

—Había una gran utopía, siempre con apoyo externo, siempre con una visión americana. Desempeñó un papel muy importante.

—*Ahora no hay una sola utopía latinoamericana...*

—No hay una verdadera utopía latinoamericana, excepto la que se puede crear a partir del fenómeno de una integración económica regional renovada y de la integración hemisférica. Creo que eso es lo único relativamente nuevo que uno podría aceptar como punto de partida para una utopía. Por eso es tan importante que funcione bien el Mercosur, que avance la integración con los Estados Unidos y con Europa.

Había una gran utopía en aquel momento. Hay que leer los discursos... He estado leyendo un discurso de Eduardo Frei del 16 de agosto de 1966 en la Plaza Mayor de Bogotá. Es impresionante cómo veía él la América Latina: como un gran mensaje de afirmación continental. Es importante observar cómo influye una utopía: mientras que para nosotros la integración es una reafirmación del pasado, para Europa fue un instrumento para olvidar el pasado y sus guerras. Eso marca una diferencia central en el

[220]

mensaje político, independientemente de que ambas quieran obtener, a través de la integración, beneficios económicos. En el discurso de Frei se veía aquel mensaje. Y eso es importante como elemento constitutivo de esa utopía creativa de la que estábamos hablando.

—*En la integración regional habría dos paradigmas en debate. Uno el de los Estados Unidos como articulador de una integración país por país, en la que él se desempeñe como un interlocutor permanente de todas las bilateralidades sucesivas. Otro el de Brasil a partir del Mercosur, con una integración sudamericana modular y escalonada, por él organizada. ¿Cuánto hay de literatura y cuánto hay de realidad en ese planteo? ¿Hay en el continente dos paradigmas en competencia?*

—Es un paradigma cuya historia es muy antigua, que viene desde la concepción misma de la Asociación Latinoamericana de Integración (ALADI). En los años sesenta hubo una clara preocupación por mantener alejada la asociación con los Estados Unidos hasta que América Latina hiciera su propio esfuerzo interno. Eso dio lugar a algunas controversias intelectuales y políticas importantes. Yo recuerdo, por ejemplo, haber acompañado a Prebisch cuando don Carlos Lleras, allá por mediados de los sesenta, tuvo la idea de sugerir la asociación de libre comercio con los Estados Unidos.

—*La propuesta era de Carlos Lleras…*

—Él tenía esa idea. Lo cierto es que en aquel momento hombres como Santamaría o como el propio Prebisch vieron como un peligro la integración con los Estados Unidos sin reforzar antes las bases de la integración en América Latina. Se tenía la idea de evitar una reproducción de la relación centro-periferia. Estamos hablando de algo ocurrido 30 años atrás, cuando los Estados Unidos tenían otra actitud y era otro mundo. La

La década de los sesenta fue un periodo de una enorme creatividad. ¿Por qué? Porque había un gran liderazgo interno y un gran liderazgo externo: una coincidencia muy interesante.

globalización económica mundial era algo más distante. Hoy ha pasado una generación, sucedieron muchas cosas. Culminamos la Ronda Uruguay y la globalización mundial es otra realidad.

No olvidemos que entonces, en las relaciones con los Estados Unidos había heridas abiertas por grandes disturbios, por ejemplo el "bogotazo". La sensación era de que los Estados Unidos no tenían sensibilidad suficiente para defender a América Latina. Entonces, cuando viene la Alianza para el Progreso, abre una expectativa, y Lleras lanza esa gran idea que provocó una fuerte reacción. El único país que anticipó el futuro fue Colombia.

—*Estamos siempre en torno al mismo tema. ¿Ahora quién está articulando la utopía?*

—Las utopías latinoamericanas siempre estuvieron referidas a una visión internacional. La gran utopía de los años cincuenta, la utopía cepalina, la utopía de Prebisch, fue una visión acerca de la inserción de América Latina en el mundo. Era una concepción que explicaba a una América Latina como parte integrante de un mundo con el que le resultaba desfavorable relacionarse. Con todo, la gran utopía de los años cincuenta estuvo más inspirada en el ciclo económico inglés que en el americano. Fue un tipo de utopía vinculada más al ciclo de la *pax* británica que al de la americana. Prebisch era un hombre del ciclo inglés.

—*¿En qué sentido, más específicamente?*

—La ideología de Prebisch está más vinculada con el esquema de la relación

> Mientras que para nosotros la integración es una reafirmación del pasado, para Europa fue un instrumento para olvidar el pasado.

centro-periferia, con Gran Bretaña en el centro, que a la relación con los Estados Unidos, que es distinta. Por eso es una relación más conectada a la Argentina y al Uruguay. La *pax* americana ya estaba en Centroamérica y en México. Entonces, la concepción cepalina es más del Sur que del Norte. Y el concepto de Brasil es básicamente ése.

—*Que es el único país, en sentido cepalino, resistente hasta ahora...*

—Es el único país resistente porque está amparado en una fuerte ideología interna y en un gran mercado.

—*Siguiendo con el tema de la integración de América Latina. ¿Existe la idea de que puede haber una opción americana o una opción europea?*

—La opción se plantea básicamente en el sur, donde la Unión Europea es más importante en materia de comercio que los Estados Unidos. Allí se puede entrar a juzgar si tomar una opción o la otra. Más al norte, cuando más de una tercera parte del comercio es con los Estados Unidos, el problema no se plantea: la opción es hemisférica.

Creo, sin embargo, que América Latina —y particularmente su región sur— no tiene más remedio que innovar en esta materia y tomar las dos opciones. Porque una opción europea, que podría estar fundamentada en los orígenes históricos, en el volumen de comercio, en la atracción de las inversiones europeas, estaría muy bien si sólo se tratara del ámbito económico. Pero tenemos además una dimensión política. La presencia de los Estados Unidos, nuestra articulación con este país, representa también para nosotros un gran desafío político. Ahí hay una historia detrás. En este caso concreto, el sur de América tiene que

probar con inteligencia las dos opciones, para lo cual el fortalecimiento del Mercosur es fundamental. Una región integrada puede negociar con mayor personalidad, cualquiera sea el tamaño del país de contraparte en la negociación.

Aquí nadie va a dejar de pensar que Europa no es importante para Argentina o para Brasil. El tema es que ahora sirve jugar al norte, al sur, al este y al oeste, en todas las direcciones

—*¿En qué medida la crisis en México —y la mala prensa que tiene en algún sector del público norteamericano— puede afectar la integración de nuevos países al TLC, en particular de Chile?*

—Yo tengo la impresión de que la crisis en México ha hecho mucho daño en los Estados Unidos a algunos sectores de opinión, sobre todo a los que defendieron el Tratado de Libre Comercio (TLC). Aquellos que estuvieron en contra se reafirman con lo sucedido. Aquéllos que estaban en favor se sintieron defraudados. Les ha causado un escepticismo mayor que el que había originalmente. Esto se puede corregir. Si la situación macroeconómica de México reacciona como lo está haciendo, es posible que todo esto se convierta en una anécdota y no en historia. Pero que ha habido una repercusión, la ha habido.

El gobierno de los Estados Unidos insiste en que puede lograr el ingreso de Chile a pesar de todo eso. Yo tengo mis dudas. Con el tiempo creo que se va a lograr el ingreso de Chile al TLC, porque Chile es un país distinto, que no genera mayor preocupación y que funciona muy bien. Y para los Estados Unidos, Chile es un mercado pequeño, que va a ingresar al TLC, pero tras un proceso de dificultades. Para el gobierno de los Estados Unidos lograr este propósito es muy importante, pues le permitiría mantener la credibilidad del mensaje relativo a su voluntad integracionista con América Latina.

> Si realmente la situación macroeconómica de México reacciona como lo está haciendo, es posible que todo esto se convierta en una anécdota y no en historia.

—*¿Qué quiere decir el ingreso de Chile al TLC medido en términos de la política latinoamericana de los Estados Unidos?*

—Es muy importante. Todo el mundo entiende históricamente la vinculación de México con los Estados Unidos, pero entender la importancia de que un país del sur se asocie a la economía norteamericana sería un hecho nuevo de una significación enorme.

—*¿Es, entonces, tan difícil como trascendente?*

—Es muy importante que un país de 14 millones de habitantes se asocie a un país de 250 millones de personas y que esto constituya un mercado único. Eso sí que se convierte en el principio de una gran utopía.

—*En ese sentido, ¿qué importancia tienen las opciones de integración que hará Chile? ¿Chile será un país bisagra entre el TLC y el Mercosur?*

—Chile se inclina hacia el Mercosur, al cual fortalece y le da una dimensión vinculada al Océano Pacífico. Pero no deja atrás al TLC. Hay que pensar que para Chile la atracción no son solamente los Estados Unidos, sino también el Pacífico, para lo cual los Estados Unidos son un excelente puente. Chile está jugando con una opción abierta en todas las oportunidades y creo que hace muy bien. Los chilenos le dan una gran importancia a los Estados Unidos con toda razón, porque quieren, primero, anclar el modelo en un nuevo mercado, y segundo, porque ese gran mercado es a la vez un gran socio en el otro gran mercado que es el Pacífico, con Japón, con Taiwan, etcétera.

—*En todo caso correspondería hacer un pronóstico reservado en relación con el tema de libre comercio de cualquiera de los países latinoamericanos con los Estados Unidos.*

—Yo creo que reservado...

—*... en el sentido de que la situación política norteamericana no permite ser demasiado optimistas.*

—Sí, pero esas cosas cambian. En este momento nos puede parecer que hay una situación poco propicia, pero América Latina tiene que seguir insistiendo en esto. Creo que el gobierno está muy comprometido. El presidente Clinton ha mostrado en ese sentido una gran visión pragmática y de largo plazo. Tuvo las mejores opciones cuando llegó al gobierno, hace tres años, para abrirse al TLC o postergarlo. Su gobierno, sin embargo, asumió una actitud vigorosa. Se enfrentó con los sindicatos y con los sectores proteccionistas, y salió airoso. En ese sentido mostró una determinación admirable...

—*¿... pero con chances aún ahora, con más votos republicanos en el Congreso?*

—Sí, porque el pragmatismo del sistema norteamericano es notable.

NUEVAS POLÍTICAS SOCIALES

—*Veamos los problemas de gobernabilidad que surgieron después del "caracazo": se hace el ajuste de la economía, sectores de la sociedad se resisten y bajan de las laderas, de las montañas que rodean las ciudades...*

—No bajaron tanto. Hubo un fenómeno en Caracas así como uno en Chiapas, pero no fueron tantos los que bajaron. Tampoco exageremos. Debemos reconocer que hay señales de un mayor activismo social, desde luego: pero hay una situación muy difícil debido al aumento de la pobreza. Esto hace pensar que pueden ocurrir cosas. Digamos que son señales que están allí y que pueden acelerarse si el ajuste continúa como ahora.

En los años noventa queremos asumir un liderazgo vigoroso en lo social.

—*Se puede ver en el discurso del* BID *un deseo de ganar institucionalidad en lo social.*
—¿Cuál ha sido mi estrategia aquí? En materia de reforma económica el Banco asumió el mal llamado Consenso de Washington, con sus activos y pasivos. El BID también lo asumió, porque era un proceso que estaba en marcha a fines de los años ochenta y tampoco tenía una propuesta alternativa.

Ahora que viene el proceso de la reivindicación de lo social, tenemos que tomarlo, sin que para nosotros lo social sea un compromiso nuevo. El Banco nació con su identidad propia en torno a lo social. Cuando Felipe Herrera tiene que construir este Banco su pregunta era: ¿y para qué queremos el Banco Interamericano si ya tenemos un Banco Mundial? Desde luego que no para invertir un poquito más en energía, o en carreteras, o en puertos. Él entonces, con mucha inteligencia, buscó un perfil propio, innovando en el campo de la cooperación para el desarrollo e iniciando actividades que se volvieron propias y típicas de esta casa.

Una de ellas fue la dimensión social. Otra fue la integración. Otra fue la presencia del Banco en cada país. Habría más para destacar, pero esos tres elementos fueron paradigmáticos del modelo BID. En resumen, el Banco tomó la dirección social para adquirir identidad propia. Tomó el tema integración —tenemos un Instituto de Integración— porque forma parte de nuestra identidad institucional. Y ahora —30 años después que el BID— el Banco Mundial empieza a abrir oficinas en los países, porque se da cuenta de que es necesaria una primera aproximación a la participación con los países.

Felipe Herrera empieza la acción del Banco con un préstamo social para agua y saneamiento en Arequipa, y de ahí parte, por ejemplo, toda una corriente que nos puso a la cabeza de esos temas. Herrera expande lo social y se ocupa de ser el Banco de las universidades y el Banco de las ciudades. Todo eso el Banco Mundial ni de lejos lo tocaba. Dedicarse al saneamiento era una cosa de mal gusto.

Volviendo a su pregunta, sí, en los años noventa queremos asumir un liderazgo vigoroso en lo social. Para mí el modelo de política social es muy claro.

—*El modelo más tradicional de políticas sociales se apoyaba en una cultura del gasto. Ahora debemos tener políticas sociales en el marco de equilibrios macroeconómicos más exigentes...*
—Eran otros tiempos. Primero, éramos menos. Segundo, había una capacidad de intervención del Estado a través del ahorro público y del ahorro privado. Hay un cuadro que marca, a mi juicio, la historia de esta región. Es de los años sesenta para adelante. Hay que verlo porque es impresionante cómo evolucionó de 1960 a 1995 el ahorro, el consumo y el crecimiento. Entre 1975 y 1995 el ahorro bajó de 26.5 a 20% y el consumo subió de 73 a 79%. Eso marca una diferencia dramática que ha sido la tendencia a largo plazo de esta región. Ahí hay un tema central.

Entonces en aquel momento había más capacidad y menos problemas, nuestra sociedad todavía tenía un fuerte componente agrario, y apenas comenzaba a urbanizarse: era otro tipo de dificultades. Era otro mundo.

El problema social de hoy es de muchas mayores demandas, comenzando por la seguridad social. Hay fenómenos que vienen de afuera. La globalización es un gran choque sobre la sociedad y no lo hemos siquiera asimilado. Si se quiere competir en el mundo y hacerlo a partir de lo que son hoy los mejores mecanismos de competencia, como es el conocimiento, la ciencia y el valor agregado, hay que tener mucha gente bien formada. Eso significa que la demanda de educación va a ser cada vez mayor. Y los muchachos lo están pidiendo, yo lo veo en Uruguay cuando hablo con la gente joven: queremos que nos formen, no queremos empleos públicos. Eso significará un gasto muy importante.

Ahí se tiene una demanda que no existía antes: la demanda cada vez mayor de la gente por formarse. Y, por otra parte, gente que tiene cada vez más esperanza de vida. Ahí hay una gran lucha. Y entonces el nuevo principio del Estado de bienestar parte por definir una nueva forma de dividir las responsabilidades entre lo individual y lo social, entre lo que el individuo debe hacer para sí y lo que la sociedad puede hacer por él.

—*Un Estado de bienestar "no keynesiano"...*

—No keynesiano. Porque es una situación en la cual es imposible mediar en la pugna distributiva que se está generando en la sociedad sin antes redefinir cuánto debe poner el esfuerzo individual y cuánto el esfuerzo social.

EL PAPEL DE LA SOCIEDAD CIVIL

—*¿Qué papel cree que va a desempeñar la sociedad civil en la realidad emergente de nuevas mediaciones?*

—La sociedad civil se ha venido organizando cada vez mejor. Primero, para suplir al Estado en las cosas que éste no puede hacer. Segundo, le ha dado una gran cohesión a los colectivos sociales a través del manejo más explícito de sus intereses tradicionales y de sus nuevos intereses. Y, en tercer lugar, tengo la impresión de que la sociedad civil se ha convertido en un gran mediador entre el político y los problemas.

La calidad de la acción política —la democracia misma— se mejora a través del activismo de la sociedad civil. Luego hay que perfeccionar el diálogo entre sociedad civil y gobierno.

La sociedad civil ha venido generando percepciones de los fenómenos nacionales más decantadas y más a largo plazo. El activismo de la sociedad civil hacia los cuerpos políticos —yo he visto como las ONG reciben inquietudes y las vehiculizan, se convierten en un gran barómetro de la realidad social— mejora la calidad de la acción política. Los ayuda en su función y en ningún caso los ignora. Una de las grandes críticas que hacen los conservadores es que el protagonismo de la sociedad civil va a terminar con la vida política, cuando en realidad ocurre todo lo contrario. Yo creo que potencia a la vida política.

—*Aclara las señales de la sociedad.*

—A mí me parece que aclara las señales. Siento que acá, en los Estados Unidos, el gran papel de la sociedad civil responde a orígenes históricos. Aquí todo empezó con las comunidades y hubo un gran pacto general de los grupos, de los estados, de las comunidades. La forma en que se organizaron tuvo mucho que ver con el sentido religioso. Éste es un país basado en ciertos pactos de la sociedad civil que tienen su origen histórico. Esta sociedad civil corresponde a un gran pacto social y económico, a un gran pacto de gobernabilidad entre estados y gobierno federal, y conlleva un accionar de la sociedad civil muy estructurado. Creo que, similarmente, nuestra democracia se va a reforzar a través del activismo de la sociedad civil. Luego hay que perfeccionar el diálogo entre sociedad civil y gobierno.

—*La sociedad civil resulta en esa visión como una...*

—...creadora de sinergia. Lo que yo

[225]

> En Japón, el Estado es el guardián de los valores centrales de los grandes principios económicos. Es el punto de referencia.

veo en los Estados Unidos es que la sociedad civil asume responsabilidades frente a los partidos políticos y a los cuerpos políticos: los Parlamentos, el Poder Ejecutivo. Entonces se presentan las posiciones —que representan intereses especiales, cada uno tiene su interés propio—, y éstas se van articulando de una forma que permite un diálogo más interesante con la sociedad. Son mediadores entre la opinión pública y el poder político. Pero son mediadores unidireccionales, esto es, tienen generalmente una agenda unívoca. Pero la forma de relacionarse con el poder político mejora la calidad de éste. En otros países están los políticos y la opinión pública, y entre ambos los medios de información. Aquí en Washington es importante leer la prensa, pero también es muy importante la opinión de las organizaciones no gubernamentales.

CRECIMIENTO Y POBREZA

—*El fenómeno de la pobreza y la marginalidad responde a un dualismo estructural que tiene la economía en América Latina: a la vez que crece su producto se va generando más pobreza. ¿Cuál será —en ese proceso— el punto de resistencia de la sociedad?*

—Las sociedades tienen capacidades de tolerancia impredecibles. Es como el organismo humano, como esa gente que abusa del cuerpo y dura. ¿Cuáles son los límites? Yo no lo sé. No ha habido en la historia ejemplos demasiado claros en que la sociedad "hambreada" haya asumido un papel protagónico sin contar con un gran liderazgo. De manera que no sé cuáles son los límites. Si se me hubiera preguntado en 1980 qué ocurriría si los niveles de pobreza de la sociedad latinoamericana pasaran de 42 a 47%, hubiera pronosticado un estallido social y, sin embargo, este estallido no ocurrió.

Creo, sí, que está muy claro que la demanda por equidad está partiendo hoy en día de principios éticos. Ésta es la diferencia con el pasado. Es la diferencia con la caridad que daba lugar al asistencialismo. Hoy la demanda por justicia social tiene por cierto un componente ético permanente, subyacente.

También tiene otros ingredientes. La gente quiere que haya paz social y, por lo tanto, no gusta de estas diferencias tan grandes en el seno de la sociedad. La gente quiere consumir: comprar más autos, más lavadoras. Entonces no le gusta que haya tanta pobreza crítica. Se quiere, además, disponer de recursos humanos calificados para producir con mejores tecnologías.

Es decir, se está descubriendo hoy en día que los dos campos son mutua y simultáneamente necesarios: el económico y el social. Eso es lo nuevo. Nunca se pensó así. Cuando hacíamos política social en los años cuarenta o en los cincuenta, hablábamos de lo económico y después nos referíamos a lo social. En la propia Alianza para el Progreso la política social tuvo mucho de asistencial. En los años sesenta, no teníamos clara esta vinculación. La primera oportunidad en que surge un nuevo enfoque es en 1961, en una conferencia de la UNESCO y la CEPAL sobre el tema Educación para el Desarrollo. Pero la gente no tenía esa percepción.

Digo más, la CEPAL de los años cincuenta no tenía sociólogos. Los sociólogos no entran hasta principios de los sesenta, con José Medina Echevarría, después con Fernando Henrique Cardoso, con Carlos Lesa y Enzo Faleto. Las Naciones Unidas no tenían mensaje social, salvo la UNESCO. La integración de

[226]

lo económico y lo social se da en los años sesenta: empieza con el famoso modelo del desarrollo integrado.

> El populismo surgió cuando había con qué pagarlo. Había ahorro fiscal o crédito externo. Cuando no se tiene ni lo uno ni lo otro, es muy difícil ser populista.

POLÍTICA Y ECONOMÍA

—No se trata ya sólo de la relación entre sociología y política. Hoy los economistas empiezan a considerar variables politológicas en sus esquemas. Se observa que una economía depende de qué capacidad de egresar decisiones tenga un sistema político, qué capacidad de amortiguar conflictos, de hacer sistémicas las demandas, etc. Aparece una relación directa entre política y economía.

—También en ese sentido es muy interesante. Hoy en día comenzamos a tener todos una versión más integrada de los factores económicos y políticos, que no teníamos 30 años atrás. Concebimos la CEPAL, y luego todo lo social, tanto en medio de democracias como de dictaduras. Nunca lo político conmovió aquellas grandes utopías: ahora sí.

—¿Y, en su opinión, la relación entre lo político y lo económico influye en la reciente crisis de México?

—Claro que sí. Es la crisis consecuente a la modernización del sistema político, la que a su vez es una secuela natural del TLC. Es decir, Chiapas es al TLC como el TLC es a Chiapas. Los líderes mexicanos que impulsaron el TLC sabían de la repercusión política de implicarse en él. Eso lo puedo asegurar. Salinas no entró en esto ignorante de lo que significaba políticamente, porque tenía la experiencia europea. ¿Cuántos años esperó España para ser aceptada en la Comunidad?

El modelo mexicano entendió, en el error o en el acierto, que primero había que consolidar el modelo económico, y después ir gradualmente modernizando las instituciones políticas. Eso yo lo discutí muchas veces con el propio presidente Salinas. En el fondo ése era el modelo que se tenía pensado, es decir, tratar de hacer los cambios económicos con una cierta disciplina partidaria impuesta a la sociedad, y a partir de esa disciplina construir el resto, ir abriendo.

—¿Es lo que, en cierto modo, está haciendo Zedillo?

—Sí, lo que está haciendo Zedillo ahora. Lo que pasa es que esto es difícil de hacer. Por ejemplo —como decíamos antes— los chilenos hicieron la reforma económica y comenzaron a ver sus resultados cuando llegó la democracia en el año 1990. El modelo ya estaba mostrando crecimiento, distribución, exportaciones, etc. Entonces no había que dudar tanto.

—Luego de la crisis en México, ¿están en cuestión los modelos liberales?

—Hay un revisionismo en ciernes de los modelos liberales de los años ochenta y noventa. Eso, desde ya. Todavía no se percibe claramente pero está empezando a sentirse en el ambiente. Eso no quiere decir que no se preserve lo fundamental. Pero comienza a haber un cuestionamiento de ciertas cosas. Curiosamente, cierto cuestionamiento viene hoy, entre otros, desde Japón. Los japoneses están generando un cuestionamiento del modelo, con los escritos de algunos personajes importantes. Uno es el actual jefe del Ministerio de Hacienda, que escribió un libro muy interesante al respecto. Michel Albert, en su libro Capitalismo versus capitalismo, empezó a señalar las distintas modalidades. Ahora Japón aparece cuestionando este tipo de capitalismo que emerge del Consenso de Washington.

—¿Qué puede aportar el modelo japonés al replanteo del modelo?

—Entre otras cosas un Estado muy proactivo y el consenso social como un elemento fundamental. Es decir, el Estado es el guardián de los valores centrales y de los grandes principios económicos. Es el punto de referencia. Nadie concibe una economía japonesa sin un Estado muy fuerte en todos los planos.

—*Pero no en la propiedad...*

—No en la propiedad. El Estado promueve la competencia, el Estado no hace las cosas directamente, tiene un enorme poder de inducción, de persuasión.

Yo estoy reflexionando un poco sobre este asunto: hacia dónde va este modelo actual y cuáles sus riesgos. Por suerte tenemos ahora un caso paradigmático, que es Chile. A diferencia del pasado, lo nuevo en América Latina es que hay un modelo que está funcionando. Y el de Colombia sería otro, si no fuera por estas tragedias de la seguridad. En materia económica es un modelo que está funcionando también. Hay que estudiar esos dos países.

—*Estos dos países ¿perdieron el riesgo del populismo?*

—Diría que sí.

—*Pero en América Latina el riesgo del populismo no ha muerto.*

—No, pero no se tiene como pagarlo. El populismo surgió cuando había con qué pagarlo. Había ahorro fiscal o crédito externo. Cuando no se tiene ni lo uno ni lo otro, es muy difícil ser populista.

Gert Rosenthal: Lo que más me impresiona de América Latina es que no haya más "caracazos"

La entrevista con Gert Rosenthal se realizó en octubre de 1995, pocos días después de que regresara de la Cumbre Iberoamericana que se llevó a cabo en Bariloche. La charla tuvo lugar en el gigantesco edificio sede de la CEPAL, en Santiago de Chile. Rosenthal, que está trabajando en nuevas ideas y modelos para la región, respondió con afabilidad y meticulosa precisión a un vasto cuestionario.

—*Desde su perspectiva al frente de la CEPAL, en términos económicos, ¿se puede hablar de América Latina?*

—Yo creo que sí. En contraste con otras regiones del mundo, América Latina tiene suficiente afinidad como para referirnos a ella en términos de región. Nosotros en la CEPAL, como ustedes saben, usamos la frase "América Latina y el Caribe". Yo creo que el Caribe angloparlante también tiene un alto grado de afinidad con las naciones hispanoparlantes. Una afinidad que permite hablar de una región que incluye al Caribe. En la reciente Cumbre Iberoamericana he podido constatar un alto grado de afinidad, nacida de una historia común, de una cultura común y de un idioma común. También existe una forma común de inserción en la economía mundial de estos países, que todavía le permite a nuestra institución seguir hablando de América Latina como de una entidad más allá de abstracciones.

Cuando nosotros hablamos de América Latina siempre pensamos, obviamente, que es una región muy diversa, que abarca desde Brasil hasta Honduras, todos países muy distintos, pero cuya diversidad no llega a afectar la afinidad de la que hablábamos. En África sí se perciben cortes, por ejemplo entre angloparlantes y francoparlantes. Claramente el norte y el sur de África son dos cosas distintas. En Naciones Unidas se maneja Asia y el Pacífico como una sola región. Pero no es una región, ni siquiera dos, sino varias regiones.

GERT ROSENTHAL es economista de larga trayectoria internacional. Nació en Guatemala el 11 de septiembre de 1935. Fue funcionario de la Secretaría de Planificación Económica de Guatemala (1960-1964) y miembro del Consejo Ejecutivo del Tratado General de Integración Económica Centroamericana. En dos oportunidades fue secretario general del Consejo de Planificación Económica de su país (1969 y 1973). Director del Proyecto de Cooperación Técnica de la UNCTAD (1972) en el proceso de integración económica centroamericana. Posteriormente fue director de la subsede de CEPAL en México (1974-1985). En 1988 ocupó el cargo de secretario ejecutivo de ese organismo. Gert Rosenthal fue catedrático de finanzas públicas, política económica y desarrollo económico de la Universidad R. Landívar de Guatemala (1969-1974).

—*Claramente se puede hablar de esa afinidad en términos culturales y aun en términos políticos, pero en términos económicos, ¿cuáles son, en su opinión, los rasgos que hacen común a América Latina?*

—El contexto externo, básicamente. Pero es ahí, sin embargo, donde el grado de diferenciación ha ido creciendo con el tiempo. Es decir, era más fácil para Prebisch en el año 1949 llegar a los gobiernos con un mensaje global porque el grado de similitud —en la manera en que cada país se vinculaba con el mundo— era mucho mayor de lo que es hoy. Si usted ve, por ejemplo, la estructura exportadora de Brasil y la contrasta con la de los países agroexportadores centroamericanos, la diferencia ciertamente es grande. Pero, a pesar de eso, todavía hay suficientes rasgos comunes como para que uno pueda seguir hablando de problemas y de obstáculos al desarrollo que son similares. Problemas que le suenan familiares a cualquier formulador de políticas en América Latina.

Cuando hablamos de los temas de la distribución desigual del desarrollo, por ejemplo, o de los problemas de la gestión macroeconómica, o de los problemas de las reformas —ya sea en el ámbito económico o en el de la reforma laboral, de la reforma financiera o en el de la social, de la reforma educativa o en el de la salud—, hay grandes rasgos comunes que le suenan igualmente útiles al formulador de política hondureño que al brasileño.

Esto más allá de las grandes diferencias existentes entre los países de la región, producto de disparidades en la estructura económica, en el tamaño, en la historia, en la cultura, en las instituciones políticas de cada uno.

—*América Latina aparece un poco, tal vez, como tomadora de decisiones a partir de factores externos. ¿Cómo hacer para que América Latina acreciente su protagonismo?*

—A mí no me preocupa tanto el tema de nuestra capacidad de influir en el mundo. Somos periferia, somos un actor menor en cuanto a nuestra participación relativa en la economía mundial y en la población mundial. Y si los latinoamericanos nos proponemos influir más como un acto voluntarista, lo más probable es que nos vaya mal. Yo me concentraría un poco más en una visión hacia el interior de América Latina. Miraría los países de América Latina, buscaría más éxito en nuestras propias empresas.

> Chile, que es un país muy chico, está adquiriendo una presencia desproporcionadamente grande en el mundo en virtud de sus éxitos o, al menos, de sus supuestos éxitos internos. Ocurre que el éxito atrae la atención.

Y en la medida que nos vaya bien en eso, pues se nos va a escuchar y respetar más en el exterior, y nuestra capacidad de protagonismo aumentará.

Y le doy un ejemplo. Este país donde estamos, Chile, que es un país muy chico, está adquiriendo una presencia desproporcionadamente grande en el mundo en virtud de sus éxitos o, al menos, de sus supuestos éxitos internos. Ocurre que el éxito atrae la atención. Y ahí paso al tema de la integración. Es obvio que, en la medida que lleguemos a proyectarnos como una región —o como un conjunto de subregiones— nos va a ir mejor. Ya el Mercosur está teniendo éxitos palpables en esa empresa. Creo que eso va a ocurrir con el tiempo. De manera, en suma, que en vez de perder mucho sueño en pensar cómo América Latina puede ser un actor más importante en el mundo, yo volcaría mis energías en hacer lo que hay que hacer en la región, y un subproducto natural de ello va a ser un mayor protagonismo en el escenario internacional.

EL RENACIMIENTO DE LA INTEGRACIÓN

—*En los años sesenta la idea de la integración tenía mucha fuerza, era parte de una utopía latinoamericana. Ha retornado en estos años con renovado ímpetu. Estamos ensayando procesos de integración subregionales que tendrán distinto grado de compatibilidad unos con otros. ¿Por qué es, en su opinión, que en los años noventa toma nueva fuerza la integración?*

—Ésa es una buena pregunta porque, como ustedes dicen, en algún momento de los ochenta, los gobiernos parecían haber declarado difunta la integración. ¿Y por qué renace? Yo le daría cuatro o cinco razones. La primera es que vuelve a aparecer un nivel de afinidad muy superior entre los países, en algún momento a fines de los ochenta. Se empiezan a consolidar gobiernos civiles democráticamente electos, y ésa es la imagen espejo de la situación de los sesenta, cuando también había afinidad, sólo que en sentido contrario. Hay que recordar que la integración avanzó de manera considerable en los sesenta, con gobiernos afines, solo que eran gobiernos militares. Pero se entendían. En Centroamérica, por ejemplo, se entendían.

Ahora aparece una afinidad más simpática: en todos los países hay gobiernos civiles democráticamente electos. Yo he constatado personalmente la calidad del diálogo que hay entre los jefes de Estado latinoamericanos hoy, que es una novedad, yo diría asombrosa. Este fenómeno, de alguna manera, ha transitado hacia abajo, en todos los niveles de la administración pública. Pero la afinidad política entre las naciones, pues, es lo primero.

La segunda afinidad es en el ámbito de la política económica, en cuanto a cómo se hace la política económica y a los resultados que se esperan de esa política económica. Yo no soy de los que suscriben la afirmación de que hay un gran paradigma. La prensa habla mucho del paradigma neoliberal que se impuso en América Latina, y que todo el mundo anda haciendo lo mismo. Lo cual, en cierto nivel, es verdad nuevamente porque todos nos estamos abriendo al mundo, todos estamos siguiendo políticas monetarias y fiscales más prudentes, más coherentes. Pero luego, si usted baja un poco, encontrará enormes diferencias en el contenido, en las secuencias, en el ritmo de aplicación de políticas. No hay tal paradigma. Lo que sí hay es una gran convergencia.

Y tal vez lo más importante ahí, a efectos de la integración, es que todo el mundo haya aplicado políticas de liberalización comercial. Es decir, todo el mundo se ha abierto al mundo, a veces por necesidad, a veces arrastrados, porque la manera en que funciona la economía mundial cambió y, hoy por hoy, ya no es eficaz tratar de aislarse del mundo aplicando medidas en la frontera para impedir movimientos de bienes o movimientos de capitales. Las reglas del juego, hoy, para participar en la economía global, son otras.

Entonces, quiéralo o no, todo el mundo se ha movido en la dirección de abrirse, y cuando uno se abre al mundo, se abre también a los países vecinos. El comercio entre latinoamericanos hubiera crecido incluso en ausencia de cualquier acuerdo formal. Lo que facilita eso, en primer lugar, son las convergencias políticas, pero también la convergencia en desempeño entre los distintos países, porque es difícil hacer integración cuando un país tiene un ritmo de inflación de 30% al año y otro de 30% al mes.

Pero ahora que todo el mundo se está moviendo hacia la utopía de la inflación de un dígito, entonces es más fácil. Importa, entonces, la creciente convergencia tanto en la manera en que los gobiernos se perciben políticamente, como en el hecho de verse bastante similares en la gestión económica y en los resultados de la gestión económica.

Al mismo tiempo, todo el mundo se lanza a explorar de hecho la posibilidad de hacer un mercado común a nivel mundial: la instancia que propicia la Ronda Uruguay.

Y descubre que no es fácil, ya que lograr acuerdos entre 130 países sobre cualquier materia es muy difícil. Es doblemente complicado cuando se tratan temas tan complejos como el del comercio de productos agrícolas y todos los temas que conformaban la agenda de la Ronda Uruguay. La Ronda Uruguay tomó siete años: había momentos en que se dudaba sobre su capacidad de prosperar. Entonces, en el camino, algunos países perdieron la paciencia, y empezaron a sondear posibles atajos y posibles acuerdos, similares o superiores, a los que se estaban acordando en la Ronda Uruguay. Eso, naturalmente, se dio entre países con mayor grado de afinidad. Y ello le dio un poderoso impulso, me parece, a los acuerdos subregionales tipo Unión Europea, tipo Canadá-Estados Unidos y tipo Mercosur. Ante la desesperación resultante de la idea de que este intento de liberalizar el comercio a nivel mundial no fuera a llegar a ningu-

na parte, algunos dijeron: "A ver si lo podemos hacer entre nosotros".

Cuando uno se aproxima a acuerdos subregionales de ese corte, siempre se tiene el buen cuidado de señalar que esto no es para darle la espalda al mundo, sino para avanzar más rápidamente a una economía mundial que esté tan integrada que ya no haya necesidad de acuerdos subregionales. Y todo el mundo se da cuenta de los riesgos, porque todavía no sabemos si la creación de procesos de integración profundos como la Unión Europea, o procesos de integración superficiales o de alcance parcial como el Tratado de Libre Comercio entre México y los Estados Unidos, conducirán, por un lado, a fraccionar el mundo en bloques o si, por otro lado, son atajos que en verdad facilitarán la eventual convergencia global.

Ese problema se da a nivel mundial y se da hacia el interior de América Latina. ¿Vamos hacia la convergencia o vamos hacia el fraccionamiento? Todavía no lo sabemos. Pero lo que sí sabemos es que es muy difícil hablar de la integración de la economía mundial y, por ello, los que nos desesperamos con la lentitud de la Ronda Uruguay empezamos a buscar alternativas y nos consolamos diciendo: "Calma, esto no es una alternativa, no es un sustituto, sino que es un complemento que me permite avanzar más rápidamente con los países que quieren acompañarnos".

Y ésas son las dos grandes razones de por qué surgen de nuevo los compromisos integradores. Además, el hecho

Cuando uno se aproxima a acuerdos subregionales, siempre se tiene el buen cuidado de señalar que esto no es para darle la espalda al mundo, sino para avanzar más rápidamente hacia una economía mundial tan integrada que ya no habrá necesidad de acuerdos subregionales.

O uno se abre al mundo o fomenta el regionalismo. Aquí estamos tratando de sostener lo imposible: que regionalismo y globalización son complementos.

de que "los Estados Unidos y Canadá suscriban un acuerdo bilateral también tiende a legitimar otros acuerdos que, en rigor, podrían ser violatorios de los acuerdos del GATT.

—*En los sesenta la integración era una utopía latinoamericana, no panamericana. Ahora, en cambio, parece que no fuera así porque los acuerdos del TLC pretenden su ampliación a Chile, Colombia y demás, y parece que existiera una pugna entre dos paradigmas: el Mercosur, con un Brasil más protagónico articulando América del Sur, y por otro lado el TLC, lidereado por los Estados Unidos. ¿Existe realmente, en su opinión, ese dilema, esa lucha de paradigmas?*

—Existe hasta cierto grado. Algunos responderían afirmativamente y otros negativamente. Hay argumentos poderosos en favor de ambas tesis. Nosotros hemos sacado una publicación en la CEPAL que responde a su interrogante, sosteniendo que sí se puede avanzar simultáneamente en consolidar el Mercosur y en aproximarse al Tratado de Libre Comercio del norte. Aunque en rigor lo que estamos diciendo —lo llamamos "regionalismo abierto", un término que se ha vuelto muy de moda— es una contradicción de términos: o uno se abre al mundo, o fomenta el regionalismo. Aquí estamos tratando de hacer lo imposible, que es sostener que regionalismo y globalización son complementos. Estamos argumentando que los acuerdos subregionales del mundo son convergentes bajo dos condiciones. La primera es que sigan reglas comunes, como el conjunto de reglas y normas comunes establecidos por la Organización Mundial de Comercio. La segunda es que estos acuerdos deben ser acuerdos amplios, que faciliten o eviten el fraccionamiento, ya sea por países o por productos.

Es decir, estamos poniendo el énfasis en qué tipo de integración queremos y estamos sosteniendo que hay algunos tipos de acuerdo que son compatibles con la globalización. Y ciertamente, el Tratado de Libre Comercio entre Canadá y los Estados Unidos cumple esos requisitos.

—*¿Y el Mercosur?*

—El Mercosur tiene ingredientes que cumplen los requisitos, pero establece compromisos más profundos. Bien que mal, el Tratado de Libre Comercio se limita a establecer una zona de libre comercio y no se ocupa de aranceles comunes y mucho menos de coordinación de políticas. El Mercosur, en cambio, busca la creación de una unión aduanera que tiene que ocuparse cuando menos de un arancel común y, probablemente, también de la coordinación en algunos ámbitos muy críticos: la competitividad relativa de un país frente a otros, la política cambiaria y la política fiscal. Vale decir, si un país devalúa abruptamente y los otros no, ya sabemos lo que va a pasar. Entonces tiene que haber algún régimen de coordinación entre los Bancos Centrales, por lo menos, que le permita a los países que se sientan adversamente afectados adoptar medidas transitorias de equiparación para proteger a sus productores nacionales. Eso no existe en el Tratado de Libre Comercio.

Y ahí salto a la tesis contraria. La que sostiene que en la teoría eso está muy bien, pero en la práctica, los formuladores de política nacional se ven así ante dilemas reales. Los brasileños sostienen esta tesis. Se ven ante dilemas porque los compromisos del Mercosur podrían entrar en conflicto con el cumplimiento de los compromisos que surgirían de una zona de libre comercio de alcance hemisférico. Los brasileños han planteado, entonces, el tema de si profundizar primero el Mercosur y luego ampliarlo o, alternativamente, si se puede profundizar y ampliar el Mercosur simultáneamente.

Ese debate también se está dando en la Unión Europea. Los europeos están debatiendo si incorporan a la República Checa, Polonia y Hungría, o lo dejan para más adelante y antes consolidan lo que tienen entre ellos.

TRANSFORMACIÓN PRODUCTIVA

—*¿Cómo se compatibiliza este proceso de integración con la necesidad de transformación productiva de la que habla* CEPAL? *¿El instrumento para dicha transformación es la integración?*

—En realidad, ése es *el* tema. Nosotros no estamos impulsando acuerdos de comercio porque creamos en su valor intrínseco. Creo que una manera de pensar el desarrollo latinoamericano en los próximos años es hacerse la pregunta de cómo funcionaremos en un mundo intensamente competitivo, muy complejo, que está cambiando rápidamente. Qué vamos a producir para funcionar en ese mundo, cómo vamos a competir y de qué instrumentos nos vamos a valer para hacerlo. Ésa es una manera de abordar el tema y creo que está muy cerca de la forma en que nosotros estamos abordándolo aquí.

Y la verdad es que también es la manera en que lo abordamos hace 30 años en un contexto radicalmente distinto. En aquella época los pioneros de esta institución también se preguntaron: ¿cómo funcionamos en el mundo?, y salieron con la respuesta de que debíamos industrializarnos. La manera de funcionar en el mundo de hoy, gústenos o no, es estar en condiciones de competir. Competir no significa sólo exportar, también significa abastecer los merca-

Competir no significa sólo exportar, también significa abastecer los mercados domésticos en condiciones internacionalmente competitivas.

dos domésticos en condiciones internacionalmente competitivas. Y no es que estemos comprando aquí un mensaje ideológico, es simplemente la constatación de que la manera en que el mundo se organizó para producir, distribuir o comercializar, nos obliga: no nos podemos aislar.

El tema parte, entonces, de cómo nos insertamos productivamente en ese mundo. Nosotros vemos los acuerdos subregionales de integración como un instrumento que nos facilita hacer esta inserción. Las razones son muchas, y la mayoría son bastante clásicas: el tema de las economías de escala, el tema de los espacios ampliados, de crear masas críticas para la investigación o para la adaptación de tecnologías. Los mismos argumentos que se ventilaban hace 30 años para hacer integración económica siguen siendo válidos, lo que cambió enormemente es el contexto. En el fondo estamos hablando, entonces, de usar estos acuerdos como un instrumento de modernización de nuestras estructuras productivas.

—*Sobre el tema de la modernización, de la transformación económica, se afirma que América Latina funciona en dos tiempos. Existen empresas de punta que se despegan y se integran al mundo desarrollado, las que conviven con otras empresas —con importancia como empleadoras de mano de obra— que tienen*

Las últimas cifras indican que la productividad por persona empleada está creciendo drásticamente en América Latina, que es otra manera de decir que estas actividades modernas están expulsando mano de obra.

dificultades para insertarse en las corrientes dinámicas del comercio internacional. ¿Cómo romper esos dos ritmos distintos? ¿Cómo impedir que América Latina se consolide en dos o en tres Américas Latinas?

> Se produce una dualización de la estructura productiva en América Latina, producto de esta globalización de la economía. En un extremo de la escala se están generando empresas altamente eficientes y en el otro extremo empresas que van hacia la ruina.

—Les diría que es uno de los desafíos mayores que tiene la región. Ustedes tienen razón, y estamos constatando cada vez más una dualización de la estructura productiva en América Latina, producto de esta globalización de la economía. América Latina está generando empresas competitivas a nivel mundial que utilizan tecnologías de punta, que han logrado penetrar mercados, que lo han hecho muy bien. Suelen ser bastante intensivas en el uso de capital y están generando un problema muy grave de ocupación en la región. Las últimas cifras que estamos manejando indican que la productividad por persona empleada está creciendo drásticamente en América Latina, que es otra manera de decir que estas actividades modernas están expulsando mano de obra del mercado laboral. Y esa mano de obra ¿adónde va a parar? Va a parar a actividades donde la productividad se está degradando día por día.

Entonces, en un extremo de la escala se están generando empresas altamente eficientes, y en el otro extremo empresas que van hacia la ruina. Y eso está ocurriendo hoy en América Latina. Y nosotros todavía no tenemos una respuesta de cómo hacer para que las empresas modernas arrastren a las que se quedan atrás, que es lo deseable. Hasta

ahora no está pasando. Con todas las manifestaciones que ustedes conocen, la incidencia de la pobreza, la distribución del ingreso está volviéndose cada vez más desigual. Y surge este enorme problema de los ejércitos de subempleados que hay en América Latina a pesar de que las tasas de crecimiento demográfico vienen bajando.

—*Quiere decir, obviamente, que de la "transformación productiva con equidad" se está dando la transformación productiva, mientras que se mantiene un serio déficit de equidad.*

—Sí, ciertamente. Y es más, ni siquiera la transformación productiva se está dando a todo lo largo del sistema productivo. Se está dando selectivamente: no ha sido un fenómeno generalizado hasta ahora. Yo creo que lo que mueve hoy a la economía latinoamericana es cualitativamente distinto de aquello que la movió hace 15 años, pero no se ha generalizado lo suficiente. Y eso explica en gran medida los enormes bolsones de miseria que persisten.

LA ACCIÓN PÚBLICA

—*En función de todo este proceso de globalización de la economía, ¿hacia qué Estado vamos? El Estado de bienestar claramente entró en crisis y vamos hacia otro Estado. ¿Cómo lo ve usted?*

—Pienso que hay un relativo grado de consenso hoy sobre ese tema. Ya pasó la fiebre de que el mejor Estado es un Estado chico. Aquel enfoque doctrinario que sostenía que por definición el Estado es ineficiente y conduce a la corrupción, a un mal manejo y a todos los males que conocemos. Esa fiebre ya pasó. Todo el mundo entiende que, para que un país sea exitoso en todos los ámbitos, necesita que tanto la actividad privada como la acción pública funcionen coordinadamente, se apoyen recíprocamente y que ambos desempeñen su papel con eficiencia y eficacia.

No hay fórmulas preconcebidas que nos permitan señalar dónde está la frontera entre la acción pública y la privada. Eso depende fundamentalmente de cómo interactúan en cada sociedad los dos grandes actores, la sociedad civil y el Estado, tomando en cuenta su tradición, su cultura política, el grado de desarrollo de sus instituciones. Yo veo ahí una interacción permanente, creativa. Y sería un grave error sentarse a imaginar cuál es el papel del Estado. Es relativo. Hay países muy exitosos donde el Estado maneja 40% de su producto interno bruto y hay otros países exitosos en los que el Estado maneja 10 por ciento.

La discusión, entonces, ya no es tanto sobre el tamaño del Estado, y sobre eso parece existir cierto consenso. El tema es la calidad de lo que hace el Estado. Y eso es relativamente fácil enunciarlo y muy difícil llevarlo a la práctica. Además tiene muchos vectores. ¿De qué estamos hablando? ¿Estamos hablando de la eficiencia de la administración pública, de la eficiencia de las instituciones del Estado, de la calidad de su gestión? Hay muchas maneras de abordar este tema. Sobre eso hay menos consenso.

Pero todo el mundo entiende que hay que abordarlo de una manera no doctrinaria, no dogmática. Hace 10 años era un debate doctrinario de ambos lados. Hoy ya no lo es. La modernización del Estado y de sus instituciones es un tema de la mayor importancia para América Latina.

Y ahí sí es difícil hablar sin incurrir

> La crisis mexicana nos recordó que la casa nunca estuvo en orden, porque en América Latina navegamos permanentemente en un mar de enorme incertidumbre.

en banalidades, y es difícil hablarlo a nivel latinoamericano. Creo que esa discusión hay que tenerla a nivel de la situación de cada país, porque, por ejemplo, el papel del Estado en Guatemala es muy distinto al papel del Estado en Chile.

—*¿Puede afirmarse que el Consenso de Washington[1] ya dio lo que podía dar, y que ahora enfrentamos otros temas y otros problemas?*

—Creo que no. La crisis financiera de México nos recuerda que eso no es así. Se creía que durante 15 años la atención de los formuladores de política y de los políticos mismos se concentraba en lo que eufemísticamente se ha llamado "poner la casa en orden". Mucha atención a la gestión macroeconómica, mucha atención a lograr los equilibrios. Implícitamente se pensaba que una vez puesta en orden la casa nos íbamos a ocupar de otros temas, que entre otras cosas incluyen la modernización del Estado y la renovación de las plantas productivas. Sin embargo, la crisis mexicana nos recordó que la casa nunca ha estado en orden, porque en América Latina navegamos permanentemente en un mar de enorme incertidumbre, de mucha volatilidad. Y eso pasa precisamente porque somos actores chicos en un mundo muy grande, actores cuyo destino está muy vinculado, o depende de los avatares del comercio y de los jue-

[1] Se denomina Consenso de Washington al conjunto de medidas económicas que expresan las prioridades de políticas en las que coincidieron, a fines de los años ochenta, los organismos multilaterales de crédito y una parte importante de decisores de política económica latinoamericanos. El resumen de las mismas realizado por John Williamson —quien acuñó la expresión—, luego de un encuentro de las jerarquías mencionadas, incluye básicamente disciplina fiscal, liberalización financiera, aperturas comerciales, privatizaciones, incentivos a la inversión extranjera, desregulación de mercados, afianzamiento jurídico de los derechos de propiedad, etcétera.

> Se trata de usar la integración como un instrumento de modernización de nuestras estructuras productivas.

gos financieros del planeta. De manera que nosotros nunca podemos descansar de ese concepto de mantener orden en la casa. El problema es, entonces, mucho más complicado. Tenemos que cuidarnos permanentemente de mantener la casa en orden y de hacer todo lo que hay que hacer en materia institucional, sectorial, de lo que ustedes llaman gobernabilidad, para volvernos actores exitosos en el mundo.

LA IRA DEL ELECTORADO

—*Hay algunos fenómenos que están poniendo al rojo vivo el régimen político: el "caracazo", Chiapas, las protestas callejeras en Argentina. ¿Cómo enfrentará el régimen político la ira del electorado?*
—Lo que más me impresiona de América Latina es que no haya más "caracazos", porque si uno ve el grado de deterioro del nivel de bienestar de las mayorías, esperaría mayores episodios de manifestación popular. Hay un cúmulo de rezagos sociales inmensos. La mayoría de los asalariados de América Latina todavía no recupera el nivel de salarios reales que tenía en 1980, y hay grandes contingentes de población sin trabajo. Al menos si uno se inscribe en esa teoría de la olla de presión, se imaginaría muchas explosiones. Yo no tengo una respuesta a esa pregunta. Creo que la gradual consolidación de sistemas plurales y participativos ha ayudado mucho, porque al parecer la gente está más dispuesta a aceptar sacrificios en democracia. Pero yo no sé si toda la respuesta está ahí. Creo que debe de haber una respuesta un poco más sofisticada que ésta, que lamentablemente yo no la tengo.

Pero ésa es la pregunta más importante. Si se van a reproducir las manifestaciones, yo no lo sé. Lo único que les puedo decir es que las relativamente pocas manifestaciones violentas que hubo, son todas cualitativamente distintas. Lo de Chiapas no tiene nada que ver con el "caracazo", las protestas callejeras que hemos visto en la Argentina periódicamente no tienen nada que ver ni con la primera ni con la segunda. Es decir, yo no veo todavía una confirmación de la tesis de la olla de presión, de que los gobiernos democráticos, al ser incapaces de responder a las reivindicaciones de sus electorados, se van a enfrentar a la ira de esos electorados. Todavía no lo veo. Y es una excelente pregunta que yo dejo sin respuesta.

César Gaviria: *Se nos quiere vender la idea de que la sociedad civil debe sustituir a los partidos*

Esta entrevista con César Gaviria, secretario general de la OEA, *se realizó en junio de 1995, en su despacho en Washington. En todo momento el ex presidente colombiano cuidó de expresarse con suma precisión en los temas que abordaba. Siempre dejó entrever que es un político, aunque por veces aparece el economista que lleva atrás. Le acompañaba su vocero, el señor Tellerman. Al comienzo se recordó una reunión politológica realizada en Cali doce años atrás —Gaviria era entonces presidente de la Cámara de Diputados de Colombia—, oportunidad en que los autores y el entrevistado se conocieran. No estuvo ausente la referencia a otro compareciente de aquella ocasión, Luis Carlos Galán, trágicamente desaparecido luego. Al entrar en el tradicional edificio de la* OEA, *los autores observaron que en su friso están grabados los nombres de los países miembros de la entidad: muda, figura la palabra Cuba, espina latente siempre dentro del edificio.*

—*Los problemas de la gobernabilidad han ingresado con fuerza en el temario de los organismos internacionales. Entre las definiciones posibles, ¿cuál es a su juicio la más adecuada?*

—El Banco Mundial y la academia, la de los Estados Unidos, la canadiense, un poco la europea, ponen mucho énfasis en el tema de la gobernabilidad como eficiencia, frecuentemente como la búsqueda de una modalidad de gobierno que sea capaz de orientar reformas económicas.

En América Latina estamos trabajando en un sentido un poco distinto. ¿Por qué? Porque nosotros hemos ido construyendo una idea de gobernabilidad que está completamente aferrada a la idea de democracia, por más que valoremos el tema de la eficacia del Estado y

CESAR GAVIRIA, es secretario general de la Organización de Estados Americanos. Fue viceministro de Desarrollo Económico en 1975. Se desempeñó como periodista de *La Tarde* y en *El Tiempo*, en los años ochenta. Ministro de Finanzas y ministro del Interior durante la administración de Virgilio Barco, jugó un papel crítico en el comienzo de las negociaciones con el M-19. Acompañó en 1989 la campaña presidencial de Luis Carlos Galán, quien fuera asesinado por narcotraficantes. Luego del asesinato de Galán, Gaviria fue electo candidato presidencial por el Partido Liberal, resultando electo presidente de la República (1990-1994). Durante su mandato abrió canales de negociación que permitieran la incorporación a la vida política de los grupos guerrilleros y fue desmantelado el Cártel de Medellín. Gaviria se graduó en economía en la Universidad de Los Andes, Bogotá.

de las reformas. Para nosotros no es válido preguntarnos si primero es la democracia o si primero son las reformas. Para nosotros es un prerrequisito absolutamente esencial tener democracia para poder hablar de gobernabilidad.

—¿La gobernabilidad, entonces, es democrática o no?

—Nosotros distinguimos si las decisiones son más autoritarias o no. Es decir, si se toman por decreto del Ejecutivo o no. Si requieren un amplio consenso político o no. Pero nadie entiende la gobernabilidad por fuera de los valores democráticos. Puesto que entendemos la gobernabilidad de una manera integral consideramos la profundización de la democracia como parte esencial de aquélla. América Latina y el Caribe se aferran a la idea de democracia de una manera mucho más intensa que otros continentes.

LOS LÍMITES DE LA SOCIEDAD CIVIL

—Dentro del campo de la legitimidad política de la gobernabilidad en el que usted se viene manejando, los partidos políticos son actores fundamentales de la democracia latinoamericana. ¿Están en crisis o no?

—Pero no sólo en América Latina, en todas partes. Ahora, de lo que nos tenemos que cuidar en América —por eso hago énfasis en el tema de la democracia— es de la idea de que nosotros podemos desarrollar una sociedad civil para sustituir al Estado. Nosotros, por el contrario, tenemos que ser capaces de construir el concepto de gobernabilidad sobre la idea de que hay que fortalecer al Estado, fortalecer a los partidos políticos y fortalecer a los Parlamentos.

Para nosotros es un prerrequisito absolutamente esencial tener democracia para poder hablar de gobernabilidad.

Hay ciertos niveles académicos que nos tratan de vender la idea de que los partidos políticos latinoamericanos son un poco corruptos, que no se puede trabajar con ellos, y que en América Latina hay que desarrollar la sociedad civil. Yo, por lo menos, no comparto esa visión porque es una visión pesimista, es la visión de que en América Latina y el Caribe puede haber una democracia al margen de los partidos políticos. Cosa que a nadie se le ocurre en Europa ni en Norteamérica.

—¿El camino para aumentar la dotación de gobernabilidad pasa entonces, según su opinión, básicamente por fortalecer la institucionalidad democrática?

—Se tienen que fortalecer los Parlamentos, que hacen parte de lo que es la democracia representativa. Se tienen que fortalecer los partidos como un gran instrumento de participación. Tenemos que pensar en los sistemas de participación promovidos desde el Estado: las consultas populares, los plebiscitos, los mecanismos de democracia local. Y complementario a eso, el desarrollo de la sociedad civil. No el desarrollo de la sociedad civil en sustitución de los partidos o de los Parlamentos. Eso no. Según algunos pensamientos, la democracia que debería desarrollarse en América Latina y el Caribe debiera ser distinta a la del resto del mundo.

—La gobernabilidad ha sido interpretada como el modo de hacer sostenible políticamente los modelos de modernización económica. Es en ese punto que se busca involucrar a la sociedad civil. Después del "caracazo" surge la idea de que la legitimidad de las reformas emane del contentamiento de la sociedad civil...

—... Claro, uno puede interpretar esos problemas así. Puede interpretarse también que la gente no acepta fácilmente una reforma económica si no hay una reforma política. Hay que entender

[239]

que en América no se puede ofrecer a la gente sólo reforma económica como solución a los problemas del hemisferio, también hay que ofrecerle reforma política. Y la reforma política aquí pasa por más democracia, por más participación. Hay que mover a América hacia la reforma política.

EL ESTADO FORTALECIDO

—*Luego, para sacarle lastre y corsé a la sociedad civil, se habla de inmediato de la reforma del Estado. ¿En qué sentido hay que reformarlo según su opinión?*

—Nosotros no podemos negar que con la crisis de la deuda y con los ajustes que se han dado, el Estado en muchos países se ha debilitado, ha habido un desmantelamiento del Estado y una pérdida de su capacidad para resolver muchos problemas. Aunque eso tal vez haya sido inevitable, hemos dejado que ganara fuerza la idea de que una sociedad en América se puede desarrollar con un Estado pequeño y débil. Y eso es totalmente imposible. En América Latina ese modelo no tiene ninguna viabilidad. No hay que hacer crecer al Estado, pero hay que fortalecerlo, porque tiene un nuevo papel regulador y un nuevo papel en políticas sociales. Estamos empezando a entender que hay que volver a moverse en la etapa de fortalecimiento del Estado.

Por distintas razones —porque la crisis de la deuda fue muy profunda, porque los países no han recuperado suficientemente su capacidad de crecimiento, porque las políticas sociales son muy ineficientes, o porque no quedaron suficientes recursos—, el modelo económico vigente en América Latina ha demostrado cierta capacidad para resolver el crecimiento, pero muy poca para resolver los problemas de la pobreza.

Nos encontramos en una situación en

Hay ciertos niveles académicos que nos tratan de vender la idea de que los partidos políticos latinoamericanos son un poco corruptos, que no se puede trabajar con ellos, y que en América Latina hay que desarrollar la sociedad civil.

que tenemos un Estado demasiado débil que no puede resolver los problemas de la pobreza. Y estamos en este momento apuntando en esa dirección: cómo tener un Estado fuerte que sea capaz de resolver los problemas de la pobreza, de la educación, de la salud, de la seguridad y de la justicia.

Es relativamente claro para mí que nuestro Estado sólo fue fuerte en áreas que no eran las esenciales. No fue fuerte en educación, ni en salud, ni en seguridad, ni en justicia. En otras muchas áreas, muchos Estados lograron ser muy fuertes, pero ninguno logró nunca ser fuerte en las áreas esenciales.

—*¿Entonces, usted centra el problema de la gobernabilidad en el sentido que le demos a la reforma del Estado, rechazando esa visión a la que alude, la que promueve la sustitución del Estado y supone, en cierto modo, que, simultáneamente, se sustituye a la política?...*

—Sí, la gobernabilidad la entiendo esencialmente como un fortalecimiento de la democracia, de los Parlamentos, de los partidos políticos, de la capacidad del Estado para atender sus funciones básicas, del Estado que es capaz de regular las privatizaciones, de abrir espacios para que el sector privado participe en la infraestructura. Lo entiendo así. Yo creo que aquella idea un poco pesimista de que no hay nada que hacer con los partidos políticos en América Latina, de que el Estado en América Latina y el Caribe es corrupto e ineficiente, esa visión, no nos lleva a ninguna solución. O esa otra idea conservadora —que también apunta a rezagar la política— de

> No hay que hacer crecer al Estado, pero hay que fortalecerlo, porque tiene un nuevo papel regulador y un nuevo papel en políticas sociales.

que las sociedades en América son inequitativas *per se*, como si ése fuera un factor inevitable de las sociedades en América. Cuando eso sucede se trata sencillamente de una consecuencia de Estados que tienen políticas tributarias equivocadas y políticas sociales ineficientes.

—*Dentro de la visión que usted llama "escéptica" también hay otro argumento. No hemos sabido hacer el Estado, se dice por un lado. No hemos sabido, luego, darle legitimidad popular a ese Estado y sustento social a su reforma, se agrega. Pero también se dice: no hemos sabido establecer correctas reglas de juego —eficientes, participativas— para dirimir el destino de nuestras democracias...*

—América Latina se ha enredado cada vez que tiene una visión pesimista de sí misma. Nos inventamos la teoría de que éramos distintos, de que no podíamos hacer comercio y de que teníamos que ser proteccionistas porque había un desequilibrio estructural en el comercio internacional que no podíamos resolver. En la medida que nos inventamos la teoría de que nosotros éramos tercer mundo —que no teníamos cómo ser sino tercer mundo y que en América Latina no podía surgir ningún país que pasara al estadio del desarrollo—, en la medida que nosotros hemos tenido una visión pesimista, hemos terminado buscando soluciones heterodoxas cuyos dramáticos resultados ya conocimos.

Tenemos que aceptar que las reglas para crecer económicamente, o para desarrollar políticamente una democracia, son en general bastante similares en todo el mundo. Y que no estamos condenados a la pobreza, ni al atraso, ni a que nuestros partidos sean de determinada manera.

—*Usted tiene una experiencia de reforma política reciente en su país: tiene la experiencia de la Asamblea Constituyente y del cambio de las reglas de juego. ¿Funcionó bien ese ajuste institucional?*

—Fue una reforma económica y una reforma política que le permitió a nuevos actores de la vida colombiana participar en la decisión de esas reglas de juego. Es muy difícil amarrar a un país a unas reglas de juego diseñadas en el siglo pasado: la gente ahora tiene un sentido de participación mayor, necesita sentirse participando de las reglas de juego.

—*¿Usted se está refiriendo a la participación del M-19?*

Sí. Todos los sectores necesitan ser partícipes de las reglas de juego. La Constitución de Colombia es hoy, por lejos, el libro más leído en el país, el libro más vendido de Colombia. Eso es lo que demuestra que la gente se ha ido interiorizando de las reglas de juego consignadas allí. La experiencia colombiana es positiva por haber hecho que los nuevos actores de la vida del país participaran en la discusión de las reglas de juego, por haber promovido una reforma política simultáneamente con la reforma económica, por haber redactado una Constitución democrática que le da más poder al Parlamento, más poder de fiscalización, que fortalece la justicia, que promueve más equilibrio de poderes.

LA INTEGRACIÓN

—*Hay un novísimo "pesimismo" latinoamericano a partir de la crisis de México. ¿Qué repercusión cree usted que tendrá esa crisis en América Latina? ¿Cómo influirá en el proceso de integración regional?*

[241]

—Llevar la integración a buen término fue muy difícil mientras lo que se buscaba con ella era encontrar un mercado un poco más grande pero cerrado. Es decir, esa idea de encerrarse a nivel regional no funcionó, era demasiado complejo el proceso de armonizar intereses en un proceso así. En la medida que las economías se abrieron, la integración fue posible, y no solamente diría que posible: fue fácil. La integración se volvió una idea a la que se llegaba con facilidad desde economías relativamente abiertas.

La integración comienza a difundirse por el cambio de modelo económico que, en cierto modo, es una consecuencia de la crisis de la deuda. El cambio dramático de modelo fue una consecuencia de las soluciones que se encontraron para la crisis de la deuda y porque el tipo de solución heterodoxa que en Latinoamérica se buscó —particularmente— no funcionó.

Creo que los problemas en México surgieron más por las cosas que no se habían hecho que por las que se hicieron. Es decir, no creo que haya habido una falla en sí del modelo mexicano. Tal vez hubo errores de tasa de cambio, de política monetaria, de falta de ahorro, de política de endeudamiento, de supervisión del sistema financiero. No veo en el modelo de México, sin embargo, nada que uno pueda señalar errado como modelo.

Algunos de los problemas que aparecieron son hoy mucho más claros y son enseñanzas que se recogen. Uno de ellos es que no se puede tener un déficit de cuenta corriente de ocho puntos indefinidamente, que uno no puede trabajar

El Estado sólo fue fuerte en áreas que no eran las esenciales. No fue fuerte en educación, ni en salud, ni en seguridad ni en justicia.

con tasas tan bajas de ahorro. Ése es el problema estructural más grave que hay en América. Esa tasa de ahorro demasiado baja para los niveles de inversión y de consumo que hay en América viene mucho antes del cambio de modelo. Entonces el modelo hace crisis: es su segunda crisis. Hizo la primera crisis con la deuda, y ahora otra, simple y sencillamente porque no son sostenibles esos niveles de inversión y de consumo en América.

Los problemas del modelo son otros: el cambio de modelo por sí mismo no resuelve los problemas de la pobreza, no es suficiente. Como tampoco el cambio de modelo brinda todas las condiciones políticas: tampoco da democracia por sí mismo.

—*En los años sesenta había en términos de integración un énfasis muy latinoamericano. ¿Qué queda de esa utopía latinoamericana de aquellos años? ¿Cómo podría reformulársela?*

—Esa utopía, de todas maneras, ha estado basada en una inmensa capacidad del Estado para orientar ese proceso. Creo que eso era lo que caracterizaba a América Latina: una inmensa confianza en el Estado como motor del desarrollo, obviamente con teorías discutibles. América Latina se iba a desarrollar sobre la base de la inmensa capacidad que el Estado tenía para producir resultados en todos los campos, sobre la base de que el desarrollo era planificable y de la aptitud del Estado latinoamericano para planificar ese desarrollo. Y ésa fue la idea que hizo crisis. Lo que ha cambiado desde ese entonces hasta hoy son las recetas para alcanzar esa utopía. Pero ella todavía existe: la utopía está allí.

En primer lugar, la idea de ese Estado todopoderoso hizo crisis en América Latina y en todas partes. Y, en segundo lugar, también hizo crisis la idea de que había un modelo latinoamericano distinto de los demás modelos, un modelo distinto para crecer, en términos de teoría del comercio, de teoría del desarrollo. Ocurre, sin embargo, que casi todos hemos terminado por aceptar las mismas reglas para desarrollar nuestras economías. Y la misma concepción del Estado.

Tenemos que aceptar que nuestras diferencias —con los Estados Unidos, con Canadá, o con el mundo industrializado— sobre el papel que debe jugar el Estado y el comercio, los principios económicos y los principios políticos, no son tan grandes. Puede que tengamos intereses contrapuestos en determinados sentidos, pero el modelo político y económico no es tan distinto. En cierta forma esto es lo que hace concebible hoy la integración con los Estados Unidos: tener valores compartidos en lo económico y en lo político. Eso nunca existió antes. Pudimos, en los años sesenta, sentirnos socios de los Estados Unidos, pero teníamos valores económicos y valores políticos muy diferentes.

LOS ORGANISMOS INTERNACIONALES Y LOS PARTIDOS

—*Según lo que venimos entendiendo, usted reafirma ideas tradicionales. Ante la idea de la crisis de la política, usted dice que hay que consolidar la representación de los partidos; ante la idea de la crisis del Estado de bienestar, usted dice que el Estado tiene un papel central.*

—Es que no puede ser que en el momento en que nosotros hemos aceptado que nuestro modelo económico se parece cada vez más al del mundo industrializado, resolvamos que nuestro modelo político es distinto, que nuestra democracia es distinta, que no necesita de partidos políticos.

—*Quiero agregar que a nivel de los organismos internacionales el problema de los partidos no se plantea.*

—No se plantea. Es un tema muy ig-

> América Latina se ha enredado cada vez que tiene una visión pesimista de sí misma. Nos inventamos la teoría de que éramos distintos, de que no podíamos hacer comercio y de que teníamos que ser proteccionistas, porque había un desequilibrio estructural en el comercio internacional que no podíamos resolver.

norado el de las leyes de los partidos, el de la financiación de los partidos, el del papel de los partidos en el buen funcionamiento de los Congresos, en el funcionamiento de un régimen presidencial, el de darles algún poder a los partidos para que tengan un mecanismo de disciplina interna. Eso es esencial para el desarrollo de la democracia. Usted no puede tener buenos Parlamentos sin partidos, o con malos partidos.

—*Tal vez el discurso de construcción de mayor institucionalidad democrática no avanza tan rápidamente como debiera en los organismos internacionales...*

—Los países han sido muy celosos en esos temas. Los organismos internacionales han ganado, obviamente, mucho más espacio en el terreno de su incidencia económica. De a poco han ido cediendo esos sentimientos de reticencia al conocimiento concentrado sobre instituciones, y hoy se reconoce que es importante el intercambio de experiencias, el trabajo en la promoción de la democracia, el trabajo en instituciones políticas: de algún modo la gobernabilidad es un tema que ha ido apareciendo como consecuencia de este nuevo ángulo de análisis.

Los países tienen que aceptar que tienen mucho que aprender en materia de

> Todos los sectores necesitan ser partícipes de las reglas de juego. La Constitución de Colombia es hoy, por lejos, el libro más leído en el país, el libro más vendido de Colombia.

instituciones políticas, que todo esfuerzo que se haga para fortalecer las instituciones políticas es beneficioso para enriquecer el intercambio de experiencias: que hay, en suma, un conocimiento de las instituciones políticas que es transmisible.

LA OEA Y LA DEMOCRACIA

—*¿Cómo está funcionando la* OEA *en su papel de promoción de la democracia?*

—Hubo algunas experiencias interesantes en tiempos recientes que muestran la utilidad de una institución como ésta después de la Guerra Fría y con el tipo de cambios que se ha dado. A modo de ejemplo: la OEA desempeñó un papel importante en la crisis constitucional que se dio en Perú y consiguió un acuerdo razonable de convocatoria de elecciones y de una Asamblea Constituyente, y hasta supervisó las elecciones. Finalmente el proceso constitucional se preservó.

Lo mismo ocurrió en Guatemala y, de alguna manera, en Haití. La OEA fue la primera institución que no reconoció el régimen *de facto* —ningún país lo hizo—, que puso una recomendación de embargo económico. Estuvo sola en ese tema durante mucho tiempo, por un par de años. Sólo cuando los medios diplomáticos y los del embargo se agotaron, el tema fue llevado a Naciones Unidas. Pero fue, sin duda alguna, una acción colectiva unánime en defensa de la democracia. Hay esfuerzos de reconciliación importantes en Nicaragua y Surinam.

La OEA ha empezado a tener un papel claro en la solución de problemas democráticos y de naturaleza política, hace una gran tarea de promoción. Ahora está tratando de ver qué puede hacer para evitar las crisis: cómo hacer una tarea de fortalecimiento de las instituciones democráticas, no sola, sino de la mano del BID, del Banco Mundial, de los gobiernos y de las Naciones Unidas.

En la medida que las economías se abrieron, la integración fue posible, y no solamente diría que posible: fue fácil.

—*En un documento interno que lleva su firma, dirigido a las delegaciones de los diferentes países, usted subraya el papel de la Unidad para la Democracia perteneciente a la institución que usted dirige.*

En este tema de las instituciones nadie es dueño de la verdad. Hay que trabajar con humildad. Así como en la economía el intercambio de experiencias es útil y los países tienen mucho que aprender de los otros países y de las organizaciones multilaterales, pasa exactamente lo mismo con las instituciones políticas. No solamente pueden ser más importantes que las instituciones económicas, sino que hay mucho que aprender sobre ellas.

En estos temas, la OEA tiene una clara ventaja sobre otras instituciones del sistema multilateral. Tiene por tanto un papel que desempeñar. El intercambio de experiencias que deben ser promovidas forma parte de un aprendizaje colectivo que tenemos que hacer. No hay una institución poseedora del conocimiento político. Ni nadie aceptaría que la hubiere. Pero la OEA sí puede transformarse en un foro de aprendizaje colectivo de los problemas de la democracia y de la gobernabilidad.

CORRUPCIÓN

—*Si bien es correcto pensar que la idea de que en América Latina los partidos*

La corrupción es más un problema de impunidad que de cualquier otra cosa. De la eficacia del sistema legal depende en gran medida que se la pueda enfrentar con éxito.

políticos y hasta los Estados son corrup-
tos, es una idea algo deformada, no se
puede desconocer que hay mucha corrup-
ción. Se trata de saber qué se puede ha-
cer a nivel multilateral para evitarla.

—La cumbre de presidentes de Miami pidió a la OEA que trabajara en temas de corrupción. En cierta forma eso implicó que los países aceptaran que la corrupción era un tema que tenía dimensiones colectivas y multilaterales. Nos pidieron de manera específica que trabajáramos el tema de las actividades de las empresas multinacionales, para evitar que los procederes de las empresas de carácter transnacional sean diferentes para sus países sedes y para sus sucursales. También estamos trabajando con cooperación judicial, que es una dimensión importante del tema de la corrupción. Queremos ver todas las implicaciones que tiene la mejoría del sistema legal, porque evidentemente la

> Casi todos hemos terminado por aceptar las mismas reglas para crecer. Y la misma concepción del Estado.

corrupción es más un problema de impunidad que de cualquier otra cosa. De la eficacia del sistema legal depende en gran medida que se la pueda enfrentar con éxito.

Finalmente, el otro punto a tener en consideración es el poder de fiscalización local, es decir, el papel de la ciudadanía como contraloría. Estamos tratando de hacer una agenda sobre el tema de la corrupción para tratarla de manera colectiva, y esperamos tener una reunión especializada sobre eso. En cierta forma los jefes de Estado correspondientes ya aceptaron que la corrupción es un tema que tiene una dimensión hemisférica, que tiene una dimensión colectiva.

Fernando Zumbado: Hay que trabajar para modernizar los partidos

Desde el despacho de Fernando Zumbado en Nueva York, en el piso 22 del UN Plaza sobre la Primera Avenida, frente a la Secretaría General de la ONU, se divisa buena parte de Manhattan. Zumbado concedió esta entrevista en septiembre de 1995. El cuestionario abarcó una amplia agenda, como correspondía hacerlo con el responsable de la reubicación de la cooperación —al impulso de una afanosa búsqueda de espacios novedosos de asistencia— en el Programa de las Naciones Unidas para el Desarrollo en América Latina.

—*La caída del muro de Berlín —la consecuente derivación del debate hacia la centralidad actual en el problema del "rendimiento" democrático— está permitiendo el surgimiento de nuevos campos y aun nuevos modelos en materia de cooperación. ¿Qué está cambiando?*

—Se abren espacios para trabajar en campos donde antes los gobiernos y la gente en general se ponían nerviosos. Uno de estos campos, obviamente, es todo lo que tiene que ver con la eficiencia de las instituciones democráticas: el tema de la gobernabilidad. Hace unos años, en los ochenta, la mera introducción de la palabra democracia en una resolución de las Naciones Unidas era sumamente controversial y casi imposible. Recuerdo, por ejemplo, que cuando

empezó la crisis centroamericana en 1983 —estando yo de embajador de mi país ante Naciones Unidas— se trató de incorporar en este foro una referencia al fortalecimiento de la democracia en América Central y no hubo manera de lograr que una cantidad importante de gobiernos lo considerara posible. Ahora vivimos en un mundo donde eso es completamente aceptable.

Por otro lado, se ha expandido el reconocimiento de que si no funcionan las instituciones resultan inútiles todos los recursos que se asignen para el desarrollo social, para la infraestructura o para el desarrollo económico mismo. La variable política incorpora la idea de que sólo el libre juego de la institucionalidad —la vigencia de reglas de juego

---

FERNANDO ZUMBADO, de Costa Rica, fue designado administrador asistente y director para América Latina y el Caribe del PNUD, el 15 de mayo de 1991. Fue viceministro de Planificación de la República de Costa Rica en 1976 y miembro de la Junta Directiva del Banco Central de Costa Rica en 1977. De 1982 a 1984 Zumbado fue embajador ante las Naciones Unidas y ante la OEA. De 1986 a 1990 fue ministro de Vivienda y Asentamientos Humanos. Profesor de economía de la Universidad de Costa Rica, enseñó también en la Universidad de California.

estables, de los derechos de todos, etc.— es capaz de administrar el progreso en el campo del desarrollo económico y social. La eficacia institucional, en consecuencia, se incorpora a la agenda de la cooperación en la medida que la carencialidad institucional —la falta de reglas de juego, de instancias o de entidades que permitan la adaptación a nuevas realidades y nuevas exigencias— se identifica con el subdesarrollo.

Siento que hay un reconocimiento cada vez más claro de parte de los gobiernos y de las organizaciones de que es fundamental trabajar en este campo institucional. Nosotros empezamos a hacerlo con alguna intensidad hace ya cuatro o cinco años, y vemos cómo los bancos multilaterales de crédito también se están metiendo en el tema. Es un reconocimiento de que no hay desarrollo posible sin una institucionalidad capaz de administrarlo.

> Si no funcionan las instituciones, resultan inútiles todos los recursos que se asignen para el desarrollo social, para la infraestructura o para el desarrollo económico. Siento que hay un reconocimiento cada vez más claro de parte de los gobiernos y de las organizaciones de que es fundamental trabajar en este campo institucional. Nosotros empezamos a hacerlo con alguna intensidad hace ya cuatro o cinco años, y vemos cómo los bancos multilaterales de crédito también se están metiendo en el tema.

EL PNUD Y LA GOBERNABILIDAD

—¿Así es que el PNUD coloca el tema de la gobernabilidad en la agenda de los organismos internacionales en la América Latina y el Caribe?

—Se trata de empezar a trabajar en serio, por ejemplo con el tema partidos políticos, con las reformas de los sistemas judiciales. Empezamos a articular campos de búsqueda de consensos en lugares donde hay conflictos suficientemente importantes, al punto que no permiten que las sociedades definan los grandes objetivos del futuro. Éstos son temas que hemos introducido en los últimos años, con reservas al principio, porque se ponía en cuestión cuál era el mandato que tenía el Programa de las Naciones Unidas para el Desarrollo.

Ha sido muy útil la visión global que se introduce en 1990 con el nuevo concepto de desarrollo humano aceptado por la Junta Ejecutiva del PNUD. Allí se define el desarrollo de tal manera que entra claramente el conjunto de nuevas tareas para nuestra organización.

—Dentro de este nuevo marco ¿qué significado tiene la anunciada creación de un Fondo Regional para la Gobernabilidad? ¿Cómo se va a financiar este tipo de proyectos de apoyo a la eficiencia de las instituciones de la democracia?

—En primer lugar hay un papel importante, que es generar en la región un sentido de que todos debemos progresar y que no podemos permitir que se vayan creando dos Latinoaméricas: una que siga prosperando y otra que se vaya quedando atrás, con indicadores preocupantes.

He recogido en la región una sensación de: "Hagamos algo para evitar que esta dualidad se dé". En algunas conversaciones con representantes gubernamentales hemos observado el interés en dar la mano y apoyar el desarrollo de instituciones que todavía son frágiles en algunos países: una visión, en suma, más solidaria de la región. Ahí se nos ocurrió que quizá podríamos apoyar la tarea poniendo los recursos que tenemos en el Programa Regional de Gobernabilidad, como una especie de capital-semilla para facilitar este tipo de tareas, al que contribuyan, además, los mismos países de la región, de acuerdo con sus capacidades.

En América Latina y el Caribe estamos llegando a un nivel de desarrollo —de acuerdo con todas las medidas convencionales que se aplican en los organismos internacionales— donde la región ya está bordeando los límites de pasar de receptora a donante de recursos. Entonces quizá podamos fortalecer esa tendencia trabajando dentro de nuestra propia región para que se apoye, por ejemplo, a Haití en estos momentos de transición. O se apoye a algunos países centroamericanos que necesitan todavía crear y fortalecer una cantidad de instituciones fundamentales para que funcione la democracia.

Creo que ha llegado el momento de crear un programa donde puedan entrar los países y donde puedan inclusive ligarse otras instituciones regionales que son importantes, que tienen mandatos en este campo, con las que podemos trabajar juntos.

Y trabajar, claro, dentro del marco que los gobiernos decidan como posible. No se trata de llegar a un país e intervenir sin que haya de alguna manera un llamado para que así se haga. Todos nuestros trabajos tienen la legitimidad de que son solicitados por los países. Eso es fundamental. Así funciona el Programa de las Naciones Unidas para el Desarrollo, y yo creo que este nuevo Programa de Gobernabilidad es un reflejo de esas mismas características.

—*Mientras algunas agencias internacionales avanzan más por el campo económico, particularmente en lo que se ha dado en llamar la "segunda generación de reformas" para la optimización de funcionamiento económico —mejor salvaguarda del derecho de propiedad, aceleramiento de procesos judiciales, tecnificación de las instituciones vinculadas al contralor de las áreas privatizadas, etc.—, el PNUD parece acceder a una lectura más "política" de la gobernabilidad que otros or-*ganismos internacionales. ¿Es ésa la línea de trabajo?*

—Los bancos multilaterales son bancos y tienen que justificar sus programas con base en préstamos que, de alguna manera, ellos tienen a su vez que generar. Nuestra ventaja está, precisamente, en estos otros temas que son de una naturaleza bastante política. Es fundamental, por ejemplo, que los partidos políticos funcionen en una sociedad, porque si no hay partidos políticos fuertes la democracia no puede ser una democracia estable. Entonces ¿quién va a trabajar en esos temas? No en un sentido partidista, pero sí en un sentido de cómo ven los partidos políticos de América Latina y el Caribe los desafíos que se les presentan, y cómo el sistema de Naciones Unidas puede apoyar.

Luego, en sociedades donde ha habido conflictos o hay traumas o heridas recientes, es propio de la naturaleza de las Naciones Unidas tratar de trabajar para que esos traumas puedan superarse y esas heridas puedan sanar. El caso de Panamá y la experiencia de "Bambito" es un buen ejemplo.

La sociedad estaba dividida, había un gobierno electo pero se estaba dando todavía un proceso de transición: quienes estaban en la vida pública no conversaban entre ellos desde hacía varios años. Pues alguien tenía que poner una mesa e invitar a la gente a que se sen-

> Los bancos multilaterales son bancos y tienen que justificar sus programas con base en préstamos que, de alguna manera, ellos tienen a su vez que generar. Nuestra ventaja está, precisamente, en estos otros temas que son de una naturaleza bastante política. Es fundamental, por ejemplo, que los partidos políticos funcionen en una sociedad, porque si no hay partidos políticos fuertes la democracia no puede ser una democracia estable.

tase alrededor de una bandera neutral y se articulasen posibles salidas. Ése fue el papel que desempeñó Naciones Unidas. Con una visión de que estos problemas no son exclusivos de quienes están dedicados sólo a la política, sino que son propios de la sociedad en general. Entonces se incorpora a la mesa a los empresarios, a los sindicatos, a las universidades, a la Iglesia, a todas las fuerzas de una sociedad que pueden precisamente ponerse de acuerdo y superar los problemas en un periodo mucho más corto que el que se insume si no hay una entidad concertante. Yo creo que ahí se cumplió un papel importante.

El tema de la propiedad en Nicaragua, donde unos hablaban sin que los otros los escucharan, pues ahí nosotros también instalamos el foro para que todos los que de alguna manera estaban involucrados se sentaran a discutir cómo resolver el problema. Eso, frecuentemente, no lo pueden hacer bilateralmente los gobiernos. Hay siempre intereses de diversa magnitud que operan para que la bilateralidad, y a veces la multilateralidad, no funcione. Es el papel propio de Naciones Unidas el de servir de convocante, de mediador y moderador en los esfuerzos por resolver esos conflictos.

—*¿Otro ejemplo podría ser la reciente convocatoria de dirigentes políticos que hizo el PNUD en Cartagena? Fue un*

El caso de Panamá y la experiencia de "Bambito" es un buen ejemplo. La sociedad estaba dividida, había un gobierno electo pero se estaba dando todavía un proceso de transición: quienes estaban en la vida pública no conversaban entre ellos desde hacía varios años. Pues alguien tenía que poner una mesa e invitar a la gente a que se sentase alrededor de una bandera neutral y se articulasen posibles salidas. Ése fue el papel que desempeñó Naciones Unidas.

abanico muy plural de partidos alrededor de una mesa...

—Sí. Allí Naciones Unidas trae a la mesa latinoamericana la realidad cubana, por ejemplo, su participación, lo que en el sistema interamericano no se da. Y ahí está muy claramente la ventaja de la neutralidad que nosotros representamos.

PROMOVER IDEAS

—*Usted se ha referido al trabajo en programas de apoyo a los partidos: éste es un tema muy novedoso. ¿Se refiere a las asesorías sobre leyes de partidos, asesorías sobre reformas electorales?*

—Sí, estamos hablando de eso, pero también de otras cosas. Estamos hablando de que entre partidos políticos en América Latina haya mucho más intercambio que el actual. La gente se liga a través de sus corrientes específicas: los liberales con los liberales, los socialdemócratas con la Internacional Socialista, la democracia cristiana con su organización internacional, etc. Pero puede ser muy saludable que cuatro representantes de diferentes partidos políticos en Chile vayan a El Salvador a hablar con los salvadoreños sobre cómo ellos se pusieron de acuerdo para encontrar un consenso en Chile: conservadores de diferente tipo, democratacristianos y socialistas. Eso tiene mucho más repercusión sobre una sociedad, que está en una determinada situación, como la de El Salvador, que si fueran a transmitir su experiencia nada más democratacristianos o representantes del gobierno.

Entonces hay mucho trabajo posible para que personas que están actuando en los partidos políticos intenten superar algunas barreras que se dan naturalmente al interior de una sociedad debido a la competencia política. Yo creo que es muy saludable trabajar en este campo.

Hay un papel que desempeñar en lo que es la ayuda a la reflexión de los temas y de los desafíos que enfrenta la región, con una visión lo más global posible, lo más comparada posible. Yo creo que es nuestra obligación preguntarnos: ¿cómo podemos traer esa visión más general a la gente que está a diario en la lucha política en sus países?

Ése es, para el PNUD, un papel de promoción de ideas, de traslación de experiencias comparadas, en el que puede ser muy útil. Es impresionante ver cómo la gente cree que la experiencia que vive es única y no se da cuenta de que casi todos los vecinos están pasando por situaciones parecidas.

Al estar en el gobierno, se les plantea a los partidos una de las mayores dificultades. Una reunión de partidos de gobierno es una idea interesante, porque muchas veces se da un divorcio muy grande entre los gobiernos y los partidos, y esa relación es difícil de manejar. Yo creo que el intercambio de experiencias entre diferentes partidos —conservadores, liberales, socialdemócratas, democratacristianos—, que están en el poder, sería bastante importante. Como lo fue en el encuentro de Cartagena al analizar las relaciones de los partidos con la sociedad, los problemas que se enfrentan en este tema y sus posibles soluciones.

EQUIDAD Y DESARROLLO

—*En ese campo de trabajo respecto a las nuevas ideas, estos tiempos no parecen fabricar utopías globales como Latinoamérica conoció antaño. ¿Qué marco de preocupaciones cree usted que debe centrar prioritariamente la reflexión y la acción? ¿Cuál es la gran idea que va a estar impulsando la región?*

—El gran tema en América Latina es precisamente cómo tener democracias donde el mercado funcione bien y exista un grado mucho mayor de equidad. Donde estamos fallando es en el tema de la equidad, sobre todo porque se convierte en un obstáculo no sólo desde el punto de vista del sentido intrínseco de justicia, sino para el propio desarrollo económico de la región. La inserción de los excluidos, la integración social es, también, el gran camino de la economía continental.

¿Cómo se hace? Esto me trae a un segundo tema, que es la carencia de líderes en América Latina: hay líderes pero quizá no en el número que había antes. Quizá la época moderna no es para las estrellas sino para equipos que funcionen bien en conjunto. Los problemas no son sólo de los gobiernos y de las clases políticas, sino de las sociedades en su conjunto. Entonces hay que pensar también en otros liderazgos —empresarios, diferentes elementos de la sociedad civil— y no sólo en grandes presidentes. Es importante que haya grandes líderes pero es más importante que las sociedades funcionen armónicamente, lo que requiere que todo el mundo —como decimos en Costa Rica— empuje la carreta en una sola dirección. Entra en crisis la propia y tan latinoamericana noción de caudillismo.

Hay un papel que desempeñar en lo que es la ayuda a la reflexión de los temas y de los desafíos que enfrenta la región, con una visión lo más global posible, lo más comparada posible. Yo creo que es nuestra obligación preguntarnos: ¿cómo podemos traer esa visión más general a la gente que está a diario en la lucha política en sus países? Ése es, para el PNUD, un papel de promoción de ideas, de traslación de experiencias comparadas, en el que puede ser muy útil. Es impresionante ver cómo la gente cree que la experiencia que vive es única y no se da cuenta de que casi todos los vecinos están pasando por situaciones parecidas.

No hay sociedad que se haya desarrollado con los grados de desigualdad que tenemos nosotros en América Latina.

—*¿Usted ve superada la fase del caudillismo por una fase de ganancia de instituciones?*

—Así es.

—*¿Cómo?*

—Yo siento que hay una gran fuerza de la sociedad civil que de alguna manera está imponiendo los acontecimientos.

—*En su opinión ¿cómo se vincula esa transformación interna de nuestras sociedades con la internacionalización creciente de las economías, con la globalización?*

—El gran dilema es que lo global tiende a marcar la pauta y que lo nacional de alguna manera se hace cada vez más complicado. Es complicado estar en el gobierno cuando se controlan pocas de las variables que afectan la vida de la gente. Con la globalización el político recibe muchas más decisiones que las que toma él mismo. La economía cerrada que se desarrollaba dentro de las fronteras nos daba a nosotros control más directo sobre las variables económicas y sociales. Ahora vivimos en una época sin fronteras, donde todo es mucho más abierto. Luego, hay que tener un sentido estratégico: no se puede controlar las cosas. Pero sí cabe preguntarse ¿qué es lo que debemos hacer para avanzar en cierta dirección? En este mundo de decisiones más acotadas surge la noción clara de que los avances, las adecuaciones, los ajustes, serán exitosos en la medida que cuenten con un alto nivel de consenso por parte de todos los actores sociales.

La globalización nos saca espacios de decisión hacia afuera, pero nos obliga a crearlos hacia adentro. Los empresarios, por su lado, tienen una enorme responsabilidad, los sindicatos también. La educación es fundamental porque, si no hay educación, difícilmente podremos competir en este mundo mucho más global, donde los factores de producción se miden por sus niveles de especialización y la capacidad técnica de sus trabajadores.

No sólo las restricciones que nos vienen del orden global nos obligan a activar y concertar los lazos sociales internos. También ocurre, frente a las acotaciones de la crisis, que la sociedad siente que debe demandar mayor eficacia en la prestación de los servicios por parte del Estado: eso se convierte en un tema vital. ¿Cuál puede ser el papel de la sociedad civil en este tipo de tareas?

Volviendo al tema de la integración social. Yo creo que la educación privada en América Latina y el Caribe ha terminado atentando contra la calidad de la educación.

—*¿Por qué?*

—Porque la manera en que las clases medias altas y la gente que tiene recursos resuelve sus problemas educativos por intermedio de los sistemas privados hace que pierdan interés en la calidad de la educación de las escuelas públicas. Entonces las escuelas públicas se convierten en las escuelas de los pobres. Se pierde calidad y se pierde también un ambiente más propicio para que la gente rompa las barreras sociales que la separan.

—*¿Deja de ser un sistema de movilidad social apto?*

—Yo fui a la escuela en Costa Rica cuando todos íbamos a la escuela pública. Mi papá también. Ya mis hijos fueron a escuela privada. Ellos tienen, entonces, más en común con el norte que con muchos de sus conciudadanos. Ahí hay algo que yo siento que se ha perdido —quizá sea una ilusión—, pero a mi juicio el rescate de la educación pública es fundamental, como un elemento igualador. Este mundo nuevo es mucho más complejo: podemos controlar muchos menos elementos y tenemos que ser capaces de concertar muchos más esfuerzos dentro de nuestros países. Ahí hay una clara relación entre globalización y gobernabilidad.

—*Usted señaló que la integración social o la lucha contra la pobreza no es un dato meramente social, sino también económico. ¿Se está refiriendo, por ejemplo, a cómo mejorar la fuerza de trabajo, su capacidad?*

Esto está cada vez más en el tapete de la discusión. La equidad tiene mucho sentido económico. A la gente se la puede ver desde el punto de vista económico —la gente pobre consume poco, entonces hay una limitación obvia del mercado— y también desde el punto de vista del capital humano: lo que la gente puede aportar a la producción cuando tiene niveles de productividad que están ligados a la educación. Luego está todo el tema de la violencia, la falta de seguridad. Muchas veces lo que conecta a pobres y ricos en la región es la violencia. Las casas de los adinerados son robadas por delincuentes. Hay ahí un punto que yo creo que también es fundamental, que tiene que ver con la seguridad para la inversión económica. Son dos visiones del desarrollo. Una que focaliza su acción sólo en el desarrollo económico. La otra pone el énfasis en que ese desarrollo económico se traduzca en mejora de los indicadores sociales.

—*Algunas tesis neoliberales dicen: concentremos, porque así habrá ahorro, y si hay ahorro habrá inversión, y si hay inversiones habrá crecimiento, y si hay crecimiento aumentará el bienestar social general. De algún modo la respuesta que usted da es: ello provoca desintegración social, y la desintegración social, a su vez, tiene un costo económico muy grande. La integración social vía sistema educativo, vía capacitación de la gente, a través de la mejora del mercado y del consumo, tiene una serie de beneficios....*

—No hay sociedad que se haya desarrollado con los grados de desigualdad que tenemos nosotros en la región.

—*Cuando hablamos de todo el nuevo protagonismo de la sociedad civil, ¿se trata, entonces, del fortalecimiento de la sociedad civil para que ella haga bien las cosas que el Estado hace mal?*

Cuando hablo de la sociedad civil me refiero a organizaciones comunales, juntas de padres en las escuelas, partidos políticos. En fin, organizaciones que surgen de la realidad misma de la gente, de su necesidad de organizarse ante intereses comunes y aumentar su capacidad de acción. Yo creo que ahí está la gran fuerza. Las organizaciones no gubernamentales que prestan servicios tienen su valor, pero nunca pueden sustituir a la organización propia que surge de la misma gente, y tampoco pueden asumir el papel del Estado. En eso hemos sido influidos por la tendencia del norte, de creer que las ONG pueden resolver todos los problemas. Tienen un papel que cumplir pero no hay que sobredimensionarlo. Si va a haber crédito para los pobres, esto tiene que ser una política de Estado, y tienen que entrar en esto los bancos y los sistemas financieros. Dos o tres ONG dándole crédito a los pobres no re-

---

El gran dilema es que lo global tiende a marcar la pauta y que lo nacional de alguna manera se hace cada vez más complicado. Es complicado estar en el gobierno cuando se controlan pocas de las variables que afectan la vida de la gente. Con la globalización el político recibe muchas más decisiones que las que toma. En este mundo de decisiones más acotadas surge la noción clara de que los avances, las adecuaciones, los ajustes, serán exitosos en la medida que cuenten con un alto nivel de consenso por parte de todos los actores sociales.

> La globalización nos saca espacios de decisión hacia afuera, pero nos obliga a crearlos hacia adentro. Los empresarios, por su lado, tienen una enorme responsabilidad, los sindicatos también. La educación es fundamental porque, si no hay educación, difícilmente podremos competir en este mundo mucho más global, donde los factores de producción se miden por sus niveles de especialización y la capacidad técnica de sus trabajadores.

suelven el problema del crédito para ese sector, ni aquí ni en Bangladesh. Los porcentajes de los créditos que se distribuyen de esa manera resultan mínimos. No hay que caer tampoco en esa tentación fácil de que, bueno, nos lavamos las manos y que lo hagan las ONG, o que lo hagan las provincias, o que lo hagan los municipios, cuando no se le da ni a las provincias ni a los municipios los elementos necesarios para que cumplan con estas funciones. En todo el proceso de descentralización y desconcentración de servicios el Estado central no puede abdicar de su responsabilidad fundamental.

LOS PARTIDOS POLÍTICOS

—*Los partidos políticos perdieron prestigio. El Estado mismo también lo perdió. Sin embargo, según el orden democrático, en la construcción del futuro, ¿los partidos tienen que ser los actores principales?*

—Creo que parte del desencanto viene de la incapacidad de controlar todos las variables que afectan la realidad. Es decir, no se le puede pedir al político que haga lo que hacía antes, porque el político tiene menos control sobre una cantidad de elementos que ahora están en otros lados. Quizá haya expectativas que van más allá de lo que es posible satisfacer, y parte de la desilusión ven-

ga por ese lado. Esto lo vimos en la reunión de políticos que tuvimos en Cartagena, donde el senador chileno Sergio Diez decía: "Ahora hay muchos actores y esos actores tienen un papel que desempeñar y a nosotros no nos toca esa tarea, porque para eso está el mercado". Yo creo que hay algo de eso.

Lo otro es que los partidos políticos probablemente se van a reacomodar de acuerdo con estas nuevas realidades. Es decir, todo el movimiento laborista de alguna manera se manifestó también en los partidos políticos. Si los sindicatos están en crisis, obviamente los partidos ligados a los sindicatos tienen que sentir los efectos de esta crisis. Pero hay muchos otros tipos de organizaciones que de alguna manera van a conformarse primero en movimientos y luego en partidos políticos que sean más representativos de la realidad vigente en una sociedad, en un momento dado. Y el desafío para los partidos tradicionales es precisamente cómo renovarse y cómo representar a la gente.

—*¿Adecuarse a ser instrumentos de un Estado mucho menos benefactor en una sociedad mucho más dialogal?*

—Ése fue el discurso de Roccard a los socialistas después de que perdió la elección.

—*¿No trata entonces de hablar de crisis de los partidos sino del buen funcionamiento del sistema? ¿La sociedad va sacando del medio a quienes no son eficientes y los va sustituyendo por otros?*

—Y no hay que rasgarse las vestiduras porque haya partidos que desaparecen.

—*¿Aparecen otros?*

—Sí.

EL MODELO DE DESARROLLO

—*Vinculado a la estrategia de lucha contra la pobreza y a la idea de la*

[253]

equidad. ¿Qué papel desempeña el modelo de desarrollo?

—Ahí hay un papel que tenemos que desempeñar con varias instituciones en conjunto. Todos andamos buscando este nuevo paradigma o, por lo menos, algunas ideas claras de hacia dónde apuntar. Y no es fácil. Los bancos ya están en esto. Nosotros trabajamos con el BID en todo el tema de la reforma social, que era el complemento de la reforma económica. A mi juicio hacia allá tenemos que dirigirnos. Tenemos que ver cómo refinamos el manejo de lo económico de manera que no tenga los efectos negativos que ha tenido en algunos países. Ya hay experiencia y creo que sería bueno hablar de esto.

—*¿Hay que desandar algo del Consenso de Washington?*

—El Consenso de Washington es la parte más fácil de la solución: busca el balance macroeconómico. Pero es muy parcial. Eso es parte de la realidad, ya que no podemos estar satisfechos y pensar que con eso ya resolvimos todos los problemas porque, en realidad, nos quedamos definitivamente cortos.

La apertura económica completa resulta en viajes a Miami y en un aumento enorme de la brecha comercial. ¿Y en qué beneficia eso a la mayoría de la gente? Hay que tener mucho más cuidado. Hay muchas cosas que se han vendido como una solución, aunque francamente creo que habría que tener muchas más reservas y ser mucho más astutos. Yo haría una apertura más cuidadosa, trataría de ver cómo el Estado ejerce un papel redistributivo adecuado, revisaría toda la política de impuestos, impulsaría enérgicamente políticas que den igualdad de oportunidades a la gente.

Los que están tomando todas las decisiones son gente ligada a los temas

No sólo las restricciones que nos vienen del orden global nos obligan a activar y concertar los lazos sociales internos. También ocurre, frente a las acotaciones de la crisis, que la sociedad siente que debe demandar mayor eficacia en la prestación de los servicios por parte del Estado: eso se convierte en un tema vital.

económicos, al manejo de las economías. Entonces los políticos tienen que llegar a sus vecindarios y decirle a la gente: "Mire, todo lo que estamos haciendo es por vuestro bien, porque eventualmente luego van a estar mejor". Esto provoca un desgaste enorme. Esto lo dijo Rubén Zamora[1] en Cartagena: "Nosotros tenemos que hacer el trabajo sucio, explicarle a la gente por qué todas estas medicinas son convenientes".

Nosotros hemos tomado no sólo los enlatados que vienen en la televisión, sino también los de la política económica. Y debemos rescatar ideas propias —que a veces pueden no estar correctas—; tenemos el derecho de pensar y tratar, por nuestra propia cuenta, de buscar opciones. Ése es un desafío importantísimo de nuestra época. Sobre la época de oro de Prebisch, muchos decimos: "No todo lo que se estaba pensando funcionó, pero por lo menos era algo que tratamos de hacer". Ese espíritu hay que volver a tomarlo.

—*En el eje de ese debate está la relación con los Estados Unidos. ¿Usted quiere decir, en suma, que la traslación imitativa de los mecanismos capitalistas del mundo desarrollado desdibuja nuestra propia opción y nuestra propia opción pasa por subrayar la integración social?*

—Hay muchas opciones dentro del capitalismo que podríamos estar copiando, y estamos copiando solamente una.

---

[1] Rubén Zamora es un dirigente político de El Salvador.

[254]

LAS REGLAS DEL JUEGO, LOS PARTIDOS POLÍTICOS Y LA SOCIEDAD CIVIL

Fernando Calderón: La tendencia es hacia la bifurcación: partidos por un lado, sociedad por el otro

Los bolivianos, como sociedad multifacética, han generado pensadores que han debido encontrar soluciones complejas a problemas intrincados. Fernando Calderón es uno de los intelectuales bolivianos que —en esa mar heteróclita— han formulado planteos novedosos. Formado en París y en los Estados Unidos, profesor y académico, Calderón domina en profundidad la realidad boliviana, desde la cuestión indígena hasta el fenómeno de la droga. Razón tenía la oficial de programas del PNUD, Renata Claros, cuando recomendó a los autores esta reunión. La entrevista se realizó en la sede de las Naciones Unidas en La Paz —donde Calderón es asesor para Desarrollo Humano—, en octubre de 1995: se percibió en el entrevistado placer por pensar y pasión al hablar.

—*Tratemos de salirnos de las visiones ciclotímicas que se suelen observar a propósito de Latinoamérica: un día estamos en la catástrofe, al otro día somos el mercado emergente del mundo. Ahondemos en nuestra realidad democrática para rastrear los soportes de la gobernabilidad. ¿La democracia tiene capacidad para enfrentar el resabio enorme de desequilibrios que tienen nuestras sociedades —todos los déficit que históricamente hemos ido acumulando— y está apta para enfrentar el proceso de globalización de la economía que está definiendo nuestra época?*

—Hay una tendencia contrapuesta —una tensión intrínseca— en el proceso histórico latinoamericano. Esa tensión se da entre el sistema democrático —el régimen democrático que tiende a *incluir* políticamente a la gente a través de su capacidad de vehiculizar demanda social de su sistema de procedimientos y de su régimen institucional— y el régimen económico —con sus tendencias regresivas de la distribución del ingreso, las tendencias del ajuste económico, las que tienden a *excluir*, socialmente hablando—. Por lo tanto, la tensión resulta de, por un lado, un régimen políti-

FERNANDO CALDERÓN es asesor en Desarrollo Humano del representante residente del PNUD en Bolivia. Fue asesor regional en Políticas Sociales e investigador de la CEPAL, además de secretario ejecutivo del Consejo Latinoamericano de Ciencias Sociales (CLACSO). Calderón es doctor en sociología, graduado en la Escuela de Altos Estudios en Ciencias Sociales de París, Francia, y enseñó también en las universidades de Chicago, Barcelona, Austin y en universidades de varios otros países latinoamericanos, europeos, asiáticos y estadunidenses.

> Existe una complejización tremenda de la sociedad y una incapacidad de procesar esa complejidad por parte de un sistema de partidos políticos organizados para otro tipo de sociedad.

co que tiende a incluir y a crear ciudadanos y, contrapuesto a él, por otro lado, el dinamismo de una economía que tiende a excluir y que tiende a negar la ciudadanía, sobre todo la ciudadanía social.

Entre esas dos tensiones está la política. La capacidad de la política y del Estado de presionar y de jugar entre la política y la economía para que no se rompa el proceso. Ése es un primer tema de la gobernabilidad.

El segundo tema es más complicado, tal vez excesivamente académico, pero es también real. Se refiere a los altos y complejos cambios que ha habido en las sociedades, sea en el mundo o en la región. Ha habido un proceso de diferenciación social que, a su vez, supone retraimiento de lo comunitario y expansión de un tipo de sociedad muy fragmentaria. Los cambios societales pasan a ser los determinantes: representan el horizonte de la economía y de la política. El problema es que estos cambios en la sociedad son muy fuertes. Tanto que se habla de la emergencia de la sociedad "programada", la que tendría la característica de reproducir los mecanismos de dependencia estructural en América Latina.

Entonces, ¿qué correlato hay en el régimen político para procesar estos conflictos? En ese sentido, no deja de tener razón la vieja fórmula de Crozier de que la gobernabilidad es la capacidad de procesamiento de conflictos, producidos hoy día por el régimen partidario y la lógica de la economía de mercado.

Volviendo al punto de partida de las tensiones, tenemos un régimen democrático que tiende a incluir una lógica económica fundamentalmente excluyente y una lógica social diferenciada y fragmentada que plantea nuevos problemas al tema de la integración social y a la vinculación de ésta con la economía y con la política. Por lo tanto, no se puede pensar más, creo yo, ni la democracia ni la economía si no es a la luz de la nueva complejidad que existe entre ellas. Y, fundamentalmente, de cómo las dos son subsidiarias de los cambios que ocurren en la sociedad.

Esos cambios son visibles entre los intelectuales, están presentes en los nuevos artistas, en los nuevos empresarios, están en el movimiento obrero renovado, están en los nuevos movimientos sociales. Es una cosa muy embrionaria, muy larvaria todavía.

LA INSERCIÓN DE AMÉRICA LATINA EN EL MUNDO

—*En América Latina existe un acuerdo general respecto de las bondades de la democracia, pero frecuentemente se anota la necesidad de profundizar en las calidades de la democracia, en el mejoramiento de sus reglas de juego, por ejemplo, para que sea más representativa. ¿Tenemos un resabio muy grande de arcaísmos para enfrentar los problemas que se presentan en esta dirección?*

—Lo que nos ocurre está condicionado por dos elementos. El primero se explica por la modalidad que asuma en cada caso nacional la internacionalización, y el segundo se explica por la matriz societal nacional que corresponda. Esa relación —sociedad nacional-inserción internacional— configura la tensión histórica central. Eso es lo que determina en definitiva, desde mi punto de vista, la viabilidad del proceso político, e incluso económico.

Cuando digo internacionalización me refiero por lo menos a cuatro formas de plantarse frente a la pregunta: ¿qué le pasa a América Latina en relación con las políticas globales?

En primer término, tiene usted un proceso de integración internacional pasiva, porque se ha hecho ajuste, se ha logrado estabilidad, se quiere crecer un poco y mantener un régimen de democracia delegativa —como dice O'Donnell—, la que más o menos está funcionando, pero no se sabe cuánto va a durar, ya que el costo de la incertidumbre es muy alto. La sociedad que sustenta eso es una sociedad desestructurada. Es la forma de integración internacional predominante en la región: se avanza y se retrocede un poquito. El típico continente del más o menos.

La segunda integración internacional es la integración perversa, que funciona sobre la base de la integración con los circuitos del narcotráfico, que integra esa economía y es factor clave del dinamismo de la economía, pero que, internamente, conlleva un proceso de desarticulación, de crisis de valores, de crisis de integración social de un alcance tremendo. Es un proceso de integración internacional perversa porque está pisando dentro del proceso de globalización e incide directamente en el funcionamiento, en el consumo y en los patrones políticos de las sociedades desarrolladas. Es una integración perversa que desestructura actores, que genera problemas éticos, que cuestiona el Estado, que corrompe la vida política, que genera violencia. Pero es una integración, e incluso funciona.

El país que más ha crecido, el país más sostenible en términos de crecimiento económico en América Latina es Colombia. Desde los años cincuenta logró alcanzar a Argentina y, ahora, casi superar a Chile. Tiene una economía más sólida, y sin embargo una desintegración social y una exclusión brutal, un sistema político que de democracia tiene muy poco.

Y eso no significa que no funcione el resto de la economía. No es que quiera decir que la economía colombiana es resultado del narcotráfico. Es más compleja que el narcotráfico, pero ciertamente no se la entiende sin el tema del narcotráfico. Lo mismo puede pasar con Perú o con Bolivia, para no hablar de los países "blanqueadores". Hay un tema de integración perversa que, además, cruza todo el continente —es más fuerte en un lugar que en otro— y alimenta ese tipo de desestructuración social.

La tercera integración internacional en realidad es una no integración, ya que también para un país están las posibilidades de la exclusión. Es decir, de no tener chances de insertarse en el proceso de globalización porque su capacidad productiva no alcance siquiera para ser un integrado pasivo. El problema va a ser entonces simplemente un problema político de los países dominantes o de las economías centrales. Eso sucede en Haití y también, en cierta forma, en Bolivia.

Y la otra integración al mundo, que es la que más nos gusta, que es a la que apostamos, es ésta de un modelo autocentrado —que se relacione con el mundo a partir de su propia consistencia social—, que no es solamente lo que dice la CEPAL ni lo que han argumentado ustedes sobre la gobernabilidad, sustantiva o progresiva, o lógica institucional legítima. No es tampoco solamente competitividad auténtica, ni siquiera incorporación de progreso tecnológico. Lo que le da sostenibilidad y viabilidad es una matriz societal de actores sociales que se comunican, que proponen, que resuelven en la arena institucional los

> No somos ni modernos ni tradicionales, somos más bien un poco modernos y un poco tradicionales, pero no avanzamos, estamos estancados allí.

[259]

conflictos que se arman, que tienen capacidad de innovarse y de innovar. Y que sea la matriz cultural la que organice el orden político y el orden económico.

—En ese escenario ¿quién es, en su opinión, el gran motor, el gran articulador de la sociedad?

—La articulación no es como pensábamos antes, un actor histórico, sino un sistema de acción. Y en ese sistema de acción —para decir algo muy provocador— yo veo la interrelación de dos actores históricos. Uno, creo, es el empresario, pero esto significa también una renovación empresarial: en realidad es la relación empresarios-trabajadores lo que marca la pauta. Y la otra relación es la de los nuevos movimientos sociales. Creo en la interacción de esos dos dinamismos.

Los neopopulistas nacen, crecen y se desarrollan impugnando determinados modelos políticos y económicos. Y si llegan a administrar el poder, terminan administrando las mismas políticas que impugnaron, tal vez con una cualidad distinta, porque las hacen viables.

—Está decretando la muerte de los partidos...

—No. Se puede decir que en el periodo de la sociedad industrial, el movimiento obrero y los partidos socialdemócratas y comunistas tenían un sistema de interrelación: se necesitaba a los partidos para que existiera el movimiento obrero. Lo mismo está ocurriendo ahora: esta potencialidad de la sociedad tiene que tener un correlato político, pero la actual estructura de partidos tiene serias limitaciones para asumirlo. Para ello tienen que enfrentar un tema de reforma política. No quiere decir que haya que matar a estos partidos, sino que, en definitiva, es un tema de reno-vación de la política, y ése es el tema estratégico en la región. Uno puede constatar, como lo han dicho muchos autores, cuáles son, hoy en día, las serias limitaciones de los partidos —no solamente en América Latina— para enfrentar los cambios de esta nueva sociedad "programada", porque hay límites en la representación, en la delegación, hay límites en la racionalidad de la gestión: están en crisis todos los temas de la "gobernabilidad" de los partidos. Existe una complejización tremenda de la sociedad y una incapacidad de procesar esa complejidad por parte de un sistema de partidos políticos organizados para otro tipo de sociedad. Ése es el problema fundamental. Y entre los dos —entre esa complejización societal y esa incapacidad partidaria— lo que tiende a mediar cada vez más es una instrumentalización de la política vía medios de comunicación de masas, encuestas, opinión pública: pero no se ha reconstituido la producción de sentido en la relación Estado-partidos.

En América Latina hay un solo punto donde hay coincidencias. Nosotros hemos hecho una investigación en 20 países preguntándole a actores sociales y a actores políticos cuáles son los cambios institucionales más importantes y cómo, en estos cambios institucionales, puede haber una producción de sentido —para decirlo teóricamente—, de valores, de ética, de solidaridad, de producción, de progreso, de equidad. El resultado es que casi nada coincidía. La tendencia es hacia la bifurcación: los partidos por allá, la sociedad por el otro lado. Salvo en un punto, y el punto es la sociedad local, la democracia local. Ahí tanto partidos —con distintas lecturas, conflictos, etc.— como nuevos movimientos sociales coinciden.

Ésa es la tendencia empírica que hemos detectado en la orientación del comportamiento de actores sociales. Entonces, eso marca una potencialidad directa, pero también marca una limitación fuerte. Porque yo contrasto la tendencia a la valorización de lo local con la tendencia a la globalización, a las decisiones desde fuera de la nación, a causa de la crisis del Estado-nación, a la debilidad del Estado después de la brutal crisis del Estado de bienestar.

Da la impresión —si uno se pone un poco duro— de una región que ha iniciado un proceso de transición que quedó trunco, entre tradicionalismo y modernización. No somos ni modernos ni tradicionales, somos más bien un poco modernos y un poco tradicionales, pero no avanzamos, estamos estancados allí.

—*Estamos merodeando el asunto del cambio en nuestra región...*

La apuesta de Ludolfo Paramio[1] es que los partidos socialdemócratas van a transformar los movimientos sociales en grupos de presión, se van a reformar a sí mismos, y de esas reformas se dará un proceso de renovación de los partidos y, luego, un nuevo tipo de relación entre los partidos y la sociedad. La apuesta por ahora no ha resultado en su sociedad ni en su región, la europea. Pero en historia nunca se sabe.

En el caso latinoamericano, por el contrario, lo que uno constata empíricamente es el retorno a un populismo que tiene base social, más allá que uno pueda ser crítico de ese retorno. Perú es un buen ejemplo. La emergencia de candidatos locales a lo largo y a lo ancho de la región es otro dato histórico. Hay un retorno a una vinculación directa entre líder y masa, a una hipervalorización de las identidades, a una negación de lo externo y de la internacionalización. Es decir, no es el mismo populismo de an-

tes —es un neopopulismo— pero hay tendencias a una recreación del viejo populismo.

> Se da un repliegue comunitarista en la izquierda, algunos se vuelven indigenistas, otros se vuelven ecologistas, los otros se vuelven feministas.

Es indiscutible que hay una nueva tendencia populista en la región. Esta tendencia al neopopulismo puede ser entendida como una contrarreforma que, paradójicamente, termina haciendo lo que impugnaba. Es decir, no termina de explicarse ni el triunfo de buena parte del populismo en Perú, ni el crecimiento de fuerzas populistas en Bolivia, ni el fenómeno de este nuevo populismo argentino. Está emergiendo, incluso, el fenómeno de partidos neopopulistas progresistas en México con el PRD, en Uruguay con el Frente Amplio, etc. Nacen, crecen y se desarrollan impugnando los modelos políticos y económicos que "impiden el desarrollo del pueblo y de la nación", para decirlo esquemáticamente. Y si llegan a administrar el poder terminan administrando las mismas políticas que impugnaron, tal vez con una cualidad distinta, porque las hacen viables. Alfonsín no hubiera podido hacer la política de estabilización en Argentina que hizo Menem: Menem y el justicialismo eran los únicos que podían hacerlo. Y estoy seguro de que, si emergen otros gobiernos u otros regímenes con este tinte y esta orientación, van a terminar haciéndolo, porque vienen a hacer imposiciones de este proceso de la globalización. Y el espacio de negociación es fatalmente reducido. Yo no quie-

[1] Politólogo español, profesor universitario y uno de los principales ideólogos del PSOE. Autor de *Después del diluvio*, dirige diversas revistas académicas. El punto de vista de Paramio aludido por Calderón se refiere a las reflexiones del primero sobre las repercusiones de la caída del Estado de bienestar y fundamentalmente de la crisis de los actores que le dieron sustento, en la perspectiva de una izquierda poskeynesiana.

ro ser condenatorio de estas gentes tampoco, pero no puedo dejar de reconocer que el resultado de esta paradoja es un desprestigio brutal de la política, una tendencia a la frustración de la gente.

> Lo que hubo en Cuba fue una buena revolución nacional que se disfrazó de socialista con cualquier pelaje durante mucho tiempo, con una capacidad de integración formidable y, por los andamiajes del destino, terminó comunista.

NEOPOPULISMO Y "AGGIORNAMENTO" DE LOS PARTIDOS

—*Muy apoyado todo ello, probablemente, por el fenómeno mediático de nuestro fin de siglo...*

—El tema central es que la característica nueva de ese populismo es el papel de los medios y de la radio. La expansión de la radio es tremenda en América Latina.

Por los tiempos políticos latinoamericanos regresa el péndulo de la pasión, de la tradición y de la reemergencia de líderes carismáticos. Esta desestructuración es producto de la exclusión económica —a la gente sólo le queda el amarre a través de los lazos motivacionales con el líder— y de su propia historia, que reclama integración social pero no se la dan. Entonces el actor popular vuelve a sus raigambres, a su matriz estructural que alguna vez le dio algo que fue el populismo. Pero no resuelve el problema, eso es lo trágico.

—*Si miramos los sistemas de partidos, se encuentra, también, por otro lado, una tendencia a la ruptura de los sistemas hegemónicos: ¿vamos, en su opinión, a un sistema de partidos más competitivo?*

—Desde luego. La tendencia que uno prefiere es que haya un sistema de partidos que represente la diversidad na-

cional de cada país, de intereses culturales y sociales que se expresen en la arena institucional y que la totalidad se procese como un régimen competente interpartidario. Es ciertamente una tendencia, y de alguna manera algo de esta tendencia se ha dado con la última democratización, se ha reconstituido parcialmente. Pero la otra tendencia es la peruana: Perú puede ser el primero... Es la tendencia del hegemonismo, del liderazgo, como lo tiene Fujimori o lo tiene Menem. La primera tendencia en cambio va a una estructura altamente diversificada del voto. ¿Cuál será el resultante histórico de eso? No lo sé. Pero sí estoy diciendo que esta tendencia me está hablando de la necesidad de que la diversidad se exprese.

—*De acuerdo a como venía usted describiendo la realidad actual del continente citaba, entonces, primero al neopopulismo.*

—Segundo, el *aggiornamento* de los partidos históricos o clásicos no populistas, o la emergencia de nuevos partidos que están vinculados fundamentalmente a una nueva derecha, y que tiene su figura más importante y políticamente más prometedora —*malgré moi*— en el PAN de México. Ése es, también, un proceso de *aggiornamento*. La derecha en México, los empresarios y buena parte de la clase media participaban por el PRI a través del sistema de presión. Hoy día se han separado. Tal vez el costo de la democracia en México pase por un gobierno del PAN, y quizá sea bienvenido, si queremos respetar esto de la diversidad y si el PAN es una fuerza social y cultural propia de México. ¿Podrá el PRI, o el PRD tolerar esto? ¿Lo podrá tolerar la cultura histórica compleja del imperio azteca del siglo XX? No lo sé, pero ése es el desafío.

En el otro extremo está el caso de Chile, el *aggiornamento* de Renovación Nacional. Una parte de Renovación Nacional está por el diálogo, está por la modernización de la política, está por el encuentro, está por refundar un proceso histórico en Chile, está por un orden institucional, está por representar su sistema de intereses ligados a las transnacionales, a la clase media. Expresa el nuevo dinamismo de una derecha emergente en América Latina que ojalá se consolide. Lo mismo podríamos decir con ADN, el partido de Banzer, acá.

La tercera tendencia observable es que los nuevos movimientos sociales en América Latina —que por lo demás son muy volátiles— son fundamentalmente culturales y reclaman sociabilidad, calidad de vida, refundación de identidades, integración con solidaridad. Con serias tendencias a su vez hacia el fraccionalismo y hacia el ultracomunitarismo. Tienen que ver con los obreros brasileños de São Paulo, con los movimientos indígenas en toda la región, con la emergencia de esta nueva juventud que busca valores éticos en la política, conocimiento y recreación de sus propias identidades. Pero también este movimiento formidable que hay en toda la región se interesa y viene a descubrir, por ejemplo, qué comíamos hace 200 años. En todas partes se editan libros al respecto. El Festival de la Comida en Puerto Rico es muy exitoso. Esa gran explosión de producción identitaria es fundamentalmente sociocultural, reclama la ciudadanía del día a día, la calidad de vida. Si eso pudiese ser recogido desde la política —expresado desde la política— la calidad de la reforma política sería formidable .

EL PAPEL DE LA IZQUIERDA

—*Continuando con el tema del papel de los partidos, ¿qué papel está viendo usted en los partidos de la izquierda?*

—La izquierda ha tenido en América Latina y sigue teniendo, me parece, varias tendencias. La primera tendencia de la izquierda en América Latina es que se ha bosquejado el repliegue comunitarista —muchas veces disfraz de corporativismo— en algunos nichos políticos: maestros, universitarios, campesinos, indigenistas.

—*¿Se esconde en la sociedad civil?*

—Se da un repliegue comunitarista en la izquierda, algunos se vuelven indigenistas, otros se vuelven ecologistas, los otros se vuelven feministas.

Hay un segundo repliegue que puede terminar —como de hecho ha terminado— en la desintegración perversa bajo la forma de terrorismo. Estoy pensando en todos esos fraccionamientos de la izquierda o de la ultraizquierda revolucionaria argentina, por ejemplo, fenómeno que también puedo encontrar en Colombia. No hay nada más perverso que esa guerrilla que termina en bandidaje.

Una tercera tendencia curiosa de buena parte de la izquierda es una vinculación muy fuerte con este proceso de *aggiornamento* de los partidos de centro y de derecha que se acoplan a la lógica política y a la lógica del poder y que tiene matices muy distintos en la región. Tal vez allí la tendencia sea la socialdemocratización de una parte de la izquierda que venía del marxismo. Es el caso del MNR en Bolivia y del mismo MIR, es el caso probablemente del PRD en México, del PSDB en Brasil, del Frepaso en Argentina y, en parte, el caso del Frente Amplio en el Uruguay.

—*¿Qué queda de Cuba legendaria?*

—Aquella Cuba no queda ni en Cuba. Yo voy a decir una barbaridad que siem-

Desde que iniciamos la transición a la democracia, en los años ochenta, hasta ahora ha habido más de 120 elecciones en América Latina; no es poca cosa.

pre pensé y pocas veces me animé a decir. Lo que hubo en Cuba fue una buena revolución nacional que se disfrazó de socialista con cualquier pelaje durante mucho tiempo, con una capacidad de integración formidable y que, por los andamiajes del destino, terminó comunista. Hoy día está en camino de entrar en un proceso distinto, donde su principal elemento es la construcción nacional y la principal limitación es la globalización.

—¿Qué destino tiene, entonces, en América Latina el pro cubanismo?

—¿Sabe usted qué es lo que tiene destino en América Latina? El resentimiento generalizado de buena parte de la población a la dependencia política de los Estados Unidos. A los latinoamericanos, de derecha o de lo que sea, no les gustan los gringos, no les gusta ese gringo impositivo. Entonces ¿quién interpela a este gringo cuando el otro no puede hablar? Fidel Castro.

—¿Y todos más o menos se sienten representados en esa actitud?

—En esa simpatía, claro. Fidel va a Nueva York, los americanos no lo invitan a nada pero él se divierte como loco con los negros. Es como si se viniera a divertir aquí con los cholos de La Paz o a una barriada de Lima, o a un cantegrill en el Uruguay. Cuando el tipo del cantegrill en Uruguay ve esa situación en la televisión, ¿por quién tiene simpatía? ¿Por el que no invitó a Fidel Castro o por Fidel con los negros en la misa de Harlem?

LA REFORMA POLÍTICA

—Vamos al problema de la funcionalidad de las instituciones democráticas

En este país hemos avanzado en 12 años en democracia más que en todo el siglo.

¿Cuál sería el balance de las reformas políticas posdictadura en la región? Porque, por lo que venimos diciendo sobre las crisis de representación política, se impone otra segunda generación de reformas políticas, luego de la primera que ha sido la imposición misma de la democracia.

—Seguro. Desde que iniciamos la transición a la democracia —desde los ochenta hasta ahora— ha habido más de 120 elecciones en América Latina; no es poca cosa. Y esas 120 elecciones han estado acompañadas por una valorización general del orden institucional y, obviamente, por la democracia como forma de vida, que es la que determina la valorización anterior, con perdón de los institucionalistas.

Está la vocación democrática de nuestros pueblos, este capital inicial que, además, costó mucho. En un momento costó mucha sangre, mucho dolor, mucho trabajo. Fuera de los carnavales de Río y de Oruro, el carnaval más grande que he vivido en mi vida fue el de Buenos Aires cuando retornó a la democracia, para no hablar de Chile, de Uruguay. En todas partes se celebró en forma similar. Este capital inicial es, en primer lugar, pasión, pero en segundo lugar es valorización del orden institucional como forma de vida. Desde ahí partimos, y desde ahí hemos empezado a avanzar.

Yo quisiera referirme a dos temas a los que considero centrales. Uno, el tema estrictamente institucional, de procedimientos, y otro, el tema del conflicto.

Desde el primer punto de vista creo que lo que se ha ido consolidando en América Latina, respecto a la democracia, es un régimen institucional muy precario, donde se ha ganado en el juego electoral, se ha ganado en el respeto de las reglas y procedimientos electorales. En este país hemos avanzado en 12 años en democracia más que en todo el siglo, a pesar de que, en un siglo, la mitad de nuestros gobiernos han sido autoritarios. Pero en 12 años se ha avanzado como nunca en este sistema institucional. Sin embargo, esto no ha logrado llegar a lo que es el genuino funcionamiento democrático, es decir a que el sistema de procedimientos, de reglas, se internalice al conjunto de la vida política. Entre otras cosas, por estas tendencias que mencionábamos: la concentración del sistema de decisiones en la presidencia, la tendencia a hegemonismos de líderes nacionales, el peso de los medios de comunicación de masas, el papel de funcionamiento de la encuesta pública, la cantidad de debilidades en los sistemas institucionales, la justicia que no funciona en ninguna, o casi en ninguna, parte.

En ese sentido estamos en una transición, hemos avanzado un pasito con muchas dificultades, pero no estamos viviendo un régimen pleno de derecho. Creo que esto se entiende por la lógica del conflicto que se ha vivido en la región, y obviamente también por la cultura política de este continente. Matiz más, matiz menos, el patrimonialismo y el clientelismo burocrático están arraigados desde la sociedad chilena hasta la sociedad jamaiquina.

En cuanto al tema del conflicto, podemos señalar en la estructura del conflicto en Latinoamérica tres momentos. Hemos tenido un primer momento de explosión. El destape de la democracia fue una explosión de expectativas y una explosión de demandas con una incapacidad total, por parte del régimen político, de procesarlas. Las tragedias políticas más fuertes resultaron la de Siles Suazo acá, la de los sandinistas en Nicaragua, la de Alfonsín en Argentina, incluso el primer momento del periodo de Sanguinetti, y también hubo algo similar en Brasil. El primer periodo de la transición ha sido en general de ex-

plosión de conflictos, salvo en el caso chileno. La "concertación" posibilitó allí una relación distinta, con los trabajadores y las clases subalternas, que permitió negociar. Y la explosión de conflictos, la explosión de demandas no se produjo, o mejor dicho fue reabsorbida por el dinamismo de la economía. Pero ésa es más bien la excepción, y es muy importante porque le dio otra plataforma a los chilenos. Ese primer momento estuvo asociado a altos grados de conflictualidad y de demandas, a un proceso inflacionario muy alto —porque hay que decirlo—, comprensible sociológicamente pero altamente ineficaz desde el punto de vista político y económico.

> Matiz más, matiz menos, el patrimonialismo y el clientelismo burocrático están arraigados desde la sociedad chilena hasta la sociedad jamaiquina.

Luego vivimos un segundo momento: el proceso de los ajustes. Esos ajustes no se hubiesen podido dar en la región si no hubiéramos tenido la etapa previa. Jamás Siles Suazo podría haber hecho este ajuste, ni Sanguinetti en su primer periodo, y Alfonsín ni qué decir, para hablar sólo de tres representantes. Entonces tuvimos un momento de baja de la conflictualidad. Pero en ese momento de baja de la conflictualidad no se reforzó el régimen institucional, lo que se reforzó fue un régimen presidencialista, centrado en el Ejecutivo y de alto peso en el sistema de toma de decisiones de parte de las tecnocracias, ligado a todo el juego de la racionalidad económica del ajuste, de la estabilización. Entonces, ahí más bien lo que se hizo fue consolidar un régimen institucional muy limitado y muy precario.

Estamos viviendo ahora un tercer periodo en la región, en el que se ve que la estabilización fue necesaria, pero se ve también que es absolutamente insuficiente. Y ahí planteo el tema fundamental de la integración social. Porque el costo social de todo este proceso político y democrático ha sido muy inhumano. En América Latina todavía no tenemos los niveles —que ya eran muy injustos— de distribución del ingreso que teníamos en los años sesenta.

> Estamos viviendo ahora un tercer periodo en la región, en el que se ve que la estabilización fue necesaria, pero se ve también que es absolutamente insuficiente.

LA INTEGRACIÓN DE LOS EXCLUIDOS

—*En esta América Latina que se está insertando en el nuevo mundo hay una franja importante que se va integrando rápidamente, pero hay otra franja mucho más importante que está estancada o se está rezagando y aun desapareciendo: lo que se ha denominado economía de dos velocidades.*

—Así es.

—*¿Por dónde hay que ir, en su opinión, para comenzar a integrar política y económicamente a los excluidos?*

—Yo creo que el proceso histórico de América Latina nos enseña que la democracia o la gobernabilidad democrática se puede romper por varias razones. Una de ellas es la que mencionábamos, una razón social. Es decir, si el continente sigue aumentando sus niveles de pobreza e inequidad como lo ha hecho en los últimos 20 años, socialmente no es viable, y si es viable no vale la pena. Entonces, con 60% de la población marginal, ¿puede haber democracia o gobernabilidad? Hay razones sociales que pueden romper la gobernabilidad democrática. Incluso se ha visto que las explosiones sociales que ya hubo en la región han disminuido brutalmente los niveles de gobernabilidad democrática. El ejemplo más crudo quizá sea la desgracia de Venezuela con el "caracazo": ése es un ejemplo del que deberíamos aprender. Es decir, el empresario, el gobernador, el embajador estadunidense, la comunidad económica deberían decir: "Señores, tendrían que estar conscientes de que si no se palia en serio el tema de la exclusión social y del crecimiento de la pobreza, la gobernabilidad democrática en este continente no va a seguir. Por lo tanto hay que hacer algo en serio y de verdad".

Para mí el problema central de la gobernabilidad democrática, o, mejor, de cómo enfrentar el tema de la integración social respecto de la gobernabilidad, tiene tres partes. La primera parte es buscar que los excluidos puedan organizarse para transformar sus necesidades en demandas y expresarlas en el sistema institucional para procesarlas.

En segundo lugar, la resolución de la exclusión social es un proceso de largo plazo: nadie lo va a resolver de la noche a la mañana, pero la sociedad entera se tiene que comprometer con ello, y los mismos "pobres" tienen que ser los principales interesados. En torno a esto la clave es institucional. Porque hay un plano en el cual ellos pueden estar integrados, que es en el plano simbólico, refiriéndome de esa manera sobre todo a su posibilidad de participar en política en la arena institucional, la posibilidad de que el "pobre" esté realmente representado. Porque si lo va a estar por el líder populista, si el "pobre" va a estar representado por un mediador "aggiornado" de derecha, eso no va a funcionar. Este cariz de la representación sería la segunda parte del problema central.

—*¿Y por quién va a estar representado el "pobre"?*

—Ése es el problema grande que estoy planteando. Reconociendo la importancia de los partidos políticos, recono-

[266]

ciendo la importancia de la representación en la democracia, yo creo que hay una necesidad de crear espacios políticos de representación, y creo que esos espacios están a nivel local. Ahora, es importante que no sean los partidos, o por lo menos los de izquierda, los que los representen: que dejen que los "pobres" se autorrepresenten. Porque lo que ha habido es que la clase media representa a los "pobres"...

Y la tercera cosa es que el tema de la integración social, junto con el tema del crecimiento, tiene que ser considerado por el conjunto de la sociedad y por lo tanto postulado por los partidos. Ahí vuelvo a mi vieja raigambre aristotélica, clásica, cristiana —y de las comunidades indígenas también—, de que hay que generar una cultura de solidaridad en la región.

El otro punto que también es importante para la gobernabilidad democrática es que si no hay capacidad política para procesar conflictos, no hay gobernabilidad democrática. Si no hay capacidad de gerencia política no hay gobernabilidad probable. Si no hay democracia, si no hay manejo de medios, si no hay inteligencia, eficacia, si no hay estructura de alianzas, no hay gobernabilidad. El ejemplo más terrorífico —toco madera para que no ocurra— debe de ser Chile, donde hay gran despliegue económico pero donde todo ese éxito económico va a fracasar, incluso las políticas de integración social, si no tienen capacidad de resolver temas de gobernabilidad política en el corto plazo, en lo que hace, por ejemplo, a su conflictualidad en el ejército. Uruguay resolvió muy bien este problema.

—Le ha costado...

—Es una maravilla, es un ejemplo, porque la sociedad lavó su propio dolor. Pero ése es otro tema.

Hay otros temas políticos en el sentido de ingeniería política, de sistemas de

> La izquierda tiene que dejar que los pobres se autorrepresenten.

alianzas políticas que pueden afectar la gobernabilidad en la región. Por lo tanto, el corolario de esto es que no va a haber gobernabilidad democrática si no hay acuerdos institucionales políticos sólidos en la región.

—*Girando siempre en torno a esto de la integración política y de la integración económica y social de los ciudadanos, antes decía usted que el espacio de negociación de la inserción internacional es reducido, lo que acota las políticas económicas y la gobernabilidad misma...*

—En términos de razón económica resulta obvio que debemos generar un dinamismo y un perfil productivo con rasgos subregionales y regionales, porque, salvo Brasil y quizá México, nadie puede estar pensando en un perfil nacional. Es evidente que hay que hacer algo por ese carril, porque quedarse en la pura estabilidad económica conduce a una grave crisis sobre el sistema de gobernabilidad. Yo creo que en la región el tema es la creación de complejos productivos —yo tengo una visión estructuralista o neoestructuralista—, y esos complejos productivos tienen que tener una matriz nacional, tienen que estar vinculados en términos subregionales, regionales e internacionales. Si no, no hay chance. El tamaño del mercado es muy pequeño y nuestra capacidad de producir tecnología también es muy limitada. En esta lógica, según lo apre-

> Entre la complejización societal y la incapacidad partidaria, lo que tiende a mediar cada vez más es una instrumentalización de la política vía medios de comunicación de masas, encuestas, opinión pública; pero no se ha reconstituido la producción de sentido en la relación Estado-partidos.

> Yo no conozco nadie que haya muerto por unas reglas o procedimientos de la democracia. Pero sí conozco gente que ha muerto por la pasión de la equidad o por la pasión de la libertad, que son valores fundantes.

cio, el Estado cumple un papel central, y el planeamiento tiene que cambiar. Entonces creo que vamos a volver a plantear el tema de la programación y de la planificación del desarrollo de la región. En ese sentido, cualquier insumo que vaya a alimentar una estrategia está perfecto, independientemente de la orientación política que haya. Soñando un poco entre economía y política, yo veo que éste es el campo de la historicidad: que las disputas de los partidos políticos deben ser por la orientación social de este complejo productivo. Ése sería mi ideal para la región. Conflictos habrá, sin duda, pero ojalá que los conflictos tengan esta fuerza fecunda.

¿INSTITUCIONES O VALORES?

—*Arturo Valenzuela*[2] *nos dijo hace poco: "Primero hacemos las instituciones, los demócratas aparecen después".*
—Robert Dahl —como todos los institucionalistas y toda la teoría elitista de la política— dice que la trayectoria más importante para la democracia es que haya existido un aprendizaje institucional en el plano de las élites, y que después se puede ir progresivamente am-pliando el régimen democrático a los otros sectores sociales.
Quizá esto vale para el mundo anglosajón, que son los que han usado el método en el cual se basan Dahl y Valenzuela. ¿Pero vale para nosotros?
—*Usted afirma que la democracia es mucho más que un sistema de procedimientos.*
—Yo creo que es una construcción social. Creo que la democracia obviamente es individuo, obviamente es institución, obviamente es representación, y la sociedad de la democracia tiene que ser equidad.
—*¿El sistema de procedimientos que la democracia brinda no es suficiente para conseguir la equidad?*
—Yo no conozco a nadie que haya muerto por unas reglas. Ni Valenzuela. Pero sí conozco gente que ha muerto por la pasión de la equidad o por la pasión de la libertad, que son valores fundantes. Yo creo que la democracia es un sistema de valores, no un sistema de prácticas sociales. El hombre es pasión, es razón también, pero es pasión.
Ahora, desde luego que el proceso de democratización tiene que integrar las dos cosas. Entre otras razones, yo creo que es muy importante esta visión institucionalista: no quiero caer en la trampa de que me coloquen como antinstitucionalista. Yo estoy diciendo que eso es fundamental, pero es también insuficiente. Creo que hay un proceso mutuo de retroalimentación entre instituciones y valores.

---

[2] Politólogo chileno-estadunidense, subsecretario de Estado adjunto en la administración Clinton, entrevistado por los autores de este trabajo en una de las reuniones de preparación de las entrevistas del presente trabajo.

Fernando Cepeda: Hay que volver a los gobiernos de partido y fortalecer institucionalmente a la oposición

En agosto de 1995, en el café de un hotel muy típico de Cartagena, en Colombia, los autores dialogaron largamente con el pensamiento chisporroteante de Fernando Cepeda, quien no evitó las ironías ni las ideas filosas. Detrás de cada escenario planteado por su sofisticada ingeniería electoral, Cepeda ya adjudica ganancias y pérdidas respecto de cada actor, y busca equilibrarlas de manera de cuidar legitimidades y funcionalidades y de digerir del modo más sistémico las novedades que traen los tiempos. Mitad académico y mitad político sus afirmaciones, por teóricas que sean, están cargadas de pasión por lo real y por lo concreto del mundo de la acción.

—*Usted viene de integrarse a una comisión de expertos para la reforma de los partidos. El Frente Nacional ya murió, pero es conocida su opinión crítica respecto de que han quedado resabios del mismo. ¿Por, qué es perjudicial que hayan quedado resabios del Frente Nacional y cuáles son esos resabios?*

—El problema es que Colombia lleva casi 50 años —con un solo paréntesis, que va de 1986 a 1990, el gobierno de Virgilio Barco— sin que exista oposición política. Medio siglo de un ejercicio democrático sin oposición política —lo cual no quiere decir sin crítica o sin críti-

cos— ha deformado toda la concepción de la política, el entendimiento de qué es la política, de para qué es la política, para qué son las elecciones, para qué es el Congreso, para qué son los políticos.

A mí me parece que cada vez es más difícil en Colombia, en el diálogo político y en el debate, lograr que la gente entienda esto. Casi que habría que hacer un curso de ciencias políticas de un año a todo el país. Se perdió el entendimiento de en qué consiste la democracia, el entendimiento de que la política consiste en perder y ganar, de que perder es legítimo, es noble y permite hacer un

FERNANDO CEPEDA ULLOA, fue embajador en Canadá (1992-1994), representante permanente de Colombia en las Naciones Unidas (1991-1992) y embajador ante el Reino Unido de Gran Bretaña (1988-1990). Doctor en ciencias políticas, fue decano de la Facultad de Derecho, director del Departamento de ciencia política y del Centro Interdisciplinario de Estudios Regionales en la Universidad de los Andes, en Bogotá. Actualmente es director de la revista *Estrategia Económica y Financiera*. Miembro de la Asamblea de Gobernadores del Instituto de Relaciones Europa-América Latina. Asesor para Asuntos Internacionales de la Facultad de Derecho de la Universidad de los Andes.

> He sostenido que hemos pasado del sistema de coexistencia entre los dos partidos políticos que antes estaban confrontados, a la connivencia política.

oficio muy importante para el Estado, que es la oposición para construir una alternativa frente al gobierno.

La deformación del concepto de lo que es la política y de lo que es la democracia, ése es el resabio del Frente Nacional. A partir de eso se pueden señalar problemas concretos, que a mi manera de ver afectan la gobernabilidad, aunque algunos creen que es lo que la asegura. Ahí está lo interesante del asunto. Por ejemplo, la corrupción. La corrupción, que a mí me parece un elemento fundamental que afecta la gobernabilidad, es un hijo ilegítimo del sistema del Frente Nacional. Yo he escrito que hemos pasado del sistema de coexistencia entre los dos partidos políticos que antes estaban confrontados, a la connivencia política. Della Porta, que es un analista italiano inteligente, analizando el tema de la corrupción —para Italia donde sí había oposición—, planteaba que lo que había generado la corrupción en Italia es lo que él llama el principio de "connivencia entre la mayoría y la oposición".

En Colombia la connivencia fue peor porque no había oposición, fue una connivencia entre la mayoría y la minoría, o las minorías. A tal punto ha llegado la deformación, que cuando el M-19, como movimiento guerrillero, se reincorporó a la vida civil, dio el salto del monte y el terrorismo directamente al gabinete. No hizo un día de oposición, no hizo un día de crítica. Y en el gobierno hizo exactamente lo mismo que los partidos tradicionales, contra los cuales había montado una guerrilla. Eso explica la formidable desilusión de la gente con el M-19, que creo que en las últimas elecciones quedó

con un solo representante. Es un ejemplo del drama.

—*Una de las acepciones más frecuentes de gobernabilidad la vincula a la capacidad de concertación, sea política o social. El alegato que usted hace en favor de una idea democratista radical del manejo de la política, esto es, oposición clara, gobierno de alternativa, rotación en el poder, ¿cómo se compadece con esa idea?*

—A mi manera de ver, el sistema político tiene que estar montado sobre lo que llamamos el *agreement on fundamentals*, que implica reglas de juego político que deben suponer respeto a las minorías, tolerancia, concertación, acuerdos, posibilidad de alternativas políticas, juego limpio para que las minorías puedan convertirse en mayorías, etc. Y por supuesto, incorporar el *agreement* a propósito de las reglas de juego económicas.

Solamente sobre esa base —que es donde yo veo la concertación— me parece a mí que se da el juego político. En la medida que el juego político muera por ausencia de alternativas, de controversias, de que haya una fuerza política que recoja el descontento, el inconformismo, la desilusión y el desencanto, eso provoca consecuencias complejas. Deriva en guerrilla, deriva en apatía y cinismo político, y deriva en candidaturas que recogen, sin partido político, sin tradición política, ese descontento, creando un problema para la gobernabilidad muy ingrato.

—*Hace un buen tiempo que usted sostiene la misma tesis. ¿Surge de su experiencia como ministro de gobierno de Virgilio Barco...*

—Fue el único gobierno que hizo funcionar el esquema gobierno-oposición. El primer gobierno pos Frente Nacional fue el de López Michelsen en 1974. Él tenía mandato constitucional de repartir el poder por mitades. Por eso dijo que había un conflicto entre el mandato político y el mandato constitucional. Había sido una avalancha de votos en favor de López Michelsen porque había sido el rebelde, el jefe de la oposición. Claro, una vez elegido, no podía hacer lo que la gente esperaba, porque tenía que compartir el poder con los conservadores. En 1978 vino Turbay. La norma constitucional era, ya, que se debía dar participación adecuada y equitativa. ¿Qué quería decir eso? Cada gobierno lo interpretó a su manera. Turbay lo interpretó en términos de la proporción de votos en la elección presidencial. Dijo: 60-40. ¿Qué fue lo que repartió así? El gabinete y las demás posiciones administrativas, incluida la diplomacia.

Luego vino el periodo 1982-1986, en el que ganó Belisario Betancur con un movimiento nacional. ¿Qué ocurrió? El Partido Conservador, al haberse resignado a su condición de minoría permanente y a su condición de socio permanente de la coalición de gobierno, había ido adelgazando, perdiendo su vocación de poder. Ellos mismos no la identificaban, creían que no era posible, que no existía. Entonces, simplemente ganó por la vía de disfrazarse. Son los partidos tradicionales en Colombia, particularmente el Partido Conservador, el más tradicional, los que han desinstitucionalizado a los partidos. Ellos no se presentan a las elecciones como Partido Conservador, se presentan como un movimiento nacional. En las últimas elecciones presidenciales (1994) el Partido Conservador ya no existe en los registros electorales.

—*¿Se desinstitucionaliza un partido en un proceso en el cual la coincidencia permanente lo desfigura?*

—Exacto. Es que no le queda otra alternativa que convertirse en lo que los partidos critican hoy, que es la existencia de movimientos cívicos para poder atrapar votos liberales, votos independientes, y ganar.

—*Pero el experimento de gobierno de partido del periodo de Virgilio Barco no funcionó. ¿Por qué?*

—Porque ni los liberales ni los conservadores quieren la oposición. ¿Por qué? Porque en 50 años este matrimonio indisoluble no ha cambiado.

—*¿Por qué se vuelve a la coparticipación inmediatamente en el periodo de César Gaviria?*

—Gaviria comenzó su campaña presidencial diciendo que mantenía el esquema gobierno-oposición. Lo alcanzó a decir en dos discursos, de los cuales nadie se acuerda. Entonces, pronto se dio cuenta de que él iba a hacer la reforma constitucional porque Barco logró dejarle las bases para esa reforma constitucional, para crear una Asamblea. Y se dio cuenta de que para poder hacer eso, con el M-19 adentro, etc., tenía que dar un acuerdo político.

Se trataba de hacer el cambio constitucional que no habíamos hecho en 100 años. Habíamos hecho reformas, pero una nueva Constitución requería ya un acuerdo político, eso lo reconozco. Ésas son las reglas fundamentales del juego. Las reglas del juego no pueden ser impuestas por la mayoría. Deben ser concertadas.

—*¿Cuál concertación sirve y cuál no sirve?*

—Sirve la concertación sobre las cosas fundamentales: en política y en economía. Ésas son las reglas de juego. Y en el caso de Colombia debería haber concertación con respecto al narcotráfico, la política de paz, y tradicionalmente

Medio siglo de un ejercicio democrático sin oposición política —lo cual no quiere decir sin crítica o sin críticos— ha deformado toda la concepción de la política, el entendimiento de qué es la política, de para qué es la política, para qué son las elecciones, para qué es el Congreso, para qué son los políticos.

> Son los partidos tradicionales en Colombia, particularmente el Partido Conservador, el más tradicional, los que han desinstitucionalizado los partidos.

entre nosotros, la política exterior por el problema con Venezuela.

—*¿Política económica?*

—Se entiende que está en las reglas del juego. Ahora, ya el manejo concreto de la política económica más la política social no debe ser un punto de ese acuerdo.

—*Es decir, bajo ese pacto institucional básico puede haber un gobierno tanto socialdemócrata como uno liberal.*

—Claro. Como va a fracasar de todas maneras el gobierno que anuncie, digamos, economía de mercado "con corazón", como dice Samper. Eso sabemos que de todas maneras va a fracasar. Sabemos que tiene limitaciones. No se puede. Sale un poquito pero no sale todo lo que se busca. Entonces requiere una alternativa de gobierno. ¡Por Dios!, si no hay alternativa de gobierno esto se radicaliza.

EL PAPEL DE LA GENTE

—*Usted describe a la gente respecto a todo esto en un papel pasivo, que tiende a la apatía. ¿Ha habido algún síntoma activo, de queja, por parte de la opinión pública?*

—Sí, claro. Los síntomas son los siguientes. Primero, el apoyo a López Michelsen, porque él obró como jefe de oposición al Frente Nacional, ya que se opuso a la alternancia. El Frente Nacional se pactó así: repartición del poder entre los partidos por 12 años, pero juego político abierto en la presidencia. Tan pronto comenzó, se decidió reformar la Constitución otra vez para prolongar esto a 16 años y pactar la alternancia

forzosa en la presidencia. Entonces, él se opuso a eso. Porque era quitarle al Partido Liberal su condición de mayoría por un acuerdo constitucional. Y el Partido Conservador recuperó, por vía de la Constitución, una condición idéntica a la del Partido Liberal. El Partido Conservador, después de 1930, no ha ganado una sola elección. Solamente ha ganado cuando se dividió el Partido Liberal o cuando éste se abstuvo totalmente de participar en las elecciones (1950).

—*El activo histórico del Frente Nacional, ¿cuál es?*

—El activo histórico del Frente Nacional es el final del enfrentamiento liberal-conservador y la sustitución del enfrentamiento violento liberal-conservador por el enfrentamiento con unas guerrillas que no sabemos ya qué son.

No es que no hubiera guerrillas antes, eran guerrillas liberales o conservadoras. Esas guerrillas —las liberales sobrevivieron— se declararon traicionadas por el Partido Liberal. Y surgieron las FARC. Después surgieron otras por otros motivos, el M-19, el ELN. Y esas guerrillas hoy no sabemos si son narcotraficantes, no sabemos si son empresas criminales organizadas.

Luego hay otros fenómenos que explican la apatía o la queja de la gente. Usted pregunta qué síntomas de descontento hubo. El caso de Rojas Pinillas —dictador contra el cual se montó el Frente Nacional—, quien alegó que había ganado las elecciones en 1970. Hubo un debate aquí hace tres meses, a 25

> La deformación del concepto de lo que es la política y de lo que es la democracia, ese es el resabio del Frente Nacional. El activo histórico del Frente Nacional es el final del enfrentamiento liberal-conservador y la sustitución del enfrentamiento violento liberal-conservador por el enfrentamiento con unas guerrillas que no sabemos ya qué son.

años de los sucesos, en que se decía que, entonces, él sí ganó. Casi que lo dijo el propio ministro de Gobierno de la época. Sea como fuere, hubo un sentimiento de frustración popular, pues él solo logró, contra la maquinaria de los dos partidos —después del gobierno de Carlos Lleras, que se considera un gobierno magistral—, poner la mayor votación que jamás un tercero en discordia hubiera puesto. Y era un general, no era un intelectual, era un hombre que había sido vilipendiado por el sistema: había sido juzgado por el Congreso y declarado indigno, pero la Corte Suprema lo absolvió. Ahí tiene usted otra manifestación de descontento. De ahí surgió el M-19, que nos causó bastantes daños, entre otros la incineración de la Corte Suprema de Justicia.

Luego vinieron otras expresiones de descontento. Esas expresiones de descontento fueron lo que López Michelsen en algún momento diagnosticó como el problema de los paros cívicos. Usted ganaba las elecciones y al otro día había una huelga de maestros, paros cívicos.

—*Eso ocurrió antes. Pero ahora, en la última elección, el candidato liberal y el candidato conservador recibieron una mayoría realmente abrumadora, y luego de una Constitución donde los propios partidos tradicionales hacen un esfuerzo para darle un balón de oxígeno institucional a las minorías que habían surgido con bastante fortaleza. ¿Cómo se explica?*

—Lo que pasa es que la cultura que se ha creado en 50 años es una cultura de repartición.

—*¿Pero es de todo el país?*

—Es de todo el país, todo el mundo quiere estar adentro, aquí nadie quiere perder. Las elecciones no pueden definir un perdedor, definen una cuota, pero no un perdedor. Entonces el M-19 ¿qué hace? Se mete al gobierno. ¿Y qué le pasa al M-19? Para mí es el síntoma revelador. La gente le dice: "Mire, yo no lo quería a usted para eso, porque para

> La corrupción, que a mí me parece un elemento fundamental que afecta la gobernabilidad, es un hijo ilegítimo del sistema del Frente Nacional.

eso mejor lo hace la gente del liberalismo y del conservatismo. Yo lo quería a usted para otra cosa, señor". Para qué, no sabemos, pero no para eso. Y lo eliminaron.

Por eso yo digo que hay un problema con los partidos y hay un problema con los movimientos.

—*Si entendemos bien, usted nos está advirtiendo sobre la necesidad de gobierno de partido para que no haya gobernabilidades respaldadas en las transacciones de los políticos que terminen alejando a la gente de la credibilidad en los partidos. La defensa del gobierno de partido hoy, sin embargo, en el continente es bastante heterodoxa.*

—Para mí la defensa del gobierno de partido está en que haya alguien que recoja el descontento, la inconformidad, que para mí es inevitable en el contexto de América Latina, en cada país. Yo no veo cómo podemos tener regímenes políticos sin descontento e inconformidad crítica.

—*¿Y la institucionalización de esto?*

—La institucionalización de esto es la oposición. Si no, esto se traduce en

> Para mí la defensa del gobierno de partido está en que haya alguien que recoja el descontento, la inconformidad, que para mí es inevitable en el contexto de América Latina, en cada país. Yo no veo cómo podemos tener regímenes políticos sin descontento e inconformidad crítica. La institucionalización de esto es la oposición. Si no, esto se traduce en movimientos cívicos, en antipolítica a la Fujimori, en Mokus, el alcalde de Bogotá, en el cura Hoyos en Barranquilla. Es una locura. O en las guerrillas...

> A tal punto ha llegado la deformación que cuando el M-19, como movimiento guerrillero, se reincorporó a la vida civil, dio el salto del monte y el terrorismo directamente al gabinete. No hizo un día de oposición, no hizo un día de crítica. Y en el gobierno hizo exactamente lo mismo que los partidos tradicionales, contra los cuales había montado una guerrilla.

movimientos cívicos, en antipolítica a la Fujimori, en Mokus, el alcalde de Bogotá, en el cura Hoyos en Barranquilla. Es una locura. O en las guerrillas...

—*Usted apunta a un sistema casi inglés. Quiere institucionalizar la jefatura de la oposición. ¿Cómo es la idea?*

—Usted no puede tener oposición si esa oposición no tiene visibilidad política. Es el concepto que yo uso, que no es mío, sino de Pasquino,[1] de su último libro sobre el problema de la oposición. El problema es que si la oposición no es visible, no es identificable, no se encarna, no existe.

No existe una oposición de 200 parlamentarios, tampoco de 100. Existe un señor que encarna a la oposición. Porque la política, hoy por hoy, se hace con la televisión, o en la televisión, pero no sin la televisión. Y la política por la televisión requiere y genera, aunque no nos guste, la personalización. El fenómeno moderno es la personalización de la política, no la del poder.

—*A principios de siglo, la idea de un bien común —que existe por encima de los partidos y ordenando la democracia conservadora— fue debatida frente a la idea de que el bien común no existe como categoría, sino como resultado de una dialéctica de oposiciones conceptuales.*

—*¿Usted le da un alcance filosófico al planteo?*

—Yo considero que el bien común no existe, no hay cómo identificarlo. Naturalmente debe resultar de la confrontación de ideas, no como una transacción, sino que se va construyendo con diferentes visiones del problema. Por ello tiene que haber opciones presentes en ese proceso.

—*Este debate fue de principios de siglo, como usted bien sabe, se daba en un marco politicocéntrico, es decir, la política ocupaba el centro del escenario. Pero hoy parece presionar hacia la concertación entre los partidos el hecho de que ya no son los únicos sujetos de representación. Entonces, en el papel que usted le asigna a la presencia alternativa de la oposición ¿no está planteando en última instancia una recuperación de lo partidario como central, para recoger la oposición por los canales partidarios y no por los canales sociales?*

—Sí, eso es cierto. Yo centro la oposición en el Congreso. Me parece que es su escenario natural. A mí me parece que la calle, la televisión, la radio, como escenario de oposición, desinstitucionalizan la política y la llevan a que pase cualquier cosa.

—*Es un planteo anticorporativista.*

—Sí, claro, anticorporativista y antiespontaneísta. Porque a mí me parece que el mundo moderno, con la televisión, esta produciendo fenómenos de espontaneísmo político, a la Ross Perot. Usted puede hoy inventar una figura política en 24 horas.

—*¿La recuperación de los políticos es la única garantía que tenemos frente a este modernismo mediático?*

—A mí me parece que lo político es lo

---

[1] Se refiere al conocido politólogo Gianfranco Pasquino, compilador del *Manual de ciencia política* (1986). Sus trabajos abarcan temas como modernización y desarrollo político (1970), militarismo (1974), populismo e historia de América Latina (1979), crisis de partidos y gobernabilidad (1980), partidos, sociedad civil e instituciones (1983), poder (1985), complejidad social (1985) y otros.

que da estabilidad y lo mediático produce eso que llaman *flash politics*. Hoy todo está montado para que haya *flash politics*. Pero *flash politics* no producen estabilidad política porque hoy son y mañana no aparecen. Entonces necesitamos una cosa más permanente.

Curiosamente hay que volver a recomponer la política en términos tradicionales. Pero, además, hay que ponerle cuestiones modernas como la televisión.

—*Volviendo a las reglas del juego. ¿Está pensando en algún tipo de modificación a nivel electoral?*

—Creo que tenemos que identificar en política la metodología que ya existe en economía. En economía usted maneja tres llaves. Usted dice: contróleme el flujo monetario, contróleme la tasa de cambios, contróleme los intereses, y así maneja la economía. En política hay que identificar cuáles son las dos, tres, cuatro o cinco llaves. Yo me he inventado tres, puede haber más. Son las siguientes: primero, financiación de campañas. Los beneficiarios de la financiación tienen que ser los partidos políticos y no los candidatos, porque eso es lo que ha reventado a los partidos políticos en los Estados Unidos. Prohibición, luego, de la financiación privada para evitar corrupción, asegurar transparencia y evitar, en suma, la privatización de la política.

Hecho eso, a mí me da la sensación de que un partido político que va a manejar la plata de la campaña va a controlar el proceso político, va a controlar las candidaturas.

La segunda llave es el sistema electoral. Ésa es una llave clave en la vida política.

LA LLAVE ELECTORAL

—*Para ser coherentes con todo lo que venimos diciendo, usted debería buscar un sistema electoral premiador de ma-*
yorías y minorías. ¿Su planteo es una suerte de "sajonización" de la democracia latinoamericana?

—Nosotros no tenemos en América Latina sistemas puros. No hay sino dos sistemas puros que son el norteamericano y el británico. Todos los demás son mixtos, son semipresidenciales o semiparlamentarios. Y lo que tenemos que trabajar es la idea del "semi". Por ejemplo, Francia dijo adiós al sistema parlamentario, al inventarse la elección directa del presidente. Eso es lo que hay que mirar.

—*¿Qué hacemos con la segunda llave?*

—La segunda llave, como decíamos, es la electoral, que depende de cada país. A mí me parece que la llave electoral hay que manejarla para asegurar mayorías, asegurar la gobernabilidad. Además, mayorías responsables políticamente. El concepto de responsabilidad política hay que rescatarlo, porque no existe. Entonces, usted debe tener sistemas electorales que premien a las mayorías, que desestimulen a las minorías: habrá que escoger según cada país.

—*El sistema mayoritario que usted piensa que hay que bosquejar, ¿puede tener la clave inglesa de acercar el elegido al elector mediante la circunscripción pequeña?*

—Allí es uninominal. Para mí el sistema perfecto es el uninominal. Yo sé que cambiar los distritos electorales es

Yo centro la oposición en el Congreso. Me parece que es su escenario natural. A mí me parece que la calle, la televisión, la radio, como escenario de oposición, desinstitucionalizan la política y la llevan a que pase cualquier cosa. Es un planteo anticorporativista y antiespontaneísta. Porque a mí me parece que el mundo moderno, con la televisión, está produciendo fenómenos de espontaneísmo político, a la Ross Perot.

En la medida que el juego político muera por ausencia de opciones, de controversias, de que haya una fuerza política que recoja el descontento, el inconformismo, la desilusión y el desencanto, eso provoca consecuencias complejas. Deriva en guerrilla, deriva en apatía y cinismo político, y deriva en candidaturas que recogen, sin partido político, sin tradición política, ese descontento, creando un problema para la gobernabilidad muy ingrato.

casi imposible, entonces no me meto a proponer eso, pero sí reconozco que es el mejor porque es el que permite la relación cuasi directa entre elector y elegido. Por lo demás, facilita el control, la identificación, simplifica el conteo, la transparencia.

—Y refuerza el bipartidismo.

—Sí. Pero hay que entender, por ejemplo, que en Colombia, cuando nosotros decimos que tenemos un sistema bipartidista con un sistema electoral de representación proporcional, cuando vamos a ver cómo funciona, descubrimos que todas las "leyes" sobre la repercusión de los sistemas electorales en el sistema de partidos niegan esta posibilidad de convivencia de sistema proporcional y bipartidismo.

—¿Y entonces?

—Lo que ocurre, en realidad, es que en buena parte nuestro sistema no es bipartidista. Para elecciones de Congresos o elecciones de asambleas departamentales o de consejos municipales, usted tiene multipartidismo. Nunca se ha dicho en Colombia. Nadie lo ha escrito. Es una herejía, pero es la realidad.

—¿Cada partido funciona por sectores como en Uruguay?

—Como en Uruguay. Pero aquí no fuimos capaces de hacer lemas y sublemas. A nivel presidencial, cuando no teníamos sino una vuelta y se ganaba con mayoría relativa, se podía ganar con mi-

noría. Entonces usted tenía un sistema bipartidista.

—¿Impulsado por el sistema mayoritario de elección presidencial?

—Claro, que la minoría mayor se lleve todo —el cargo presidencial— es un sistema mayoritario. Ahí funcionaban las leyes de repercusión del sistema electoral en el sistema de partidos. Al introducir las dos vueltas, entonces se produce multipartidismo en la primera y bipartidismo, como es obvio, en la segunda.

—¿Cómo arreglaban antes un sistema multipartidista en el Congreso y un sistema bipartidista en la Presidencia? El presidente quedaba en minoría.

—Eso fue lo que produjo la violencia. Fue en el gobierno de 1946-1950 de Ospina Pérez, que era un gobierno de minoría conservadora, porque el Partido Liberal se dividió siendo mayoría, y ganó la presidencia una minoría conservadora, pese a la mayoría liberal en el Congreso. El Congreso liberal, al año o a los dos años decidió juzgar al presidente de la República, y cuando le notificaron al presidente que iban a hacer el *impeachment* mandó tres soldados y cerró el Congreso. En 1950 hubo elecciones, pero los conservadores cambiaron la fecha de las elecciones, y como el liberalismo no participaba, se eligieron sólo ellos. En 1953 cayó el gobierno. Vino un golpe militar con el apoyo liberal y conservador. El liberalismo no dijo que era un golpe militar, dijo que era un golpe de opinión.

EL CALENDARIO ELECTORAL

—¿Cuál es la tercera llave?

—La tercera llave es el calendario electoral. Es un asunto clave. Hay que buscar qué es lo más conveniente en cada país. ¿Cómo está en Colombia? Hemos jugado con eso. Yo le digo cuál es el interés de cada partido y qué tipo de calendario, aunque no hay nada escrito. Un calendario electoral en el que se juntan elección presidencial y elección de Congreso tradicionalmente produciría una mayoría del Congreso para un presidente mayoritario. Así, a primera vista. Así ocurría en Colombia. Por eso fue que el partido de Rojas Pinillas, en 1970, asustó al sistema: porque el calendario estaba unificado. El prestigio de Rojas arrastró, se produjo el efecto de arrastre en la elección de congresistas...

—¿*Era por el efecto de votación en planchas de candidatos?*

—Sí. En realidad la gente votaba por Rojas y no miraba las listas ni los candidatos de Anapo. Entonces tanto la votación presidencial como la congresal eran por Rojas. El problema fue tal, que habían puesto hasta porteros y choferes en las listas, porque nunca creyeron que iba a haber esa avalancha. Entonces, claro, al Congreso llegó lo que usted quiera. A los dos años se derrumbó.

A raíz de esto se hizo un pacto liberal-conservador, el pacto de Hato Grande, que no fue escrito. Se convino lo siguiente: los conservadores, a cambio de apoyar una asamblea constitucional que funcionara aparte del Congreso —una cosa inusitada—, para reformar la justicia y el régimen de descentralizaciones, lograron que se separara la elección presidencial de la de congresistas. Los conservadores aceptaron esto porque tienen una teoría, que puede ser válida, pero que no les ha funcionado, y que es la misma teoría del Partido Republicano en los Estados Unidos —la excepción es ahora (1992-1994)—: los conservadores piensan que nunca podrán tener una mayoría en el Congreso.

—*En consecuencia, atar las dos elecciones les perjudica...*

—Entonces había que separar. Porque ellos aceptan su condición minoritaria permanente en el Congreso, pero

En mi opinión, en el diseño de un sistema político hay tres llaves fundamentales: los modos de financiación de los partidos, el sistema electoral y el calendario de elecciones presidenciales y congresales.

mantienen la oportunidad de ganar la presidencia.

—*En la hipótesis de que la gente se comporte diferente a la hora de elegir presidente que a la de elegir parlamentarios...*

—Pero así sucedió.

—*Con Belisario Betancur sucedió, y con Andrés Pastrana casi sucede...*

—Mi propuesta en la comisión es adelantar una elección presidencial. Ahí viene el cuento del calendario de las elecciones presidenciales y de las elecciones de congresistas. Parte básica de la llave es si unas y otras elecciones están separadas o unidas. La otra parte de la llave es qué es primero y qué es después. Si se hace la elección presidencial primero, hay unas consecuencias. Si se hace la del Congreso primero, son otras las consecuencias.

—*¿Cuáles son unas y cuáles son las otras?*

—Si se hacen las del Congreso primero se contamina la elección presidencial, que fue lo que le pasó al liberalismo. Por eso les fue tan mal en 1994: Pastrana se marginó de la del Congreso. Samper tuvo que comprometerse con la del Congreso, porque la mayoría es del liberalismo, entonces no se podía pelear con el Congreso. Pastrana pactó con el conservatismo por debajo de la mesa y no participó. Samper tuvo que comprometerse.

La coexistencia de un sistema de elección presidencial mayoritario y, consecuentemente, bipartidista con un sistema congresal multipartidista generó, hace 50 años, la violencia política.

Y claro, Pastrana le decía: "Usted es la maquinaria, usted es el clientelismo".

Mi teoría es que hay que separarlas, y hay que pasar la presidencial primero, porque así vamos limpios de contaminaciones. Y la tentación de los conservadores es de aceptarla porque creen que les conviene, porque a su candidato, que no iría como conservador sino también como independiente, también le conviene ir limpio. Estos cambios realmente modifican todo el juego político. Por eso los llamo llaves.

—¿*Su idea de gobernabilidad subyacente revaloriza el papel de la ingeniería?*...

—Ingeniería política. Sí. Yo soy sartoriano.

—*En 1991, en la Constituyente trataron de favorecer a los partidos pequeños, pero no les resultó. Antes se trató de que se volviera al esquema de gobierno-oposición, y tampoco se pudo. ¿La rigidez del sistema no lo hace muy difícil de cambiar?*

—Es muy difícil porque aquí lo que hay son tics. Todos los tics conspiran para no romper el matrimonio.

A mí me preocupa más la suerte del Partido Conservador que la del Liberal. Le voy a explicar por qué: en la medida que el Partido Liberal sabe que el conservatismo no puede ganar, el jolgorio, el recreo en el liberalismo es total. Es que no tiene contendor. En Colombia ya no hay bipartidismo, hay un sistema de partido y medio.

—¿*Casi hegemónico, entonces?*

—Partido predominante.

INCENTIVOS A LA OPOSICIÓN

—*En un sistema habitado por un partido claramente minoritario, hay que convencer a ese partido de que esté dentro del sistema y de que compita cada cuatro años*...

> A mí me parece que la llave electoral hay que manejarla para asegurar mayorías, asegurar la gobernabilidad. Además, mayorías responsables políticamente.

—Claro.

—*Es decir, que precisamos premios*...

—Así es.

—*Porque, obviamente, el fundamento de gobierno de partido limita, en principio, el premio al partido minoritario.*

—Yo inventé la teoría de los incentivos a la oposición, que es una teoría muy complicada. Luego salió el Partido Liberal diciendo que no hay que dar nada. Y el Partido Conservador diciendo que no quieren nada.

—¿*Cómo son esos incentivos?*

—Hay que hacer la oposición más atractiva que el gobierno, para que la primera minoría no esté únicamente jugando a llegar al gobierno y sepa que tiene una función que cumplir. Habría incentivos de televisión por la teoría de la visibilidad política e incentivos económicos.

—¿*Financiar centros de estudios, por ejemplo?*

—Financiar centros de estudios. Y luego favores, privilegios en el Congreso. Propuse sustituir el concepto de minoría por el concepto de oposición. ¿Por qué? Porque el Partido Conservador, que es la minoría, recibe todos los privilegios de la minoría.

—*Y no deja nada a la oposición*...

—Pero está en el gobierno. Entonces no hay oposición. Si usted entra en la coalición de gobierno, pierde eso.

—¿*Qué otros incentivos?*

—Las comisiones de Fiscalización, de Control de Cuentas, de Ética, deben estar presididas por la oposición. Y la Comisión de Acusaciones, por supuesto.

—¿*La de acusaciones es la de investigaciones?*

—La de *impeachment*. Existe im-

peachment de magistrados y del presidente.

—*¿Qué otros cambios?*

—Una cuestión de *time:* el horario. Hay que cambiar el horario del Congreso, que en Colombia funciona de noche. Eso es un absurdo. Cuando sale la televisión los parlamentarios no aparecen, y al otro día la noticia es vieja, entonces no salen nunca. Eso no puede ser. Tienen que sesionar a las 10 de la mañana, como cualquier señor que trabaja, porque da la idea de que está trabajando como todos. Y dos veces por semana, de 2 a 3, o de 3 a 4 de la tarde, interrogar a ministros con preguntas ágiles. Aquí se hacen debates de seis u ocho horas.

—*¿No hay tiempo determinado para cada punto?*

—No lo cumplen jamás.

—*Es decir, que tiene que haber voceros.*

—Hay que hacer bancadas parlamentarias, tiene que haber voceros. Pero no existe nada de eso. Al recinto del Congreso entra quien quiere, vota el que quiere porque los votos no importan. Aquí no hay votos para ganar en el Congreso. El gobierno es dueño de todos los votos. Lo que sucede, en todo caso, es que hay 10 parlamentarios enojados porque no le han nombrado todavía cónsul a la hija.

Otros incentivos son los de la televisión. Yo sostengo que tan pronto el presidente de la República haga una alocución televisada, inmediatamente —no 24 horas después— el jefe de la oposición, o un vocero, o un líder, también debe hablar. Eso es lo que le da visibilidad. Y le muestra al país que inmediatamente fue capaz de articular un mensaje, con lo cual la gente dice: "Aquí hay un tipo capaz".

Si el presidente clausuró las sesiones del Congreso —como es usual—, hace un discurso y contesta el jefe de la oposición. Después están los informes

> Hay que hacer la oposición más atractiva que el gobierno, para que la primera minoría no esté únicamente jugando a llegar al gobierno y sepa que tiene una función que cumplir. Habría incentivos de televisión por la teoría de la visibilidad política e incentivos económicos. Financiar centros de estudio, por ejemplo, que las comisiones de Fiscalización, de Control de Cuentas, de Ética, estén presididas por la oposición. Y la Comisión de Acusaciones *(impeachment),* por supuesto.

de los ministros, que nadie lee, nadie los mira, pues entonces se crea un plazo para presentar un informe sobre esos informes, que presentará la oposición primero. Debe financiarse a la oposición para que estudie esos informes.

—*La respuesta es que una mejor gobernabilidad depende, en suma, de un mayor desarrollo institucional. Y en el caso colombiano, ¿de una mayor institucionalidad de la oposición política?*

—Sí, pero entendiendo que la oposición no es algo que afecta la gobernabilidad, sino que, por el contrario, la fortalece.

—*Ésa es una realidad muy colombiana y poco trasladable a otros países. En el caso de Costa Rica se está tratando de recorrer el camino exactamente inverso al que usted propone.*

—Hacia los acuerdos.

—*Claro, porque de un sistema de partidos de oposición tradicional, con alternancia, están yendo a un acuerdo de dos líderes.*

—Lo mismo sucede en México. "Llegó la hora de un gran acuerdo nacional", dicen. Ese vocabulario es colombiano. Yo entiendo que un gran acuerdo nacional para resolver una crisis puede

> En Colombia ya no hay bipartidismo, hay un sistema de partido y medio.

[279]

> Yo sostengo que tan pronto el presidente de la República haga una alocución televisada, inmediatamente —no 24 horas después— el jefe de la oposición, o un vocero, o un líder, también debe hablar. Eso es lo que le da visibilidad. Y le muestra al país que inmediatamente fue capaz de articular un mensaje, con lo cual la gente dice: "Aquí hay un tipo capaz".

durar un año, dos, cuatro. Pero no debería prolongarse por mucho tiempo.

EL CLIENTELISMO

—*Pasemos al tema del clientelismo. El punto es central, ya que sin él nada se entiende.*

—Aquí la política consiste en esto, en nada más que esto. Si usted me pregunta qué hace un político, ¿plantea un problema, discute una ley, discute la gestión de un ministro? ¿Qué hace un político? Un político gasta el día entero pidiendo puestos, favores, contratos, etcétera.

—*No obstante, el esquema que usted plantea no resuelve este problema, sino que, tal vez, incrementa el botín electoral para quien resulte ganador, porque no lo tiene que compartir.*

—Se supone que el esquema debe estar acompañado seriamente de una carrera administrativa y de control de la realidad y de la verdad de esa carrera administrativa. Parte de la idea es que la oposición puede estar vigilando la carrera administrativa.

—*¿Si hay oposición, hay necesidad de apelación ideológica?*

—Claro, sino la debilidad del sistema hace más posible que se los desbarate.

Le doy el ejemplo de Mokus, quien ganó sin campaña, sin dinero —gastó 8 millones de pesos cuando todo el mundo gasta miles y miles—, y no tenía un solo puesto. Es más, no tiene a quién nombrar. Logró eso en Bogotá, una ciudad que era absolutamente clientelista, donde cada concejal se repartía un pedazo de presupuesto, un pedazo de las empresas municipales, un pedazo de los contratos.

—*¿El clientelismo ya no es más redituable políticamente?*

—El clientelismo, sin embargo, está en todo su esplendor.

—*Pero no en el caso de Mokus.*

—No en el caso de Mokus. No podía botar a todo el mundo, pues ¿por quién lo remplazaba, si no tenía a nadie? Ahí se dio una situación curiosísima. Por eso no lo derrumbaron ya como gobierno; el Concejo entró a funcionar, y al final se enfrentó con el Concejo, un enfrentamiento total.

Entonces, en el clientelismo, todo gira en torno de eso. Si hay, por ejemplo, un debate en el Congreso contra un ministro, no es para hacer el debate...

—*¿Es para que el ministro le nombre aquí y allá...?*

—Exacto. Una vez que el ministro se entera, dice: "Yo le doy". Entonces el debate se vuelve fofo, se ablanda.

—*¿Si hubiera una oposición el debate sería un debate en sí mismo?*

—Seguro. Por favor. El Congreso no existe para efectos prácticos si no hay oposición. Ésa es mi teoría. El Congreso para mí es el escenario natural de la oposición. No para obstruir, porque el gobierno debe tener la maquinaria para pasar las leyes que se le dé la gana. Pero sí debe tener la oposición el privilegio para criticar y construirse como alternativa.

Juan Linz: La calidad de la democracia

El sociólogo Juan Linz es español de nacimiento, aunque estadunidense por décadas de adopción. En realidad, Linz es, por encima de todo, un hombre de la Universidad de Yale. Y allí fue entrevistado, en su despacho del Instituto de Sociología, en septiembre de 1995. Cabello blanco, largo, de porte desgarbado —con el clásico aspecto de profesor distraído—, se distingue por su trato extremadamente afable. Rodeado de libros, sin dejar de fumar ni un instante, Linz —que vanguardizara en la segunda mitad de los ochenta la idea de aunar las transiciones hacia la democracia en Latinoamérica con la parlamentarización de las mismas— era el pensador indicado con quien recrear un debate ya clásico en la región: qué sistema de gobierno es el más indicado para nuestros países, en el arco que va desde el presidencialismo hasta el parlamentarismo.

—*Usted ha sostenido firmemente la opción parlamentarista en América Latina.*

—La opción del presidencialismo y el parlamentarismo se presentó cuando se hundieron o se sustituyeron las dictaduras, porque ése era el momento para decir en qué medida nuestro pasado institucional había contribuido a las crisis anteriores, y, particularmente, en qué medida el presidencialismo previo había llevado a una quiebra de la democracia. Fue el caso de Chile, en gran medida, o de la misma Argentina, con una vicepresidenta que se hace presidenta, Isabelita, a la que nadie hubiera votado, sin embargo, como tal.

Todas esas crisis hubieran podido permitir una reconsideración del sistema político y decir: vamos a ver si éste es el sistema más adecuado. Esto, sobre todo, en países multipartidistas como Chile o, después de la emergencia del Frente Amplio, como Uruguay, o con una estructura de partidos muy débil que, probablemente, no se fortificará mientras haya un régimen presidencial, como en Brasil. Era el momento de reconsiderar las reglas de juego, así como en España tuvimos que reconsiderar las instituciones después de que murió Franco.

Ese momento no se aprovechó, se hicieron elecciones presidenciales. Los presidentes quisieron continuar con el sistema presidencial. Entre otras razones, porque la imagen de los Estados Unidos

---

JUAN JOSÉ LINZ, Sterling Professor of Political and Social Science en la Universidad de Yale. Nació en España en 1925. Doctor en sociología en la Columbia University de Nueva York, es doctor *honoris causa* por las universidades de Granada, Georgetown, Marburgo y Autónoma de Madrid. Es autor de numerosos artículos y contribuciones a obras colectivas sobre regímenes totalitarios y autoritarios, la quiebra de democracias, fascismo, transición a la democracia en España, nacionalismo, etc. En 1987 recibió el Premio Príncipe de Asturias de Ciencias Sociales y en 1996 el Premio Johan Skytts en Ciencia Política.

> Yo no veo a muchos presidentes latino-
> americanos dispuestos a una cohabitación
> en la que, el que manda, el que hace la
> política, sea el primer ministro.

está muy cerca e idealizada, y Europa está lejos. La opción no se debatió.

Es importante precisar por lo menos
a nivel teórico cuáles son los costos que
tiene el sistema presidencial, tanto en
Hispanoamérica como en el este de Europa o en la antigua Unión Soviética. Es
un tema ahora básicamente para un
análisis intelectual. Todavía puede que
se debata en algunos países del este de
Europa: en Ucrania parece que lo van a
poner a consideración. Pero en la realidad de Hispanoamérica tenemos que
ver cómo vivimos con la opción que se
ha hecho.

Existe la tentación —que es la que
ha tenido Alfonsín, la que se ha tenido
en Perú— de inventarse algún modelo
de régimen mixto, semipresidencial,
semiparlamentario. Pero yo creo que
eso no tiene las ventajas ni del presidencialismo ni del parlamentarismo,
sino que complica mucho el proceso
político. Yo no soy particularmente partidario de esos modelos mixtos.

En qué medida se pueden hacer cambios interesantes dentro de la forma
presidencial es algo que discutimos con
un grupo de intelectuales y políticos en
Bolivia. Los bolivianos tienen una norma constitucional que establece que
cuando ningún candidato a la presidencia tiene la mayoría absoluta, decide el
Congreso, lo cual impone hacer pactos y
acuerdos, como el Acuerdo Patriótico
(1989) o el Pacto por la Democracia
(1985). Eso obliga a una cierta colaboración entre un grupo de partidos, dos o
tres, para gobernar. Ese modelo en el
fondo tiene mucho de parlamentario. Si
a eso se añadiera la posibilidad parlamentaria de un voto de censura "cons-

tructivo", las cosas cambiarían. Este
voto de censura "constructivo" funciona
como voto de desconfianza respecto a un
gabinete y de confianza respecto a un gobierno alternativo, de modo que no puede caer un gobierno por sólo quedar en
minoría parlamentaria, sino que es necesario que se construya previamente la
mayoría parlamentaria que sostendrá
al nuevo gobierno, para proceder luego
a la sustitución. Con este tipo de voto
censura se podría entonces sustituir a
un presidente que se hubiera agotado
en el poder (como fue el caso de Carlos
Andrés Pérez en Venezuela, o de Alán
García en Perú, o como pudo haber sido
en algunos aspectos el caso de Allende
cuando se encontraba con una oposición
constante) por alguien que tuviera la
confianza de la mayoría del Congreso,
por el resto del mandato.

Ésta fue una idea que incluso se plas-
mó en un proyecto de la Fundación Milenio, se discutió en la clase política boliviana pero nadie se atrevió a explorarlo.

Yo lo veo como una solución para sistemas multipartidistas en los que ningún candidato a la presidencia puede
llegar ni siquiera a 40 o 45%, no digamos a la mayoría absoluta. Lo creo una
solución mejor que el semiparlamentarismo o el semipresidencialismo, y lo
creo una solución mejor que las dos
vueltas, que también tienen una serie
de desventajas.

EL EJEMPLO ESTADUNIDENSE

—*Usted mencionó el ejemplo estadunidense y su poder de imagen en Latinoamérica. Usted citaba también, en un
artículo, la definición de Wilson sobre el
gobierno congresional en los Estados Unidos. ¿En qué medida el presidencialismo
norteamericano se distancia de esa imagen que tiene Latinoamérica respecto a
un presidencialismo muy eficientista?*

—Yo creo que el sistema político e institucional norteamericano es único, es excepcional. Se puede copiar la letra de la Constitución norteamericana, pero el espíritu y la forma en que funciona no se puede copiar. Hay un estado federal muy fuerte. En este momento se exagera incluso la dimensión federal, la autonomía de los estados, la heterogeneidad de la política de los estados. Hay un papel muy especial, muy reconocido, muy consolidado y muy legítimo del Tribunal Supremo. En ninguno de los países de Hispanoamérica tiene ese prestigio y ese poder. Además, la manipulación de los nombramientos en la Corte ha reducido el poco prestigio que pudiera tener en algunos casos.

En Norteamérica hay un deseo de no tener un poder fuerte, hay una tradición, confirmada incluso por algunas encuestas recientes, de acuerdo con la cual la gente prefiere que el presidente sea de un partido y el Congreso de otro. En fin, hay un deseo de evitar la concentración de poder, mientras que el argumento en favor del presidencialismo en Hispanoamérica se apoya en que se quiere un poder fuerte. El sistema norteamericano está diseñado en su federalismo, en su bicameralismo, en todos sus aspectos, para crear un poder débil, y así lo es en gran medida.

En los Estados Unidos la sociedad aguanta. Es tan rica y ha tenido tantos recursos, tanta flexibilidad y tanta creatividad, que es capaz de vivir sin resolver determinados problemas, porque no tiene conciencia de que esos problemas son centrales. En este último año se ha discutido una reforma básica del sistema de salud, que pretendía establecer lo que tienen prácticamente todos los países del mundo —es decir, un servicio nacional de salud al que tengan acceso todos los ciudadanos, o por lo menos todos los que trabajan y todos los de menores ingresos—, pero no se ha logrado.

Ha habido un debate poco articulado, fracasado en gran medida, y en este momento ¿quién habla de eso? Muy pocos. Eso, con un sistema de partidos distinto, no hubiera sucedido.

Los partidos de los Estados Unidos son una cosa muy especial. Ciertamente distintos de los partidos chilenos, incluso de los argentinos y uruguayos, quizá más parecidos a los brasileños en que cada miembro del Congreso representa unos intereses básicamente locales, sin una disciplina de partido. El presidente tiene que convencer a cada congresista cuando hay un tema que le interesa. Es un sistema totalmente distinto en muchos aspectos del europeo, y yo diría que incluso de algunos de los presidencialismos hispanoamericanos, como el chileno, por ejemplo.

—*El presidente de un partido y la mayoría del Congreso de otro partido... El problema que usted nos está explicando de la doble legitimidad en ambos actores, como sucede en el caso norteamericano, ¿se resuelve allí en la medida que los partidos no están articulados ideológicamente?*

—Y a través de la posibilidad de que el presidente convenza a gentes que no son de su partido, que construya una mayoría para cada tema. La mayoría que se constituyó para el TLC no estaba basada en los demócratas: había muchos demócratas opuestos al TLC, y había republicanos favorables al mismo. Eso es una coalición *ad hoc*. El sistema norteamericano está constantemente operando con coaliciones *ad hoc*, lo que naturalmente hace muy lento y muy difícil el proceso de formulación de políticas y la coherencia de una política del Estado.

Hemos tenido bastantes casos de vicepresidentes "traidores". El caso del vicepresidente de Yeltsin, el caso del vicepresidente de Gorbachov, los conflictos entre Janio Quadros y Goulart.

LAS DESVENTAJAS
DEL SEMIPRESIDENCIALISMO

—*Usted ha dicho que está en contra del semipresidencialismo, porque acumula las desventajas de los dos sistemas.*

—En gran medida sí.

—*¿Cuáles desventajas, por ejemplo, y cómo?*

—Yo creo que un presidente popularmente elegido en un país con una tradición presidencialista y con elementos de populismo seguirá siendo para la gente el que debe mandar, y quien tiene su confianza. Por lo tanto ese presidente nunca aceptará del todo el papel independiente de un primer ministro que tenga la confianza de la cámara. No es como en Francia, donde existe la tradición parlamentaria de la IV República, de la cual salieron políticos como el mismo Mitterrand. Esos políticos saben que la Cámara es un órgano importante, donde hay partidos políticos con una cierta coherencia que dan apoyo a un primer ministro. Saben que el presidente, aunque tenga algunos poderes reservados en materia de defensa y de política exterior, en otras cosas tiene que doblegarse a la voluntad de la Cámara. Y saben que eso ha hecho posible la cohabitación.

> La gente no se decide. Por un lado quiere un presidencialismo fuerte y, por otro, tiene miedo a las ambiciones de poder de un presidente y trata de ponerle coto.

Yo no veo a muchos presidentes latinoamericanos dispuestos a una cohabitación en la que el que manda, el que hace la política, sea el primer ministro. No va con la tradición y con las expectativas de la población, que quiere un presidente que mande.

Por otro lado, en otros países como Brasil, los partidos no son capaces realmente de producir un primer ministro. Entonces el primer ministro es lo mismo que los actuales ministros nombrados por el presidente, con lo cual no se ha cambiado nada. La inamovilidad del presidente por un periodo fijo continúa.

Lo que el semipresidencialismo tiene de consecuencia potencial complicada es que aumenta el número de actores políticos. En algunos casos puede haber incluso tres actores —el presidente, el vicepresidente y primer ministro—, todos ellos con ambiciones presidenciales. Si no hay reelección, cada uno de ellos está jugando ya a partir del segundo año para ver cómo se coloca para las próximas presidenciales. Si el presidente se encuentra con problemas muy difíciles, el intento será desidentificarse de la política del presidente. El presidente, por otro lado, tampoco querrá poner en estos puestos a personas que no sean de su plena confianza, independientemente de su capacidad.

Hemos tenido, además, bastantes casos de vicepresidentes "traidores". El caso del vicepresidente de Yeltsin, el caso del vicepresidente de Gorbachov (aunque no era popularmente elegido), los conflictos entre Janio Quadros y Goulart... Hay una tradición de que, cuando se crean posiciones de poder y ambiciones de poder, sobre todo cuando no hay la posibilidad de reelección, surge un juego político muy complicado que, al introducir esta figura del primer ministro, puede complicarse aún más, sin que al mismo tiempo aumente la eficacia.

REELECCIÓN Y SEGUNDA VUELTA

—*Hay dos elementos que tienden a acentuar el presidencialismo en los últimos tiempos. En primer lugar, la tendencia de los regímenes a ser más reeleccionistas. Otra tendencia es esta expansión que ha habido de las segundas vueltas, hoy casi unánimes en el sur de América y presentes en no pocos países de Centroamérica. ¿En su opinión, ese presidencialismo reeleccionista y de elección por mayoría absoluta —ese presidencialismo acentuado— puede acentuar los eventuales problemas del presidencialismo latinoamericano?*

—Sí y no, no lo sé. Por un lado existe esa tendencia. Pero existe la otra tendencia, que es crear presidencias del gobierno que dependen de votos de confianza, que son susceptibles de interpelación parlamentaria, u otras formas de "semi", como el caso de Perú. La gente no se decide. Por un lado quiere un presidencialismo fuerte, capaz de gobernar con eficacia, y, por otro, tiene miedo a las ambiciones de poder de un presidente y trata de ponerle coto. Claro, no se puede tener las dos cosas, es un poco difícil, y las aspiraciones son en cierto sentido contradictorias.

Pero respecto de lo que me decía de la reelección, es un proceso casi inevitable, porque el mandato para un presidente no da tiempo para hacer las cosas que hay que hacer en un país. Está la elección, luego viene ese periodo difuso en que todavía no le han trasmitido la banda, con lo cual se pierde un cierto tiempo. Luego ya es presidente, pero después surge el problema de que a veces hay elecciones de Congreso a mitad del mandato presidencial, con lo cual tiene que ocuparse de eso. En cuatro años, ¿qué puede uno hacer por resolver los problemas de un país como Brasil? ¿Qué hace mi buen amigo Fernando Henrique Cardoso en estos cuatro años? Las expectativas que genera con sus programas y con su personalidad son grandes, y él lleva la ventaja de que ha estado en el gobierno antes, por lo tanto tiene una experiencia de gobierno como ministro de Relaciones Exteriores y ministro de Economía. Tiene la experiencia de haber sido senador en Brasil durante años y años, y conoce por lo tanto el funcionamiento del congreso brasileño. No es un gobernador que viene de Alagoas o de quién sabe qué estado a Brasilia, y tiene que enterarse de cómo funciona Brasilia —cosa muy difícil—. Y aun así ¿en cuatro años, qué puede hacer Cardoso?

Lo lógico es, suponiendo que el país ha encontrado una persona capaz, con ilusión por gobernar, a la que los ciudadanos están dispuestos a darle su confianza, que se dé la reelección. Pero ahí aparece la regla de la no reelección, y hay que buscar a otro Fernando Henrique Cardoso. ¡Eso es un poco absurdo! Cuando uno tiene una persona capaz ¿por qué no continuar?

Entonces viene la propuesta —lógicamente todos creen que son perfectos y que el país les va a seguir— de introducir la reelección. Y ahí surge la ideología democrática: "¿La misma persona en el poder durante ocho años?, ¿y los demás qué? No, nada de reelección, es antidemocrático, antiliberal", y poco menos que convocan a lanzarse a la calle en contra del principio de reelección. Eso ha pasado en Corea con Park y ha sucedido varias veces en América. Es expresión de la idea de que la reelección es algo antidemocrático.

Yo no creo que sea antidemocrático en principio. Yo creo que los ciudadanos deben tener el derecho a elegir a quien quieran, que todo ciudadano es elegible y que todos los ciudadanos tienen derecho a elegir al que quieran. El principio de no reelección priva a un ciudadano del derecho a presentarse para gobernar el país, y priva a los ciudadanos de la opción de votar por él. No veo la razón democrática para limitarlo.

> La reelección es un proceso casi inevitable porque el mandato para un presidente no da tiempo para hacer las cosas que hay que hacer en un país.

> El principio de no reelección priva a un ciudadano del derecho de presentarse para gobernar, y priva a los ciudadanos de la opción de votar por él.

Ahora, cuando se trata de un poder tan unipersonal como es el de la presidencia, tan aislado de las otras cosas políticas, durante ocho años, sin la posibilidad de modificarlo en el caso de que fracase o falle, es lógico que surja la idea: "No, vamos a impedir la reelección".

En Europa, con el parlamentarismo, nunca se le plantea este problema a ningún sueco, ni a ningún alemán, ni a ningún español. Si el partido que ha gobernado es socialdemócrata o la coalición de CDU-FDP gobierna bien, pues se vuelve a elegir y vuelven a nombrar presidente del gobierno a la misma persona. Y cuando esa persona, por cualquier razón, les parece que no va a asegurar el éxito en las próximas elecciones, el partido mismo la cambia. La señora Thatcher perdió y dejó de ser primer ministro del Reino Unido y la sustituyó el señor Major, quien también fue capaz de ganar las siguientes elecciones. La flexibilidad hace que no asuste la idea de que la misma persona esté en el poder.

—*Usted se ha referido al instrumento de la segunda vuelta como potencialmente polarizadora.*

—Por dos razones. Una, en la primera vuelta se pueden presentar todos los extremismos, porque quieren probar cuánta fuerza tienen. Es decir, en la primera vuelta no hay ningún incentivo para unirse y apoyar a un candidato. En la segunda vuelta, los que están a la cabeza tienen que hacer alianzas con algunos de los extremos, que ya saben la fuerza que tienen, y que pueden imponer en cierta medida condiciones. Y en la medida que los que están en el centro, que son los vencedores normales, se

presten a compromisos con esos extremos, quedan teñidos en la imagen pública, como Allende, que estaba teñido por tener al MIR en la Unidad Popular. Un candidato moderado, demócrata de derecha en Chile, un Andrés Alemann, tendría que incorporar a lo peor del pinochetismo, porque si no, qué posibilidades tendría.

O sea que no favorece una competición centrípeta, sino que la primera vuelta es en gran medida centrífuga, y la segunda es polarizante, porque tiene que basarse en lo centrífuga de la primera vuelta. Y luego, en cuanto no son dos partidos, dos bloques grandes, aparece un elemento de azar. El caso extremo es el de Filipinas, donde el señor Ramos obtuvo 18% de los votos en la primera vuelta. Se da una sensación de mayoría que no es cierta. El señor Fujimori tuvo 25% en la primera vuelta y en la segunda vuelta tuvo la mayoría absoluta. Y entonces se creen representantes de todo el pueblo.

—*Es decir, usted relativiza el argumento de que en el interregno entre las dos vueltas se genera un estímulo de coaliciones.*

—Yo estoy en favor de coaliciones y de gobiernos de coalición en las democracias parlamentarias. No creo que sean malos, incluso son a veces mejores quizá que gobiernos de mayoría absoluta. Pero éstas son coaliciones *ad hoc*, es decir que en el momento en que sea elegido el candidato ya no hay ninguna lealtad a la coalición. Se forman simplemente para impedir que salga elegido el otro, o para elegir a alguien más o menos afín, sin ningún compromiso de continuar después dándole un apoyo parlamentario de gobierno.

—*¿A qué se debe esta actitud de las élites latinoamericanas por tomar este camino institucional que es más confuso?*

—Yo he hablado con muchos líderes políticos. Mis argumentos algunas veces les han convencido, pero cuando llega la hora de la verdad, no están dispuestos a luchar por una alternativa. Es mucho esfuerzo cambiar la opinión de un país. En el plebiscito en Brasil, realmente nadie hizo una campaña adecuada en televisión. Se escribieron muchos artículos en el *Estado de São Paulo*, se dijeron muchas cosas inteligentes, muchos académicos, hombres de negocios y muchos sectores de la opinión brasileña estaban en favor de un cambio. Pero cuando llegó la hora de hacer campaña efectiva para convencer al país de que había que cambiar el sistema, nadie lo hizo.

—*Además, el cambio no era hacia el parlamentarismo*.[1]

—Era un semiparlamentarismo, pero dadas las características de Brasil, quizá hubiera sido posible como primer paso. No sé cómo lo vieron ellos.

La cosa es que yo no creo que haya la voluntad. Y sin la voluntad no se cambia un sistema. Además, ha habido una falta de reanálisis. Como las dictaduras han sido militares y han sido resultado de golpes, y en el fondo se quería decir que los regímenes democráticos previos no tenían mácula y que toda la culpa era de los militares, no ha habido un análisis intelectual suficientemente serio de las fallas de los regímenes democráticos anteriores. En parte tampoco lo ha habido porque muchos de los intelectuales que analizaron la crisis de los años sesenta eran marxistas o dependentistas, y creían que la crisis de las democracias de los años sesenta era fruto del sistema capitalista, del capitalismo dependiente. Preocuparse por

las instituciones políticas parecía inoportuno. El problema era el subdesarrollo, la dependencia, el agotamiento de la sustitución de las importaciones como modelo de desarrollo económico. No me hable usted ahora de si el sistema del "doble voto simultáneo" tiene que ver con esto, o sobre la responsabilidad de la "ley de lemas".[2] Ésas parecían pequeñeces. Pues sí, el viejo análisis explicaba que "Isabel Perón llegó al poder, pero es que ella representaba determinadas fuerzas económicas o sociales, y el Ejército no podía tolerar el cambio..."

En fin, no hubo un reanálisis o un análisis de lo que fue el pasado reciente. Y en la ausencia de ese reanálisis, no se generó un clima. Y luego la transición se hizo bajo el control de los militares, que impusieron desde un principio la forma en que se iba a realizar. La única forma que podían entender no eran elecciones a un Congreso que hiciera una nueva Constitución, sino que imaginaban la salida con la forma de una nueva elección presidencial.

LEYES ELECTORALES

—*Cuando usted plantea el tema del parlamentarismo, lo hace con argumentos de circunstancia, es decir, la ocasión de la redemocratización y de la transición política, pero también con argumentos de estructura...*

—Sí, fundamentalmente de estructura.

—*¿Para ir casi hacia una suerte de democracia consociacional[3] y para ser*

---

[1] Aunque la iniciativa, que fuera rechazada popularmente, se conoció como "parlamentarista" en realidad era semipresidencialista, puesto que el jefe de Estado continuaba siendo elegido popularmente.

[2] El profesor Linz, probablemente por la nacionalidad de los autores, pone como ejemplo de reglas del juego de la política que podían tener vinculación con la crisis de la democracia el sistema uruguayo del doble voto simultáneo, popularmente conocido como la ley de lemas. La misma permitía —fue parcialmente derogada por el plebiscito del 8 de diciembre de 1996— presentar más de un candidato a la presidencia por partido en elecciones a una sola vuelta electoral.

[3] Expresión de A. Lijpahrt para definir una praxis democrática alternativa a la democracia

> La segunda vuelta no favorece una competición centrípeta. La primera vuelta es en gran medida centrífuga, y la segunda es polarizante, porque tiene que basarse en lo centrífuga de la primera vuelta.

capaces de construir mecanismos institucionales más concertados?

—Por lo menos, para dar incentivos al acuerdo entre las fuerzas políticas, y para que las fuerzas políticas sean responsables del gobierno. Porque en el sistema presidencial es muy fácil decir "el presidente es incompetente", o "el Congreso me ha impedido hacer lo que yo quería hacer". Y echarse la culpa unos a otros: incluso en este país, en los Estados Unidos. Pero no está claro quién tiene la culpa de que no se hayan hecho determinadas cosas que había que hacer.

—*Luego de la redemocratización en América Latina, empiezan a surgir formas muy personales del poder, situaciones que algunos autores han calificado de regresión. ¿Por dónde podemos avanzar en el camino de ganancia de institucionalidad en términos de concertación, de incorporación de todos al debate y, en última instancia, de consolidación democrática?*

—En algunos casos implica la construcción de partidos políticos con una mínima coherencia y una mínima estructura, que den auténtico apoyo al presidente de su partido que llega al poder. O que sean capaces de ponerse de acuerdo con otros partidos para dar ese apoyo a un gobierno.

—*La cuestión de los partidos políticos es, entonces, un capítulo fundamental.*

—Absolutamente fundamental.

—*¿Estamos refiriéndonos a legislaciones?*

—Sí, leyes electorales. Tiene que ver con ello. Cuando ellas no son buenas vemos, por ejemplo, esa característica brasileña de que en cualquier momento un legislador puede cambiar de partido sin ningún coste en la Cámara. O, en el mismo sistema brasileño, esa situación de que uno automáticamente figura como candidato si ya estaba elegido con anterioridad, aunque no haya una nominación por el partido o por los electores para la próxima elección. En fin, toda una serie de aspectos de la ley electoral y de las normas del Congreso que, como ha señalado Scott Mainwaring con mucho detalle, facilitan la absoluta indisciplina de los partidos en Brasil.

El otro extremo es, quizá, el exceso de partidocracia: que el partido ocupe demasiado espacio de la sociedad, lo que, por ejemplo, ha sido el problema de Venezuela. En Uruguay, en cierto sentido, hay también esa penetración clientelística de los partidos en la sociedad. El caso chileno es muy complicado, porque hay un sistema de partidos muy europeo, que con un sistema parlamentario podría funcionar muy bien. Yo creo que Chile es uno de los países donde el parlamentarismo podría funcionar sin esperar que se desarrollaran los partidos en el curso de la transición, porque ya están ahí. Además, permitiría la incorporación de una derecha democrática, la derecha que pueda representar, por ejemplo, Andrés Alemann. El sistema está ahora congelado en esta persistencia de la concertación hasta que desaparezca Pinochet de la escena política. Y por miedo a que la división entre los partidos —que existe— pudiera terminar en una primera vuelta de tres

mayoritaria. En rigor, la tesis de Lijphart se aviene a sociedades particularmente plurales y supone el desarrollo de una cultura integradora de élites a la que se suman disposiciones que protegen grupos étnicos, religiosos o sociales. Se apoya en principios como el veto de la minoría, la proporcionalidad electoral, la coalición como forma de reparto del poder.

tercios, en que entre los candidatos en punta no se sabe si resultaría uno de la derecha o resultarían los dos de la concertación: los democratacristianos y los socialistas de Lagos. Luego, claro, se puede presentar en la segunda vuelta la posibilidad de una competencia —o aun de una polarización— entre los dos componentes de la concertación. Están asustados, en suma, de las implicaciones que podría tener el abandonar el modelo de la concertación. Es como una necesidad de unidad entre elementos heterogéneos que en cierto sentido no permite a cada uno tener su propia imagen, su propia personalidad y su propia participación en el poder.

Es decir que respecto de los partidos cada caso es distinto. Yo no creo que se pueda hacer un diagnóstico o un análisis general que comprenda a todos.

MÁS O MENOS PARTIDOS

—*El tema de la institucionalidad de los partidos, para que sean actores más consistentes, obviamente es un tema pendiente en la agenda de la región. ¿Puede pasar lo mismo que con el parlamentarismo; es decir, que la gente tenga cierta resistencia —en este momento histórico de crisis de la política— a darle a los políticos un poder muy grande en su mediación? En cierta medida se puede evaluar que estamos en una época en que precisamos más política de partidos y, sin embargo, tal vez la gente quiera menos partidos.*

—Como la democracia exige partidos políticos —¡sin partidos políticos no hay democracia!—, los ciudadanos hablan mucho de participar, pero ¿cuántos ciudadanos van a mítines políticos?, ¿cuántos ciudadanos leen la parte política del periódico en lugar de los deportes?, ¿cuántos ciudadanos dan dinero para un partido?, ¿cuántos ciudadanos se apuntan en un partido político? Lo que caracteriza a los ciudadanos es su desinterés, que se moviliza y se modifica justo en el momento de las elecciones y no mucho más allá.

La imagen que tiene la gente de los políticos es muy contradictoria. Por un lado, el ciudadano no quiere políticos profesionales porque no son personas que hagan la misma vida que los ciudadanos ni estén en la misma situación que ellos. Pero, por otro lado, quieren gente que tenga experiencia, que sea competente, que sepa de problemas fiscales, de problemas de medio ambiente, de política económica mundial, de redactar leyes, etc. Es decir, cosas que se aprenden poco a poco, y que aquel que no haya estado muchos años en el asunto no es capaz de hacerlo bien.

Por un lado, no queremos políticos profesionales pero, por otro, queremos que los políticos sean competentes. No queremos que los intereses privados paguen a los partidos, pero no queremos que haya financiación pública. Queremos financiación pública pero particularmente no vamos a dar un céntimo. Queremos unos partidos en que haya un mínimo de cohesión y disciplina, pero luego nos quejamos —éste es el caso europeo— de que en ellos votan todos igual, y obedecen al líder con una disciplina férrea. Que no hay auténtico debate y discusión. En cuanto en un partido hay tendencias, corrientes, discusión, debate —como lo había en la UCD en España— todas las encuestas demuestran que nadie vota por él. No votan por un partido en el que se ve que hay mucho desacuerdo porque dicen: "Si no se ponen de acuerdo entre ellos, ¿cómo van a

> En el sistema presidencial es muy fácil decir "el presidente es incompetente", o "el Congreso me ha impedido hacer lo que yo quería hacer".

ser capaces de gobernar?" Claro, si no hay discusión, no queda más que disciplina... Es una cosa contradictoria.

Otra cosa es que la prensa suele presentar cualquier desacuerdo como un conflicto de personalidades en lugar de conflicto de problemas, de alternativas.

—¿Que relaciones establece usted entre presidencialismo y sistema de partidos?

—Hay que preguntarse si la falta de institucionalización de los partidos no es fruto del sistema presidencial mismo. En Brasil, por ejemplo, presidentes como Kubitschek han formado los gobiernos —los gabinetes del presidente— con personalidades de todos los partidos menos del suyo, porque al suyo más o menos contaban con controlarlo. Lo que buscaban era dividir a los otros, eligiendo algunos líderes y obteniendo facciones que les dieran apoyo en el Congreso. Es decir que el presidente contribuyó a destruir partidos.

Hay otra cosa, y es que muchos presidentes quieren tener una imagen de estar por encima de los partidos, y por lo tanto no se dedican a hacer campaña por un partido. En la Constitución rusa actual incluso el presidente no puede ser miembro de un partido, y el presidente Yeltsin no ha hecho nada por el grupo demócrata en el Congreso. No lo hizo en diciembre del año pasado, ni ha hecho ninguna campaña por los demócratas del Congreso, de los cuales él depende en gran medida. Él se quedaba en el Kremlin tranquilito, esperando a ver qué pasaba, porque él estaba por encima de los partidos. Así no se hacen partidos fuertes.

¿En qué medida la debilidad de los partidos no es fruto en muchos casos del

---

Por un lado, no queremos políticos profesionales pero, por otro, queremos que los políticos sean competentes.

---

mismo sistema presidencial? No en todos los casos, por supuesto. Por ejemplo, no es así en el caso argentino.

LA CALIDAD DE LA DEMOCRACIA

—Usted aludió al papel de la prensa ¿En su opinión, ella está provocando una forma nueva de consumir la política?

—Sí, y una distorsión de lo que es el proceso político, de lo que hacen los políticos.

De todas formas, yo creo que tenemos problemas enormes en todos los países democráticos, no solamente en los de Latinoamérica, sino en las más viejas democracias. La democracia, obviamente, era lo mejor que podía haber cuando la alternativa era el fascismo, era la dictadura militar o era el sistema soviético. Entonces se admitía y se aceptaba la democracia sin discusiones. Ahora que es más o menos victoriosa, hay que empezar a discutir qué es esto de la democracia al fin de cuentas y cómo funciona mejor. Y entonces se ven todos los defectos, todos los problemas.

Muchos de esos defectos y problemas probablemente no tienen una solución fácil, y es tarea de los políticos explicar a los ciudadanos un poco más acerca de cómo funciona el sistema, y que hay un límite de lo que se puede reformar y cambiar. Que no se puede obtener al mismo tiempo, para satisfacer a los ciudadanos por ejemplo, dos objetivos contradictorios.

Los científicos que trabajamos sobre la democracia tenemos que pensar mucho más sobre los tipos de democracia. Yo he dado esta primavera un curso sobre tipos de democracia, he escrito un paper para un simposio del Nobel Institut en el que toco estos problemas: la calidad de la democracia y los tipos de democracia. Es en lo que tenemos que empezar a pensar y trabajar mucho más.

¿Qué implica, por ejemplo, el federalismo? Dados distintos tipos u opciones de democracia, ¿qué implica la serie de características de cada una?

—*Cuando usted habla de que tenemos que trabajar en el problema de la calidad de la democracia, ¿en qué áreas cree usted que debiéramos acentuar este trabajo?*

—Creo que lo primero es crear el máximo de respeto por las libertades democráticas y por la seguridad del ejercicio de esas libertades. Eliminar la violencia política, crear una absoluta confianza en los ciudadanos respecto de que el proceso electoral es limpio. Pues hay países donde no lo es, y hay países en los que, a pesar de que lo es, todavía hay mucha gente que no está del todo convencida de que lo sea. Hay datos preocupantes respecto de esto en América Latina.

También es necesario desarrollar la justicia. Mejorar y acelerar al sistema judicial para que todos los ciudadanos tengan la sensación de que tienen recursos frente al Estado, ante la arbitrariedad de la policía y cosas como ésa, y que los tribunales están allí para defender los derechos de los ciudadanos.

Es preciso mejorar la calidad de la policía, es algo que probablemente en muchos países —en Brasil, por ejemplo— hace mucha falta. Porque el ciudadano tiene muy poca confianza en la honestidad y en la no arbitrariedad policial. Es impresionante ver, por ejemplo, cómo gente de izquierda en Chile tiene más confianza en los carabineros, que la que tiene la gente en Brasil respecto a su policía.

Es imprescindible perfeccionar la infraestructura general del gobierno para recoger impuestos, la calidad de la administración pública. Como decía Schumpeter, la administración de una democracia —que es un gobierno de *amateurs*— requiere un servicio público con la cali-

dad que puede haber tenido el alemán o el francés, o incluso en gran medida el español. Y eso, muchos países latinoamericanos no lo tienen.

Y así sucesivamente. Trabajar por la calidad de la democracia es crear un Estado moderno bueno, porque no hay democracia sin Estado, y la calidad del Estado afecta a la calidad de la democracia.

—*Respecto del fenómeno de los llamados* outsiders —*ese nuevo tipo de liderazgo político*— *se ha sostenido que los partidos, sobre todos los partidos tradicionales, se ven enfrentados a una situación difícil de sostener, porque en muchos casos el solo hecho de haber estado en la escena política durante tantos años se transforma en un dato en contra...*

—Depende de lo que hagan los partidos. Ellos tienen que demostrar que son capaces de hacer cosas, de gobernar. Y si los partidos son capaces, puede que estos *outsiders* se lleven unos ciertos votos, pero su éxito será limitado. Si los partidos producen líderes que tienen atractivo y peso, los *outsiders* no acaban de prosperar. Son un poco las crisis del Partido Demócrata y del Partido Republicano las que permiten la aparición de un Ross Perot.

El caso de Berlusconi es interesante porque es un *outsider* que surge en un sistema parlamentario: es el único caso que ha habido en dicho sistema de gobierno. Creo que la estrella de Berlusconi se ha oscurecido relativamente rápido, en parte porque el sistema de gobierno lo forzaba a establecer compromisos de coalición con la Liga Lombarda y con los nacionalistas ex fascistas. Incluso ha perdido el gobierno. El *outsider* surge

No queremos que los intereses privados paguen por los partidos, pero no queremos que haya financiación pública.

¿En qué medida la debilidad de los partidos no es fruto en muchos casos del mismo sistema presidencial?

en un sistema presidencial sin partidos hechos o consolidados, o cuando los partidos hechos se han desacreditado fuertemente, que es un poco lo que pasó en Perú.

DEMOCRACIA INTERNA

—*Se suele decir que la democracia interna es la piedra de toque para la sobrevivencia de los partidos tradicionales. ¿En su opinión ello es así?*

—Yo no creo eso. Eso viene de Roberto Michels, el gran teórico de los partidos políticos, que trabajara realmente sobre la experiencia del partido político socialdemócrata. No está claro por qué va a ser decisiva la opinión, la selección de líderes o el programa formulado por los 200 000 miembros que tiene el Partido Socialista Obrero Español, por ejemplo, frente a los 10 millones de electores. ¿Esos 200 000 afiliados en qué medida son representativos de los 10 millones de electores? Pues muy poco. Se trata, entonces, de un proceso de selección muy especial de quienes se inscriben en los partidos.

Estoy convencido de que sería deseable, sí, un cierto grado de democracia a nivel local en proponer candidaturas, una cierta democracia en la proposición del nombramiento de delegados a los congresos de los partidos, un mínimo de debate serio en los congresos de partidos. Ahora, que eso vaya a modificar o no la imagen que sobre los partidos tengan los ciudadanos, lo dudo. Porque incluso pueden modificarla en el sentido que yo apuntaba antes, de que la opinión pública lea que allí se estén peleando todos, que hay mucho debate, que no hay acuerdo, que no hay un pro-

grama común. En fin, toda una visión que no es la que el ciudadano quiere de un partido que fuere capaz de llevar a cabo un programa de gobierno.

Esa democracia interna puede producir un liderazgo o puede producir un partido fraccionalizado con muchas tendencias —las *correnti* italianas—, lo que no constituye un partido muy eficaz para gobernar. Yo creo que la democracia interna de los partidos no es algo despreciable: es deseable, pero no es la panacea.

Y sobre todo no es la panacea si se introduce lo que es un poco el modelo que ahora en Francia se ha estado discutiendo. El modelo de la democracia interna en que participan unas personas que no tienen una vinculación permanente con un partido, que no pagan ni un céntimo para mantener a ese partido, que simplemente se inscriben en él, como sucede en las primarias americanas. Eso, sobre todo si se hace a nivel local, o incluso a nivel nacional, permite presentarse a una serie de gente cuyo máximo recurso es el dinero que tienen. Porque ¿cómo llega alguien hoy a los ciudadanos en una ciudad como Buenos Aires, o Madrid, o São Paulo? Pues lo único es la televisión. ¿Y quién puede utilizar la televisión? ¿Todo ciudadano que lo pida? Pues entonces no lo escucha nadie.

En España hubo la oportunidad, en el año 1977, de que todos los partidos políticos tuvieran exactamente el mismo tiempo de presencia televisiva, con lo cual había que escuchar a cinco partidos neofascistas, a partidos revolucionarios, trotskistas, maoístas. En fin, ahí había partidos para todos los mediodías: yo los escuché a todos porque estaba estudiando la transición. Había una hora prácticamente para escuchar a partidos de los cuales la mitad de los que se presentaban no era relevante para más de 1%, o quizá 3%, cuando mucho, de los electores. Eso no tiene sentido.

El acceso, entonces, tiene que regularse de alguna forma. Darlo a los partidos o a los que puedan pagar, o a los que los periodistas consideren interesantes y les concedan, entonces, entrevistas. Pero ése es un proceso que no me parece muy bueno para lanzar figuras para unas primarias a nivel nacional. Y si es a nivel local tampoco. ¿Cuál es la base sobre la que se puede articular la competencia dentro de un partido de candidatos a nivel local en las grandes aglomeraciones urbanas? Puede que en una pequeña ciudad la gente los conozca. Incluso yo no sé si acá, en New Haven, la gente podría conocer a los candidatos como para votar en unas primarias.

Con lo cual la democracia que describíamos, de participación de los ciudadanos en los partidos —quitándosela a los políticos del partido—, no creo que mejore la calidad general de la democracia. La democratización de los partidos en ese sentido, lo reitero, no creo que sea la panacea. Es deseable que los partidos tengan más vida interna, que sea más responsable el liderazgo ante el grupo parlamentario, que el grupo parlamentario sea un auténtico escenario de debate a puertas cerradas, preferiblemente antes de que se decidan cosas. En eso estoy en favor.

—*En relación con la repercusión del sistema de gobierno en la cultura política, la gente está viendo que líderes tipo Menem, tipo Fujimori, han desarrollado políticas económicas nuevas. ¿Se puede estar gestando una cultura política que admita el dato plebiscitario como un dato normal? ¿Se puede estar apuntando hacia una idea más personalista del poder? ¿No estamos yendo a una cultura política que nos permite ser un poco escépticos respecto a la generación de institucionalidades mediadoras?*

—Las responsabilidades deben estar más divididas y más compartidas por élites políticas responsables. El caso argentino es un caso muy especial de un populismo que viene desde Rosas, y Rosas es un poco antecedente de Yrigoyen, e Yrigoyen es en cierto sentido antecedente del peronismo. Hay una larga herencia de populismo, de personalización del poder, que el señor Menem ha sabido captar de nuevo. Eso, por ejemplo, en Uruguay no existe. Es decir, un presidente en Uruguay nunca tiene ese poder delegado, sino que siempre debe negociar y tiene que gobernar con las distintas facciones, y más o menos llegar a compromisos. Es otra forma de gobernar, porque hay instituciones distintas.

En Chile, por ejemplo, por mucho prestigio y autoridad que tuviera el presidente Aylwin, no era un presidente al que los chilenos hubieran entregado todo el poder y confiaran en él como en un Mesías. No, sino que era un señor que cumplía con un papel dignificado de autoridad, de respeto, de civilidad y con cierta capacidad para compromisos, para resolver los grandes problemas de relación con Pinochet. No era una figura que planteara oponerse a la derecha de una forma radical.

Cada caso es un poco distinto. Un Collor de Melo no es un Fernando Henrique Cardoso, los dos vienen de distinto tipo de matriz política, y los votantes yo creo que han visto cosas distintas en los dos.

Ese fenómeno de populismo, de delegación, de lo que O'Donnel llama "democracia delegada", yo creo que se da en unos países y en otros no, se da en unas elecciones y no en otras. No podemos decir que ésa sea la tendencia definitiva y que no se pueda romper ese modelo.

—*Basándose en la experiencia en la que usted ha estado trabajando respecto*

> La administración de una democracia —que es un gobierno de *amateurs*— requiere un servicio público con calidad.

al parlamentarismo y al concepto de tratar de penetrar a la región con la idea de una democracia más asociativa y, consecuentemente, más estable ¿la cultura política latinoamericana resulta más rígida de lo que usted imaginaba?

—No. Yo no creo que haya una cultura política hecha de antemano. Yo creo que la cultura política la forman los políticos y los intelectuales, y es modificable. Lo que hay es una experiencia acumulada que no se ha puesto en debate.

—*Que no se puso suficientemente en debate...*

—No se ha debatido razonablemente, y mientras no se debata, ¿por qué el ciudadano va a pensar que necesita reformas el sistema?

—*¿Ya pasó el momento de discutir el tema del parlamentarismo?*

—El futuro no está escrito, como decía Adolfo Suárez en sus discursos durante la transición. Pero hay momentos en que se puede escribir con más facilidad que en otros. Momentos en que el libro está en blanco. Ahora, ya el libro está escrito en parte.

Pero todo es posible. Yo creo que, por ejemplo, Uruguay, donde hay una conciencia de que el sistema de partidos ha cambiado tanto y de que la "ley de lemas" lleva una serie de cosas muy complicadas, es un país en donde eso se podría discutir, y puede que algún día se discuta.

También Bolivia, con su sistema multipartidista, con la experiencia que tiene ya de gobiernos de coalición en los últimos tres periodos presidenciales, con partidos hasta cierto punto hechos, es un país donde se podría discutir.

Chile creo que es un caso obvio, una vez que desaparezca la espada de Damocles de Pinochet y que haya que empezar a funcionar, no mediante una coalición defensiva frente a Pinochet, sino mediante un debate de las distintas alternativas políticas.

Yo creo que hay varios casos donde es posible. En Brasil hubiera sido posible, pero por otras razones ahora no es probable. En Argentina creo que es muy difícil que se plantee el tema. En Venezuela, después del fracaso de Carlos Andrés Pérez, hubiera sido un buen momento para pensar en cambios.

—*En el caso boliviano en el que usted estuvo trabajando, la idea era que, puesto que al presidente lo elige el Congreso y debido a que el Congreso ya tiene antecedentes de no haber elegido al candidato con más número de votos, puede el Congreso, en caso de crisis, recapturar sus potestades y hacer caer al presidente mediante un voto constructivo que elija a otro.*

—Como la Constitución alemana y la española.

—*En el diseño, ¿eso se combinaba con un sistema electoral de qué tipo?*

—Un poco como el alemán.[4]

—*Sin ser binominal...*

—Pero el resultado es que es básicamente proporcional, probablemente con correctivos,[5] reduciendo la presencia de los partidos menores.

[4] En el sistema de elección de congresistas en Alemania, el voto es doble. Por un lado se elige al diputado de la circunscripción binominal (dos diputados) y, también, se vota por uno de los partidos. Con el segundo voto se proporcionalizan los resultados recurriendo a una lista general de candidatos por partido al margen de los candidatos por circunscripción. Bolivia ha adoptado un sistema similar, sólo que las circunscripciones son uninominales.

[5] Mediante diversos instrumentos, los sistemas electorales proporcionales corrigen la proporcionalidad perfecta, lo que suele derivar en que los partidos principales resulten premiados respecto de los partidos menores. Los sistemas más comunes para corregir la proporcionalidad resultan de la "barrera" electoral —por debajo de cierto porcentaje los partidos no tienen derecho a acceder a banca alguna, aunque la hubieren conquistado en alguna circunscripción—, de que la proporcionalización o igualación electoral se hace a nivel provincial o

—*Es decir que el modelo que usted trabajó era básicamente sobre el sistema de gobierno y no sobre el sistema electoral.*

—Fundamentalmente sobre el papel del Congreso.

—*Era parlamentario, en última instancia.*

—Claro, era meter el parlamentarismo por la puerta trasera. Era decir: "Vamos a no discutir el nombre de quien ejerza el Poder Ejecutivo"; se llama presidente y ya está.

—*La clave para definir la parlamentarización de un sistema es, entonces, si puede caer parlamentariamente el presidente.*

—Hay una conciencia de que hay momentos en que un señor ha fracasado y que no es solución que resista ahí uno o dos años, sin capacidad de gobernar. Y que no es solamente porque haya cometido actos criminales —que es lo del juicio político—, sino porque no tiene apoyo, porque no convence al país, porque no tiene autoridad moral. Esto lleva a que empiece el fraccionalismo dentro del partido y que haya líderes del partido del presidente que traten de desvincularse del presidente y prepararle "la cama" para su fracaso, para que no pueda nombrar su futuro sucesor o para que no pueda presentarse a la reelección, creándose la imagen de que ellos —los líderes no afines al presidente— no son responsables de lo que está pasando. Eso es un poco lo que ha pasado en Venezuela.

estadual pero nunca a nivel nacional, de modo que los residuos electorales de los partidos menores se pierdan en cada provincia y no se sumen a nivel nacional, y el sistema matemático de traducción de votos en escaños, el cual se suele sesgar.

Bolívar Lamounier: Cómo serán los nuevos partidos políticos

Feneciendo la función clientelar, los partidos políticos se transforman en partidos ideológicos, lo que siempre tuvieron que ser, sostiene el politólogo brasileño Bolívar Lamounier, en su recién instalado Instituto de Estudios Políticos, durante el caluroso enero de 1996, en São Paulo. Este hombre, próximo al presidente Cardoso, sostiene una opinión politológica y sociológica —brindada a través de sus conferencias y de sus intervenciones en los medios de comunicación—, considerada como una de las más reputadas de Brasil.

—*Se debate mucho sobre si hay crisis de representación o no. Los partidos políticos en América Latina ¿están cumpliendo ese papel de representación, ese papel de mediación que deben cumplir?*

—Creo que hay dos factores que hay que tomar en consideración. Hay un factor que afecta a los partidos en todo el mundo, que es un estrechamiento de sus funciones. Yo no lo llamo una crisis, pero creo que cumplen menos funciones que en el pasado. Una parte de lo que hacían, lo hacen hoy los medios de comunicación, las organizaciones no gubernamentales, etc. Por otro lado, una de las dos fuentes del poder de los partidos en el pasado era el clientelismo. El clientelismo entra en colisión con el concepto moderno de ciudadanía, porque implica un tratamiento burocrático, impersonal. Ése era un recurso de poder que los partidos ahora están perdiendo. Otro recurso importante era que los partidos, en el pasado, tenían mucho más control sobre el proceso de selección de sus candidatos. En algunos países de América Latina sigue siendo así, pero mucho control desde arriba ya no se tolera tanto —por razones de cultura política, de cultura cívica—, y eso entonces debilita la espina dorsal de los partidos. Son factores generales.

En América Latina hay que añadir un factor específico, y es que la necesidad de bajar la inflación y hacer la reforma estructural está erosionando seriamente los fundamentos de algunos partidos tradicionales, sin poner en su lugar con rapidez suficiente otras organizaciones, otros partidos que tengan la misma importancia, la misma solidez. En el caso de Perú, por ejemplo, los partidos tradicionales están mal. Esto no quiere decir que los nuevos estén bien, sino que hay un vacío. En Bolivia los partidos tradicionales se sostienen bastante bien porque, entre otras causas, la unión de Sánchez de Lozada y Cárde-

Bolívar Lamounier es miembro de la International Political Science Association. Nació el 25 de abril de 1943 en Dores do Indaia, Brasil. Cursó estudios de sociología y política en la Universidad Federal de Belo Horizonte y ciencia política en la Universidad de California, Los Ángeles. Es autor de numerosos libros sobre su especialidad.

nas[1] sirvió para abarcar el movimiento de reforma, entonces el sistema de partidos marcha mejor.

PÉRDIDA DE CONTROL ECONÓMICO DE LOS PARTIDOS

—*En esta descripción de la pérdida de poder de los partidos, probablemente habría que anotar el menor poder que tienen en el control del proceso económico.*

—Por supuesto. Menor poder sobre el proceso económico, menores recursos de poder y más competidores organizacionales. Hoy la iglesia quiere competir con los partidos y también los periódicos quieren hacerlo. Estas instituciones quieren hacer el papel de los partidos, formar la opinión en los países. Actualmente, en nuestros países, un periodista más o menos conocido tiene más poder que un senador. Ahí está la contradicción. Yo no pienso que exista una crisis del sistema representativo como han dicho algunos politólogos. No lo creo. No creo que el mundo vaya a pasar a la democracia directa por los medios electrónicos. Creo que el instrumento básico de la democracia representativa va a seguir siendo, por mucho tiempo, el partido político.

¿Por qué? Porque hay un punto específico en el proceso, en la cadena, en el que los partidos son insustituibles. Usted tiene que constituir autoridades, tiene que existir un mecanismo por el cual la sociedad establezca quién tiene autoridad para gobernar, y establezca el límite para ejercer la fuerza. Esta persona tiene que estar investida de autoridad pública. ¿Y cómo se escoge a esta persona? Por supuesto por elecciones, si es una democracia. ¿Y entonces quién va a escoger al candidato? El partido político.

Si uno suprimiera los partidos, si la Constitución prohibiera los partidos, surgirían otras organizaciones que desempeñarían exactamente la misma función de monopolizar este punto de la cadena política. Y sería un partido político con otro nombre.

Yo creo que la democracia es representativa, es partidista, y va a seguir siéndolo.

Ahora, el problema básico es que los partidos del siglo XIX y comienzos del XX han perdido algunos de los principales recursos de poder que tenían, y tienen que adaptarse a un ambiente más competitivo y a muchos tipos de organizaciones. Y hasta ahora no están lográndolo ni saben cómo hacerlo. No hay suficiente reflexión en el seno de los partidos. Cuando uno habla con dirigentes partidarios percibe que hay muy poco razonamiento sobre estos asuntos. Ése es el principal problema.

Por lo demás, estamos en medio de una reforma estructural en el campo de la economía. Esta reforma estructural, naturalmente, va a sacudir esas estructuras muy profundamente. Pero a mí no me duele que la crisis de 1929 y la de los años treinta haya removido las estructuras que existían en ese momento en toda América Latina. Todos los países sufrieron su influencia negativa. La crisis de ahora también va a producir el mismo efecto, con resultados distintos. Es decir, es una reforma muy poderosa, inevitable, que va a tardar más o menos, dependiendo del país, pero va a ocurrir.

[1] Se refiere a la unión electoral vencedora de los últimos comicios entre el poderoso MNR —donde, en cierta medida, Sánchez de Lozada contesta al aparato partidario— y el katarismo indigenista representado por Víctor Hugo Cárdenas. Véanse las entrevistas hechas a ambos en este mismo trabajo.

Y por un espacio de 10 o 15 años las estructuras políticas van a estar en discusión, buscando rumbos.

> Hoy la iglesia quiere competir con los partidos, los periódicos quieren competir con los partidos; en nuestros países, un periodista más o menos conocido tiene más poder que un senador.

LAS FUNCIONES DE LOS PARTIDOS

—¿Cuáles serán las funciones centrales que tendrán los partidos? ¿Sólo la selección del personal político?

—No. Ésta es la función básica, es la que impide que la democracia moderna se transforme en otra cosa que no sea la democracia representativa. Pero, además, tendrán que recuperar una parte de su función de formar la opinión. Esto significa otro tipo de candidato, otro tipo de reclutamiento. Hace tiempo eran ingenieros y abogados. Ahora hay otro tipo de gente entrando en la política, con más permeabilidad respecto de los movimientos sociales. Hay un cambio en el perfil del tipo de político.

Los partidos en toda América Latina tendrán que desarrollar mucho más el modelo europeo de partidos permanentes, con asesorías, con estudios técnicos, con capacidad de enfrentar a la prensa y a los competidores organizacionales. Además, deberán encontrar institucionalmente los medios legales para establecer un equilibrio razonable entre las dos puntas de un dilema.

Por una parte, es necesario que el parlamentario individual tenga una cierta autonomía, que dé su propia opinión.

Por otra, tiene que haber alguna disciplina de partido. Entonces, se trata de encontrar la manera de establecer este punto intermedio a través de mecanismos que no sean autoritarios. Éste es el gran reto que tenemos que enfrentar con las reformas institucionales.

A pesar del fiasco que fue el plebiscito de 1993 en Brasil,[2] estoy seguro de que en 10 años gran parte de América Latina va a pasar al régimen parlamentarista. No tengo la menor duda, a ello nos llevará la demanda social de estabilidad, que hoy se va vehiculizando por otras vías.

Sánchez de Lozada en Bolivia y, de cierta manera, Menem en Argentina, son personas que comprenden la necesidad de la estabilidad, ofrecen la estabilidad como producto, y ganan poder suficiente para estabilizar las instituciones.

Sin esta combinación —que ellos logran—, los sistemas políticos de América Latina no son estables. Aunque es cierto, sin embargo, que son más estables hoy que en el tiempo de la guerra fría, porque la variable ideológica ya no pesa tanto.

—No está todo polarizado.

—No está polarizado. Pero de todos modos no son sistemas políticos suficientemente estables porque las tensiones sociales son muy graves, porque el Poder Judicial es muy débil, porque hay una competencia feroz entre los medios de comunicación y un "espíritu denunciador" interminable. Son demasiados factores de inestabilidad, de tensión, de dificultad política. En Brasil tenemos un ambiente pluralista, democrático, yo diría calmo —hace mucho tiempo que no teníamos tanta calma—, y de debate público. Tenemos una buena relación

---

[2] Fue derrotada entonces una reforma constitucional que proponía un "parlamentarismo": en realidad se trataba de un semipresidencialismo con presidente elegido popularmente y primer ministro con apoyo parlamentario. De todos modos, el voto de los brasileños se inclinó por mantener el presidencialismo.

entre el presidente, el Congreso y el Poder Judicial. Pero estamos con 1 200 medidas provisionales, que son decretos presidenciales de emergencia, en siete años. Ésta es la prueba absolutamente indiscutible de que no hay interlocución estable, previsible y organizada entre el Ejecutivo y el Legislativo.

Si se quiere convivir con una cierta pluralidad y al mismo tiempo con eficacia gubernativa, hay que tener otras reglas en el sistema de gobierno: no se puede confiar sólo en que se encontrará a la persona.

CÓMO REFORMAR LOS PARTIDOS

—Hay una pregunta que desvela a mucha gente, ¿quién será el reformador, quién será el agente de la reforma? ¿De dónde salen los recursos políticos para reformar a los partidos? Porque ocurre que son los propios partidos, los que tienen que reformarse a sí mismos. ¿De dónde sale la fuerza?...

—... Es la fuerza que va a reformar también el sistema de gobierno, no sólo a los partidos. Yo creo que en toda América Latina van a surgir movimientos de opinión fuertes... Pero antes de responderle específicamente, déjeme decirle algo: primero, debe evitarse el error brasileño, porque ésta no es materia para plebiscito. Es un cambio que debe ocurrir en el Congreso, en el Parlamento.

—¿La ingeniería institucional como tarea de élites?

Los partidos del siglo XIX y comienzos del XX han perdido algunos de los principales recursos de poder que tenían, y deben adaptarse a un ambiente más competitivo, coexistente con muchos tipos de organizaciones: hasta ahora no están lográndolo, ni saben cómo hacerlo.

Los nuevos partidos requieren otro tipo de candidato, otro tipo de reclutamiento. Hace tiempo eran ingenieros y abogados. Ahora no, hay otro tipo de gente entrando en la política.

—Sí. Naturalmente, con el ambiente favorable de la opinión pública. ¿Por qué creo que va a producirse este cambio justo ahí, en este ambiente? Cuando hicimos el plebiscito en Brasil, en aquella época el argumento más frecuente en contra de la reforma era que, cuando se tienen muchos partidos, cuando se tiene un sistema partidario muy débil, el presidencialismo es mejor que el parlamentarismo. Se argumentaba que, por el contrario, para mantener un parlamentarismo se necesitaba una estructura partidaria más fuerte.

El otro argumento, más o menos contradictorio con éste, era que el presidencialismo funciona bien cuando se tienen dos partidos —o dos partidos y medio como en la Argentina—, y funciona mal cuando se tienen muchos partidos.

Estas controversias académicas se encaminan ahora hacia una solución, como raras veces ha sucedido en la literatura social. Pocas veces en la historia de las ciencias sociales se va estableciendo fácticamente una base tan devastadora de evidencias como está ocurriendo sobre este punto, de acuerdo con los estudios politológicos que se van publicando. Confirma absolutamente todo lo que decía Juan Linz, y todo lo que decíamos nosotros en Brasil. Prueba, primero, que un régimen parlamentarista es mejor en todas las circunstancias, sea el país pobre, rico, federal, no federal, con divisiones étnicas o sin ellas. La durabilidad de la democracia en un régimen parlamentarista es mayor —se está demostrando— en cualquiera de estas circunstancias. Segundo, la peor combinación posible es un presidencialismo con mul-

> Los partidos en toda América Latina tendrán que desarrollar mucho más el modelo europeo de partidos permanentes, con asesorías, con estudios técnicos, con capacidad de enfrentar a la prensa y a los competidores organizacionales.

tipartidismo, como el que tenemos en Brasil.

Esto lo quiero subrayar con el ejemplo de Brasil. A pesar de Cardoso, ¿por qué tenemos tantos decretos-ley? Porque no hay manera de negociar con 10, 12 o 15 partidos. Es imposible. No es que haya tanto disenso respecto de la política económica, de la doctrina, sino que el problema es que no hay interlocuciones regulares posibles. Las rivalidades electorales, regionales, personales, clientelistas son de tal orden, que no se puede lograr una interlocución estable, mucho menos sobre asuntos urgentes de política económica. Es imposible hacerlo cuando uno tiene poderes separados y 10, 12, 15 partidos del otro lado de la calle.

Yo creo que este modelo es absolutamente insostenible en la economía del año 2000, que es una economía que requiere de una velocidad muchísimo mayor en la toma de decisiones, y con una agenda muchísimo más cargada. Si uno observa al final del siglo XIX en los Estados Unidos, cuando se afirmó el presidencialismo, el presidente trabajaba dos o tres horas por día, tenía tiempo para caminar por el jardín entre las 14 y las 16 horas. Basta leer las biografías que describen cómo era el día a día del presidente. No había presiones, no había presión de la opinión pública, de los medios de comunicación. Se tomaban muy pocas decisiones.

Ahora si uno quiere que la democracia siga significando apoyo y fiscalización del Legislativo sobre el Ejecutivo, eso implica que tiene que haber interlocución entre fuerzas igualmente cohesionadas, no compactas, pero sí capaces de negociar como fuerzas del mismo nivel. Si uno tiene un Congreso donde individualmente cada uno puede tener buenas intenciones, pero no logra formar una opinión, no tiene un liderazgo reconocido, está dividido en 10 fuerzas que compiten en el mercado electoral, entonces el presidente tiene que decidir por decreto.

—*Imaginemos con estos partidos y con este Congreso un régimen parlamentario, ¿qué sería de Brasil? Le volvemos a hacer el interrogante, ¿primero habría que reformar los partidos?*

—Hay que hacer las dos cosas. Yo digo estas cosas desde 1973 y 1974 pero siempre académicamente. Políticamente todos los que insistíamos en esa tesis siempre propusimos una reforma profunda del sistema institucional con una inspiración fuerte en Alemania —parlamentarismo sin bipartidismo estricto—, porque yo creo que en América Latina es difícil imaginar el sistema bipartidista. En este continente ese sistema llega muy fácilmente a la confrontación, al rencor, a la tensión personal en dos bloques compactos. Argentina tiene una historia muy dura en este sentido, con excepción de los últimos años de Alfonsín con Menem, fueron 50 años de polaridad muy fuerte, antagónica.

—*Pero aquí en Brasil la opinión se opuso al comienzo de la parlamentarización que se proponía...*

—... En la discusión brasileña hubo tres errores. Primero, la reforma no es un tema para plebiscito. Segundo, proponer un modelo híbrido, tipo francés, no es suficientemente persuasivo como para mover al electorado a cambiar. Y tercero, la difusión de esa idea de que el

> Estoy seguro de que en 10 años gran parte de América Latina va a pasar al régimen parlamentarista. No tengo la menor duda.

parlamentarismo se instauraba para debilitar al Ejecutivo, cuando en realidad sucede lo contrario, en verdad lo refuerza. Cómo fortalecer al Ejecutivo sin llevar a una situación no democrática, ésa sí que es una cuestión. Con el sistema brasileño o argentino, el fortalecimiento del Ejecutivo lleva a una situación decididamente no democrática, porque cuando se tienen 500 medidas de emergencia, no se puede decir que hay un relacionamiento equilibrado entre el Ejecutivo y el Legislativo.

Si uno tiene en la presidencia a un hombre juicioso, que no quiere abusar, está bien, uno puede tener ese tipo de confianza. Pero esa confianza no egresa de las instituciones. Subsiste, todavía, un potencial de arbitrio peligrosísimo para otros personajes.

—*Sigo insistiendo: ¿quién reforma a los reformadores?*

—Toda reforma necesita un cambio en la opinión pública. Pensemos, por ejemplo, cómo se privatizaron las empresas estatales en Brasil. Hace 10 años era imposible porque la gente deificaba el Estado. Fue necesario antes un cambio en la opinión. En realidad, yo creo que la reforma debe ser consecuencia de un cambio, y no el inicio de un cambio. Lo que hace falta es un convencimiento de las personas de que las cosas están funcionando mal y de que un modelo está agotado.

—*En los casos de Bolivia y de Brasil, que usted ha referido, los procesos parecen darse más a golpes de liderazgo creando nuevas situaciones y cambiando la economía, pero utilizando los viejos partidos y los viejos instrumentos.*

Cuando uno está en el medio de un proceso enorme de reforma estructural, la repercusión política de una reforma de tal dimensión es potencialmente autoritaria, porque los gobernantes quieren hacerla con el máximo posible de control sobre la situación, en el mínimo de tiempo y sin riesgos de impopularidad. Entonces quieren hacerla por el camino más corto posible. Utilizan una estructura vieja y, entonces tienen que valerse de los decretos-ley.

Estamos hablando en esos casos de un horizonte más o menos corto. Vamos a suponer que después de dos años de bajo crecimiento económico, con desempleo alto, la popularidad de Cardoso disminuye. Yo no sé si es probable, pero no es imposible. Entonces, creo que tendrá que buscar instrumentos más amplios que el anterior —el liderazgo surgido de la estabilidad—, y podría llegar a una situación en la que no podrá gobernar por medio de decretos-ley. Eso sucedió con Collor de Mello, por ejemplo, independientemente de lo que se pueda pensar sobre él en términos de corrupción. Es importante ver lo que sucedió institucionalmente. Empezó a hacer las reformas en forma autoritaria: "Voy a decretar esto, voy a decretar aquello". Su índice de confianza subió a 85%. Un año después lo había perdido y no tenía más autoridad para utilizar los decretos-ley. No hubo cambio institucional, sólo un debilitamiento de la figura del presidente.

Mientras en Brasil, en Argentina y en Chile la gente esté satisfecha, con la inflación baja, lo que redunda en un apoyo al presidente, habrá normalidad institucional porque el presidente la está afianzando, no porque las instituciones estén bien estructuradas.

> El Estado no va a desaparecer, pero tendrá que convivir con un mundo muchísimo más poroso, más abierto.

LA REDUCCIÓN DEL CLIENTELISMO

¿Los partidos políticos están asumiendo la contrapartida de la reforma económica, que es abandonar el clientelismo?
—La cuestión del clientelismo tiende a disminuir y a debilitarse como recurso de los partidos por razones muy sencillas. Por ejemplo, observen cómo se hace hoy en Brasil la distribución de los recursos a las escuelas primarias. Mediante una tarjeta magnética en el banco se envían los recursos directamente a la escuela en el interior. Ya no se necesita a los políticos para hacerlo, no hay forma en que el político pueda interferir en este proceso. Hace 20 o 30 años el político nombraba a la profesora y la amenazaba con transferirla de municipio si no lo apoyaba. El clientelismo tenía 20 piernas, 20 brazos. Hoy no. Es una cuestión que existe todavía, pero su ámbito es muchísimo más reducido, y se va a reducir cada vez más con la instantaneidad de las comunicaciones, la facilidad con que se transfieren recursos por medios electrónicos. Se va a llegar cada vez más a un nivel de eficacia en los servicios públicos donde no haya espacios para la interferencia política.

Veamos, por ejemplo, los servicios de seguridad social. Para inscribirse, para recibir su pensión, antes se requería influencia política por todos lados. Ahora, en cambio, ¿para qué sirve, si mediante una tarjeta electrónica el jubilado puede ir al banco y recibir su plata de la ma-

> Es evidente que en todo el mundo la política social, el mejoramiento de las condiciones de vida, dependerá cada vez más de gobiernos locales.

nera más sencilla posible? O, por ejemplo, para que una familia pueda inscribir a su hijo en la escuela de un barrio, ahora, en muchas ciudades brasileñas, se puede hacer todo por computadora.

—*Acerca de la disminución del clientelismo, ocurre también que ahora el Estado tiene menos para distribuir...*
—Sí, tiene menos funciones. Y menos empleo. En América Latina, es enorme la cantidad de empresas estatales que van a ser privatizadas porque no tiene ningún sentido tenerlas en el sector público. Sean gobiernos liberales o no. No tiene sentido tener hoteles, o *night clubs,* como había en México. Incluso empresas metalúrgicas, siderúrgicas, ¿para qué? Y con esto va a desaparecer una enorme cantidad de empleos en el sector público. En cuanto al sector privado, la empresa estará compitiendo en un mercado global, y no puede darse el lujo de aumentar los costos con el sobrempleo.

PARTIDOS MÁS PROGRAMÁTICOS

—*En este esquema de economía globalizada pierde poder el político, el partido político o aun el gobernante en relación con el manejo de la economía. ¿Los partidos seguirán siendo formadores de opinión?*
—Ahí está la paradoja. A finales del siglo XIX y comienzos del XX, los teóricos políticos hablaban de los partidos como formadores de opinión al por mayor.

La paradoja es que al final del siglo XX me parece más probable que pueda emerger el modelo de partido programático, más estructurado, que a comienzos del siglo XX. Cuando se pensó sobre este modelo más programático, no se apre-

> En América Latina, es enorme la cantidad de empresas estatales que van a ser privatizadas porque no tiene ningún sentido tenerlas en el sector público, se trate de gobiernos liberales o no.

ciaba la dimensión del grado de clientelismo que sobrevendría. No se pensó en eso porque todavía estaba por resolverse el gran problema: la incorporación de la gente al sistema político en todos los países del mundo. Basta pensar que, en los Estados Unidos, sólo 20% de la población estaba habilitada para votar.

Sin embargo, el ambiente fue luego, por una parte, de erosión de los partidos por el clientelismo y por problemas internos, y por otra, consecuencia de una polarización ideológica tan exacerbada, resultó que los partidos parlamentarios perdieron importancia frente a los movimientos fascistas, comunistas, etcétera.

Si uno da un salto y observa aquel modelo al final del siglo XX, parece ahora más apropiado, porque el mundo ya no está tan polarizado. Los medios técnicos permiten una burocracia universalista mucho más eficiente de lo que Weber había imaginado. Entonces los partidos, si bien por una parte pierden algunas de sus funciones, por otra tienen la posibilidad, si quieren sobrevivir, de volverse más programáticos, de mejorar la calidad técnica, con más asesoría, con más calidad de información, con mayor acumulación de estudios, con más capacidad de interferir en el proceso político.

Ahí yo creo que los dos puntos se conjugan bastante bien: el papel de los partidos y el sistema de gobierno. Es decir, tiene que haber una transformación interna de los partidos para cumplir ese nuevo papel. En la medida que hagan esa transformación, ocurra o no una transformación formal del sistema de gobierno, se pasará a una relación entre

el Ejecutivo y el Legislativo bastante más parlamentaria que presidencial, puesto que se coligarán programas y no intereses particulares. Es decir que la evolución de los partidos también nos lleva al parlamentarismo.

LOS GRANDES TEMAS DE LOS PARTIDOS

—*¿Cuáles serán, en su opinión, los grandes temas de debate sobre los cuales se van a ir armando los partidos progamáticos?*

—El principal tema del debate será cuál es el papel del Estado nacional. El Estado no va a desaparecer, pero tendrá que convivir con un mundo muchísimo más poroso, más abierto.

En segundo lugar, se está estrechando mucho el abanico de opciones económicas. Para los partidos va a ser más difícil formular la opción *A* contra la *B*. Y los partidos no sobrevivirán si le dicen al elector que piensan la misma cosa. Eso no es posible. Los diferenciará tener más calidad práctica en la fiscalización de políticas, particularmente las políticas sociales. En asegurar estándares que eviten la administración parcial de las políticas públicas en beneficio de un sector u otro.

En tercer lugar otra cosa resulta evidentemente importantísima: la relación entre el poder central y los poderes locales. Es evidente que en todo el mundo la política social, el mejoramiento de las condiciones de vida, dependerán cada vez más de gobiernos locales, y esto implica cuadros políticos de buena calidad, reflexión sobre cómo hacer las cosas en lo-

> El clientelismo tenía 20 piernas, 20 brazos. Hoy existe todavía, pero su ámbito es muchísimo más reducido, y se va a reducir cada vez más con la instantaneidad de las comunicaciones, de los medios electrónicos.

El caso de Collor de Mello creó una tecnología de investigación. Fue la primera vez en Brasil que la gente realmente comprendió para qué sirve una comisión parlamentaria.

calidades distintas, en regiones distintas. Los partidos tienen una agenda enorme...

—*Y si avanzan en la elaboración teórica.*

—Exactamente. En ellos está el embrión de todos esos cambios.

—*En su opinión, ¿qué pasará con los partidos obreristas?*

—En los partidos obreros se aplica más fuertemente lo que acabo de decir. En los próximos 20 años los partidos obreros tendrán que demostrar su capacidad para administrar bien provincias y gobiernos locales, porque en la próxima década no tendrán discurso convincente, persuasivo, a nivel nacional. Eso me parece clarísimo. No hay modelo alternativo en el horizonte histórico que le permita la sobrevivencia, tal cual es, a un partido socialista, a un partido huelguista, a uno fascista, o de economía cerrada. La sociedad misma no lo quiere. En São Paulo, una ciudad de 11 millones de personas, cada vez que hay una huelga grande de un sector, ocurre en los servicios públicos. Entonces la población se opone. Esto no puede ser. El recurso político de los partidos de izquierda en los próximos años tendrá que ser la demostración de calidad, de *management* local y provincial, la demostración de que no son corruptos, o que son menos corruptos, o que no permiten la corrupción; y a nivel nacional fundamentalmente su papel de fiscalización.

CORRUPCIÓN

—*Respecto de la corrupción, siempre ha estado en el debate el tema de la finan-ciación de los partidos. Tampoco parece haber sido demasiado eficiente la legislación europea. En América Latina estamos verdaderamente atrasados y surge todos los días el vínculo política-corrupción. ¿Cómo enfrentarlo?*

—Ahí tenemos dos conjuntos de problemas. Hay un conjunto que es institucional y cultural, depende de leyes y de prácticas: se pueden hacer muchas cosas en ese campo. El otro conjunto de problemas tiene que ver con la situación de la sociedad que fomenta la corrupción. Eso quiere decir, entre nosotros, fundamentalmente, la inflación. Con inestabilidad, con inflación, como teníamos en Brasil o en Argentina, la corrupción resultaba inevitable y masiva. Los bancos, las empresas, ganan una cantidad increíble de dinero gracias a la inestabilidad económica, por el lucro inflacionario. Y esto constituye una fuente tremenda de corrupción. Sencillamente, ofreciéndole a uno por teléfono 20 000 dólares para que retrase un depósito, o para que retrase el retiro del dinero, se puede ganar mucho. Con la economía estabilizada, con la inflación baja, esto no es tan fácil, el margen de libertad es muy pequeño. En este caso, además, se torna más difícil legalizar la corrupción, porque la apariencia de legalidad, que consiste por ejemplo en inventar un recibo, se vuelve muy difícil, porque se está hablando de valores muy fijos. Cualquier variación se percibe muy fácilmente, y los auditores pueden detectarlo.

Entonces, la clave para bajar la corrupción en la América Latina es inflación baja.

Sobre esta base creo que se puede hacer mucho respecto a las campañas electorales, exigiendo contabilidad apropiada. En Brasil, de 1990 a 1994 ya mejoró, aunque se puede mejorar bastante más. En la medida que la prensa sea sensible —yo creo que el fenómeno Collor fue muy importante en este sentido— y descubra la importancia del tema para la sociedad, cualquier denuncia, cualquier sospecha de que hay corrupción en tal campaña de determinado candidato, el tema se focaliza y sale en la primera página del periódico.

Entonces los corruptores, los que pagan el dinero, empiezan a pensar que es un riesgo demasiado peligroso tener sus nombres, los nombres de sus empresas o sus negocios, su marca, expuestos a una denuncia de corrupción. La marca es una cuestión extremadamente importante en la sociedad moderna. Es decir, si el nombre de un banco o de un negocio está involucrado en corrupción o en prácticas incorrectas, puede ser severamente penalizado por el entorno.

Yo no creo que sea un problema sencillo, no quiero ser exageradamente optimista, pero en los últimos cinco años en América Latina hicimos un progreso extraordinario. Si usted me pregunta si ya tenemos resultados prácticos, diría que no, que hay pocos resultados prácticos. Pero en términos de crear las condiciones, la tecnología, para el combate a la corrupción, hicimos mucho en cinco años. Porque por una parte es una cuestión de estabilidad económica y monetaria, y por otra parte es una cuestión de saber investigar, de querer investigar casos como el de Collor. El caso de Collor de Mello creó una tecnología de investigación. Fue la primera vez en Brasil que la gente realmente comprendió para qué sirve una comisión parlamentaria. Siempre existió en la Constitución, pero fue la primera vez que la comisión interpretó plenamente su papel

jurídico, porque, de acuerdo con la Constitución brasileña, una comisión de esta naturaleza tiene poderes judiciales. Puede ordenarle al Banco Central que entregue tales y cuales documentos, por ejemplo.

COMUNICACIÓN ENTRE SECTORES

—La relación entre el poder y la prensa —sobre todo con los medios de comunicación electrónica frecuentemente permisionarios del Estado— es una relación comúnmente llena de tensiones. Hay muchos modelos, por ejemplo, de formato televisivo nacional: ¿televisión pública, televisión mixta, privada?

—El modelo más adecuado para la prensa es un oligopolio. Pocas empresas grandes con capacidad de compararse mutuamente. Intentar reglamentar demasiado esto por la legislación crea problemas, porque indefectiblemente trae controles, potencial autoritarismo y manipulación por parte del gobierno. Los códigos de ética, etc., son utopías.

—La tensión prensa-poder es sólo un capítulo del asunto. Está la competencia entre prensa y partidos, ya que, a veces, la prensa quiere "representar" y adopta papeles partidarios.

Entre empresarios y académicos también había, por ejemplo, una sospecha enorme. Si ustedes hubieran estado en Brasil antes del golpe de Estado de 1964 no hubieran visto, probablemente, ningún caso de un académico visitando una dependencia militar, y mucho menos al revés, un militar hablando en una universidad. Todo esto es subdesarrollo político, es subdesarrollo democrático. Ahora, por el contrario, uno puede ha-

> No hay modelo alternativo en el horizonte histórico que le permita la sobrevivencia a un partido socialista, a un partido huelguista, a un partido fascista, de economía cerrada.

blar y no hay barreras ideológicas, no hay segmentos separados en la sociedad, hay un proceso de educación mutua de un sector por el otro.

Este proceso es fundamental para la democracia por dos razones. Primero, así bajamos el coeficiente de paranoia, porque quizá el peor riesgo para la democracia es la creación de paranoias segmentales, paranoias sectoriales, un sector imaginando que el otro quiere destruirlo. Es necesaria mucha comunicación entre sectores. Eso en primer lugar.

En segundo lugar, el proceso educativo. El proceso educativo en relación con la prensa es fundamental, porque el periodista tiene que tener conciencia de que tiene el poder con menos intereses creados de la sociedad, porque escribe o pone en el aire diariamente noticias. Si yo digo en la televisión que una persona es corrupta, está muerto. Yo creo que es necesario que se establezca una relación muchísimo más cercana entre los diferentes sectores de la sociedad actual, y entre todos estos sectores y la prensa, para reducir al mínimo posible esta tendencial metralla periodística. Hay que revisar esto. Hay que revisarlo primero con la diversidad de sectores, con la competencia oligopólica. Y segundo, mediante este proceso de presión de todos sobre la comunicación, como acabo de decir.

SISTEMA ELECTORAL

—*En la relación entre el sistema de gobierno, el sistema de partidos y el sistema electoral, para Brasil ¿cuál es la ecuación ideal? ¿Cómo lograr que esos tres sistemas se combinen para darle un proceso de gobernabilidad a todo el país?*

—Parto de una posición muy sencilla. Creo que la primera cuestión es cuál es el grado de pluralismo, no político sino cultural, social, que hay que representar. Si yo fuera sudafricano o indio tendría una enorme prudencia en asegurar bastante pluralidad, porque no me gustaría excluir a aquellos grupos que no son políticos en un sentido estricto, sino que son prepolíticos. Entonces hay que traerlos a la arena política, y no se puede, por tanto, tener una legislación muy restrictiva, porque si no, se va a impedir el proceso desde el comienzo. Ésa es una cuestión.

En América Latina, ¿cuántas sociedades pluralistas en este sentido tenemos? Muy pocas. Se puede hablar de Bolivia, de Perú, de México, pero no de Brasil, donde la sociedad ya se mezcló. Brasil tiene desigualdades sociales tremendas, pero no tiene un problema difícil de manejar desde el punto de vista étnico o religioso. Y ninguno desde el punto de vista lingüístico. Entonces, es una sociedad, en cierto sentido, absolutamente homogénea, aunque tenga diferencias regionales.

¿Cuál es, en esta situación, el valor más importante que el sistema electoral debe privilegiar? A mi juicio es muy sencillo. Es la máxima inteligibilidad posible del proceso político para el ciudadano de baja educación, de baja formación. Bajar el costo de la información. Éste debe ser el objetivo básico del sistema electoral en un país que no necesariamente tiene que contemplar diferencias étnicas antagónicas. Claramente la situación de Brasil es ésta. El problema es que nosotros tenemos un sistema que produce el efecto opuesto: le da al ciudadano un costo de información absurdo. Yo no conozco ni siquiera un periodista o un politólogo que me pueda decir de memoria cuáles son los partidos que están en el Congreso hoy. No es fácil: hay que dar 18 siglas. ¿Qué piensan?, cuáles son los líderes? Es mucha información. ¿Y por qué deberíamos imaginar que un ciudadano que tiene cuatro, cinco o seis años de escolarización va a saber esto? No hay posibilidad, por supuesto que no.

Entonces yo creo que la conjunción de los tres sistemas debe obedecer a dos requisitos. Por una parte, producir una pluralidad robusta: la pluralidad de la democracia no es pulverización. Se debe dar camino a una prioridad oligopólica, a una pluralidad robusta de organizaciones fuertes.

—*Cuatro o cinco partidos.*

—Máximo. Segundo, hacer que estas organizaciones sean sedimentadas, sean durables, tengan organización fuerte, tengan una cierta consistencia de actuación, de ideas en el tiempo, para que desde el punto de vista del ciudadano sean comprensibles. Que no ocurra que en una próxima elección, cuando vaya a mirar hacia atrás, termine dándome cuenta de que tal partido no era como yo me imaginaba. Evidentemente, desde el punto de vista de la inteligibilidad, un sistema bipartidista es mucho mejor, pero quizá sea demasiado constreñido para Brasil. Entonces, cuatro o cinco partidos, pero no hay necesidad de 18.

—*¿Y qué incentivos utilizar para obtener ese objetivo?*

—Eso es muy sencillo. El único problema de los incentivos es que uno no puede poner incentivos —o "desincentivos"— que produzcan efectos no de-

> Ahora uno puede hablar y no hay barreras ideológicas, no hay segmentos separados en la sociedad, hay un proceso de educación mutua de los sectores académico y militar.

mocráticos, es decir, que discriminen a alguien. Pero decir que hay que tener 5% del voto nacional para obtener representación parlamentaria es perfectamente democrático. Quien tiene 5% está en el juego y quien no lo tiene queda fuera. Un partido que hoy tiene 20% puede tener 2% en 10 años, y sale. Es perfectamente democrático.

—*Está pensando en barreras, entonces.*

—Brasil es una federación, y —al contrario de lo que mucha gente piensa— es una federación muy fuerte, es decir, a pesar de que hay una dependencia financiera de los estados y municipios respecto del poder federal, desde el punto de vista político es una federación. Esto dificulta un poco la cuestión de organizar un sistema electoral homogéneo en todo el país. Pero tenemos que aproximarnos a esto, es decir, un sistema electoral que facilite al ciudadano distinguir quién es quién en el sistema político. La barrera sería un primer paso, quizá un sistema de tipo alemán, con dos mecanismos de elección de diputados.[3] Yo sería favorable a un cambio como ése. Y se puede llegar a este cambio gradualmente. Se puede empezar con la barrera de un mínimo, y después incorporar otros cambios.

[3] En Brasil se ha manejado con insistencia la posibilidad de instalar el sistema electoral alemán. Hoy los brasileños eligen a través de un sistema nominal de lista abierta en el que eligen el nombre del candidato individualmente, más allá de cualquier consideración de partido, tipo listas partidarias cerradas. Este sistema electoral es una de las causas de la debilidad de los partidos en el Brasil. La propuesta similar al sistema alemán supone pensar en circunscripciones de un sólo diputado —modalidad de sistema electoral mayoritario— complementándolos con una igualación proporcional, que tome cada estado o la nación toda como circunscripción, y elija simultáneamente diputados por lista. El ciudadano vota por un candidato para su pequeña circunscripción y vota por un partido para la circunscripción mayor, aunque se puede tomar el primer voto también como un voto por el partido. El asunto es que luego re-

> Quizá el peor riesgo para la democracia es la creación de paranoias segmentales, paranoias sectoriales, un sector imaginando que el otro quiere destruirlo.

Brasil tiene una ventaja. Ya hay bastante institucionalidad electoral, más de lo que las personas imaginan. Tenemos mucho tiempo de elecciones en Brasil. Tuvimos regímenes militares, es cierto, pero la tradición de elecciones y la cultura parlamentaria tiene 200 años,[4] desde comienzos del siglo XIX. Uno puede decir que era oligárquica, sí, pero en Alemania, en Italia, no era distinto. La tradición es bastante fuerte. Entonces, estamos hablando de un perfeccionamiento de un sistema para hacerlo más manejable desde el punto de vista del ciudadano común.

—*¿Cómo resolver el problema tan importante de los cambios de partido por parte de los parlamentarios?*

—Teniendo pocos partidos, grandes y fuertes.

—*¿Modificando la forma de hacer las listas, con listas cerradas?*[5]

—Eso sería bueno, pero vamos a suponer que esto no pasa, porque no hay tradición: en Brasil siempre votamos por personas. Vamos a aceptar provisoriamente este argumento: que mucha gente tiene miedo de instaurar el sistema de listas cerradas porque puede ser muy constreñido. Creo que aun sin las listas cerradas, si tuviéramos cuatro o cinco partidos grandes, con complejidad interna, con buena asesoría, ya sería más difícil y menos probable este cambio errático de personas. Porque la complejidad interna ayuda a sedimentar la estructura, crea una cierta sanción moral contra el oportunismo. Y la persona no tiene muchas razones para cambiar todo el tiempo. El costo de crear otro partido se vuelve demasiado alto, porque la gente no va a aceptar sin alguna justificación el cambio.

La situación nuestra hoy es tremendamente mala porque es fácil hacer un partido, y es fácil liquidarlo. Nadie se los toma en serio: todos los partidos son vistos como provisionales. En Brasil, un partido que tenga un parlamentario en Brasilia tiene acceso gratuito a una cadena nacional de radio y televisión... Es un negocio muy lucrativo hacer un partido en esas condiciones. Pero, obviamente, resulta ridículo.

> La pluralidad de la democracia no es pulverización. Se debe dar camino a una prioridad oligopólica, a una pluralidad robusta de organizaciones fuertes.

sultan diputados que vienen de su circunscripción y diputados que han resultado de la lista del partido en el estado o en el país.

La desproporción del sistema se da —pese a la igualación proporcional de los diputados de lista—, sea por la "barrera" (los votos por los partidos minúsculos no eligen diputados y hay, entonces, más diputados para los partidos más grandes), sea porque la igualación proporcional se hace en los estados y no en el país todo. Si se iguala la proporción al país todo —como en Israel y Uruguay— la proporcionalidad será extrema. Si se iguala la proporción sólo en los estados, entonces los votos de los partidos chicos de los estados se van perdiendo y no eligen representantes como, según ocurría en el caso anterior, sí elegían si podían sumar los votos residuales de cada estado en una sola circunscripción nacional. El sistema alemán es proporcional, de modo que no propicia bipartidismo, pero su proporcionalidad es parcial, de modo que no propicia atomización partidaria. El sistema alemán ha sido adoptado en los últimos años —en Latinoamérica— por Venezuela y Bolivia.

[4] El entrevistado se está refiriendo a que Brasil es el único país de la región donde hubo, durante décadas, monarquía parlamentaria.

[5] Como hemos dicho antes, el sistema electoral permite elegir al candidato dentro de las listas. Las listas son, entonces, abiertas y no cerradas.

Ahora, si tenemos una barrera nacional de 5%, si tenemos una estructura realmente de cuatro o cinco partidos, si los partidos desarrollan una capacidad organizativa, con actuación permanente, con una sección de estudios económicos, sección de estudios ambientales —todo esto es una externalidad positiva para un parlamentario—, el parlamentario no va a abandonar todo esto si no tiene una justificación importante. Lograr este paso ya sería un cambio importantísimo.

Giovanni Sartori: Hay que terminar con las ideas sobre la democracia que primaron en 1968

El profesor Giovanni Sartori es, tal vez, el más reputado de los politólogos actuales. Acaba de publicar, por ejemplo, Ingeniería constitucional comparada, *donde propone algunas ideas para reformar los sistemas políticos latinoamericanos. La entrevista se celebró el 19 de septiembre de 1996 en Nueva York —ya que el politólogo italiano reparte su tiempo entre la Universidad de Columbia y Florencia, en su país—, en el departamento que Sartori habita frente al Central Park, cuya luz ilumina los dos amplios ambientes que el dueño de casa tiene recubiertos de libros. El profesor Sartori prefirió, sin embargo, la intimidad de la cocina del amplio departamento para hacer unos cafés y dialogar larga y coloquialmente con los autores.*

—*Mientras los académicos discutían si para América Latina era mejor el presidencialismo o el parlamentarismo, la realidad parece haber tomado otros caminos, dando lugar probablemente a un...*

—La realidad no se mueve, no toma caminos...

—*... presidencialismo que tiende a fortalecerse...*

—Sí, es cierto...

—*Tenemos doble vuelta en elección presidencial en casi todo el continente,[1] lo cual da una legitimidad muy fuerte a la institución presidencial. Tenemos —es un fenómeno reciente— en Argentina y en Perú la reelección, a lo que hay que agregar...*

—*Y en Chile el periodo presidencial dura siete años, casi el tiempo de un mandato reelegido.*

—*... el Brasil, donde se acaba de lanzar la campaña reeleccionista...*

—Brasil es un desorden, Brasil es muy difícil de manejar.

—*Entonces, en su opinión ¿estamos en presencia de un nuevo presidencialismo?*

—No, estructuralmente no. El sistema permanece casi invariable, pero como hay un proceso de consolidación político-institucional, el ciclo golpe de Estado-gobiernos civiles se terminó. Entonces es claro que las instituciones civiles con poca interferencia de los mi-

---

GIOVANNI SARTORI nació en Florencia, Italia. Es doctor *honoris causa* por la Universidad de Génova (1992); por la Universidad de Georgetown (1994) y por la Universidad de Guadalajara (1996). Es miembro de la Academia Americana de Artes y Ciencias. Sartori fue profesor de filosofía y de ciencias políticas en Florencia, y profesor emérito en la Universidad de Columbia. Es autor y coautor de más de 20 libros.

[1] Ocho de las 10 democracias sudamericanas tienen el sistema de balotaje.

litares, salvo en algunos países, están reforzándose. En este sentido, sí hay novedades. Pero como reformas institucionales, se trata de pequeñas cosas. Es decir, donde fue consentida la reelección se cambió la Constitución radicalmente, entonces, claramente, hay un presidencialismo más fuerte.

Constitucionalmente, Brasil es un caso desesperado. Es difícil que funcione con la Constitución que tiene. Muchos cambios afectan lo que nosotros llamamos constitución material. Pero grandes variaciones no hubo, salvo las elecciones en Perú y en Venezuela, y no nos referimos en esta última a cambios constitucionales. Yo diría que más que otra cosa es la consolidación de los sistemas democráticos lo que se está reforzando un poco, no mucho, dentro del presidencialismo latinoamericano.

—*Nosotros tocábamos la paradoja de la existencia del debate parlamentarista y la situación de reforzamiento presidencial mediante la difusión de la doble ronda para la elección presidencial y la reelección del primer mandatario. Apuntábamos a la hipótesis de un neocaciquismo.*

—El caciquismo es una función del sistema de los partidos. Si hay —como casi no hay en ninguna parte— partidos fuertemente estructurados, entonces no hay caciquismo. Pero si los partidos son internamente como una nebulosa, entonces, obviamente, estarán habitados —en Italia también, vamos a entendernos— por capitanes locales cuyo personalismo será lo suficientemente fuerte.

—*Usted ha señalado la disfuncionalidad entre el presidencialismo en sistema de gobierno y el multipartidismo en el sistema de partidos, configuración compleja que se da casi solamente en Latinoamérica. Da la impresión, sin embargo, que el multipartidismo tiende a crecer en la región. Por ejemplo, está instalado en Bolivia, Chile, Ecuador, Brasil, Perú, Paraguay...*

—... también en Venezuela, uno de los casos bipartidarios que ahora se desarticuló.

—*... y, ahora, Argentina, Venezuela y Uruguay se agregan al multipartidismo. Entonces esta tendencia nos lleva a un problema. La combinación presidencialismo-multipartidismo no le trae salud a la gobernabilidad. Y cada vez tenemos más presidencialismo y más multipartidismo: según la teoría, cada vez menos gobernabilidad.*

—Bueno, pero el desarrollo de los sistemas de gobierno ha sido independiente. Es decir, no es que el sistema de gobierno pueda controlar el número de partidos, sino que es el sistema electoral quien controla, eventualmente, el número de partidos. El sistema electoral más generalizado en América Latina es proporcional, o vagamente proporcional. No lo fue en el pasado en Argentina, por ejemplo, con la ley Saenz Peña —y por eso la Argentina ha sido fundamentalmente bipartidista—, pero, entonces, cuanto más proporcional es un sistema, más se facilita la fragmentación de los sistemas de partidos. Lamentablemente, esto lleva en parte a una cierta colisión porque, cuanto más numerosos son los partidos, más difícil es —en teoría al menos— que haya un presidente mayoritario, es decir provisto de una mayoría absoluta en el Congreso.

No es dramático —que quede claro— pero en teoría sería mejor una estructura bipartidista, puesto que permitiría más fácilmente un presidente mayoritario. Pero como casi todos estos partidos son bastante fluidos y tolerantes

> Más que un neopresidencialismo, lo que está ocurriendo es que se están consolidando un poco las democracias presidencialistas latinoamericanas.

[311]

> Mientras que en América Latina haya partidos poco estructurados, localistas, personalistas, "caciquistas", será muy difícil que los presidentes obtengan una mayoría en el Parlamento que les permita gobernar no con "decretismo" sino con instrumentos normales.

en cuanto a la disciplina interna —salvo Chile, México y Argentina, porque sus partidos están todavía centralizados—, esta "fluidez" a veces vuelve inútil también al bipartidismo, porque si los partidos no son disciplinados no se avanza. También esto ha ocurrido con los partidos venezolanos, particularmente considerados como saludables, pero desaparecidos en el lapso de pocos meses. Así que tampoco dramaticemos sobre estas diversidades partidarias: mientras que en América Latina haya partidos poco estructurados, localistas, personalistas, "caciquistas", será muy difícil que los presidentes obtengan una mayoría en el Parlamento que les permita gobernar con instrumentos normales y no con "decretismo".

Es decir que se trata de sistemas mal ideados: el presidencialismo no funciona. En los Estados unidos tampoco funciona muy bien, pero funciona. Después de 200 años, este sistema funciona: de otra manera no hubiese podido mantenerse 200 años. Ésta es la prueba de fuego. Pero la gobernabilidad de América Latina es, en estas condiciones que ustedes mencionan, riesgosa.

—*Usted ha sostenido que la videopolítica, en el sentido de la incidencia de los medios de comunicación sobre la opinión pública, sumada al presidencialismo constituyen una combinación de altísimo riesgo. Además, en una América Latina poseedora de una tradición de riesgo, éste se potencia...*

—El caso de Brasil con Collor fue bastante horrible. Todas la elecciones directas, todos los sistemas con elecciones directas del jefe de Estado o eventualmente del jefe de gobierno, están expuestas al peligro de candidatos "teletrónicos": éstos no presentan ninguna capacidad para gobernar, no tienen *curriculum,* persuaden a las masas con la sonrisa y con discursos prefabricados. Son como robots, por eso la elección directa es altamente riesgosa.

Por consiguiente, en el libro[2] me inclino por el sistema finlandés semipresidencial que tenía una elección indirecta a través de un Colegio Electoral —pero no como el estadunidense, que en realidad es de voto comprometido, sino con libertad para decidir a cada miembro del antedicho Colegio—; es decir, un poco como en un Colegio de cardenales: los cardenales se equivocan también pero, por lo menos, saben *quién es* la persona que van a elegir como papa. Un sistema semipresidencial porque allí el poder del presidente, en los casos de cohabitación, es fuertemente limitado y entonces el verdadero poder pasa al jefe de gobierno. Ésta es la razón que me hace recomendar cada vez más sistemas semipresidenciales, porque la videopolítica expone a riesgos altísimos. Claro, a veces no, o todavía no, porque esto recién ha empezado. Ya veremos.

De todos los buenos presidentes del pasado que me vienen a la mente, no hay ni siquiera uno que hubiese sido elegido con la televisión. Menem y Cardoso se explican, de alguna manera, por Collor y por la hiperinflación. Sin embargo, la videopolitica existe. Por eso digo: como no se puede matar a la tele-

---

[2] Se refiere a su último libro *Ingeniería constitucional comparada,* donde el profesor Sartori especula sobre los sistemas de gobierno y electorales más convenientes para América Latina.

visión, tratemos de moderar sus efectos en las elecciones del público. La televisión existe.

—*Lamounier nos ha expresado —respecto del sistema de televisión nacional— que su opción es en favor de un sistema "oligopólico" muy competitivo.*

—En política sirve claramente una televisión competitiva. Si tenemos sistemas políticos competitivos, es justo que tengamos un sistema televisivo competitivo, entonces, oligopólico. Mil estaciones de televisión se autodestruyen entre ellas a veces.

—*Entonces cuatro o cinco...*

—Sí, cuatro o cinco, se necesitan voces bastantes gruesas, por lo tanto un sistema oligopólico.

En lo que concierne al nivel de esta televisión para los fines de construcción de los sistemas políticos y de su gestión, se trata de un partido que hay que jugar en la televisión. Y no es que se esté haciendo muy bien, salvo la BBC. Es el único caso, pero poco a poco la están desmantelando. La BBC sería el mejor modelo existente, pero se necesitan los ingleses para hacer la BBC.

De todas maneras, el nivel de información política que dan en la televisión americana, por ejemplo, es miserable. Los *networks* producen una de las peores informaciones del mundo, no queda más nada. *International News* dura cinco minutos quizá, es una información provinciana. En fin, una vergüenza. ¿Cómo remediarlo...? Estoy escribiendo un libro sobre este tema, por lo tanto, por ahora, no se lo puedo decir.

Todos los sistemas con elecciones directas de jefe de Estado, o eventualmente de jefe de gobierno, están expuestos al peligro de candidatos "teletrónicos": éstos no presentan ninguna capacidad para gobernar, no tienen *curriculum*, persuaden a las masas con la sonrisa y con discursos prefabricados. Son como robots, por eso la elección directa es altamente riesgosa.

—*Usted, hace un rato, se refería al sistema semipresidencial finlandés. En su último libro, ha ido un poquito más lejos y ha propuesto el presidencialismo alternante,[3] con la idea de premio al parlamentarismo si funciona y, si no funciona, de castigo. Ahora, en el ejemplo finlandés —como en cierta manera en el ejemplo boliviano en América Latina—, que sea el presidente en sí quien arme el gobierno es un dato muy importante. No es el primer ministro sino el presidente quien construye el gobierno: es el semipresidencialismo de tipo más presidencialista, como es de tipo más equilibrado el semipresidencialismo francés, o más parlamentarista el semipresidencialismo portugués. En el presidencialismo alternante usted, sin embargo, prevé que, en su fase inicial, el sistema sea parlamentariamente puro, sin un papel muy importante del presidente. En la hipótesis semipresidencialista —a diferencia del presidencialismo alternante que usted defiende— se aprovecharía el acervo que constituye en parte, en la cultura política de la región, la figura presidencial, sobre todo en un semipresi-*

---

[3] Básicamente, lo que Sartori llama presidencialismo alternante como sistema de gobierno en realidad funcionaría como un semipresidencialismo· —jefe de Estado elegido popularmente y jefe de gobierno con respaldo parlamentario— pero con un jefe de Estado con un papel muy restringido, en principio, y que, sin embargo, se haría muy fuerte si no se logra eficacia parlamentaria en cada periodo, pasándose en esa ocasión y hasta el fin del mandato a una alternancia institucional con un presidencialismo neto y fuerte. La fórmula electoral para la elección de parlamentarios propuesta por Sartori sería un sistema mayoritario de doble vuelta a la francesa, en el que participarían en la segunda vuelta los tres o cuatro candidatos con más votos en la circunscripción.

dencialismo del tipo finlandés. Fíjese usted qué importante ha sido en Bolivia el hecho de que, para ser presidente, sea un requisito construir antes una mayoría capaz de armar el gobierno. En un sistema presidencialista como ése pero en el que el parlamento es el Colegio Elector, una segunda vuelta indirecta —definida en el Congreso— ha dado estabilidad ya en tres periodos. ¿Cuál es exactamente el papel del presidente en su propuesta?, ¿es nada más que castigo?

—Bolivia, claro... yo respeto el actual sosiego, pero no es que le tenga demasiada confianza. Va muy bien respecto del pasado, ya es un milagro que funcione como funciona, pero la estabilidad es siempre preocupante en Bolivia ¿verdad?

¿La pregunta es sobre el presidencialismo alternante?

—Sobre el papel del presidente en el presidencialismo alternante.

—Digamos que, si cae el primero, el segundo gobierno parlamentario se transforma en un presidente a la Fujimori, pero sólo por dos años y no por cinco. Decae luego automáticamente y se vuelve a empezar con un sistema parlamentario. Entonces la idea es correr los mismos riesgos de un presidencialismo fuerte, pero por mucho menos tiempo.

—¿No es reelegible el presidente en su hipótesis de presidencialismo alternante?

—Sí, sí, claro, es reelegible siempre, si no, no hay incentivo. Debe ser reelegible. Después de cada elección hay un periodo parlamentario. Esto implica que el poder presidencial es discontinuo. Debe poder ser reelegido. De lo contrario, falta el incentivo. Todo el argumento se basa en el incentivo.

—En el caso del sistema electoral para elegir parlamentarios, usted insinúa un sistema mayoritario de segunda vuelta, ¿Qué repercusión tendría esa idea sobre el sistema de partidos, porque ahora sí estamos en el sistema electoral y su vinculación con el sistema de partidos. ¿Es neutro?

—No, ningún sistema electoral es neutro. Si fuera neutro no serviría para nada, el sistema electoral es un instrumento.

Tenemos que ver cuál es el objetivo que queremos alcanzar, después de lo cual tenemos que encontrar un sistema, no neutro, que persiga ese objetivo. Si quisiéramos uno neutro..., quizá tampoco el proporcional lo fuera, pero, en fin, sería el sistema más neutro.

Yo estoy en favor del doble turno, porque es el único sistema electoral agregativo* y reductivo de los partidos. Es decir, la mayor parte de la veces no es cierto que un sistema mayoritario a un turno reduzca la cantidad de partidos: lo vimos con el caso italiano y yo lo había anticipado. Quiero decir, tenemos más partidos ahora con un turno, que antes con la representación proporcional. Un mecanismo perverso: si hay siete, ocho, 10 partidos preexistentes y si se gana la banca con la mayoría relativa, entonces los partidos chicos piden que se les asignen determinados puestos, y si no, amenazan: "Yo me presento y tú pierdes". Es así que han obtenido todos los puestos al tavolino.** Rifon-

---

* "Agregativo" en el sentido de que los partidos más pequeños se pueden fundir con uno grande y, consecuentemente, se achica la cantidad de partidos existentes.
** Coloquialmente, en italiano, "negociados en la mesa", algo "cocinado" antes de la elección.

dazione[4] recibió 35 puestos *al tavolino;* Bossi,[5] en su época, obtuvo 70 con Berlusconi. Por lo tanto, definitivamente no sirve.

En cambio, en un sistema de doble turno, en el primer turno se vota libremente, como en la proporcional, y después viene la segunda vuelta electoral eliminatoria: no se trata más de acuerdos.

En el segundo turno, yo estoy en favor de readmitir los primeros tres candidatos, porque si el balotaje es cerrado —balotaje, técnicamente, quiere decir que son dos solamente los que participan de la segunda ronda—, si entran sólo los dos primeros, también aquí el primer turno puede ser deformado por un voto estratégico. Es decir, el electorado, si es inteligente, vota "útilmente" por aquellos que tengan más chance de ubicarse entre los dos primeros candidatos y ello, luego, no me da una sincera distribución. En ese caso, por lo tanto, en el segundo turno, tampoco tenemos un reagrupamiento correcto.

Por eso yo prefiero que se admitan los primeros tres, aunque sobre el umbral de ingreso es difícil ponerse de acuerdo,[6] cada cual tira el umbral, el nivel de admisión, hacia un lado: 4%, 3%, en Israel están con 1.5%. Ridículo, ¿qué puedes hacer con 1.5%? Pero en Grecia se llegó a admitir hasta el 35%.

Finalmente, olvidémonos de los primeros tres o cuatro, con este esquema se juega limpio y el sistema se afirma porque, en el segundo turno, los partidos pequeños ya no pueden hacer chantajes y, de a poco, desaparecen o se

Hay que insistir sobre un punto, lamentablemente: el desmantelamiento de la ciudadanía política tipo occidental se produce con la "contestación". Todas las ideas que han circulado y que se distinguieron son las ideas de 1968 y 1969: son ideas de infantilismo político. Hay que terminar con las ideas sobre la democracia que primaban en 1968. Hoy por hoy estamos dirigidos por la generación 1968-1969: "La imaginación al poder". Es decir, por gente absolutamente ignorante y que no dice más que pavadas.

agregan. Se trata, entonces, de un sistema agregativo y reductivo del número de la fragmentación partidaria conseguida a través de automatismos electorales.

—*¿Me permite continuar con el tema del número de partidos pero ya visto desde otro ángulo?*

—Se puede hacer de muchas formas el doble turno. Se puede hacer con colegios plurinominales, es un sistema muy flexible, adaptable al caso, pero en cada caso el sistema es muy preciso, y éste es el punto importante.

—*La pregunta va orientada más al tema del número de partidos, al costo de la información que el ciudadano está dispuesto a asumir y la relación de ello con la videopolítica. Asumiendo como dato la videopolítica, 20 partidos, por ejemplo, es un costo demasiado alto de comprensión de la información para que no exista luego anomia política por parte de la gente ¿Cómo relacionar el punto de dispersión política y el videopoder?*

[4] Se refiere al grupo comunista ortodoxo italiano hoy aliado del gobierno Prodi.
[5] Se refiere al líder de la Liga en Italia, que fue aliado con Forza Italia de Berlusconi en el Polo de la Libertad.
[6] Se está refiriendo a que el modo que tiene el sistema parlamentario francés para que persistan más de dos candidatos en el segundo turno es que los candidatos obtengan un mínimo de 12.5% de los votos en la primera vuelta. Frecuentemente se trata de tres o cuatro candidatos. Cuando habla de Israel o Grecia —u otras naciones (España 3%, Alemania 5%)— se refiere a "barreras" del primer y único turno electoral de esos países.

> Como yo suelo decir: si ya no existe el interés general, existe el desinterés general y emerge lo local. Entonces todo se fragmenta y con el tiempo el ejercicio democrático del poder se vuelve pésimo y termina autodestruyéndose.

—Bueno, para mí es peor todavía, porque los partidos se están fragmentando. Quiero decir: la videopolítica, al final —no enseguida y no ahora en América Latina—, se convierte claramente en localista. Porque la imagen ve personas, ve un pedazo de calle: no hay abstracción. Por lo tanto, viendo cosas concretas, ve únicamente cosas muy pequeñas. Entonces, si se va a votar en colegios uninominales, con la pluralización de la televisión local —cosa inevitable, ya que con esta nueva tecnología no se necesita más que prender el televisor, tener una cámara, y se hace la transmisión local—, se produce la fragmentación localista de la política. Aquí en los Estados Unidos, por ejemplo, rige un sistema federal que corrige en parte ese localismo, pero en América Latina es distinto. Si se destruyen los partidos la unidad ya no es el partido: ya no lo es en Uruguay, donde están los lemas y los sublemas. Hay que ver cuál es la verdadera entidad, si el sujeto verdadero no es el partido, entonces el discurso sobre los partidos siempre puede ser corregido por el doble turno. Pero se necesita un partido muy centralizado para poder obtener disciplina de votos al partido, de otro modo no sirve para nada. Uno puede tener dos partidos, como en Colombia, dos partidos y mil personajes: partidos "fachadas".

—*La complejidad no ayuda a la participación. ¿Cómo bajar el costo de la información para el ciudadano?*

—Bueno, más que en el costo, el problema está en la utilidad de la información. Estamos hablando de un costo de no información o de desinformación, o sea de electorados que son cada vez menos educados políticamente. No ha habido progreso en esto, más bien lo contrario. Los electorados siguen y entienden cosas simples: si los partidos son tres o cuatro bien, si son 20 se pulveriza todo. El exceso de información destruye la comprensión, porque nosotros somos animales finitos, no somos ciempiés o potenciales infinitos: es necesario quedarse con una aritmética simple. Entonces, en este sentido, la información se convierte en un costo de inutilidad, se autoahoga. Demasiados rumores, demasiados números, se autodestruyen.

—*Una de las mayores incertidumbres que hemos encontrado en este ciclo de entrevistas reside en la pregunta ¿qué hacemos con los partidos? No en términos de cantidad, porque en casi todos lados rige una representación proporcional imperfecta —cuya imperfección garantiza que no haya dispersión del sistema de partidos— sino en cuanto a que los partidos ya no son los dotadores de gobernabilidad que eran antes. Los partidos están acosados por nuevos competidores en la sociedad civil emergente y desafiados por nuevos paradigmas en la relación de lo público con lo privado. En su opinión, ¿cómo deben ser los partidos, la mediación en sí misma?, ¿cuál debe ser su papel?*

—Hay que insistir sobre un punto, lamentablemente: el desmantelamiento de la ciudadanía política tipo occidental se produce con la "contestación". Todas las ideas que han circulado y que se distinguieron son las ideas de 1968 y 1969: son ideas de infantilismo político. Hay que terminar con las ideas sobre la democracia que primaron en 1968.

Es necesario hacer entender algunas cosas fundamentales: una democracia sin partidos es una democracia altamente caótica. Después de esto, no se entiende cómo un parlamento sin partidos lo suficientemente disciplinados pueda funcionar, por lo menos si se debe funcionar con el principio mayoritario. Porque si un Parlamento no produce nunca una mayoría, y si cada vez se debe "comprar con el mercado de las vacas",[7] o de los terneros o de los caballos, entonces ése no es un buen sistema.

Hay que darse cuenta de que, entre los instrumentos del gobierno democrático, tiene que haber partidos lo suficientemente bien organizados y disciplinados como para impedir un exceso de localismo, porque si no, todo se hace pedazos. Como yo suelo decir: si ya no existe el interés general, existe el desinterés general y emerge lo local. Entonces todo se fragmenta y con el tiempo el ejercicio democrático del poder se vuelve pésimo y termina autodestruyéndose. Si nos damos cuenta de esto, si nos persuadimos de esto, entonces conocemos los sistemas para ayudar a reconstruir los partidos y hacerlos funcionar. Pero hace falta estar convencidos de ello.

Lo divertido del asunto es que ahora, en los Estados Unidos, y también en otros lados, se dice con frecuencia "limitemos la reelegibilidad"; sin embargo, yo la defiendo. En México, adonde fui hace poco, les dije: "La razón por la cual son impotentes es porque no pueden ser reelectos. Porque si ustedes no conceden la reelección, su diputación se transforma en un tránsito".[8] Uno va al Parlamento para asegurarse su carrera futura, pero así, sin reelección, no se identifica más con ese papel. Estamos cometiendo errores colosales.

Decir a un electo que no tiene que ser reelegido deriva en varias consecuen-

> Los electorados siguen y entienden cosas simples: si los partidos son tres o cuatro, bien, todos saben contar hasta cuatro; si son 20 se pulveriza todo. Es decir, el exceso de información destruye la comprensión, porque nosotros somos animales finitos, no somos ciempiés o potenciales infinitos: es necesario quedarse con una aritmética simple.

cias. Antes que nada, así, con tal premisa ¿quién va a querer ir?: los peores. Porque una persona seria, a los 30 años, piensa: "¿Y por qué tengo que ir ahí?, ¿para mirar? y después ¿qué hago?" Un individuo que se presenta a una elección, lo toma normalmente como un momento de su trayectoria, para luego asegurarse una carrera.

Realmente, esto es algo que escapa a mi entendimiento: estamos desarrollando medidas que luego destruyen la funcionalidad de un sistema político, como dije anteriormente. En México la razón más fundamental por la cual el Congreso luego no puede hacer nada es justamente ésta, que no son reelegibles. Es decir, no hay mejor manera para destruir la autonomía de un Parlamento que la que consiste en decir: se tienen que ir todos a casa. Un Parlamento de aficionados que quedan ahí durante cuatro o cinco años está allí para encontrar, para después, una ubicación personal mejor al cabo de cuatro o cinco años: es insensato.

—*La pregunta era también sobre la construcción de los partidos...*

—Antes existían los partidos ideológicos marxistas, por otra parte el marxismo sigue siendo fuerte en América Latina. Ya no son agitadores, pero no es que

---

[7] Expresión italiana referida al clientelismo, a veces conseguir un favor del Estado. En este caso, que el gobierno salga a buscar los votos parlamentarios satisfaciendo las necesidades clientelísticas de los diputados necesarios.

[8] En México, hasta ahora, los diputados no pueden ser reelectos en el periodo siguiente. Sí después. El punto integra la agenda del debate mexicano actual.

> México es un *test* de transformación para toda la región. Es un sistema fuertemente autoritario. Si logra salir de una economía altamente protegida a una economía de mercado abierto, y si logra la transformación de un sistema hegemónico-autoritario a un sistema presidencial, ya no fundado en la concentración absoluta del poder, como lo es ahora, entonces será un buen ejemplo.

hayan adquirido una cultura alternativa. En la medida que un partido ideológico de tipo marxista se apaga, tiende a lanzarse al populismo. Rifondazione Comunista en Italia es un típico ejemplo. Rifondazione Comunista está hecho por verdaderos comunistas, puros y duros, que no hablan más de Marx ni de Lenin, pero hacen un peronismo económico.

Es decir, tendremos partidos de izquierda que serán cada vez más populistas, y que serán lo suficientemente fuertes. Al mismo tiempo, los partidos se refuerzan por contagio: si los partidos de izquierda son fuertes, sus opositores deben hacer más o menos lo mismo. De hecho, frente al surgimiento de un partido de masas, es decir con una organización de masas, socialista católica, en Europa, los otros partidos "de notables" tuvieron que hacer lo mismo para poder mantenerse, de lo contrario desaparecían. Es decir que a veces el proceso se repite.

—*En este momento difícil parece haber un falso debate en el que unos sostienen que lo legítimo sería la sociedad civil, y la crisis de la política estaría sustantivamente deslegitimando a los partidos.*

—Nosotros lo vemos ahora en Italia con Berlusconi. Berlusconi tendría todos los instrumentos: tiene la televisión, tiene plata, es un empresario, por lo tanto sabe empezar las cosas —tal vez no las sabe terminar, pero las sabe empezar—, es un aventurero, característica esta última que es importante en política, donde hoy por hoy una persona "bien" tiene pocas oportunidades de recorrer un largo camino.

Justo en estos días he escrito una columna para la revista *Panorama* que se titula "El partido según Berlusconi". Ahora dice que quiere hacer un partido y no tiene la menor idea de cómo hacerlo. Dice que va a hacer un partido de tipo norteamericano, entonces yo le hago notar: "Mire que los partidos norteamericanos no tienen afiliados, ¿quiere hacer un partido sin afiliados?, ¿con las primarias?" Si se tiene enfrente partidos abiertos con miembros no registrados —yo no lo digo en el artículo— es suficiente con que el PDS envíe sus afiliados para que se coman al partido de Berlusconi.

El procedimiento para crear partidos es siempre el mismo, se empieza con un movimiento y se debe crear un mínimo de interés. El control del financiamiento debe limitar los costos electorales, como hacen muy bien en Inglaterra. Si el partido tiene el control del financiamiento entonces logra controlar sus candidatos electos, eso es suficiente.

—*¿Disciplina partidaria?*

—Sí, porque si controla su elección, entonces logra más directamente un control, moderado, claro. No hablamos de una disciplina militar, con fusilamientos, pero un poco de disciplina... Yo también cuando doy clases voy a una hora disciplinada, es una coerción, determinada por otros, y no me rebelo. Y tampoco me parece demasiado terrible.

—*¿Qué pronóstico podría hacer sobre los partidos tradicionales en América Latina?*

—Bueno, aguantan en Chile. Porque los sistemas de partidos sólidos eran en Venezuela, si se quiere también en Perú, pero en este momento ya no es así. El Uruguay siempre fue un sistema de subpartidos. Argentina, que era el único sistema bastante estructurado bipartidista, ahora... bueno, quizá ya no lo sea. Pero un momentito, porque la tradición bipartidista existe en Argentina. El problema es que los radicales se han disuelto masivamente, entonces un tercer partido amenazaría en algo, pero Argentina es todavía bipartidista como apuntan a serlo Chile y México.

El caso más interesante es México. Esto porque, creo yo, si México sale adelante en una transformación institucional y también económica —yo soy relativamente optimista sobre su nuevo despegue económico—, si logra restructurar un sistema democrático del todo creíble, México puede ser influyente. El PRI no desaparece, obviamente, pero el PAN se está reforzando. Por lo tanto, si adoptan un sistema electoral de doble turno, yo espero que México se pueda convertir en un sistema bipartidista, o bipolar, de alternativa entre el PRI y el PAN. El PAN es todavía un partido con un nivel de recursos humanos mucho más pobre que el PRI —donde hay gente muy capacitada—, pero está creciendo. Entonces, yo creo que el ejemplo de México puede reflejarse en América, y de allí seguramente deberían quedar partidos estructurados.

—*Cuando a usted se le escucha o se le lee, se siente que en su opinión México es una suerte de* test.

—Sí, es un *test* de transformación. Si logra salir de una economía altamente protegida a una economía de mercado abierto, y si logra la transformación de un sistema hegemónico-autoritario a un sistema presidencial, ya no fundado en la concentración absoluta del poder, como lo es ahora, entonces será un buen ejemplo.

—*Cuando usted ingenia fórmulas en cuanto al sistema electoral o en cuanto al sistema de gobierno, como las que propone en su libro sobre ingeniería constitucional, ¿está pensando en México?*

—Sí, en México puede ser... pero también me parece bien probar el presidencialismo alternante en Brasil, en Argentina. Chile puede seguir adelante así, va bien.

—*¿En la evolución institucional de América Latina no corremos el riesgo de estancarnos algunos países en lo que O'Donnell llama "democracia delegada", democracia en cierto sentido no muy democrática, una democracia autoritaria?*

—Delegada no es autoritaria. Delegada quiere decir que el *demos* cuenta poco, pero, bueno, no es necesariamente autoritaria. Por otro lado, cuando un sistema no funciona, la culpa del autoritarismo sobreviniente es del sistema que no funciona.

—*La preocupación nuestra es que esa democracia delegada es muy funcional a la nueva forma de consumir política, la video-política.*

—Yo diría que como no hay más opciones legítimas a la democracia —no hay sistemas alternativos fundados sobre una legitimidad reconocida—, ocurre que si la democracia es débil es porque no funciona. Entonces el autoritarismo en América Latina o en otra parte es fruto de las fallas en que incurre determinada democracia. No se trata de crisis de la democracia a causa de la creencia de los ciudadanos en sistemas alternativos, sino que se trata de una crisis interna de la democracia. En el pasado teníamos sistemas alternativos por doquier que ya no existen más. Existen, en cambio, las fallas de la democracia. Entonces, si en América Latina un presidente no logra hacer las leyes, hace decretos, ilegalmente. Fujimori o Menem lo hacen, incluso cuando no es necesario. En Brasil pasa lo mismo, es una falla del sistema político, no es otra cosa.

—*Siguiendo una definición "procedimental" de la democracia como un sistema de procedimientos y un conjunto de valores que son su condición de posi-*

> Los sistemas políticos no son sistemas de *demo*-distribución, son sistemas de protección de la libertad y de las leyes.

bilidad, los niveles de exclusión social en América Latina que se mantienen y a veces se profundizan ¿hacen posible la democracia?

—Bueno, exclusión social... Quisiera que esto quedara claro: la integración en la política, en el sistema político, no sucede, no hay. Pero además está la exclusión económica que es aún más grave todavía, ¿a cuál de las dos se refiere?

—*A la económica, como condición de posibilidad de la democracia. ¿Son viables las democracias de menesterosos?*

—Si la democracia es concebida sólo como un sistema procedimental de protección de los derechos y las libertades, puede ser pobre. Si la democracia, en cambio, es concebida como un sistema de distribución de *demo*-beneficios, entonces tiene que ser rica. Si no somos ricos y si queremos dar *demo*-beneficios, el sistema no funciona. En este caso también es necesario tener las ideas claras: si nos podemos permitir un Estado social, un estado asistencial, la *demo*-distribución, una relativa igualdad: magnífico. Pero si no nos lo podemos permitir y lo hacemos, el riesgo es la destrucción.

También en este caso alcanzaría con que las ideas fueran sensatas, las reglas fueran sensatas... son todos problemas del siglo XX, porque en el XIX todas las democracias eran pobres, pero eran apreciadas como sistemas de libertad y protección. Ahora, lamentablemente, por efecto del contagio, sucede que en cuanto aparece la democracia se despierta el *demo*-apetito, se distribuye, y el sistema termina en la banca rota económica.

En América Latina la cura importante ha sido la hiperinflación. La Argentina y todos los países que salieron del caos lo hicieron porque éste era real-mente intolerable. Por lo tanto se soportará mucho en América Latina, mientras dure la memoria de la inflación.

El problema es que las economías de mercado funcionan eficazmente en la medida que se desinteresan de la distribución equitativa. Este último, justamente, no es un problema que les concierne. El problema de las economías de mercado es dar las mismas oportunidades, no las mismas distribuciones de resultados. Sacrifican el individuo al interés colectivo, al interés general. Pero así no resuelven, más bien agravan, el problema de las desigualdades. La economía de mercado hace lo que tiene que hacer, no puede hacer otra cosa. Liberarse de ella y matarla es un daño colectivo. Entonces hay que tener una economía de mercado que funcione y un sistema político que, en la medida que le sea posible, haga las distribuciones de modo que las desigualdades no sean demasiado grandes. Y a veces son grandes a tal punto —la Argentina por ejemplo es un país latifundista— que no funciona bien ni siquiera la economía de mercado.

Venezuela, por ejemplo, tuvo dinero del petróleo, pero en el fondo terminó siendo un pasivo: el petróleo fue dinero fácil. Suiza anda bien sin petróleo e Italia se las arregló porque no lo tiene. Si tienes petróleo, se lo vendes a los grandes países, como hacen en Arabia Saudita, y llega un cierto punto en que no hay más petróleo, pero igual hay que seguir...

Los sistemas constitucionales no son sistemas de *demo*-distribución, son sistemas de protección de la libertad y de las leyes. En consecuencia, el discurso es éste: América Latina está protegida por la memoria de la hiperinflación pero, al mismo tiempo, las reformas de estructuras sociales hechas en Europa tienen que darse allí también, porque las desigualdades de extrema pobreza y la concentración de riqueza son terribles en

América Latina. Esto se puede lograr si el sistema político se corrige, si se le gestiona bien las reformas necesarias serán posibles.

—*Ahora, con la crisis del Estado de bienestar y sus actores tradicionales —partidos clientelares, sindicatos estatalistas, etc.— estamos teniendo una democracia sin actores, o con actores en crisis...*

—Los viejos actores están en crisis, los nuevos en parte son meros aficionados y en parte, lamentablemente, no están lo suficientemente estimulados. A esta altura tenemos procedimientos electivos no selectivos, que no seleccionan adecuadamente. Al mismo tiempo no tenemos los suficientes estímulos desde el punto de vista personal. Por ejemplo, Bossi. Bossi es una persona que no tiene un trabajo alternativo, es muy bueno en lo que hace, pero si no hiciera eso, sería un "sin techo". Se trata en general de gente que no tiene una profesión, un oficio alternativo, es decir que el reclutamiento bajó a niveles muy modestos. Y como siempre, esto pasa por difundir ideas equivocadas, porque si durante medio siglo se viene diciendo que la selección es elitismo, que tenemos que combatir las élites, entonces obtenemos lo que habíamos pedido. Yo soy un elitista. Y si se recrea una cultura sensata que diga que las elecciones deberían seleccionar a los mejores, hay mucha gente interesante. Si se mira a las generaciones jóvenes, hay gente buena, inteligente, interesante, honesta, sólo están desorientadas por las ideas erróneas.

—*Ahí hay también un problema de debilidad de los actores, de ingeniería institucional, porque si uno suma representación proporcional, multipartidismo y presidencialismo, la mezcla es bastante explosiva. Se requiere superar ese problema con actores actores muy dinámicos ¿cómo cree usted que se configurará el actor del cambio?*

—Yo, además de ser elitista, creo en la fuerza de las ideas. Nosotros hemos sido guiados por ideas equivocadas durante medio siglo, si se enderezan las ideas un poco —sólo un poco, no soy un iluminista del siglo XVIII— se enderezan también los reflejos. Siguiendo con las ideas equivocadas, nos vamos al matadero. Si nos damos cuenta de esto, si las ideas se corrigen y ya no son las equivocadas, hay una defensa. Yo tengo mucha confianza en esto, sobre todo por los jóvenes, pero es un proceso largo. Hoy por hoy estamos dirigidos por la generación 1968-1969: "La imaginación al poder". Es decir, por gente absolutamente ignorante y que no dice más que pavadas. Entonces, hay que reenderezar las ideas y tener instrumentos inteligentes, como un sistema electoral y un sistema constitucional. Pero mucho pasa también por el reclutamiento, si se persiste en el antielitismo, estamos rebajando el nivel del personal político. Es sencillo, si el grupo de referencia de la gente está arriba, entonces se sube. Si el grupo de referencia está abajo, entonces se baja. Por ahí está la utilidad del elitismo.

—*Nosotros encontramos una resistencia grande aún de los reformadores latinoamericanos a cambiar el instrumento, a cambiar el partido. En el fondo*

> Yo, además de ser elitista, creo en la fuerza de las ideas. Nosotros hemos sido guiados por ideas equivocadas durante medio siglo, si se enderezan las ideas un poco —sólo un poco, no soy un iluminista del siglo XVIII— se enderezan también los reflejos. Siguiendo con las ideas equivocadas, nos vamos al matadero. Si nos damos cuenta de esto, si las ideas se corrigen y ya no son las equivocadas, hay una defensa. Pero mucho pasa también por el reclutamiento, si se persiste en el antielitismo, estamos rebajando el nivel del personal político.

se propone hacer reformas positivas con instrumentos viejos, con clientelismo, con compra de votos en el Parlamento...

—Sí, ... se trabaja con lo que "pasa el convento" como se dice en Italia. Estamos en tiempos de una notable sordera político-institucional. Hay muchos economistas y ellos de política no mastican mucho...

—*Siguiendo lo que usted dice, Touraine acaba de sostener una tesis que prioriza para América Latina la importancia de reconstruir lo político por sobre lo económico y por sobre lo social.*

—Estoy de acuerdo con él, también porque si la premisa es que las economías deben ser de mercado —los mercados son francamente mecanismos automáticos— no existe más el Estado que crea al sistema económico. Y es de éste, volviendo a los orígenes, que se ocupa la política, la gestión de poder, la defensa de los ciudadanos. Si esa importancia de la política no es restablecida... es como si faltara la empuñadura, el asa sobre todo lo demás: el asa está siempre ahí. Pero es más fácil si el poder político se libera del exceso de intromisión en el sistema económico. En este sentido es en donde yo coincido: seguramente la política es el poder de manejar un país, es decir que es el asa de todo lo demás. Si se aligera sobre el lado de la gestión del sistema económico —que ello viene con los sistemas de mercado—, si no se debe enfrentar más una política como fue hecha en América Latina durante los últimos 20 años, de construcción de sustitución de importaciones, entonces es mejor. La economía, luego, se mueve sola o, más que nada, se la protege como sistema de mercado, y entonces está bien. El Estado más liviano se puede "purgar" mejor que el estado "comedero", porque si el Estado controla la economía, empieza a comer de allí, ¿eh?... es inevitable.

En Italia hemos hablado del "mercado de las *vacas*". Miren ustedes que el problema del "mercado de las vacas" no se cura matando al mercado, se cura eliminando las vacas.

—*En América Latina tenemos la tendencia a pensar que somos los dueños de todas las crisis: la crisis de los partidos nos pasa a nosotros, la corrupción nos pasa a nosotros, los partidos débiles son los nuestros. Y, sin embargo, Europa tiene la crisis de los partidos, Europa tiene la crisis de la corrupción, Europa tiene esto que suele ocurrir en América Latina de cambiar el discurso una vez que se llega al gobierno... La pregunta apunta a la especificidad de lo latinoamericano, porque, por ejemplo, la región no tiene el monopolio de la corrupción...*

—Cuanto más el dinero es manejado por los políticos, mayor es la corrupción. Cuanto menos los políticos tienen poderes de manejo económico tanto más la corrupción se reduce a proporciones normales, porque un poco de corrupción no hace mal. Yo prefiero un buen político un poco corrupto a un político imbécil y puro. También porque, después de todo, constituye un buen aliciente si puedes tener algo de plata, quizá atraigas a personas mejores: hay que tener un poco de cinismo en política.

En cuanto a la similitud sobre la democracia europea y la latinoamericana, no es muy clara. En Europa del norte es una cosa, mientras que en Italia, España, Portugal y Grecia es otra cosa. La parte meridional está más cerca de América Latina, no así Holanda, Suecia o Inglaterra. Hay una tradición cultural en América Latina que es distintiva, porque viene de los tiempos de la dominación española y marca toda la historia de América Latina. Hay entonces una cultura española, que no me atrevo ni siquiera a definir, pero cuya presencia se siente. Una cultura española, si se quiere degenerada, o periférica. La España invertebrada de Ortega en un cierto punto se logra. Pero atención, España últimamente se está portando muy bien, está haciendo bien las cosas.

Yo no creo en el determinismo cultural. Alemania es un caso análogo: se habla de la cultura alemana, pero entre la cultura de los años treinta, Hitler y la cultura de los años cincuenta existen grandes diferencias.

La herencia cultural no es un dato tan importante. Si de ahora en adelante América Latina se abre de verdad al mundo occidental, como está sucediendo, deja de trabajar sobre economías cerradas y protegidas, hace circular más las élites, las entradas y las salidas, etc., rápidamente se moderniza su cultura, cualquiera que sea el contenido de su herencia.

—¿Se moderniza en Nueva York o en Europa?

—Bueno... yo soy partidario de influencias múltiples. No recomiendo mucho a Roma, pero sé que también en Nueva York hay mucha gentuza.

Carlos Castillo Peraza: Claroscuros de la transición

Carlos Castillo Peraza —de aspecto joven, con anteojos, cordial— es al mismo tiempo un analista y un protagonista de la política mexicana. El intelectual prestigioso —autor habitual de artículos y ensayos—, se ensambla armónicamente con el actor político exitoso que, al frente del Partido Acción Nacional, lo convirtió en la segunda fuerza del país, con aspiraciones de competir realmente por la presidencia en la próxima elección, no ya desde la derecha más tradicional, sino mediante un corrimiento hacia el centro político. Al momento de realizar la entrevista, en abril de 1996, Castillo Peraza había hecho un nuevo "corrimiento": abandonó la presidencia del PAN y se trasladó a una nueva oficina —en el mismo vecindario de la sede de ese partido, en la colonia Del Valle—, donde también se respiraba el inconfundible clima de una sede política en plena campaña.

—¿México está viviendo una transición política?

—Definitivamente. Desde mi punto de vista es una transición política cuyo ayer podríamos calificar como de presidencialismo populista y su destino debe ser un régimen democrático con equilibrio de poderes. El presidencialismo populista en México es el sistema en el cual el presidente de la República, constitucionalmente, tiene poderes superiores a los otros poderes y su partido tiene una mayoría en el Congreso. En algunas situaciones, sobre todo recientemente, esta mayoría no se obtuvo con la limpieza electoral deseable. Este partido ha tenido siempre un voto disciplinado en favor de las propuestas del Ejecutivo y siempre ha considerado al presidente de la República, no solamente como tal, sino como líder del partido.

Esto pudo funcionar durante mucho tiempo, primero, porque la herencia de la Revolución mexicana dio al PRI una característica muy especial, con una amplia base política y social, y luego porque en la economía había dos instrumentos en manos del poder presidencial: la emi-

CARLOS CASTILLO PERAZA es secretario de Relaciones Internacionales del Partido Acción Nacional (PAN) del cual fue presidente hasta marzo de 1996. Preside actualmente la Fundación Rafael Preciado Hernández. Nació en Mérida, Yucatán, el 17 de abril de 1947. Fue candidato a gobernador de Yucatán y a alcalde de Mérida por el PAN. Fue diputado federal en dos ocasiones: 1979-1982 y 1988-1991. En el gabinete alternativo del ingeniero Manuel Clouthier del Rincón desempeñó el cargo de secretario de Educación Pública. Licenciado en Letras en la Universidad de Friburgo, Suiza, en la especialidad de filosofía política. Ha sido docente de las universidades La Salle, Guadalajara, Harvard, Berkeley, Georgetown y en la Universidad de los Trabajadores de América Latina, en Caracas, entre otras.

Se trata de una transición política cuyo ayer podríamos calificar como de presidencialismo populista y su destino debe ser un régimen democrático con equilibrio de poderes.

sión de moneda y las fronteras comerciales cerradas. Gracias a esto el Estado mexicano y el presidente de la República podían hacerle el gusto a todos, lo mismo al campesino que quería vender caro su maíz como al obrero que quería pagar barato por su tortilla. Y las consecuencias económicas, obviamente deficientes de este proceder, eran compensadas con las fronteras cerradas y la emisión de moneda a mansalva. Además, ayudó a esto un proceso gradual de estatización de la economía que llega a su tope en 1982, con la estatización de la banca.

A partir de entonces, por propia voluntad o por fuerza, por ambición o por necesidad, se empezó a hacer cada vez menos posible imprimir dinero y mantener la economía cerrada. Desde el momento en que esto se empieza a modificar y el presidente de México no puede disponer como antes, con toda discrecionalidad —o arbitrariedad—, de sus instrumentos, empieza entonces dicho

El sistema pudo funcionar durante mucho tiempo, primero, porque la herencia de la revolución mexicana le dio al PRI una característica muy especial –con una amplia base política y social–, y, luego, porque en la economía había dos instrumentos en manos del poder presidencial: la emisión de moneda y las fronteras comerciales cerradas. Gracias a esto el Estado mexicano y el Presidente de la República podían hacerle el gusto a todos. A partir de determinado momento empezó a ser cada vez menos posible imprimir dinero y mantener la economía cerrada. Esto empieza a corroer el sistema presidencialista populista.

gobierno a carecer de herramientas para mantener ese proceder tradicional de satisfacer a todos. Y esto empieza a corroer el sistema presidencialista populista. Primero, porque tiene que escoger a quién darle gusto, y el PRI, al no poder satisfacer los intereses de los diversos sectores —casi todos—que lo componían, empieza a perder simpatías. Segundo, porque el gasto público empieza a ser más restringido y a ser vigilado cada vez con más rigor, de modo que no se puede disponer de dinero para pasarle al PRI por debajo de la mesa. Esto ocasiona un debilitamiento del PRI, una necesidad del presidente de negociar con su partido que ya no lo reconoce tan clara y omnímodamente como líder. Finalmente, además, empieza a perder elecciones, lo que ya no le da en el Congreso las holgadas mayorías de que disponía antes.

LAS CAUSAS DE LA TRANSICIÓN

—*Entonces, en su opinión, ¿los factores que desatan este proceso de transición son exógenos?*

—No necesariamente. Creo que llegó un momento en que el orden de las finanzas públicas y la independencia relativa, creciente, de la banca central resultan en una necesidad también endógena. Y por otra parte en México hay un crecimiento de la conciencia política, que se refleja en un hartazgo de tantos decenios de PRI. Poco a poco quien quiso tener todo el poder tiene que asumir las responsabilidades de lo que ha hecho, porque se le empieza a exigir. Esto, además de los factores exógenos, entre los cuales creo que hay algunos favorables a la transición y otros que no lo son.

Creo que de estos últimos hay algunos favorables a la transición y otros que no lo son.

El peligro para la transición política estriba, primero, en que las aperturas

Cuando el gasto público empieza a ser más restringido y a ser vigilado cada vez con más rigor —de modo que no se puede disponer de dinero para pasarle al PRI por debajo de la mesa— se ocasiona un debilitamiento del PRI, una necesidad del presidente de negociar con su partido que ya no lo reconoce tan clara y omnímodamente como líder.

comerciales y los procesos de integración económica se están dando en un mundo en el que la tecnología permite unos flujos de capital de volúmenes gigantescos, a la velocidad de la luz, que pueden desmoronar cualquier proceso de ajuste económico y hacerlo enormemente cruel, antisocial y antihumano. Un proceso que se puede resumir diciendo que es del mercado, sin mayor papel de los Estados nacionales. Y esto no favorece la transición, porque de algún modo genera turbulencias sociales que llaman a la nostalgia del autoritarismo que resolvía todo.

Por otra parte, favorece la transición porque le impide al PRI este reparto sistemático de bienes materiales que le aseguraba controles políticos muy fuertes en todo el país.

Otro factor es que, junto con lo anterior, viene un embate muy fuerte contra todo lo que es política. Es decir, si bien los políticos, los Parlamentos, los partidos, etc., desde cierto ángulo merecen este ataque, hay una sospechosa coincidencia en el tiempo entre dicho ataque y la aparición de la primacía de este mercado global que necesita que no haya Estados nacionales para avanzar. A veces resulta digno de suspicacias que las fundaciones de las grandes empresas transnacionales sean las patrocinadoras de algunos fenómenos llamados de sociedad civil o de ONG. Estas entidades son políticamente irresponsables porque no pagan en las urnas sus errores, pero

sí acaban con la política, la informalizan, en un doble proceso: uno de informalización de la economía, porque generan nuevas realidades económicas, y otro de informalización de la política a través de sus procedimientos. Las dos informalizaciones pueden ser soluciones momentáneas a problemas de mucha urgencia. Pero a largo plazo no son soluciones.

—*En otras palabras, desde el partido de la oposición, ¿se ve con beneplácito que el partido en el poder no tenga todos los recursos del caso para seguir manteniendo su hegemonía?*

—Así es. Cuando esto sucede o empieza a suceder, el gobierno y el PRI, manejan dos líneas de discurso político que navegan sobre el agua retórica de la transición, de la democracia y del federalismo. El presidencialismo populista es enormemente centralista. Pese a ello, se empiezan a dar procesos electorales cada vez más participativos, en los que va perdiendo terreno el PRI. Esto tiene un momento clave en 1995, cuando el PAN, en un año, pasa, de gobernar a unos 13 millones de mexicanos, a gobernar a unos 25 millones. La población gobernada por el PAN aumentó en 80% en un año bajo mi presidencia.

El peligro para la transición política estriba, primero, en que las aperturas comerciales y los procesos de integración económica se están dando en un mundo en el que la tecnología permite unos flujos de capital de volúmenes gigantescos, a la velocidad de la luz, que pueden desmoronar cualquier proceso de ajuste económico y hacerlo enormemente cruel, antisocial y antihumano. Un proceso que se puede resumir diciendo que es el reino del mercado y sin mayor papel de los Estados nacionales. Y esto no favorece a la transición porque, de algún modo, genera turbulencias sociales que llaman a la nostalgia del autoritarismo que resolvía todo.

Si bien los políticos, los parlamentos, los partidos, etcétera, desde cierto ángulo merecen el ataque de que están siendo objeto, hay una sospechosa coincidencia en el tiempo entre dicho ataque y la aparición de esta primacía de los mercados globales que necesita que no haya Estados nacionales para avanzar. A veces resulta digno de suspicacias que las fundaciones de las grandes empresas transnacionales sean las patrocinadoras de algunos fenómenos llamados de sociedad civil o de ONG. Estas entidades son políticamente irresponsables porque no pagan en las urnas sus errores pero que sí acaban con la política, la informalizan. El fenómeno "sociedadcivilista" tiene sus vertientes respetables y tiene sus vertientes falsas, artificiosas.

Entonces el PRI, al ver que empieza a perder, regresa al anterior discurso del estatismo, que es peligrosísimo, pero que tiene una justificación frente a este fenómeno de los mercados sin Estados nacionales. Aquí el problema sería cómo reconstituir la auténtica soberanía sin regresar al estatismo político, con todas sus deficiencias, corruptelas, ineficiencias, etcétera.

En dicho proceso, la economía naufraga y los instrumentos que el presidente diseña para la recuperación económica son los de una estatización, pero no bajo banderas nacionalistas, sino bajo banderas tecnocráticas. ¿Por qué? Porque el gobierno instrumenta la salvación de los bancos adquiriendo las carteras vencidas mientras los bancos dan garantías de las acciones, lo que significa una estatización silenciosa...

Por otra parte, cuando el PRI comienza a sufrir estos fracasos, uno tras otro, a fin de año comienza a ocurrir este fenómeno: los caciques locales del PRI utilizan el discurso federalista del presidente para evitar que el gobierno federal a su vez impida el fraude electoral local.

Entonces bajo el paraguas del federalismo dicen: "Aquí mando yo, el presidente ha dicho que no, pero yo hago el fraude electoral igual". Entonces la transición entra en una contradicción tremenda: en nombre de una parte de la transición que es el federalismo, se frena la transición atentando contra la limpieza de los procedimientos electorales.

—¿Ésta es, a su juicio, la excepción o la regla?

—Hasta el momento ha sido la excepción, pero los hechos que hemos visto desde el PAN —ocurridos durante los últimos meses del año de 1995— nos han hecho tomar una actitud más dura: la de no participación en los mecanismos informales de diseño de la transición, y tratar de llevarla sólo a través del Congreso. Resulta intolerable para los ciudadanos votantes y para los militantes del PAN participar en cierto tipo de acuerdos cupulares —que se requieren en toda transición—, al mismo tiempo que en la base, el PRI y el presidente toleran, propician, avalan o fomentan el fraude electoral local.

Y la irregularidad puede llegar a ser imbatible, porque en nombre del federalismo no puede intervenir ninguna autoridad. Se trata de un fenómeno muy curioso de esta transición, que es donde está justamente el riesgo de su fracaso. El caciquismo priísta local oprime hacia abajo al ciudadano, y el ciudadano ya no puede recurrir a una instancia superior para protegerse del cacique porque éste invoca al federalismo y le pide congruencia a la autoridad federal respecto de la autonomía local. Al mismo tiempo esto hace que los caciques se puedan coaligar y de algún modo anular al presidente de la República para evitar la transición política. Es el peligro en este momento.

—¿Qué medidas tomar para consolidar las reglas de juego de la elección? ¿El presidente está jugado con estas ideas?

—El presidente está en una situación sumamente compleja y difícil porque, si es coherente con su discurso federalista, de algún modo tiene que dejar que las cosas pasen como pasan abajo. Si trata, sin embargo, de ser congruente con el discurso democratizador se enfrenta a todo el aparato que lo sostiene a él mismo, que es el de los caciques. Y además oscila. Por ejemplo, hay un problema grave, que no es electoral, en dos estados de la República: en Guerrero y Nuevo León. Entonces hay una intervención presidencial para sacar a los gobernadores de esos estados y sustituirlos por gobernadores interinos. Sin embargo, cuando el conflicto es de naturaleza poselectoral no hay esta intervención y se deja correr, en nombre del federalismo, el procedimiento fraudulento. Ahí hay una contradicción en la actitud presidencial, de no intervención cuando es asunto electoral y de intervención cuando es asunto de alguna otra naturaleza.

PLURALISMO PARTIDISTA

—*¿México va de un sistema de partido de Estado o partido hegemónico hacia un bipartidismo?*
—Nosotros creemos que vamos a un sistema de pluralismo partidista, con dificultades, porque el PRI ha demostrado no tener decencia opositora ni capacidad para hacer oposición cuando pierde. Primero, porque pierde el financiamiento disimulado que tenía de las autoridades locales cuando tenía el poder. Segundo, porque, poco habituado a la derrota, sus afanes de revancha son terribles, ya que esa derrota significa además una pérdida de recursos económicos. Tercero, porque hay una cultura política deficiente en materia de democracia, en virtud de que el país tiene 65 o más años en este sistema, y esto creó naturalezas muy curiosas tan-

Esto tiene un momento clave en el año 95, donde el PAN en un año pasa, de gobernar a unos 13 millones de mexicanos, a gobernar a unos 25 millones.

to en el partido gobernante como en los partidos de oposición.

En el partido gobernante la idea es que, si pierde todo el poder, pierde su alma, y en la oposición es que, si pierde toda la oposición, pierde su alma que es el mismo fenómeno de diferente lado de la raya.

Es como si los partidos tuvieran, por naturaleza, de un lado el poder y del otro la oposición, y no el de ser partidos que a veces ganan y a veces pierden.

Ésta es una herencia de la era del presidencialismo populista con partido hegemónico. Muy grave, muy mala para una transición adecuada.

Otra herencia maldita que tenemos en México para la transición es el hecho de que en nuestro país, primero las leyes y luego los cambios legales nunca han generado cambios reales. Cuando hablamos con gente del Cono Sur y de Europa nos dicen que hay que hacer un cambio de la ley para que las cosas cambien. No, en México no es así. Hemos tenido leyes maravillosas que no se han cumplido jamás. Y eso ya es una especie de segunda naturaleza del mexicano en el ámbito de la política. Nosotros vivimos un siglo o más con una ley, por ejemplo, que prohibía los actos públicos religiosos. No obstante los actos públicos religiosos en México son parte de la vida normal, entonces ya nadie sabía que con eso se violaba o no la ley porque se hacía todos los días. Y luego todos los fenómenos de corrupción —de otra naturaleza pero análogos en su estructura—, en los que, aunque la ley existe, se actúa como si no existiera.

—*Se trata entonces en realidad de cambiar la cultura política.*

> Bajo el paraguas del federalismo, los caciques locales dicen: "Aquí mando yo, el presidente ha dicho que no, pero yo hago el fraude electoral igual". Entonces la transición entra en una contradicción tremenda: en nombre de una parte de la transición que es el federalismo, se frena la transición atentando contra la limpieza de los procedimientos electorales. Se trata de un fenómeno muy curioso de esta transición, que es donde está justamente el riesgo de su fracaso. El caciquismo priísta local oprime hacia abajo al ciudadano, y el ciudadano ya no puede recurrir a una instancia superior para protegerse del cacique porque éste invoca al federalismo y le pide congruencia a la autoridad federal respecto de la autonomía local.

—Sí, tiene que ser éste también un cambio cultural.

—*¿Pero hacia dónde van los partidos?*

—El PAN ha ido resolviendo muy adecuadamente su propia transición dentro de la transición. Ha hecho acuerdos, ha entrado en la dinámica de los consensos, ha sabido ganar, ha sabido gobernar, ha repetido triunfos municipales en muchos de los sitios donde ha ganado, fundamentalmente cuando no ha habido irregularidades electorales. También ha resuelto su problema generacional: en tres años le bajamos 43 años al presidente del partido. Yo fui sucesor de don Luis Álvarez, y con eso le bajamos 27 años, y Calderón, que me sucede a mí, le baja otros 16. Tenemos un presidente del partido con 34 años y que está a tono con la composición sociológica del electorado.

Entonces, creo que el PAN ha podido ir superando las dificultades de su transición. No ha sucedido así con el PRI. Primero, porque no ha podido tener una vida democrática interna. Durante los tres años que yo fui presidente del PAN

hubo cinco presidentes del PRI y ninguno fue electo por una asamblea priísta, sino que fueron designados por el presidente de la República de la manera más obvia. Segundo, en el caso del PRI no han podido tener procedimientos por vías democráticas ni para la elección de dirigentes, ni para la selección de candidatos. No pueden hacerlo. Hay una cultura del fraude electoral ínsita, se hacen fraude a ellos mismos.

El caso del PRD es curioso. Los ex priístas que formaron ahí un grupo importante arrastraron consigo esa misma cultura y lograron mantener una hegemonía sobre el PRD. Éste no ha tenido ningún presidente de la izquierda mexicana, sino que todos son antiguos priístas, han ido marginando a la izquierda histórica de México hasta convertirla en virtual inquilina de su propia casa. Los antiguos comunistas son inquilinos de su casa, porque hasta físicamente su local ahora es del PRD y ellos tienen apenas un rinconcito. Los que manejan todo ahí son los ex priístas: sus principales candidatos son ex priístas. A eso se auna la tradición de centralismo democrático de la izquierda de todo el mundo, y por tanto también de la mexicana, que no ha permitido cuajar un partido verdaderamente democrático. Con esto no quiero decir que ellos no discutan y no voten, sino que quiero decir que no pueden ejecutar sus propias decisiones, porque tanto desde la cultura leninista como desde la cultura priísta, si uno queda en mi-

> El Presidente está en una situación sumamente compleja y difícil porque, si es coherente con su discurso federalista, de algún modo tiene que dejar que las cosas pasen como pasan abajo. Si trata, sin embargo, de ser congruente con el discurso democratizador se enfrenta a todo el aparato que lo sostiene a él mismo, que es el de los caciques.

noría es porque la mayoría se equivocó, y entonces uno no está obligado a acatar las decisiones mayoritarias. Por eso no pueden ejecutar sus propias decisiones.

—*Estamos hablando de partidos que están tensionados por la transición...*

—Y tensionados por la transición que tienen que hacer en su propio interior. Y tensionados por el fenómeno "sociedad civilista" que tiene sus vertientes respetables y tiene sus vertientes falsas, artificiosas.

—*Esas vertientes, falsas o genuinas, ¿surgen, a su juicio, a causa de una representación política producida no idóneamente?*

—No necesariamente. También surgen como una especie de "sociedad de los políticos muertos". Es decir, los que fracasan en el interior de sus partidos y tienen una mentalidad no democrática, salen del partido, se juntan y se declaran no partidistas civiles. Como no pertenecen a nada se erigen en los representantes de todos.

—*¿Existe voluntad de pasar a otro sistema político?*

—Hay un discurso, particularmente del presidente de la República, que expresa una voluntad de esa naturaleza. Pero hay hechos que contradicen la voluntad manifestada en las palabras, mientras otros la apoyan, no cabe duda. Es innegable que durante 1995 los procesos electorales sufrieron una modificación positiva importante. Pero esos brotes —uno se dio en mayo de 1995 en el estado de Yucatán y otro se dio en diciembre en Puebla— son preocupantes, porque significarían una resistencia en el aparato priísta al avance democrático, resistencia que se ampara muy bien en el discurso federalista, que sería el otro punto clave de la transición en el discurso presidencial.

—*¿Siempre dentro de un esquema presidencialista?*

—Sí.

En el partido gobernante la idea es que, si pierde todo el poder, pierde su alma, y en la oposición es que, si pierde toda la oposición, pierde su alma, que es el mismo fenómeno de diferente lado de la raya. Es como si los partidos tuvieran, por naturaleza, de un lado el poder y del otro la oposición, y no el de ser partidos que a veces ganan y a veces pierden. Esta es una herencia de la era del presidencialismo populista con partido hegemónico.

—*¿No se está pensando en fortalecer el Parlamento, en cambiar las relaciones Ejecutivo-Legislativo?*

—Ése es otro capítulo. Todos los partidos coincidimos en que la reforma electoral es la puerta de la reforma del Estado, la puerta para llegar al régimen de partidos, al reequilibrio de los poderes, al fortalecimiento del Congreso, al acotamiento del poder presidencial, a la independización del Poder Judicial y de lo que podría ser en el futuro el poder electoral. Todos coincidíamos en que por ahí se empieza. La reforma electoral está trabada en este momento por los hechos concretos, reales, de nivel local, que han obligado al PAN a abandonar la mesa en que se lograban los consensos en materia electoral. Y esto ha atrasado la reforma electoral y por tanto ha atrasado la reforma que se ha llamado aquí reforma del Estado.

Bajo un régimen no democrático, pero cuyas políticas públicas económicas son eficientes, uno le puede pedir a la población que tenga paciencia para llegar a la democracia, y la gente lo entiende. Y bajo un régimen democrático uno le puede pedir a la gente que tenga paciencia para la recuperación económica. Lo que no se puede hacer es, simultáneamente, pedirle que se apriete el cinturón y que no participe en la toma de las decisiones.

Hay una cultura nuestra, que yo llamo "del mural". Los murales mexicanos –siempre tan impresionantes– han dividido al país en los buenos y los malos, los rubios y los negros, los agachados y los erguidos. Es decir, el mural transmite una cultura que no es una cultura de la política sino de la guerra, que genera en nosotros la aspiración a estar del lado de los que ganaron, y no del lado de los que se sientan a platicar para que ganen todos. Los murales que aquí se han pintado trasladan una cultura que no es de diálogo.

CRISIS DE GOBERNABILIDAD

—¿No se teme que surjan dificultades en la estabilidad política?

—En este momento se puede decir que no se ve un problema de gobernabilidad, pero yo no lo descartaría totalmente por dos razones. Primero, la política económica del gobierno está siendo impugnada hoy por prácticamente todos los actores sociales, políticos y económicos. Los empresarios, los trabajadores, los partidos, la iglesia católica, ya lo están haciendo. Con este resecamiento económico vamos a la crisis, que sí puede degenerar en una crisis de gobernabilidad.

Nosotros sospechamos que este "secado" de la economía, del programa de ajuste, va a pasar a un estado de humidificación cuando se acerquen las elecciones intermedias en 1997, con pro-

México ha sufrido todos los experimentos económicos imaginables a partir del presidencialismo populista. Cualquiera: socializante con Cárdenas, capitalista con Alemán, estatista con Echeverría. Todo lo que se quiera. Pero hay un experimento que este país no ha podido hacer, que es el de la democracia.

pósitos por supuesto electorales favorables al PRI. También prevemos que a las mismas causas, los mismos efectos: si la humedecen con propósitos electorales —como se la humedeció en 1994—, en 1998 y 1999 vamos a tener otra crisis económica grave que también puede conducir a problemas de ingobernabilidad.

El otro factor que puede conducir a problemas de ingobernabilidad es la persistencia del fraude electoral, porque tal vez la gente ya no lo soportará de una manera pacífica, ya ha habido brotes de esa naturaleza. ¿Por qué? Porque bajo un régimen no democrático pero cuyas políticas públicas económicas son eficientes, uno le puede pedir a la población que tenga paciencia para llegar a la democracia, y la gente lo entiende. Y bajo un régimen democrático uno le puede pedir a la gente que tenga paciencia para la recuperación económica. Lo que no se puede hacer es, simultáneamente, pedirle que se apriete el cinturón y que no participe en la toma de las decisiones. No se puede decirle a la gente: "hambre y no democracia", a menos que se prevea un régimen autoritario brutal.

Entonces, este cóctel de crisis económica y persistencia del fraude electoral puede conducir —no digo que estemos en ella— a una situación de ingobernabilidad.

—¿Qué política anticipatoria puede tomarse desde la oposición?

—Pensamos en dos grandes líneas. En primer lugar, que de una vez por todas se le ponga la losa mortuoria a los procedimientos antidemocráticos en todos los niveles, que no quede duda de que eso ya no se puede hacer. En segundo, una modificación de las políticas económicas en el sentido de completar la operación de salvamento financiero de la banca con políticas públicas de estímulo a la resurrección del aparato productivo, particularmente en el campo y en la pequeña y la mediana empresa.

Cada vez que nace un desempleado muere un consumidor, y cada vez que muere un consumidor las empresas son menos capaces de pagarle a los bancos. Y los bancos que no puedan cobrar ocasionarán un problema grave. Esto tiene que ver naturalmente con tasas de interés altas, con impuestos altos, como son ahora.

> Antes vivíamos en una "univerbocracia" –la palabra del presidente mandaba– y ahora vivimos en una "polilogoarquía", hablan todos de todo, se les cree y se les da la razón a todos y se les deja, luego, de creer a todos. Creo que los medios, salvo contadas excepciones, han pasado del sobrecontrol a la irresponsabilidad.

ACOTAR EL PODER DEL EJECUTIVO

—*Para el* PAN, *¿cuál es el régimen político al que debiera irse?, ¿del presidencialismo mexicano tradicional a qué régimen?*

—Yo creo que a un régimen en que se aumente la capacidad del Poder Legislativo para acotar al Ejecutivo.

—*Siempre pensando en un esquema presidencial.*

—Un esquema en que haya presidente. Presidencial con presidente de la República, Poder Ejecutivo real.

—*¿Electo en una sola vuelta?*

—Eso no importa tanto, pero electo por votación directa, acotado por un Congreso, con un Poder Judicial independiente.

—*¿Responsable ante el Congreso y con la posibilidad de disolver Cámaras?*

—Sí, evidentemente responsable ante el Congreso. La verdad es que no estoy muy convencido del segundo término de la pregunta, pero es algo que habría que analizar. Luego con instituciones que son de Estado pero que no deben ser propiedad ni herramienta del gobierno. Una banca central con autonomía real, un tribunal electoral con autonomía real, posibilidad de querellas constitucionales en relación con leyes electorales estatales que no contradigan las federales, porque si no cada gobernador priísta se va a hacer una leyecita electoral local para mantener sus feudos. Y luego una participación muy activa en el ámbito internacional, donde se requieren normas e instituciones para regular cierto tipo de fenómenos contemporáneos que ponen en peligro la existencia de las naciones, como pueden ser los flujos de capital, el deterioro del medio ambiente, el combate al crimen organizado, al terrorismo, al narcotráfico.

—*En estos tres años, ¿cómo ha sido su relación con el presidente?*

—La relación con el presidente Zedillo no es difícil, es un hombre con el cual se habla con facilidad, con sinceridad. Pero yo creo que tiene problemas muy graves en su equipo para la operación de las cosas políticas. Frecuentemente las acciones del equipo contradicen las palabras del presidente, no creo ni siquiera que sea por maldad, sino sencillamente por deficiencias.

—*¿Pero hay un nivel de relacionamiento y de franqueza importante entre los dirigentes?*

—La verdad es que yo en ese terreno no tengo ni quejas ni protestas. Lo único que podría decir es que algunas cosas fracasaron, me parece que por ineptitud en los mecanismos operativos del Ejecutivo.

LA TRANSICIÓN EN LA SOCIEDAD CIVIL

—*Es muy probable que la transición política se vaya manifestando también en otros ámbitos de la sociedad, ¿cómo se está dando a nivel de los sindicatos, de los empresarios?*

—El régimen populista presidencia-

> Tanto desde la cultura leninista como desde la cultura priísta, si uno queda en minoría es porque la mayoría se equivocó y entonces uno no está obligado a acatar las decisiones mayoritarias.

lista de partido hegemónico de tantos años creó una red de favores, amistades, complicidades, negocios, etc., entre los políticos, los sindicalistas y los empresarios. Es una red que no tiene parangón en América Latina. Seguramente se está fracturando al quebrarse el instrumental económico y político de ese sistema. Yo creo que el sindicalismo mexicano pasa por su peor crisis. Primero, el porcentaje de sindicalización es sumamente bajo; segundo, ha llegado a niveles grotescos en los que comienzan hablando de 100% de aumento salarial o nada y terminan aceptando 10%. Es un sistema de mucha complicidad con el gobierno.

Y del lado empresarial, aunque se ha dado con más rapidez un proceso de independencia, como el programa económico favorece a un reducido grupo de grandes empresarios, éstos tienen un enorme poder sobre los menores, los medianos y los pequeños, sobre todo porque los menores están ahora en la peor de sus crisis. De todos modos ya hay expresiones muy claras de resistencia, tanto en un ámbito como en el otro, a las políticas económicas del presidente.

Hay una cultura nuestra, que yo llamo "del mural". Los murales mexicanos, siempre tan impresionantes, han dividido al país en los buenos y los malos, los rubios y los negros, los agachados y los erguidos. Es decir, el mural transmite una cultura que no es una cultura de la política sino de la guerra, que genera en nosotros la aspiración a estar del lado de los que ganaron, o de los que ganan, y no del lado de los que se sientan a platicar para que ganen todos. Los mu-

rales que aquí se han pintado trasladan una cultura que no es de diálogo. Esto también sucede a nivel empresarial.

Esto está combinado también con una cultura política del "arreglo", del arreglo bajo la mesa, que no es un arreglo con formalidades sino que es un arreglo verbal que luego cualquiera puede violar porque nadie puede confesar que se arregló. Y el gobierno puede, por ejemplo, invocar la ley para no cumplir su propia palabra porque nadie puede sostener que se arregló fuera de la ley. Esto tiene un ejemplo remoto que luego se reproduce. Hubo un arreglo verbal, por el que la Iglesia viola las leyes, pero tiene que callarse cuando el Estado las viole. En cualquier momento el Estado puede sacar las leyes y hacerlas cumplir, porque no hay un cambio en la estructura jurídica, sino sólo un arreglo. Es decir, cuando se sale del mural, siempre le queda la reserva al poder público para volver a meterlo cuando convenga.

LAS FUERZAS EMERGENTES

—*Se afirma que estamos en un cambio de época donde se van redefiniendo nuevos papeles para el Estado, nuevos papeles para el mercado, aparentemente bajo la fuerte influencia del proceso de globalización de la economía. Como consecuencia de ese cambio de época hay quienes afirman que entraron en crisis los actores tradicionales del Estado populista, los sindicatos, los empresarios de la economía protegida. ¿Eso es verdad en el México de hoy?*

—Sí, es verdad.

—*¿Quiénes son las fuerzas emergentes? ¿Quiénes empujan el cambio? El nuevo México, ¿dónde está?*

—En el ámbito político el gran impulsor ha sido el PAN, que ha estado en la lucha democrática tercamente desde 1939, eso no lo puede negar nadie. Hemos abierto todos los caminos. Y fue marginado de todo protagonismo durante muchos años.

—*¿No tiene ciertos liderazgos el presidente de la República?*

—Sí, lo tiene, todavía lo tiene. En un país de instituciones debilitadas, el menos débil de los débiles es el presidente, pero ya no es el más fuerte.

—*Pero, ¿está impulsando ese cambio?*

—Yo creo que de manera titubeante, unos pasos para adelante, unos pasos para atrás. Se puede decir que a veces lo tolera, a veces lo frena y a veces lo hostiliza. Pero no se ve el ejercicio de un liderazgo de conducción del cambio desde la presidencia de la República.

—*Y en el ámbito económico ¿hay sectores de la economía, sectores del empresariado que están asumiendo esta nueva realidad?*

—Lo que sucede es que quienes lo están asumiendo —y además con éxito— son las grandes empresas mexicanas que han sido capaces de reconvertirse y exportar. Son empresas que han sido muy beneficiadas por el propio Estado mexicano para lograr esto y que por consiguiente tienen una relación de simbiosis, de temor frente al Estado, que ha dejado estas cosas a nivel de arreglos verbales o, legalmente, bajo el rubro de concesiones, que se pueden suprimir en cualquier momento por una simple decisión administrativa. Entonces, no pueden liderear. Finalmente puede liderear el presidente de la República, pero no ha sido realmente un líder conductor de la transición. Ha sido una conducción titubeante, que sólo fue firme en la aplicación del programa económico.

Hay otra cosa que es digna de subrayar. México ha sufrido todos los experimentos económicos imaginables a partir del presidencialismo populista. Cualquiera: socializante con Cárdenas, capitalista con Alemán, estatista con Echeverría. Todo lo que se quiera. Pero hay un experimento que este país no ha podido hacer, que es el de la democracia.

—*¿Hay una demanda democrática de la gente?*

—Sí, la estamos viendo en las elecciones, y además con fenómenos muy llamativos, que son señales de un cambio positivo, todavía no sumamente claro pero que ya muestra sus indicios. Por ejemplo, en el estado de Chihuahua, donde nosotros llamamos a la gobernatura sin que mediara fraude electoral, el PRI ganó el Congreso. En Aguascalientes, donde gobierna el PRI, nosotros ganamos el Congreso. Es decir, está sacando la cabeza, aunque todavía es incipiente.

—*¿Qué papel está desempeñando la prensa?*

—Creo que el peor. Hemos pasado de la desinformación de Estado —una época en la que había un control estatal férreo sobre todos los medios—, al estado de desinformación. Ahora cada quien dice lo que quiere con una gran irresponsabilidad, que nos tiene sumidos en el silencio por estrépito. Antes vivíamos en una "univerbocracia", la palabra del presidente mandaba, y ahora vivimos en una "polilogoarquía", hablan todos de todo, se les cree a todos y se les da la razón a todos y, después, se les deja de creer a todos. Creo que los medios, salvo contadas excepciones, han pasado del sobrecontrol a la irresponsabilidad.

GOBERNABILIDAD Y SOCIEDAD:
ACTORES, RETOS Y PROBLEMAS

Manuel Arango: Surgimiento del ciudadano como tercer actor

Según el cada vez más convalidado modelo de mercado, los empresarios se convierten crecientemente en actores determinantes de los procesos de desarrollo, con una autonomía e independencia del poder político que en modelos anteriores no tenían. Manuel Arango es un empresario no tradicional, todavía atípico en América Latina. Integrante de uno de los principales grupos económicos de México, Arango parte de la base de que el empresario tiene papeles que cumplir más allá de la administración de la propia empresa. La entrevista, realizada en mayo de 1996 en la ciudad de México, se fue caldeando a medida que Arango entraba en el tema que realmente le importaba: ¿hacia dónde va el empresario latinoamericano?

—*Pareciera que ya al fin de este siglo estamos presenciando el cambio de un determinado paradigma productivo, dándole al empresario un nuevo papel. ¿Su actividad como empresario ha cambiado en relación con los años setenta?*

—Sí, definitivamente. Quisiera creerlo y ojalá ésta sea la visión de todos los empresarios, porque creo que es absolutamente necesario ese cambio si realmente queremos salir adelante de las muchas encrucijadas en las que nos encontramos.

—*¿En qué sentido ha cambiado?*

—El empresario está más consciente de que para lograr el éxito de su empresa, el entorno es cada día más importante, y no sólo el entorno que directamente está enfocado hacia la rentabilidad de la empresa, sino el entorno social en todo su contexto. Creo que ése ha sido un cambio importante. Y el otro, quizás, es que la ya muy hablada globalización es un hecho, y entonces hay muchos factores que interactúan en temas de carácter social que van positivamente ligados al éxito de su empresa. Es decir, éste es un mundo más complejo para el empresario, con más importancia de los datos externos a la empresa, sean de carácter social o económico.

—*Y más competitivo también.*

—Y más competitivo, de mayor responsabilidad.

MANUEL ARANGO, miembro del Consejo del Fondo Nacional para la Cultura y las Artes, es socio fundador de las empresas Cifra, S. A., de Concord, S. A., y de Inmobiliaria Parque Reforma. Nació en Tampico, México, el 14 de abril de 1936. Cursó estudios secundarios en la Academia Militar de Indiana, y estudios superiores en Wisconsin. En México es fundador del Centro para la Filantropía, de la Fundación UNAM y de la Fundación para la Educación Ambiental. En los Estados Unidos, es miembro del consejo del World Resources Institute, del Institute of the Americas y de la Public Radio International. Arango, además de su actividad empresarial, es ganador de dos óscares de la Academia de Hollywood por el documental *Centinelas del silencio*.

> El empresario está más consciente de que para lograr el éxito de su empresa, el entorno es cada día más importante, y no sólo el entorno que directamente está enfocado hacia la rentabilidad de la empresa, sino el entorno social en todo su contexto.

LA ECONOMÍA Y LAS REGLAS DE JUEGO DE LA POLÍTICA

—*¿Aquí se habla de un "costo México", como se alude en la Argentina a un "costo Argentina", o se habla de un "costo Brasil"?*

—No, realmente para mí la expresión "costo México" es nueva.

—*La expresión tiene el siguiente sentido. El entorno de la producción no es solamente su fábrica sino un determinado nivel de educación, de impuestos, de eficiencia de los servicios estatales. En tanto se requiere competir con el mundo, si usted tiene un menor costo, tiene una mejor educación disponible, una menor presión fiscal, mejores servicios estatales, tiene finalmente una mejor competitividad. En ese sentido, ¿cómo ve usted la situación de México en ese mundo globalizado, en este México tan vinculado con los Estados Unidos en materia de integración comercial y económica?*

—Tal como ustedes lo han definido, probablemente tengamos un costo alto en México. Yo, a veces, hablo más que nada de capital de un país. Pero básicamente es lo mismo, un país que tiene un capital social bueno es un país que tiene más posibilidades de hacer cosas a un menor costo.

Pero respondiendo a su pregunta, yo diría que el "costo México" es alto. Por muchas razones: de eficiencia, de trámites burocráticos, las que se reflejan en el costo de operación.

—*Como en México un partido político ha permanecido en el poder durante tan-to tiempo, es posible inferir que se requieran "arreglos informales" entre el partido en el poder y los grupos empresariales, sindicales y demás. ¿Eso es así? ¿O era así y está cambiando?*

—Me temo que sigue siendo así. Creo que sí se ha iniciado un proceso de cambio porque el mundo es cada día más transparente y la información tiene más importancia. Concretamente me refiero a la corrupción, que no necesariamente tiene que ser con un partido, sino que más bien abarca a todo un sistema en el cual participan empresarios y muchas otras gentes. Creo que en México desgraciadamente todavía tenemos mucho que andar en ese camino.

Pero sí, creo que se ha iniciado un cambio muy importante. Yo lo atribuiría principalmente a la participación ciudadana, a las comunicaciones, a la libertad de prensa, a la libertad de muchos otros medios masivos, que están más pendientes de lo que sucede, de lo que ocurre, que tienen mayor información y que están dispuestos a actuar e incidir sobre ello.

—*¿Y estos "arreglos informales" —llamémosle así— o falta de reglas de juego claras...*

—... pero la falta de reglas de juego muchas veces es precisamente el inicio de esto. ¿Qué es primero, la gallina o el huevo?

—*... ello, desde su punto de vista como empresario, ¿cuánto limita el proceso de la inversión en la economía?*

—Depende de quién haga la inversión. Es decir, a veces este juego no limita.

> La corrupción no necesariamente tiene que ser con un partido, sino que más bien abarca a todo un sistema en el cual participan empresarios y muchas otras gentes. Creo que en México desagraciadamente todavía tenemos mucho que andar en ese camino.

Por el contrario, invita a la inversión, dependiendo de quién es el que está haciendo la inversión.

—*En el caso del inversor nacional, ¿se maneja fácilmente con ese dato de la realidad?*

—Yo temo decir que probablemente sí. En cierto momento ese juego, para el que lo domina, es fácil para invertir. Para los que no lo dominan es lo opuesto. Es decir, al no saber jugar bajo ciertas reglas, no pueden participar. Es decir, depende realmente de dónde viene esa inversión.

—*Tradicionalmente otro elemento de la inversión aludido es que la falta de confianza en las políticas públicas impide o limita los procesos de inversión en los países...*

—Creo que usted mencionó la palabra exacta. Para mí, indudablemente, el factor confianza es un factor, dentro de todos los procesos económicos, absoluto y vital. Indudablemente la inversión seria, significativa, a mediano o a largo plazo, tiene que tener reglas claras de juego —las reglas claras de juego son parte de la confianza—, tiene que tener un cierto grado de credibilidad en los sistemas políticos de ese país. Es decir, es un conjunto de cosas. La incertidumbre es suelo fértil para la especulación de alto riesgo, pero no para el inversionista tradicional.

—*¿Cuáles serían los factores básicos que determinarían una crisis de confianza en México?*

—Yo creo que lo que ocurre es que México está en una transición importante en muchos aspectos. Cada día hay mayor participación en todo sentido: a nivel de organizaciones ciudadanas, a nivel de partidos, a través de la conciencia empresarial. Y entonces, como toda transición que no tiene una ruta perfectamente trazada, con mucha facilidad se puede caer en un periodo de espera que es muy costoso.

Creo que, en México, ese momento de transición podría decirse que es espera, o es desconfianza, o es cautela. Se podría definir de muchas formas, pero indudablemente sí está incidiendo enormemente en el proceso económico.

EL EMPRESARIO Y EL POLÍTICO

—*Una clave central de la gobernabilidad de América Latina es la relación del empresario con el político. En los años cincuenta, sesenta y setenta —en los años de la economía protegida— el empresario tenía niveles de dependencia del poder público muy grandes. En términos generales, con la apertura al mundo de las economías latinoamericanas, eso ha ido variando. ¿Cuánto más manda el mercado? ¿Cuánto más independiente es usted como empresario?*

—Creo que el empresario cada día tiene más independencia en el sentido de su gobierno nacional, y quizá más dependencia en algunos aspectos de carácter global. Sin embargo, tiene que haber una relación muy estrecha entre gobierno y empresa, sobre todo en los países que están en un proceso de desarrollo o en un tránsito como el que acabamos de hablar de México.

Pero sí siento que el empresario tiene la suficiente libertad en México para emprender lo que desee hacer, y poderlo hacer. Con las complicaciones que no son todas estrictamente gubernamentales. En México el mismo gobierno ha privatizado la mayor parte de sus empresas. Creo que hay señales muy claras de la libertad de empresa, la competencia de los mercados. En fin, yo siento que es suficiente lo que tenemos, no me quejaría por esa parte.

—*¿Qué demanda el empresario del Estado? En una época demandaba menos Estado.*

—Si lo tuviera que decir simplemen-

> Como toda transición que no tiene una ruta perfectamente trazada, con mucha facilidad se puede caer en un periodo de espera que es muy costoso... pero indudablemente sí está incidiendo enormemente en el proceso económico.

te, diría reglas claras del juego. Con los cambios constantes, los titubeos, es muy difícil para un empresario realmente poder planificar, invertir, pensar a mediano y largo plazo. Si hay cambios frecuentes, el empresario tiene que operar como la guerrilla. Y eso tiene un costo muy alto. Volvemos al factor costo. Es decir, la incertidumbre se hace reflejar en alguna forma en los márgenes económicos previstos para poder pagar todas las eventualidades, que pueden ser costosas.

La empresa y el TLC

—*Pensando más concretamente en el* TLC, *que tiene aspectos, obviamente, de comercio administrado, ¿cómo es la relación empresa privada-Estado en ese proceso? ¿O es que existen niveles de integración empresarial entre empresarios mexicanos y norteamericanos que sobrepasan los entendimientos gubernamentales entre los dos gobiernos?*

—Yo creo que nadie podía esperar del Tratado de Libre Comercio —tan complejo como es— que el tránsito fuera rápido, claro y definitivo. Creo que es un proceso largo, que toma tiempo. Además es dinámico. Para mí es difícil definir en este momento el TLC —sobre todo por ramas y por sectores— y su repercusión en la empresa. Creo que hay que ver esto como algo que se está aclarando lentamente, se va definiendo, se van viendo las oportunidades, las reglas van sufriendo ciertas modificaciones. Pero más que nada es algo que si se ve a mediano plazo, creo que va a

ser muy productivo para la empresa mexicana.

—*¿Qué tipos de empresa están aprovechando el mercado ampliado, asumiendo sus riesgos?*

—Si alguna queja se escucha del empresariado no es tanto del TLC sino más bien de la rapidez con que ocurrió. Esa rapidez es la que ha tomado al empresario mexicano un poco aprendiendo el proceso: tal vez un poco titubeantes. Y, entonces, como todos estos procesos, se han sufrido derrotas importantes para muchos, y para otros grandes oportunidades.

—*¿Cómo ve usted, en relación con el* TLC, *el proceso de la pequeña y mediana empresa?*

—Ésa ha sido una preocupación y una queja notoria, porque son las que quizá han tenido la menor capacidad de actuación y las que más han sufrido. Y sin la pequeña y mediana empresa, obviamente no puede haber una economía completa ni sólida. Yo creo que ése es uno de los temas de mayor repercusión, y quizá de mayor preocupación en el empresariado de un país como México, que ha firmado un tratado de tal importancia con un país como los Estados Unidos.

—*En el mundo desarrollado las pequeñas y medianas empresas juegan un papel en función, por ejemplo, de suministradoras de la gran empresa. Se sostiene que ello aquí eso no ha sucedido porque, en forma simultánea, se le dio a la gran empresa la posibilidad de importar una cantidad de insumos para luego reexportarlos. En resumen, se afirma que hay un conjunto de empresas muy desarrolladas, muy vinculadas con nuevas tecnologías, que tienen niveles de competitividad muy grandes, que no están haciendo, sin embargo, de locomotora del resto de la economía del país, porque lo que pudieran llegar a subcontratar con la pequeña y mediana empre-*

sa lo traen directamente de otros países, que les sale más barato. ¿Hay algo de eso, en su opinión?

—Yo creo que sí lo hay. Pero también nosotros hemos visto cómo ha fluctuado el tema de importaciones y exportaciones según la paridad de la moneda. Es decir, industrias que no podían competir y cerraban como tales, cambiaban su giro y se dedicaban a importar, porque las hacía más viables. Después sufrimos una importante devaluación y resulta que aparentemente hubiera sido mejor haberse mantenido en la posición anterior de productores y no de importadores. Éstos son los cambios en las reglas de juego.

EMPRESAS INTEGRADAS

—*El nivel de integración de las empresas de un país y de otro es muy importante, fundamentalmente con empresas que conocen toda la cadena de distribución local. Por ejemplo, una empresa brasileña, que vende al año 1 400 millones de dólares anuales, a veces le importa mucho asociarse con una empresa local de apoyo que ya tenga su sistema de distribución montado, porque no le conviene instalarse en un país, imponer una marca y empezar a montar todo el sistema de distribución en un mercado que no conoce. Es decir, el* know how *del manejo del mercado es tan importante a veces como la producción, como el bien producido. Eso genera, por ejemplo, algunas asociaciones importantes en el Mercosur entre brasileños, argentinos, uruguayos y paraguayos. Aquí se estaba dando ese mismo tipo de asociación entre los empresarios norteamericanos, mexicanos y canadienses.*

—Sí, por supuesto. Ésa es la tendencia y se va a seguir dando. Hay empresas en México, empresas medianas, con bases sólidas, descapitalizadas por cau-

sa de la devaluación, cuya salida es, precisamente, este tipo de asociaciones. Y para las empresas que vienen a invertir a México son el socio ideal, a pesar de que están descapitalizadas. Esto se está dando a muchos niveles, no sólo con las grandes empresas, y no sólo en el tema de manufactura sino también en servicios.

No creo que podamos decir que los empresarios mexicanos están quebrados, pero tienen problemas económicos, de financiamiento a corto y mediano plazo. Y buena parte de las soluciones no son préstamos adicionales, sino asociaciones con capital y con inversión.

—*¿Qué importancia le daría usted en términos porcentuales a este proceso que usted me está comentando? ¿Qué parte de la economía estaría sufriendo este proceso?*

—Yo no podría aventurar un porcentaje. Más bien diría que es un proceso que avanza a una alta velocidad. Independientemente de los fracasos que se hayan visto como consecuencia de la integración, las tendencias ya están trazadas, llámese unión, tratado o cualquier otra cosa, y consisten en buscar dónde está la parte más eficiente de un país, armar el rompecabezas y lograr producir lo que se quiere al menor costo posible.

—*En todo ese proceso de reconver-*

> Con los cambios constantes, los titubeos, es muy difícil para un empresario realmente poder planificar, invertir, pensar a mediano y largo plazo. Si hay cambios frecuentes, el empresario tiene que operar como la guerrilla. Y eso tiene un costo muy alto. Es decir, la incertidumbre se hace reflejar en alguna forma en los márgenes económicos previstos para poder pagar todas las eventualidades, que pueden ser costosas. La incertidumbre es suelo fértil para la especulación de alto riesgo, pero no para el inversionista tradicional.

sión económica que está sufriendo México —el TLC es un escalón en el proceso de apertura—, o de globalización de su economía, se requerirá por parte del empresariado mexicano niveles de reconversiones productivas e incorporación de paquetes tecnológicos importantes. ¿Ello se está dando efectivamente? ¿A qué ritmo? Aquí hay empresas con niveles tecnológicos de punta como se ven en Brasil, absolutamente robotizadas. ¿Cómo está ese proceso de modernización de la empresa?

—Como ocurre en muchos países en desarrollo, hay etapas muy marcadas y diversas. En México coexisten las tres de las que se ha hablado: la etapa agrícola, la industrial y luego la sofisticada de la informática. Leí hace poco que en China, 800 o 900 millones de chinos están en la primera etapa; hay 300 o 400 que están en la etapa industrial, y luego hay 100 millones en la tercera etapa. Esto mismo se puede traducir en India, en México o en cualquier lugar. Es decir, son países con contrastes muy grandes, desde niveles muy sofisticados hasta niveles básicos. Pero creo que también ahí está parte de la riqueza, eso es también lo que da el costo de mano de obra.

POLÍTICAS DE ESTADO

—Un empresario argentino nos decía que, en el caso de su país, el cambio de la situación del empresario era tan grande que él, en los años setenta, tenía que conocer mucho al secretario de Comercio para poder funcionar como empresario, y que hoy no conocía siquiera el nombre de ese funcionario. ¿Usted diría que algo semejante sucede en México?

—Quizá no a ese grado, pero sí, ésa es la tendencia. Regreso a las reglas del juego. Cuanto más claras son las reglas del juego, menor importancia tienen los funcionarios para la decisión. Cuanto

más vagas sean las reglas del juego, más necesario se torna recurrir directamente al funcionario. Entonces, como las reglas —esperamos— van siendo más claras, el funcionario sigue teniendo ciertas funciones, pero ya no es necesario, como antes, que cada empresario golpee a su puerta.

—El caso argentino es demostrativo de los requisitos de seguridad que se requieren en las reglas de juego, debido a las variaciones que han tenido los gobiernos y las políticas en ese país. Para que fuera creíble la política de libre convertibilidad monetaria que inauguró el presidente Menem, tuvieron que pasar por el Congreso una ley que aseguraba que un peso siempre valdría un dólar. Si lo hubieran hecho por decreto, tal vez no se hubiere convocado la confianza necesaria. Es un tema típicamente de credibilidad de los factores económicos. ¿Qué señales se le exige al gobierno y al sistema político mexicano para tener esa credibilidad, esa confianza?

—Primero, se requiere obviamente un sistema político, una administración que vaya cambiando de manos, pero que con ese cambio de manos no necesariamente cambie todo lo anterior. La falta de continuidad de políticas es uno de los problemas que hemos tenido en México. Es decir, cada administración tenía la posibilidad de hacer giros enormes que complicaban la visión y la toma de decisión del empresario. Por ejemplo en

> Se requiere obviamente un sistema político, una administración que vaya cambiando de manos, pero que ese cambio de manos no necesariamente cambie todo lo anterior. La falta de continuidad de políticas es uno de los problemas que hemos tenido en México. Es decir, cada administración tenía la posibilidad de hacer giros enormes que complicaban la visión y la toma de decisión del empresario.

cuanto a cuál debe ser la ruta de México en relación con los mercados internacionales. En un momento el país se cerró, protegiendo a su industria, con las consecuencias que tuvo. Entonces vino como respuesta, luego, una libertad casi completa donde no se planificaba en absoluto la economía. Esos dictados de políticas es algo que ya no se puede hacer como se hacía. Es decir, esto es algo que ahora se tiene que negociar, pactar, y no solamente con los empresarios, sino toda con la sociedad. Como todos los procesos de democracia, es una forma sumamente compleja de consulta, de análisis y de concertación.

LA FUNCIÓN DEL EMPRESARIO

—¿*Cuáles son, a su juicio, las funciones que debe cumplir en la sociedad un empresario moderno?*

—Hasta ahora hemos estado hablando de la empresa, del sistema político. Primero habría que saber qué entendemos por empresario. Si la única función del empresario es defender su empresa y su rentabilidad a cualquier costo, en mi opinión, obviamente éste no es un empresario. En todo caso, ése es el empresario del pasado, el que no va a participar realmente en lo que está ocurriendo. Yo no creo que la prioridad del empresario deba ser la defensa de su empresa a cualquier costo, ni la rentabilidad a cualquier costo y en cualquier circunstancia. Es una visión a muy corto plazo, que no puede ir más que a la derrota total de la empresa o a crear un sistema que finalmente derrote a todos. Estoy hablando del empresario que desea crear un sistema donde él pueda beneficiarse, pero un sistema que también implique el desarrollo social, la vigencia del sistema político, la claridad de esas reglas del juego de las que él se queja pero de las que tiene que ser parte.

> No creo que la prioridad del empresario deba ser la defensa de su empresa a cualquier costo, ni la rentabilidad a cualquier costo y en cualquier circunstancia. Es una visión a muy corto plazo, que no puede ir más que a la derrota total de la empresa o a crear un sistema que finalmente derrote a todos. Estoy hablando del empresario que desea crear un sistema donde él pueda beneficiarse, pero un sistema que también implique el desarrollo social, la vigencia del sistema político, la claridad de esas reglas del juego de las que él se queja pero de las que tiene que ser parte.

Si hiciera alguna crítica al sector empresarial al que pertenezco, sería básicamente ésa: que hay muchos empresarios preocupados con la rentabilidad de su empresa, dispuestos a hacer cualquier sacrificio o pacto con tal de lograr el propósito de la empresa. Y esto lleva a la empresa y al conjunto de empresarios a una derrota total.

Parto de la base de que, en un país, la riqueza es su gente, su gente es el mercado, y que mientras los empresarios no logren ese tejido social, el éxito de su empresa será momentáneo. Si el empresario piensa a corto plazo, y cree que en un corto plazo puede lograr sus propósitos y después irse a pescar o a navegar en los mares del sur, se equivoca... Había gente que decía hasta hace poco algo bastante cómico: que el medio ambiente era un lujo de los países desarrollados. Hoy en día el empresario comprende que el hecho de que su empresa atienda debidamente al medio ambiente implica eficiencia. Es decir que todo desperdicio, todo desecho de una empresa, lo único que está indicando es que hay una falta de eficiencia, pues esos desechos podrían ser materia prima de subproductos o energía.

Yo quisiera creer que ésta es la visión empresarial a la que nos estamos sumando los empresarios mexicanos. La función del empresario es muy válida, es atender a sus accionistas, darles un rendimiento razonable por la inversión que han hecho, cumplir con las leyes que fija el gobierno, poder crecer. Pero no a cualquier costo. Y ahí es donde creo que muchas empresas, desgraciadamente, todavía no lo comprendieron.

—*¿Y qué cosas concretas podría proponer? ¿Cómo avanzar en este sentido?*

—El éxito de un empresario más que nada es su visión, es decir, adelantarse a los costos. Los demás son seguidistas, o empresas que simple y sencillamente abastecen o que se cuelgan de esas grandes empresas visionarias. ¿Qué es lo que da esa visión? Esa visión lo lleva a participar activamente de todo lo que ocurre a su alrededor, no sólo de su empresa y de su especialización, no sólo de su sector. Porque puede haber una gran visión empresarial como sector, pero con una visión política o social totalmente equivocada, o sin tener la visión de trascender fronteras.

¿Cómo lograr eso? Antes que nada, si no lo hacemos, el propio entorno nos lo empieza a indicar. La pobreza y el crimen son indicadores, para los empresarios, de hacia dónde debemos apuntar.

EL TERCER SECTOR

—*Se ha debatido —en Italia, en Bolivia y en varias de las democracias emergentes del este de Europa, por ejemplo— el caso de empresarios que han salteado la mediación política y se presentan ellos mismos como candidatos. Otro camino es —como parte integrante de la sociedad civil— tratar de incidir crecientemente en las políticas públicas para resolver sus problemas. ¿Qué comentarios le merecen estos dos caminos?*

—Estamos entrando en los temas que a mí realmente me apasionan, porque

Había gente que decía hasta hace poco algo bastante cómico: que el medio ambiente era un lujo de los países desarrollados. Hoy en día el empresario comprende que el hecho de que su empresa atienda debidamente al medio ambiente implica eficiencia. Es decir que todo desperdicio, todo desecho de una empresa, lo único que está indicando es que hay una falta de eficiencia, pues esos desechos podrían ser materia prima de subproductos o energía.

cuando tengo que hablar puramente de la empresa y de la economía siento que estamos hablando de una mano o del dedo índice, y yo tengo que hablar forzosamente del cuerpo para entender qué es lo que pasa.

Existe el mercado formado por las empresas, por los empresarios, donde primordialmente el incentivo es la rentabilidad, algo muy válido, porque es creación de riqueza por parte de un sector muy importante en el proceso de desarrollo. Los gobiernos, por otra parte, son básicamente los que reciben el mandato del pueblo, el poder, y entonces su motivación es manejar votos y elecciones. Y hay muchos ciudadanos que no se sienten parte de ninguno de esos dos sectores. No sienten que su carrera viene por el lado de hacer una empresa o un patrimonio. El profesional, el ciudadano común, el que cumple funciones de las más básicas, ¿en qué lugar se ubica dentro de este proceso?

Éste es el fenómeno nuevo que estamos viendo, que es cómo se organiza la ciudadanía. No se organiza para resolver los problemas "macro", porque no tiene ni la visión ni la capacidad para resolverlos ¡y qué bueno que no la tenga porque acabaría tan confundida como nosotros! Pero yo sí creo que lo que los ciudadanos tienen es la capacidad para cambiar algo, que por necesidad o por vocación pueden y quieren cambiar.

Y hoy en día el poder que tienen ellos es la información para escoger su propio micromundo, ligarse a una red internacional en ese tema, volverse conocedores de ese problema e incidir en ese proceso de cambios en una tarea que ellos escogieron.

Para mí ése es el fenómeno más grande que está ocurriendo en el mundo, que muy poca gente lo comprende. Yo siempre lo comparo con la naturaleza, con la biodiversidad. Los científicos no saben si son 5 millones de especies o 30 millones, pero saben que hay que proteger la biodiversidad porque interactúa en una forma sabia. Los seres humanos tenemos esa misma sabiduría de interactuación.

—¿Se refiere a una forma nueva de participación de la gente?

—Sí. La participación de la gente, incluidos los empresarios. Yo soy un empresario, pero actúo mucho dentro de este otro sector.

—En tanto ciudadano.

—En tanto ciudadano. A ese sector, a falta de otro buen nombre que lo defina, nosotros lo hemos bautizado como el tercer sector. Si uno es el gobierno y otro es el mercado, éste es el tercer sector. Y podemos ser todos parte del tercer sector, asumir tareas adicionales que no van por la ruta partidista activa del cambio político, sino por un acto voluntario en el cual el propósito es el deseo del cambio.

—¿Ahí está, en su opinión, la fuerza del cambio?

—Yo siento que ahí está la fuerza del cambio, porque esto incide en el funcionamiento de la empresa, incide en el comportamiento de los gobiernos. La suma de todas esas acciones ciudadanas aparentemente pequeñas —y por eso lo comparaba con la naturaleza— modifica a la sociedad. Tomemos como ejemplo la lucha contra el tabaco. Realmente en muchas de estas cosas puede ser que la ciencia anteponga la voz de alarma. Pero

El éxito de un empresario más que nada es su visión, es decir, adelantarse a los costos. Los demás son seguidistas, o empresas que simple y sencillamente abastecen o que se cuelgan de esas grandes empresas visionarias. ¿Qué es lo que da esa visión? Esa visión lo lleva a participar activamente de todo lo que ocurre a su alrededor, no sólo de su empresa y de su especialización, no sólo de su sector. Porque puede haber una gran visión empresarial como sector, pero con una visión política o social totalmente equivocada, o sin tener la visión de trascender fronteras.

no pasa nada. Los gobiernos muchas veces tienen intereses muy importantes y los empresarios también. Pero cuando el ciudadano, por un proceso de educación, toma este tema y empieza a incidir en él, vemos cómo va cambiando la sociedad, y esto lo vemos en muchos lugares del mundo. ¿Qué generó ese cambio? ¿Realmente fue que la industria del tabaco decidió que había que reducir el consumo de tabaco, o el gobierno señaló que iba a promulgar un edicto? ¿O fue la sociedad que pidió un cambio? Yo creo que la sociedad pide un cambio, los empresarios y los gobiernos lo interpretan y lo traducen en una posible pérdida o ganancia de mercado. Mañana pueden ser los aerosoles o cualquier otra cosa y esa nueva percepción ciudadan se traducirá en cambios en el mercado y en las leyes: en los otros dos sectores, en la economía y en la política. No digo que todos los cambios en el mundo sean generados por la ciudadanía. También el empresario genera muchos cambios, mucha innovación por la rentabilidad, obviamente.

Pero este fenómeno del tercer sector antes no ocurría. Es decir, el ciudadano no encontraba una forma de manifestarse o de incidir en los procesos de cambio. La vía política para muchos es

> Existe el mercado formado por las empresas, por los empresarios, donde primordialmente el incentivo es la rentabilidad ... Los gobiernos, por otra parte, son básicamente los que reciben el mandato del pueblo, el poder, y entonces su motivación es manejar votos y elecciones. Y hay muchos ciudadanos que no se sienten parte de ninguno de esos dos sectores. No sienten que su carrera viene por el lado de hacer una empresa o un patrimonio. El profesional, el ciudadano común, el que cumple funciones de las más básicas, ¿en qué lugar se ubica dentro de este proceso?

algo totalmente alejado, así como el mercado y la vía empresarial: ambas, por lo demás, de difícil acceso. En el tercer sector cumplen sus funciones, pero se alejan de la política o de los mercados, que están más allá de ellos. Hoy en día, ellos inciden en el proceso de cambios, y no lo hacen a nivel macro, sino a nivel del tema que les interesa.

LOS EMPRESARIOS Y EL CAMBIO

—*Desde esa visión innovadora, ¿qué nuevos papeles pueden empezar a desempeñar los empresarios en el proceso de cambio? ¿Qué otros actores son agentes de cambio en México?*

—Vamos nuevamente a la parte global. Trato de introducir temas que se salen un poco de las conversaciones habituales de los empresarios, siempre tan preocupados con temas muy inmediatos que afectan y que influyen en su empresa. Trato en toda ocasión de llevar esta visión a las causas profundas que finalmente hacen el éxito o el fracaso de la empresa. Estoy partiendo nuevamente de la base, no del empresario, como dije antes, cuya función es lograr un cierto y rápido capital, sino de la empresa, que finalmente se vuelve una corporación,

una institución, se vuelve función semipública y se constituye en una continuidad.

Ahí es que se torna necesario hablar de distribución de la riqueza, de niveles de educación. Es decir, en cuanto el empresario toma distancia y mira a largo plazo, empieza a medir todos estos factores. No estoy hablando en este momento del corto plazo. No le menosprecio, pero no es el factor de cambio. Entonces, en cuanto empieza a verse la repercusión de todo esto en los mercados futuros, en las fronteras, fuera de las fronteras, en los costos de mano de obra, es cuando el empresario realmente empieza a ser el empresario de la actualidad, del siglo que viene. Él no puede decir "Estoy encerrado en mi empresa, estoy viendo los márgenes, las utilidades, los dividendos, y lo demás no es problema mío, es problema de los gobiernos, de las Naciones Unidas".

—*Y en un país que se sostiene que es tan corporativo como México, ¿las asociaciones empresariales pueden ir evolucionando en el sentido que usted está marcando?*

—Hay una evolución muy importante y es parte también del proceso de cambio. Pero no es lo mismo hablar con un empresario a largo plazo, visionario, consciente de todo, que con un empresario muy válido, pero pequeño, cuya familia está sobreviviendo gracias a la empresa.

—*Esa cultura empresarial que usted propugna, ¿se está imponiendo?*

—Me temo que todavía esa visión es muy escasa, y que la visión tradicional es la preponderante. Porque quizá se ha acentuado la visión a corto plazo. Y no hablo solamente de México. Se ha acentuado por la incertidumbre del mundo en que vivimos, que es más complejo. Remontándonos a la historia, quizá antes parecía ser más clara: mi finalidad, la de mis herederos, la del lugar de residencia. Parecía ser más claro el camino: tal vez no lo era, pero lo parecía.

Hoy en día es un mundo de rapidez, de cambios, la gente quiere operar con flexibilidad en inversiones a corto plazo. Todo se ha convertido en un mundo a corto plazo muy difícil para los economistas o para cualquiera que pueda hacer proyecciones, porque podemos cambiar todo oprimiendo unas cuantas teclas, podemos transferir miles de millones de un lugar al otro.

UNA NUEVA INCIDENCIA
DE LOS EMPRESARIOS EN LA SOCIEDAD

—Se ha afirmado que en realidad la empresa está planificando más que el Estado, sobre todo cuando éste entró en crisis fiscal y se vivió la hiperinflación en una buena parte de Latinoamérica. La gran empresa, se sostiene, tenía más capacidad de visión de mediano y largo plazo. ¿Usted cree que ello es así? En su caso concreto, ¿a cuántos años planifica?

—Yo no soy personalmente un ejemplo porque fui parte —como socio fundador y durante mucho tiempo como ejecutivo y consejero— de una empresa muy importante, y ya no lo soy. Mi actuación empresarial está ahora en cómo poner los conocimientos empresariales que tengo para crear sistemas de tipo empresarial sin fines de lucro. Eso es lo que a mí hoy en día me atrae. Por poner un ejemplo, las cajas de ahorro en España que captan más de 50% del sistema bancario y que operan sin fines de lucro.

Yo creo que el sector no lucrativo es un sector que se ha ido sofisticando enormemente y va a poder incidir mucho aun sin lucrar. En México ahora somos un grupo de seis empresarios tratando de iniciar algunos sistemas, y hay otros grupos haciendo cosas similares con bancos que prestan a la mujer, por ejemplo.

Yo creo que lo que los ciudadanos tienen es la capacidad para cambiar algo, que por necesidad o por vocación pueden y quieren cambiar. Y hoy en día el poder que tienen ellos es la información para escoger su propio micromundo, ligarse a una red internacional en ese tema, volverse conocedores de ese problema e incidir en ese proceso de cambios en una tarea que ellos escogieron. Para mí ése es el fenómeno más grande que está ocurriendo en el mundo, que muy poca gente lo comprende. A ese sector, a falta de otro buen nombre que lo defina, nosotros lo hemos bautizado como el tercer sector.

Hay gente que está empezando a decir que dentro del sector no lucrativo se pueden prestar servicios, y que el que los obtiene da utilidades, que en el fondo es una forma de lucro, sólo que no hay dividendos. ¿Adónde va a parar el dinero? Ese dinero va a parar nuevamente a mejores servicios y al crecimiento de esos servicios. Y esto se puede hacer en el sector financiero, en el sector comercial, con empresas que no regalan dinero pero que están dispuestas a dar parte del incremento de sus ventas para apoyar causas nobles.

Es decir, ya empieza a haber juegos de mercado que, sin necesidad de ser exclusivamente con fines de lucro, tienen éxito. ¿Y qué motiva a esa gente a hacer esas cosas? Bueno, pues obviamente no es el empresario típico, puede ser un empresario que ya tuvo éxito, que está retirado. Yo creo que la generosidad que requerimos hoy en día de los empresarios es su talento y el talento de la corporación, que es abundante, lo que tiene que ponerse adicionalmente en cierta parte al servicio de la sociedad. Llamémosle inversión social, aunque no sea sólo por acto de generosidad, sino para tener un entorno que sea lo suficientemente sano como para tener consumi-

> Y podemos ser todos parte del tercer sector, asumir tareas adicionales que no van por la ruta partidista activa del cambio político, sino por un acto voluntario en el cual el propósito es el deseo del cambio. Yo siento que ahí está la fuerza del cambio, porque esto incide en el funcionamiento de la empresa, incide en el comportamiento de los gobiernos. La suma de todas esas acciones ciudadanas, aparentemente pequeñas, modifica a la sociedad.

dores, para tener trabajadores, etc. No puede ser solamente: "Mi función es crear empleo y pagar impuestos y lo demás que lo haga el gobierno". El gobierno no tiene la capacidad, y el empresario sí la tiene, para crear modelos de desarrollo inteligentes, sin necesidad de que todos ellos sean basados exclusivamente en la rentabilidad. Puede no ser la rentabilidad del bolsillo sino la rentabilidad de proyectos.

—*¿Quiere decir que parte de su tiempo como empresario lo dedica a esta función de desarrollar empresas que generan lucro pero no para los empresarios?*
—Exactamente.
—*¿Y en qué rubros?*
Por ejemplo, en instrumentos financieros yo estoy convencido de que puede haber cajas de ahorro muy productivas. En España les llevó 120 años: no todo tiene que llevar 120 años. Pero hoy en día son de gran importancia, generan utilidades enormes, no las distribuyen, no tienen accionistas, no tienen dividendos. Incluso en España hoy en día tienen la obligación de dar 25% de sus rendimientos a obras de carácter social, y así todos siguen creciendo. Es decir, se ha creado un instrumento muy inteligente, muy útil al ahorrista. Instrumento que sigue creciendo, que ha comprado bancos privados, y que es sin fines de lucro.
No les quiero decir a ustedes que esto

va a sustituir a la empresa, al sistema tradicional. Creo que hoy en día todos estos son sistemas complementarios, pero lo que no creo ni deseo es que el mundo sea regido por el libre mercado, la rentabilidad y los actos de gobierno. Yo creo que están surgiendo opciones adicionales que tienden puentes muy interesantes entre la ciudadanía, las empresas y el gobierno.
—*¿Qué otros rubros, por ejemplo?*
—Esto es realmente muy innovador. Nosotros hemos participado en el tema del medio ambiente, en plantas de tratamiento de agua —en México hay un porcentaje muy bajo de reuso de agua—, financiadas por el gobierno federal parcialmente y manejadas por la empresa privada. La empresa privada maneja esta planta de reuso de agua, le vende el agua al Estado, a los empresarios, y paga los préstamos. Eso puede ser una asociación civil. ¿Y por qué lo hicimos? Porque estábamos comprando agua a 50 y ahora la estamos comprando a 25, y todo el mundo salió beneficiado.
Puede haber muchos modelos en el campo del medio ambiente, dentro de un sistema financiero, rentable no necesariamente para los accionistas, sino para beneficio de la comunidad. ¿Por qué un empresario no puede —aparte de manejar su negocio con una gran rentabilidad y crear dividendos— poner ese talento para crear un mecanismo de carácter empresarial que en ese caso no sería para dividendos de los accionistas sino para beneficiar a una comunidad, por ejemplo en el tema de la salud. Cuando al empresario se le habla de esto, lo ve como filantropía. Pero no es eso: es talento empresarial para crear modelos complementarios, no necesariamente para competir con el empresario clásico.
—*En medio de un Estado latinoamericano en crisis en cuanto a su capacidad de generar servicios sociales,*

¿hasta qué punto cree usted que pueden incidir las políticas que usted está mencionando?

—El empresario sigue hablando de reglas del juego, justificadamente demanda ciertas cosas de su gobierno. Pero lo que todos vemos es que en un mundo que se ha urbanizado, en un mundo en que la población sigue creciendo, crece el crimen, crecen los problemas sociales, el desempleo, y a pesar de todo la riqueza se sigue concentrando. Es decir, el mundo ha crecido en producto global bruto, pero una quinta parte de la población del mundo dispone de casi todo mientras otra quinta de casi nada, y las tres quintas partes restantes disponen de muy poco. Mientras nosotros, como empresarios, no variemos eso, se tratará de una guerra perdida. Esto requiere de hacer las dos cosas que estamos haciendo: tener empresas rentables, pero que esa rentabilidad nos permita hacer proyectos adicionales en beneficio de la comunidad. Eso, más que dinero, requiere mucho talento, y la empresa tiene el talento. Pero poner parte del talento de la empresa es un costo. Por decir cualquier cosa: si un señor está trabajando ocho horas al día, puede trabajar 12; si está trabajando 12, puede trabajar 14. Y ese talento puede sacarlo fuera de su empresa, y sus empleados también lo pueden hacer fuera de su empresa. Ésa es la generosidad. La generosidad es el tiempo y el talento que se brinda voluntariamente en beneficio de la sociedad. Ustedes pueden decir que eso es algo romántico.

—*No lo decimos así. Le preguntamos lo siguiente: ¿esto está vinculado a una ética religiosa?*

—La ética religiosa en la raíz de estas ideas bien se puede convertir en una ética de la realidad del mundo que se nos acerca. Va a haber un momento en que ya no se va a pensar en estas cosas por causas religiosas: va a ser un problema de cómo vamos a vivir en un mundo urbano en que no vamos a poder salir a la calle porque hay crimen, desempleo, problemas sociales. ¿Quién puede solucionar eso? ¿El gobierno? ¿Los mercados? Realmente no lo creo. Tiene que surgir algo más, aparte del gobierno y los mercados, que es este conjunto de cosas de las que hemos hablado: ciudadanía organizada, generosidad de tiempo y talento, no abandonando la tarea profesional, no haciendo incosteable a la empresa, sino dando más de uno mismo, del tiempo, del talento, a nivel corporativo, a nivel persona, a nivel individuo, en beneficio de la colectividad.

Ahora, si es religioso o si es por una necesidad imperante de la emergencia —ojalá que no sea por la emergencia—, es mejor que nos antepongamos a ello.

Santiago Soldatti: La derrota del Estado

La entrevista —con música clásica de fondo— se realizó en la sede del Consorcio Río de la Plata, desde donde Soldatti dirige su imperio económico. No obstante, en la cumbre del poder financiero no se respira pompa ni suntuosidad, sino más bien sobriedad, con algunos detalles de decoración inglesa en el ambiente. La única interrupción que Soldatti admitió durante la reunión fue el llamado telefónico de un empresario de envergadura parecida a la suya quien, desde el aeropuerto, le daba detalles de su reciente entrevista con el entonces ministro Domingo Cavallo. Ambos estaban empeñados en tareas tendientes a la superación de una desavenencia circunstancial entre el presidente Menem y su ministro de Economía. La entrevista se desarrolló en noviembre de 1995. En la apacibilidad del trato de Soldati no se adivinaría que su padre había muerto a manos de la guerrilla y que él mismo había estado secuestrado por ella.

—Con la retracción del Estado y el protagonismo actual del mercado ¿tiene un nuevo papel el empresario en Argentina?

—En el ámbito empresarial del país, a mí —tengo 52 años— se me considera relativamente joven. Viví mucho tiempo en Suiza, después volví y me tocó toda la época difícil de la Argentina, por los años setenta. La década del setenta fue nefasta. Pero hay que decir que a partir de 1983 hubo un gran cambio.

—Desde 1983 para acá es posible marcar diferentes momentos...

—Hasta 1989 el proceso fue económicamente heterodoxo pero políticamente contribuyó a la pacificación y a la convivencia civilizada. Esa primera fase permitió que el péndulo posterior al autoritarismo no se fuera completamente hacia el otro lado —por lo menos se hizo lo que había que hacer para mantener de alguna manera conformes a los de la izquierda y a los de la derecha—, sin que hubiera vencedores ni vencidos. Los juicios a los comandantes produjeron tranquilidad hacia un lado y hacia otro.

—¿La época del proceso militar no fue buena para el empresario? Alguna teoría sostiene que el autoritarismo frecuentemente los beneficia al sujetar las demandas de los trabajadores.

Santiago Tomás Soldatti es un importante empresario argentino. Nació en Buenos Aires, el 11 de febrero de 1943 y se doctoró en la Universidad de Friburgo, Suiza. Es empresario en actividades petrolíferas, de ferrocarriles, de aguas corrientes, de gas y de telecomunicaciones, entre otras, y ha sido un activo partícipe del proceso de privatizaciones en la Argentina. Soldatti es miembro de la World Presidents Organization, de la Conference Board y del capítulo argentino del Business Council of Latin America.

—Para empezar había un total control del Estado, comenzando por la actividad económica. La vigencia de los principios estatistas —fueron militares estatistas quienes nos gobernaron— obligaba a una permanente presencia de gestión en los organismos públicos. Continuaba toda esta burocracia que ha ido desapareciendo de Argentina a partir de 1989.

Yo soy vicepresidente de la Cámara de la Industria del Petróleo y, antes, todas las semanas estábamos viendo al secretario de Energía porque había que obtener autorización para el aumento de precios, o para abrir siquiera una estación de servicio. De cinco años a esta parte, la desregulación está permitiendo que el empresario pueda liberarse de la tutela discrecional, de las trabas, de otros vicios de la burocracia y de su maraña de disposiciones reglamentarias. Se va acabando la burocracia para los empresarios: ahora nadie va a ningún ministerio. Hace cinco años que no piso la Secretaría de Energía. Ahora, si quiero colocar una estación de servicio la coloco, si quiero hacer tal cosa lo hago, no se pide más nada. Yo no sé cómo se llama el ministro de Comercio, no tengo ni idea. Antes esos nombres los teníamos muy frescos, todos los días estábamos con uno de ellos. Vivíamos sujetos a la buena o mala disposición del funcionario de turno.

—Digamos que se terminó de imponer la idea de que el mercado es el mejor instrumento para...

—... la estabilidad, el crecimiento y la competitividad.

—En ese contexto, el empresario tiene un nuevo papel. Es el sujeto, por ejemplo, quien decide en la economía si se invierte o no se invierte, o cuánto se invierte.

—Claro, hoy el empresario no le puede echar más la culpa de sus resultados a una determinada política económica.

Antes, todas las semanas estábamos viendo al secretario de Energía porque había que obtener autorización para el aumento de precios, o para abrir siquiera una estación de servicio. De cinco años a esta parte, la desregulación está permitiendo que el empresario pueda liberarse de la tutela discrecional, de las trabas, de otros vicios de la burocracia y de su maraña de disposiciones reglamentarias.

La política económica está fijada y es esencialmente la preservación de la libertad de mercado. La culpa no la puede tener una determinada política económica porque no hay una política económica. Yo creo que la política económica en realidad es la libertad. No hay un sector que diga: "Bueno, ahora voy a desproteger o a proteger una industria". No, yo creo que ahora estamos todos por igual.

—¿En función de qué señales el empresario decide invertir o retraerse?

—Yo diría que de la confianza en el potencial del país, en la estabilidad y en la seguridad jurídica. Un ejemplo: desde que se desreguló el mercado petrolero en Argentina —en 1989-1990— hasta ahora, la producción del petróleo creció 60%. Los precios internacionales bajan o suben y rige el riesgo empresarial. Uno no le puede decir al gobierno, como cuando estaba en crisis, como cuando estaba a tres dólares el barril: "Ustedes me tienen que ayudar". Se gana o se pierde y punto, sin tutores. Si se vende a 15 dólares el barril se gana mucho menos que cuando estaba a 19. Si está a 22 se gana mucho más.

Es decir que el empresario, cuando ve que no tiene regulación, que tiene la cancha libre y que sabe que si se equivoca se equivoca él y no le puede pedir ayuda al gobierno, entra a trabajar sabiendo que no tiene tutor, que él es el responsable. Antes, además, uno no po-

Desde que se desreguló el mercado petrolero en Argentina, en 1989-1990, hasta ahora, la producción del petróleo creció 60 por ciento.

día decir nada contra el gobierno porque temía que lo presionaran, que le bajaran el precio, que no le dejaran aumentar. Todo era control. Hoy en día yo me puedo manejar con el presidente de la República libremente, porque no puede hacer nada en contra de uno.

EL NUEVO PAPEL DEL ESTADO

—*Desde su perspectiva de empresario que se maneja dentro de esa libertad a la que se está refiriendo, ¿a qué tiene que dedicarse el Estado?*

—A mí me gusta un giro que usan en los Estados Unidos: "Bush administration", "Reagan administration". ¿Qué quiere decir? Administrar el Estado, tener un ministerio de Hacienda que cobre los impuestos, administrar los costos del Estado, reducirlos para cobrar menos impuestos, asegurar el buen funcionamiento de la justicia, legislar bien, encargarse de la educación y de la salud públicas, de la seguridad, de las relaciones internacionales y de aquellos sectores en los cuales la actividad privada no puede o no debe actuar, que dependen del Estado. Eso es lo que yo siempre le digo al presidente: "Usted es presidente pero usted es administrador". Habría que hablar de "administración Menem", para que los funcionarios estén siempre conscientes de que son simples "administradores".

—*Hay un argumento que dice que en sociedades donde hay mayor integración social, hay menos conflictos, hay menos pérdidas económicas por huelgas laborales, hay una mayor armonización entre el capital y el trabajo. Consecuente-*

mente, se afirma, el Estado tiene un papel que cumplir en esa integración social.

—Tiene que administrar, tiene que ser un buen administrador de los recursos sociales, apuntando a reducir el desempleo mediante el crecimiento económico, y tiene que mejorar el sistema de la seguridad social haciéndolo eficaz y de bajo costo.

De eso hemos hablado recientemente con el gobierno, como miembros del Consejo Empresario Argentino: hicimos una propuesta para reducir el costo social, transfiriendo beneficios de los salarios más altos a los más bajos. Es decir que estamos trabajando como empresarios para ayudar al Estado a usar mejor el dinero en el sector social. Lo que decíamos antes: "administración".

Desregulando, por ejemplo, los servicios de salud. Hoy en día debemos ser dueños de nuestro propio seguro, de modo tal que cada uno pueda decidir si va al sindicato o a la empresa privada sin que nadie lo obligue a pertenecer a determinada obra social aunque lo atiendan mal. O sea libertad de elección y competencia, ya que el propio interesado puede negociar mucho mejor lo que él necesita y quiere.

Por otra parte, el Estado debe asignar eficaz y eficientemente los recursos para atender la salud de aquella parte de la población que no dispone de seguro ni de los medios necesarios para acceder a la medicina privada. En otras palabras, buenos hospitales públicos para los argentinos que los necesitan y no tienen obra social ni recursos para pagar.

Esto, que es tan solo un ejemplo del papel subsidiario del Estado, es necesario entenderlo en términos generales en cuanto a la necesidad de eliminar todas las ineficiencias en el gasto público y en el sistema tributario, para que se reasignen los recursos a políticas que aseguren la estabilidad social. Algo así como una caja compensadora que atienda las necesidades mínimas de los ciudadanos en materia de vivienda, educación, cobertura de salud y empleo.

LA NUEVA MENTALIDAD
DE LOS TRABAJADORES

—*Como usted sabe, existe una corriente que piensa que a la primera generación de reformas —privatizaciones, desregulaciones— le debe seguir una segunda generación que incluya, por ejemplo, la reforma legal para agilitar la justicia y, con ello, amparar mejor el derecho de propiedad, básico para el desarrollo capitalista. Es decir, salir del subdesarrollo con más y más capitalismo. ¿En qué área siente usted que falta más capitalismo y en qué área se ha avanzado más?*

—Yo diría que hay dos sectores que han avanzado mucho en Argentina: uno es el sector obrero, que en mentalidad incluso ha avanzado y ha sobrepasado a los políticos.

—*¿Qué quiere decir?*

—Hoy en día ya no hay una frazada de la que uno tira para un lado y el otro tira para el otro lado. Desde hace cinco años no existe más esta tendencia a repartirse la frazada. Cada uno sabe lo que quiere y no se discute tanto el problema salarial. Al contrario, yo creo que se han actualizado muchísimo las relaciones laborales en todo el problema de la productividad. Nosotros tenemos una refinería que le compramos a YPF. Con los obreros de YPF llegamos a un acuerdo. Salieron del sindicato porque la compramos. Trabajan 12 horas corridas y tienen 24 horas libres. Nosotros abaratamos costos y ellos están de acuerdo con ese régimen. Hoy empiezan a existir entre obreros y empresarios negociaciones por empresas —no de presión— más que negociaciones colectivas por sector.

> A mí me gusta un giro que usan en los Estados Unidos: "Bush administration", "Reagan administration". Habría que hablar de "administración Menem", para que los funcionarios estén siempre conscientes de que son simples "administradores".

—*En su opinión ¿estamos en el momento en que el movimiento obrero asumió su papel en el capitalismo?*

—Sí. Valen dos ejemplos. Hemos formado parte de un consorcio en una privatización de ferrocarriles. En 5 000 kilómetros de ferrocarril de carga, Rosario-Bahía Blanca, había un enorme excedente de personal. Trabajaban 3 500 obreros y ahora trabajan 400. En todas las aguas de Buenos Aires, que son para 10 millones de habitantes, ocurría lo mismo: de 7 500 personas se pasó a 3 500. Esto se conversó con los gremios, se negoció, se pagaron las indemnizaciones que había que pagar y se trabaja con los planteles necesarios, con el consiguiente aumento de la productividad. Antes todo esto era impensable. Ahora la ocupación crece genuinamente con las obras en expansión.

—*¿Cuál fue la lección que hizo eso posible?*

—Cuando todo era del Estado y éste nombraba gerentes por compromisos políticos, siempre se elegía a los amigos. El personal que tenía alguna capacidad para ascender no ascendía. Y dejaban de esforzarse, porque igual estaban asegurados con estabilidad para toda la vida. Cuando se hizo cargo la actividad privada y empezaron a ver que uno les daba cursos de capacitación y perfeccionamiento que potenciaban su futuro, esas mismas personas se sintieron útiles, encontraron pleno sentido al trabajo, están satisfechos y trabajan de otro modo. Experimentan un cambio importante en la calidad de vida.

—*Nos referimos a la posibilidad de*

> Entre empresarios y obreros, hoy en día ya no hay una frazada de la que uno tira para un lado y el otro tira para el otro lado. Desde hace 5 años no existe más esta tendencia a repartirse la frazada. Cada uno sabe lo que quiere y no se discute tanto el problema salarial. Al contrario, yo creo que se han actualizado muchísimo las relaciones laborales en todo el problema de la productividad.

que la hiperinflación haya sido la que sirvió como lección de esta suerte de disciplinamiento social que usted está relatando.

—Fue una droga mortal para nosotros, pero sirvió en el sentido de que fue una durísima lección y nadie quiere volver a vivirla.

Con la hiperinflación nadie sabía hacia dónde iba. Fue un *shock* tremendo que nos colocó en los umbrales de la desintegración social. Yo me acuerdo que nosotros teníamos estaciones de servicio, entonces mandábamos a buscar todos los días el dinero en efectivo para cambiarlo, ya que con 250% de inflación por mes aquello era una locura: cada día podía costar 5% o 10%. Empezaron los saqueos y se venía el descontrol social. Por eso es tan profunda y firme la exigencia de estabilidad monetaria en el pueblo argentino. Nadie en sus cabales pide volver a la inflación.

EL APRENDIZAJE DE LOS EMPRESARIOS

—Usted dijo que hubo dos grandes contribuciones. Mencionó la de los obreros como la primera de ellas. ¿Cuál es la segunda?

—Los empresarios, que supieron asumir esto y muy rápido, a pesar de que todos estábamos acostumbrados a no competir. En primer lugar porque no había competencia externa, ya que regían recargos a la importación de 70 y 80%, o directamente prohibiciones. El país era un coto cerrado y regulado.

Y en el mercado interno, en el sector petrolero, por ejemplo, todo estaba regulado, había cuotas de crudo, entonces cada uno recibía su cuota y no le sacaba mercado al otro porque se repartía exactamente la torta. Pero cuando se abrió de golpe, con YPF enfrente, que tenía 60% del mercado, pensamos que nos iba a liquidar. Sin embargo competimos, le sacamos mercado a YPF, crecimos todos. Nos enseñó a ser mayores de edad.

Además, las privatizaciones fueron muy exigentes en la calificación de quienes se presentaban, y se hicieron con tal transparencia, que ganamos una por sólo el 8 por 1 000. Era toda el agua de Buenos Aires, la privatización más grande del mundo en su tipo. Es otra Argentina. Todas las privatizaciones argentinas se hicieron por derecho, se llamaron a los mejores consultores mundiales, se prepararon los pliegos, los mejores consultores financieros, se buscaron a los operadores internacionales para que vinieran y pusieran el dinero junto con los argentinos.

Creo que esto se consiguió porque Menem tuvo mucho poder, delegó ese poder en Cavallo, y Cavallo lo ejecutó perfectamente.

Por eso es que Menem dice que no le hablen de corrupción a él, porque si hay un tipo que ha parado 80% de la corrupción es, justamente, él. Ya no se realizan miles de millones de dólares en compras por parte de las empresas públicas. Nosotros en Aguas Argentinas, por ejemplo, estamos trabajando con la tercera o cuarta parte de sulfato de aluminio con que se trabajaba antes, y a la mitad de precio.

—¿El Estado, entonces, se retiró de un muy alto número de campos?

—Derrotado totalmente y sin ningunas ganas de volver a lo que no le compete administrar. Porque de ese modo el Estado fracasó y colapsó, tanto por lo que hizo indebidamente, como por lo que debió hacer y no hizo: administrar bien

—*Pero hay algunos campos donde es opinión común que el Estado sí debiera meterse. Por ejemplo, todo lo que es el proceso de incorporación de tecnología a la producción. A nivel industrial, por ejemplo, ¿cómo se está dando el proceso de incorporación de tecnología?*

—Hoy en día los aranceles de importación permiten traer toda la tecnología de afuera. Se globalizó el mundo. Entonces ya todos formamos parte de esta interacción con mercados abiertos, competitivos, de entrada y de salida.

—*En la negociación misma de los mercados, ¿el Estado no tiene que tener presencia? Porque si bien se ha globalizado la economía realmente los mercados no se desregulan tan sencillamente.*

—Los otros países también están obligados a desregularse. Por ejemplo el Mercado Común obliga ahora a bajar el nivel de subsidios todos los años.

—*¿Ustedes, por ejemplo, necesitan que el Estado los defienda como empresarios argentinos frente a los empresarios brasileños en la negociación interna del Mercosur?*

—En esto trabajamos muy en conjunto con el gobierno, como pasó con el Tratado de Libre Comercio.

En el TLC quienes trabajaron mucho fueron los empresarios. Una vez que se pusieron de acuerdo fueron a sus gobiernos para que éstos los avalaran. Creo que los principales interesados y los que mejor saben cómo negociar entre ellos son los propios empresarios. Uno de los fracasos de la ALALC y de la ALADI fue que todo lo hacían los funcionarios y no los empresarios, aunque hubiese participación. Los empresarios no participaban realmente, como ocurre con el Mercosur. Allí participaron muy cercanamente el Estado y el empresariado.

—*Si uno estudia procesos comparados, por ejemplo, los países asiáticos, o el caso europeo, el Estado ha actuado como promotor del desarrollo. Acá parece que estamos ante un fenómeno totalmente diferente.*

—Si uno promociona un sector u otro, dicen: lo ayudan a él y no a mí. ¿Por qué al automotriz y no al metalúrgico, o al petroquímico?

Nuestras plantas en Argentina tienen precios internacionales, si no, las tenemos que cerrar. Es decir, por ejemplo, que Ford Argentina compite con Ford de los demás países. Así comienzan a venir todas estas fábricas industriales a Argentina. Esto nos obliga a todos a ser muy competitivos.

—*Pero hay otro nivel, el de la pequeña y mediana empresa, que tiene, sin embargo, otras dificultades para integrarse a la economía globalizada. Es un área que tiene, sin duda, un papel social muy importante, por ejemplo en materia de generación de empleo. ¿Qué sucede con ese sector?*

—El gran problema de la pequeña y mediana empresa es que, por los altos impuestos que existían a la importación, les estaba permitido ser muy ineficientes. Cuando se abrió el mercado a Brasil no hay duda que muchas queda-

En 5 000 kilómetros de ferrocarril de carga, Rosario-Bahía Blanca, había un enorme excedente de personal. Trabajaban 3 500 obreros y ahora trabajan 400. En todas las aguas de Buenos Aires, que son para 10 millones de habitantes, ocurría lo mismo: de 7 500 personas se pasó a 3 500. Esto se conversó con los gremios, se negoció, se pagaron las indemnizaciones que había que pagar y se trabaja con los planteles necesarios, con el consiguiente aumento de la productividad. Antes, todo esto era impensable. Ahora la ocupación crece genuinamente con las obras en expansión.

> Con la hiperinflación nadie sabía hacia adónde iba. Fue un *shock* tremendo que nos colocó en los umbrales de la desintegración social. Empezaron los saqueos y se venía el descontrol social. Por eso es tan profunda y firme la exigencia de estabilidad monetaria en el pueblo argentino. Nadie en sus cabales pide volver a la inflación.

ron fuera de la competencia, pero se les abrió también un campo mucho mayor. Porque antes, por ejemplo, las empresas automotrices operaban integradas, haciendo todas las partes. Hoy en día van tercerizando actividades parciales, obligando a las pequeñas y medianas a mejorar tecnologías, a ser más eficientes. En muchos sectores las propias empresas madres ayudan mucho a la pequeña y mediana empresa a mejorar. No sé qué otra solución puede haber.

—*Estamos en medio del proceso de reconversión económica en la Argentina. Hay un sector que sí se ha reconvertido, que se ha modernizado, que compite, pero hay otro sector que está en la mitad del camino...*

—La inversión creció mucho en los últimos años y la productividad aumentó. Las empresas más grandes pudieron hacerlo, importaron muy barato con cero de arancel, ayudadas por el "efecto tequila", porque el consumo interno argentino bajó tanto, que tuvieron que salir al mercado internacional y aumentaron entre 40 y 60% sus exportaciones. De un déficit de 6 000 millones de dólares pasamos a un superávit comercial de 1 500 millones, pese a que hablan de que el dólar es caro. Es sorprendente. Compitiendo con todo el mundo...

Respecto al sector agropecuario argentino, se está tecnificando muchísimo, invierte y aumenta la producción. Por supuesto, es muy difícil que el pequeño y mediano agricultor subsista en cualquier país si no tiene subsidios.

EL "EFECTO TEQUILA"

—*Una parte del continente soportó el "efecto tequila". En ese momento se temió por la estabilidad argentina, ¿Ya pasó el "riesgo Argentina", consecuencia del fenómeno mexicano?*

—Recuerdo que alrededor del 10 de marzo de 1995 mucha gente que tenía dólares colocados en los bancos los sacaba —aunque fueran pequeñas cantidades— y los guardaba en la casa. "No sé qué va a pasar, si va a haber devaluación o no", decían. Cuando empecé a ver aquello, imaginé que iba a producir un pánico generalizado que involucraría a todos.

Un grupo de empresarios nos juntamos para sacar un bono. Hicimos uno por mil millones. Éramos un grupo pequeño que llamábamos a todas las empresas, y en 15 días juntamos esa cifra. Fue un paso importante para restablecer la confianza. Hicimos un bono argentino de mil millones. Éramos cuatro o cinco los que empezamos esto, y yo era tesorero.

El empresario empezó a desempeñar un papel que antes nunca había tenido. Llegó la crisis mexicana, la analizamos y concluimos que acá no podía pasar porque no eran las mismas realidades. Aquí se habían hecho los deberes y se había avanzado en otros que aún restaban. Claro, era lógico que en los Estados Unidos desconfiaran: ya había pasado en 1980, ¿por qué no iba a pasar ahora? Y ahí hubo como un clic, y empezaron a devolver los depósitos. Se fue 18% de los depósitos (8 000 millones de dólares). En 1929, en los Estados Unidos, cuando se fue 18% de los depósitos, vino la crisis, quebraron un sinnúmero de bancos y se dejó el tendal. Esto de ahora fue una valiosa prueba de que el proceso de transformación argentino es irreversible y que tiene su sostén más sólido en el cambio cultural y en firmes convicciones de la sociedad.

—¿*Cuánto falta para que ese proceso de transformación, a su juicio, esté consolidado?*

—Estamos a cinco del peso [relación peso argentino-dólar]. Esto quiere decir que ya estamos ahí... a cinco centavos del éxito. Antes había cambios políticos y todo volvía para atrás. Ahora ya no es así. La transformación argentina es irreversible —insisto—, no sólo por los hechos económicos, por imperio de la realidad, sino fundamentalmente porque la sociedad persevera en el esfuerzo y desea el éxito.

—¿*Cuánto dinero del que se fue volvió?*

—De los 8 000 millones de dólares devolvimos 5 000 millones. Y el capital andaba volviendo bastante bien hasta que empezaron todos los problemas políticos.[1] Un día, bastante preocupados, nos fuimos a ver a Menem y le dijimos: "Mire, presidente, que es contra usted lo que está pasando acá si no sale la ley de patentes, no es contra Cavallo". Y a la noche los agarró a todos los diputados y senadores y les dijo: "¿Ustedes están contra mí? Yo gané la elección por 50%, pero en el exterior dicen que ustedes, de mi propio partido, están en contra". Y ahí el asunto cambió.

Después, volvió el problema. Como Menem no puede ser reelecto ya empiezan los apetitos políticos. Mientras está Menem, todos calladitos, pero dentro de cuatro años... Ahí empieza la pelea de los diputados contra Cavallo, porque Cavallo ha sido un tipo muy fuerte.

—¿*Estos problemas están distorsionando la situación?*

—Yo acompañé a Menem recientemente a los Estados Unidos, y después leí los diarios aquí, pero lo que pasa allá no es lo que leo acá en los diarios. Esto

> Las privatizaciones fueron muy exigentes en la calificación de quienes se presentaban, y se hicieron con tal transparencia, que ganamos una por sólo el 8 por 1 000. Era toda el agua de Buenos Aires, la privatización más grande del mundo en su tipo.

es un problema muy serio. Si hay dos personas que no se pueden cambiar son Menem y Cavallo. Tampoco es bueno depender de dos personas, pero Büchi lo pudo hacer con un Pinochet atrás durante 10 años. Después se fue Büchi y no pasó nada, y luego se fue el presidente y tampoco pasó nada. Pero hace falta ese momento...

—¿*Cuánto falta para que el sector empresario tenga la confianza suficiente en el sistema como para que no importe tanto si está Menem ni Cavallo?*

—Eso es lo que queremos todos lo más rápido posible.

—¿*Hay alguna enseñanza del "tequilazo" que tenga que sacar Argentina?*

—Sí. Que no podemos tener déficit fiscal y que, además de un sector fiscal en equilibrio, es fundamental que los impuestos y el gasto estén asignados con un claro enfoque que contribuya a la estabilidad social.

Un sistema de impuestos y de recursos administrados por un Estado eficiente, que tampoco peque por omisión, debe constituirse en un elemento fundamental de su actividad, siempre y cuando la asignación de subsidios cubra necesidades mínimas insatisfechas pero evitando incentivar la improductividad.

Los efectos no deseados de la globalización y la racionalidad económica deben ser encarados con políticas progresivas, graduadas por la disponibilidad de recursos que se originen en una ma-

[1] La entrevista fue realizada bastantes meses antes de la renuncia del ministro Cavallo, y con más antelación, consecuentemente, que el movimiento político por el tercer mandato del doctor Menem y sus consecuencias políticas.

> Creo que esto se consiguió porque Menem tuvo mucho poder, delegó ese poder en Cavallo, y Cavallo lo ejecutó perfectamente.

yor racionalidad del sistema fiscal, sin alterar la esencia del modelo económico, sin dar lugar a retrocesos.

LA CRISIS DE LA CLASE MEDIA

—*Un discurso muy frecuente en la Argentina actual pareciera sugerir como ideal que el Estado no existiera y que los políticos tampoco. El Estado y los políticos, sin embargo, existen. Alguien va, por ejemplo, a representar políticamente el descontento porque exista 20% de desempleados. Eso se va a trasladar en alguna dirección al interior de la sociedad y se va a demandar la protección del Estado.*

—Yo creo que es fundamental que haya buenos políticos. Los empresarios tenemos cada vez mejor relación con ellos. Se irá eligiendo mejor gente para los cargos públicos. Están mejorando mucho los políticos.

—*¿Usted siente que ahora hay interlocutores más capaces?*

—Si se llega a poder votar por personas en vez de por listas completas, el cambio va a ser más importante. En cuanto a la desocupación, sin desconocer el enor-

> Menem dice que no le hablen de corrupción a él, porque si hay un tipo que ha parado 80% de la corrupción es, justamente, él. Ya no se realizan miles de millones de dólares en compras por parte de las empresas públicas. Nosotros, en Aguas Argentinas, por ejemplo, estamos trabajando con la tercera o cuarta parte de sulfato de aluminio con que trabajaban antes y a la mitad de precio.

me efecto que tiene sobre los niveles de ingresos más bajos, la desocupación más traumática es la de la clase media, que tiene más dificultades para defenderse.

—*Se ha dicho que lo más explosivo del mundo es la clase media cuando pierde sus espacios. ¿No hay un riesgo de que todos estos procesos desocupacionales y estos desequilibrios sociales provoquen una marcha atrás?*

—No. No hay posibilidades. Ha empezado a bajar un poco el desempleo y en julio hubo claros indicadores de reactivación. Nosotros estábamos acostumbrados a un desempleo aparente muy bajo: 6 o 7% como máximo. Hay que recordar que YPF tenía 52 000 empleados y era deficitaria. Ahora opera eficientemente con 6 000 o 5 500 empleados, produce mucho más, da ganancias y paga impuestos. Algo parecido ocurría en casi todas las empresas estatales que fueron privatizadas. En todas ellas había un desempleo oculto.

Entonces, ahora, el Estado tiene que encontrar un sistema, como el que tenía Chile del empleo mínimo, que era muy bueno, o algo parecido.

—*Apareció el Estado...*

—Yo creo que ahí tiene que aparecer el Estado administrando bien. Hay una persona muy interesante, que es Duhalde. Hay que ver cómo maneja el cinturón del gran Buenos Aires —que es donde hay mayor desempleo—, cómo maneja toda esta parte de mayores carencias, cómo actúa con el racionamiento a través de las iglesias, pero sin hablar, sin salir en los diarios, sino simplemente haciéndolo. Es algo muy interesante lo que está aguantando Duhalde.

—*¿Con apoyo de la sociedad civil, decía usted?*

—Sí. Porque si estas cosas las hicieran como las hacían antes —a través de instituciones estatales de distribución—, entonces la mitad quedaría afuera. No, él utiliza a las propias iglesias, a las fundaciones, para que la distribución sea a través de ellas, porque de ese modo se asegura el destino correcto.

LOS NUEVOS POLÍTICOS

—Usted dice que los políticos están mejorando.
—Sí.
—¿Qué le pide un empresario moderno al sistema político?
—En primer lugar al nuevo político lo veo mucho más culto, mucho más preparado. La democracia ayuda mucho porque hay muchachos jóvenes que han empezado en cargos tal vez de concejales, de concejal pasa a diputado provincial, luego a diputado nacional. Son pequeños diamantes que se van puliendo a medida que van subiendo en la estructura. Es decir que va habiendo como una carrera política, cosa que antes no había, porque no bien se empezaba en la actividad política, había una revolución a los cuatro años y se sabía que allá se iban, luego, 10 años. En cambio hoy en día empieza a haber una continuidad y cuando uno ve a un tipo capaz abajo, ya ve a uno capaz más arriba.
—Tal vez practiquen menos lo que se ha llamado populismo. Pero empiezan a aparecer nuevamente reclamos, por ejemplo, de un poquito de inflación...
—Pero sin éxito. En Argentina hay dos cosas que son inaceptables. Una es la inflación. La gente va a hacer cualquier cosa con tal de que no haya inflación, prefiere bajar los sueldos, cobrar menos, cualquier cosa. Y la otra es la devaluación del dólar. Son dos cosas de las que el argentino está curado.
—¿Se curó de la demagogia?
—Sí, absolutamente. Nadie promete nada. En todas estas elecciones nadie podía prometer que iba a crear más empleo porque nadie se lo creería: no hubieran votado por él. ¿Cuáles fueron los

> El "efecto tequila" finalmente fue beneficioso porque el consumo interno argentino bajó tanto, que tuvieron que salir al mercado internacional y aumentaron entre 40 y 60% sus exportaciones. De un déficit de 6 000 millones de dólares pasamos a un superávit comercial de 1 500 millones, pese a que hablan de que el dólar es caro. Es sorprendente. Compitiendo con todo el mundo...

temas? Corrupción, no corrupción. Ése era el tema, no hay otro.

Yo noto un gran cambio en los políticos porque todos nos vamos preparando. Tampoco nosotros, antes, hacíamos política en el buen sentido de la palabra, porque no sabíamos hacerla. Nosotros como Consejo Empresario estamos trabajando mucho en mantener todo esto, no por obtener ventajas, sino por el país. Esto antes no existía: uno antes lo hacía de pronto para sacar una ventaja. Entonces uno empieza a formar parte del Estado, del país, junto con los gremialistas y los políticos. Comenzamos a opinar y a dar nuestras ideas. Antes criticábamos a los políticos y los políticos criticaban a los empresarios. Hoy en día yo diría que cada uno tiene sus puntos de vista.
—Digamos que la sociedad argentina era muy corporativa, es decir, estaba la corporación de los trabajadores, la corporación de los empresarios, de las fuerzas armadas... y se está descorporativizando...

> Un grupo de empresarios nos juntamos para sacar un bono. Hicimos uno por mil millones. Éramos un grupo pequeño que llamábamos a todas las empresas, y en 15 días juntamos esa cifra. Fue un paso importante para restablecer la confianza. Hicimos un bono argentino de mil millones. Éramos cuatro o cinco que empezamos esto, y yo era tesorero.

—Sí, por ejemplo con el cambio impresionante de las fuerzas armadas, con el gran esfuerzo de su reestructura.

En Argentina hay dos cosas que son inaceptables. Una es la inflación. La gente va a hacer cualquier cosa con tal de que no haya inflación, prefiere bajar los sueldos, cobrar menos, cualquier cosa. Y la otra es la devaluación del dólar. Son dos cosas de las que el argentino está curado.

LOS EMPRESARIOS Y EL MERCOSUR

—*¿Cuál es la actitud de los empresarios frente al Mercosur?*
—El gran problema del Mercosur, y es la razón por la que Chile no ha entrado en su momento, es que de alguna manera tiene que haber economías parecidas, monedas parecidas. En el año 1989 teníamos una balanza comercial favorable con Brasil de 2000 a 3000 millones de dólares, porque el país estaba en ruinas. En Brasil pasó lo mismo. Desde que se estabilizó, desde que pusieron el Real 1 a 1, Brasil se ha vuelto un país caro. Los servicios, como en Argentina (hoteles, restaurantes), donde no hay competencia externa, son caros. Hoy en día Argentina está más accesible en precios, porque nadie quiere devaluar, y hay que bajar los precios. Entonces, la única manera es bajar costos. Y eso está pasando ahora.
Estamos en la misma sintonía con Brasil. No hay distorsiones artificiales a través de subsidios, de préstamos. La cuestión es la productividad.
—*¿Existe alguna otra opción para Argentina en materia de bloques de integración?*
—Nuestro bloque es el Mercosur. Por lo menos en la primera etapa. Primero porque del TLC estamos a 8000 kilómetros de distancia. Yo creo que ya se

empieza a vivir otra vida. En toda la frontera tenemos varios puentes con Brasil y hay más puentes a construir, a Colonia, o cruzando el río Paraná, que ya es una hidrovía. La comunicación en el Cono Sur es mucho más simple en todo sentido. Se construyen y mantienen en buen estado los caminos, se recuperan los ferrocarriles, se tienden los oleoductos y gasoductos y redes de transmisión eléctrica y de telecomunicaciones. Todo tiende a unir, a integrar. Chile es el único país que sin duda se las tuvo que ingeniar con el TLC. Es un país que exporta o exporta, porque el mercado interno es chico para ellos. En estos momentos Chile exporta 30% de su producto bruto, nosotros estamos exportando 7%. Hemos trabajado siempre con economías cerradas en todos nuestros países.
Ha empezado a aumentar la exportación, todos pensamos en exportar. Nosotros estamos llevando ahora gas a Brasil, estamos cruzando los Andes para llevar, con nuestra empresa de transporte, gas a Chile. Empezamos a integrarnos.
—*¿Hay inversiones argentinas en Brasil y viceversa?*
—Todavía no en gran escala. Pero no hay duda de que crecerán. Acá nos falta ahorro. Si tuviéramos lo que tiene Chile, sería otra cosa. En Brasil tienen plata, nosotros no.
—*¿Los brasileños están viniendo más acá?*
—Sí, estoy seguro. Lo que pasa es que nosotros no tenemos aún suficiente ahorro interno, y todo el capital que teníamos lo hemos gastado comprando empresas públicas que ahora son eficientes, que ahora bajaron los costos, que han ayudado mucho a la productividad de la empresa argentina.
—*¿Se necesitan, entonces, más capitales?*
—Acá hay mucho por hacer, el país tiene un potencial enorme y el ahorro

interno es insuficiente. Más aún con un mercado ampliado a toda la región. Hay unos 3 000 millones por año de ahorro interno en las Administradoras de Fondos de Jubilaciones y Pensiones, que van a ir creciendo, porque hasta ahora no todo el mundo se ha metido en las AFJP. Es un aporte, pero por el momento no alcanza. Lo plantearía de este modo simple: Argentina y Mercosur son una enorme oportunidad para las inversiones directas, los capitales son bienvenidos y hay excelentes negocios para hacer.

La gobernabilidad pasa, en buena medida, por el crecimiento económico sostenido, en democracias con legitimidad de origen y de eficacia, división de poderes, autonomía del poder judicial y cultura legislativa, para lo cual deben darse, entre otras, condiciones de estabilidad institucional, de seguridad jurídica y de buena administración. Lo importante es capitalizar el duro aprendizaje de tantos errores de las últimas décadas, cosa que está evidentemente asumida por los pueblos del continente —aunque no siempre por las dirigencias—, y perseverar en el esfuerzo que imponen la economía de mercado, la competitividad internacional, la integración regional y la redefinición de los papeles del Estado moderno. Nadie ha señalado hasta ahora algún camino alternativo viable. Seguramente porque no existe.

Tendrán más éxito, más rápidamente, aquellos países que sepan hacer bien "su propia administración" responsable, generen credibilidad y confianza y presenten las mejores condiciones para la inversión de capitales y el trabajo productivo.

General Martín Balza:
Las lecciones de Malvinas

Lo primero que impresiona del general Balza es su gran altura física. Luego, una extrema afabilidad, con algo de lo que en el sur del continente se denomina "campechano", esto es, de coloquialidad fácil. Asimismo, llama la atención lo estructurado de un discurso que obviamente ha sido discutido, no pocas veces, con asesores académicos. Su despacho está presidido por una gran foto que consigna las ruinas de la unidad de artillería que comandó en Malvinas: los restos de las paredes barridas por la metralla casi no levantan del piso. La sencillez del trato del general contrasta con la ceremonialidad que encontramos previamente —camino a su despacho— en cada sala y en cada oficial que se presentaban a nuestro paso, y que es propia del ejército argentino. El jefe del ejército con más duración en su cargo en lo que va del siglo estaba afectado de gripe, pero ello —como se verá— no supuso ninguna ventaja para los entrevistadores.

—En Argentina se está viviendo un proceso de reforma de las fuerzas armadas, en consonancia con el resto de las reformas del Estado. ¿Cuáles serían los titulares de la agenda de esa reforma? ¿Cuáles son los criterios que la presiden?

—Comenzando la conversación en forma anecdótica, les voy a relatar lo que les decía el otro día a varios jóvenes de la Universidad. Nosotros usamos habitualmente el término *racionalización* o *reestructuración* pero nunca *reforma*. No lo empleamos porque la palabra *reforma* nos recuerda aquellos tiempos —hace 30 o 40 años— cuando el ejército no estaba mecanizado, ni blindado, ni motorizado y las piezas de artillería, sobre todo, eran a tracción, a sangre, a fuerza de caballos. Al animal que no servía, al caballo inservible, le ponían una *R* en el anca, que quería decir "reformado", lo cual era el equivalente a

---

TENIENTE GENERAL MARTÍN ANTONIO BALZA es jefe del Estado Mayor General del ejército argentino desde 1991. Ingresó al Colegio Militar de la Nación en 1952 y egresó como subteniente del arma de artillería en 1955. Fue instructor en dicho colegio (1962-1966) y en la Escuela de Artillería Teniente General Eduardo Lonardi (1956-1970). Fue profesor de la Escuela Superior de Guerra del Ejército (1979 y 1982), inspector de artillería (1987) y director general de Instituciones Militares (1989). Balza fue subjefe del Estado Mayor Conjunto de las Fuerzas Armadas (1989-1990). Tuvo destacada participación como observador en el conflicto de Medio Oriente. Durante el conflicto armado con Gran Bretaña por la recuperación de las islas Malvinas, Georgias del Sur y Sandwich del Sur, fue jefe del Grupo de Artillería 3 y coordinador de Apoyo de Fuego de la Agrupación Ejército Puerto Argentino. Ha recibido numerosas condecoraciones y colaboró en publicaciones sobre temas técnicos y tácticos en revistas y libros.

inservible, a inútil. Y ese animal se vendía a precios muy bajos a los zoológicos. Por eso a la palabra *reforma* nosotros la sustituimos por *reestructuración*. Pero esto es como anécdota, porque sabemos hacia adónde apunta la pregunta.

Yo no quiero inmiscuirme en el tema fuerzas armadas en la Argentina porque soy jefe del ejército. Para hablar de las fuerzas armadas —si bien acá por nuestra [ley] orgánica, los cuatro jefes del Estado Mayor estamos en el mismo nivel— está el general Díaz, que es el jefe del Estado Mayor. Acá el jefe del Estado Mayor Conjunto de las fuerzas armadas no es una autoridad superior a nosotros, es un par más, ni siquiera es *primus interpares,* sino que es un elemento de asesoramiento, de asistencia al poder político, y de coordinación. Pero en última instancia yo no quiero abarcar el tema fuerzas armadas.

De hecho, en nuestro país la fuerza que necesitaba mayor racionalización, reestructuración —sobre todo en cuanto a normas orgánicas y despliegue de unidades— era el ejército. El ejército empezó a trabajar después de Malvinas en actividades de planeamiento y fue plasmando los cambios. Eso se aceleró en los años 1990-1991, oportunidad en la que me hice cargo del mando. Quiero asumir mi responsabilidad pero, cuidado, que yo me he apoyado en estudios que ya se venían haciendo con anterioridad.

En síntesis, el proceso fue así. En el año 1990 nosotros hicimos un diagnóstico de cuál era la situación del ejército. Teníamos un sistema educativo anacrónico —ése fue un diagnóstico hecho sin voluntarismos, con una gran autocrítica—, atrasado y, sobre todo, desconectado del medio civil. La experiencia de Malvinas se tuvo en cuenta en todo. En lo orgánico, en el despliegue de fuerzas y en lo que hace al ejercicio del mando. Con respecto a esto último, nosotros dijimos que habíamos vivido un mando de

características particulares, un mando no sé si autocrático, pero rayando en eso.

—*Cuando usted dice despliegue, ¿a qué se refiere?*

—Me refiero a la ubicación de las unidades, un despliegue que estaba prácticamente orientado hacia Argentina desde principios de siglo, hacia la situación psicosocial, económica, política y militar de principios de siglo. Es decir, unidades posicionadas en las fronteras porque el conflicto —estamos hablando de aquel entonces— se visualizaba con países vecinos.

Tuvimos en cuenta, también, que teníamos una escasa participación de la mujer. Si bien teníamos cuerpo femenino, era muy escaso. Sobre todo tuvimos en cuenta que la fuerza había estado muchos años en actividades ajenas a su *metier.* Me refiero concretamente a la participación política de las fuerzas armadas y, por consiguiente, del ejército, que era la fuerza cuantitativamente mayor. Ésa fue la enseñanza más grande de Malvinas.

LAS LECCIONES DE MALVINAS

—*El haberse dedicado a otras cosas ¿fue un* handicap *respecto de la capacidad militar en sí misma?*

—Correcto, fue algo negativo. Es decir, hicimos un diagnóstico y sobre eso visualizamos un escenario prospectivo adentrándonos en el siglo XXI, tratando de imaginar, con la ayuda de muchas publicaciones, cuál iba a ser el nuevo escenario, en qué mundo iba a estar inserto el ejército argentino en el siglo XXI. Pero éste es un modelo argentino que sirve para Argentina. Lo que hemos hecho nosotros no le serviría quizá a otros países. Los países pueden ser grandes o pequeños en aspectos geográficos, pero no son mejores ni peores, son diferentes. Responden a distintas realidades sociales.

En ese escenario prospectivo diagramamos muchas cosas. Entre otras, que los presupuestos asignados a defensa iban a disminuir en el futuro, quizá en el mundo —lamentablemente, en nuestro caso, en esto hemos acertado—, que teníamos que tender a una educación de un determinado modelo, a la participación de la mujer en el ejército, etc. Entonces, con ese diagnóstico —y con ese escenario prospectivo— diagramamos políticas y estrategias para alcanzar distintos objetivos.

En síntesis le puedo nombrar elementos que hemos logrado en ese sentido: diagnóstico, escenario prospectivo, metas que nos fijamos, políticas y estrategias, entre otras cosas. Editamos un folleto que vamos actualizando en distintos aspectos: personal, inteligencia, operaciones, logística, finanzas, doctrina. ¿Y qué es lo que hemos logrado ahora? Primero, sin lugar a dudas, el futuro del ejército está en el sistema educativo. Ahí teníamos que lograr, como en todo, un verdadero cambio de pautas culturales, y ese cambio teníamos que hacerlo empleando una combinación de lo evolutivo y de, no quiero emplear el término *revolucionario,* que es el que rompe la lógica de antecedentes, pero sí quizá de *shock...*

—¿*Removedor?*

—Sí, porque de lo contrario íbamos a tardar 30 años en conseguirlo. Fue una acción en parte evolutiva y en parte de política de *shock.* En estos momentos nosotros tenemos un sistema educativo moderno, oficiales que egresan con un título terciario universitario: licenciado en administración, en matemática, etc. Posteriormente, en los institutos superiores que conforman la Universidad del Ejército —Colegio Militar, Escuela Superior Técnica e Instituto Superior de Guerra—, adquieren el doctorado o una maestría. Nuestros suboficiales egresan desde el año 1990 con el ciclo secundario completo. Es decir, ellos egresan como

> Las fuerzas armadas habían estado muchos años en actividades ajenas a su *metier.*

bachilleres con orientación docente, pueden entrar con ese título en una universidad. Tenemos suboficiales y oficiales universitarios. Esto fue lo medular. Diagramamos también el sistema de perfeccionamiento, y siempre le dimos importancia a los idiomas. Creamos el Centro de Lenguas del ejército, y junto con él, hemos facilitado también en todo el país, en todas las guarniciones, la instalación de pequeños laboratorios así como el Centro de Informática y Computación del Ejército. A ese Centro de Lenguas, a ese Centro Informático de Computación y a esa Universidad del Ejército concurren civiles. Es más, en la Escuela Técnica, en siete especialidades de ingeniería, hay más civiles que militares.

A la Universidad del Ejército van civiles, y a su vez en algunas carreras de interés para la fuerza tenemos hombres del ejército que estudian en universidades privadas o estatales. Es decir, esa apertura del sistema educativo fue muy importante. La otra cosa fue, ya a partir de Malvinas, la instrumentación de un cambio en el sistema del servicio militar obligatorio. Se pasó al voluntariado, cambiando 100 años de historia para el ejército argentino. Hay diferencia con otros países, por ejemplo, que nunca tuvieron un sistema obligatorio. Pero acá hubo casi 100 años de sistema obligatorio. Ahora se cambia. Y hemos incorporado a las mujeres como soldados, no como médicas o informáticas, papeles en los que ya estaban.

—¿*En eventuales unidades de combate?*

—Sí, pero no eventualmente: ya están en puestos de combate. Y van a ingresar en la escuela de suboficiales el año que viene, para ser cabos de artillería, cabos de infantería, cabos de ingenieros, cabos de comunicaciones. Ingresaron ya en el Colegio Militar, en el cuerpo de comandos, en el año 1997. Es el primer país de Latinoamérica en incorporar a la mujer a puestos de combate.

—*¿De Latinoamérica o de América toda?*

—Los Estados Unidos y Canadá las tienen en puestos de combate. Pero hice hincapié en el sistema educativo. Luego hubo una racionalización —esto ya es más bien técnico— de los medios, una optimización de los recursos, desprendiéndonos de todos los inmuebles que no eran necesarios, para hacer un ejército mucho más pequeño, donde prime lo cualitativo, pero en forma real, y no un monstruo grande con un despliegue obsoleto donde primaba lo cuantitativo.

Las Malvinas nos enseñaron, también, sobre la orgánica.

—*¿Se refiere a legislaciones orgánicas?*

—No, me refiero a organizaciones, a número de regimientos.

Pero sin lugar a dudas la lección más grande de Malvinas la hemos capitalizado en la doctrina: nunca más en actividades ajenas a la específica. Ése es el cambio de pautas culturales más importante. Creo que es la gran lección de Malvinas, y que se ha internalizado en los cuadros del ejército. Los otros días me entrevistó una periodista francesa y me dijo que no estaba tan segura al respecto. Le contesté que yo no lo podía asegurar, que no podía asegurar el futuro. "Sí, mientras esté usted...", dijo ella. "No —contesté—, los que vienen atrás son mejores que yo."

Se ha internalizado ese respeto irrestricto a las instituciones de la República. Lo que se aparte de eso creo que pertenece a una etapa totalmente superada.

Hay, además, algunas pequeñas co-

sas que son militares pero que inciden en lo que llamamos cambio de pautas culturales.

Le pongo un ejemplo, porque a veces el que no es militar no lo comprende. Por ejemplo, un cadete salía del Colegio Militar como número 1. Durante 35 años ese hombre, durante toda su carrera, era número 1 en su promoción. Es decir que el mérito y la excelencia que él ponía en evidencia eran relativos. Ahora, durante su carrera, a partir del momento en que se recibe, en tres oportunidades, cuando asciende de teniente a teniente primero, de capitán a mayor y de teniente general a coronel, cambia la antigüedad. Es decir, si es número 1 y es muy bueno, podrá seguir siendo número 1 o podrá seguir siendo número 80, y el número 80 podrá ser número 1. Ese cambio de antigüedades le da un dinamismo que en una institución armada es algo así como un *shock*. Esto había que hacerlo sí o sí y no por vía evolutiva.

—*¿Esa dinámica descongela los órdenes rígidos?*

—Exacto, lo hace más justo quizá, porque se va premiando y es tangible. Cuando deja el colegio, un cadete tiene 21 o 22 años, no deja de ser un adolescente. Pero después el hombre ya formado responde en distintos cargos de diferente forma. A lo mejor, la irresponsabilidad que ha tenido como cadete no guarda relación con la gran responsabilidad que demuestra como oficial. Ése es un cambio que, según yo mismo he visto, muchos camaradas retirados han explicado muy bien por escrito. Pero era muy difícil materializarlo, porque una cosa es el discurso y otra cuando se pasa a la *praxis*. Ese proyecto hay que cotejarlo con la realidad y con el hombre que lo va a experimentar, que lo va a sufrir.

[365]

> Desde este teléfono yo coordino cosas no solamente con el comandante del ejército de Uruguay, de Paraguay, de Brasil, hablo también con mi par de Chile.

Estábamos un tanto —aunque el término no es apropiado—, desconectados de la sociedad, aunque éste nunca fue un ejército elitista, en absoluto. Yo soy hijo de un inmigrante vasco español...

PERIODO DE APELLIDOS

—*¿En ese campo el ejército argentino no está cambiando? ¿No provenían sus mandos más frecuentemente de clases más altas?*

—No, excepto en determinado periodo. Yo soy muy amigo de un historiador norteamericano. Cuando vino a buscar información para su primer libro, *From Yrigoyen to Perón*, señaló que a fines de la década de los treinta o de los cuarenta —posiblemente como consecuencia de la revolución de los treinta—, hubo un periodo de apellidos, pero que ello no se registró en el ejército argentino ni antes ni después de eso. Porque si usted toma, por ejemplo, al que organizó el ejército moderno en la Argentina, el general Richieri, era hijo de un inmigrante. Logra entrar en el ejército aunque se presenta tarde, pero un negro sambo, que era cafetero del ministro, le dijo: "No te vayas llorando, yo te voy a hacer rendir examen". Cuando ingresaron todos ellos eran de un origen muy humilde. Ese fenómeno que ustedes señalan se dio en los treinta y llegó hasta la generación de Lanusse y Martínez Zubiría. Pero no se dio después.

Nosotros tenemos en estos momentos un porcentaje importante de hijos de suboficiales que son brillantes, abanderados, primeros en promoción.

—*Ha habido movilidad social al interior del ejército.*

—Ha habido una movilidad social muy grande, se sigue dando, y continuará dándose. El otro día, el número 1 de la Escuela de Suboficiales se recibió como cabo y rindió examen al Colegio Militar. Esa movilidad es propia también de nuestra sociedad. En la Argentina ha habido movilidad, nuestro presidente es hijo de un inmigrante de Siria. En el ejército también sucede eso. Yo comprendo la pregunta porque, a veces, quien no conoce bien ha llegado a decir que había elitismo. Hubo una época en la que existió, pero no antes ni después de ella.

—*Lo que ocurre tal vez es que esa generación fue la que coincidió con la mayor relevancia política del ejército.*

—De los acontecimientos de 1951, 1955, 1962, 1966.

LA MISIÓN DEL EJÉRCITO

—*Usted ha sido muy claro en lo que es la definición del ejército, el hincapié en lo cualitativo, la articulación de ese hincapié cualitativo con la educación, la adaptación del ejército a una realidad económica nueva. En este nuevo orden internacional que está en gestación, parece prosperar la idea de que los países no centrales no deben desarrollar algunas tecnologías militares. Concretamente, en Brasil ha habido suspensión de proyectos, aquí también. ¿Cómo es tomado ese fenómeno por el ejército?*

—Ustedes hablaron de un nuevo orden... Creo que si yo les digo un nuevo desorden, coincidimos. Porque puede

> La sociedad argentina también ha madurado, porque si bien los militares se prestaban, había una mentalidad de no respeto a las instituciones de la República por gran parte de la sociedad.

verse como un nuevo orden, o un nuevo desorden mundial.

—*Se lo complementamos, para ser más claros. La política exterior argentina ha sufrido un vuelco muy importante, ha abandonado posiciones terceristas y se adscribe a una idea occidentalista muy clara.*

—Hemos dimensionado la misión del ejército. En el siglo XXI el concepto de Estado-nación va a mantener plena vigencia. En Brasil, en Chile, en Uruguay, en Paraguay, en Argentina, en los Estados Unidos, en Canadá, en los países europeos, el concepto sigue vigente. Y mientras siga vigente ese concepto podemos afirmar que la existencia de una fuerza armada no está justificada en razón de una hipótesis de conflicto para combatir con un vecino. Nosotros no tenemos hipótesis de conflicto ni nos preparamos para una guerra con países vecinos. El ejército de Canadá, por ejemplo, no respondería a esto, o el ejército de España. Es decir que, vigente el concepto de Estado—nación, el gobierno legítimo tiene que tener una *última ratio* para la defensa de sus intereses vitales. Una amenaza a sus intereses vitales puede decirse que hoy no existe, pero no puede saberse lo que puede suceder en 15 o 20 años. Tiene que tener un elemento como para esa defensa de la soberanía.

Nosotros decimos que la misión fundamental del ejército es constituir un instrumento militar terrestre para accionar en el marco conjunto como un elemento de disuasión. Es decir, hay disuasión contra cualquier cosa que atente contra intereses vitales del país. Es la *ultima ratio* que tiene el Estado.

Y aparecen misiones subsidiarias que no eran concebibles hace 10 años. La participación, como tiene Uruguay, por ejemplo, en fuerzas de paz. El enlace en forma orgánica a la comunidad, como las nevadas en el sur, en nuestro

Malvinas nos ayudó, toda guerra tiene su aspecto negativo y su aspecto positivo, el que queremos capitalizar.

caso, donde fuimos fundamentales por los medios humanos y materiales del ejército. También el aprovechamiento de la tecnología y los recursos humanos en las inundaciones, campañas sanitarias y convenios de todo tipo con gobiernos provinciales.

Otra misión subsidiaria es todo lo relativo al narcotráfico. Nosotros tenemos una legislación, la ley de defensa y ley de seguridad interior. Las fuerzas armadas argentinas —ésta es una posición que también tiene Brasil, Chile, Uruguay, los Estados Unidos— no participan en operaciones contra el narcotráfico. De acuerdo con la ley, lo que hacemos es proporcionar apoyo, sostén logístico a las fuerzas de seguridad. Particularmente a nuestra gendarmería, con apoyo logístico de aviación, de medios helitransportados de comunicaciones, de alojamiento. Pero no participamos directamente en esa lucha.

—*La idea de lucha contra el narcotráfico llevada por los ejércitos se inserta en una idea más general que es la transformación de los ejércitos en "guardias nacionales". Lo que usted está diciendo es que la redefinición de la misión del ejército no incluye esa idea, sino que se apoya en el concepto de lo que usted ha llamado la* ultima ratio *de defensa de la soberanía.*

—La Argentina necesita tener fuerzas policiales, fuerzas de seguridad y fuerzas armadas. Y cuando se materializó en Bariloche la XXI Conferencia de Ejércitos Americanos, se hablaba de las nuevas amenazas al sistema interamericano de defensa. Hay un listado de amenazas: pobreza, narcotráfico, terrorismo, narcoterrorismo, inmigración clandestina. Pero ahí estamos analizando el Continente Americano desde Canadá hasta el Cono Sur, Uruguay, Argentina y Chile. Esas amenazas no son iguales para todos los países. Es por eso que yo le dije que hay países que tienen, respecto del narcotráfico, esta postura, hay otros países que no la tienen. Por ejemplo, Colombia, Perú, Bolivia, tienen un enfoque propio, porque su situación en este sentido es completamente diferente. A su vez, los países centroamericanos tienen aun otra postura diferente. Pero Canadá, los Estados Unidos, Brasil, Uruguay, Chile, comparten ese concepto.

INTERDEPENDENCIA

—*Se ha pasado a un mundo económicamente multipolar. ¿Cómo se posiciona frente a esto el ejército?*

—Es un mundo económicamente multipolar, multinacional, menos predecible, menos estructurado, por eso la cantidad de conflictos que hay. En los medios de comunicación masiva aparecen los más importantes —los que más nos interesan a nosotros—, pero hay muchos más. Pero ello no quiere decir que sea un mundo militarmente multipolar.

Hemos llegado, sí, a un mundo interdependiente. Es decir que en lo tecnológico no es factible que cada país haga —en lo que refiere a investigación y desarrollo— proyectos por separado, porque serían carísimos y también inviables, sobre todo para países como Argentina. Por ejemplo en la tecnología misilística o de armas antiaéreas. Es decir, ha cambiado el sistema, se ha hecho más interdependiente. Y ello es posible porque se han abandonado las hipótesis de conflicto —y no soy un tonto ni un mero teórico, he conocido la guerra, estuve en

las Malvinas *[señala la gran foto de la pared que muestra su posición en las islas]*, y ahora conversamos con los ingleses— y se han sustituido por hipótesis de confluencia.

Tenemos hipótesis de confluencia. Por ejemplo, el Mercosur es un tratado económico. Yo la otra vez le decía a un europeo: "No comparemos las cosas. Ustedes, después de 1945, por la desconfianza que reinaba, tuvieron que empezar con una alianza militar, la OTAN, en 1949, después nació otra por 1953, el Pacto de Varsovia. Posteriormente pasaron a tratados económicos, la comunidad económica del carbón y el acero, el mercado común, la comunidad. Y posteriormente pasaron a lo político, la Unión Europea".

Es decir que fue una sucesión militar, económica y política. Acá no ha reinado desconfianza, ha habido incidentes, hemos tenido algunos nubarrones con Chile, pero en el fondo no pasaron de ser nubarrones.

Entonces, lo primero que se ha consolidado en la región es lo económico. Y quizá lo militar está acompañando lo económico, pero no por alianzas, porque no son necesarias. Simposios, conferencias, ejercitaciones conjuntas, gran intercambio. Nosotros tenemos un intercambio muy grande, por ejemplo, por nombrar un país —no digo que no lo tengamos con otros—, con Brasil. Por ejemplo, viene el Estado Mayor de una brigada brasileña y está acá 10 días recorriendo unidades nuestras, y va un comando nuestro para allá.

CÓMO SUPERAR LOS CONFLICTOS

—*Hay toda una historia de cómo se superaron las hipótesis de conflicto entre*

Argentina y Brasil: el acercamiento de los proyectos nucleares, luego la conjunción hidroeléctrica. En esos dos temas era mucho más rentable la cooperación que la competencia y, entonces, se abandonaron 100 años de desconfianza. Luego vino el papel de Brasil en Malvinas. ¿Esa cercanía es palpable, es real, es así?

—Eso es así y le digo cómo nosotros acompañamos. Evidentemente la iniciativa tiene que ser política. Porque en última instancia la guerra es un acontecimiento político, no militar. Entonces, lo político y lo económico —el Mercosur, que conlleva las dos cosas— facilitan el accionar de los ejércitos como para acompañar y consolidar medidas de confianza mutua. No en la integración armada, que a veces no es necesaria. Europa tiene un ejemplo de integración armada, el cuerpo franco-alemán. Pero lo conforman después de grandes guerras. Nosotros no hemos tenido guerras, quizá no necesitemos eso. Pero hay medidas de confianza que se materializan en cosas adjetivas y en cosas sustantivas, en las conferencias de ejércitos americanos. Desde este teléfono yo coordino cosas no solamente con el comandante del ejército de Brasil, Paraguay o Uruguay. Hablo también con mi par de Chile.

—¿El Mercosur es una pauta cultural que se ha incorporado a los ejércitos de la región, entonces?

—Es un dato. Yo creo que, sin lugar a dudas, sí. Acá se ha empezado con algo muy concreto, con cuatro países que tienen cosas en común. Por eso, más que de lo colectivo, nosotros queremos hablar de lo cooperativo. Y hay una diferencia grande entre lo colectivo y lo cooperativo. Para lo cooperativo no interesa que el país sea grande o chico, sino que tenga un interés. A lo mejor un país pequeño puede tener un interés y el país grande tener otro, y ser compatibles los intereses. A lo mejor acuerdos bilaterales, trilaterales o multilaterales. En cambio lo colectivo, poner todo en un gran paquete, claro, no resultó.

Por eso nosotros hablamos de la idea de cooperación.

—La seguridad cooperativa, ¿hasta dónde? Se ha hablado de fuerzas de intervención...

—Me estoy refiriendo a cooperación dentro de la tradición de Estado-nación y ejército nacional. Le pongo un ejemplo. Nosotros, dentro de lo cooperativo, tenemos un plan de acercamiento en cursantes, tenemos cursantes nuestros en Brasil, y cursantes brasileños acá. Se puede pensar en avances conjuntos en áreas de comunicación y, más adelante, en áreas logísticas. En esto yo creo que lo más eficaz para el fracaso es pensar objetivos desmedidos. Le hablo desde el punto de vista militar, pero creo que sirva para lo político. Por eso yo digo: paso de paloma, pequeños pasos de paloma, medidas de confianza. Porque los ejércitos de la región hemos estado uno para pelear contra el otro.

—Con el gobierno de Alfonsín ya se abren mutuamente las investigaciones nucleares. Ya había pasado la guerra de Malvinas y el acercamiento había empezado...

—También en todo esto que yo le estoy diciendo estoy condicionado respecto de que soy jefe del Estado Mayor a partir del 4 de noviembre de 1991. Toda esta visión del ejército que le estoy dando es compartida por mis generales, mis coroneles. En lo interno también se ha tenido que materializar un proceso, porque la formación venía para otra cosa. Entonces, pasar de hipótesis de conflicto a hipótesis de confluencia, a hablar de integración, de cooperación, de medidas de confianza, en tan poco tiempo... no es que haya sido difícil, pero obligó a eso que yo le decía: lo evolutivo en algunos casos —corto, mediano y largo plazo— y en otros, el *shock*.

—*Usted habla del ejército como un acervo de pautas culturales sobre las cuales operar. ¿Se produjo un cambio de mentalidad?*

—Sí. La reestructuración no es simplemente reformar. Es un cambio de mentalidad en nuestros hombres. Malvinas nos ayudó, toda guerra tiene su aspecto negativo y su aspecto positivo, el que debemos capitalizar. A lo mejor podemos tener muchas guerras y no aprender nada. Nosotros, gracias a Dios, aprendimos...

PRISIONERO EN MALVINAS

—*¿Qué grado tenía cuando fue prisionero?*

—Teniente coronel, jefe de unidad. Pero mi unidad tiró hasta el último momento. Cuando me encuentro con los ingleses ahora en Chipre y conversamos, ellos me cuentan cómo me tiraban a mí y cómo recibían el fuego mío. Me entero de las bajas que yo les produje, intercambiamos información. Los que no vieron la guerra por televisión, sino que la

combatieron, superan la guerra más fácilmente que aquellos que la vieron por televisión. En Chipre hay tres batallones: el austríaco, el argentino y el británico. Yo creo que así como las fuerzas armadas maduraron en que nunca tienen que apartarse del papel que la Constitución les impone...

—*... Eso incluso, decía usted, como dato militar...*

—También coincido en que ha madurado gran parte de la sociedad argentina. Yo me recibí en el año 1955. Hubo dos revoluciones, en junio y en septiembre. Siempre vi la Plaza de Mayo llena por un lado u otro. Cuando se sacó al doctor Frondizi, en aquel momento yo era teniente, me dije que era un disparate. Y 30 años después ratifico y agrego que era mayor disparate de lo que yo pensaba en aquel momento. Y después vino el golpe de 1966. Es decir, creo que la sociedad argentina también ha madurado, porque —si bien los militares se prestaban— había una mentalidad de no respeto a las instituciones de la República por gran parte de la sociedad. Por eso hay que hablar de golpe cívico-militar, lo cual no es ninguna disculpa para haber colaborado con la interrupción del orden constitucional. Pero es un dato de la realidad.

RELACIÓN ENTRE CIVILES Y MILITARES

—*¿En qué medida un cuerpo que tiene unos valores determinados de disciplina, de jerarquía, de no debate de las órdenes recibidas, no debe estar en cierto modo aislado para poder cumplir su función? Es un viejo debate de la sociología militar: la legitimidad del aislamiento para remarcar la pertenencia a una institución muy especializada y vertical. Hay quien habla, incluso, de las fuerzas armadas como un Estado dentro del Estado. Usted parece no estar de*

> Acá, en una organización armada, la relación mando-obediencia, superior-subordinado, es mucho más estrecha y más afectiva que en una empresa.

[370]

acuerdo, o pensar en un ejército más permeable...
—Totalmente. No estoy de acuerdo. Hace varios meses hablé sobre liderazgo militar. Creo que eso que ustedes dicen, en mi formación en el Colegio Militar —entre 1952 y 1955—, fue más o menos así. El hombre militar y el civil son distintos, y era hasta un insulto decirle civil a un cadete. "No seas civil", se decía peyorativamente al que tenía poco porte o exteriorizaba poca energía, la que en general se materializaba en un grito. Pero la energía se materializa en otras cosas y no necesariamente en el grito. A lo mejor el grito puede ser un síntoma de debilidad. Yo creo que esto ha cambiado sustancialmente.
—¿Abrir la permeabilidad hacia la sociedad?
—De abajo también viene eso de decir que nosotros somos un ciudadano de uniforme, la diferencia está en que nosotros portamos armas y el pueblo está desarmado. Tenemos que estar necesariamente integrados a la sociedad. Lo que nos da fuerza a nosotros es el respeto y la consideración de la sociedad, para lo cual tenemos que estar integrados.
—Pero el cuerpo como tal —según la polémica sociológica de marras— en la medida que internaliza los valores de la sociedad civil, ve disminuidos algunos valores, como son la disciplina, la jerarquía...
—Por el contrario, yo creo que no los ve disminuidos, sino que en alguna medida los potencia. Cuando creamos la universidad militar algunos decían: "¿Por qué no va el cadete y sigue matemáticas en una universidad civil?". Les dijimos que no, porque si el cadete entre 18 y 22 años fuera a estudiar a una universidad civil —como él, además de licenciado en matemáticas o de lo que fuere, tiene que salir siendo subteniente de infantería, o de artillería, es decir,

Cuando volvimos de Malvinas fue peor, nos recibieron de noche, en el anonimato, prohibiendo que el pueblo nos recibiera. Quiere decir que no había el mando con objetivo compartido.

adquirir conocimientos militares— tendríamos que alargar la carrera por lo menos uno o dos años.
—¿No se manda a los cadetes antes a las universidades civiles estrictamente por una causa pedagógica...?
—Exacto. Segundo, analizamos también que en ese momento, cuando el hombre es adolescente, no es el momento conveniente para que él esté sometido simultáneamente a dos situaciones diferentes. Es decir, la disciplina militar y la universidad. Sin embargo, después de que el hombre se recibe —por eso la licenciatura la tiene en el Colegio Militar— hace cursos en universidades civiles, vienen civiles a nuestros institutos, pero ya ahí el hombre está maduro, no tenemos problemas, no se produce la disociación de su personalidad. Muy por el contrario, él ve que hay un respeto de la población, y él también se siente partícipe de eso. Y esos elementos: disciplina, orden, respeto a las instituciones de la República, se potencian.
Yo estoy seguro de que estos hombres —hoy despedí a los hombres que van a Kuwait— son hombres de misiones de paz. Cuando el oficial está en un país de afuera quiere sentirse partícipe de un país importante, el suyo, un país serio, un país donde tenga vigencia la democracia. Yo era observador militar de Naciones Unidas en Medio Oriente en 1970, cuando voltearon a Onganía. Es decir, pertenecía a un país tipo "republiqueta".
—Todos sabemos que es muy importante el sentido de lo simbólico en lo militar, pero eso se vincula a la patria, a la nación. Usted se está refiriendo a la in-

[371]

corporación de la democracia como va-
lor simbólico en lo militar. Cuando usted
dice que desde fuera se quiere ver a un
país respetuoso y democrático, ¿se refiere
a que se está incorporando la democra-
cia al contenido simbólico del ejército?

—En el respeto a la vigencia de las
instituciones republicanas y a la vigencia de la democracia en el contexto político del país, pero no a una democracia
dentro del ejército. Es decir, no dentro
del ejército como fuerza armada. Yo
siempre hago este chiste y les digo:
"Yo soy el jefe de ustedes, ustedes no me
eligieron a mí, pero tengan la seguridad
que yo a ustedes tampoco los elegí como
subordinados, a ustedes me los impusieron".

La institución en sí tiene que tener
una organización piramidal, no digo au-
tocrática, pero sí jerarquizada, como
cualquier organización en el medio civil.
A lo mejor en la empresa es más desper-
sonalizado. La relación mando-obediencia, superior-subordinado, es mucho más
estrecha y más afectiva en una organización armada que en una empresa.
No hay que debatir si el ejército es
democrático. Un ejército tiene que tener
una prescindencia política total. Yo,
cuando voy a Corrientes, recorro con un
gobernador que es del Partido Autono-
mista Local, voy a Córdoba con un gobernador radical, voy a la Pampa con un
gobernador peronista. No me interesa
de qué partido es el gobernador. Una
prescindencia política total porque nun-

ca puede entrar lo político dentro del
ejército.

—*La supeditación al poder político*
en algunos países uno la ve como un
grado de desarrollo institucional de las
fuerzas armadas. En otros países esa su-
peditación existe en la medida que el
poder político satisfaga los requerimien-
tos del desarrollo militar. ¿En qué me-
dida estamos en una cuestión de tran-
sacción o en una cuestión de ganancia
institucional?

—Tiene que ser la supeditación institucional precisamente porque eso es lo
que prescribe la Constitución nacional,
la esencia de la democracia. El comandante en jefe de las fuerzas armadas es
el presidente. Yo soy jefe del Estado
Mayor. ¿Saben cuál fue el primer día
que yo vi al presidente Menem? El 9 de
julio de 1989 —al día siguiente de su
asunción—, en un desfile donde yo, general de brigada en el primer año, era
comandante de las fuerzas del desfile.
"Permiso, señor presidente —le dije—,
la Agrupación Independencia formada,
lista para su revista y posterior desfile."
Me dio la mano y me dijo: "Mucho gusto,
general". "Mucho gusto, señor presidente", dije. Es decir que el presidente a
mí no me conocía, no me nombró en
1989 ni en 1991. Me refiero a que no creo
haber llegado por una amistad con el
presidente. Como los demás jefes, cuando nombran un comandante de cuerpo,
el presidente posiblemente en muchos
casos ni lo conozca. Por eso digo que acá
se ha separado el factor político, y eso es
una cosa muy importante.

Hay una película, sobre una obra de
Shakespeare, en que se pregunta qué
goza el plebeyo que se le niega al rey.
Y el rey dice: "El rey sólo goza del ceremonial"...

Por eso yo hago hincapié en las nuevas características del liderazgo que
nosotros queremos implantar. Para percibir la realidad tiene que haber un

diálogo enriquecido con el subordinado, salir del despacho y mezclarse con la tropa. Tiene que haber un mando con objetivos compartidos. Cuando el cabo, el voluntario o la voluntaria, comparte el objetivo, se facilita el mando del jefe de Estado Mayor. No quedarse en el ceremonial.

—*Esta relación mandos-subordinados ¿se vio en Malvinas?*

—Yo fui a la guerra de Malvinas, no me despidió nadie, ningún superior mío. Quiere decir que ese objetivo que era la guerra no era compartido por los superiores. Cuando volvimos fue peor, nos recibieron de noche, en el anonimato, prohibiendo que el pueblo nos recibiera. Quiere decir que no había mando con objetivo compartido.

Otra cosa que yo siempre digo: no

> Creo que para transformar ciertas cosas hay que hacerlas de adentro.

discriminación dentro del ejército. El ejército no es una entidad confesional: nosotros tenemos oficiales que no son católicos, tenemos algunos protestantes y algunos judíos. El ejército no puede ser confesional. Debe inculcarse el comportamiento de los líderes. Al decir líder no digo jefe del Estado Mayor, líder es el cabo, el capitán... El líder, en el sentido político, siempre debe ser producto de un principio moral y no de un cálculo de consecuencias. Persuadir en vez de obligar. Le cuento una anécdota de César. Le dicen a César: "Vos tenés mucho poder". "No —dice—, poder tengo el mismo que ustedes, pero yo tengo más autoridad que ustedes". Por eso decimos que la mejor voz de mando es el ejemplo personal. Las palabras convencen, pero los ejemplos arrastran. Esto tendría que haber sido siempre así, pero no lo ha sido en nuestro ejército.

No dar vueltas en decir la verdad.

> El que cumple una orden inmoral entra en conducta viciosa, el hombre es un fin en sí mismo y no un medio para fines de los demás.

Éste es un tema en el que quiero ser muy cuidadoso, y hablo exclusivamente de la República argentina. La verdad es la mejor defensa contra la mentira, y a veces hace falta más valor para atreverse a hacer lo que es correcto que para soportar el temor de hacer algo incorrecto. Yo he tenido la oportunidad de participar en una guerra. Llegué el 13 de abril, combatí, estuve un mes como prisionero de guerra, volví con mi unidad, me apoyaron mis soldados, y siempre digo: no más parálisis por análisis, porque si ese análisis nos paraliza, es porque falta la decisión. El retraso es nuestra tumba: apresurarse despacio. Tiene que haber una mentalidad interoperativa. El cabo tiene que respetar al subalterno, estimular la creatividad, elogiar, felicitar, recompensar. Y eso hace al liderazgo y hace a todo este cambio. Elegir colaboradores que ansían la responsabilidad y asumen riesgos. Confiar mucho en el subordinado. Descentralizar, es decir, no ese mando absorbente y autocrático.

—*¿Ese mando tuvo un costo en Malvinas?*

—Estoy hablando en términos generales, no personalizo. El mando se ve mucho más y mejor en la guerra que en la paz. Uno comparte el riesgo con el subordinado, el subordinado apoya o no apoya a ese hombre. Quien vuelve a vivir esa experiencia lo hace con un concepto nuevo. Eso se da cada vez más —en estos momentos los subtenientes que estuvieron en Malvinas ya son mayores— y ésa es una experiencia muy importante.

Lo que se dijo públicamente no es una doctrina más, porque si no, tendría

> Hubo también una maduración de la sociedad. Porque esto mismo, dicho en otro momento, no sé si hubiera sido interpretado internamente y aun externamente.

el valor de Balza. Balza se va mañana, pasado o dentro de dos meses. No. Lo que se dijo es una posición institucional del ejército. Porque yo no podría haber dicho eso sin tener un frente consolidado... Por supuesto que tampoco era tan tonto de pensar que todos iban a estar de acuerdo con lo que yo decía, porque el que está apegado al pasado y vivió todo eso va a decir: nunca. Para mí es perfecto, que siga con su pasado si quiere. La señora Hebe de Bonafini[1] no va a estar de acuerdo porque me dice asesino, y la ultraderecha tampoco va a estar de acuerdo porque me dice que he claudicado.

—*¿Y el contenido central cuál fue?*

—Quizá muchos se sorprendieron porque cosas que yo dije en 1992, en 1993 y 1994 no tuvieron la misma difusión que ese mensaje. Cosas que yo dije, por ejemplo del cumplimiento de órdenes inmorales, era la quinta vez que lo decía. Dije: "No se deben impartir en la relación mando-obediencia órdenes inmorales. El que cumple una orden inmoral entra en conducta viciosa. El hombre es un fin en sí mismo y no un medio para fines de los demás".

Decía todo eso, comprendo que lo decía en un contexto menos específico que el día del mensaje.

RECONOCIMIENTO DE EXCESOS

—*¿El reconocimiento de la responsabilidad de los procedimientos en la guerra interna, qué provocó?*

—Yo no empleé nunca el término *guerra,* nunca se empleó, porque se prohibió en su momento emplear ese término. La verdad es que tendría que haberse empleado, pero la guerra tiene su convención. Hay prisioneros de guerra, yo fui prisionero de guerra, pero me aplicaron la Convención de Ginebra. Es decir, en la guerra no vale todo. Aun en la guerra hay un derecho de guerra, el derecho humanitario de guerra.

—*Alguien nos lo ha explicado así: bajo la comandancia del teniente general Balza el ejército argentino intenta reconciliarse con la sociedad argentina desde el momento que admite que cometió errores, que cometió excesos. ¿Eso es así?*

—Eso es así. La semana pasada me preguntaron: "¿Por qué usted lo dijo ahora?". Y respondí: "Porque hay todo un contexto social. Por principio desde hace cuatro años yo soy jefe del Estado Mayor General del ejército, en 1976-1977 yo era un mayor del ejército". Otro dice: "¿Y por qué no se fue?", "Porque creo que para transformar ciertas cosas hay que hacerlas de adentro, no sé si habré hecho poco o mucho, lo que he hecho lo he hecho con el apoyo de todos mis subordinados. Pero a lo mejor la postura más fácil era irse. Me quedé."

> Yo más de lo que dije no puedo decir, porque tampoco puedo devolver la vida a los que la perdieron. Y cuando digo que no hay listas es porque no hay listas, no hay ninguna información, si no, la hubiéramos dado.

Hubo también una maduración de la sociedad. Porque esto mismo, dicho en otro momento, no sé si hubiera sido interpretado internamente —donde fue *shock*—, y aún externamente. Se dieron las circunstancias y fue en ese momen-

---

[1] **Líder de las madres de Plaza de Mayo, que reclaman por la suerte de sus familiares desaparecidos.**

> Alemania ahora se ha convertido en el paladín de los derechos humanos. Me parece muy bien. Pero no nos olvidemos que soportó un Hitler.

to. Pero esto venía madurándose. Se puede seguir a través de algunos mensajes míos del año 1993, del año 1994, y el mensaje del Día del Ejército del 29 de mayo de 1994, cuando yo ya vengo diciendo ciertas cosas.

Por eso un español que escribió un libro de sociología bastante importante, Prudencio García, cuando le comentan el mensaje dice: "¿Quién lo dijo? ¿Balza?", "Sí", le dijeron. Y dijo: "No me sorprende". "¿Por qué?" "Porque ya conversé con él en 1989." Esto venimos madurándolo. Pero no sólo Balza, acá hubo coroneles, tenientes coroneles, con los que en ciertas conversaciones fuimos viendo y llegando a la conclusión de que, en determinado momento, había que decir todo lo que podemos decir.

Yo más de lo que dije no puedo decir, porque tampoco puedo devolver la vida a los que la perdieron. Y cuando digo que no hay listas es porque no hay listas, no hay ninguna información, si no, la hubiéramos dado. Se dijo en ese momento, y fue un *shock*. Créame que el mensaje ése sólo lo conocía el grupo que trabajó conmigo: un general, dos tenientes coroneles y dos coroneles.

—*¿El presidente no?*

—No, porque el presidente no tenía por qué conocerlo, era una responsabilidad mía. A veces dicen que el presidente afirmó conocerlo. No. Por eso digo que si había una cosa dura era necesario decirla, y la dijimos.

A la mañana siguiente prácticamente no escuché radio ni vine acá: me fui a Campo de Mayo a dar una vuelta. Pero mientras me afeitaba, un periodista bastante duro, de izquierda, habló con Strassera,[2] que fue fiscal. Y Strassera dijo que le parecía excelente lo que había dicho el general, que debía reconocer que dijo todo lo que tenía que decir y que más de lo que dijo no podía.

Yo no sé si hubiera podido decir más o menos. ¿Qué nos movió a eso? Yo creo que nos va a llevar tiempo lograr una ansiada reconciliación; primero, por las características del pueblo argentino. Es un pequeño avance hacia una pacificación y reconciliación, de decir: "Bueno, señores, esto teníamos que decirlo y lo hemos dicho. No ha sido ni fácil ni difícil el decirlo, pero se dijo. No podemos vivir engañándonos. Ojalá que el pasado no hubiera sido así, ojalá hubiera sido distinto, pero son pocos los países en el mundo que pueden borrar el pasado". Eso se lo decía a un alemán el otro día. Alemania ahora se ha convertido en el paladín de los derechos humanos. Me parece muy bien. Pero no nos olvidemos que soportó un Hitler.

---

[2] Fiscal acusador de las más altas jerarquías militares a cargo de la guerra sucia, cuyos miembros fueron encarcelados hasta su amnistía, algunos años después.

Víctor Hugo Cárdenas: La alianza de lo occidental y lo indígena supone el cruce de dos modernidades

Más allá del tema boliviano en particular, la entrevista con el vicepresidente de la República de Bolivia, Víctor Hugo Cárdenas —el único de su etnia que ha llegado a tan alto cargo o a dar clases en Harvard, habiendo fundado antes el katarismo, una corriente de indigenismo radical—, abordó la cuestión indígena en general, un tema obviamente central en América Latina. Durante la larga conversación mantenida en la presidencia del Congreso —en la Plaza Murillo de La Paz—, en octubre de 1995, Cárdenas no sólo reivindicó el papel esencialmente democrático del indígena latinoamericano, sino que sostuvo que la coalición del gobierno boliviano no agrupa el pasado y el futuro, sino que es la alianza entre dos modernidades. La entrevista se realizó al comenzar el día laboral del vicepresidente, quien, sentado en un sillón de estilo francés, se encontraba rodeado de asesores en silencio, y sólo fue interrumpido, por un instante, por un edecán militar que lo ponía al tanto de la votación parlamentaria que autorizaba al presidente a salir del país.

—¿En qué momento el tema indígena en América Latina deja de ser parte del tema campesino? ¿Cuándo empieza a tomar identidad propia?

—Recientemente hay un resurgimiento evidente del tema indígena como uno de los temas cruciales en la construcción y consolidación de nuestros sistemas democráticos. Pero esa emergencia va contra una especie de campesinización de lo indígena que —depende de los países—, en el caso de Bolivia, comienza en la tercera década de este siglo y tiene como punto más alto las décadas de los cincuenta y los sesenta. Hay una evidente campesinización del

VÍCTOR HUGO CÁRDENAS es vicepresidente constitucional de la República de Bolivia y presidente nato del Honorable Congreso Nacional (1993-1997). Preside el Comité de Gobernabilidad del Programa Nacional de Gobernabilidad y el Consejo Nacional de Ciencia y Tecnología. Fue presidente del Parlamento Andino (1994-1995). Fundador de la Confederación Sindical Única de Trabajadores Campesinos de Bolivia (CSUTCB). Diputado nacional por el Movimiento Revolucionario Tupac Katari (MRTKL), por el cual fue, en 1989, candidato a la presidencia de la República. Profesor de la Universidad Mayor San Andrés, enseña también en la Facultad Latinoamericana de Ciencias Sociales.

[376]

problema cuando el tema indígena se reduce a un problema campesino. La propia reforma agraria de la revolución de 1952 tenía implícita la concepción del campesino —en cuyo favor se hizo— más que la del indígena, en cuya cultura no se reparó. A fines de 1970, y en la década de los ochenta particularmente, hay una emergencia de lo indígena sobre lo campesino. En Bolivia estamos viviendo el fortalecimiento cada vez más evidente del tema indígena, ya no sólo como problema, sino como un tema fundamental en la agenda de cambios que está viviendo nuestro país.

En los otros países hay muchas diferencias. En algunos se ha apostado por la anulación de lo indígena *versus* lo blanco, lo criollo, lo hispano, lo latino, haciendo una construcción mestiza. Y la historia ha demostrado que no siempre ésa ha sido la mejor solución. En países como Bolivia, de mayoría indígena, hay varias particularidades. Una de las principales es el hecho de que los pueblos indígenas no estamos en una actitud contraria al sistema democrático, sino que, en el marco del sistema democrático, queremos solucionar nuestras dificultades, combinar las dimensiones de lo étnico con las dimensiones de la problemática socioeconómica, y ése es un enfoque bastante complejo. Creo que estamos en los primeros pasos de esta configuración, muy complicada, pero dentro del sistema democrático.

En Bolivia, más de 90% del campesinado es indígena.

—*En la última reforma constitucional, en el artículo primero, aparece el* concepto de país pluricultural y multiétnico. Una discusión sobre un concepto similar se está dando en Guatemala, donde el gobierno y la guerrilla están negociando este tema.

—Acabo de volver de Guatemala y ha sido realmente muy enriquecedor, muy interesante. No somos nosotros los primeros: Ecuador ya había avanzado en este planteamiento. A nivel lingüístico, Perú había dado un paso muy importante en la época de Velasco Alvarado. Pero a diferencia del Perú —que al parecer tuvo algunos problemas porque no enraizó ese proceso—, en Bolivia estamos tratando de hacer una maduración con patas bien enraizadas, y no nos angustia que todavía las lenguas indígenas no se oficialicen, eso va a llegar por un proceso de madurez.

—*Estos avances en la letra de la Constitución, ¿en qué se han trasladado a la realidad?*

—Diría que el proceso ha sido al revés. En el caso boliviano esa reforma constitucional, o esa inclusión constitucional, ha sido un eslabón posterior a otros cambios. ¿Cuáles han sido los avances? Primero, seis años de experimentos en educación bilingüe intercultural en 114 escuelas, en las zonas indígenas aymara, quechua y guaraní. Aymara y quechua son las etnias mayoritarias en Bolivia, la guaraní es la mayor etnia de las pequeñas. En estas 114 escuelas se hizo un programa experimental de educación bilingüe intercultural con resultados trascendentes. Hemos logrado, por ejemplo, disminuir la tasa de deserción escolar, que era de alrededor de 70%, a menos de 20% en estas escuelas. Hemos concluido este experimento el año pasado con niños graduados en cinco años de ciclo básico, con una autoestima impresionante, a través de proyectos gestionados por la comunidad, con una gran presencia de los padres y las madres y de las organizaciones indígenas.

En la renovación de autoridades, la mayor parte de los pueblos indígenas hace mucho hincapié, no en los solteros, sino en los casados, de tal manera que una persona soltera de 30 años, por así decir, vale menos que una casada de 20. Entonces hay criterios que ponen más acento en lo comunitario, en el grupo, criterios más sociales para decidir sistemas de representación, de designación, de renovación, de elección. A diferencia de la democracia liberal que centraliza su lógica en el individuo.

Entonces esto ya estaba: un experimento realizado al margen del Estado que, con este gobierno, ya fue convertido en una propuesta estatal y se va a expandir. Por otra parte, las organizaciones indígenas, en relación con las organizaciones laborales e intelectuales, ya habían internalizado este planteamiento. La reforma constitucional, entonces, recoge ese clamor y lo incorpora a la Constitución.

Después de la reforma constitucional hubo modificaciones muy interesantes. La experiencia de educación intercultural bilingüe se convirtió en un componente de un programa gubernamental y estatal, por una parte, y por otra desembocó también en el reconocimiento de las autoridades a organizaciones indígenas que en 170 años no habían sido reconocidas.

LAS DOS INSTITUCIONALIDADES

—*En muchas partes de América Latina se montan dos institucionalidades que corren paralelas: una occidental y otra indígena. ¿Cómo se ha avanzado en el acercamiento de esas dos institucionalidades en nuestra región?*
—Con las particularidades que el problema tiene en cada país, en términos generales, yo soy muy optimista.

Creo que después de una historia muy dolorosa de negaciones —de mutuas negaciones, donde el sector más perdidoso ha sido el sector indígena—estamos comenzando a convencernos de que en nuestro continente la democracia no será una verdadera democracia sin la participación, junto a otros sectores, de los pueblos indígenas. Tenemos que construir democracias pluriculturales, pluriétnicas, sobre todo en países como Bolivia, con presencia mayoritaria indígena.

Pero también hay otros países como Brasil, Chile y Perú —donde la participación indígena es minoritaria— en los que también se debe ir hacia el autorreconocimiento pluriétnico, pero no ya por un criterio cuantitativo, sino sobre todo por la naturaleza misma de la democracia.

Ahora, cada vez yo percibo que esta conciencia, en el sentido señalado, va creciendo. Esta visita a Guatemala, las relaciones que tenemos con Rigoberta Menchú, lo que va ocurriendo en México, las transformaciones recientes en Ecuador, en Perú, en Brasil, lo que está ocurriendo en el propio Chile, los hechos de los cuales somos parte en el contexto del decenio mundial de los pueblos indígenas, así lo demuestran.

—*El mito de que el actor indígena no era democrático, ¿se rompe entonces?*
—Yo creo que es mucho más grave aún. La democracia de corte liberal, occidental, tiene sus virtudes pero también tiene sus defectos. Hay que combinar sus virtudes con las virtudes de la democracia indígena.

Veamos algunos elementos particulares. El sistema de renovación de autoridades en ambos sistemas democráticos es diferente. El sistema de votación, por ejemplo, el sistema de criterios para seleccionar a los mejores dirigentes, es distinto. La mayor parte de los pueblos indígenas no hace mucho hincapié en los solteros, sino en los casados, en las personas que han formalizado una familia, de tal manera que una persona soltera de 30 años vale menos, por así decir, que una persona casada de 20 años. Entonces hay criterios que ponen más acento en lo comunitario, en el grupo; criterios más sociales para decidir sistemas de representación, de designación, de renovación, de elección. La democracia liberal, en cambio, centraliza su lógica en el individuo.

Entonces hay que combinar —y ése es el desafío— las virtudes de ambos sistemas. Yo creo muy equivocado decir que todo lo occidental es malo, y también creo equivocada la ingenua posición de que todo lo indígena es tradición, antaño, pasado y totalmente alejado de la modernidad.

En el caso de Bolivia estamos implementando esa combinación poco a poco. La unión entre el presidente y mi figura, entre las dos figuras, fue percibida inicialmente por algunos sectores como la unión entre una modernidad de corte occidental, personificada por el presidente, y la tradición personificada por el vicepresidente. Esto ha ido cambiando y la percepción actual es la de unión de dos modernidades diferentes pero que pueden contribuir a enriquecer la propuesta democrática.

—El concepto de representación política tiene un contenido en la democracia liberal y otro contenido en la democracia indígena. ¿Cómo compatibilizar los dos? El mandato imperativo en lugar de la cesión libérrima de la representación y el mayor requisito de consenso, por ejemplo, son dos rasgos de las culturas políticas autóctonas que las diferencian de las prácticas occidentales más regulares.

—En el caso de Bolivia estamos hablando incluso de una democracia consensual. Por ejemplo, en algunos grupos sociales —indígenas la mayoría, pero también grupos sociales no indígenas—

> Es equivocado decir que todo lo occidental es malo, y también es ingenua la posición de que todo lo indígena es tradición, antaño, pasado y alejado de la modernidad: la percepción actual es que se trata de la unión de dos modernidades diferentes —la occidental y la indígena— y que juntas pueden contribuir a enriquecer la propuesta democrática. La democracia de corte liberal, occidental, tiene sus virtudes, pero también tiene sus defectos. Hay que combinar sus virtudes con las virtudes de la democracia indígena.

se está creando un ambiente de cierto cuestionamiento ante el hecho de que una persona pueda ganar a otra la calidad de representante por uno o dos votos de diferencia. Si existen 1 000 votantes ¿por qué el que obtiene 501 votos va a ganar al que obtuvo 499? Según los contenidos de la democracia indígena, esto es absurdo, ya que tiene que haber una victoria contundente: algo más cercano al consenso. Pero el consenso no es siempre unanimidad, puede ser algo equivalente, por ejemplo, a unos dos tercios. Entonces, si tuviéramos que hacer una gradación según los valores de la democracia indígena, diríamos que rige la tendencia a buscar un consenso unánime: la unanimidad. En segundo lugar se tiende a buscar un consenso mayoritario, por lo menos una votación de dos tercios, y en último lugar buscar una mayoría simple.

Estos temas no sólo son parte del debate, sino incluso rasgos de la práctica de algunos grupos sociales, y entre ellos de algunas organizaciones político-partidarias, cívicas, barriales y comunales.

> Hay lugares donde se prefiere solucionar el tema de los indígenas matándolos, y si no hay ese genocidio todavía existen actitudes etnocidiarias mucho más sofisticadas.

—*Usted generaliza este clima positivo que encuentra en relación con el tema para toda América Latina. ¿Qué rasgos comunes positivos está teniendo en América Latina el tema indígena en relación con los problemas institucionales?*

—Veo grupos y personas indígenas en tareas de responsabilidad, por ejemplo gubernamentales o administrativas. Veo indígenas en los Parlamentos, incluso en organismos internacionales: me refiero, por ejemplo, al Parlamento Indígena y a otros tipos de entidades subregionales como el Pacto Andino. Veo gente indígena en organismos bilaterales y también multilaterales. Veo gente indígena trabajando en proyectos de importancia mundial, como en la Declaración de los Derechos de los Pueblos Indígenas, en el Grupo de Trabajo de Naciones Unidas.

Hay un liderazgo indígena que no piensa sólo en los términos de sus fronteras étnicas o nacionales, sino en propuestas que articulen un movimiento más amplio. El Consejo Indio de Sudamérica —que ya ha desaparecido completamente— fue la organización indígena más importante hasta hace un tiempo, y debe de haber sido el contacto más estrecho de base con dirigentes realmente representativos para construir un nuevo ente coordinador. En Centroamérica acabo de ver un movimiento exactamente similar. Estos datos me mueven al optimismo, pero obviamente no soy exclusivamente optimista. Hay muchísimos problemas todavía. Desgraciadamente hay lugares donde se prefiere solucionar el tema de los indígenas matándolos. Y si no hay ese genocidio,

existen todavía algunas actitudes etnocidiarias mucho más sofisticadas, más disimuladas.

—*¿En qué consiste hoy el concepto de etnocidio?*

—Hay actitudes aisladas de latifundistas, de ganaderos, de algunos sectores privilegiados, poderosos, que están aún quitando la vida a gente que es originaria de esos lugares para explotar riquezas naturales, riquezas forestales, minerales, etc. Pero cada vez hay menos gente que tolera esos hechos, por una parte. Por otra, el sistema jurídico, no sólo nacional sino internacional, ha avanzado tanto que hace ver estas cosas como algo ya totalmente anacrónico. Sin embargo, aunque va disminuyendo esta actitud de exterminar físicamente a las poblaciones indígenas, no hay todavía el reconocimiento del aporte que pueden dar los pueblos indígenas a la construcción democrática. Se les reconoce, se les reconoce en su diversidad, existe una actitud de tolerancia, pero no se les reconoce como actores democráticos y con todos los deberes y derechos que puede tener cualquier ciudadano.

Entonces existe la actitud de ver a los pueblos indígenas como a unas minorías a quienes hay que dar un tratamiento especial. La educación bilingüe como un tratamiento especial. Su derecho es visto como derecho consuetudinario. Su arte es visto como artesanía. A esto le llamo un proceso etnocidiario, negador de la cultura, de la identidad étnica de estos pueblos.

EL INDÍGENA COMO MOTOR ECONÓMICO

—*¿Cómo ve al actor indígena como factor de desarrollo económico en América Latina? Usted afirma que el indígena está teniendo un protagonismo en la construcción de la democracia latino-*

Tanto la protección de la riqueza como la biodiversidad continental se logran gracias a los pueblos indígenas. Los pueblos indígenas son bibliotecas andantes de miles y miles de años de conocimientos sobre la relación del ser humano con su medio.

*americana. ¿Y en la economía lati-
noamericana?*

—También. Yo me atrevería a decir,
aunque parezca paradójico, que ha sido
un gran avance el hecho de que pasemos de una actitud genocidiaria a una
actitud etnocidiaria. Creo que hay ejemplos claros de superación de esa actitud
etnocidiaria para pasar a considerar a
los indígenas como parte orgánica de
esta construcción democrática. En el
ámbito económico el aporte indígena ha
sido realmente muy importante. Tanto
la protección de la riqueza como la biodiversidad continental se logran gracias
a los pueblos indígenas. Estos pueblos
son bibliotecas andantes de miles y
miles de años de conocimientos sobre la
relación del ser humano con su medio.
En Bolivia nos dimos cuenta de eso
cuando, en las últimas medidas de cambio, incorporamos la conservación del
medio ambiente al trabajo del desarrollo sostenible, y cuando descubrimos
que los mejores consultores estaban
aquí, en esos pueblos generalmente despreciados y olvidados. Por otra parte, en
nuestro caso hay que señalar que, en el
siglo pasado, el Estado boliviano nació
gracias al tributo indígena.

—¿Cómo funcionaba?

—Todo indígena, por el hecho de serlo, tributaba. Es decir, dos tercios del
presupuesto de la república boliviana
naciente era un tributo aplicado sólo al
indígena por el hecho de ser indígena.
Se llamaba justamente el tributo indígena. Eso ocurrió en los primeros años
del siglo pasado. En otros países, el
aporte indígena, con otros nombres, tuvo
también una significativa importancia.
En países con presencia de indígenas,
éstos se encargaban de los trabajos "más
sucios", más despreciados por otros sectores. El aporte indígena ha sido una
constante en toda la historia de nuestro
continente.

—¿Y el indígena como empresario?

—El indígena como empresario ha
sido desconocido, olvidado, pero poco a
poco creo que hay ya sectores indígenas
que están siendo parte muy activa de la
transformación económica. Incluso diría
que he visto en varios lugares —no
siempre con el apoyo estatal, a veces al
margen del Estado, a veces aun con el
Estado en contra— indígenas que han
sabido moverse. Inclusive con un burocratismo impresionante, puestos a un
lado bajo esa etiqueta de sector informal, al margen de ese asistencialismo
estatal, el indígena ha sabido contribuir
a la economía de nuestros países. Es
necesario reconocer que justamente los
modelos que se han ido experimentando
en nuestros países los han dejado a un
lado y al margen de los beneficios del
desarrollo que ha tenido el continente.
Y cuando esos modelos han fracasado,
muchos sectores —entre ellos los indígenas— han sido quienes han pagado los
platos rotos.

Sin embargo, poco a poco los sectores
indígenas están tomando mayor importancia en las economías de nuestros
países.

LA REVOLUCIÓN DE 1952

*—Usted está aliado con los herederos de
la revolución de 1952. ¿Qué papel desempeñó la revolución de 1952 en relación con el tema indígena?*

—La revolución de 1952, y particularmente la reforma agraria de 1953,

> Existe la actitud de ver a los pueblos indí-
> genas como unas minorías a quienes hay
> que dar un tratamiento especial. La educa-
> ción bilingüe como un tratamiento especial.
> Su derecho es visto como derecho consue-
> tudinario. Su arte es visto como artesanía.
> A esto le llamo un proceso etnocidiario, ne-
> gador de la cultura, de la identidad étnica
> de estos pueblos.

[381]

han tenido fuertes efectos, positivos y negativos, sobre los indígenas. Lo positivo ha sido el reconocimiento del derecho al voto, porque hasta entonces sólo votaban quienes sabían leer y escribir. Con la disposición del voto universal, todos, indígenas y no indígenas, podíamos tener ya el derecho al voto.

En segundo lugar, con la reforma agraria se superaron las relaciones de servidumbre entre el colono y el patrón. La mayor parte de los colonos era indígena.

En tercer lugar, una parte de las comunidades indígenas fue beneficiada con parcelas de tierra. Esas comunidades tampoco conocieron patrón, no estuvieron bajo relaciones de servidumbre, pero tampoco conocieron la reforma agraria de las parcelas individuales. Por el contrario, las partes que antes estaban sujetas a sistemas de patrones recibieron sus tierras, aunque bajo una lógica totalmente ajena a la cultura de propiedad de la que ellos eran parte.

—Es decir, destruyeron comunidades.

—Exactamente. El concepto mismo de propiedad occidental afectaba la lógica de las comunidades. El proceso de minifundización se aceleró y se afectó negativamente la producción y productividad agrarias. Las comunidades indígenas nunca tenían propiedades en un solo nicho ecológico, sino en diversos nichos o pisos ecológicos, de tal forma que si un año era muy seco nadie se moría de hambre, porque accedían a los productos de las zonas bajas; o viceversa, si el año era muy húmedo accedían a los productos de las tierras altas. La reforma agraria aisló a las comunidades en un solo piso ecológico. Y eso agravó la situación de hambre y de miseria de las comunidades.

Entonces, la reforma fue positiva en cuanto a liberar socialmente al indígena de la dependencia del patrón, fue positivo el derecho al voto, fue positiva la reforma educativa. Pero lo que los pueblos indígenas aprendieron a través de esa reforma educativa ha sido una propuesta totalmente etnocidiaria, ha sido una educación etnocidiaria. Y en este otro aspecto de tenencia de tierra, de producción, no siempre los resultados han sido positivos. Por eso actualmente el gobierno está asumiendo un viejo planteamiento indígena y campesino de elaborar una nueva legislación sobre la tenencia de la tierra que corrija esos errores generados, en parte, por la transformación de 1952-1953.

Cuando nosotros —una organización partidaria con fuerte raigambre indígena—, ahora, nos aliamos con los herederos de 1952, lo hacemos para corregir esas distorsiones. Además, vimos que el partido principal que dirige esas transformaciones, el MNR, dio también un giro que permitió hacer esta alianza, porque sin ese cambio no era posible una relación de esta naturaleza.

PARTICIPACIÓN POPULAR

—Parte de este giro está constituido por alguna legislación muy innovadora, como la Ley de Participación Popular. ¿En qué consiste esta ley? ¿Cómo se empieza a respetar a las instituciones indígenas a partir de su aprobación?

—La superación de un Estado y de un sistema político excluyente es un planteamiento de hace muchísimos años. Decíamos que la democracia boliviana

> Es un gran avance el hecho de que pasemos de una actitud genocidiaria a una actitud etnocidiaria, es decir, represora de la identidad étnica indígena. Parece paradójico pero estamos avanzando. Creo que hay ejemplos claros de superación de esa actitud etnocidiaria para pasar a considerar a los indígenas como parte orgánica de esta construcción democrática.

> Las comunidades indígenas nunca tenían actividades en un solo piso ecológico, de tal forma que si un año era muy seco nadie se moría de hambre, porque accedían a los productos de las zonas bajas o viceversa, si el año era muy húmedo accedían a los productos de las tierras altas. La reforma agraria aisló a las comunidades en un solo piso ecológico. Y eso agravó la situación de hambre y de miseria de las comunidades. Además de introducir el concepto occidental de propiedad.

sólo transcurría por las calles y avenidas asfaltadas de nuestras ciudades, pero los ingresos del país nunca llegaban a las zonas agrarias e indígenas, y se reducían sobre todo a tres ciudades de Bolivia, a tres ciudades de los nueve departamentos: La Paz, Oruro y Cochabamba.

Por lo tanto, el resto del país estaba vaciándose hacia unas superciudades que crecían rápidamente y de forma muy desordenada. Hace más o menos 40 años, 75% de la población total de Bolivia vivía en zonas rurales, y 25% en ciudades. Hoy el porcentaje es 52% de la población viviendo en ciudades y 48% en zonas agrarias. El grado de emigración del campo a la ciudad es realmente muy acelerado.

Entonces, un planteamiento de las organizaciones populares, campesinas e indígenas, y en particular nuestro, ha sido convertir la democracia excluyente en una democracia cada vez más incluyente. Eso se concretó en este proceso llamado de participación popular, que fue uno de los puntos del acuerdo entre nuestro partido y el del presidente. Ya difundimos el contenido de esta propuesta en la campaña electoral, y en el gobierno lo concretamos bajo la ley de Participación Popular.

¿En qué consiste? En primer lugar en el reconocimiento de todas las organizaciones de base del país: de las ciudades, de las zonas campesinas e indígenas. Esto significa el reconocimiento de alrededor de 42% de la población boliviana que antes no tenía ninguna articulación con el aparato municipal ni con el aparato estatal.

En segundo lugar, sus dirigentes y sus organizaciones están reconocidas en el marco del Convenio Internacional de la OIT, según sus usos y costumbres.

En tercer lugar, 20% de los recursos impositivos del país se reparte a los municipios de Bolivia, que de 20 municipios pasaron a 308 y, de ser exclusivamente urbanos, son ahora urbano-rurales. Por otra parte, se crean instancias de participación de la sociedad civil en esos gobiernos municipales. Por lo tanto, se inicia un proceso de democratización del poder político y del poder financiero.

Y, finalmente, otro aspecto que nos interesa es que, en la infraestructura de educación y salud, el gobierno central derive recursos a los municipios para que ellos hagan trabajo de mantenimiento, porque nunca el gobierno central le dio importancia a ese aspecto.

—¿Cuáles serán los efectos políticos de esta ley?, ¿qué papel desempeñará el actor indígena en las próximas elecciones municipales?

—Para el actor indígena, para los pueblos indígenas, el proceso de participación popular y otras medidas parecidas constituyen el primer paso de una larga transformación. En Bolivia, a pesar de ser un país mayoritariamente indígena, ese sector tiene una participación absolutamente minoritaria en las esferas nacionales de decisión política. Tenemos 157 parlamentarios y de ellos los indígenas no pasan de una decena. En el Poder Ejecutivo la participación indígena es absolutamente minoritaria. Por lo tanto, queda muchísimo todavía por hacer. Pero, como decían los chinos —y también nuestros abuelos—, un viaje de 1 000 kilómetros se comienza dando el primer paso. Lo que hemos estado haciendo estos años, y los años anteriores, es simplemente ese primer paso. A veces me sorprende cómo nos ven desde afuera, como si estuviéramos haciendo cambios muy importantes, aunque vistos desde adentro no lo parecen tanto. En las elecciones municipales se van a consolidar los seis municipios indígenas que ya tenemos. De 308 municipios, sólo seis son indígenas, es muy poco. Hay que crear más municipios indígenas. Además, los indígenas tienen que acceder al gobierno municipal. Va a ocurrir, no sabemos en qué porcentaje, pero van a ir accediendo a través de organizaciones políticas propias, pero también a través de personas indígenas afiliadas a otros partidos, incluso a partidos no indígenas. Por una vía o por la otra, indudablemente habrá una creciente participación indígena en los gobiernos municipales, y eso tendrá efecto en otros niveles en posteriores elecciones. Me refiero por ejemplo al nivel de representación legislativa.

PARTIDO INDÍGENA

—*Usted es indígena y es un político, dirigente de un partido político que se reclama como indígena...*

—Mayoritariamente indígena, pero no exclusivamente indígena.

—*¿Esto va a generar un partido indígena o será el surgimiento del indígena como actor el que provoque la eclosión del tema indígena en todos lados?*

—Yo creo que, a pesar de que existen algunos partidos que quieren hacer una propuesta exclusivamente indígena —como hay otros partidos que no quieren saber nada de los indígenas—, la tendencia mayoritaria va hacia un camino de integración. Es nuestro caso. Creemos que indígenas y no indígenas debemos

Hace 40 años, 75% de la población de Bolivia vivía en zonas rurales. Hoy el porcentaje es 52% en ciudades y 48% en zonas agrarias.

ser parte de un proyecto político que permita a un país como Bolivia construir una democracia multiétnica, pluricultural, donde indígenas y no indígenas tengamos los mismos deberes y los mismos derechos y podamos ser parte de la construcción democrática. Hacia eso estamos avanzando. Y si por algo nos respetan en Bolivia es justamente por haber tenido la valentía de plantear esto. Porque era fácil negar a los indígenas o sostener la actitud contraria, pero había que ser doblemente valiente para plantear una actitud de concertación. Para, a pesar de haber sido víctimas de una historia tan dolorosa, no tender la mano cerrada del resentimiento, sino la mano de la concertación, de construir en forma pacífica una sociedad con menos desigualdades, con menos injusticias. Para formularlo en dos palabras, yo diría que hemos avanzado en reconocer la pluralidad étnica, lingüística, cultural, etc., pero falta todavía asumir una actitud pluralista.

—*Pluralista es un concepto de la democracia occidental.*

—Pluralista en sentido ideológico, político, sí. Pero yo dudo que el pluralismo en el sentido étnico sea un concepto de la democracia occidental. La democracia de corte occidental, sobre todo, ha privilegiado las libertades individuales —lo que me parece muy importante—, la designación a través del voto popular de las autoridades —muy, muy importante—, pero creo que la democracia tiene que ir un poco más allá. Tenemos que hablar de una democracia étnica, de una democracia de género, de una democracia que conjugue la unidad nacional con las dinámicas regionales de

El 20% de los recursos impositivos del país se reparte a los municipios de Bolivia, que de 20 pasaron a 308. Los 20 eran urbanos. Hoy son urbano-rurales.

nuestros países, que son tan diversos. Esto es vital.

Por eso no se trata de negar esa tradición democrática, sino más bien enriquecerla, asumirla pero enriquecerla.

LAS CARACTERÍSTICAS DEL ENCUENTRO DE LAS ETNIAS

—*Su alianza con el presidente Sánchez de Lozada ¿es la alianza del empresariado moderno con el campesinado moderno, es decir, es la alianza de estas dos modernidades? ¿Qué significan las dos modernidades?*

—Significan dos tipos de empresarios, dos tipos de modernidades, dos tipos de historia, dos personas de diferente formación, pero ambos parte de una misma realidad llamada Bolivia, y una Bolivia que tradicionalmente estuvo enfrentada, rota internamente. Nosotros hemos definido la naturaleza esencial de Bolivia como una estructura social caracterizada por un colonialismo interno. Nuestra relación es una respuesta genuinamente democrática para superar las taras y las trabas de esa sociedad definida por un colonialismo interno.

Entonces, es un acuerdo entre dos personas, dos propuestas políticas, dos partidos, que tienen un porcentaje de coincidencia, no total, porque en ese caso o yo me volvería movimientista,[1] o el presidente se volvería katarista. Pero hemos tenido un conjunto de puntos de coincidencia que se tradujo básicamente en diez planteamientos. En estos dos años hemos logrado implementar ya seis de los diez puntos del acuerdo, como la reforma educativa, la reforma constitucional, la participación popular, el reconocimiento de las autoridades y organizaciones indígenas, la redistribución de los ingresos del Estado, etcétera.

—*¿Es éste más un acuerdo de personalidades que de partidos? Al ser esas dos personalidades irreemplazables, ¿qué va a pasar con el acuerdo?*

—Las personas son la expresión de algo que las sustenta, y ese algo son los partidos políticos. Obviamente yo soy expresión de lo que es mi organización política, que en forma unánime ha votado por el acuerdo con el partido del presidente. Nosotros valoramos en alto grado la actitud del partido del presidente y particularmente el papel del presidente, porque creemos que ha tenido mucho que ver en este giro histórico que dio su partido. Porque si ha habido algún partido como principal portador y protagonista de la uniformización occidentalista y castellanizante de Bolivia ha sido el MNR. Y hace algunos años era impensable una relación nuestra con un partido como éste.

—*¿Qué ha pasado?*

—Ha habido cambios internos en los cuales el actual presidente tuvo mucho que ver, pero también ha habido cambios en el país. El principal mérito que reconocemos en el MNR es su enorme capacidad de adaptabilidad a estos cambios. Esos cambios han configurado para nosotros nuevas condiciones que permitieron esta alianza.

Siempre en este planteamiento los problemas se ubican en el mundo no indígena. También ocurren en el mundo indígena. Es decir, la historia colonial, la historia de exclusión, no solamente afecta negativamente el pensamiento de

[1] Se denomina así a alguien perteneciente al MNR, partido protagonista de la revolución de 1952 y que actualmente ejerce el gobierno.

> Yo diría, simplificando mucho, que hay un mestizaje que significa la negación de los elementos que aportan a dicho mestizaje. Creo que esa propuesta en nuestro continente nos ha hecho muchísimo daño. ¿Qué es el mestizo? Es la superación y al mismo tiempo la negación del indígena y el no indígena: "Somos mestizos, por lo tanto ya no hay indios". Creo que eso nos ha hecho mucho daño. Al mestizaje no hay por qué temerle, pero tampoco tiene que significar la anulación de estos protagonistas.

los no indígenas, sino también a los propios indígenas: se generan prejuicios desde ambas partes. En ambos lados se facilitó el reflejo autoritario.

—*Digamos que se apunta a una democracia mestiza.*

—Sin que niegue los aportes de los actores que contribuyen a ese fenómeno. Yo diría, simplificando mucho, que hay un mestizaje que significa la negación de los elementos que aportan a dicho mestizaje. Creo que esa propuesta en nuestro continente nos ha hecho muchísimo daño. ¿Qué es el mestizo? Es la superación y al mismo tiempo la negación del indígena y el no indígena: "Somos mestizos, por lo tanto, ya no hay indios". Creo que eso nos ha hecho mucho daño. Al mestizaje no hay por qué temerle, pero tampoco tiene que significar la anulación de estos protagonistas. Yo sé que el mundo, la América futura, no va a ser

exclusivamente indígena ni exclusivamente no indígena.

—*Haciendo un símil con el folklore boliviano y aun andino, en una diablada [2] está esa doble presencia.*

—En parte, porque la diablada es mezcla de lo indígena y de lo no indígena, pero hay una matriz, y esa matriz es indígena. El indígena no tiene por qué dejar de ser indígena para aprovechar lo mejor de otros pueblos, de otras culturas, de otras civilizaciones. Es decir, es una especie de esponja. Los pueblos indígenas tenemos que aprender a desarrollar nuestra matriz como una esponja que asimile, que absorba lo mejor de otras culturas del mundo, pero sin abandonar la matriz. Porque el pueblo que se niega a sí mismo es pueblo muerto. En esa medida, los pueblos indígenas podemos hacer parte con los pueblos no indígenas, de igual a igual, construyendo las democracias de nuestros países. El peor peligro para los pueblos indígenas es dejar de ser indígenas para ser parte de esta hermosa aventura democrática, o, por el contrario, asumir una actitud excluyente.

Así me han formado a mí, por lo menos, en la percepción de cómo se construye la democracia. Tomar el fusil es de valientes, pero creo que hay que ser doblemente valiente para transformar y superar los problemas en un ambiente de paz, sin violencia y en el marco democrático.

---

[2] Danza en la que las máscaras de los participantes identifican a los representantes indígenas y occidentales y reflejan las contradicciones entre ambos.

Fernando Romero: La aparición del gigante escondido

Fernando Romero no sólo es un empresario exitoso en muchas actividades —entre ellas la banca privada para microempresas—, sino que también ha sido ministro de Estado en varias ocasiones, en una trayectoria política que los observadores bolivianos señalan como aún no terminada. Su personalidad extrovertida y su experiencia en el manejo de la realidad, tanto en lo microeconómico como en lo macroeconómico, lo convierten en un intérprete agudo de la escena boliviana. Sus propias raíces lo vinculan al hombre de barrio, lo que le permite conocer al detalle la economía de la microempresa. Al mismo tiempo, transmite con convicción percepciones sobre la situación más global de la sociedad, percepción enriquecida por el aporte que le da su estrecho contacto con los "cholos" informales de Bolivia. La entrevista se realizó en el despacho de Romero —en la torre más moderna de La Paz— y fue interrumpida sólo por dos llamadas de ministros de Estado.

—Enrique Iglesias señaló que la microempresa es un "gigante dormido" en América Latina. ¿Usted está de acuerdo con esa apreciación?

—Depende desde qué punto de vista se le mire, porque el campo de la microempresa es, sí, un campo muy activo. Pero también es un terreno que no ha llegado a optimizar su verdadero potencial porque tiene unos escollos enormes. El escollo fundamental —y tal vez ahí es donde está la punta del ovillo— está en el acceso de la gente a los mecanismos democráticos desde el punto de vis-

ta económico. Si el tema de fondo que nos va a ocupar es la gobernabilidad —la sustentabilidad política de un régimen— y la relación entre microempresa y gobernabilidad, hay que empezar afirmando que no será posible una democracia política como la que se predica si no se logra, hablando en grueso, incorporar a ese proceso de democracia política una democracia económica.

La democracia económica significa que haya una igualdad, cuando menos en las oportunidades, para todos los ciudadanos o las instituciones que se desen-

CARLOS FERNANDO ROMERO MORENO, nació el 16 de diciembre de 1941 en Santa Cruz, Bolivia. Empresario de intensa actividad en ámbitos bancarios y financieros, comerciales, periodísticos, de microcrédito y de promoción. Fue cónsul general de Suecia en Bolivia y presidente de la Confederación de Empresarios Privados de Bolivia. Fue ministro de Desarrollo Humano (1993-1994) y ministro de Planeamiento y Coordinación (1988-1989). Romero cursó estudios de ingeniería industrial y de administración industrial en Massachusetts.

> Los informales viven la competitividad y la competencia más cruel y salvaje que hay. Los que logran derrotar esos obstáculos y sobresalir —y son muchos, es increíble—, se mueven con inverosímil velocidad.

vuelven en el ámbito económico. El pequeño empresario, la microempresa —que es la expresión mínima porque incluye desde un individuo hasta 10 personas—, no tiene las oportunidades que tiene el resto del empresariado, tanto en lo formal como en otros aspectos más sustanciales. ¿Y cuáles son esas oportunidades de las que carece? Son oportunidades en capacitación, oportunidades de acceso a los mercados y oportunidades de acceso a los créditos.

La microempresa es un gigante dormido porque, si bien en términos numéricos y cuantitativos su aporte al conjunto global de las economías en algunos casos es importantísimo —por no decir que es casi superior al aporte del lado formal de la economía—, no se ha logrado la igualdad de oportunidades con respecto a los otros tipos de empresarios: por ello se puede decir que el sector está adormecido. No se ha logrado esa igualdad porque, para empezar, no se ha cuantificado bien el fenómeno, ya que una gran parte de los microempresarios se desenvuelve en el campo de la informalidad.

—*Profundicemos, por favor, eso de que la microempresa no ha logrado la igualdad de oportunidades con respecto a los otros tipos de empresa.*

—No se ha logrado porque la parte formal de la economía —aquí están las estadísticas bancarias, las estadísticas crediticias, las estadísticas de importaciones y exportaciones, las estadísticas de producción, etc.—, no acoge a una parte de los microempresarios: los informales. Las anteriores economía y política oligárquicas han preferido ignorarlo. Y es una consecuencia muy lógica, ya que los plenos derechos eran para los que se movían en ciertas élites, y los demás eran súbditos.

Esto ha ido poco a poco evolucionando en la parte económica, y los informales ahora son muchos y tienen los mismos derechos legalmente, pero no los ejercen. ¿Por qué? Porque el sistema todavía no los ha absorbido como para decir: la economía informal en Bolivia es de tanto por ciento, la contribución impositiva es de tanto, etc. Todas las cifras que se dan sobre el sistema informal son fruto de estudios de algunos académicos que han hecho cálculos aproximados. Como no hay estadísticas es muy difícil cuantificar el fenómeno, por lo tanto no se le puede conocer acabadamente. Ahora, es obvio también —refiriéndonos a lo que señaló Enrique Iglesias, que tiene mucho sentido— que si a esa gente en un momento determinado se le incorpora al sistema —no sólo a la formalidad sino a la igualdad de oportunidades— lo que producen ahora puede multiplicarse muchas veces...

—*Es decir que estamos hablando de un actor con una enorme potencialidad en una estrategia de desarrollo de América Latina. De todas maneras, se ha dicho que hay una economía en dos tiempos: la primera tiene acceso a mercados internacionales, a la tecnología, a las nuevas corrientes de exportación; la otra sigue siendo de subsistencia. ¿Se está abriendo una brecha, se está bifurcando una segunda economía?*

—Creo que sí, a pesar de que no definiría a la segunda como una economía de subsistencia. Hay una especie de economía oculta. Es notable, de todas maneras, el instinto natural de emprendimiento, de iniciativa privada, que existe aun en la gente que está en esa segunda economía. Y lo más interesante es que es mucho más sostenible que la otra porque no está fundamentada en otra cosa que no sean ofertas y deman-

[388]

das. La gente que se dedica a ella vive una competitividad mucho más salvaje, no tiene reglas de juego claras, tiene realmente que trabajar y sufrir, no tiene protección ni paternalismo de nadie, ni de Estado ni de políticas proteccionistas. Vive la competitividad y la competencia más cruel y salvaje que hay. Por eso digo yo que no es necesariamente de subsistencia, porque los que logran derrotar esos obstáculos logran sobresalir: y son muchos, es increíble. Más aún cuando se les facilita el camino para hacerlo vía créditos, vía capacitación, vía acceso a mercados, vía comunicaciones, vía información; se mueven con inverosímil velocidad.

Yo he visto —porque ése es mi fundamental punto de investigación— a gente que tiene ese espíritu de emprendimiento, de empresarios latentes, que poco a poco va derrotando las barreras. Son autodidactas. En los Estados Unidos, cuando hay una persona que no fue a la escuela y sobresale —como el señor Bill Gates, que resulta que no quiso seguir estudiando pero sobresale— le llaman genio. Aquí en Bolivia y en algunos países latinoamericanos, la mayoría de los grandes empresarios es gente que no tuvo acceso a grandes niveles de educación: lo lograron por *motu propio*. ¿Y sabe cómo lo lograron? Porque son personas que se han desarrollado y se han acostumbrado a moverse un poco en las penumbras. Es muy difícil encontrarlas en las estadísticas.

Yo le voy a decir cómo lo he ido verificando: haciendo entrevistas en bancos, tanto locales como extranjeros, que hacen captaciones de gente que ahorra, y que marginan por supuesto algunos dineros que no tienen procedencia clara. El banquero privado extranjero que visita Bolivia le dice a uno, en primer lugar, que se sorprende por el volumen de

> Aquí en Bolivia y en algunos países latinoamericanos, la mayoría de los grandes empresarios es gente que no tuvo acceso a grandes niveles de educación.

ahorro interno a nivel empresarial, ahorro que sale a buscar un banco por razones de seguridad. El volumen es sorprendentemente alto. Pero cuando uno pregunta quiénes son estas personas, la respuesta es: "Nadie que tú conozcas". Absolutamente increíble. Y esas personas se mueven aquí en la calle Murillo, en la calle Buenos Aires, en algunas partes del Alto,[1] y no pertenecen para nada al núcleo social ni político reconocido por su poder. Esa gente tiene —y esto ocurre también con los bancos locales cuando uno mira sus listas de depositantes— un volumen increíblemente más alto de dinero que el resto de la gente. Uno se pregunta entonces de dónde salió esta persona, si estudió en Chile, por ejemplo. No, resulta que esta persona no ha terminado la secundaria. Empezó con una zapatería y ahora tiene una fábrica de zapatos y diez curtiembres.

LOS INFORMALES
EN LA NUEVA ECONOMÍA

—*Tal vez haya que ver al gigante dormido en la perspectiva del cambio de paradigma de producción que se da hoy en día. Ya no estamos, obviamente, en el esquema "fordista", y nos acercamos paulatinamente a un nuevo paradigma productivo, protagonizado por la incorporación de conocimientos y de tecnología como factor decisivo: más que las grandes fábricas, por ejemplo, la especialización y tercerización de la fabricación de partes. Respecto de ese nuevo para-*

[1] Se refiere a barrios extremadamente populares de La Paz y zonas circundantes.

> Los informales son personas que se han desarrollado y se han acostumbrado a moverse un poco en las penumbras. Es muy difícil encontrarlas en las estadísticas.

digma productivo, que se está implantando en las sociedades desarrolladas y que está llegando naturalmente a América Latina, ¿cómo hacer, en su opinión, para que el "gigante dormido" no pierda ese tren?

—Yo lo definiría con mayor precisión como un "gigante escondido", porque como no es una cosa tangible, no se le ve. Entonces no es tanto el problema de despertarlo sino de descubrirlo, y después de descubrirlo, desarrollarlo. Ahí es cuando el adormecido puede desarrollar su pleno potencial. Por lo demás, la gente se incorpora al sistema como una expresión natural del hombre para encontrar soluciones a su vida material, y, a medida que ve televisión, incorpora elementos que constituyen necesidades dentro de ese nuevo paradigma: capacitación, tecnología, información, crédito.

En países como Bolivia, esa segunda economía a la que usted se ha referido —casi afuera del sistema formal, básicamente el mundo en el que se mueve ese gigante escondido— es más importante que la primera.

¿Por qué? Porque son sociedades que tienen sus propias características en lo que corresponde a la gobernabilidad, en el sentido de que hay fuerzas culturales, regionales, climáticas, de costumbres, que están metidas en todo su funcionamiento. Ahí se inserta, por ejemplo, una forma propia de hacer negocios y de desarrollar empresas y actividades económicas. Mucho ha tenido que ver el antecedente histórico de los países, donde la cultura ha desempeñado una serie de factores trascendentes. Históricamente nuestros países han vivido en una especie de letargo, una desinstitucionalización.

Hemos sido países situados virtualmente —desde el punto de vista de las clases más bajas— entre feudales y socialistas. Es difícil, para esas clases más bajas, distinguir una cosa de la otra, pues siempre fue muy fuerte la influencia, la arbitrariedad y la discrecionalidad de las clases dirigentes, sean éstas políticas o económicas. En lo general podríamos decir que primero prevalecían las económicas. Después vinieron los políticos que lo único que hicieron fue encumbrar y reemplazar a los condes y llamarse comisarios, ministros o lo que sea.

¿Qué pasa entonces? La gente viene saliendo de esa pasividad histórica y no piensa necesariamente en la empresa corporativa como en los Estados Unidos Estamos entrando básicamente a la incorporación de la empresa de familia, de la empresa de grupo, de la empresa individual. Ese señor de la calle Murillo, nacido probablemente en una humilde choza, se da cuenta de que tiene que mejorar. La ambición de esa gente no es hacer una fortuna, ni buscar un comprador entre las multinacionales para vender su fábrica de zapatos; su gran ambición es darle a su hijo y a su familia —y ésa es una de las fuerzas más importantes que he descubierto— las oportunidades que él no tuvo. Otra de las pruebas es que de la enorme población de estudiantes que están en el extranjero, la mayoría está compuesta por hijos de gente desconocida. La mayoría ahora no está formada por hijos de empresarios, de intelectuales o de la zona

> Hay un volumen increíblemente alto de ahorro de personas desconocidas, de informales. Uno se pregunta entonces de dónde salió esta persona y resulta que esta persona no ha terminado la secundaria. Empezó con una zapatería y ahora tiene una fábrica de zapatos y diez curtiembres. La "sociedad", sin embargo, no lo conoce.

> Los políticos lo único que hicieron fue encumbrar y reemplazar a los condes y llamarse comisarios, ministros o lo que sea.

sur, sino que viene de estratos humildes. Está ocurriendo lo que sucede con los asiáticos en el oeste norteamericano que, siendo una parte muy pequeña de la población, ocupan un porcentaje importante de los mejores estudiantes de las universidades, porque hay un deseo de superación increíble.

Ésa es la fuerza, ahí está lo de dormido, lo de escondido.

EL ESTADO Y EL MERCADO

—*En este contexto, en su opinión ¿qué tiene que hacer el Estado? ¿Tiene que dejar que funcione el mercado o tiene que hacer algo?*

—Creo que fundamentalmente tiene que dejar que funcione el mercado. Pienso que cualquier proceso vía subsidios, vía disponibilidad de líneas de crédito, vía grandes programas de capacitación, francamente no es ni siquiera útil, porque el pequeño empresario lo percibe nuevamente como una interferencia en su vida. Interferencias de las que ellos han estado sobresaturados y de las que han estado escapando toda la vida, razón por la que se mantienen en la penumbra. La sobrerregulación, el excedente de bien o mal intencionado proteccionismo, de paternalismo, del "yo voy a resolver el problema por ti", no les sirve; esta gente sólo quiere que el Estado les dé la oportunidad de resolver sus propios problemas.

Les digo con toda franqueza —y lo digo porque lo he visto, lo he vivido y lo he preguntado— que el informal, el empresario pequeño, el microempresa-

rio, encuentra que el Estado es un intruso, porque francamente le ha cortado las iniciativas. Le ha dicho "¿Por qué vas a pelear? Si sales a hacer una huelga igual vas a tener educación, comida, casa y salud gratis".

—*¿Qué reclama en concreto el microempresario?*

—El microempresario reclama la oportunidad.

—*¿Y del Estado?*

—Del Estado reclama reglas claras para que las oportunidades puedan ser accesibles. Porque no las hay. En el campo del crédito, que es un tema muy interesante, en el caso del Bancosol.[2] Yo creo que se ha logrado algo, pero los problemas no terminan nunca, porque en la Superintendencia de Bancos, en el Banco Central, nunca entienden el concepto de Bancosol. La gente entiende la importancia del microcrédito. ¿Cuál es la tendencia para responder a la falta de microcrédito? Dar recursos. Y no es por allí que se resuelve el problema: el problema es entender que la primera garantía de los créditos son los mismos proyectos, y la segunda garantía es el crédito solidario, el de otro informal que también firma. Yo no estoy conforme con que se empiece a hablar y a decir "hay 500 millones para la pequeña empresa", o a decir que el Estado va a abrir líneas de crédito. El dinero está, lo que falta es el acceso al dinero, las formas crediticias que otorguen verdadero acceso a ese dinero. El Bancosol, lamentablemente, existe a pesar del Estado, no por el Estado. Cuando uno va a la Superintendencia no lo entienden, porque no entienden el concepto de un grupo solidario para garantizar, no entienden el proceso de garantías sobre proyectos.

Aquí resulta que el pequeño empresario no tiene acceso al crédito porque no tiene bienes con qué respaldar el cré-

---

[2] Banco para microempresarios fundado por Fernando Romero.

dito. En otras partes, la banca corporativa ya ha establecido grupos de fondos, mercado, antecedentes crediticios, iniciativa, capacidad individual. Todos estos son elementos bancables en otros países, pero aquí no lo son.

EL CASO BANCOSOL

—*¿Cómo está funcionando Bancosol en ese sentido?*

—Creo que Bancosol ha probado dos cosas importantes que tienen una relación directa con la gobernabilidad económica de la sociedad. Una, que el problema de crédito es meramente un problema económico de costos y beneficios, es un servicio, una oportunidad de acceso a un crédito por el cual hay que pagar. Todavía tenemos contra este concepto mucha gente que dice que al "pobre" no hay que cobrarle intereses. Y así son la mayoría de los programas, no sostenibles porque dependen de la caridad o del crédito internacional, de gente que tiene que estar pasando el sombrero todos los días. ¿Por qué? Porque dicen que es un crimen cobrarle a un "pobre" intereses, aunque no sean muy altos. Entonces tenemos que absorber socialmente el subsidio de ese crédito.

¿Qué es lo que hacen? Irresponsablemente entregan dinero y el ser humano, el empresario pequeñito, se da cuenta de que no se exige su competitividad, y por ello, si pierde ese dinero regalado, no le duele, no le pesa, no es responsable. Esos créditos se han perdido: incalculables millones se han perdido mediante esta modalidad. En cambio, si hay un banco, hay una relación racional, y los mismos pequeños empresarios dicen: "Yo pago tanto, sé que es alto, pero sé que soy competitivo y no le tengo que decir gracias a nadie, yo respondo".

La relación es interesante. Y el banco ha probado que eso se puede hacer cobrando y ganando plata. Esto es necesario en una empresa privada para generar los excedentes y tener vida propia. Se ha probado que esto se puede hacer con instituciones que son autosostenibles. La prueba es que ya está empezando a emerger la competencia, y entonces en todas partes, todo el mundo quiere hacer Bancosol.

No obstante, para mí, ése no es el descubrimiento fundamental de Bancosol. El principal descubrimiento, en mi opinión, es que está llegando a unos estratos de la población mucho más numerosos y maneja recursos económicos cuantiosísimos. De vuelta el gigante "dormido". Se está llegando y descubriendo que en realidad la demanda es enorme, y que es una demanda legítima, de gente desesperada que le está diciendo a todo el intervencionismo, a todo el proteccionismo, que la dejen tranquila, que quiere trabajar; si le dan crédito competitivo va a ser competitiva, pero que no le vengan a decir que se lo van a regalar, que como es pobre es el elemento fundamental de la guerra contra la pobreza. Denle la oportunidad. Esta gente no quiere que la intervención estatal le resuelva sus problemas, que ella puede resolver por sí misma si la dejan. ¿Pero qué pasa? No la dejan porque creen que es incompetente, que es incapaz de educar a sus hijos, incapaz de entrar en una junta vecinal y hacer hospitales, incapaz de votar e incapaz de un montón de cosas. Si insisten en esta posición, que para unos son soluciones, la gente pobre prefiere echarse en su hamaca y esperar que le vengan las cosas gratis.

Bancosol demostró que el crédito popular es un buen negocio, que no es condenable para nadie y que además es autosostenible. Bancosol está despertando a ese gigante, haciendo transacciones con una cantidad de gente que tiene relación bancaria limpia, leal, con su banco.

—¿Qué capital tiene?

—Ahora tiene un capital de alrededor de 10 millones de dólares, pero tiene una cartera de un apalancamiento de 50 millones de dólares y una cartera de 80 000 clientes.

—¿Y qué porcentaje de morosidad?

—Cero. En general, cuando hay morosidad no es, curiosamente, porque la gente deje de pagar. Cuando hay morosidad suele tratarse de un fenómeno cultural de que una agencia —que a veces está distante sólo dos kilómetros de otra agencia— se rebela. ¿Y por qué se rebela? Porque resulta, por ejemplo, que el "caudillo" era un deudor y el banco lo trató mal y el deudor dice: "No hay que pagarle a este banco, este banco nos está explotando". Es decir que no pagan por razones totalmente ajenas a la viabilidad económica o al deseo de pagar o no pagar de la gente.

De vez en cuando se dispara una sucursal. Pero en ese caso se subsana el problema: va un grupo, les habla y les pregunta qué pasa: que fulanito se fue del grupo solidario, que se enredó con la hija de otro, que está descontento, etc. A la larga, sin embargo, nadie quiebra ese nivel de actividad económica.

—¿Cómo maneja Bancosol el tema de la evaluación de los proyectos de inversión? Porque muchas veces los microempresarios no tienen la capacitación para hacer el proyecto.

Una de las normas para prestar dinero es verificar, incluso por intermedio de los vecinos, cuántos años lleva esa persona desarrollando esa actividad. Cinco, diez años de experiencia. Automáticamente se le otorga el crédito. ¿Cuánto tiempo de estabilidad vecinal? Ésos son los factores que se toman en cuenta.

—En rigor no hay proyectos de inversión por microempresario. Cuando se formaliza la relación comercial, ellos son tantos que las factibilidades se hacen por sectores: verdulerías, refresqueras, vendedores de helados, zapateros, pequeños industriales, hojalateros, etc. Cada sector se mueve dentro de una concepción económica en la que su propia factibilidad está definida previamente bajo ciertos términos. Se sabe de una persona que vende verduras en el mercado, las compra a tal precio y las tiene que pagar a tal otro precio, y si no tiene crédito probablemente el financiador resulte ser el mismo transportista que le trae las verduras, o el intermediario que le cobra 10% diario. Con crédito sano duplican su volumen, venden el doble, pagan mucho menos y empiezan a ganar más.

La etapa primaria del vendedor de verduras es el abarrotero. Todos los abarroteros de La Paz, a pesar de que no han tenido mucho crédito o han tenido créditos de usura espantosos, tienen su origen en las pequeñas tienditas en el mercado, donde estuvieron sentados detrás de un puesto. Poco a poco, con imaginación propia, los más vivos empezaron a comprar, después tuvieron tantas ganancias que la próxima etapa fue comprarse un auto. Pero, fundamentalmente, la ambición principal es educar a los hijos.

Esto es una cosa natural, esto ocurre, está en todas partes. Uno va con su crédito y le dice: "Yo te voy a prestar pero

> En el microcrédito no hay balances, no hay referencias, no hay nada. Es el contacto personal.

te voy a ganar y espero que me pagues, porque si no me pagas, el peor castigo que vas a recibir es que no te voy a volver a prestar". No conocemos el negocio particular de la persona, pero ellos sacan un segundo, un tercero y un cuarto crédito, y van progresando, piden más plazo, se van relacionando con su extensionista —así es como nosotros llamamos a los oficiales de crédito— en un contacto personal. Cada extensionista maneja entre 200 y 400 clientes, a quienes conoce personalmente, en una relación donde la actividad económica y la viabilidad del proyecto no es tan importante como el contacto personal que tiene con las personas, porque entra el factor cultural, de honorabilidad, de saber que están ahí hace diez años y que su amigo es quien lo ha avalado, y que conoce la actividad. Porque muy pocas veces se presta el dinero a alguien que no ha estado en esa actividad o que está tratando de ingresar en esa actividad. Una de las normas para prestar es verificar, incluso por intermedio de los vecinos, cuántos años lleva esa persona desarrollando esa actividad. Cinco, diez años de experiencia. Automáticamente se le otorga el crédito. ¿Cuánto tiempo de estabilidad vecinal? Esos son los factores, por eso es una actividad totalmente distinta.

El banquero tradicional no va por esa vía. El banquero tradicional pide referencias, balances. Aquí no hay balances, no hay referencias, no hay nada. Es el contacto personal. Muchas veces he dicho que el secreto de los microcréditos y los bancos de microcréditos no es tanto el tener tecnologías y analizar proyectos sino tener la paciencia de hablar con esta gente. Y poder aguantarlos. Yo en broma digo que hay que aguantar el olor, porque es gente que hasta huele diferente, porque son de otro estrato social. El secreto está en poder hablar, porque cuando uno se sienta frente a un cliente, una cholita por ejemplo, a discutir su crédito, lo más interesante que ocurre es que uno no sabe si la persona vino al banco a pedir un crédito o a depositar. Entonces tiene que tener la paciencia para escucharla durante una hora. ¿Y cuál es la sorpresa cuando le dice: "Tengo este dinerito que quiero que me lo guarde"? O "Mire, yo estoy en este negocio y quisiera que por favor me dé un crédito de 200 dólares". Es muy interesante. Eso no se ve en la banca común.

La gente que tiene esa empatía, esa capacidad de comunicación, no banquera, no es una persona de corbata sino generalmente gente de la misma extracción social, tal vez un poco más educada, un poco mejor vestida, pero fundamentalmente no tiene grado en finanzas, sino que tiene grado en antropología, en sociología, porque son trabajadores sociales. Por ahí ha venido la demanda de personal según las necesidades del microcrédito.

—¿Los banqueros no han entendido el microcrédito?

—Los banqueros lamentablemente están demorando en incorporarse como puros banqueros en el microcrédito mucho más que los sociólogos y las instituciones de tipo religioso. Todas las ONG que lo están haciendo tienen otro tipo de interés, o un alma muy altruista, muy generosa.

Sin embargo, la verdad es que los grandes programas de ese tipo de microcrédito se iniciaron en Estados Unidos,

> El secreto de los microcréditos y de los bancos de microcréditos no es tanto el tener tecnologías y analizar proyectos, sino tener la paciencia de hablar con esta gente.

no como un negocio —por eso Bancosol es distinto—, sino como un deducible de impuestos. Algunos norteamericanos, que pasaron su luna de miel en México, o que trabajaron cinco años en Ecuador, dijeron: "Qué bonito, pero qué pobreza que hay: merecen crédito", y así pusieron su dinero más por filantropía o caridad que por el hecho de hacer negocios. No es fácil romper esa barrera y decirle a esa gente: éste puede ser un negocio y se le puede ganar plata al "pobre".

Bancosol es una experiencia muy especial porque es un paso más allá de ese espíritu bondadoso y caritativo de los grandes donantes para que esos latinitos o africanitos tengan créditos. Bancosol está probando que esa perspectiva está totalmente equivocada, porque Bancosol es sostenible, ya no depende de nadie, está ganando plata, está generando excedente, está abriendo oficinas, está creciendo. Y tiene más lealtad, más respeto y una relación mucho más limpia con sus clientes que cualquier otro programa de tipo caritativo.

Creo, en definitiva, que hay instituciones que están muy empapadas todavía del concepto oligárquico, del paternalismo. Debe darse una mayor conciencia al Banco Central, a la Superintendencia, a las instituciones financieras, que no lo entienden muy bien, de la importancia que tiene este "gigante dormido", porque es un gigante, no es un hombre cualquiera. Ellos nos dicen que el artículo tal de la Ley de Bancos no permite dar más de una vez el capital con garantía propia del banco, y nosotros damos cinco veces más. La respuesta es obvia. Si no damos con garantías propias no damos nada de crédito y el banco no merecería existir. Pero no lo entienden.

—*Porque no entienden el sistema de la garantía.*

—Claro. Y además no solamente eso, sino que hay un concepto increíble y antiguo de que no se puede ganar plata

> El secreto está en poder hablar, porque cuando uno se sienta frente a un cliente, una cholita por ejemplo, a discutir su crédito, lo más interesante que ocurre es que uno no sabe si la persona vino al banco a pedir un crédito o a depositar.

con la pobreza. La primera reflexión que hicimos nosotros mismos cuando fundamos el predecesor de Bancosol, con Gonzalo Sánchez de Lozada, que no era entonces presidente de la República, fue, por supuesto, que no podíamos exceder el interés 6% porque esa gente no lo iba a poder pagar. Y ahora nos morimos de risa. Nosotros mismos no lo entendíamos porque observábamos el fenómeno como lo hacían los caritativos norteamericanos. Hablando aquí con el primer ministro de Malasia me dijo: "No sé qué pasa con los empresarios latinos. Nosotros allá al empresario lo premiamos. Acá no. Yo no entiendo bien eso de que es más fácil que pase un camello por el ojo de una aguja que un rico en el reino de los cielos".

DEL MERCADO INTERNO A LA EXPORTACIÓN

—*En su experiencia con Bancosol y con otras instituciones, ¿cómo hacer para que el empresario, que en términos generales trabaja con el mercado interno, dé el salto al mercado exterior?*

—Es muy fácil. Bancosol en este momento trabaja con 80 000 clientes. Hay que compararlo a una escuelita: muchos de ellos están en primer grado, porque de los 80 000, 11 000 o 12 000 son nuevos, mientras que otros ya están en los últimos cursos. Siempre surge el problema de que los que se empiezan a graduar quieren una pista de aterrizaje, que es un crédito más grande y a mayor plazo que los que ofrece Bancosol. Entonces se

> Los funcionarios bancarios deben ser gente de la misma extracción social, tal vez un poco más educada, un poco mejor vestida, pero, fundamentalmente, no tienen por qué tener grado en finanzas, sino en todo caso grado en antropología, en sociología, porque son trabajadores sociales. Por ahí ha venido la demanda de personal según las necesidades del microcrédito.

están desarrollando mecanismos para que otra gente abra bancos, porque el promedio de préstamos de Bancosol es de 500 dólares, pero hay que abrir bancos con promedios de préstamo de 2 000 y 50 000 dólares.

—*Que no va a ser Bancosol.*

—No va a ser Bancosol. Bancosol también quiere incursionar en eso, pero ya está cumpliendo su primera etapa, cinco años no es mucho tiempo para hacerlo.

Esa gente que se va graduando —que es la verdulera que se convirtió en abarrotera y el abarrotista que se convirtió en dueño de mercado y ese tipo de cosas— va aprendiendo en primer lugar y por sí misma —porque todos estos programas de una u otra manera van ligados a otros programas de capacitación, etc.— que en el momento que salta o va a la pista de aterrizaje de un crédito de 5 000 dólares, ya necesita formalizarse. Porque para 5 000 dólares el riesgo ya es alto y tiene que llenarse un documento, un formulario. El formulario en una esquina dice: cédula de identidad, y entonces tiene que sacar su cédula de identidad. Pero el verdulero que se convierte en abarrotero, por más chiquita que sea su tiendita en un barrio muy marginal, ya está en el ojo de los recaudadores de impuestos, que le dicen: "Oye, acá tienes un negocio. ¿Has pagado tus impuestos?" "No, yo no sé, no estoy ni registrado", responde el abarrotero. "Pues regístrese", se le indica.

Ahora, en el momento en que se registra, los costos son más altos, la rentabilidad es menor y obviamente se dan cuenta de que es un paso trascendental y que allí pueden fracasar. Pero en el mismo momento que dan ese paso, ellos mismos buscan la ampliación de mercados. Y saltan de un mercado chiquitito, que es la vecina o la casera, como le dicen, a un mercado de barrio o a un mercado externo.

Eso en el lado comercial. En el lado industrial hay ejemplos mucho mejores. Yo conozco algunos empresarios que se dedican a hacer arbolitos enanos o arreglos florales, zapatos, disfraces, ropas, confecciones. Pues esa gente encuentra soluciones increíbles.

Nosotros teníamos un microempresario que lo único que producía era etiquetas que decían: "Made in Argentina", que vendía a dos o tres fábricas, también a microempresarios, que hacían chaquetas de cuero, a las que no querían ponerle "Made in Bolivia". Ahí está una respuesta de cómo llegan a mercados extranjeros. Por un camino que a ningún empresario se le ocurriría, incluso mediante un engaño: ellos descubren que una chaqueta que diga "Made in Argentina" tiene mejor mercado que una que diga "Made in Bolivia". Y así comienzan a acceder a mercados en Perú, en algunos casos en Asia, etcétera.

Nosotros hemos publicado un pequeño suplemento que se llama *Pequeña Empresa* en el periódico *La Razón*. No ha sido mucho el éxito periodístico, pero lo interesante es que últimamente, a través de ese periódico, los microempresarios empiezan a comunicarse: a ofrecer mercado, a solicitar cierto tipo de bienes, indicando que la casilla está en

> Estamos acortando las distancias entre los ciudadanos de primera categoría y los de segunda. Y eso es gobernabilidad.

Costa Rica, en Miami o en Los Ángeles. Y sabemos que esa gente que ha colocado el aviso ha recibido enorme cantidad de ofertas. Ellos mismos encuentran la solución. Instituciones más formales como Bolivia Exporta, o las oficinas comerciales, francamente al microempresario no le sirven para nada.

—*¿Hay que hacer algo en ese sentido?*

—No necesariamente debe tomarse una iniciativa. Yo creo que las iniciativas que no tienen ninguna intervención del gobierno, como la que mencionaba de la *Pequeña Empresa* de *La Razón*, han conducido a que todos, absolutamente todos los periódicos de ahora, ya sea semanal o diariamente, tengan una pequeña sección que se llama "Pequeña empresa", brindando mejor y mayor información.

Eso no quiere decir que el gobierno no pueda facilitar ciertas cosas. Pero hay que tener cuidado con la intervención del gobierno sobre este tipo de medidas. Observemos lo que ocurrió, por ejemplo, en Perú, con el microcrédito. Había un grupo llamado Acción Comunal Peruana, que en determinado momento hizo como Bancosol, con un par de millones de dólares, y desarrolló un mercado interesante, de 80 000 personas. Eso fue antes del régimen de Alan García. Cuando él llegó, percibió aquello y dijo: "Ésta es una oportunidad de oro.

> El fondo de pensiones generado por la "capitalización" de las empresas públicas es el primer aglutinante extraordinario de carácter democrático.

Vamos a hacerlo en nombre del Estado". Y comprometió a los alcaldes, a los ministerios, y metió como 30 millones de dólares. Mató el microcrédito.

Es muy fácil regalar dinero, pero eso no sirve.

LA CAPITALIZACIÓN
Y LOS MICROEMPRESARIOS

—*Respecto a la "capitalización"*[3] *que está llevando adelante, para darle nueva vitalidad a la economía y pasar a una etapa de crecimiento, ¿en qué beneficia el gobierno a los micro y pequeños empresarios?*

—Lo maravilloso de la "capitalización" es que además de resolver el viejo dilema del fracaso del Estado como administrador —porque obviamente involucra entre otras cosas la privatización— tiene subproductos interesantes, como es el hecho de que 50% del aporte externo por la compra de las empresas estatales vaya a los fondos de pensiones, y ello toca a todos los hogares de este país. Entonces hay un acercamiento entre el informalismo y el formalis-

[3] La "capitalización" de las empresas estatales bolivianas fue el eje de la propuesta electoral del Gonzalo Sánchez de Lozada. Ella supone que en cada empresa estatal el inversor privado —mediante una competencia de precios entre oferentes tanto nacionales como extranjeros— hará un aporte económico equivalente a 50% del valor de la empresa y obtendrá con ello no sólo dicho porcentaje de las acciones sino el gerenciamiento de la misma. El 50% que queda en manos del Estado distribuye sus acciones —pasado determinado plazo— entre todos los bolivianos mayores de edad para integrar los fondos de pensiones para la cobertura de la seguridad social. En un país en que menos de 20% de la fuerza de trabajo está formalizada, el sistema propuesto no sólo prevé la capitalización de las empresas para su modernización, la distribución entre los ciudadanos de las acciones de la mitad de dichas empresas, sino, además, como efecto indirecto, la tendencia a la formalización de la masa laboral para que esté en condiciones de recibir los beneficios de seguridad social de la capitalización. Al cierre de esta edición, en noviembre de 1996, se habían capitalizado ENDE, ENFE, ENTEL y LAB. Faltan, entre otras, la petrolera YPFB. Se estima que han ingresado 800 millones de dólares a las empresas capitalizadas.

mo, porque tarde o temprano a estos microempresarios les va a llegar la voz: "Hay una plata tuya que está depositada en tal lugar, ¿por qué no vas y la reclamas o preguntas al respecto?" La "capitalización" termina siendo un gran paso para la formalización de la economía del país.

Si vamos a resumir en unas cuantas frases, todo este fenómeno del microcrédito de Bancosol, gobernabilidad, democracia política y democracia económica, todo ello no es nada más que incorporar una masa enorme de ciudadanos a la comunidad. Estamos acortando las distancias entre los ciudadanos de primera categoría y los de segunda. Y eso es gobernabilidad. Mientras no la haya no habremos logrado casi nada. Las personas que vemos en la calle tirando piedras son reflejos muy naturales y muy lógicos de gente que está despertando a la realidad y que por muchos años fueron ciudadanos de segunda. A quienes, por lo demás, los ciudadanos de primera todavía no les quieren dar espacio.

La capitalización es algo muy positivo porque en última instancia —en el nivel de 50% de la propiedad de las acciones— está definiendo a todos los ciudadanos por igual, en lo que hace a los fondos de pensiones y seguridad social. Esta gente ya no tiene que ocultar sus ahorritos bajo la cama. El fondo de pensiones es el primer aglutinante extraordinario de carácter democrático.

—*Éste es el primer punto donde usted se muestra más o menos favorable a políticas públicas estatales. ¿Qué políticas públicas cree indispensable impulsar desde el Estado para que este "gigante oculto" demuestre todo su vigor?*

—Todas las medidas de capitalización, a través del efecto que tienen los fondos de pensiones. La participación popular, a través del efecto que tiene en la gente de sentirse parte de una comunidad y no un ser aislado, ni un protegido, ni un subalterno, o subordinado. La reforma educativa en lo que concierne a la capacidad de expresión y comunicación. El sistema educativo hasta ahora en vez de crear accesos ha creado barreras.

Antônio Britto:
La municipalización del poder

El gobernador de Rio Grande do Sul, Antônio Britto, nació en el extremo sur de Brasil, en la frontera misma con Uruguay. Desde esa perspectiva, Britto elabora una reflexión novedosa sobre su país, con una revalorización de los municipios, los estados y la integración de las regiones. La entrevista se realizó en mayo de 1996 en el Palacio Piratini, un edificio cargado de historia, desde el cual Leonel Brizola encabezó la lucha por la legalidad en los años sesenta, durante el primer intento, fallido, del derrocamiento de Jango Goulart. Hábil comunicador —su experiencia como periodista y vocero del mítico presidente Tancredo Neves se percibe en el manejo de la entrevista—, Britto lleva adelante una cargada agenda política, no sólo en su estado, sino a nivel nacional: la noche de la entrevista fue objeto de un reportaje en São Paulo, por un canal de televisión; a la mañana siguiente estaba haciendo declaraciones a la prensa en Brasilia y, de regreso a su estado, esa misma tarde estaba de nuevo despachando en Piratini.

—En su experiencia, ¿cómo hace valer los intereses de su estado en Brasilia? ¿Cómo es su relación política en este campo con la presidencia de la República?

—En Brasil estamos viviendo una etapa curiosa en relación con la cuestión federativa. Ya nos dimos cuenta de que no es posible que un país tenga tantos niveles de centralización como Brasil, pero olvidamos cambiar las leyes al respecto. Entonces, hay un gran acuerdo en cuanto a la necesidad de munici-palizar la educación, la salud y la asistencia social. Pero ocurre que la velocidad de esa nueva conciencia no está acompañada por una igual velocidad en la aprobación de los instrumentos que modifiquen la realidad. En otras palabras, si usted entrevistara a todas las personas de Brasil y les preguntara si la salud debe ser federal, estatal o municipal, todos le responderían que debe ser municipal o estatal. Pero pocas se dispondrían a hacer la trasmisión de poder, para cambiar las personas, los fun-

AntÔnio Britto, gobernador del estado de Rio Grande do Sul, nació en la ciudad de Santana do Livramento en 1952. Periodista y profesor universitario, Britto dirigió los departamentos de prensa en las principales redes de radio de Rio Grande do Sul y de la red líder de televisión. Durante el gobierno de Tancredo Neves fue secretario de Comunicación Social de la Presidencia de la República. Fue ministro de Seguridad Social (1992-1993) y presidente de la Comisión de Ciencia, Tecnología, Comunicación e Informática de la Cámara de Diputados. Electo diputado federal en dos ocasiones (1986 y 1990), Britto luego fue también electo gobernador por la coalición Movimiento Rio Grande Unido e Forte, formado por el PMDB, el PSDB y el PL.

cionarios, los locales, los recursos. Significa que ya somos una república descentralizada en el discurso, pero continuamos siendo una república centralizadora en los recursos y en los instrumentos.

Eso, en mi opinión, genera el peor de los mundos. Un mundo donde un país del tamaño de Brasil sea muy centralizado es ya un mundo malo. Pero nosotros estamos en un mundo peor, en un mundo donde no se sabe exactamente quién es el responsable de cada actividad administrativa. Si usted observa la Constitución, por ejemplo, verá que dice que siempre que sea posible, los municipios se ocuparán de la educación primaria. Como cada uno interpreta la expresión "siempre que sea posible" a su manera, nosotros no tenemos cómo definir con los municipios si ellos asumen la obligación de la educación o si la asumen los estados. Tenemos un sistema llamado Sistema Único y Descentralizado de Salud. Una expresión de ese tipo no admite dos interpretaciones. Pero como no se hace la transferencia efectiva de los locales, las personas y los hospitales, tenemos una situación curiosa. El sistema es un poco municipal, un poco estatal, un poco federal.

Podría seguir dando ejemplos. Por ejemplo, no habíamos decidido hasta

ahora que las carreteras de los estados son estatales. Y estamos en una crisis porque no se define si los puertos son estatales o federales. Vale decir, como conclusión, que me parece que el sentimiento de las personas, el sentimiento de los académicos, de los políticos, de los periodistas y de la opinión pública, avanzó.

Nos estamos dando cuenta de que una de las cuestiones centrales de Brasil es tener más participación política local, más descentralización, más responsabilidades descentralizadas. Pero la burocracia federal y los intereses políticos en torno de la burocracia federal se resisten a eso. ¿Por qué? Porque cuando descentralicemos el Brasil no vamos a estar haciendo una reforma administrativa, sino una gran reforma política. Los diputados federales, los senadores, por ejemplo, van a tener que transformarse en defensores de tesis, en defensores de los grandes temas nacionales, y no más en personas que obtienen unas sillas para una casa de salud, un auto para un hospital, etc. Ésa es la razón secreta de la resistencia a la transferencia en el gobierno. Todo el mundo sabe ya que la descentralización es inevitable, pero muchos sectores con poder saben también lo que van a perder con eso.

LOS MUNICIPIOS

—Parecería que está bastante claro el poder de la Unión, parecería también que cada vez es más popular la idea del municipio. Lo que no queda muy claro es el papel del estado.

—En la Asamblea Nacional Constituyente cometimos un absurdo desde el punto de vista lógico. Un grupo de diputados definió las tareas y la división de tareas entre municipios, estados y Unión. En otra parte del documento se definieron los tributos. Entonces, tenemos un país que tiene asignadas muchas tareas sin dinero y mucho dinero sin tareas. Existe una absoluta discordancia entre lo que hacen los municipios y lo que hacen los estados desde el punto de vista de la distribución de los recursos. Y eso ha deformado la discusión. La discusión debería ser: ¿Quién hace esto mejor? Démosle el dinero para hacerlo. Pero la discusión pasó a ser: Quien tenga dinero para hacer tal cosa, debe hacerla, aunque la haga mal. Ése es un elemento que, a mi juicio, complica mucho la discusión sobre la competencia de las provincias y de los municipios.

—¿*Cuál es su criterio?*

—Mi criterio es que lo principal no es quién tiene el dinero o quién no lo tiene, sino determinar a quién le corresponde realizar determinada tarea. En mi opinión no hay ninguna razón, ninguna, para que no se haga una municipalización de toda la enseñanza fundamental, de toda la salud fundamental —preventiva, ambulatoria y curativa—. No hay ninguna razón para que no se haga una municipalización de la conservación de los caminos, las carreteras. No hay ninguna razón para que no se pase a los municipios el cuidado del tránsito, el cuidado de los locales históricos; para que no se pase a los municipios toda la asistencia social y se les transfiera todos los recursos necesarios para eso. La intendencia que yo veo es una intendencia que cuida de toda la parte social y de toda la realización de obras dentro del municipio: locales, escuelas, etcétera.

LOS ESTADOS DE LA FEDERACIÓN

—*En su opinión, ¿qué le cabe hacer entonces a los Estados de la federación?*

—En mi opinión el estado debe, por ejemplo, cuidar de la seguridad. No podemos pensar en la seguridad en la órbita municipal, exceptuando la del tránsito. En cuanto al control de la criminalidad, los presidios, eso me parece una tarea clara de los estados. Respecto de la educación, considero que la enseñanza de segundo grado puede seguir siendo regional y, por tanto, estatal. La ciencia y la tecnología tienen que tener la participación de los gobiernos estatales. Pero aun en esos casos creo que deberíamos procurar que el estado, en lugar de operar directamente, lo hiciera a través de consorcios de municipios —lo que llamamos aquí consorcios regionales— y de fundaciones públicas que administren la ciencia y la tecnología de una región a través de la universidad. En el caso de la salud, es necesario el apoyo a los hospitales regionales. Nosotros aquí nos estamos preparando para enviar a la Asamblea Legislativa una serie de proyectos en ese sentido. Por ejemplo, en la enseñanza técnica vamos

---

Cuando descentralicemos el Brasil no vamos a estar haciendo una reforma administrativa, sino una gran reforma política. Los diputados federales, los senadores, por ejemplo, van a tener que transformarse en defensores de tesis, en defensores de los grandes temas nacionales, y no más en personas que obtienen unas sillas para una casa de salud, un auto para un hospital, etc. Entonces ésa es la razón secreta de la resistencia a la transferencia en el gobierno. Todo el mundo sabe ya que la descentralización es inevitable, pero muchos sectores con poder saben también lo que van a perder con eso.

En mi opinión no hay ninguna razón, ninguna, para que no se haga una municipalización de toda la enseñanza fundamental, de toda la salud fundamental —preventiva, ambulatoria y curativa—, de la conservación de las carreteras, del cuidado del tránsito, del cuidado de los locales históricos, de toda la asistencia social y se transfieran a los municipios los recursos necesarios para eso.

[401]

> La Unión debería concentrar su acción fundamentalmente como un gran ente regulador, con mucho más papel jurídico y político que administrativo y operacional. El Ministerio de Salud, para mí, es un órgano que debe fijar políticas y fiscalizar campañas. Un ministerio de 500 personas de alto nivel, recorriendo el Brasil, sin tener que ejecutar nada. Imagino el Ministerio de Educación con los mil mejores educadores del país reunidos en comités, fijando marcos reglamentarios, patrones de variación de calidad, indicadores, etc. Nada más que eso.

a crear fundaciones regionales. Vamos a entregar todos los locales, todas las personas, y todo será administrado por la región. En lo referido a las carreteras, es evidente que las carreteras de más largo espectro tienen que ser estatales. Es decir, en el fondo estoy intentando defender la idea de que los respectivos campos se definan por defecto: sólo le corresponde al estado lo que al municipio no le compete.

EL PAPEL DE LA UNIÓN

—*El gran debate de fin de siglo parece ser sobre el nuevo Estado y su papel. En el caso de Brasil este debate está cruzado con el tema del federalismo. En su opinión ¿a qué tipo de Estado debemos ir? ¿Qué papeles definiría para la Unión y cuáles para la provincia?*

—Hasta por coherencia con la observación anterior sobre los municipios y los estados, no veo razón alguna para

> Es preciso extinguir el Estado ejecutor, y crear un Estado con muchos fiscales, con muchos auditores, con muchos evaluadores de desempeño. El Estado brasileño actual es exactamente lo contrario: es débil para fiscalizar y se cree grande para hacer. Creo que cambiar eso exige mucho coraje político.

que Brasilia se ocupe de áreas que no sean la política externa, la seguridad nacional el ordenamiento jurídico nacional y algunas grandes instituciones nacionales relacionadas con investigación, ciencia y tecnología. No veo ninguna razón, por ejemplo, para que haya salud, educación, asistencia social, operaciones de seguridad, que estén cubiertos por el Gobierno federal. Eso ha sido una equivocación desde el punto de vista administrativo, que ha generado clientelismo, corrupción, ineficiencia.

Veo muy radicalmente el papel de la Unión, veo que la Unión debería concentrar su acción fundamentalmente como un gran ente regulador, con mucho más papel jurídico y político que administrativo y operacional. El Ministerio de Salud, para mí, es un órgano que debe fijar políticas y fiscalizar campañas. Un ministerio de 500 personas de alto nivel, recorriendo el Brasil, sin tener que ejecutar nada. Imagino al Ministerio de Educación con los 1 000 mejores educadores del país reunidos en comités, fijando marcos reglamentarios, patrones de variación de calidad, indicadores, etc. Nada más que eso. El Ministerio de Educación no tiene por qué preocuparse de meriendas, donación de libros, etc. Es decir, creo que el país gana cuando el gobierno federal deja de hacer cosas que no debe. En un país como Brasil, con su diversidad cultural, territorial, el Gobierno federal tiene que tener un poder regulador muy grande.

—¿*Para mantener la unidad?*

—Para mantener la unidad. En mi opinión hay que extinguir un Estado y crear otro, porque el que existía Collor lo destruyó. Es preciso extinguir el Estado ejecutor, y crear un Estado con muchos fiscales, con muchos auditores, con muchos evaluadores de desempeño. Un Estado con muchas personas que hagan auditorías, pero no en el sentido meramente contable, sino en el sentido correcto vinculado al cumplimiento de las políticas globales. El Estado brasileño actual es exactamente lo contrario: es débil para fiscalizar y se cree grande para hacer. Creo que cambiar eso exige mucho coraje político.

Pero hay otro papel que la Unión debe cumplir. Nosotros tenemos un problema muy grave de desequilibrio regional. Creo que la Unión tiene que funcionar como una cámara de compensación interregional. Tendríamos que tener un determinado porcentaje de los recursos para que la Unión promoviera ese equilibrio entre los estados. El Brasil es un fenómeno: Brasil tiene 500 años, pero hasta ahora no ha tenido una política de ocupación del territorio. Entonces, nos preocupamos por la desigualdad que se ha creado. Y esa desigualdad requiere el coraje de decir: se necesita más inversión en Acre que en São Paulo. Ése es otro papel que creo que la Unión debe tener, en nombre de la misma "unidad", que mencionábamos. En resumen, considero que tiene que haber una Unión que regule y que compense más en aras de la unidad, y que no ejecute nada o casi nada.

EL NUEVO SENTIDO DE LO "ESTRATÉGICO"

—*Entonces usted está pensando en una ejecución muy descentralizada en manos de los municipios, sobre todo de servicios públicos, dejando los papeles de planificación y regulación para la Unión y la provincia. ¿Usted cree que cuanto más cercana a la gente está la ejecución, mejor resulta?*

—Yo considero que la generación de políticos a la que pertenezco asiste a la posibilidad extraordinaria de construir una síntesis correcta sobre el papel del Estado. Nuestra generación nació defendiendo a un Estado que hacía todo, y en este momento se asiste a una cam-

> Mi experiencia me demuestra que si el Estado es fuerte en aquello que no es necesario, será extremadamente débil en lo que sí es necesario. Entonces querría cambiar esa debilidad por fuerza, y esa fuerza por debilidad. Me refiero a un gobierno que pudiera tener mil veces más fiscales de salud pública, sanitaristas, auditores en materia de educación, auditores en materia de seguridad, y que se apartase totalmente de actividades como la generación de energía, telefonía, etcétera.

paña violenta que defiende a un Estado que no haga nada. Creo que ésta es una hermosa oportunidad para decir que las dos posiciones están equivocadas. Yo me niego a aceptar la tesis liberal de que pueda haber desarrollo con justicia si no veo un Estado fuertemente regulador y compensador. El liberalismo puede incluso generar un desarrollo muy intenso, pero no va a generar un desarrollo con equidad. La equidad nace de la capacidad de intervención en el proceso de desarrollo, y esa intervención no existe si no hay un Estado organizado desde el punto de vista conceptual, reglamentario, para ejercer ese papel.

Creo que si todos soñamos con una América Latina con más igualdad, con más dignidad, como yo prefiero decir, tenemos que terminar con la bobada de decir que el país tiene que ser dueño de hoteles, dueño de empresas siderúrgicas. Mi experiencia me demuestra que si el Estado es fuerte en aquello que no es necesario, será extremadamente dé-

> El argumento que en los años cincuenta llevó a la necesidad de que, por estrategia, la siderurgia permaneciese en la órbita del Estado, creo que ya pasó. Cambió lo que es estratégico. Estratégico hoy es saber si los niños están frente al computador trabajando en una buena escuela. Ya no es estratégica esa historia de producir acero o no producir acero. Hay que defender el papel del Estado en lo estratégico, pero esa tarea ahora es diferente.

> La política de simplemente alterar los incentivos y estimular para que se vaya al desierto a abrir una industria, porque allí no se les va a cobrar impuestos, es una broma. En el desierto no hay agua, no hay carreteras, no hay teléfono. Brasil se equivocó al pensar que podría desarrollar pueblos del interior por medio de exoneraciones fiscales o instrumentos crediticios. Eso es importante, pero no es la solución. Precisamos pluralizar las posibilidades a nivel de infraestructura.

bil en lo que sí es necesario. Entonces querría cambiar esa debilidad por fuerza, y esa fuerza por debilidad. Me refiero a un Gobierno que pudiera tener mil veces más fiscales de salud pública, sanitaristas, auditores en materia de educación, auditores en materia de seguridad, y que se apartase totalmente de actividades como la generación de energía, telefonía, etc. Hasta agregaría algo que mucha gente no comprende. ¿Cuál es el gran argumento para decir que el Estado debe permanecer fuerte, por ejemplo en energía o en siderurgia? El argumento es su papel estratégico: pero es preciso recordar que eso ya no es más estratégico. Estratégicas son la educación y la salud, la ciencia y la tecnología. Es decir, creo que el argumento que en los años cincuenta llevó a la necesidad de que la siderurgia, por razones de estrategia, permaneciese en la órbita del Estado, ya pasó. Cambió lo que es estratégico. Estratégico hoy es saber si los niños están frente al computador trabajando en una buena escuela. Ya no es estratégica esa historia de producir acero o no producir acero. Hay que defender el papel del Estado en lo estratégico, pero esa tarea ahora es diferente: allí es donde los defensores del Estado no se dan cuenta de la incoherencia que cometen.

Nosotros, que consideramos que tiene que haber una reforma del Estado, no estamos adoptando ningún principio nuevo. Solamente nos estamos preguntando, 30 años después, si lo que era materia prima estratégica, insumo estratégico, factor de producción estratégico, sigue siendo estratégico 30 años después. Y la respuesta es que no. Absolutamente no. A mí me parece que ése es el componente esencial: precisamos fortalecer un Estado capaz de fijar políticas nacionales con soberanía, que permitan un elevado nivel de iniciativa al sector privado en los campos de interés comercial y de interés industrial. Y que se fortalezca mucho para ejercer dos papeles: el papel regulador y el papel compensador.

LA CRISIS FISCAL PROVOCADA
POR LOS ESTADOS DE LA UNIÓN

—*El presidente Cardoso sostiene que la reforma de los estados es el gran déficit que tiene Brasil como país para seguir adelante con su plan de desarrollo económico. Jeffrey Sachs ha afirmado lo mismo: que es absolutamente necesario llevar adelante un proceso de reforma de los estados para poder seguir con un proceso de desarrollo sin inflación. Eso implica un enorme esfuerzo por parte de los estados. ¿Qué esfuerzo considera usted posible pensando en Rio Grande do Sul?*

—¿Cuál es la diferencia entre el esfuerzo fiscal necesario en la Unión y el esfuerzo fiscal necesario en los estados? En la Unión, los gastos en personal, aun cuando crecieron mucho, no alcanzaron la dimensión de los gastos de los estados. Se emplea más gente y se gasta más en funcionarios en los estados. Acabamos de hacer aquí un programa de renuncia voluntaria que llevó a una reducción de 15 mil funcionarios; y desde que yo asumí reduje el número de funcionarios en casi 30 000, lo que significa un ajuste de más de 12% del personal activo. Esto sería una cosa increíble para cualquier empresa privada. Entonces, los estados tienen que hacer un ajuste de personal. Pero ese ajuste no se hará, en mi opinión, en tanto haya inamovilidad del funcionariado público. Es necesario acabar con el principio de inamovilidad. Yo estoy convencido de que si no cambiamos la inamovilidad por productividad, el Estado podrá cubrir sus cuentas, pero no será eficiente. La inamovilidad del funcionariado público hoy en día no va sólo en contra de las cuentas del gobierno, sino en contra de su eficiencia.

El segundo eje es el tema del endeudamiento. Durante los años setenta, con la apertura de los mercados externos, con la fácil captación de recursos —entre otros factores—, sumadas a la crisis de los años ochenta, todos nos endeudamos. La diferencia es que la Unión se endeudó en dólares y nosotros nos endeudamos en cruceiros, reales, etc. Nosotros estamos pagando un interés de 50%, y la Unión está pagando intereses de 8%. Entonces, es necesario reequilibrar, más que el propio endeudamiento, la forma de financiar ese endeudamiento. Resumiendo, entiendo que los estados necesitan dar pasos en el sentido de reducir sus gastos, reducir lo que el gobierno gasta en el gobierno para aumentar lo que el gobierno gasta en la ciudadanía. Ésa es la clave del esfuerzo.

¿Ese esfuerzo pasa por la reducción de funcionarios? Sí, pasa. Pero no se completará si no obtenemos lo que la Unión logró con la comunidad financiera internacional: una renegociación a largo plazo, con intereses civilizados. Voy a dar el ejemplo de Rio Grande do Sul. Hace seis años un gobernador dejó el Estado con una deuda de 1 300 millones de dólares; el gobernador siguiente no aumentó un centavo la deuda —hasta porque estaba prohibido—, pero me entregó el gobierno endeudado en 3 900

millones de dólares. Es decir que la deuda se triplicó por las tasas de interés, sin haber recibido ningún nuevo fondo.

Yo asumí hace un año y cinco meses, pagué una parte de la deuda y, en lugar de deber 3 900, estoy debiendo 5 300 millones de dólares.

—*En Rio Grande do Sul hay una cantidad de empresas públicas valiosas que eventualmente podrían ser vendidas para pagar.*

—Pero no estamos en un programa de privatización. En mi opinión, quien hace privatizaciones y concesiones con visión patrimonialista es un pésimo gobernante. Yo considero que la gran prueba para quien va a privatizar es la siguiente: si está sobrando dinero, si no se necesita vender nada pero igual se vende, ése sabe lo que está haciendo. El que está vendiendo para hacer caja no sabe lo que está haciendo. En nuestro caso la idea consiste en que es necesario reformar el Estado para que cumpla con algunas funciones. Y por eso hasta nos hemos negado a vender algunas cosas. Yo no admito que se privatice el sector de ciencia y tecnología, no admito que se privatice el Banco de Fomento del Estado. Considero que se tienen que privatizar sectores como la telefonía, carreteras, puertos, energía, etcétera.

La segunda observación es que, aun vendiendo todo el patrimonio del Estado, no alcanza. No alcanza para pagar porque la velocidad de los intereses es insoportable.

El Mercosur es un regalo para nosotros, porque nos empuja hacia el oeste y nos empuja hacia el sur. Siempre digo bromeando que el Mercosur es un fisioterapeuta que el gobierno contrató para arreglar el cuerpo de Rio Grande, porque nos obliga a mirar al oeste y al sur.

> La artillería del Mercosur cumplió su papel.
> Ahora le toca a la infantería. La infantería
> es ciudad con ciudad, provincia con provin-
> cia, puentes, carreteras, empresas, *joint
> ventures*.

DESCENTRALIZACIÓN Y ORDENAMIENTO TERRITORIAL

—*Cuando se habla de descentralización
está claro que uno se refiere a la descentralización de los servicios o a la descentralización política. Pero se piensa la
descentralización también en función
del ordenamiento territorial, una orde-
nación del territorio pensando en un desarrollo económico armónico. ¿Qué está
haciendo usted en esa dirección?*

—En Rio Grande do Sul tuvimos una
situación curiosa, y al mismo tiempo re-
veladora de los errores cometidos por el
país. La costa de Rio Grande do Sul tal
vez sea la única parte de la costa brasileña con dificultades de acceso. Fuimos
colonizados por dentro, y no por fuera
como el resto de Brasil. Y nuestros ejes
de desarrollo —en el inicio del proceso de
desarrollo socio-económico— eran exactamente los ejes por donde llegaban el
caballo y el hombre y no por donde
llegaban los navíos. Además, nuestra
costa es muy mala para la agricultura,
cercada por sierras, cercada por lagu-
nas. Nosotros dejamos esa área de lado.
Y acabamos construyendo una excesiva
concentración en un eje de 120 kilómetros entre Porto Alegre y Caxias. Entonces se creó la siguiente situación, típicamente brasileña: se concentra el
desarrollo, se concentran los votos, las
atenciones políticas y la infraestructura, y este círculo gana energía propia y
todo acaba yendo para allá, porque allá
se encuentran los insumos necesarios.

La política de simplemente alterar
los incentivos y estimular para que se
vaya al desierto a abrir una industria,
porque allí no se les va a cobrar impuestos, es una broma. En el desierto no hay
agua, no hay carreteras, no hay teléfono.

Brasil se equivocó al pensar que podría desarrollar pueblos del interior por
medio de exoneraciones fiscales o instrumentos crediticios. Eso es importante, pero no es la solución. Precisamos
pluralizar las posibilidades a nivel de
infraestructura. El Mercosur es un regalo para nosotros, porque nos empuja
hacia el oeste y nos empuja hacia el sur.
Siempre digo bromeando que el Mercosur es un fisioterapeuta que el gobierno
contrató para arreglar el cuerpo de Rio
Grande, porque nos obliga a mirar al
oeste y al sur. Estamos trabajando mucho en el sentido de traer gas de Argentina, construir nuevas carreteras
con Uruguay, resolver el problema de
los teléfonos, de modo de crear condiciones de infraestructura a las que se
sumen algunos incentivos. Ahora acabamos de conseguir una línea de 250 millones de dólares para la mitad sur del
estado de Rio Grande Do Sul, un programa muy fuerte para que allí se ins-
talen nuevas empresas.

LAS REGIONES Y LA INTEGRACIÓN

—*¿En su opinión, cuál es el papel de las
regiones en los procesos de integración?
Estos procesos rompen, naturalmente,
las fronteras y entrelazan regiones de
un país con regiones de otro. ¿Habrá un
Mercosur de las regiones, como en cierta
manera sucede en Europa?*

—Me gusta mucho bromear diciendo
lo siguiente: los diplomáticos de nuestros países trabajaron tan bien que tal
vez no haya registro en la historia de un
proceso de integración que tan rápidamente haya definido sus marcos reglamentarios, jurídicos y políticos como
el Mercosur. Por eso mismo pienso que
ahora ellos tienen que preocuparse de

resolver lo único que ha quedado pendiente, que es la cuestión futbolística Argentina, Brasil, Uruguay y Paraguay. El resto ya está..

La artillería del Mercosur cumplió su papel. Ahora le toca a la infantería. La infantería es ciudad con ciudad, provincia con provincia, puentes, carreteras, empresas, *joint ventures*. El trabajo de artillería ya se hizo: generó un marco reglamentario bueno, un poquito demasiado optimista, pero bueno. Generó, por sobre todas las cosas, una confianza que me parece la mejor obra de los diplomáticos y de los presidentes que estuvieron en el tema. Se creó un espacio. Ese espacio sólo debe ser ocupado por la infantería. En Rio Grande do Sul hemos hecho, como digo en broma, una diplomacia de las provincias.

—*Codesul...*

—Codesul es una diplomacia, obviamente con participación del gobierno federal, pero una diplomacia preocupada por las carreteras, puentes, teléfonos; por la forma en que la aduana funcione de noche. Porque es eso lo que está faltando. El resto fue construido.

Pero vea que eso trajo un problema y un peligro. Porque el Mercosur es una obra de arte con muchos claros y muchos oscuros. En cuanto proceso, es un proceso vencedor, donde Paraguay es ganador, Uruguay es ganador, Argentina es ganadora, Brasil es ganador. Pero dentro de cada uno de esos países, la distribución de los beneficios, por un lado, y la distribución de problemas, por el otro, ha sido extremadamente concentradora. Peligrosamente, en mi opinión; algunas regiones de Argentina, de Uruguay y de Brasil, y también de Paraguay, monopolizan las ganancias, y algunas regiones de los mismos cuatro países monopolizan las pérdidas. Entiendo que es inevitable que el Mercosur piense en un fondo de reconversión, en un fondo de compensación intrarregional, so pena de que dentro de poco tiempo nos encontremos en una situación curiosa: que una provincia de uno de los países haga alianza con una provincia de otro de los países, para luchar juntos contra otra alianza de provincias entre países.

LA REFORMA POLÍTICA

—*Detrás de todo este esquema del nuevo federalismo usted ha planteado la necesidad de una reforma política. ¿Qué reforma política?*

—Yo considero que tenemos un pecado original como civilización. Somos un fenómeno porque tal vez seamos, de todos los países del mundo, el que más gusta de la democracia y menos gusta de los partidos. Nosotros adoramos la vida democrática. El país tiene en el alma el valor de la libertad. Incluso al brasileño no le gusta afirmar su individualismo por encima de cualquier cosa. Pero nosotros, a quienes nos gusta tanto la democracia, detestamos los partidos. Brasil vive permanentemente esa contradicción: afirmamos la democracia sin afirmar los partidos; destruimos partidos construyendo democracia. Toda nuestra historia democrática tiene mucho de eso. En un país que viva permanentemente en dictadura, que admire la dictadura, al que no le guste la libertad, el odio a los partidos es fácil de explicar. Pero en un país como el nuestro, donde la democracia es un valor fundamental asumido por los ciudadanos, por la sociedad, ¿cómo explicar tantas dificultades con los partidos?

Yo considero que nuestro pecado central es la fragilidad partidaria. Y a esa fragilidad partidaria no la vamos a re-

> Somos un fenómeno en el mundo, porque tal vez seamos, de todos los países del mundo, el que más gusta de la democracia y menos gusta de los partidos.

solver si no hacemos una pequeña violencia. Se necesita menos libertad en relación con los partidos. Yo considero que deberíamos tener —como, por ejemplo, tiene Alemania—, al mismo tiempo que libertad para formar partidos, un absoluto rigor para que ese partido deba pasar un examen que demuestre que es un partido que vale. Es decir, que haya cantidades de barreras: barreras para llegar a la televisión, barreras para llegar al Parlamento. Siempre digo en broma que debería ser como en el futbol brasileño: quien no consigue puntos baja a segunda, a tercera o cuarta división, o cierra el club por falta de socios. Ése es un tema central.

Por otro lado, los partidos en Brasil son regionales. Lo que nosotros llamamos partidos nacionales son la expresión de confederaciones regionales. Nada es más diferente que la sección regional de un partido comparada con otra sección regional del mismo partido. Los partidos piensan mucho en función de la región, no del partido. Eso es un detalle. Y el segundo detalle es una cosa curiosa. Donde dos o tres partidos son fuertes en una región, los otros no existen, y en la región siguiente los fuertes son otros. Esta característica viene de la Primera República; no es novedad. Yo considero que en esto manda la geografía. ¿Hay un problema de desorganización partidaria? Sí, lo hay. Pero también existen problemas geográficos, en un país de tamaño muy grande. Ahora, veamos bien. Si hiciéramos una reforma federativa y esa reforma federativa dijera: más poder a los Estados, más poder a los municipios, este problema partidario no va a pesar tanto. ¿Por qué? Porque cada partido va a tallar en el ámbito de su Estado, defendiendo sus temas. Luego, en lo estrictamente nacional —deslindados bien los campos municipales, estatales y federales— les va a ser más fácil obtener coherencia ya que no van a estar mezclados los niveles nacionales y estatales. Lo duro es cuando los partidos son muy regionales y las decisiones son nacionales: ellos llevan a Brasilia su falta de coherencia dentro del propio partido. Es decir que, si en la reforma federativa consiguiéramos mayor nivel de descentralización, estaríamos ayudando a tener mejores partidos.

Alfredo Cristiani: Una ingeniería para la gobernabilidad de la paz

Alfredo Cristiani contribuyó a lograr en El Salvador algo que hasta hace pocos años parecía impensable: iniciar un proceso de paz exitoso, con la intensa participación de las Naciones Unidas. La entrevista con este integrante de un partido de derecha, ARENA, se realizó en El Salvador, en los primeros días de julio de 1995. Tras lograr su objetivo —la paz está ahora afianzada y la guerrilla salvadoreña integra el Parlamento—, Cristiani volvió al comando de sus empresas. Sin corbata y sin protocolo, Cristiani es mesurado en la charla, ahorra palabras, piensa antes de elaborar cada respuesta, cualidades que seguramente debe haber utilizado también para contribuir al acercamiento de facciones en posiciones extremadamente enfrentadas.

—*¿Usted sintió, luego de su elección presidencial, que tenía un mandato de la población en el sentido de negociar un acuerdo de paz con la guerrilla?*

—Sí. Lo que más quería la población era que se concluyera el conflicto.

—*¿Cuáles son los primeros pasos en ese camino? Recordamos que en medio de esa decisión suya hubo una intensa actividad guerrillera.*

—Había varios elementos a tomar en cuenta. Lo que nosotros podíamos hacer era expresar el ofrecimiento de sentarse a dialogar en forma seria, ininterrumpida y a fondo, para tratar de buscar una salida al conflicto. El ofrecimiento del 1º de junio de 1989 fue sentarse a dialogar sin condiciones previas, pero con el compromiso de que fuera una negociación o un diálogo ininterrumpido; es decir, que nadie se levantaría de la mesa. El que no hubiera condiciones previas era importante, porque el ingeniero Duarte, después de varios intentos y pláticas con el FMLN, siempre anteponía el cese de fuego antes de sentarse a dialogar.

La idea era, también, tirarle un poco un cerco al FMLN. Si decía que no, entonces resultaría claro quién quería la

---

ALFREDO F. CRISTIANI BURKARD fue presidente de la República de El Salvador de 1989 a 1994. Alfredo Cristiani nació en El Salvador el 22 de noviembre de 1947. Agricultor y empresario, fue dirigente de varias organizaciones gremiales. En 1984 fue miembro del Consejo Ejecutivo del Partido Alianza Republicana Nacionalista (ARENA) y, al año siguiente, presidente de dicho consejo. En 1988 fue electo diputado por ese mismo partido. Finalizado el mandato presidencial, el licenciado Cristiani retomó su vida empresarial. Se graduó en la Universidad de Georgetown, Washington, en administración de empresas.

paz y quién no. Obviamente, al comienzo ellos se vieron forzados a aceptar por razones políticas. Pero era una cosa meramente estratégica, hecha para que no hubiese recriminaciones de parte de sus aliados. En julio o agosto de 1989 aceptan la propuesta, y en septiembre se da la primera reunión en México. Luego hay una segunda reunión, en San José de Costa Rica, en octubre.

Pero ellos habían planificado ya desde hacía meses atrás esa famosa ofensiva que lanzan en noviembre de 1989. Es decir que se sientan a negociar, pero sin ninguna intención genuina: en septiembre, cuando se firma el primer acuerdo en México, estaban simplemente haciendo el juego. Era nada más como para no dejarse cercar políticamente por la oferta.

—¿Se podría decir que sectores del ejército también apoyaron esa negociación con la expectativa, sin embargo, de que no prosperase?

—Puede ser.

—¿Podría contar algunos de los problemas que tuvo con el ejército para implementar esta política?

—Realmente no hubo una reacción visible por parte del ejército en contra del ofrecimiento del 1° de junio. En los altos mandos de las fuerzas armadas se aceptaba entrar en el ejercicio. Creo que en el fondo el hecho de circunscribir la temática de la negociación a cuestiones puramente políticas les quitó un poco la incertidumbre. También, de entrada, se hizo el ofrecimiento de que bajo ningún punto de vista nosotros íbamos a aceptar como condición para la paz —y no por presión suya sino por nuestro propio convencimiento— la desaparición de la fuerza armada. La decisión de preservar la institución y el circunscribir la temática de la negociación a aspectos políticos fueron factores que limitaron la reacción militar. Y, obviamente, no se podía pensar en una comisión negociadora donde no hubiera presencia de las fuerzas armadas.

—En el proceso de negociación ¿se lograron niveles de confianza con los negociadores de la otra parte?

—La palabra confianza no describe las relaciones entre el gobierno y el FMLN. De hecho, la desconfianza primaba aún en el último momento, en los últimos meses de 1991, que es cuando finaliza la negociación. Gran parte de la problemática en ese momento era el diseño de los elementos generadores de confianza para el cumplimiento de esos acuerdos, ya que existían dudas sobre su cumplimiento.

—Mirando cómo se desarrolló el proceso en aquel momento, la secuencia es así: su oferta de junio, las primeras reuniones en México, y luego en Costa Rica. En seguida, en noviembre de 1989, se da la ofensiva guerrillera...

—Esa ofensiva es lo que hizo en gran medida posible que el proceso de paz se tornara un proceso serio. A partir de ahí el FMLN ve que no existen muchas alternativas más que buscar una negociación satisfactoria para ellos o resignarse a lo que llamaban la guerra popular prolongada por otros 20 años. Entonces, en ese momento, optan por tomar más seriamente el proceso de negociación. ¿Por qué? En primer lugar, el FMLN apuesta a una victoria militar basada en crear el caos político en el país, a partir de descabezar el gobierno. Las primeras acciones de la ofensiva de noviembre eran asesinar a los tres presidentes de los tres poderes del Estado. Ése era el primer objetivo de la incursión, crear un caos político en el país.

Dentro de toda su planificación, los militantes de este grupo apostaban a la insurrección popular, a que la gente, especialmente de las clases sociales bajas, tomara las armas para apoyar al FMLN entonces, al estilo que lo hicieron los nicaragüenses. Y traen camionadas enteras de armamento adicional al de uso propio para distribuir entre la gente que los iba a apoyar. Pero se llevan un chasco, porque el pueblo no sólo no toma las armas, sino que ni siquiera los apoya. Esto explica por qué el FMLN incursiona primero en las zonas populares. Y después, cuando se da cuenta de que no tiene el apoyo, modifica la estrategia y se pasa a las colonias de sectores medios para arriba.

Entonces, al concluir la ofensiva de noviembre hay dos cosas que el FMLN tiene que analizar. Por una parte, que no logra sus objetivos a pesar de haber lanzado una ofensiva con toda la fuerza militar que tenía, con la ventaja de la sorpresa, la ventaja del lugar adonde se iba a montar este enfrentamiento —obviamente en zonas populosas— y con el ejército en enorme desventaja, porque no puede utilizar toda su capacidad. Por otra parte, ve que no tiene apoyo popular. A partir de allí modifica su posición, y es cuando decide que lo mejor es tomarse en serio este proceso de paz.

A las fuerzas armadas —aunque hubo cierta euforia por haber resistido este embate que lanzó el FMLN—, el asesinato de los padres jesuitas les genera una presión tal que tampoco tienen un gran margen de maniobra. Ellas también se ven forzadas. Para ellas es mucho mejor apoyar este proceso de negociación de paz que decir: "Ganamos esta batalla, así que presionemos para que siga la guerra". La ofensiva fue, en cierta medida, el punto de partida para que se diera el proceso de negociación en serio, y para que éste pudiera culminar.

—*Desde el punto de vista militar ¿había un empate?*

—Creo que había mucho equilibrio,

mucho balance. No existía la capacidad de ninguno de los dos de destruir al otro a corto plazo. Pero si vemos la trayectoria de ambos, obviamente el FMLN estaba pasando a tener cada vez menos gente. Su capacidad de acción era más limitada, tuvo que dispersar su ejército irregular, y entonces operaba como bandas. Ellos, los del FMLN, sabían que no tenían la capacidad de enfrentar como unidad gruesa al ejército. Pero del lado del ejército tampoco había una capacidad de eliminarlos por completo, y mucho menos en un tiempo corto. Y al país —y ése era nuestro punto de vista— le estaba costando demasiadas vidas, mucha destrucción. No podíamos esperar otros 20 años para que concluyera la guerra. Amén de que la victoria militar nunca resultaría en una paz duradera.

—*¿De qué sectores de la vida del país tuvo apoyo para impulsar el proceso de paz?*

—Definitivamente hubo apoyo por parte de los empresarios. Contamos con ese apoyo no sólo en el área política. Dado el momento histórico, nosotros tuvimos dos objetivos primarios a resolver: el conflicto armado y la economía. Y dentro de la economía, la macroeconomía más que las políticas sectoriales. En ambos casos hubo un apoyo prácticamente incondicional del sector empresarial. El sector laboral no ligado al FMLN también apoyaba. El sector laboral tiene un segmento más radicalizado, que funciona como frente de tipo social del FMLN, el sindicato de maestros, algunas federaciones sindicales, FENASTRA, el Partido Comunista. Pero buena parte

> Con la ofensiva, los guerrilleros se llevan un chasco, porque el pueblo no sólo no toma las armas, sino que ni siquiera los apoya. Esto explica por qué el FMLN incursiona primero en las zonas populares.

> Entre la guerrilla y las fuerzas armadas había mucho equilibrio. Es decir, ninguno tenía la capacidad de destruir al otro a corto plazo.

de estos sectores laborales también nos apoyaba a nosotros.

—¿*La Iglesia?*

—La Iglesia estaba dividida, incluso creo que sigue dividida. Realmente no desempeñaba un papel determinante porque sus integrantes no podían ponerse de acuerdo. La Compañía de Jesús y su teología de la liberación era mucho más pro FMLN. Había algunos arzobispos también de esa línea, pero otros estaban en la posición contraria.

—*Desde el punto de vista partidario, ¿contaba usted con el apoyo férreo de su partido?*

—Siempre tuve un apoyo muy fuerte de parte de mi partido. Fue realmente la verdadera base que tuve para lanzar estas ideas, que en determinado momento pudieron haber tomado por sorpresa a mucha gente, tanto en el extranjero como dentro del país. Pero el partido siempre apoyó, su cúpula siempre estuvo dispuesta a apoyar.

—*¿Y los demás partidos? ¿El Demócrata Cristiano, el Partido de Conciliación Nacional?*

—Le cuento una anécdota. En un inicio se pensaba crear un grupo conformado por figuras representativas de las fuerzas políticas, pero no en tanto participación partidaria, porque si no nadie se pondría de acuerdo. Recuerdo que la Democracia Cristiana, en una reunión, dijo que no iba a acompañar, porque era un proyecto que nacía muerto. Quizá lo dijo por dos razones: primera, porque no le convenía, políticamente hablando, que ARENA fuese el partido que lograra la paz; segunda, porque también los

demócrata-cristianos decían: "Éstos están jugando, es un juego". Había incredulidad. Una vez iniciado el esfuerzo, al lograrse el primer acuerdo de derechos humanos y cuando veían que la cosa avanzaba, nadie se podía ya oponer a aquello. Al final participaron. El Partido de Conciliación Nacional, por su parte, apoyó desde un principio.

EL APOYO INTERNACIONAL

—*Por lo que usted describe, fue un proceso que comenzó muy débil. Con desconfianza del FMLN, con desconfianza de los partidos, del ejército... ¿Qué lo ayudó a fortalecerse? ¿Qué papel desempeñó la comunidad internacional? ¿Qué papel cumplieron los Estados Unidos?*

—La comunidad internacional, al principio, era la que tenía más dudas de que yo estuviera hablando en serio. Cuestionaba la voluntad política, casi como al principio lo hacía el PDC. Tal vez era producto de la percepción que tenía de ARENA. Obviamente Cristiani no era una persona conocida, ni siquiera un político conocido. Yo era muy poco conocido internamente, y para nada externamente. Quizá con quien más se trabajó para cambiar esa imagen fue con los Estados Unidos. Les decíamos que ellos debían darse tiempo para juzgar al gobierno por lo que era, y no por lo que ellos pensaban que era.

—*Usted debía decir eso sobre todo pensando en D'Abuisson,[1] y la idea que sobre él tenían los Estados Unidos...*

—El apoyo partió especialmente del presidente Bush —a quien siempre se lo agradecí—, quien me dijo: "Si usted va a hacer eso, yo lo apoyo". Y lo dijo también públicamente.

—*¿Es verdad que lo ayudó a contro-*

---

[1] Líder radical de ARENA, con actividad paramilitar y numerosas acusaciones de violación de derechos humanos.

lar algunos intentos de golpe dentro del ejército?

—Ésta es una opinión personal: yo creo que nunca hubo condiciones de un golpe de Estado. Podrían existir grupos más radicales que lo pensaran, o se sentaran en una reunión a comentar. Pero que se hablara institucionalmente de un golpe, creo que nunca ocurrió.

—*¿Qué ocurría con el apoyo de los demás países, de las Naciones Unidas...?*

—En San Isidro de Coronado, en una reunión de presidentes centroamericanos, logré que todos, incluido Daniel Ortega —quizás el problema más serio de vencer a ese nivel—, nos apoyaran en el proceso. Y en la plática con ellos se decía: se ha aprobado la intermediación o los buenos oficios de gente del país. Quizá una manera de amarrar más políticamente este esfuerzo para ambos lados, para que nadie se atreviese a jugar con el proceso, fue poner un intermediador de afuera. Y se pensó en Naciones Unidas, más que nada porque en ese entonces la OEA ya estaba con mucha inversión y con mucho empeño en Nicaragua, preparando las elecciones. De ahí salió la invitación, de parte del gobierno de El Salvador, al secretario general de Naciones Unidas para que él pudiera actuar como intermediador. Fuimos a visitar a Pérez de Cuéllar y él aceptó.

—*¿Y el FMLN qué dijo?*

—No le quedó alternativa. Es que el FMLN era un aparato político más que un ejército. El FMLN se quería llamar ejército, pero era un partido político armado, que buscaba el poder ya no por la vía democrática, sino por la vía de las armas. Pero eran políticos y, como tales, toda la justificación de por qué estaban armados era decir que como partido político no tenían opción en El Salvador, porque no se daban espacios de participación real. Los militantes del FMLN habían logrado apoyo para su lucha,

> La comunidad internacional, al principio, era la que tenía más dudas de que yo estuviera hablando en serio.

para su causa, de parte de la Unión Soviética, de Nicaragua, de Cuba, pero también de algunos pocos países democráticos. Entonces, si se le ofrecía un proceso de negociación que conllevaba la consolidación del proceso democrático incipiente que se había abierto desde 1982, y no participaba de él, difícilmente podría seguir convenciendo a quienes lo apoyaban de que lo que le interesaba era la democracia, y no simplemente el poder y punto. Eso le haría perder buena parte del apoyo internacional. Y ese apoyo era su sustentación. Porque aquí, internamente, no tenía apoyo.

LAS RESISTENCIAS

—*Después de esta etapa en donde se consolida la mesa de negociaciones, vino la negociación en sí, que implicó sacrificio por parte de ambos sectores. Cuando hay sacrificio sobrevienen las resistencias. ¿Cuáles fueron sus resistencias? Las suyas personales y las de su sector.*

—Nuestra resistencia era que no podíamos aceptar absolutamente nada que fuese en contra de la Constitución vigente. Cuando ya estábamos en la negociación en serio, se había pactado una agenda de temas...

—*¿Cuál fue la primera reunión "en serio"?*

—La primera reunión en serio se da en Venezuela, donde se fija la agenda de temas y la forma en que se iba a desarrollar el proceso.

—*¿Ustedes no tenían vías informales para conversar con la guerrilla, mediante mensajes?*

—Sí, el secretario general de las Naciones Unidas. Entonces, decía, en el acuerdo de Caracas se fija la agenda de los temas. Había quedado por fuera lo que se pretendía que fuese la negociación de aspectos de tipo económico y social: la seguridad social, la reforma agraria y temas de esa índole. Para nosotros, ésos eran, sin embargo, los problemas. Además, las fuerzas armadas, obviamente, iban a ser uno de los grandes temas de la negociación. El tema para las fuerzas armadas era establecer que ellas no iban a desaparecer, y que se iban a mantener como una institución permanente.

> El FMLN era un aparato político más que un ejército. Ellos se querían llamar ejército, pero era un partido político armado, que no buscaba el poder por la vía democrática, sino por la vía de las armas.

Hay un hecho que pudo haber provocado una resistencia fuerte: la subordinación de las fuerzas armadas al poder civil. Pero eso había cambiado entre los años setenta y noventa. Yo creo que el conflicto y todo el proceso iba acercando a las fuerzas armadas hacia esa posición de subordinación. Ese cambio cualitativo no se planea o no se discute como tal en el acuerdo, aunque siempre estuvo detrás. Aquí, el que ostenta el poder es el que fue elegido por el pueblo, no la institución armada. El papel de las fuerzas armadas es el de estar subordinadas al gobierno de la República. Además, una de las cosas que quizá dio más problemas en su implementación fue la de las recomendaciones de la comisión *ad hoc,* encargada de la depuración de las fuerzas armadas. Sin embargo, las fuerzas armadas estuvieron de acuerdo en someterse a una depuración. Y así se hizo.

—*¿Cuánta gente fue expulsada de las fuerzas armadas?*

—La comisión recomendó la expulsión de 102 oficiales, de los cuales a más de 60 se les dio de baja completa, mientras que otros treinta y tantos simplemente fueron trasladados. Sufrieron cambios internos, pero podían permanecer en la institución.

—*¿Y con la policía?*

—Se modificó el papel de la institución armada, que desde ese momento no incluye la seguridad pública del país. Por ende, no quedaba más alternativa que crear una nueva institución. Lo que había que crear, y se hizo, fue un nuevo cuerpo de seguridad no dependiente de la fuerza armada.

—*¿Lo aceptaron?*

—Sí. Fue uno de los dolores del cambio, obviamente: no tener el control de la seguridad pública del país.

—*Se incluyó un achicamiento del ejército...*

—Eso era lógico. Si iba a cesar el conflicto, no había necesidad de tener tantos efectivos.

—*¿Cuál era el compromiso?*

—Antes del conflicto las fuerzas armadas contaban con 15 000 hombres, más o menos, y pasaron a sesenta mil.

—*¿Y cuál era la cifra considerada en la propuesta?*

—Era de 30 000. Ese número tiene una razón de ser, y es que se logró el acuerdo de que habría servicio militar obligatorio. Entonces, ya no sólo era mantener un grupo en pie, sino que hubiese plazas para permitir brindar el servicio militar obligatorio. Bajar el ejército a 30 000 hombres permitía que esa institución no se sintiera desprotegida, frente a su desconfianza acerca de si el FMLN realmente se iba a desarmar. Si uno les hubiera dicho que bajaban a 15 000 sin que el FMLN se desarmara en serio, volvería a plantearse un problema. Ahora tiene, a lo sumo, 25 000 hombres. Y el compromiso era integrar gente del FMLN a la policía, no al ejército.

LA CONSTRUCCIÓN DE LAS INSTITUCIONES

—*En realidad, al mismo tiempo que acuerdos de paz, ¿éstos eran construcciones de institucionalidad? ¿La paz era una ingeniería de gobernabilidad?*

—Sí. Nuestro argumento era construir instituciones que dieran lugar a todos, ya que el principal argumento del FMLN era la falta de espacios para desarrollar su política. Porque no nos parecía razonable aquello de justificar su acción porque había pobreza, diferencias de clases, etc. Porque la pobreza —u otros aspectos que la gente creía que fueron los detonantes del conflicto— estaba peor al final de los ochenta que cuando se inició el problema.

—*¿Qué estaba planteado para la justicia?*

—En primer lugar, había que eliminar la supeditación del órgano judicial al órgano ejecutivo que existía a partir de nombramientos partidarios para la cúpula judicial. Se cambió el sistema de nombramiento de los magistrados de la Corte Suprema. Se incluyó la votación calificada de la Asamblea en el nombramiento. Ya no son nombres dados por el Ejecutivo y votados por mayoría simple, sino que son dados por los colegios de abogados, en una votación teóricamente secreta, y un consejo de la judicatura que también propone nombres. Y éstos tienen que buscar una mayoría calificada de la Asamblea para pasar a ser magistrados.

—*¿Y en cuánto a las garantías electorales?*

—El meollo de la parte electoral era la conformación del tribunal electoral como máxima autoridad. Dadas las circunstancias del momento, no hubiera habido otra manera de generar confian-

> El tema de la paz era mucho más importante para la gente que el tema económico.

za si no estaban metidos de todas formas en el tribunal. Se trataba de generar confianza en el proceso, de que el FMLN iba a poder competir de igual a igual con el resto de los partidos políticos ya existentes.

—*¿Los acuerdos de paz constituyen, como se ha dicho, el primer proyecto nacional compartido que tuvo el país en su historia?*

—Sí, en términos generales. Al final del camino creo que la inmensa mayoría de los salvadoreños apoyaba los acuerdos de paz y compartía los principios que perseguían: fortalecer las instituciones democráticas y reincorporar a los ex combatientes. Son los dos grandes temas de los acuerdos de paz.

—*Según ha dicho, además de los acuerdos de paz, su otro gran objetivo era el ajuste de las variables macro de la economía. Estos dos objetivos podían tener demandas contradictorias. ¿El ajuste estructural le demandaba tomar iniciativas que no necesariamente iban a favorecer la negociación de la paz?*

—Hay un ingrediente a tomar en cuenta que, quizá, es el que permite tomar determinadas decisiones, las que, en otras circunstancias, pueden resultar demasiado audaces o imposibles. El Salvador había llegado a una situación donde prácticamente estábamos tocando el fondo. La población había pasado una cantidad de sacrificios sin ninguna esperanza de mejorar, eran sacrificios que provocaban situaciones cada vez peores. Desde un principio fuimos muy claros. Al igual que con nuestra intención de buscar la paz, también fuimos muy claros en decir que económicamente estábamos mal, y que había que hacer ciertos sacrificios, pero ahora para poder optar por una mejor alternativa.

—*¿No sintió que hubiera contradicción alguna entre la paz y el ajuste de la economía?*

—No. Creo que lo que nos permitió

hacer el ajuste fue el sentimiento de la población. Percibieron que había una persona que les hablaba claro. Que quizá por primera vez explicaba todos los problemas que había al interior de las finanzas públicas, cosas que acaso antes un político prefería no decir para evitar problemas. Entonces dijeron: "Démosle una oportunidad a este señor, que haga las cosas a ver si en realidad resultan o no".

Durante la campaña electoral hubo todo un cabildeo alrededor del programa económico. No necesariamente son cosas que se pueden explicar en la plaza pública, pero sí se puede debatir con determinados sectores, como los profesionales. Visitamos a casi todos, explicamos muy abiertamente cuál era la plataforma de gobierno y lo que pensábamos hacer. Recorrimos el sector privado y muchas organizaciones laborales. Y una vez que fui electo, la gente ya sabía lo que yo haría.

Quizá el único problema fue que la situación, ya viéndola desde adentro y conociendo como era, resultó peor de lo que imaginábamos. Y todavía hubo que tomar medidas de mayor profundidad.

Por otro lado, se comenzó a implementar programas de alivio y medidas tratando de perjudicar lo menos posible a los sectores de menores ingresos. Si había un incremento del IVA, se les explicaba que obviamente eso iba a perjudicarlos, pero que íbamos a aumentar los salarios para que pudieran paliar de mejor forma ese incremento. Si se incrementaban o se liberalizaban los servicios del transporte público, también aumentábamos en parte el salario mínimo.

—*El clima de "vamos hacia la paz", ¿lo ayudó a manejar las tensiones que produjo el ajuste?*

—Sí, porque el tema de la paz era mucho más importante para la gente que el tema económico. Pero se trató de hacer comprender a la población que el sacrificio en materia económica también traería sus propios réditos. Cuando explicábamos las medidas económicas hacíamos lo imposible por proyectarlas hacia el futuro, para que vieran las consecuencias que iban a provocar, que iba a traer mayores posibilidades de inversión y por ende de empleo, etc. Quizá tuvimos suerte de que se lograra el cese del fuego a partir de principios de 1992, lo que permitió que se demostrara que se tenía razón en cuanto a las medidas de tipo económico.

—*¿El apoyo económico internacional fue importante?*

—De 1992 a 1994 llegó a 800 millones de dólares.

—*¿Fue un apoyo razonablemente importante el que se recibió de los organismos de crédito?*

—Sí.

VALORES COMPARTIDOS

—*¿Se puede decir que este proceso de paz permitió conformar un conjunto de valores en relación con las instituciones, con la democracia, con la cultura política, que son compartidos desde la derecha hasta la izquierda? ¿Usted comparte hoy los mismos valores que algunos dirigentes del FMLN?*

—No sé si me atrevería a decir que compartimos todo, porque creo que no. Pero sí en cuanto a los valores democráticos. Yo creo que hemos llegado a un punto donde los partidos políticos, independientemente de quién esté gobernando y quiénes estén en la oposición, están dispuestos a unir fuerzas para preservar la democracia si el gobierno se ve amenazado por una ruptura. Creo que todos compartimos la necesidad de mejorar la administración de justicia en el país, que la seguridad pública esté en manos civiles y realmente al servicio de la población y no de instituciones. Es

[416]

decir, creo que se comparten los valores puramente democráticos, y es lo que hace posible que, en muchos temas, podamos trabajar juntos.

—*Usted preside Fundapaz, una organización donde participan miembros de la guerrilla que se proponía matarlo. Ahora estamos en un gobierno de partido, pero si no tuviera mayoría su partido ¿usted cree que el país estaría en condiciones de tener gobiernos de coalición, con ministros de otros partidos, incluyendo a lo que fue la guerrilla? ¿Si fuera presidente nuevamente, usted intentaría un gobierno de coalición de ese tipo?*

—Es una pregunta hipotética y este tipo de preguntas depende de muchos factores. Ya se ha cambiado bastante aquello de que "como tú estuviste sudando la camiseta durante la campaña te has ganado el ministerio tal o cual". Si tú tienes la capacidad y además sudaste la camiseta vas a ser el candidato prioritario, pero si no tienes la capacidad, te agradezco mucho pero te voy a poner en algún puesto donde tal vez puedas ser idóneo.

Me imagino que ya hay gobiernos conformados por personas que no necesariamente tengan que tener un color partidario fuerte para integrarlo.

Luis Moreno Ocampo:
La corrupción exige secreto

La entrevista se realizó a fines de 1995, en el despacho jurídico de Moreno Ocampo, en un viejo y muy elegante edificio reciclado del centro de Buenos Aires, en Libertad y Arenales. El hablar pausado, el contenido casi académico de la conversación, la refinada decoración del entorno, no dirían que este hombre que tenemos enfrente fue aquel que acusara severamente a varias juntas militares —por la ruptura del orden constitucional, por la violación de los derechos humanos, por la invasión a las Malvinas— y a varios liderazgos militares insurrectos bajo la democracia. De aquella experiencia Moreno Ocampo denota —además de capitalizaciones intelectuales— una franqueza por momentos cruda para referirse a las cosas.

—*A su juicio ¿es inevitable la existencia de la corrupción?*

—Hablar de corrupción es como hablar de enfermedad: nadie pretende que no haya un caso, el problema es que no haya epidemias. Ningún médico abandona su tarea porque no logre eliminar la enfermedad: trabaja siempre en cómo se la reduce, en cómo se la corta. La convicción de que no se puede hacer nada es un incentivo para mantener una situación de epidemia. La corrupción es la venta de autoridad a cambio de dinero, y el problema, como siempre, es que los que tienen monopolio de autori-

dad pueden venderlo mucho más fácilmente y al precio que quieren. En Latinoamérica vivimos muy largos procesos —durante décadas— de abuso de poder, de abuso de autoridad, de falta de controles y de falta de transparencia. Por eso es una región con alta corrupción interna.

Por supuesto que corrupción hay en todo el mundo. En los Estados Unidos han creado una oficina especial de integridad pública que ha trabajado en los últimos 18 años y ha puesto bajo proceso penal a más de 10 mil altos funcionarios. En Argentina, en cambio, hay un

LUIS MORENO OCAMPO es presidente de Transparencia Internacional para América Latina y el Caribe. Nació en Buenos Aires en 1952 y se graduó en abogacía. Tuvo un papel relevante en los juicios vinculados a la transición democrática en la Argentina, siendo fiscal adjunto en el juicio a las juntas militares (1985). En 1987, como fiscal de la Cámara Federal de la ciudad de Buenos Aires, actuó en los juicios a los responsables militares en la guerra de las Malvinas. Se retiró en 1992, después de conducir la acusación a los militares rebeldes "carapintadas". Desde entonces se dedica a la actividad privada, especialmente en control de corrupción para grandes organizaciones. Se desempeña, asimismo, como profesor adjunto de derecho penal en la Universidad de Buenos Aires.

> Hablar de corrupción es como hablar de enfermedad: nadie pretende que no haya un caso, el problema es que no haya epidemias.

solo condenado. ¿Quiere decir que en Argentina hay menos corrupción que en los Estados Unidos? No, quiere decir que en los Estados Unidos hay más posibilidades de ser detectados que en Argentina.

De todos modos, hay dos fenómenos que se producen en torno a este asunto. Uno es el fenómeno nacional, propio de cada uno de los países, interno, y otro es el fenómeno internacional. Es común pensar el problema en términos de la vigencia de la ley dentro de un país: las autoridades las hacen cumplir de algún modo y después hay agencias de control, como la policía, los fiscales, los jueces, las autoridades.

Nada de eso ocurre en el mercado internacional, donde no hay una conciencia global sobre ausencia de reglas. No hay conciencia, por ejemplo, de que la corrupción es un fenómeno que afecta a todos. Digamos que el escribano francés no tiene conciencia de que tiene un problema común con el escribano angoleño o con uno de Colombia. No hay autoridades mundiales, no hay un supraEstado mundial que pueda controlar lo que ocurre entre los Estados, y no hay ninguna agencia de control.

Eso es clave en el tema de la corrupción. Si uno analiza cómo funciona dentro de los países, vemos que hay un conflicto entre empresarios que compran decisiones y hacen negocios comprando

> La corrupción es la venta de autoridad a cambio de dinero, y el problema, como siempre, es que los que tienen monopolio de autoridad pueden venderlo mucho más fácilmente y al precio que quieren.

decisiones. En el mercado internacional tenemos también muchas empresas que hacen negocios sobre esta base. Tenemos, primero, los empresarios nacionales, pero hay luego un segundo punto —que deseo destacar muy fuertemente—, y es que los países europeos y Japón subsidian los pagos de soborno en el mundo subdesarrollado, frecuentemente a través de la práctica de permitir la deducción de impuestos del pago de sobornos.

LA CORRUPCIÓN COMO FENÓMENO INTERNACIONAL

—*El secretario general de la OEA señaló que en la Cumbre de Miami los países le habían reclamado estudiar el tema, sobre todo el de la corrupción de las empresas transnacionales.*

—A eso apuntábamos. En la categoría que yo le doy a empresarios que corrompen, tenemos una amplia gama. Están los empresarios nacionales, de los cuales los grandes son grandes corruptores y los pequeños son grandes evasores —que es una forma diferente de corrupción— y, además, pequeños sobornadores. Entre los empresarios europeos y japoneses hay sobornadores hasta cierto porcentaje. En Francia, por ejemplo, si una empresa descuenta 11% por "pago de gastos útiles", como le llaman, no hay problema; pero si quiere que le descuenten 20% tiene que hacer un expediente para explicar por qué tuvo que pagar ese porcentaje. En ese caso, el ministro del área tiene que aprobar esa declaración.

Lo importante de esto es que, de esa forma, una parte del soborno a nuestros funcionarios la pagan los Estados europeos y los japoneses, que de ese modo están subsidiando el soborno.

Otra categoría son las empresas estadunidenses, que tienen una definición muy clara. Ellos sí tienen una ley que castiga el pago de sobornos en el extranjero, lo cual no quiere decir que no los hagan. En Argentina hubo un famoso caso de la IBM; en Egipto se presentó hace poco un caso muy fuerte con una empresa estadunidense que pagó 80 millones de dólares de multa. Es decir, hay casos. No son subsidiados sino que corren algún riesgo. Por eso me parece que hay que hacer diferenciaciones entre, por un lado, Europa y Japón y, por otro, los Estados Unidos.

Creo que el principal foco de corrupción es el de los grandes empresarios nacionales, y luego el de las empresas japonesas y europeas. Ello ocurre en ciertos ámbitos —no cualquier empresa japonesa, no cualquier empresa europea—, en ciertos sectores y en ciertos niveles del comercio. Y, finalmente, las empresas estadunidenses que van contra las reglas.

La creciente globalización del comercio genera complejas empresas globales que operan sobre bases institucionales nacionales muy precarias. Los ciudadanos del mundo no tienen un sistema representativo que defienda sus intereses. No eligen autoridades, no tienen jueces o policías a los que acudir para que los protejan y casi no tienen leyes. No hay una ley internacional que prohíba el soborno, como se prohíbe el genocidio. El mercado global es un sistema de competencia sin ley. Las empresas actúan, luego, ante diferentes gobiernos nacionales, muchos de los cuales no son democráticos, o ante democracias nuevas, mal organizadas y sin una vigencia real de la ley, en que el soborno es práctica habitual. Hay un mercado internacional de alta corrupción.

—*Estábamos hablando a nivel de diagnóstico más que de terapia...*

—Yo tengo un índice de países corruptos, pero en él se pone el acento en los países que reciben los sobornos. Y el

punto, en realidad, es quiénes son los que pagan. Los corruptos son los que reciben los sobornos, pero ¿quiénes son los corruptores?

Yo creo que en los pagos de soborno, en general —salvo casos de extorsión muy especiales, donde se paga un soborno para mantener simplemente un negocio que ya se tenía hecho en buena ley y el costo adicional se traslada directamente al cliente—, el que recibe los grandes beneficios no es el que recibe el soborno, sino el que lo paga. En términos económicos, la corrupción es una inversión de utilidades rápidas. El gerente de ventas de una organización que paga un soborno la favorece porque su organización va a cobrar de vuelta el soborno y una ganancia extra, y muchas veces ese *plus* es enorme. En cambio, el gerente de compras que recibe un soborno traiciona a su organización o, por lo menos compra más caro, aunque lo que ocurre en general es que compra productos que no hacen falta o compra cosas que no existen. La traición puede ser de 15 a 100%, o incluso 1 000%. El que se beneficia más es el que paga.

El tema corrupción es una forma de que los empresarios de los países ricos del norte le saquen recursos ilegal y productivamente a los países pobres del sur. Creo que hay que tener una visión "más macro" del problema. Si no, uno puede quedarse empaquetado en los problemas de nuestros funcionarios públicos, que son los que uno tiene más cerca. Pero hay un problema más global. El problema, por ejemplo, para la OEA, es cómo logra enfrentar este tema. La OEA puede tener un papèl importante en plantearle al norte que no puede seguir aceptando que se descuenten de impuestos los pagos a funcionarios del sur.

Hay dos razones que dicen justificar estos pagos al sur. Una es la idea de que hay que aceptar la existencia de diferencias culturales; entonces ellos razonan: "No impongamos nuestra propia cultura a otros países". Y el otro argumento —un poco más técnico, de derecho penal— es decir: "No podemos castigar lo que ocurre en otros países; tenemos jurisdicción en Alemania, combatamos la corrupción en Alemania y no en otros países". Yo creo que son dos falsos argumentos que esconden que la verdadera razón es el temor a perder los negocios si dejan de permitir y fomentar el soborno. Creo que ésta es la gran cuestión. Entonces lo que la OEA sí podría hacer muy claramente, y en coincidencia con la Cumbre de las Américas, es empezar a reclamar una nueva conducta a los países desarrollados. Ob-

viamente, en la Cumbre de las Américas el principal país que impulsa este tema son los Estados Unidos, porque es el país que tiene leyes adecuadas. Además, sus empresarios se quejan de que los hacen competir en desventaja en el mundo internacional. Entonces, los Estados Unidos son el país que está presionando en ese sentido en todo el mundo.

A mí, como ciudadano argentino, me gusta que lo hagan, porque yo sé que en el fondo somos los ciudadanos del sur los que estamos pagando el costo del soborno.

EL "RUBRO EXTRA" DEL NARCOTRÁFICO

—*Hay otro gran corruptor bastante más difícil de asir, que es el narcotráfico.*

—Ése es un rubro extra.

—*Es decir, ¿corresponde a las nuevas causas de la corrupción?*

—Ése es un punto extra porque es todo plata negra y, además, en la medida en que el narcotráfico es un delito, gran parte de las ganancias se dirigen a sobornar a los órganos de control para evitar problemas. Sobornan policías, sobornan jueces, sobornan políticos. Como tienen un alto porcentaje de ganancias, pueden destinar un alto porcentaje a sobornos internacionales. Vemos que aparecen con fondos para campañas políticas en Latinoamérica, vemos que aparecen sobornando jueces en Chicago... Uno de los efectos del narcotráfico es que corroe el sistema de aplicación de leyes. De ahí la idea de que sería conveniente dejar de considerarlo un crimen, porque quizá no controlaríamos el uso de drogas, pero sí controlaríamos que no afecte más el sistema de control legal.

—*Ahí hay un nuevo tema de mayor escala. Es decir, la cantidad de dinero disponible para la corrupción es de una escala...*

—...abismal. Porque una empresa

francesa puede pagar 11% [en sobornos], pero si paga 20% tiene problemas, y 50% no lo puede pagar por un problema de su escala de negocios.

—*¿El narcotráfico rompe aun con el sistema de corrupción más estructurado y aceptado?*

—Exactamente.

—*En toda la visión que está dando, el corruptor es el eje del asunto: el corrompido es un funcionario que le cuesta mucho a la sociedad porque, por ejemplo, puede dejar la consecuencia de un permiso o concesión estatal que va a durar años.*

—No. Le cuesta mucho más, porque muchas veces le cuesta obras que no se hacen. Ahí está el famoso chiste que se hace con gente de diferentes países, protagonizado por un intendente europeo o norteamericano: "¿Ve esa carretera? El 5% es mi casaquinta". Y el ministro argentino le dice: "¿Ve ese puente?" "No veo nada", contesta el primero. "El 100% es mi casaquinta", dice el ministro argentino.

Ese tipo de chistes muestra las diferentes escalas, porque el costo no es el soborno, el costo es lo que se llevan los otros a cambio de pagar el soborno. Ya en 1976, en Italia, se había detectado el pago de sobornos a los partidos políticos: las empresas petroleras habían hecho un *pool* que pagaba a un ente nacional de hidrocarburos un porcentaje para sobornar a los partidos políticos. Y la Exxon terminó denunciándolo. Lo interesante es que calculaban que lo que ellos pagaban era tan sólo 5% de lo que ellos obtenían a cambio.

Una de las visiones que hay en el norte —cuando se piensa siempre en un mundo un poco más ordenado de lo que nosotros lo vemos— es que el soborno es un procedimiento con el que voy a comprar a 100 y termino comprando a 105 para poder obtenerlo. Pero, a veces, el propio soborno es el aceite para que la máquina funcione. El problema, entonces, es cuando se paga 200 por una cosa

La OEA puede tener un papel importante en plantearle al norte que no puede seguir aceptando que se descuenten de impuestos los pagos a funcionarios del sur.

que en realidad no ingresa. Y ésa es la clase de corrupción que vemos comúnmente en el sur. Porque en el fondo lo que ocurre en el sur es que somos países con una larga tradición de abuso de poder.

Yo estuve de fiscal en los juicios a las juntas militares. Ahí aprendí lo que implicaba el abuso de poder en la época en que todo se dirimía con tiros, matanzas y torturas. Por suerte eso no ocurre hoy en Argentina y casi no ocurre en América Latina. Sin embargo, con la democracia sigue vigente la corrupción.

LOS CORROMPIDOS

—*¿Quiénes son los corrompidos?*

—Cualquiera que tenga autoridad puede ser corrompido. Trabajo en el tema de la corrupción desde diferentes ángulos. Cuando yo era fiscal en los juicios a las juntas, como estaba muy orgulloso de la actuación de la justicia en el tema

Mi participación como fiscal en juicios clave de la transición democrática argentina me hicieron abrazar la ilusión de que el Poder Judicial podía ser la herramienta para resolver el problema de la corrupción. La nueva autoridad democrática, sin embargo, se ejercía continuando con la tradición de apoderarse de los fondos públicos en beneficio privado. La corrupción en el gobierno era el nuevo problema a enfrentar desde el Poder Judicial. Nuestro intento de investigar esta clase de corrupción nos confirmó que era una forma de abuso de poder, pero también nos enseñó que el Poder Judicial no era la herramienta para enfrentarla.

> La hipercorrupción no se altera por la investigación y el castigo de un caso. Aun cuando pudiéramos superar las presiones adversas, encontrar las pruebas y detectar a una persona culpable, no podríamos elegir a su reemplazante, ni modificar el modelo de organización o sus reglas informales. De ese modo, el sistema tiene un equilibrio tal que —superado el pequeño o gran escándalo de la denuncia— el propio sistema absorbe la investigación y nada cambia.

de las torturas y los homicidios, pensé que lo mismo podíamos hacer con la justicia en el tema de la corrupción. Pero, en la democracia, si la autoridad no tiene controles, produce un nuevo abuso de poder que deriva en corrupción. Inmediatamente vi que en realidad teníamos un problema mucho más estructural.

Mi participación como fiscal en juicios clave de la transición democrática argentina —como el de las juntas militares acusadas de secuestros, torturas y desapariciones, realizado en 1985, o los correspondientes a las rebeliones militares de 1988 y 1990— me hicieron abrazar la ilusión de que el Poder Judicial podía ser la herramienta para resolver el problema de la corrupción. Desde mi cargo advertía que el abuso del poder que se había ejercido durante la dictadura se había transformado con la llegada de la democracia. La nueva autoridad

> Las ONG son necesarias para que las reformas institucionales no sean meros formalismos. Creo que el modelo de combate a la corrupción es una mezcla de sociedades civiles que actúan con la base de organismos internacionales, porque muchas veces el problema son los gobiernos. Entonces el tema es vincular a la sociedad civil con organismos internacionales para que haya presión sobre los gobiernos y se vaya cambiando. Creo que ése es el modelo.

democrática, sin embargo, se ejercía continuando con la tradición de apoderarse de los fondos públicos en beneficio privado. La corrupción en el gobierno era el nuevo problema a enfrentar desde el Poder Judicial.

Pude organizar un equipo de fiscales que trabajara en esos temas y al poco tiempo descubrimos que los casos que se nos planteaban mostraban un fenómeno absolutamente distinto de lo que imaginábamos. No estábamos ante casos aislados de corrupción que pudieran ser abarcados por la justicia, sino que enfrentábamos un problema estructural.

Teníamos bajo proceso penal a los directivos de más de cien bancos privados acusados de haber defraudado al Banco Central. Todos los acusados decían: "¿Por qué a mí, si todos hacían lo mismo?". Los gerentes de las empresas públicas nos explicaban que, desde hacía 25 años, los diferentes gobiernos habían designado a las autoridades con criterios políticos, utilizando algunas veces los fondos para designios partidarios y permitiendo otras el vaciamiento de esas organizaciones. Nuestro intento de investigar esta clase de corrupción nos confirmó que era una forma de abuso de poder pero también nos enseñó que el Poder Judicial no era la herramienta para enfrentarla.

No se trataba, en definitiva, del número o del nivel de los funcionarios involucrados. En contextos de hipercorrupción o corrupción generalizada —que abarquen buena parte del sistema—, el funcionamiento del Estado no responde a reglas formales. Hay códigos operacionales confidenciales y efectivos que permiten un funcionamiento distinto. En dicha dinámica, un porcentaje de dirigentes del gobierno —según mi experiencia no se necesita más que 5%— se aprovecha de su posición para hacer negocios personales y conseguir fondos para tareas políticas. El resto de los dirigentes del gobierno niega el problema o tolera la situación para no atacar a su propio grupo y evitarse perjuicios a sí mismo.

La hipercorrupción no se altera por la investigación y el castigo de un caso. Nuestro intento de investigar como fiscales a las máximas autoridades del Estado nos generó conflictos funcionales: nos convertíamos en enemigos del gobierno. Aun cuando pudiéramos superar las presiones adversas, encontrar las pruebas y detectar a una persona culpable, no podríamos elegir a su reemplazante, ni modificar el modelo de organización o sus reglas informales.

De ese modo, el sistema tiene un equilibrio tal que —superado el pequeño o gran escándalo de la denuncia— absorbe por sí mismo la investigación y nada cambia. Como ejemplo, en 1991, después de largos meses de investigaciones, logramos poner bajo proceso al presidente de una compañía estatal. El presidente de la nación le pidió la renuncia y lo reemplazó por otra funcionaria que también estaba procesada.

Si desde el gobierno no se previene y más bien se promueve la corrupción, la tarea de los jueces y fiscales será inútil. La derivación del problema a la justicia sólo servirá para ocultar la responsabilidad de quienes conducen el sistema. En este contexto, reclamar a los órganos de control por la ineficacia de su tarea sería equivalente a reprochar a los jueces alemanes que no protegieran a las minorías durante el régimen nazi.

Entonces armamos una ONG que se llama Poder Ciudadano para buscar el apoyo de la sociedad civil. Porque el problema que encontramos con la corrupción es que los políticos estaban contentos de que investigáramos a los militares, pero cuando quisimos investigar la corrupción posterior ya no lo estuvieron porque estaban ellos atrás. Entonces yo sentí que la justicia necesitaba el respaldo de la sociedad civil. Y así hicimos una ONG. Las ONG son necesarias para

> En la Argentina, según las encuestas, 91% de la gente piensa que hay mucha o bastante corrupción entre los políticos.

que las reformas institucionales no sean meros formalismos. Con esta ONG realizamos encuestas para saber qué pasaba en el país. Y descubrimos que la gente percibe que la corrupción es un fenómeno realmente estructural: 91% de la gente piensa —según Gallup— que hay mucha o bastante corrupción entre los políticos, por ejemplo.

—¿Habría, entonces, mucha corrupción entre los políticos, según la opinión de la gente?

—La pregunta de la encuesta era: "¿Usted piensa que hay corrupción...?" y dábamos diferentes grupos de respuestas para elegir. El rubro que obtuvo el porcentaje más alto fue el de los políticos: 91% de la gente contestaba que había mucha o bastante corrupción entre los políticos; 85% pensaba que la había entre los sindicalistas y entre los empresarios.

—Eso es lo que opina la gente, ¿y la realidad?

—Una de las cosas que hicimos en la encuesta fue crear grupos de discusión. En un grupo de clase baja había una señora que decía: "Yo no pago coimas porque no tengo plata". Para estar involucrado en la corrupción hay que tener autoridad que vender o dinero para

> Para estar involucrado en la corrupción hay que tener autoridad que vender o dinero para comprar. Si no tengo autoridad para vender o dinero para comprar me quedo fuera del circuito. Preguntamos quién había presenciado un hecho de corrupción y lo que descubrimos fue alucinante: entre los que respondieron afirmativamente, 18% era de clase baja, 35% de clase media y 54% de clase alta.

comprar. Si no tengo autoridad para vender o dinero para comprar me quedo fuera del circuito.

Una de las encuestas más interesantes indagaba si la gente denunciaba o no. Preguntamos quién había presenciado un hecho de corrupción y lo que descubrimos fue alucinante: entre los que respondieron afirmativamente, 18% era de clase baja, 35% de clase media y 54% de clase alta.

Lo que me parece claro, entonces, es que la corrupción es un fenómeno de 54% de la clase alta, 35% de la clase media y 18% de la clase baja. Cuando vimos eso, lo segmentamos y le preguntamos a la encuestadora cuál era el porcentaje de gente que era testigo de corrupción, si tomábamos como grupo el de "hombres de clase alta de 35 a 49 años". En ese grupo nos dio 71%. Es decir, 71% de hombres de la clase alta había presenciado casos de corrupción.

Ése es uno de los problemas con la corrupción: sucede fundamentalmente en una clase de élite, es un fenómeno social de la clase de poder. Entonces,

¿cómo se controla a la clase de poder para que no aproveche su poder en beneficio propio?

—*Imaginamos que habrá condiciones sociales y aun culturales que favorecen el fenómenos de la corrupción, como el tema de la impunidad.*

—Básicamente, la corrupción es un hongo que crece en la oscuridad: la falta de transparencia es un factor condicionante. Por eso en las dictaduras es mucho más fácil ser corrupto que en las democracias, porque en aquéllas nadie sabe lo que hace el otro.

Lo que es muy específico del sur es la corrupción en la policía, en el pequeño empleado, en los niveles bajos de las organizaciones estatales. Es muy difícil que uno pueda sobornar a un policía en Inglaterra: corre un muy serio riesgo de que el agente en cuestión lo mande preso. En cambio, en Argentina es muy normal que un policía lo detenga y le pida un soborno.

En Centroamérica, y ahora se ha extendido, la policía compra el cargo. No es que le paguen al policía sino que es como una especie de licencia que uno adquiere pecuniariamente y cuando la obtiene la aprovecha para su trabajo. Hay una canción de Juan Luis Guerra que dice: "Acompáñeme civil al destacamento, o resuelva desde aquí, cómpreme el silencio, y olvídese de mí". Se trata realmente de una cultura.

Esto hace que nosotros, los que vivimos en estos países, tengamos que vivir con una enorme incapacidad de detectar cuál es el estándar en el que estamos viviendo. Si a mí me para un policía en Londres, me va a decir que cometí una infracción y me va a poner una multa, salvo que me perdone porque él desea perdonármela. En Argentina, cuando me para un policía, yo nunca sé si me quiere hacer una boleta o en realidad me quiere sacar un soborno. Y esto genera entonces una dificultad en nuestros países, y sobre todo para los extranjeros, que no saben exactamente cuál es el estándar que se va a usar. Si me para un policía, no puedo simplemente sacar un billete de 50, dárselo y seguir mi viaje. No, yo primero tengo que desarrollar una complicada maniobra para detectar cuál es el estándar que se va a aplicar. Detectar si ingreso en un estándar informal de ventajas personales para el funcionario o si, por el contrario, tengo que discutir que en realidad no vi la luz roja, es decir, discutir dentro de la legalidad. Ésa es una dificultad de nuestros países.

Por eso en nuestros países la ley tiene un significado mucho más oscuro que en un país con una tradición más fuerte.

Esa diferencia que se percibe en los sectores bajos de los funcionarios no es tan marcada en los sectores altos. Esto pasa en cualquier organización. La pirámide de control es inversa a la de jerarquías, es decir, hay mucho más control abajo que arriba. A los de arriba es muy difícil controlarlos. Eso pasa en las empresas, pasa en los países del sur y pasa en los países del norte. Y justamente, me parece que la novedad ahora es que hay mucha información sobre la clase de corrupción que había en las cúpulas de los gobiernos europeos, que era un tema hasta ahora omitido, en parte por el hermetismo que generaba la Guerra Fría.

—*¿En su opinión, la transparencia es otro subproducto del fin de la Guerra Fría?*

—La Guerra Fría era un enfrentamiento entre dos sistemas. Había muchos temas de colisión y no resultaba muy oportuno discutir los problemas internos. Discutir los problemas internos podía debilitar a las partes. Con la caída de un régimen, con la aparición de la democracia como sistema único en el escenario político y del mercado en el escenario económico, se abre el campo para que puedan emerger con más fuer-

En la Argentina de Menem, si bien hay muchísimas denuncias y sospechas de corrupción, hay reformas estructurales que la redujeron.

za las contradicciones internas. Justamente, la corrupción afecta en forma profunda al sistema político porque, por un lado, hace que el modelo de democracia representativa en el que vivimos parezca ridículo, ya que el representante usa el cargo para sí y no para mí, que soy su representado.

Por otro lado, la corrupción distorsiona y opaca el mercado porque cambian los incentivos de la economía: se tiene, por ejemplo, que priorizar la relación informal con los funcionarios más que la obtención de óptimos de productividad. Por lo demás, la economía de mercado requiere un Estado sin corrupción que auxilie a los más débiles. El mercado premia a los exitosos, pero castiga a los fracasados. Si esperamos que la acción estatal corrija ese efecto no deseado y mejore las condiciones de vida de los más pobres, necesitamos reducir la corrupción, porque si no se controla no se pueden ejecutar con eficiencia políticas públicas y, por lo tanto, no se puede enfrentar la pobreza.

En buena parte del mundo, las políticas públicas se ejecutan existiendo de por medio una corrupción sistémica, lo cual es un fenómeno distinto al de la violación esporádica de las leyes. Hablamos de corrupción sistémica cuando se

Los fondos sociales son un "botín" más fácil porque ahí nadie puede reclamarlos, nadie tiene idea de que puede reclamarlos. Se atomiza la demanda y los clientes son, por ejemplo aquí en la Argentina, indígenas del norte, personas muy humildes, personas muy pobres, que no tienen idea de que tienen derecho a nada. No hay información.

> La lectura de la corrupción como un mero delito penal oculta que —además de las leyes penales que castigan el pago de sobornos— en la sociedad rigen otras reglas informales que impulsan esas prácticas. Modificar los incentivos creados por las reglas no legales vigentes puede ser más importante que castigar judicialmente a los infractores.

instaura un sistema informal de reglas que desplaza a la ley y que no se modifica por el castigo de un caso. Se genera así otra clase de corrupción, no marginal sino estructural.

LA CORRUPCIÓN DEL NORTE

—La emergencia a la luz pública de las corrupciones del norte destruye el argumento de que la corrupción es un fenómeno de la cultura política de los países subdesarrollados. Usted señalaba que el conflicto este-oeste bajaba el perfil de la autocrítica de la democracia.

—Todo el movimiento de la caída de Nixon generó una ola de moralización en los Estados Unidos, con Carter a la cabeza. Ahí está el caso Lockheed, empresa que había pedido un subsidio al gobierno estadunidense para su funcionamiento, pero se descubrió que pagaba sobornos en todo el mundo. Estaban pagando sobornos con fondos del gobierno nacional estadunidense. Y además se descubrió que aparecían fondos negros. El tema de Nixon planteó, asimismo, qué representaban los fondos negros de las empresas estadunidenses para las campañas presidenciales internas.

Todo esto generó un gran revuelo. Y hubo casos similares en Japón y en Italia, en 1976. En aquella época se descubrió el fenómeno de cómo las empresas petroleras, por ejemplo, financiaban las campañas de todos los partidos políticos. Y estaba la Guerra Fría al tope...

—¿Usted señala que se bajaba el perfil?

—Claro, ya que no se podía perjudicar al Partido Demócrata Cristiano porque, entonces, ganaban los comunistas. ¿Y qué pasaría con una Italia comunista? Para el gobierno estadunidense era un desastre.

Lo mismo pasó en América del Sur. Yo fui fiscal también en el juicio por la guerra de las Malvinas. En un documento muy interesante, uno de los análisis que hacen los militares es que no solamente tienen que estar en condiciones de ganar la guerra contra el enemigo, sino estar en condiciones de soportar que su vecino no lo ataque. Es decir, los Estados Unidos no solamente tenían que ganarle a Rusia sino que tenía que conseguir que México no se derrumbara, pese a sus conocidos problemas. Por eso, para los Estados Unidos era importante no solamente luchar contra Rusia, sino asegurar a sus vecinos.

Ése fue uno de los grandes problemas. Todo el mundo de la Guerra Fría generaba un modelo en el cual, frecuentemente en la región latinoamericana, la regla democrática en sentido estricto no era tan importante.

La caída de ese modelo permite una apertura. Hoy en Italia es posible descabezar clases políticas sin un conflicto internacional. Y hoy en Latinoamérica, el surgimiento de la nueva democracia latinoamericana, que destapa los casos de corrupción, sólo se debe al fin de la guerra Fría, obviamente.

Hay libertad de expresión y ésta permite la información.

ESTABILIZACIÓN Y CORRUPCIÓN

—Una de las condiciones para el fenómeno de la corrupción es el poder arbitrario, las dictaduras, el poder hegemónico, como usted lo llama en sus obras

publicadas. Desde otro ángulo, suponemos que el Estado protector de los años cincuenta o sesenta también alentaba fenómenos parecidos.

—Ése es el gran punto de vista de los economistas. Por supuesto que cualquier regulación me genera un costo empresario, y la fuerte tentación de que si pago y me evito la regulación, aumentaré las ganancias. Lo que los economistas plantean es que cuanto más liberal sea una economía, menos corrupción habrá. Utilizan a Singapur como un ejemplo mundial de ese fenómeno.

—*¿Y, en su opinión, ello es así?*

—Singapur es un país muy extraño, y además es una dictadura. Sin embargo, hay muy poca corrupción, en un contexto de países asiáticos con baja corrupción. Uno de los puntos clave, sí, es que se trata de una economía muy liberada. Otro de los puntos que yo destacaría es que los ministros ganan entre 150 000 y 300 000 dólares por año, tienen sueldos de gerentes de empresas muy importantes. Y ése es uno de los rubros clave en nuestros países de América Latina.

La mayor o menor presencia de la corrupción es un fenómeno muy sistémico, en el que cada individuo que quiere ganar todo lo posible va a actuar de acuerdo a cómo funciona el sistema. Para anteponer el ejemplo de Singapur, yo planteo el caso de Suecia. Todos los países nórdicos e, históricamente, Nueva Zelanda, por ejemplo, son países con economías nada liberales, muy reguladas y, sin embargo, sin corrupción. Yo no creo que una sola variante pueda definir el tema; no me parece que sólo la desregulación sea definitoria, aunque obviamente es un punto.

—*Pero la reforma estructural en sí parece ser un elemento anticorrupción. En todo caso, el problema es la instrumentación. El argumento se maneja en*

> Las sociedades, sin embargo, no quieren gastar mucha plata en los partidos políticos, ni quieren pagarle bien a sus funcionarios. Entonces, a esta miserabilidad de la sociedad civil que no quiere invertir en su dirigencia porque siente que recibe poco de ella, la dirigencia le responde que está bien, pero consigue por fuera lo que los ciudadanos le niegan.

la región desde la estabilización de Paz Estenssoro en Bolivia, en el año 1984.

—Eso es cierto, porque en un país con hiperinflación no hay números, no hay posibilidad de control alguno. En la Argentina de Menem, si bien hay muchísimas denuncias y sospechas de corrupción, hay reformas estructurales que la redujeron.

Hace tres años me convertí en consultor y hago programas de control de corrupción dentro de grandes empresas privatizadas. Trabajo para Telecom, para la Compañía del Gas, para la de la luz, para Aerolíneas Argentinas, para Metrovías, para casi todas las empresas argentinas privatizadas. Las empresas querían controlar la corrupción porque eran sus fondos los que estaban en juego. Habían hecho encuestas y los empleados decían que había que controlar la corrupción porque era uno de los principales problemas. Lo que pasa es que hay una diferencia entre corrupción pública y privada. Les voy a dar un ejemplo de algo que pasó en una de estas compañías. Detectamos un proveedor que pagaba un porcentaje de 10% a un alto ejecutivo de una de estas empresas. El proveedor hizo un acuerdo y confesó: "Ustedes ahora se están preocupando por esto, pero en la época en que la empresa era pública yo no pagaba 10%, pagaba 500%".

Me parece que lo que este hombre plantea no es una diferencia moral o jurídica en los dos casos, sino una diferencia económica fundamental. Obviamente, una corrupción de 500% no es lo mismo que una de 10%. Una de las razones básicas de la privatización en Argentina, y de que la gente la haya apoyado, es la conciencia de que las empresas públicas funcionaban mal y que había mucha corrupción. Ahora, esa parte del Estado se eliminó, se redujo el Estado y eso quedó afuera, ¿pero qué pasa con el resto del Estado? En todo el mundo, los presupuestos que se roban más fácilmente son los sociales: los presupuestos dedicados a la educación y a la salud.

—¿*Usted está de acuerdo en principio, entonces, en que una mayor desregulación reduce la corrupción?*

—Hace más transparente la gestión de gobierno. Eso es seguro. Pero hay que pensar en lo que no es privatizable, la policía, la justicia, los hospitales, la salud pública, el programa de desempleo.

—¿*Por qué los fondos sociales son un "botín" más fácil?*

—Porque ahí nadie puede reclamarlos, nadie tiene idea de que puede reclamarlos.

—*Se atomiza la demanda...*

—Se atomiza y los clientes son, por ejemplo aquí en la Argentina, indígenas del norte, personas muy humildes, personas muy pobres, que no tienen idea de que tienen derecho a nada. No hay información.

LA TERAPIA

—*En el continente se percibe la demanda de una mayor institucionalidad —mejores controlarías del Estado, leyes de financiamiento de partidos, tipificación de nuevos delitos, etcétera— como solución. ¿La institucionalidad logrará detener la corrupción?*

—A mí me parece que se ha difundido una visión mágica respecto de que, para que la ley se aplique, basta sencillamente con que un fiscal meta preso a alguien. El tema de la corrupción es más complicado que ello e involucra la propia cultura de un sistema. A mí me divierte mucho, por ejemplo, cruzar palabras entre las diferentes lenguas. En los Estados Unidos, la siesta se llama "siesta" porque no hay una palabra inglesa para ese fenómeno: es un concepto muy latinoamericano. El golpe de Estado se llama *coup d'État:* no es un término inglés. Y al revés, hay palabras del inglés que no tienen traducción. Una es *accountability,* que no existe en castellano y es muy complicado explicar qué significa: en cierta manera es un proceso que hace responsables a personas por lo que manejaron cuando eran funcionarios públicos. Hubo algún modelo en la colonia española de juicios de residencia, pero luego el concepto se perdió y no existe hoy en nuestros países.

Y hay otro concepto que tampoco se usa en castellano, pero sí mucho en inglés, que se refiere a la capacidad de que la ley se aplique en la realidad. Esto exige varios requisitos: primero, que la sociedad acepte esas reglas y, segundo, que los miembros del gobierno también las acepten, se sometan a ellas y las apliquen. El tercer punto sería la creación de agencias que se encarguen de vigilar la aplicación de la ley, como lo es en los Estados Unidos el FBI, por ejemplo.

Bien. En América Latina nos faltan los primeros dos puntos. Creo que es un error poner el énfasis solamente en las reformas institucionales porque se trata de un problema mucho más estructural de la sociedad civil. Debe existir una sociedad civil que participe y si ello no ocurre nunca va a funcionar el modelo.

La lectura de la corrupción como un mero delito penal oculta que —además de las leyes penales que castigan el pago de sobornos— en la sociedad rigen otras reglas informales que impulsan esas prácticas. Modificar los incentivos creados por las reglas no legales vigentes puede ser más importante que castigar judicialmente a los infractores.

—¿*Quiere decir que la respuesta tiene que ser globalmente sistémica también?*

—Totalmente. La reforma de procedimientos contables y las reformas institucionales tienen que ir acompañadas con una fortísima participación de la sociedad civil. Yo formo parte de Poder Ciudadano, que es una ONG que se creó en democracia. Y se creó haciendo el siguiente razonamiento: mientras en la época del gobierno militar las víctimas formaron básicamente un grupo de derechos humanos para intentar detener el asesinato, en democracia somos dueños del poder; por lo tanto, ejerzámoslo. Intentamos promover esta actitud de responsabilidad cívica, esta actitud de ser dueños del poder.

En Perú me sucedió algo que me marcó mucho. Un peruano me dijo: "Usted quiere que yo le reclame a un funcionario, pero eso es suicidarse". Fíjense la diferencia entre un estadunidense que dice: "Yo soy el que paga, usted es mi empleado", y un peruano que siente que si le reclamaba a su ministro lo iban a matar. Creo que ésa es la visión que nos da a entender la raíz cultural del problema, y enfrentar ese aspecto es lo que falta para que las reformas institucionales no sean un mero formalismo, sino el resultado de una sociedad que las está utilizando.

—¿*El énfasis del cambio usted lo sitúa en requerimientos de cultura política?*

—Pero la dignidad humana es algo que cualquiera tiene.

—*Hay importantes politólogos, sin embargo, que insisten cada vez más en que la cultura se construye a partir de las instituciones y de las reglas de juego instauradas. Primero se hace la democracia a través de las instituciones y de los procedimientos, y luego aparecen los demócratas. ¿Por qué lado empezar?*

—Yo creo que hay que empezar por los dos lados. Mi impresión es que no basta empezar con reformas institucionales. Yo estuve en 12 o 13 países de América Latina dando charlas sobre el tema de la corrupción, y creo que los gastos que se hacen en reformas judiciales o administrativas —de autoridades generales o legislaturas— muchas veces son gastos dilapidados, porque los gobiernos quieren aparentar pero en realidad no quieren que los controlen. A mí me invitaron a un país donde el Contador General había recibido más de cinco millones de dólares de agencias internacionales para incrementar su programa de Contador General. Me invitó a dar una conferencia en el Parlamento de su país para cerrar su ciclo. Di la conferencia y, cuando él me fue a pagar mis gastos, me quería hacer firmar por 500 pesos de más. Le dije: "Pero estos 500 pesos no me los está dando". Me dijo: "No. Son para pagar mi discurso". Le contesté: bueno, pague su discurso con su cuenta. Me respondió: "No, no puedo porque me lo hizo un político opositor y no quiero que el gobierno sienta que el político opositor me hace mi discurso sobre corrupción". Pero eso es precisamente corrupción, dije. "Es plata de los gringos, contestó, si fuera plata mía sería distinto".

Esa persona era el Contador General de un país que había recibido cinco millones de dólares para mejorar el sistema de contralor. Yo sentí que fueron cinco millones de dólares tirados a la basura, porque obviamente con esta actitud del Contador General sus funcionarios no le pueden creer nada.

Me parece, justamente, que el abuso de poder hay que enfrentarlo con reformas institucionales pero también con cambios en la sociedad. Creo que el modelo es una mezcla de sociedades civiles que actúan con base en organismos internacionales, porque muchas veces el problema son los gobiernos. Entonces el tema es vincular a la sociedad civil con organismos internacionales para que haya presión sobre los gobiernos y se vaya cambiando. Creo que ése es el modelo. Es un proceso complejo, largo.

—*Frecuentemente, sin embargo, para ser seleccionado como dirigente se ha precisado mucho dinero.*

—Mi tesis es que en un sistema sin democracia es imposible evitar la corrupción. Lo que pasa en democracia, sin embargo, es que los representantes suelen tener lazos más fuertes entre ellos que con sus bases, lo que se ha llamado la "lotización" de la política: este lote es tuyo y este lote es mío. En el fondo todos están repartiéndose los negocios; entonces nadie podría decir nada porque todos estarían en el mismo juego. Pero alcanza, en democracia, con que uno no juegue ese juego perverso para que empiece a haber transparencia. Ése es uno de los fenómenos que da la democracia.

Existe un problema muy complicado y es que estamos viviendo en una época en que hace falta mucha plata para acceder al poder. Las sociedades, sin embargo, no quieren gastar mucha plata en los partidos políticos, ni quieren pagarle bien a sus funcionarios. Entonces, a esta miserabilidad de la sociedad civil que no quiere invertir en su dirigencia porque siente que recibe poco de ella, la dirigencia le responde que está bien, pero consigue por fuera lo que los ciudadanos le niegan.

—*Pero Fujimori gastó sólo 100 mil dólares en su campaña electoral.*

—En general, cuesta plata armar eso, no siempre son gratis. Por supuesto que hay cosas que escapan a la planificación, gracias a Dios.

LA FINANCIACIÓN DE LOS PARTIDOS

—*¿Estamos hablando, por ejemplo, de regular los ingresos de los partidos, de regular los espacios de televisión?*

—Yo creo que ése no es un tema solamente de las democracias latinoamericanas, es un tema de Estados Unidos y de Inglaterra, donde el fenómeno es muy complicado.

Cuando hay leyes, éstas no siempre se cumplen, y además hay frecuentemente trucos para violarlas. Hay que poner el acento no solamente en cómo se eligen los representantes, sino en cómo se controla la gestión y en cómo se hace transparente la gestión del elegido. En ese sentido todo el tema de Internet, por ejemplo, generó una enorme posibilidad de que cualquiera acompañe lo que hace el gobierno. En realidad, si lográramos tener una información total sobre todo lo que pasa, no podría haber corrupción, porque la corrupción exige secreto y ésa es su gran debilidad. Entonces, el abuso de poder en secreto es corrupción. Puede ser que si lográramos poner todo en Internet habría un abuso de poder abierto que tampoco podríamos controlar, pero por lo menos sabríamos cómo funciona.

En los Estados Unidos, hace poco —y eso no es corrupción porque no es secreto, es público—, el Congreso estadunidense le dio 20 000 millones de dólares al Pentágono para que comprara 20 aviones invisibles. El Pentágono lo rechazó diciendo que no hacían más falta porque se había acabado la guerra con Rusia. Y el Congreso insistió en que tenían que gastarlo igual porque era para darle trabajo a las fábricas que hacían esos aviones y porque había un par de senadores del Estado donde estaban situadas las fábricas que estaban presionando a favor de ese gasto. Ellos hacían acuerdos políticos con los demás senadores —cada cual tiene su pedazo— y así salió.

Eso, obviamente, es una especie de decisión absolutamente irracional, motivada por intereses económicos, pero no es secreta. Es, diríamos, una suerte de "corrupción" pública. Yo creo que la transparencia total permitiría reducir mucho el fenómeno del secreto permitiría discutirlo. El tema de los aviones, aunque haya pasado, se puede discutir en la medida en que es público. Y se puede entrar a discutir para el año que viene un presupuesto nuevo y discutir cómo se gasta en eso. Se puede hablar del tema, incidir en él.

El fenómeno de la corrupción permite, por el contrario, negar un tema. Justamente, uno de los problemas con la corrupción es que —como es muy difícil de cuantificar, de evaluar y de medir— es muy fácil de negar.

—*¿A su juicio cuál es exactamente el papel de los medios de comunicación en la erradicación de la corrupción?*

—Los medios masivos de comunicación están transformando la vida pública, toda la vida pública, no solo nación a nación sino globalmente. Una de las pocas introducciones globales que hay en el mundo es la CNN, que tiene la paradoja de que hasta hace poco era de un solo dueño. Pero es una cosa que conecta. Y el lema de la CNN, que es no contar la noticia sino mostrar la noticia cuando sucede, rompe muchísimo el modelo político con el que estuvimos acostumbrados a funcionar, en el que cada cual hacía su trabajo de panadero, de plomero, de médico, y había un tipo que era el político que era el vínculo del panadero y del plomero con la vida pública. Y ése era el tipo que definía lo que había que hacer y que le contaba a la gente —que se reunía en los comités y estaba interesada en la vida pública— lo que pasaba en el poder.

Esa intermediación se pulverizó. Lo que pasa hoy es que en el pueblo más chico de Corrientes ven la CNN y lo ven a Yeltsin controlando el golpe en Rusia mientras ocurre, en directo. El fenómeno de la televisión masiva está modificando sustancialmente el modelo de democracia representativa que tenemos. Y sobre todo cuando uno ve a un periodista que interroga a un diputado, en general el representante en ese momento es el periodista y no el diputado. El diputado es visto más bien como el otro y el periodista como el tipo que me representa a mí. Me parece que hay todo un juego de los medios masivos de comunicación que es nuevo y rompe el modelo habitual de organización de los países.

Esto permite, a la vez —yo justamente tengo un trabajo sobre las redes— algo que está apareciendo en el mundo sobre la base de que ahora hay mucha información disponible: son redes de ciudadanos actuando internacionalmente, trasmitiéndose información y planteándose entonces actuar por principios y con información. Están los que tienen autoridad, los que tienen dinero y los que trabajan con la información y la verdad, y entre los tres están dirimiendo los juegos. Por supuesto que también se pueden manipular la verdad y la información.

Entonces hay fenómenos nuevos que están ocurriendo, como la globalización de la información con la CNN y otros medios masivos y la aparición, cada vez más masiva, de redes internacionales de ciudadanos activos. Por ejemplo, hay una red específica sobre el tema de la corrupción que está apareciendo en el mundo.

—*¿Quiénes son los que en realidad han golpeado a la corrupción en los últimos años? ¿La prensa y los jueces?*

—La prensa y los jueces son los guardianes del orden mítico.

—*¿Ésa es una crítica?*

—No, es una limitación.

—*En nuestro continente, el sistema de televisión no funciona como la CNN, sino que suele ser parte del sistema no transparente...*

—Sí, beneficiados por la regulación.

—*Entonces es más compleja la cosa.*
—Por supuesto. Yo creo que ese camino que he señalado —ciudadanos que se asocian— es el camino a transitar. No sé si vamos a ganar o a perder, yo creo que hay que transitar ese camino. Cómo va a resultar no tengo la menor idea. Si a mí me hubieran preguntado qué posibilidades tenían las Madres de Plaza de Mayo cuando daban vueltas por la plaza en 1978, hubiera dicho que no tenían ninguna. Y finalmente uno diría que ganaron: las autoridades que estuvieron en prisión están totalmente excluidas de la sociedad.

Cuando uno ve el problema, dice: ¿pero qué posibilidades tiene este hombre que está sugiriendo redes y qué se yo? Yo creo que hay que transitar este camino. Creo, por supuesto, que los jueces y periodistas son, justamente, los funcionarios cuyo papel es decir la verdad y por eso aparecen como aliados fuertes de la sociedad civil, que es la que paga los costos de la corrupción. Uno de los problemas es que, por supuesto, se los puede comprar también, se puede comprar jueces y se puede comprar periodistas.

De todos modos, creo que con los jueces y los periodistas lo que se puede hacer es mostrar un caso. Es muy difícil, en la televisión o en el periodismo o en la justicia, mostrar todo un sistema funcionando. O malfuncionando. Es muy importante el papel de jueces y periodistas, pero no es suficiente. En mi país procesamos a más de 30 altos funcionarios del gobierno, y lo que ocurrió fue que se promovió a todos los fiscales y jueces federales a otros cargos, y se eligieron nuevos fiscales y jueces federales entre los amigos de los denunciados, para terminar ese problema. De ese modo, en la justicia misma se neutralizó el intento de actuar de la propia justicia.

Italia es un país en el que no se pudo neutralizar la labor de la justicia. Lo que yo siento es que en un país donde las autoridades no cumplen con las reglas; exigirle a los jueces que controlen el problema es una hipocresía, y además es meterlos en un camino sin salida. Lo que ocurrió en Italia fue que el grupo de fiscales *mani pulite* hizo la tarea más eficaz que se conozca en el mundo en materia de control de corrupción del Poder Judicial.

Francisco Thoumi: El narcotráfico tiene más plata que los políticos

El economista Francisco Thoumi es reputado como uno de los hombres que más sabe sobre la economía del narcotráfico en América Latina. El mercado de estupefacientes, a su vez, es uno de los grandes disruptores de la gobernabilidad en varios países de la región. Fue entrevistado en septiembre de 1995, en su domicilio en Maryland —vecino a Washington DC—, en un amplio estar, donde comparte su escritorio con la sala de juegos. Rodeado de libros, Thoumi se plantea el problema en términos de crisis de identidades y de instituciones en la región. En aquel momento Thoumi dividía sus actividades académicas y de investigación entre Washington y la Universidad de Los Andes, en Colombia. Hoy reside definitivamente en la capital estadunidense.

—*Empecemos a acercarnos a la relación entre gobernabilidad y narcotráfico...*

—En general, creo que la producción de drogas es un síntoma de falta de gobernabilidad. Lo que uno encuentra en la producción —y, paradójicamente, al final también, en el consumo— es que la gente que está involucrada en estos asuntos tiende a ser gente marginal: resulta marginada por el sistema de una u otra forma y por eso produce y por eso, también, consume.

LA DESERCIÓN DEL ESTADO

—*¿Marginada por el sistema económico?*

—Más que por el sistema económico, por el sistema social y político. Uno encuentra que todas las zonas de producción son zonas de muy poca presencia estatal, son zonas donde los derechos de propiedad son muy inciertos y donde no hay infraestructura. La gente que participa en esta actividad, reitero, es gen-

FRANCISCO THOUMI, miembro de la Academia Colombiana de Ciencias Económicas, es docente en el Woodrow Wilson International Center for Scholars, en Washington. Fue coordinador regional en el Programa de Investigación del Impacto Económico de las Drogas Ilegales en los País Andinos (1993-1996) del PNUD. Director del Centro de Estudios Internacionales, Universidad de Los Andes, Bogotá, y profesor titular del Departamento de Economía en la Universidad de California. Entre los años 1990 y 1994 fue consultor-investigador independiente en trabajos para el Banco Mundial, BID, UNCTAD, PNUD y OEA, fundamentalmente en el área de su especialidad: drogas ilegales.

> Lo que uno encuentra en la producción —y, paradójicamente, al final también en el consumo— es que la gente que está involucrada en estos asuntos tiende a ser gente marginal: en consecuencia, al margen de la gobernabilidad.

te que —de una u otra forma— se ha sentido marginada.

—¿*Ve usted una relación de causa-efecto entre falta de presencia del Estado y producción de droga?*

—Sí, pero no es una relación causa-efecto en el sentido cabal. Es como la pobreza. La pobreza contribuye a muchas cosas, pero no en una relación causal: no podemos decir que siempre que haya pobreza tendremos necesariamente esto o aquello. Básicamente la ausencia estatal es un elemento que contribuye mucho a la producción de droga, pero se requieren otras cosas para explicar el fenómeno, y esas otras cosas no están muy claras. Es decir, ¿por qué surge esto en Colombia y no en otros sitios? No es sólo por falta de presencia estatal: hay otros factores que hacen que la industria de la droga surja en Colombia y no en otra parte.

En nuestros trabajos siempre hemos encontrado que la industria de la droga, para poder funcionar, requiere de una serie de reglamentos; requiere de una "ley" y, hasta cierto punto, de un "orden". Las mafias buscan siempre establecer sus propios sistemas para hacer cumplir sus contratos. Lo que estamos encontrando, por ejemplo, es que en las grandes zonas de producción en Colombia, la guerrilla ha entrado a suplantar al Estado, a establecer su propia "ley" y su propio "orden". Es decir, hay autoridad paraestatal. Y ésa es una autoridad mucho más legítima que la estatal. Es decir, cuando uno compara la guerrilla con el ejército, la guerrilla gana en la comparación.

—¿*En eficiencia? ¿En administración del área?*

—Gana en muchas formas. La guerrilla tiene raíces en la zona —la mayoría de la gente que está en la guerrilla proviene de esas zonas—, entonces se comunica mucho mejor con la sociedad local, se la ve muchas veces como a un amigo. Hay una paradoja en esto. La guerrilla tiene reglas muy rígidas y puede decidir matar si, por ejemplo, un tipo le pegó a su mujer o si alguien empezó a usar droga. Llaman al orden a esa persona, a la segunda vez le advierten y a la tercera vez la matan y punto. No hay nada que hacer.

—*Porque el consumo de droga es prohibido... es pecado.*

—Sí. No el alcohol, claro. La droga sí es ilegal. Los códigos que ellos imponen son extraordinariamente rígidos.

—¿*Ésa es una norma de la guerrilla o de la mafia también?*

—No, con la mafia es más complicado.

—*Nos referimos al consumo.*

—Hay gente de la mafia que consume y, en algunos casos, se intenta eliminar a esa gente. Pero sí ha habido más consumo en la mafia.

—¿*Cómo reacciona la mafia de la droga frente a esta sustitución de poder estatal por el guerrillero?*

—Ése es el problema, ¿qué es la mafia? En Colombia las guerrillas se metieron al negocio de coca en gran parte porque era la única forma en que podían competir por la lealtad de los campesinos respecto de las organizaciones de drogas.

—¿*No fue por necesidad de recursos?*

—Al principio no, pero en los últimos

> Todas las zonas de producción son zonas de muy poca presencia estatal, son zonas donde los derechos de propiedad son muy inciertos, y donde no hay infraestructura.

En las grandes zonas de producción en Colombia, la guerrilla ha entrado a suplantar al Estado, a establecer su propia "ley" y su propio "orden". Es decir, hay autoridad paraestatal. Y ésa es una autoridad mucho más legítima que la estatal. Es decir, cuando uno compara la guerrilla con el ejército, la guerrilla gana en la comparación. Sea por su relación con la sociedad local, sea por su capacidad de establecer orden.

años sí ha sido por necesidad de recursos. Desde la disolución de la Unión Soviética y desde que Cuba no puede financiarlos, han tenido que buscar alternativas. Esto es en los últimos cinco años. Pero si uno mira la historia de 20 años, es muy distinta.

—*¿La guerrilla se metió en el narcotráfico para capturar la lealtad campesina?*

—Básicamente esto empezó cuando los narcotraficantes empezaron a sembrar coca. En Colombia se empezó a sembrar coca a finales de los años setenta. Y ahí se empezó a utilizar la guerrilla para dar protección a los plantíos y a los laboratorios. Pero en determinado momento la guerrilla secuestró, por ejemplo, a la hermana de los Ochoa, y a partir de ahí surgió lo que se llama el movimiento MAS (muerte a secuestradores). Hay una cantidad de historias periodísticas sobre esto, sobre una reunión cumbre de narcos donde cada cual puso tanto y cuanto dinero, organizaron grupos paramilitares, mataron una cantidad de guerrilleros y dijeron: "O ustedes entregan a la señorita o seguimos matando guerrilleros". Y los guerrilleros entregaron a la señorita.

Esto llevó a que la mafia se diera cuenta de que no podía confiar en la guerrilla. Entonces ellos empezaron a establecer sus grupos paramilitares y a prescindir de los servicios de la guerrilla. Esto implicaba que la mafia pagaba buenos sueldos, atraía campesinos, etc. Entonces la única forma en que la guerrilla pudo mantener su control fue metiéndose a organizar el negocio —no necesariamente a meterse *en* el negocio— en las regiones en que se empezaba a cultivar coca.

—*A hacer la parte "estatal", digamos...*

—Sí.

—*La seguridad...*

—A hacer la seguridad y a cobrar un impuesto, un impuesto de exportación. Y con eso se financian.

EL CASO DE PERÚ Y BOLIVIA

—*¿El comienzo es paralelo en Bolivia y en Perú también?*

—No, eso varía muchísimo. En Bolivia y Perú es totalmente distinto: cada país tiene su estructura distinta.

—*En Bolivia no tenemos guerrilla.*

—No, pero en Bolivia la solución a este problema de gobernabilidad interno lo han dado los sindicatos de cultivadores. Es decir, después de la revolución de 1952 —al armarse un grupo sindical tan fuerte— estos gremios actúan en el Chapare[1] y en todas las zonas de cultivo. Estos grupos han actuado como negociadores o intermediadores. Los gremios actúan como negociadores legítimos. Los Estados Unidos, por ejemplo, han negociado acuerdos de cuánto les iba a pagar por erradicar determinados plantíos, y erradicaban lo que sea. En Perú ha sido más complicado. Pero ni en Perú ni en Bolivia ha habido la violencia asociada al narcotráfico que ha habido en Colombia.

—Cuando la guerrilla entra en decadencia en Perú ¿el ejército hace las veces de organizador?

[1] Zona de Bolivia donde se planta la mayoría de la coca que se produce en el país.

> Las guerrillas se metieron al negocio de coca en gran parte porque era la única forma en que podían competir por la lealtad de los campesinos respecto de las organizaciones de drogas.

—En principio sí, en el Alto Huayaga pasa eso. Lo que sucede es que las violencias son distintas. Existe una violencia dentro del negocio —se matan entre ellos, la violencia surge cuando la gente no cumple contratos o situaciones de ese tipo— que a las sociedades latinoamericanas parece no importarles. La diferencia con Colombia es que en ésta la violencia se hizo demasiado grande, en gran parte porque la gran ganancia en el negocio está en el contrabando.

—*El negocio es el traslado a los Estados Unidos...*

—Sí. Como se sabe, hay tres fases: las hojas de coca, la pasta y la propia cocaína. La estructura de costos más o menos da lo siguiente: las hojas de coca que se requieren para producir un kilo de cocaína hoy en día en el Chapare pueden costar 300 o 400 dólares; un kilo de pasta o base puede estar en alrededor de 800 dólares si se compra al por mayor al productor; y un kilo de cocaína para exportación hoy en día en Colombia varía entre 1500 y 2500 dólares. Una hectárea puede dar de dos a cuatro toneladas de hojas de coca. Los rendimientos varían mucho, y de la clase de hoja y su calidad depende cuánta hoja se precisará para hacer un kilo de pasta o base. Para hacer la base, todavía en Bolivia se pisa, pero actualmente en Colombia hay trituradoras mecánicas. Con una maquinita que sella al vacío la bolsa de plástico, se puede enterrar la coca y luego es muy difícil de encontrar. Cuando hay un proceso represivo o cuando han caído los precios, la gente entierra y almacena. Antes se exportaba pasta o base desde Colombia, Bolivia o

Perú. Ahora cada vez más se exporta directamente cocaína.

—*¿En Colombia el kilo de cocaína cuesta 1500 dólares? Puesta en los Estados Unidos cuesta 15000 dólares.*

—Exactamente, 10 veces más. En Europa está saliendo 35000 dólares. El negocio está ahí. Luego, ese kilo pasa por cuatro o cinco transacciones más en los Estados Unidos, y puede llegar a venderse —si se logra vender un kilo diluido, fraccionado por gramos— a un valor de 150000 dólares. Es una estructura loca de costos.

Esto hace entonces que, a pesar de que haya mucha gente involucrada en Perú y Bolivia en la producción, las grandes ganancias las tienen los colombianos que manejan la mayor parte de la exportación.

—*¿Porque los colombianos están también en los Estados Unidos recibiéndola?*

—Ellos han organizado una parte importante. Es muy difícil saber qué proporción controlan, pero puede ser que controlen 70 u 80% de las exportaciones a los Estados Unidos, a Europa, a Japón, etc. Las exportaciones a Europa han variado. Ahí los colombianos tienen menos influencia, hay muchos menos colombianos en Europa que en los Estados Unidos: culturalmente hay más dificultades. Ahí los argentinos, los uruguayos y los brasileños tienen más ventajas.

En los Estados Unidos Colombia tenía un número muy grande de inmi-

> En el año 1983 Colombia tuvo problemas de balanza de pagos, a pesar de que el precio por kilo era mucho más alto. Simplemente, en ese momento las tasas de interés en los Estados Unidos eran muy altas. Se invirtió en los Estados Unidos y el dinero no derivó hacia Colombia. El narcotráfico financió el déficit fiscal a los Estados Unidos cuando la tasa de interés era alta.

grantes y más o menos lograron armar redes de distribución interna con bastante participación de colombianos. Por su parte, la mafia tradicional de los Estados Unidos es una mafia que ha decaído mucho a causa de una serie de razones: el debilitamiento de las ciudades centrales, de los sindicatos mismos también, y les ha sido entonces más difícil manejar sus fondos sin contralor, etc. Es decir, la mafia tradicional de los años treinta se ha debilitado mucho. Eso le ha permitido a otros grupos de jamaiquinos, mexicanos, colombianos...

—*La mafia norteamericana ¿no ha competido por mantener su mercado?*

—No. Es una mafia que, al debilitarse, se ha dedicado mucho más a juegos de azar y prostitución. En cambio, en Europa es más complicado penetrar desde que hay mucho menor presencia colombiana. Ahí, los exportadores han establecido nexos con las mafias locales.

—*En Bolivia se insiste en la diferencia entre coca y cocaína...*

—Como ustedes saben, en la cultura andina se mascaban hojas de coca desde tiempos inmemoriales. Había pues una producción legal de hojas de coca, la que, sin embargo, no era legal internacionalmente. La Convención de Viena de 1961 declaró a la coca en hoja —no sólo la cocaína— como droga que había que eliminar. Ahí Bolivia y Perú firmaron, en definitiva, un acuerdo en que se comprometían a erradicar la coca en hoja de la faz de la tierra en cinco años. No tenía sentido. En la Convención del año 1988 se logró cambiar eso y se acepta la diferencia entre coca y cocaína —es decir que la coca en hoja no es necesariamente una droga— y se reconocen los usos tradicionales de la cultura andina. Hasta mediados de los años setenta no se percibía un problema de coca. De hecho, el primer problema de exportación de droga desde América Latina fue de marihuana. Al menos los prime-

Un kilo de cocaína puede costar 300 o 400 dólares; un kilo de pasta o base puede estar en alrededor de 800 dólares si se compra al por mayor al productor; y un kilo de cocaína para exportación hoy en día en Colombia varía entre 1 500 y 2 500 dólares. Puesta en los Estados Unidos cuesta 15 000 dólares. En Europa está saliendo en 35 000 dólares. El negocio está ahí. Luego, ese kilo pasa por cuatro o cinco transacciones más en los Estados Unidos, y puede llegar a venderse fraccionado por gramos a un valor de 150 000 dólares.

ros embarques grandes de marihuana empezaron desde México y Jamaica. A finales de los años sesenta hubo una gran erradicación en México usando una sustancia Paracuat, que es muy destructiva, muy nociva. Paracuat es un herbicida muy potente que se había usado en Vietnam. La gente reaccionó —en los Estados Unidos y en México— muy fuertemente contra esa práctica. Ahí fue que surgió el desplazamiento de los cultivos de marihuana a la Sierra Nevada de Santa Marta, en Colombia. Pero la marihuana es muy complicada de transportar, es muy voluminosa. Luego hubo un cambio tecnológico muy grande y en los Estados Unidos se empezó a generar una cantidad de variedades de marihuana que llaman "sin semilla", en la que lo que se consume es el bulbo, no la hoja. Tiene una concentración de droga cinco o seis veces más alta que la colombiana y se puede cultivar en sótanos, en terrazas, en las casas.

LA "VACUNA"

—*Volvamos el tema anterior: la guerrilla, los paramilitares y la droga.*

—En Colombia, además de las guerrillas, están los paramilitares, y los paramilitares están mucho más directa-

[438]

mente relacionados con la droga y con las mafias. Los paramilitares nacieron contratados por la mafia, por la necesidad que ésta tenía de contrarrestar la guerrilla. Pero luego los paramilitares han tenido una gran influencia en el lavado del dinero, es decir, en la protección de las inversiones del narcotráfico, especialmente todas las inversiones en tierras.

Ha habido casos en zonas de Colombia, en el valle Magdalena medio, por ejemplo, donde la guerrilla estaba presente. Allí se secuestraba a terratenientes, se los extorsionaba, la guerrilla cobraba la "vacuna"... La vacuna es un impuesto anual que se paga para no ser objeto de secuestros.

En esas zonas obviamente el valor de la tierra era muy bajo. Allí llegó la gente de Medellín y compró tierras, metió paramilitares y protección y valorizó la tierra. Básicamente echó a la guerrilla. Se generó una guerra entre paramilitares y guerrilla. Y a su vez los paramilitares obtuvieron gran apoyo de los terratenientes, de los ganaderos. Los ganaderos terminaron financiando a los paramilitares. Ésta es una alianza, en suma, donde participa gente que originalmente hizo mucho dinero en droga, algunos terratenientes viejos de la zona que se han mantenido y han contratado una cantidad de ex militares. Eso se permitió. Constitucionalmente hubo un cambio, hacia el año 1978, que permitió a la gente establecer medidas defensivas. Es decir, básicamente organizar milicias. La mafia creó a los paramilitares para desplazar a la guerrilla. Y, obviamente, se valorizaron esas tierras.

—¿*Por qué el Estado entrega su capacidad punitiva?*

—Porque no la tiene, nunca la tuvo en esas zonas. Son zonas totalmente alejadas, donde nunca hubo nada a causa de la geografía, de las selvas... Obviamente, también, por incapacidad de gasto. No era rentable llevar la seguridad hasta allí.

EL NEGOCIO

—¿*Cuánto dinero se maneja en el negocio de la droga?*

—Es muy difícil de saber. Hay dos problemas. Uno es determinar cuánto es lo que ganan los señores. Uno puede "cocinar" algunas estimaciones, que pueden ser 3 000, 5 000, 7 000 millones de dólares al año, en Colombia. Pero el otro problema es que la mayor parte del ingreso se da en ese salto de precios que describíamos. Si estoy vendiendo aquí en 15 000 dólares, algo que me cuesta 1 500 y tengo algunos costos de transporte, tengo que sobornar gente o hacer lo que fuera para mantener ese negocio. Digamos que los costos totales en Colombia serían 1 500, luego los costos de traer esto podrían ser 3 000 o 4 000 dólares. De cualquier forma me quedan 10 000 por kilo, que no tengo por qué llevarlos luego a Colombia. Simplemente quedan ahí: nada presiona para que vayan a Colombia.

—¿*Cuántos kilos entran a los Estados Unidos?*

—Deben ser 600 toneladas por año.

—¿*De Colombia o de toda Latinoamérica?*

—De América Latina.

—*Además la distribución transforma esos 15 000 dólares en 150 000...*

—Sí.

La mafia tradicional de los Estados Unidos es una mafia que ha decaído mucho a causa de una serie de razones: el debilitamiento de las ciudades centrales, de los sindicatos mismos también; y les ha sido más difícil manejar sus fondos sin contralor... Eso ha permitido el avance de otros grupos de jamaiquinos, mexicanos, colombianos. La mafia norteamericana no ha competido por el mercado del narcotráfico: se ha dedicado mucho más a juegos de azar y prostitución.

—*Parte del sistema de recepción en el mercado consumidor es manejado por los propios colombianos, decía usted.*

—Sí, la mayor parte. Pero los mexicanos también están muy metidos: ellos se incorporaron mucho por los canales de distribución. Según la CIA ellos han hecho acuerdos en los que cobran 40% en especie por traerlo y entregarlo a los colombianos.

—*¿Han tercerizado el transporte y sus riesgos?*

—Sí. Lo que generan puede ser de 3 a 7% del ingreso nacional colombiano. Pero, puesto que uno no sabe cuándo entra el dinero en Colombia —porque no tienen que traer a Colombia lo ganado en el momento en que se exporta— entonces, lo que uno encuentra a través del tiempo es que hay flujos de capital de difícil explicación que entran a Colombia. Tienen una gran inestabilidad, varían con las políticas monetarias de países como los Estados Unidos. En el año 1983, por ejemplo, los precios de la cocaína eran mucho más altos. A propósito, estos precios han bajado enormemente, hoy están a 20% de lo que estaban hace 15 años. La producción ha aumentado unas 15 veces también. Por ejemplo, en el año 1983 Colombia tuvo problemas de balanza de pagos, a pesar de que el precio por kilo era mucho más alto. Simplemente, en ese momento las tasas de interés en los Estados Unidos eran muy altas. Se invirtió en los Estados Unidos y el dinero no derivó hacia Colombia.

—*La inestabilidad de los ingresos, entonces, obedece a una racionalidad económica...*

> Para el lavado en Colombia se ingresa contrabando, se financia el contrabando. Ese contrabando se vende en los famosos San Andresitos de Colombia, que son mercados muy baratos. También los llaman Polvos Azules en Perú, Miamicito en La Paz.

—Son capitalistas. Es gente que le ha financiado el déficit fiscal a los Estados Unidos cuando la tasa de interés era alta.

EL LAVADO

—*¿Y el lavado? Allí participan ya otros países de América.*

—Hay varias etapas distintas. Una es la conversión, el lavado de dólares en dólares. Es decir, básicamente tomar dólares y convertirlos en dólares legítimos. Pero hay otro problema de lavado, otra etapa, que es la llevada de los dólares a Colombia, el ingreso a Colombia. Y eso se hace llevando los dólares, pero también se hace a través del contrabando de mercadería. Se hace también a través de sobrefacturación de importación, que es una forma de traer capitales al país.

—*Mil heladeras, por ejemplo, que cuesten 1 000 dólares cada una, se las trae a 3 000 dólares cada una. Y la diferencia es dinero que se lava...*

—Sí

—*Ahí falta Estado para controlar.*

—Es muy complicado controlar eso. Hacer una sobrefacturación de 20% es muy fácil si los precios en el mundo varían. Hay un margen donde uno se puede mover fácilmente.

—*El lavado en los países del sur ¿es importante?*

—En general para los bolivianos puede ser. En Bolivia alegan que los narcotraficantes invierten mucho afuera, que no quieren invertir en Bolivia. Eso contradice un punto importante. En general todas las mafias prefieren invertir en su país, porque es donde pueden proteger más su capital, donde pueden tener lazos con el resto de la población que les permitan cierta protección.

En el caso de Colombia, se lava mucho en los Estados Unidos. Es decir, los colombianos que están metidos en el negocio de la distribución son personas que

> El resultado de esto ha sido partidos políticos que no tienen nada que ver con ideologías. Básicamente, tienen que ver con repartirse el botín. Y de ahí surgen todos los problemas con la compra de votos. Hay zonas de Colombia donde la compra está institucionalizada. En ese ambiente es donde entra el narcotráfico. Esto crea un problema profundo para los políticos, porque el narcotráfico tiene más plata que los políticos.

lavan. Y se lava muy fácilmente. Yo he entrevistado a algunos narcotraficantes colombianos para ver precisamente qué hacían con su dinero, gente de nivel bajo, tipos que ganaba un millón de dólares por año. En ese caso, esta gente usa efectivo, la mujer gasta 3 000 o 4 000 dólares, por ejemplo, pero hay otras formas. Estas personas van a comprar una casa, van a una oficina inmobiliaria inescrupulosa y hacen un arreglo. Básicamente ellos le entregan el efectivo a esta empresa y esta empresa figura como dándoles una hipoteca, luego se hace la escritura, a la salida la gente les entrega el pagaré de la hipoteca, lo que significa que la han pagado. Nunca pasa nada de ahí para adelante, y a los cinco años van con el pagaré ya pagado y levantan la hipoteca. Acá es fácil el lavado.

—¿Pero estamos hablando de pequeñas cantidades?

—Sí.

—Muchas pequeñas son grandes.

—Sí. La gran parte del lavado se hace en los Estados Unidos ya que allí se produce el aumento dramático de precio de la droga. Para el lavado en Colombia, primero está el problema de pagar en dólares, esto es, el problema de convertirlos. El otro problema es cómo llevar el dinero a Colombia. Entonces, ahí están los canales de llevada a Colombia. Y lo más complicado es lo que pasa luego. Se supone que se ingresa contrabando, se financia el contrabando. Ese contrabando

se vende en los famosos San Andresitos, de Colombia, que son mercados muy baratos. También los llaman Polvos Azules en Perú, Miamicito en La Paz. Entonces, entra una cantidad de contrabando y se vende, ¿a dónde va? Eso es más complicado. En eso las fincas raíces son muy atractivas, porque tienden a ser una inversión fácil.

—Inversiones inmobiliarias.

—Sí. Porque en América no hay mercados muy amplios, no hay mercados hipotecarios muy amplios. Entonces en estos casos, en general, la gente está acostumbrada a hacer las transacciones y registrarlas por valores mucho menores a lo que realmente se hacen. Por ahí ha entrado mucho lavado.

Meterse a la parte industrial en Colombia ha sido mucho más difícil, porque la mayoría de la estructura industrial está controlada por grupos financieros individualizados.

—Los narcotraficantes no están logrando convertirse en industriales.

—No, es muy difícil.

—¿No hay mercado de valores?

—La bolsa de valores en Colombia está totalmente subdesarrollada. El problema es que en Colombia hay una gran desconfianza en general para hacer negocios. Los grupos financieros son grupos que funcionan porque internamente pueden transar con mucha confianza.

—Si hubiera mercado de valores, comprarían acciones y punto.

—Claro.

—Y con esa capacidad económica, ¿los narcotraficantes no tienen bancos propios?

—Es muy complicado.

EL NIVEL POLÍTICO

—¿Y en el nivel político?

—A nivel político es muy distinto. En Colombia el sistema político que surgió es el Frente Nacional. El Frente Nacional fue un "cartel" para repartirse el botín, claramente.

—*El poder.*

—Y más que eso. Estaba claramente reglamentado: la mitad de los puestos políticos en Colombia se repartían. Surgió un sistema muy curioso. La élite se dio cuenta hace mucho tiempo —en los cincuenta tal vez, cuando la dictadura de Rojas Pinilla quiso ser populista— de que la diferencia entre los dos partidos, una vez que el país se organizaba, era mínima. La diferencia era que los conservadores tenían una base rural, más católica, y la otra era más urbana y liberal. Eso no era importante. Si el país iba a industrializarse había que organizarse.

El Frente Nacional —un acuerdo entre los líderes de los partidos tradicionales— fue un entendimiento para monopolizar el poder. A su vez, sus integrantes se dieron cuenta de que sus intereses eran comunes, entonces decidieron, muy sabiamente, aislar de la política los temas económicos. De hecho, la élite consiguió becas y entrenó a un grupo de economistas a nivel de PHD —yo fui uno de ellos— a mediados de los sesenta. Al regreso, esta gente manejó el Banco de la República y Planificación Nacional, donde se hacía el presupuesto. Entonces, Colombia ha sido el único país, por ejemplo, donde en ninguna elección se han discutido tasas de cambio o políticas macroeconómicas.

—*Los técnicos eran tanto liberales como conservadores.*

—Sí. Se entrenaban en el mismo sitio. Esto es lo que explica la estabilidad macroeconómica de Colombia. Nunca ha habido hiperinflación, nunca ha habido grandes cambios, nunca ha habido estos "pendulazos" que hay en otros lados: es muy estable.

—*El mismo grupo técnico maneja el Banco de la República y el presupuesto...*

En Colombia hay una situación en la que no hay instituciones que impongan control al comportamiento de nadie. Es un proceso de deterioro. Yo creo que nunca ha habido sociedad civil en el país.

—Sí, la parte clave. En estas circunstancias, hacer política en Colombia no tenía nada que ver con lo económico.

—*Era clientelismo puro.*

—Entonces se convertía en clientelismo puro. Para que el sistema funcionara tenía que cooptar cada vez más gente. Y eso se hacía a través de los puestos públicos y del gasto que cada senador tenía: en el presupuesto se le daba una cuota y el tipo podía decidir cómo gastarlo. Y luego los "serruchos" en los contratos del gobierno. Eso era hacer política.

El resultado de esto ha sido partidos políticos que no tienen nada que ver con ideologías. Básicamente, tienen que ver con repartirse el botín. Y de ahí surgen todos los problemas con la compra de votos. Hay zonas de Colombia donde la compra está institucionalizada.

En ese ambiente es donde entra el narcotráfico. Esto crea un problema profundo para los políticos, porque el narcotráfico tiene más plata que los políticos.

NARCOTRÁFICO Y POLÍTICA

—*¿Los narcotraficantes se han puesto a hacer política?*

—El grupo de Medellín intentó hacerlo. Lo hizo Escobar. A Leder, que está en la cárcel, le dio por armar un partido nacionalista.

—*¿De qué época estamos hablando?*

—De hace 15 años. El grupo de Cali decidió callarse, no buscar poder por sí mismo, pero sí asociarse y buscar protección. A ese nivel ha habido mucha infiltración.

Había una situación social muy débil, las instituciones indígenas se eliminaron y no fueron reemplazadas por nada. La Iglesia tal vez era la institución más sólida, que más controles podía establecer al comportamiento. En el proceso de urbanización, Colombia ha sido rural por 450 años, con una estructura autoritaria muy fuerte y una gran independencia de las regiones, donde el Estado realmente no existía. Hay autores que alegan, incluso, que los partidos políticos en Colombia han suplantado al Estado por mucho tiempo. Entonces, en el proceso de urbanización e industrialización se rompieron los controles. No había nadie, ninguna institución que le dijera a los colombianos que no debían matar.

—¿*Protección es darle plata a un político?*
—Por ejemplo, se declaró inconstitucional la extradición.
—*Eso fue debido a la presión.*
—Sin duda fue una presión. Yo estoy de acuerdo en que no haya extradición, pero obviamente ahí hubo dineros.
—*Financian un político, ¿y qué le sacan?*
—Usted financia más que eso: se refiere a protección en general. Hay que tener relaciones con el ejército, con la policía, con políticos. A los políticos se les puede sacar apoyo en términos de legislación, apoyo para que no hagan cumplir ciertas leyes.
—¿*Por ejemplo?*
—Cuando los Estados Unidos empiezan a presionar, hay que tener contrapeso. Se le puede pagar a un político para que salga con un discurso nacionalista, de izquierda, que saque la banderita de la soberanía nacional. Y eso funciona.
—¿*También hay políticos honestos?*
—Sí.

—¿*La mayoría?*
—Eso sería difícil de saber. Es decir, ¿qué es honesto en Colombia? Porque de hecho, en un sistema como éste, los narcotraficantes no son los únicos que están en ese tipo de relación con los políticos. Todos los gremios lo hacen sin ningún problema. Todos los grupos financieros lo hacen.
—*Entonces la protección se hace a través de nuevas legislaciones, de impedir otras legislaciones, y los narcotraficantes buscarán también que la policía no controle tanto, que el ejército no controle tanto...*
—Y facilidades para lavar. Se puede utilizar a los políticos como socios algunas veces.

PRESIÓN INTERNACIONAL

—*Todo el problema del narcotráfico le genera al sistema político presiones del exterior, de organismos internacionales, de otros países como los Estados Unidos. ¿Qué tipo de presiones son?*
—Eso varía mucho dependiendo de la coyuntura. Históricamente lo que hemos encontrado son ciclos. La relación con los Estados Unidos ha sido una relación de amor y odio, dependiendo mucho de lo que sucede en ese país especialmente. La presión básica es de los Estados Unidos.
Con Europa se ha usado, por ejemplo, la muerte de Luis Carlos Galán[2] para obtener su cooperación. Eso fue al revés. Los europeos tienden a tener mucho más simpatía por los problemas de Colombia.
—*Si entran 600 toneladas a los Estados Unidos, ¿a Europa cuánto entra?*
—Puede ser un entorno de 200 toneladas. Pero el problema que tenemos en

[2] Líder histórico de la renovación del Partido Liberal; fundó y orientó una escisión del mismo. Vuelto al Partido Liberal, fue nominado candidato presidencial. En plena campaña electoral fue asesinado por el narcotráfico.

esto también es que las estimaciones de producción tienden a exceder las estimaciones de consumo.

—*¿Galán representaba una ruptura?*

—Yo creo que sí.

—*¿Lo matan los narcos?*

—La muerte de Luis Carlos fue muy diferente a la muerte de Lara Bonilla, a la de Enrique Lobo. A Luis Carlos lo mataron por lo que podría hacer, a los demás los mataron por lo que habían hecho.

—*Estamos en un momento en que el cartel de Cali está siendo muy golpeado.*

—Sí, la cúpula, hay seis personas en la cárcel. El negocio no necesariamente está golpeado. No sólo yo lo pienso, las estimaciones de la misma CIA indican que una cosa así puede crear problemas al mercado por unos cuatro meses.

—*¿Se regenera rápidamente?*

—La inteligencia de la CIA sugiere que hay de 10 a 14 grupos grandes en Colombia. El más grande era el de Cali.

—*¿Se cae uno y sube el otro?*

—Sí, claro.

—*¿Cuáles son las terapias y, luego, las estrategias para cumplirlas?*

—En Colombia está lo que yo llamo la trampa de la deshonestidad. Hay una situación en la que no hay instituciones que impongan control al comportamiento de nadie.

—*¿Por qué no puede existir el control de los comportamientos?*

—Se ha llegado a eso, es un proceso de deterioro. Yo creo que nunca ha habido sociedad civil en el país. Colombia es un país raro, no encaja en un modelo. Al Cono Sur uno puede caracterizarlo como un área con una gran influencia europea. Uno va a Perú, Bolivia, México, Guatemala, países que se caracterizan como una mezcla de grupos indígenas todavía fuertes y grupos blancos y mestizos. Pero al menos uno encuentra que hay grupos civiles fuertes. En Colombia uno no puede caracterizar eso.

> Colombia tiene un nivel de violencia que es comparable a la de cualquier guerra civil. El porcentaje de los homicidios en Colombia es de 80 por 100 000 —son niveles de guerra—, y eso allí es normal. Yo he conocido a 30 o 35 personas que han sido asesinadas. No hay nada que le imponga una restricción al individuo.

CONTROL SOCIAL

—*Para usted el tema de la democracia, la gobernabilidad del Estado, las instituciones, ¿son los elementos centrales para combatir la droga?*

—Mi interpretación es así: uno tenía una situación social muy débil, las instituciones indígenas se eliminaron y no fueron reemplazadas por nada. La Iglesia tal vez era la institución más sólida, que más controles podía establecer al comportamiento. En el proceso de urbanización, Colombia ha sido rural por 450 años, con una estructura autoritaria muy fuerte, y una gran independencia de las regiones, donde el Estado realmente no existía. De hecho, hay autores que alegan que los partidos políticos en Colombia han suplantado al Estado por mucho tiempo. Entonces, en el proceso de urbanización e industrialización se rompieron los controles. No había nadie, ninguna institución que le dijera a los colombianos que no debían matar. Colombia tiene un nivel de violencia que es comparable a la de cualquier guerra civil. El porcentaje de los homicidios en Colombia es de 80 por 100 000 —son niveles de guerra—, y eso allí es normal. Yo he conocido a 30 o 35 personas que han sido asesinadas. No hay nada que le imponga una restricción al individuo.

—*¿Y el gobierno?*

—El gobierno se ha debilitado cada vez más, es decir, tiene una gran incapacidad de hacer cumplir la ley. En-

[444]

> La facilidad del potencial uso de la violencia facilita mucho el narcotráfico. Porque, en primer lugar, los controles dentro del negocio se hacen a través de la violencia, y la violencia se usa como competencia.

tonces cada colombiano tiene que decidir cuál es su propia línea de comportamiento, su propia ética.

—*Pero en la práctica, ¿cómo se vincula eso con el narcotráfico?*

—Hay varias cosas. Por un lado, el colombiano llega a un individualismo extremo, donde le importa un comino todo lo que esté fuera de él. Entonces, que le vayan a decir que esto es malo, esto es ilegal, es lo de menos. No es ninguna restricción.

—*¿No hay control social...?*

—Exacto. Por otro lado, está la facilidad del potencial uso de la violencia, lo cual facilita mucho el narcotráfico. Porque, en primer lugar, los controles dentro del negocio se hacen a través de la violencia, y la violencia se usa como competencia. En Perú sorprende que no haya narcotraficantes grandes. Y no hay porque si alguien va a suplir a los colombianos, éstos lo matan. Hay historias de cómo cuando ellos empezaron —a principios de los setenta en Miami, por ejemplo— acabaron con la mafia cubana: los mataron y punto. Pasó algo semejante con los chilenos.

—*Volviendo a la pregunta formulada al comienzo de la entrevista ¿por qué se producía el fenómeno del narcotráfico en un lugar y no en otro? La respuesta suya para Colombia es: hay un sistema previo de falta de control social por razones históricas. ¿Es posible trasladar eso como explicación a Bolivia y a Perú?*

—Yo creo que precisamente en Bolivia y en Perú hay otros sistemas, y la razón por la cual no son problemas tan grandes es porque ahí hay controles.

—*Hay controles que, sin embargo,*

permiten. *Es diferente a que no haya controles: hay permisividad...*

—Sí, claro. Es decir, los campesinos tienen derecho a cultivar esto que es tradicional. En la literatura de Bolivia se ve que coca no es cocaína. Luego hay desbordes...

—*Pero no se vincula tan directamente a una cultura de violencia e ilegalidad.*

—De acuerdo.

—*¿El no vincularse a eso le da reglas de juego más permanentes o formas de encarar más fácilmente el problema?*

—Eso permite al gobierno, por ejemplo, negociar, buscar soluciones, alternativas, hablar de desarrollo alternativo, de cuánto se le va a pagar a la gente por no cultivar coca o lo que fuera. Es mucho más fácil. Se sabe en dónde se cultiva, se puede ir a hablar con los campesinos. En Colombia no es así, es mucho más complicado: hay que tener contactos con la guerrilla para poder entrar.

LA CARENCIA DE INSTITUCIONALIDAD
ES LA BASE DEL NARCOTRÁFICO

—*Siguiendo su razonamiento, el problema no tiene solución en la óptica de la represión. ¿Sólo tiene solución en la búsqueda de una institucionalidad que permita manejar el tema?*

—Claro que sí, totalmente de acuerdo.

—*¿Y por dónde va la solución? ¿Hay conciencia de esta carencia de institucionalidad?*

—Cada vez hay más conciencia de eso en Colombia. De hecho, el último plan de desarrollo ya habla del salto social, habla de que hay que cambiar al colombiano, producir un nuevo colombiano. Hay un grupo que está trabajando en eso.

—*¿Quién propugna esa nueva institucionalidad?*

—Hasta ahora no aparece. Yo no vivía en Colombia cuando estaba Luis

Carlos Galán, quien sin duda traía un cambio. Yo lo conocía, él venía acá, pero por lo general siempre hablábamos de temas técnicos, él me veía como un economista, como un científico social.

En gran parte, a Colombia el cuento del Banco Mundial, del Fondo Monetario, de la apertura, le sirvió como una excusa para no enfrentarse a los problemas graves. El discurso que presentaron para abrir la economía fue decir: la tasa de crecimiento del país cayó, y si se mira la tasa de crecimiento de Colombia de 1945 a 1980, el promedio era 5.6%. De ahí para adelante el promedio fue de 3.5 por ciento.

En los años ochenta Colombia estaba más cerrada que en los sesenta o setenta. Pero es muy complicado culpar al mundo exterior de la caída en más de dos puntos durante varios lustros. Por la crisis de la deuda no fue, ya que Colombia no tuvo crisis de la deuda. Yo he alegado que esa caída del desarrollo colombiano se ha debido al deterioro institucional, a todos los problemas que hay para hacer negocios en Colombia, a la falta de confianza en la gente.

La economía neoclásica dio un escape para decir que —como Belisario Betancur había subido algo los aranceles para manejar un problema de balanza de pagos— Colombia estaba más cerrada, el problema era abrir. Entonces compraron el argumento, y se metieron a abrir la economía por ese lado. Tanto que a su vez ellos se han dado cuenta de que para hablar de apertura hay que hablar de apertura social, apertura política, etcétera.

—¿Qué quiere decir con que ellos compran el argumento?

—El argumento para abrir es que la tasa de crecimiento cayó porque la economía estaba cerrada. Eso les permite entonces decir que es un problema de política, que no es un problema de instituciones. Ése es para mí el problema.

Yo, por otra parte, estoy de acuerdo con la apertura, cualquier cosa que elimine privilegios.

UN MILLÓN DE ADICTOS PRESOS

—Seguramente la lucha contra la droga tiene un componente represivo.

—Sí.

—Ese componente represivo, ¿quién lo tiene que llevar adelante?

—Ahí hay otro problema. Para mí la represión es un fracaso. El componente es importante, una ley hay que cumplirla. Un problema de Colombia es que se da por aceptado que la ley no es para cumplirla.

El hecho más importante ahora es lograr evaluar políticas de una u otra forma, porque hasta ahora no hay una evaluación de políticas. Éstas son políticas inspiradas en gran temor, en mitos en gran parte sobre qué es la droga, como el que si uno toca la droga es adicto. Y a su vez son unas políticas formuladas por psiquiatras, médicos, químicos, policías, o abogados. Si uno mira esta historia de cómo surgen las políticas, es fascinante.

—¿No hay cientistas sociales en el diseño de las políticas antidroga?

—No hay nada. Es toda una historia de cómo la Medical Association empezó a controlar una cantidad de cosas en los Estados Unidos, y eso se da mezclado con el puritanismo. Son las mismas po-

> Yo he alegado que esa caída del desarrollo colombiano se ha debido al deterioro institucional, a todos los problemas que hay para hacer negocios en Colombia, a la falta de confianza en la gente. El argumento para abrir es que la tasa de crecimiento cayó porque la economía estaba cerrada. Eso les permite entonces decir que es un problema de política, no un problema de instituciones.

El planteo es incidir en el cambio de dos culturas. Observe el ejemplo del consumo de alcohol en Colombia. Un tercio de los cadáveres que resultan de muertes violentas en Colombia tiene grados de alcohol importantes. Sin embargo, Colombia tiene un menor consumo alcohólico que Europa. Esto demuestra que no es, entonces, la cantidad de consumo sino los factores culturales que controlan ese consumo los que determinan el grado con que se administre, violenta o civilizadamente, el fenómeno.

líticas que están impuestas, entonces no hay una forma de evaluar, no hay ni siquiera metas políticas. En el sentido de que uno no puede poner como meta disminuir el consumo, sino acabarlo porque esto es un pecado. Es decir, en la generación de políticas hay una mezcla de moral con medicina...

—¿Ha aumentando el consumo en los Estados Unidos?

—Varía, ha cambiado mucho el consumo. Hay razones por las cuales ha disminuido, entre ellas porque a los adictos los tienen en la cárcel. Tienen un millón de personas con problemas de adicción en la cárcel.

—¿Es la cifra oficial?

—Sí, claro. La parte punitiva supone usar un instrumento que no funciona. Es decir, debemos tomar nota de que uno intenta controlar básicamente relaciones consensuales entre adultos. Es como si, porque aquí hubiera un problema de maternidad en muchachas jóvenes, dijéramos ¿por qué no prohibimos el sexo extramarital?... Y entonces, cuando una niña vaya al ginecólogo y se encuentre que no es virgen, eso evidenciaría que violó la ley y habría que meterla a la cárcel. Todo el mundo diría que quien piense así está loco.

El problema del consumo es igual. Cómo diablos controla uno un consumo de algo que resulta de una relación con-

sensual entre la gente, y que genera algunos problemas graves. No se puede afirmar que si una persona consume cocaína una vez por mes va a tener problemas.

—¿Está en favor de la legalización?

—No precisamente de la legalización, pero uno tiene que tener una cantidad de controles. Al final no me importa si es legal o no, lo que importa es entender por qué se demanda. ¿Por qué hoy en día la gente que consume siente necesidad de consumir más que antes? ¿Qué tiene la sociedad hoy, qué pasó con las instituciones que hace que en esta sociedad se consuma más? Ése es el problema gordo que hay que descifrar a la hora de encontrar soluciones. Es decir, uno tiene que aceptar al final que los controles a esta clase de comportamientos no son del Estado: el Estado es una institución muy inadecuada para controlar estas cosas.

—O sea, usted está hablando de dos carencias simétricas de institucionalidad. La colombiana en la producción de droga y la norteamericana en el consumo de droga.

—Exacto, totalmente. Son muy semejantes. Esa simetría hay que resaltarla.

—Y esta posición que describe ¿tiene algún predicamento a niveles de la administración americana?

—Se trabaja por ese objetivo. Se está tratando de armar una comisión binacional: se supone que Samper dijo que hay que hacerla. Se trata de traer un grupo de colombianos y reunirlos con un grupo de norteamericanos, y sentarnos a hacer un documento sobre políticas: una evaluación de las políticas, qué funciona y qué no funciona.

Hay cosas, por ejemplo, que funcionan en tratamiento, pero cada vez es más claro que para que el tratamiento funcione tiene que tener un apoyo institucional muy grande. Es decir, la persona tiene que aceptar integrar una comunidad que se someta al tratamiento. El tratamiento médico *per se* no funciona. Le meten una droga y eso no es suficiente. Para que esto funcione se tiene que agarrar al individuo y meterlo en una comunidad, resocializarlo, etc. Si no, no funciona.

—*Está hablando de algo como alcohólicos anónimos.*

—Más que eso, básicamente como unidades terapéuticas. Es decir, hay que establecerle lazos a la persona.

—*Tenemos carencia de institucionalidad para explicar la radicación colombiana de la producción y tenemos carencia de institucionalidad para explicar el fracaso de la erradicación del consumo. ¿El planteo, en suma, es incidir en el cambio de dos culturas?*

—Exacto. Observe el ejemplo del consumo de alcohol en Colombia. Un tercio de los cadáveres que resultan de muertes violentas en Colombia tiene grados de alcohol importantes. Sin embargo, Colombia tiene un menor consumo alcohólico que Europa. Esto demuestra que no es, entonces, la cantidad de consumo sino los factores culturales que controlan ese consumo los que determinan el grado con que se administre, violenta o civilizadamente, el fenómeno. Entonces, esto deviene en un problema de cultura respecto al fenómeno. Yo no soy partidario de la legalización *per se* de la droga, pero pienso que en tanto ello no ocurra, no habrá posibilidad de que se generen culturas de autorregulación que permitan que pase con la droga lo que sucede con el alcohol en los países más desarrollados.

LA INSERCIÓN INTERNACIONAL
Y LA INTEGRACIÓN

Bernardo Sepúlveda: Con la terminación de la Guerra Fría, América Latina dejó de ser una prioridad para los Estados Unidos

En la ciudad de México, el 18 de julio de 1996 —más concretamente en su bufete privado de Bosques de las Lomas, un barrio residencial de ciudad de México adonde están llegando las primeras oficinas—, el doctor Sepúlveda recibió a los autores. Alejado de la función pública, ejerciendo sus actividades de abogado y académico, en El Colegio de Mexico, el ex canciller mexicano —que tiñera, en su momento, la política exterior de su país de una vocación latinoamericanista, hasta hacerla protagonista en el grupo de Contadora (tema paz centroamericana) y en el Consenso de Cartagena (tema deuda externa)— presentó sus ideas con el doble perfil de diplomático y académico que reviste. Miembro de una familia de larga trayectoria en la escena mexicana, pudo trasmitir a los autores —mediante los sutiles matices con que se manejan las disensiones dentro del mundo oficial en el país azteca— los dilemas de la política exterior con respecto a América Latina en la nación de Benito Juárez.

—Ahora es común oír que el antiimperialismo ya no genera nada relevante, políticamente hablando, en América Latina. ¿Está de acuerdo con esta afirmación?

—Efectivamente, el antiimperialismo fue perdiendo importancia en la agenda latinoamericana a partir del decenio de los ochenta. El tipo de problemas que afectó a América Latina en ese decenio tuvo una connotación distinta a aquella que tuvo en etapas previas. En los últimos 15 años, los intereses de los gobiernos y de las sociedades latinoamericanos se dirigieron hacia asuntos mucho más inmediatos, vinculados, por ejemplo, con

BERNARDO SEPÚLVEDA AMOR, asesor para Asuntos Internacionales del presidente de la República hasta 1994, ejerce actualmente su profesión de abogado. Nació el 14 de diciembre de 1941 en la ciudad de México. Sepúlveda fue secretario de Relaciones Exteriores de México (1982—1988), embajador de México en los Estados Unidos (1982), embajador en Gran Bretaña e Irlanda (1989—1993) y director general de Asuntos Hacendarios Internacionales en la Secretaría de Hacienda (1976—1980). Es profesor de derecho internacional público en El Colegio de México y director del Instituto de Estudios de Integración Europea. El bufete de abogados Sepúlveda Amor Abogados, S. C., se ha especializado en la privatización de empresas estatales.

> México debería hacer un esfuerzo extraordinario, no sólo para vincularse con Europa, con la cuenca del Pacífico, sino también para tener una clara estrategia hacia América Latina

el proceso de democratización, con la deuda externa, con una mayor participación en el comercio internacional para captar divisas, con la reforma económica, con el replanteamiento de la estrategia de desarrollo, con los consensos políticos entre los países de América Latina. Y en ese sentido se volcaron hacia adentro, hacia el interior de sus propios países, a fin de resolver ese conjunto de decisiones políticas fundamentales. La circunstancia de enfrentar simultáneamente problemas similares llevó también a una mayor coordinación en el ámbito latinoamericano. Quizá otros asuntos eminentemente ideológicos que preocuparon a la región en otras etapas perdieron grados de importancia.

LA NUEVA AGENDA DE AMÉRICA LATINA CON LOS ESTADOS UNIDOS

—*Evidentemente, el sesgo de las relaciones entre el norte y el sur de América, entonces, no se estableció ya sobre el clivaje ideológico...*

—Desde luego, conviene distinguir lo que es propiamente antiimperialismo de lo que es el vínculo entre América Latina y los Estados Unidos. En la naturaleza de la relación con los Estados Unidos, advierto una evolución. Desde el momento en que la estrategia del gobierno norteamericano hacia América Latina deja de inscribirse en el contexto de la Guerra Fría y desaparece el sistema bipolar de poder, deja de ser un asunto principalmente ideológico y se convierte en un tema eminentemente económico. Hay de alguna manera una mejor rela-

ción, porque existen intereses económicos claramente identificables. Eso empieza a suceder, por ejemplo, en el caso mexicano, a principios del decenio de los noventa, con el TLC, donde se advierte un cambio en el tipo de relación con los Estados Unidos.

La relación entre los Estados Unidos y América Latina ocurre no ya en el ámbito de las cuestiones ideológicas, sino en casos concretos que afectan a esas relaciones. Por ejemplo, la actitud estadunidense en torno al narcotráfico tiene un impacto fenomenal en muchos países latinoamericanos, como Panamá, Colombia o México, que se han sentido hostigados por los Estados Unidos y, en un buen número de casos, de manera muy arbitraria, por no hacerse lo suficiente en los Estados Unidos para disminuir o eliminar el consumo de droga en ese propio país, que es el principal mercado.

En otro capítulo del caso mexicano, en el año 1996 hubo situaciones conflictivas con los Estados Unidos, que tienen que ver con el mal trato a trabajadores mexicanos en ese país. Y esto ha despertado una reacción muy fuerte en la sociedad mexicana. La opinión pública mexicana de repente revirtió su ánimo de simpatía hacia los Estados Unidos, por el hecho de que se estaba vejando al trabajador mexicano en California.

—*¿El tema de la deuda fue, tal vez, el último estertor del antiimperialismo cubano que movilizó a América Latina?*

—Pero no fue una movilización importante; es decir, fue marginal, llegó después, cuando ya se había encaminado el tema, ya funcionaba el Consenso de Cartagena, con lo cual ya había planteamientos latinoamericanos sobre la cuestión. Y lo que propone Cuba en relación con esto —que es, al final de cuentas, dejar de pagar la deuda— no resultaba viable para ningún gobierno latinoamericano. Desde luego, había un elemento ideológico en el proyecto cubano. También debe reconocerse la preocupación de las sociedades latinoamericanas, que advertían que estaban perdiendo capacidad de desarrollo como consecuencia del pago de la deuda. Pero, aun así, la solución que se adoptó no fue la de la moratoria; fue, en cambio, el de una quita importante, tal como queda reflejado en los términos del plan Brady, que incorporó muchas de las ideas definidas en el Consenso de Cartagena. Esa renegociación de deuda con quita permitió mantener los flujos financieros internacionales hacia América Latina, como complemento de su ahorro interno.

NACIONALISMO DILUIDO

—*Pareciera que también el nacionalismo latinoamericano, como tal, se va disolviendo, al menos como se le entendía en las décadas de los sesenta y setenta. ¿Ocurre lo mismo en México?*

—En México también pareciera que sucede ese fenómeno, y me lo explico como parte de un esquema de internacionalización que se está produciendo en todos lados, y América Latina no podía estar ajena a esos esquemas globales, y mucho menos México, teniendo como vecino a los Estados Unidos. Sin embargo, yo no llegaría al extremo de imaginar que ese nacionalismo ha fallecido. Yo creo que existe un nacionalismo latente. Por ejemplo, ahora, en relación con la ley Helms-Burton, en el caso mexicano, ese nacionalismo se está manifestando, se reactiva. El gobierno del presidente Zedillo ha emitido unos pronunciamientos muy críticos en relación con esta cuestión; el Congreso mexicano aprobó una legislación antídoto, a fin de neutralizar los efectos extra jurisdiccionales de la ley Helms-Burton.

También en la clase empresarial ha habido una reacción muy fuerte. Yo no sé si obedece estrictamente a un esque-

ma de nacionalismo o a un esquema de afectación de intereses económicos, pero lo cierto es que en el conjunto de la sociedad mexicana se despierta un instinto nacionalista de reacción frente a ese tipo de medidas estadunidenses, y particularmente en el sector de negocios se despierta una oposición a la arbitrariedad que se juzga existe en la ley Helms-Burton. Esto, combinado con lo que señalaba en relación con los indocumentados y con el narcotráfico, me lleva a registrar esa expresión de nacionalismo.

AMÉRICA LATINA Y LOS ESTADOS UNIDOS

—*¿América Latina tiene algo que aprender de México, a su juicio, en su negociación con el Tratado de Libre Comercio, o sobre cómo relacionarse con los Estados Unidos más globalmente?*

—Lo que observo es que América Latina deja de ser un tema prioritario para el gobierno estadunidense al darse por concluida la Guerra Fría. En la administración Clinton, no parece existir una estrategia hacia América Latina, entre otras razones porque no hay asuntos que le preocupen de manera fundamental. Tomemos algunos datos. ¿Cuántas veces ha viajado el secretario de Estado norteamericano a América

> Desde el momento en que la estrategia del gobierno norteamericano hacia América Latina deja de inscribirse en el contexto de la Guerra Fría y desaparece el sistema bipolar de poder, deja de ser un asunto principalmente ideológico y se convierte en un tema eminentemente económico. Hay de alguna manera una mejor relación, porque existen intereses económicos claramente identificables. Eso empieza a suceder, por ejemplo, en el caso mexicano, a principios del decenio de los noventa, con el TLC.

Latina y qué países ha visitado? En contraste, ¿cuántas veces ha visitado Warren Christopher el Medio Oriente? ¿Qué secretario del Tesoro, o del Comercio, o titular de la Oficina de Negociaciones Comerciales estadunidense ha visitado América Latina? Me temo que llegaremos a resultados poco alentadores en la respuesta a esas preguntas.

La iniciativa de las Américas no ha avanzado espectacularmente. Me parece que en el caso estadunidense habrá una resistencia muy grande en el Congreso, sobre todo para suscribir nuevos tratados de libre comercio, ya que existe en ese órgano político una tendencia proteccionista.

La segunda administración Clinton podría representar un cambio significativo en este orden de cosas. Se ha filtrado ya a los medios de comunicación un posible viaje del presidente Clinton a América Latina, quien seguramente querrá proponer un nuevo programa en la relación interamericana. No debe sorprendernos que el presidente Clinton invierta capital político en convencer al Congreso de la necesidad de un nuevo proyecto económico con América Latina.

En el caso de la recuperación de sistemas democráticos, el mérito corresponde a América Latina. Es decir, puede suceder que otros países hayan postulado la aspiración democrática, pero al final de cuentas los únicos responsables y los únicos que deben recibir reconocimiento por el esfuerzo político que esto representa son los propios pueblos latinoamericanos, que tuvieron la capacidad y el talento político para instaurar regímenes democráticos en sus propios países.

—*Se ha sostenido que los latinoamericanos endémicamente intentan resolver sus problemas de a uno y, por ejemplo, no acumulan experiencia en tratar con los Estados Unidos. De ahí la pregunta acerca de qué puede aprenderse de México.*

—Resulta muy difícil transferir experiencias. Yo creo que México haría muy mal en pretender dar lecciones. Es cierto que México ha acumulado una experiencia, porque durante el último siglo y medio el país ha tenido un trato constante, directo, inmediato, con los Estados Unidos. Y los mexicanos hemos aprendido a llevar un tipo de relación, que no necesariamente resultará aplicable a caso de países que se encuentren más lejanos a la geografía estadounidense.

Lo que diría es que México sabe convivir con los Estados Unidos y también sabe resolver los problemas. En el curso de los años, los dos gobiernos hemos aprendido la necesidad de adoptar un enfoque pragmático. Y claro, los problemas son múltiples y existe el imperativo de atenderlos para que no se agraven. Estoy pensando en cuestiones relacionadas con el narcotráfico, en asuntos fronterizos que tienen que ver con contaminación del medio ambiente, que tienen que ver con aduanas, con puentes fronterizos, con contrabando de armas.

—*¿Lo que los ha llevado a tener un conocimiento muy detallado de Washington?*

—Muy detallado.

—*¿Que América del Sur no tiene?*

—Con una cuestión adicional que quizá valga la pena apuntar. En nuestro caso, el conocimiento no está restringido a Washington y a lo que Washington representa. En nuestro caso, por ejemplo, tenemos un número muy considerable de consulados en los Estados Unidos, sobre todo en el sur, que nos dan una perspectiva mucho más amplia de lo que es ese país. Y tenemos unos consulados extraordinariamente activos en lo que hace a la protección de nacionales —léase trabajadores indocumentados—, pero también en lo que hace a la promoción de relaciones económicas entre los dos países, en lo que hace a la presencia cultural mexicana. Por ejemplo, se han establecido institutos culturales de Mé-

Durante la primera administración del presidente Clinton, ¿cuántas veces el secretario de Estado, o del Tesoro, o el de Comercio, o el titular de la Oficina de Negociaciones Comerciales, ha visitado a un país de América Latina para participar en una negociación bilateral?

xico en distintos consulados, que cubren toda una región, con lo cual nuestra presencia cultural es más importante. Llevamos a cabo un programa que tiene una gran trascendencia y que se relaciona con las comunidades mexicanas en los Estados Unidos. Esas comunidades mexicanas representan una fuerza real en ese país, que de alguna manera —por el hecho de que todavía se sienten muy vinculados a México— reclaman una atención continua del gobierno mexicano.

MÉXICO Y AMÉRICA LATINA

—*Se ha afirmado que la "ausencia" de una política norteamericana hacia América Latina y la imposibilidad de seguir avanzando seriamente en el tema de comercio, terminará articulando a América del Sur alrededor del Mercosur. ¿En qué posición quedaría México?*

—En estos momentos en una posición que supone una vinculación muy estrecha con los Estados Unidos. La percepción externa es que se está integrando un bloque entre Canadá, Estados Unidos y México. La percepción doméstica en México es también en el sentido de que hay un relacionamiento cada vez mayor, sobre todo en el ámbito económico, con los Estados Unidos. Por ejemplo, puede suceder que el TLC en sí haya sido un factor importante en el auxilio financiero recibido por México en 1995, porque de no obtenerse esos apoyos probablemente el TLC en su conjunto se hubiese visto muy afectado.

Ahora, en el caso mexicano se está haciendo un esfuerzo real para diversificar sus relaciones y para encontrar nuevos espacios políticos y económicos. Yo diría que en este sentido el más importante es el que se está efectuando con la Unión Europea. En el caso de la Unión Europea, a partir de octubre de 1996 iniciaremos una negociación para establecer un acuerdo de libre comercio México-Unión Europea.

En el caso mexicano estoy convencido de que sí se habrá de lograr una desgravación gradual y progresiva en el comercio entre la Unión Europea y México. No sé si alcanzaremos todos los objetivos de un acuerdo de libre comercio, pero en esa dirección vamos.

Y esto sí puede suponer una diversificación de relaciones económicas importante que también tendrá trascendencia política.

—*¿Y después vendrá, en algún momento, el esquema TLCAN-Mercosur?*

—La información indica que, en el caso del Mercosur, en estos momentos se preferiría diferir una negociación de tal naturaleza, con el propósito de que el Mercosur se integre con mayor fuerza. Y entonces se requerirá de un periodo de maduración al interior del Mercosur antes de que se inicien negociaciones con el TLCAN.

Ese proyecto es fundamental para México. A mí me parece que México tiene una necesidad política —también económica, pero política fundamentalmente— para que esta negociación se lleve a cabo a la brevedad.

INTEGRACIÓN CULTURAL

—*Un resultado implícito del proceso de integración mexicano supone una integración cultural más profunda con los Estados Unidos que con otras áreas, por ejemplo Europa. ¿Coincide con este enfoque?*

Creo que existe un nacionalismo latente que, por ejemplo ahora, en relación con la ley Helms-Burton, en el caso mexicano, se está manifestando.

—Coincido con esta idea. Me parece que en el caso mexicano eso es mucho más acentuado por razones geográficas. Se está dando un fenómeno en donde el volumen de transacciones económicas con los Estados Unidos crece de manera importante. Pero tengo que reconocer también que, en México, el número de programas de televisión provenientes de los Estados Unidos es muy elevado, y eso tiene una repercusión cultural muy importante. No puede desconocerse, por otro lado, que las comunidades mexicanas radicadas en los Estados Unidos ejercen una influencia cultural. Esa influencia se advierte, por ejemplo, en cuestiones culinarias y en términos de idioma.

—*Pero es una influencia de doble vía, porque don Francisco es chileno y nos llega de los Estados Unidos. Esa porosidad norteamericana provoca fenómenos culturales curiosos...*

—Nos llega lo latino en ocasiones desde los Estados Unidos, pero nos llega también una cultura globalizada, que de alguna manera nos homogeneiza en nuestros patrones culturales con el uso de las telecomunicaciones. Y nos va a llegar todavía más con los nuevos fenómenos de televisión satelital, que va a representar una influencia directa en la trasmisión de un modelo cultural uniforme, captado en las pantallas de televisión de una clase media y una clase alta. Ése va a ser el fenómeno más notable de esa comunicación por satélite, porque su recepción es costosa, de modo que únicamente una clase pudiente habrá de acceder a ella.

—*En ese sentido Europa queda de lado, a pesar del esfuerzo español. Pero,* *a su vez pareciera que la carencias de formulación de políticas hacia nuestra región por parte de los Estados Unidos nos da más espacio.*

—Si las sabemos aprovechar. Por ejemplo, a mí me gustaría examinar las tendencias de las transacciones económicas que se están dando en el seno del Mercosur. Parto del supuesto de que Mercosur ha significado que el comercio y la inversión brasileños se orienten en dirección a la Argentina. ¿Esto representa una afectación de las importaciones provenientes de Europa, de los Estados Unidos o de México? Yo creo que ése es el tipo de análisis que tenemos que hacer para proyectar grandes tendencias. Tengo la impresión de que al menos en el caso de Argentina y de Brasil sí ha habido algo de desviación de comercio y de inversión en favor del Mercosur. Ello podría suponer un espacio mayor de autonomía.

BRASIL Y MÉXICO

—*Empresas brasileñas están haciendo fuertes inversiones sobre todo en Argentina...*

—Tenemos que reconocer que sí se está produciendo ese proceso de regionalización y de subregionalización en todas las partes del mundo. Nosotros no podíamos quedar al margen. En el caso mexicano, por ejemplo, hay un dato que me llamó la atención. En la última cifra existente en materia de inversión extranjera, quien ocupa el primer lugar es Canadá, al menos para este periodo reciente.

Puede suceder que también Canadá sea un elemento equilibrador en las relaciones económicas de México con el exterior. México debería de hacer un esfuerzo extraordinario, no únicamente para vincularse con Europa, con la cuenca del Pacífico, sino también para tener una clara estrategia hacia América Latina, una política económica especial. Por ejemplo, ¿qué tan necesario le es a México entablar acuerdos de libre comercio que sean eficaces —debo insistir en ello— con países de América del Sur? Tendríamos que pasar revista a la situación que guarda el acuerdo celebrado con Chile y cómo se puede ampliar ese acuerdo de libre comercio, a la luz de sus buenos resultados; qué ha sucedido con el llamado Grupo de los Tres —Venezuela, Colombia y México—, donde no parecería avanzarse demasiado por razones entendibles. La situación de Colombia es delicada, Venezuela ha atravesado periodos difíciles, México tampoco se encuentra en su mejor etapa. Pero hemos de ir pensando en los medianos plazos para revivir una política mexicana hacia América Latina, que comprende, por cierto, a América Central. Sería muy delicado para México no impulsar ese proyecto latinoamericano.

La agenda del Grupo de Río debe fortalecerse. Se están atendiendo en un buen número de casos temas estrictamente domésticos; no hay una fuerza motriz que lleve a conformar un grupo latinoamericano que tenga eficacia en todos los niveles, no sólo en la relación con los Estados Unidos, sino también en una serie de asuntos multilaterales que son muy importantes. Estoy pensando en la relación de América Latina con la Organización Mundial de Comercio, con el FMI, con el Banco Mundial, con las Naciones Unidas.

—*Sin embargo hasta tanto México y Brasil no sintonicen la misma frecuencia de onda, parecería que esto no será posible.*

—Será muy difícil avanzar en el espacio latinoamericano sin esa sintonía. Si México y Brasil no se encuentran en la misma frecuencia, habrá un cortocircuito. En el acercamiento entre TLCAN y Mercosur, México y Brasil pueden ejercer una influencia positiva, lo cual beneficiará los intereses de esos dos países.

En el caso brasileño hay una modificación importante de su postura internacional, porque durante mucho tiempo América Latina no era necesariamente un asunto prioritario para el gobierno brasileño. En estos momentos lo es, porque desde la fundación del Grupo de los Ocho en 1987, Brasil replanteó sus intereses con América Latina. Ahora el esquema del Mercosur le proporciona nuevas oportunidades y, por ello, una visión distinta.

Víctor Urquidi: *Quieren que América Latina vuele por instrumentos automáticos*

Víctor Urquidi, presidente histórico de El Colegio de México —un centro de estudios formador de altas élites—, ocupa desde hace décadas puestos de jerarquía desde los cuales ha recorrido y ha visto pasar por la región todas las teorías económicas durante los últimos 50 años. Por eso puede tratar las diferentes ideas con una distancia al reparo de las pasiones y de las modas del momento. El experimentado economista aportó —era imprescindible para una comprensión más global de la realidad de la región— una visión escéptica desde el país de la última gran crisis. Lo hizo con una afabilidad que reposa en su baquía y en su veteranía. La entrevista se realizó en abril de 1996.

—¿A qué niveles llega la integración como consecuencia del Tratado de Libre Comercio de México con los Estados Unidos y Canadá?

—Ya antes del Tratado de Libre Comercio (TLC), 70% de nuestro comercio era con los Estados Unidos. Siempre ha sido así desde los años cincuenta. El turismo, por su parte, casi todo viene de los Estados Unidos, y siempre ha sido un elemento importante en la creación de empleo y para la balanza de pagos, aunque también ha creado problemas culturales de rechazo al turismo. Pero ahora, la integración es de servicios financieros, ya no sólo de simples movimientos de capitales. Las compañías de seguros que vienen a México son norteamericanas, y los fondos del rescate de los bancos —si bien en parte provienen de España y Canadá— vienen de los bancos norteamericanos. Las casas de bolsa norteamericanas están todas aquí. Entonces, no sé si llamarlo integración o asimilación de México —con nuevas modalidades— al sistema norteamericano. No sólo de la economía, sino de todo el sistema, hasta de la publicidad. Y en partes del país, como Baja California y en todo el norte, lo único que se ve hacia afuera es los Estados Unidos.

—En su opinión, en cuanto al capital financiero, ¿qué capacidad para controlar el flujo tienen los bancos centrales?

—Ninguna. México nunca ha tenido controles de movimientos de capital. Lo

VÍCTOR URQUIDI, profesor-investigador emérito de El Colegio de México, es miembro de la sección mexicana del Club de Roma y presidente del Consejo en el Instituto Internacional de Planificación de la Educación, (1985-1994). Urquidi recibió su licenciatura en economía en la Universidad de Londres. Trabajó como economista en el Banco de México y en la CEPAL. Desde 1966 hasta 1985 fue presidente de El Colegio de México. Es autor de numerosos libros, ensayos y artículos.

> Fue una locura pensar que se debía dar un salto muy grande a partir de una bolsa muy estrecha por la que sólo se cotizan unos cuantos títulos importantes de compañías mexicanas. Y abrir la bolsa mediante instrumentos del gobierno, estimulando a algunas compañías, trayéndolas con el atractivo de una tasa de interés varios puntos más de lo que cualquiera podía imaginar en los Estados Unidos, sobre todo en instrumentos de rendimiento fijo o toda clase de documentos a corto plazo.

que ha pasado es que los volúmenes han crecido mucho, y como el movimiento ha sido en función —en gran parte— de las tasas de interés, cuando México tuvo tasas de interés muy atractivas el capital venía hacia aquí. No me refiero al capital de largo plazo, que supone inversión directa, que tiene otras estrategias, que está más asentado en una economía. Pero sí ha venido el capital financiero como inversión a corto plazo, que lo mismo va a Tokio que a la bolsa de São Paulo, o a Francfort. Ese dinero ha venido a México en función de tasas de interés muy altas, lo cual es peligrosísimo, porque representa una vulnerabilidad terrible en caso de que pase algo como lo que pasó.

El hecho de atraer dinero con tasas de interés muy altas tuvo como efecto, también, el de impedir la inversión nacional real, porque tornó atractiva la inversión financiera en lugar de la real. De modo que fue una política que yo no entendí.

—¿Usted cree que había otras políticas de alternativa en cuanto a imponer controles al flujo de capitales?

—Es que México nunca ha manejado controles, excepto en un breve periodo del gobierno de López Portillo. Periodo que tampoco funcionó, porque creó una burocracia adicional de trámites, papeles...

—¿Entonces no había otras opciones a la política tomada...?

—No, yo creo que no. Y cuando se pierde la confianza, el capital se va. Las señales vinieron... No por el asesinato de Colosio, sino antes...

—¿Con Chiapas?

—Lo de Chiapas y lo que ya empezaba a verse como una política muy empecinada del Banco Central de querer bajar la inflación a cero, de querer demostrar que México era tan bueno como cualquier país miembro de la OCDE. De demostrar que la bolsa mexicana era un gran éxito, y el capital podía venir, luego, con toda confianza. Entonces, yo creo que fue un conjunto de condiciones, que tuvo una serie de detonantes, tanto económicos como políticos, como del orden de lo de Chiapas.

LA IMPORTANCIA DE LA CONFIANZA

—¿El dato permanente en relación con el capital financiero es la confianza...?

—Sí, definitivamente. La confianza que se creó en cierto momento por el gobierno de Salinas.

—Pero pensado en términos de futuro ¿el dato subrayable resultante es la necesidad de crear más confianza?

—Es que todo en México es excesivo —creo que en Venezuela también—. Siempre se va de un extremo al otro. Era correcto abrirse al comercio mundial; es decir, era correcto salir del sistema proteccionista, como lo empezó a hacer Miguel de la Madrid en 1985. Era correcto, dada la crisis ya generada por el endeudamiento externo. Era correcto empezar a manejar la idea del tipo de cambio real, es decir, un tipo de cambio que no se mantiene fijo, sino que se adapta más o menos en función de los niveles de precios de México y de los Estados Unidos, que es el principal mercado. Era correcto crear oportunidades de inversión en la bolsa a través de instrumentos que el gobierno podía manejar. Pero fue excesivo, no se midieron los montos ni se midieron las consecuencias.

El mejor momento que tuvimos fue en 1989, con la renegociación de la deuda externa. Entonces realmente se redujo un poco, no mucho, la deuda externa con los bancos —la deuda antes era con bancos, ahora es con personas—. México redujo su costo de intereses, redujo una parte de su deuda externa, emitió bonos a 30 años para amortizar tranquilamente lo que quedaba. Y eso creó confianza. Ahí se debería haber manejado una política prudente. Se estimuló la inversión directa, que nos hacía mucha falta para traer la tecnología que nosotros no podemos desarrollar y que, además, trae algo que los mexicanos todavía no aprendemos: la capacidad de exportación. Toda la inversión directa que vino desde 1987-1988 en adelante, y en 1989 más que nada, fue inversión con la intención de usar a México como base de exportaciones, y no para abastecer el mercado interno, como en la época del proteccionismo.

—*Fundamentalmente para el mercado norteamericano...*

—El mercado norteamericano e internacional. Los japoneses no vinieron para vender al mercado norteamericano, donde ya estaban, sino que vinieron para vender sus productos a otras partes, a América del Sur, a América Central y a muchos lados. Lo mismo sucedió con los alemanes.

Todo eso fue muy saludable, muy bueno. No obstante, México nunca dio la señal clara —la que querían algunos inversionistas extranjeros, sobre todo Alemania y Japón— a través de una nueva ley sobre inversión extranjera. Se lanzó meramente un decreto que desreguló.

—*Y el hecho de que se hubiera desregulado por decreto, desde su punto de vista, ¿no fue bueno? En Argentina, en* *cambio, tuvieron que pasar la paridad cambiaria por ley, con el apoyo del Poder Legislativo.*

—Si había confianza en la tendencia de la estabilidad política —el manejo por el PRI de la sucesión y todo ese asunto—, entonces el decreto era perfectamente bueno, siempre que hubiera continuidad en las grandes líneas de política económica y financiera. Si había desconfianza en el sistema político, entonces, para los extranjeros, era mejor la ley. Algunos son muy duros. Los japoneses, por ejemplo, no se andan por las ramas, y cuando les va mal, se van. Lo mismo pasa con los alemanes. Pero como no era la parte predominante de la inversión extranjera, México no hizo la ley. Siendo Estados Unidos el principal mercado y siendo el principal inversionista extranjero —lo sigue siendo— con inversión directa, México no se sentía empujado a enviar una ley al Congreso.

El caso es que primero, sí, vino la inversión extranjera, de Japón, de Alemania, e incluso de Inglaterra. Inglaterra es ahora el segundo país en inversión directa en México. Está en sectores como el químico. Eso funcionó bien. Yo pensé luego: ¿será posible que vengan 5 000 millones de dólares anuales adicionales de inversión extranjera? Lo dudaba, no lo veía.

Fue una locura pensar que se debía dar un salto muy grande a partir de una

Antes, cuando las cosas eran menos volátiles, no es que hubiera plena confianza, sino que existían, por ejemplo, arreglos sexenales. Es decir, una especie de ajustes regulares —que, obviamente, no se pactaban por escrito— entre las empresas y el gobierno: el nuevo gobierno, luego, daba determinadas concesiones o no aumentaba determinados impuestos. Cada seis años, cada comienzo de periodo presidencial. Aquí el horizonte siempre fue sexenal, no hay horizonte a largo plazo.

Ahora, la privatización de los bancos, sin embargo, llevó implícito el surgimiento de rumores, de sospechas. La gente especulaba con el asunto, postulaba una compra a un precio muy alto en relación con el capital real del banco, y no se sabía quién estaba detrás. Eso llevó a mucha gente a pensar que todos los regímenes eran iguales, corruptos, que estaban robando y favoreciendo a ciertos amigos. De modo que con esos sobreprecios en las compras de los bancos, con esas tasas de interés artificiales, se creó una serie de burbujas especulativas en el sistema bancario, en el sistema financiero, que hacía fácil que se colapsara en algún momento.

bolsa muy estrecha por la que sólo se cotizan unos cuantos títulos importantes de compañías mexicanas. Y abrir la bolsa mediante instrumentos del gobierno, estimulando a algunas compañías, trayéndolas con el atractivo de una tasa de interés varios puntos más de lo que cualquiera podía imaginar en los Estados Unidos, sobre todo en instrumentos de rendimiento fijo o toda clase de documentos a corto plazo.

—*¿Todo eso para cubrir la brecha negativa de la balanza comercial?*

—Sí. Pero le decían lo contrario, le decían que la balanza negativa se debía al ingreso de capitales. Y yo les decía a los del Banco de México que eso era al revés. Yo creo que la brecha comercial se debe a un crecimiento de la demanda que no se puede satisfacer con los productos nacionales. Entonces, se abre la frontera; es decir, se sobrevalúa el peso, de modo que en un momento determinante sí se torna fácil importar materias primas, productos intermedios, para luego volver a exportarlos. Estos señores del Banco lo interpretaron al revés. Dijeron que todo este ingreso de capitales a corto plazo era el que provocaba el déficit. Y me decían cosas como ésta:

"Es que usted no entiende que el capital a corto plazo que viene a la bolsa mexicana compra acciones de empresas mexicanas, cuyos dueños entonces invierten el producto de la venta de sus acciones en otros negocios de la bolsa". Les pedí un solo ejemplo. Nunca me dieron uno.

¿Qué hacía el dueño de acciones en la bolsa? Invertía su dinero en otros instrumentos financieros porque rendía mucho. O sacaban el dinero del país, que aquí resulta muy fácil.

Y cuando uno les preguntaba si no era peligroso que viniera dinero de fuentes volátiles, ellos decían que era dinero del Fondo de Pensiones. Yo decía que no podía ser, puesto que los fondos de pensiones norteamericanos no pueden jugar a la ruleta, y en un país como México nunca hay seguridad. Eso les molestaba.

Entonces, cuando empezó a perderse la confianza, había cantidades fabulosas que se iban. Perdimos 20 000 millones de dólares en diez meses, nos quedamos sin reservas.

CONFIANZA Y DEMOCRACIA

—*En cuanto a la confianza, en su opinión, ¿qué papel desempeña el sistema político, qué papel tienen las instituciones políticas, en la generación de confianza? Porque esa demanda de confianza va a seguir persistiendo, pareciera que es una constante del mundo integrado.*

—Antes, cuando las cosas eran menos volátiles, no es que hubiera plena confianza, sino que existían, por ejemplo, arreglos sexenales. Es decir, una especie de ajustes regulares —que, obviamente, no se pactaban por escrito— entre las empresas y el gobierno: el nuevo gobierno, luego, daba determinadas concesiones o no aumentaba determinados impuestos. Cada seis años, cada comienzo de periodo presidencial. Entonces, esto era Jauja para quien quisiera arriesgarse y, aun así, la gente se arriesgaba sólo dentro de ciertos límites.

Ahora, la privatización de los bancos, sin embargo, llevó implícito el surgimiento de rumores, de sospechas. La gente especulaba con el asunto, postulaba una compra a un precio muy alto en relación con el capital real del banco, y no se sabía quién estaba detrás. Eso llevó a mucha gente a pensar que todos los regímenes eran iguales, corruptos, que estaban robando y favoreciendo a ciertos amigos. Y el mundo ya no es para eso. Creo que hay una cierta concientización —incluso del empresariado mexicano— de que ya no se puede seguir así, a base de favores del gobierno, a base de entenderse con ciertos sectores del gobierno, con la esperanza de que esto siga en el siguiente sexenio. Aquí el horizonte siempre fue sexenal, no hay horizonte a largo plazo.

De modo que con esos sobreprecios en las compras de los bancos, con esas tasas de interés artificiales, se creó una serie de burbujas especulativas en el sistema bancario, en el sistema financiero, que hacía fácil que se colapsara en algún momento. Y creo que hay tam-

> México nunca dio la señal clara —la que querían algunos inversionistas extranjeros— a través de una nueva ley sobre inversión extranjera. Se lanzó meramente un decreto que desreguló. Si había confianza en la tendencia de la estabilidad política —el manejo por el PRI de la sucesión y todo ese asunto—, entonces el decreto era perfectamente bueno, siempre que hubiera continuidad en las grandes líneas de política económica y financiera. Si había desconfianza en el sistema político, entonces, para los extranjeros, era mejor la ley.

> Creo que hay también una evolución en la conciencia política de la gente que hace que ya no se acepte esta robadera y esta petulancia de los gobernantes.

bién una evolución en la conciencia política de la gente que hace que ya no se acepte esta robadera y esta petulancia de los gobernantes que todo lo saben y que van a decirle al pueblo lo que necesitan, en lugar de escuchar. Eso se manifiesta en muchos campos.

—Hay un reclamo de mayor transparencia, mayor democracia.

—Mayor accountability, palabra que no tiene traducción adecuada al español. Entonces no es la misma gente que antes.

—También hay una demanda de democracia en lo interior, y quien no cumple esas reglas pierde la credibilidad.

Se habla de todo pero se actúa a medias. Salinas empezó con las nuevas ideas de reformas políticas. Pero estuvo muy medido, todo a medias. Yo he oído a la gente de la actual administración que dice: "cuidado, no hay que ir muy de prisa, porque, como en los tiempos de Porfirio Díaz, el pueblo mexicano no está preparado para la democracia". Esa idea prevalece. Pero hay gente que ya no juega con esas reglas, y eso se manifiesta de muchas maneras. En acciones a nivel de grupos, de sociedades civiles contra las autoridades, contra los gobernadores, en contra del régimen del Distrito Federal, que es un régimen dictatorial.[1] ¿Cómo es posible que no pueda haber una democracia en el Distrito Federal? ¿O en los partidos mismos?

—¿Usted siente que esa demanda de democracia que hay internamente también viene del exterior? Es decir, que la

---

[1] La designación no popular del gobierno del Distrito Federal se modificó luego de la entrevista que los autores mantuvieran con Urquidi, y la capital mexicana se apresta a elegir su gobierno en 1997.

> Yo he oído a la gente de la actual administración que dice: "cuidado, no hay que ir muy de prisa, porque, como en los tiempos de Porfirio Díaz, el pueblo mexicano no está preparado para la democracia".

calidad de una democracia da confianza al que observa al país de afuera. ¿Hay un paralelo, a su juicio, entre democracia y confianza?

—Eso es válido para una élite que sabe bien lo que ha pasado en España, cómo se manejan las cosas en la Unión Europea, conoce Canadá y Estados Unidos, sabe lo que está pasando en los países latinoamericanos. Pero el pueblo en general no tiene ni idea. Hay un estrato que definitivamente ve los ejemplos externos, todo lo que ha pasado en Europa en los últimos años, que entiende bien las consecuencias del desmoronamiento del sistema de dominio soviético de los países europeos, pero hay mucha gente que no ve tan lejos, sólo ve lo que le afecta. Llevamos 12 años de estancamiento económico, con un crecimiento de 0.9%, es decir, inferior al crecimiento demográfico. Con un descenso del ingreso fiscal durante 12 años. Eso se refleja en la situación de la gente.

Aunque no puedo negar que algo se ha hecho en lo social, quizá más que en Brasil. Yo participé en un estudio comparativo con Brasil y lo que salía era que la política social era más avanzada aquí y tenía más resultados, aunque la economía crecía más allá.

La gente a la que no le ha ido bien en estos 12 años ya no está pensando en la democracia externa, está pensando en lo de aquí. El sistema no funciona, no nos hace crecer, no nos da resultados, nos tiene todavía con sueldos muy bajos, la gente más capacitada gana el salario mínimo. Aceptamos muchas cosas, pero cada vez aceptamos menos. Y eso es lo que está politizando a la gente, está llevándola a adherirse al PRD, al PAN, o sencillamente a manejarse fuera del sistema.

La gente ya no acepta, ya no soporta, ya se ríe de los discursos, de la retórica que usan los políticos.

CHIAPAS

—*Usted prevé ya niveles de confrontación muy importantes. ¿Lo de Chiapas se puede repetir?*

—Lo de Chiapas es un poquito una opereta. Pero tiene un fondo de lo que ha pasado ahí, que no es reciente. Esto ocurre en muchas partes del país. ¿Quiénes han salido bien en estos 12 años? Sectores muy limitados, un poquito el norte del país, la maquila, un poquito Monterrey, porque a pesar de los golpes que ha sufrido la industria, ellos saben recuperarse, se organizan, exportan. Guadalajara está a medias, lo mismo que otras ciudades. Hay mucho descontento.

Antes, a la gente no le iba bien pero el gobierno le daba alguna cosa. Ahora ya no le da nada, el gobierno quiere cobrar por todo y la gente no entiende por qué se ajustan los precios de los combustibles, de la tortilla o del pescado. La inflación del año pasado fue de 52%. Y no es una inflación inducida por la demanda, como las anteriores: es una inflación debida a costos de vida de la devaluación y a toda la repercusión de esto en toda la economía, con tasas de interés altísimas, como nunca se vieron. La tasa real de interés el año pasado fue más alta que en los años 1983-1984, cuando ya era de 25%, con endeudamiento de la gente con los bancos, con la clase media empobrecida. Nunca había ocurrido esto en México. Entonces, el malestar es muy profundo, muy generalizado.

—*En esta situación de ajuste que us-*

ted describe ¿cuánto hay de responsabilidad de las políticas gubernamentales y cuánto se debe a los requisitos que impone la reestructura de la economía a que obliga la globalización? Crecer significa una reestructura económica grande: si no es a través del TLC y la apertura hacia América del Norte, igualmente lo requeriría la necesidad de apertura comercial hacia el mundo.

—El detonador fue la caída de la Unión Soviética, porque ya se acabó la "amenaza" del comunismo, del socialismo o de la economía planificada. La hay todavía en China, en Cuba y en algún otro país, pero ya como sistema global, como paradigma, se acabó. Ahí sí los europeos y los norteamericanos han sido muy hábiles. Y cuando un país como el nuestro, que necesita endeudarse para crecer, lo hace muy mal —un país que teniendo el petróleo se endeuda bestialmente, y en forma completamente irresponsable, tanto con Echeverría como con López Portillo—, terminamos entregados a ellos. ¿Quieren reestructurar deuda? Vengan acá, vamos a hablar. ¿Quieren otros arreglos de deuda? ¿Quieren emitir nuevos bonos? Vengan aquí a hablar con los que manejan todo esto.

Yo creo que en ese sentido la estrategia política de los países europeos —de Alemania sobre todo, con Francia un poco vacilante— y de los Estados Unidos nos ha colocado en una posición de subordinación. La apertura no es mala, siempre que se maneje bien.

EL PARADIGMA DE LA INTEGRACIÓN

—El experimento de los sesenta en América Latina, la integración entre latinoamericanos, no funcionó.
—Nunca hubo voluntad suficiente de los grandes.
—Pero no funcionó.

> Los europeos y los norteamericanos han sido muy hábiles. Cuando un país como el nuestro, que necesita endeudarse para crecer, lo hace muy mal —un país que teniendo el petróleo se endeuda bestialmente, y en forma completamente irresponsable, tanto con Echeverría como con López Portillo—, terminamos entregados a ellos. La apertura, por ejemplo, no es mala en sí, siempre que se maneje bien.

—Yo trabajé mucho en eso.
—¿Cuál es el paradigma al día de hoy? ¿Es la integración con los Estados Unidos o con Europa?
—No funcionó la ALADI ni la ALALC, pero tampoco Brasil y México tuvieron voluntad de llevar adelante la integración latinoamericana, y Argentina era muy débil en ese momento. Se hicieron cosas pequeñas, incluso hubo empresarios que negociaban cosas en Montevideo, en la sede de la Asociación Latinoamericana de Libre Comercio.

Yo creo que lo que nos arruinó fue la crisis del petróleo: para mí fue un parteaguas. Cuando el petróleo, que valía dos dólares, subió a 14 y al final llegó a 40, entonces se dividieron los intereses dentro de América Latina. Porque a los países que tenían que importar petróleo —Centroamérica por ejemplo— no les interesaba otra cosa que salir del atolladero. Y los que teníamos petróleo —Venezuela y México— nos portábamos miserablemente con el resto de América Latina.

Con la crisis del petróleo se acabaron los pequeños pasos que se habían dado para la integración. Ahí era el sálvese quien pueda.

—¿Cuál es en suma, a su juicio, el balance final de aquellos esfuerzos integradores?
—Por un lado mucha retórica, por otro lado mucha dificultad práctica para adelantar por las burocracias nacionales.

No funcionó la ALADI ni la ALALC, pero tampoco Brasil y México tuvieron voluntad de llevar adelante la integración latinoamericana, y Argentina era muy débil en ese momento. Yo creo que lo que nos arruinó fue la crisis del petróleo: para mí fue un parteaguas. Cuando el petróleo, que valía dos dólares, subió a 14 y al final llegó a 40, entonces se dividieron los intereses dentro de América Latina. Porque a los países que tenían que importar petróleo —Centroamérica por ejemplo— no les interesaba otra cosa que salir del atolladero. Y los que teníamos petróleo —Venezuela y México— nos portábamos miserablemente con el resto de América Latina.

—*Terminado aquello, digamos que el sur de América pareciera que todavía tiene un dilema: Europa o los Estados Unidos, o el vaivén entre los dos. Pesa el paradigma mexicano de integrarse fuertemente con los Estados Unidos. ¿Cómo lo ve usted?*

—Yo ya le perdí toda fe a la integración latinoamericana porque creo que los intereses son muy distintos ahora. El esquema de antes hay que olvidarlo, no funcionó ni va a funcionar jamás en esa forma. El Mercosur puede funcionar, no tiene mucho sentido porque es entre los dos países que comercian mucho entre sí y además entran Uruguay y Paraguay. Chile es un país que se ha manejado solo, ni le interesa demasiado el Mercosur ni tampoco entrar con México al gigante del norte, excepto que pudiera haber algunas ventajas para ellos en algún sector de su economía, pero no entienden todos los compromisos que se adquieren.

Yo creo que el problema que se le plantea a América Latina es que estamos muy divididos, con intereses muy distintos, ya no nos entendemos, la retórica de antes ya no funciona. Como no funcionó en el caso del endeudamiento externo, y cada país tuvo que renegociar individualmente su deuda. Brasil es un ente que se maneja solo, no necesita mucho del resto de América Latina, tal vez un poco de Argentina, nada más. Chile se ha colocado como un país modelo, todos lo respetan, el inversionista tiene confianza y, como tiene un mercado interno pequeño, va a la exportación. Argentina tiene un fondo extraordinario de capacidad de exportación, porque ha tenido empresarios, ha tenido una élite ingenieril y toda una clase muy capaz y muy abierta. Aun en las peores condiciones Argentina salía afuera. Es un caso absolutamente distinto al de México, porque México ha sido un país absolutamente introvertido en materia industrial. Apenas está empezando a salir, y todavía no sabe cómo hacerlo bien. Gracias al TLC lo hace mejor de lo que lo haría en otras condiciones.

Yo no veo en todo esto una idea clara de una voluntad general hacia el "vamos con los Estados Unidos"... Es pura demagogia oficial, es parte del esquema de decir: "No se vayan por otro lado, estén con nosotros, que van a venir las ventajas del libre comercio".

—*¿Usted no cree que haya voluntad de los Estados Unidos para seguir adelante con el proceso de integración?*

—Yo creo que hay una estrategia que tienen que plantearse todas las grandes empresas transnacionales estadunidenses. El problema de ellos es el problema de los dominios de mercados y el dominio de la tecnología. El segundo mercado para ellos es Europa, y un poco el Japón. América Latina ya no es mercado. Yo creo que lo único que quieren los norteamericanos es que esto no se les vaya al caos. En particular México y algunos otros países. Les parece muy bien que Argentina y Brasil hagan el Mercosur, o que Chile se agregue si puede. Pero lo que los Estados Unidos quieren es estabilidad política, confianza. Brasil

> No creo que haya, de parte de los norteamericanos, la idea de que vaya a crearse una gran integración hemisférica. Los intereses de ellos no están sólo en América Latina, están en Asia, en China, en el mantenimiento de Japón como potencia económica importante, incluso tecnológicamente y con influencias políticas estabilizadoras en el resto de Asia. Están más interesados en China que en América Latina.

ya va teniendo una estabilidad política, tiene crecimiento, quién sabe si eso sea duradero o no, falta mucho aun para saberlo. México ha perdido las dos cosas, el crecimiento y la confianza.

Yo no creo que haya, de parte de los norteamericanos, la idea de que vaya a crearse una gran integración hemisférica. Los intereses de ellos no están sólo en América Latina, están en Asia, en China, en el mantenimiento de Japón como potencia económica importante, incluso tecnológicamente y con influencias políticas estabilizadoras en el resto de Asia. Están más interesados en China que en América Latina.

Lo que veo es una derrota terrible de América Latina, pero que venía de antes: todo lo que hacíamos antes era de adentro para afuera, no veíamos el mundo. Y después vino el petróleo que nos dividió en facciones.

Este proceso de desestatización, de adelgazamiento del Estado, de privatizaciones, ha sido muy disparejo. Y requiere, para que tenga éxito, un sistema político en que haya reglas de juego estables, que no las ha habido en México. Por eso la privatización aquí se ha visto como el otorgamiento de favores a ciertos grupos que, a su vez, van a estar enchufados en el aparato del partido de gobierno para seguir adelante, a su

modo. Es decir, México es un animal raro política y económicamente. Somos el único país que no crece, y no es sólo por el efecto de la recesión del año pasado.

LA CULTURA DE LA IMPUNIDAD

—*¿Usted cree que hay un tema institucional detrás...?*
—El sistema político ya no funciona. Nosotros tenemos la cultura de la impunidad: el salirse con la suya, usar los instrumentos del Estado y la legislación para crear grupos de interés, que pueden ser y han sido grupos de poder, contra toda ley, contra la Constitución, contra los derechos humanos, contra los intereses de cualquiera. México tiene esa cultura.
—*¿No hay un avance? ¿No está en transición el sistema político? ¿No hay mejorías?*
—Sí, pero es una transición muy lenta. Cuesta una barbaridad arrancar la más pequeña modificación. Esta idea de que el Instituto Federal Electoral no fuera absolutamente independiente la han mantenido contra viento y marea,[2] y recién en las últimas discusiones han aceptado que se independice el trabajo de la Suprema Corte. Es que en México el Poder Ejecutivo dominaba al Judicial, y lo sigue dominando. Y sigue dominando al Legislativo, porque hay una fórmula electoral del sistema "plural" que le permite al PRI tener siempre la mayoría. Eso hay que modificarlo.

Es decir que el PRI, con menos de 50% de los votos, puede tener 60% de dominio en Cámara con la lista "plural". Todo eso es antidemocrático, eso no es democracia, es un sistema de poder aparte de la legitimidad democrática.

Ya nadie cree en esto. No puede ser,

[2] Con posterioridad a la entrevista del señor Urquidi con los autores se produjo en México la primera integración independiente del Instituto Federal Electoral.

Este proceso de desestatización, de adelgazamiento del Estado, de privatizaciones, requiere —para que tenga éxito— un sistema político en que haya reglas de juego estables, que no las ha habido en México. Por eso la privatización aquí se ha visto como el otorgamiento de favores a ciertos grupos que, a su vez, van a estar enchufados en el aparato del partido de gobierno para seguir adelante, a su modo.

tiene que venir de abajo el asunto, tiene que haber cosas efectivas, reales, en todos los terrenos. No puede ser sólo retórica. Ahora, por ejemplo, en todas las cosas que se discuten siempre hay un renglón de "participación social". Por ejemplo, se habla de medio ambiente, y un renglón fuerte es la "participación social".

LAS PEQUEÑAS Y MEDIANAS EMPRESAS

—*¿Cómo están reaccionando las pequeñas y medianas empresas ante el TLC?*
—Con la apertura, nos abrimos a un torrente de importación con moneda sobrevaluada. Así despojamos a toda la pequeña industria de la poca protección que tenía con los aranceles, y en cambio no le dimos nada por la vía del tipo de cambio, y no creamos incentivos de las exportaciones. Cuando empezamos a abrirnos, las únicas que podían hacer algo eran las grandes empresas. Y además, los grandes consorcios nacionales y las transnacionales tuvieron un régimen de importación libre de impuestos, siempre que a su vez lo utilizaran para exportar: como una especie de semimaquila.
Se cortó de esta forma el desarrollo de la pequeña industria. Primero, por las grandes empresas que podían comprar tornillos a los Estados Unidos, herramientas de ferretería a la India, etc.

Aumentó así la exportación, pero con insumos importados: se quedaron truncos muchos proyectos en la industria de autopartes. Era normal que se trajera de afuera cosas que se estaban produciendo en México, incluso con especificaciones de las compañías automotrices.

INNOVACIÓN TECNOLÓGICA

—*Pero con el nivel existente de inversión extranjera directa, o aun el de capital nacional, que está muy abierto al mundo, se están produciendo niveles importantes de innovación tecnológica, de renovación tecnológica, con empresas de punta...*
—Sí, las hay. Hay grandes, algunas medianas, pero casi todas grandes.
—*¿Se está dando un panorama de integración de empresas de punta importantes?*
—Con ciertas limitaciones. La política industrial es la eficiencia y la competitividad, dicen. Y yo les digo que eso no es política, eso es requisito. Yo no conozco ningún Estado que no haya promovido ciertos sectores industriales. Brasil lo hace, también Corea, lo ha hecho siempre Japón, ¿por qué México no? El dogma era: no, la economía moderna es competitiva. Y siempre con esta cantinela de la eficiencia y la competitividad. Y bueno, hay que hacerlo, pero hay que hacer algo más.
Se trata de ver cuáles son los intereses y las prioridades nacionales. Se trata, sí, de no tener el déficit público del orden que tuvimos en cierta época; hay que manejarse dentro del orden financiero, hay que ver mucho ese tipo de cosas, pero tampoco hay que abrir todo, importar hasta el último tornillo, porque entonces la capacidad productiva del país se hunde, porque no tienen los elementos, falta capacitación, falta información, falta infraestructura. Y el

gobierno al mismo tiempo dice: "Yo no tengo que hacer infraestructura, no tengo que invertir, que lo haga el sector privado, que maneje todo". Pero es que no sabe manejar todo.

EL PRI PIERDE FUERZA

—*En el mismo momento en que usted describe esta situación, el PRI está perdiendo su tradicional fortaleza para hacer aquellos arreglos informales —los reajustes sexenales con los empresarios— de los que usted hablaba.*
—Sí.
—*¿Qué solución hay? Puede suceder lo de Italia, donde la economía iba por un lado y la política por otro.*
—Sí, pero eso no pasa aquí porque la asimetría en la industria es muy grande. Éste es un país de muy pocas empresas modernas, grandes, que sí producen mucho, y un mar gigantesco de pequeñas, medianas y microempresas. Las micro, o son para la sobrevivencia o son elementos empresariales que algún día pueden servir para algo. La población económicamente activa sigue creciendo 3.3% al año, a pesar de que la población crece un poco menos de 2%. Éste es un elemento latente, que está ahí, que va empujando gente al mercado. Pero van sin capacitación porque nadie les ofrece nada en ese rubro, es un país sin capacitación.

Y no hay incentivos para invertir. No es que falte ahorro: el ahorro se produce por el crecimiento. Han inventado la teoría de que el ahorro crea la inversión y es al revés: la inversión crea el ahorro, crea el crecimiento. Todo depende de que haya inversión. Si el mexicano no invierte —las cifras van bajando constantemente, y hay que poner en discusión qué son esas cifras de inversión bruta en México—, no hay crecimiento. Porque la inversión extranjera —que va en

La política industrial es la eficiencia y la competitividad, dicen. Y yo les digo que eso no es política, eso es requisito. Yo no conozco ningún Estado que no haya promovido ciertos sectores industriales. Brasil lo hace, también Corea, lo ha hecho siempre Japón, ¿por qué México no? El dogma era: no, la economía moderna es competitiva. Y siempre con esta cantinela de la eficiencia y la competitividad. Y bueno, hay que hacerlo, pero hay que hacer algo más.

gran parte al sector exportador— sí trae divisas, pero tiene un contenido de importación muy fuerte, creciente, y no compra en el país. La maquila exporta únicamente con insumos importados. Entonces es un engaño decir que eso es una demostración de que la política económica es buena. No, es una demostración de que el salario en México bajó tanto que las maquiladoras, al ser la mano de obra más barata aquí, decidieron maquilar más en México que en los Estados Unidos, Taiwan o en otro lugar.

Vuelvo al tema. Lo que necesita este país es crecimiento, incluso para estabilizar la situación política, porque no ha aumentado el empleo. Llamarle empleo a la economía informal es un decir... Es un sector muy vulnerable. Son mafias que lo controlan, y no hay protección social. La gente que está en la economía informal está desamparada.

Entonces el empecinamiento en decir que esto va a funcionar, y que lo único que hay que hacer es restablecer la confianza financiera para que arranque el país como nunca, es sostener un disparate. Y tiene consecuencias políticas. A lo mejor es un designio para mejorar el sistema político. Va a venir de abajo la inconformidad, la insatisfacción y la búsqueda de alternativas. Desgraciadamente los partidos de oposición no son muy atractivos, pero eso puede variar, puede haber coaliciones entre ellos. Es

> Hay una idea que a mí me intranquiliza un poco: los bloques económicos. Pero, en realidad, no hay bloques. Porque la globalización es enemiga de los bloques. Los Estados Unidos nunca pueden ser un bloque: los intereses de los Estados Unidos están en todo el mundo. Entonces, la idea de bloques me parece un poco absurda. Sería un error pensar que vamos a integrarnos toda América Latina con los Estados Unidos y olvidarnos del resto del mundo. Si nos fortalece la integración, nos fortalece para comerciar con otras zonas del mundo. Eso de la autosuficiencia latinoamericana ya no puede ser.

decir, nadie espera del PRI —del sistema— las soluciones.

—*¿Quiere decir que, en su opinión, el sistema ya cayó?*

—Ya terminó de funcionar en la forma clientelista.

—*Uno ve en el actual presidente un talante democrático, en diálogo con la oposición. ¿No es un esfuerzo institucional suficiente?*

—Yo creo que no, porque independientemente de lo que él piense, hay gente que se lo impide. No todo lo que ha hecho él es una muestra de que ha entendido bien las cosas.

Se puede decir que hay una alternativa violenta, que entre cuatro o seis meses esto estalla, eso no se puede descartar. Pero más bien va a ser una cosa manejada, que tiene que ir en cierta dirección. Ahora, si no va en la dirección de verdadera democratización, de verdadera transparencia en las elecciones y en la cuestión del gobierno, y si no va en la dirección de dar más empleo, de sacarnos de este gran barranco en que ha caído la economía, yo no sé...

Estamos en un punto sumamente difícil, en que muchas cosas pueden pasar.

Lo de Chiapas es pintoresco, todo lo que usted quiera; sin embargo, tiene

conexiones, no intencionales tal vez, pero ya se ve como un paradigma para muchos.

—*Tradicionalmente el mexicano fue un sistema que se iba reformando de adentro...*

—Eso decíamos muchos: la reforma va a venir de adentro. Pero de repente dejó de venir porque se convirtió en un mecanismo de deformación.

—*¿Así que la solución usted ya no la ve por adentro del sistema?*

—Todo lo que han cedido ha sido a regañadientes, y procurando que se vaya más despacio, diciendo que tarde o temprano harán las cosas que hay que hacer.

EL TLC

—*La ayuda del Tesoro norteamericano para enfrentar la crisis ¿no es un subproducto del TLC?*

—Sí, porque es un reconocimiento de que a un socio no se lo deja caer. Y además no le conviene política y estratégicamente a los Estados Unidos que México se vuelva un caos.

—*¿Eso es en favor del TLC o en contra?*

—El TLC despertó muchas controversias en México: nunca supimos bien qué se estaba negociando. Yo, por ejemplo, nunca he estado en contra del TLC, pero sí advertí que hay que tener muchas salvaguardas, porque un país en desarrollo como México no se puede meter en la boca del león tan tranquilamente como lo hicimos con el TLC. Hay mecanismos de resolución de conflictos, de disputas, donde tenemos carencias. Está todo el complejo problema de lo ambiental... No nos protegimos lo suficiente, no entendimos qué era realmente.

—*El argumento aquel de que el TLC vino a consagrar en el papel algo que ya existía en los hechos ¿es un buen argumento?*

—Le dio seguridad, y seguridad ante

un Congreso norteamericano que ya hemos visto cómo ha respingado y cómo podría respingar todavía. Digámoslo claro, Estados Unidos es un país proteccionista, siempre lo ha sido. Son los tomateros de Florida los que se oponen al Tratado, es alguna fábrica textil de alguna parte, etc. El Partido Republicano tiene otra visión, Bush la tenía, y son los defensores del libre comercio, de estas ideas hegemónicas norteamericanas que son importantes.

Entonces entramos al TLC un poquito ciegos, un poquito sin ver todas las consecuencias que podía tener aquí y también sin pensar todas las resistencias que iban a surgir allá. ¿Ahora nos extraña que los tomateros se molesten porque hay tomate mexicano allá? No debe extrañarnos.

—*Usted que participó de la utopía latinoamericanista de los años sesenta, cuya filosofía parece continuarse con estos fenómenos de integración modular que —a partir del Mercosur— comienzan a difundirse ¿no cree que la nueva utopía a construir debe ser hemisférica, esto es con los Estados Unidos adentro?*

—Hay una idea que a mí me intranquiliza un poco: los bloques económicos. Pero, en realidad, no hay bloques. Porque la globalización es enemiga de los bloques. Los Estados Unidos nunca pueden ser un bloque: los intereses de los Estados Unidos están en todo el mundo.

Entonces, la idea de bloques me parece un poco absurda. Hay libros ahora sobre esto. Sería un error pensar que vamos a integrarnos toda América Latina con los Estados Unidos y olvidarnos del resto del mundo. Si nos fortalece la integración, con las salvaguardas que sean necesarias, nos fortalece para comerciar con otras zonas del mundo. Eso de la autosuficiencia latinoamericana ya no puede ser.

México como mercado no es muy importante para los Estados Unidos. Pero

> Actualmente el Estado mexicano está despojado de objetivos. Hasta en la retórica se ha despojado de capacidad para dar impulso. Yo lo digo en una forma muy cruel: "Vuelen por instrumentos automáticos —nos están diciendo— porque así ustedes van a descubrir adónde quieren ir a aterrizar". Ahí están los instrumentos, son la competitividad... Pero no hay otros elementos nuevos, sino los que en el desarrollo siempre han existido.

estamos en su límite territorial. La idea que se manejaba mucho en los Estados Unidos era que la integración en el TLC, con sus efectos en el comercio, iba a reducir la migración mexicana. Una idea totalmente falsa. La migración tiene otros elementos que la provocan. Incluso el hecho de que la diferencia de niveles de vida es tan fuerte, que los salarios más bajos de los Estados Unidos son más altos que los salarios medios en México. Mientras eso exista la gente se va a ir para allá. ¿Dónde están los mercados de los Estados Unidos? No están en México, ni siquiera en el conjunto de América Latina.

Por eso yo no me siento demasiado optimista respecto a América Latina.

—*¿Cómo enfrenta el Estado mexicano el nuevo escenario?*

—Actualmente está despojado de objetivos. Hasta en la retórica se ha despojado de capacidad para dar impulso. Yo lo digo en una forma muy cruel: "Vuelen por instrumentos automáticos —nos están diciendo— porque así ustedes van a descubrir adónde quieren ir a aterrizar". Ahí están los instrumentos, son la competitividad, etc. Pero no hay otros elementos nuevos, sino los que en el desarrollo siempre han existido: elementos de fortalecimiento de la capacidad de desarrollo, de la capacidad de exportación.

—*Desde el punto de vista de las teo-*

rías y de las ideas ¿El péndulo ya dejó de estar en un extremo?

—No, todavía no. Todavía estamos con las ideas del siglo XVIII, otra vez. La reacción va a ser, luego, cada vez mayor: ya lo es, en cierta medida. Una economía no baja 7%, con sectores que bajaron 20 y 30%, sin que haya una reacción. Esto no puede seguir así. Este año, los pronósticos del gobierno son muy optimistas, siguen hablando de 3% de crecimiento.

—*Los del FMI también.*

—Ya son más escépticos. Pero el crecimiento difícilmente va a pasar de 2% este año, o sea que no vamos a recuperar nada, y quizá hasta 1999. Y eso dependerá mucho de si hay inversión real en México.[3]

—*¿Usted siempre ha sido tan pesimista o es la primera vez?*

—Nunca. Empecé a ver esto con cierta preocupación en 1994, o antes. Yo di una conferencia —que está publicada— en la Universidad en 1992, previendo lo que iba a pasar. Era una estrategia que no podía resultar. Y el elemento fiscal era el tipo de cambio, es decir, anclado en un tipo de cambio fijo y con exceso de endeudamiento y exceso de incorporación de capital a corto plazo. Yo les advertí en el Banco de México que el déficit estaba subiendo mucho.

—*Es pesimista en relación con México y pesimista también en relación con América Latina.*

—Veo en Brasil —que es el país que mejor conozco— más dinamismo. En Argentina creo que hay una enorme fuerza productiva empresarial latente que no se usa, que es capaz de hacer las cosas, y las hacía antes, aun en las condiciones más difíciles. Pero en México veo que el sistema está muy lastimado, extremadamente dañado por las acometidas de tipo político, la desconfianza y la violencia del propio Estado.

---

[3] Los datos económicos mexicanos sobre 1996 —ya conocidos al cierre de esta edición— refieren un crecimiento mayor al esperado, una inversión extranjera muy alta y un acentuado crecimiento de las exportaciones, con una participación mexicana en las importaciones de los Estados Unidos cercana ya a 10% del total.

GOBERNABILIDAD Y RELIGIÓN

Emilio Castro: *El protestantismo es un activo de organización de la sociedad civil latinoamericana*

La vivacidad conceptual del pastor Emilio Castro contrasta claramente con la modestia de su despacho en la iglesia metodista del barrio de Malvín, en Montevideo, donde se realizó la entrevista, en agosto de 1995. Una habitación de una austeridad espartana, amueblada apenas con una mesa sin cajones y dos sillas de pino, fue el ambiente para una conversación franca y prolongada con quien fuera durante muchos años nada menos que secretario general del Consejo Mundial de Iglesias, algo así como el papa de los protestantes. Un hablar extremadamente calmo trasunta convicciones muy sólidas.

—¿*Cuál fue el papel de las iglesias protestantes en los últimos 20 años y cuál fue su mayor o menor funcionalidad respecto de las democracias de la región?*

—Creo que tenemos que hacer un poco de historia, pues se van a presentar, en estos últimos 20 años, dos vertientes bien claras, muy definidas y contradictorias, que tienen diversas raíces.

El protestantismo llega a América Latina por dos vías: migratoria —valdenses en el Uruguay, luteranos alemanes en Brasil, por ejemplo— y misionera, básicamente norteamericana. Pero esta veta misionera viene enancada en el liberalismo del siglo XIX. Son presidentes liberales que invitan a las iglesias evangélicas a venir como misioneros para abrir escuelas. Benito Juárez decía: "México precisa una religión como el protestantismo, que enseñe a los indios a leer". Domingo Sarmiento mandaba la lancha presidencial a recibir a los misioneros metodistas que llegaban de los Estados Unidos. Los primeros predicadores metodistas de aquí, de Uruguay, fueron todos miembros de las logias masónicas: fue una generación que prefirió una vida más pública.

EMILIO CASTRO es cofundador de la Comunidad Judeo-Cristiana en el Uruguay, de la cual es su presidente honorario. Castro nació el 2 de mayo de 1927 en Montevideo, Uruguay. Pastor de la Iglesia Metodista Central de Montevideo y de la Iglesia Metodista en La Paz, Bolivia. Fue secretario ejecutivo de la Asociación Sudamericana de Seminarios Teológicos (1965-1967) y de la Comisión Pro Unidad Evangélica Latinoamericana (1966-1972). Fue director de la Comisión Mundial de Misión y Evangelización y secretario general del Consejo Mundial de Iglesias en Ginebra, Suiza (1985-1992). El pastor Castro es licenciado en Teología y Filosofía en la Facultad Evangélica de Teología de Buenos Aires y cursó sus estudios de posgrado en Basilea, Suiza. Ejerce la docencia en su especialidad en la Universidad de Lausana, Suiza, en la Facultad Protestante de Montpellier, Francia, y en la Academia Teológica de Moscú. Es autor de numerosas publicaciones en español e inglés.

PROTESTANTES LIBERALES Y PROTESTANTES PENTECOSTALES

—*¿De qué fechas estamos hablando?*

—Estoy hablando de fines del siglo pasado y hasta los años treinta de este siglo.

—*¿En clara competencia con la Iglesia católica?*

—El liberalismo buscaba aliados para abrir la cultura latinoamericana que estaba monolíticamente en manos de la Iglesia católica. Y buscaba aliados que trajeran proyectos educacionales. Por eso la reforma de Faustino Sarmiento en Argentina se hace trayendo maestras protestantes norteamericanas. El que implementa la reforma es él, pero la inspiración la trae de los metodistas norteamericanos.

Entonces, hasta el día de hoy, el protestantismo liberal sigue una línea comprometida con la cultura, la formación de cuadros, la educación de una élite —el colegio Crandon en Montevideo, por ejemplo—, la defensa de la democracia en sus vertientes más clásicas de la división de poderes, de la vida parlamentaria y de otros aspectos también esenciales. Eso continúa. En los últimos 20 años esta línea se volcó fuertemente hacia la defensa de los derechos humanos. Durante todo el periodo militar han sido estas iglesias protestantes históricas —tanto en Chile, como en Argentina, Uruguay o Brasil— las que estuvieron a la vanguardia en la defensa de los derechos humanos.

Es cierto que en ciertas circunstancias, como sucedió en Chile, la Iglesia católica —con la Vicaría de la Solidaridad— cumple un papel fundamental. Pero no nos olvidemos que eso empieza con un comité pro paz que fue presidido por un obispo luterano —y que fue sostenido casi enteramente por el Consejo Mundial de Iglesias— y luego, tácticamente, se dividen las tareas en los trabajos de protección y denuncia de los derechos humanos. Entonces la Iglesia católica puede hacer su trabajo desde una posición de más protección —de más fuerza en base—, mientras que el trabajo de acompañamiento de las familias de los presos políticos lo hacían las iglesias protestantes, a través de una organización de nombre Fasic (Fundación de Acción Social Integral Cristiana), que continúa hasta hoy.

Luego surge un protestantismo autóctono latinoamericano. Ya no portador de liberalismo —ya no trabajo de misioneros norteamericanos o ingleses—, sino un protestantismo popular que se genera primero en Chile, luego en Brasil y hoy en día es lo que está creciendo en toda América Latina: son los pentecostales. Surgen de la iglesia metodista en Chile, pero encuentran rápidamente arraigo popular. Se caracterizan por un gran entusiasmo y por una exigencia de un cambio de vida radical. Trabajan por lo general durante muchas décadas con los migrantes rurales hacia las ciudades, quienes han quedado sin pautas referenciales religiosas y sociales y que encuentran en la pequeña comunidad pentecostal un lugar donde su identidad se puede manifestar, donde su personalidad se puede definir.

Estos grupos constituyen un elemento interesantísimo en cuanto a la transformación de las personas y de las familias. En ese sentido hay una contribución a la salud de la sociedad en su conjunto, pero tienden durante largos periodos a concentrar la vida de la gente dentro de la misma comunidad eclesial. De tal manera que algunos han hablado

---

Son presidentes liberales [los] que invitan a las iglesias evangélicas a venir como misioneros para abrir escuelas. Benito Juárez decía: "México precisa una religión como el protestantismo, que enseñe a los indios a leer". Domingo Sarmiento mandaba la lancha presidencial a recibir a los misioneros metodistas que llegaban de los Estados Unidos.

---

de la siesta social del pentecostalismo, porque los obreros que entraban a las iglesias pentecostales encontraban todo el sentido de su vida en la iglesia y no estaban disponibles para la lucha sindical, para la lucha política y demás. Hay que mantener, creo yo, el balance de las dos cosas. Se hacía una obra de transformación personal evidente, pero al mismo tiempo se inhibía a la gente de entrar en la gran problemática de la sociedad en su conjunto.

LOS PENTECOSTALES Y LA POLÍTICA

—¿*Cómo se da la relación entre los pentecostales y la política?*

—Se ha configurado una situación de crecimiento de estas iglesias que ha hecho que en un momento determinado, incluso, los líderes políticos pasan a preocuparse por su existencia. Porque hay ahí un caudal electoral potencial que no se puede despreciar.

En un primer momento las iglesias pentecostales se mueven hacia lo político en función de lo que pueden conseguir de la política para el trabajo de la iglesia. Es decir, lo importante no es lo que pasa en la sociedad, lo importante es lo que le pasa a la iglesia, donde los individuos han encontrado su plena expresión de felicidad personal. Entonces no importaba por qué partido votar, ya que de todas maneras el votar era algo indiferente; pero sí importaba por quien se votara: debía ser alguien amigo de la iglesia, ya para conseguir un terreno para un templo, ya para conseguir libertades religiosas, ya para conseguir una onda radial —cosa que en Brasil ha sido un factor muy importante, pues hay una cantidad de ondas radiales en manos protestantes—...

—*Y en la televisión...*

—Sí, pero la televisión es una historia más nueva, en la que participan los neopentecostales. Es otra cosa. Porque los pentecostales son, por lo general, camadas pobres que ascienden un poco socialmente en función de sus cambios personales, cambios de hábitos de vida, desarrollo de capacidad de ahorro y demás. Pero estos otros, los neopentecostales, son más bien clase media que está buscando la prosperidad y hace un salto en ese sentido.

Al principio los pentecostales son buscados por su potencial peso político-electoral en lugares donde la definición se puede hacer por 2% de diferencia. Un voto disciplinado de un núcleo de la población puede hacer la diferencia, sobre todo para elecciones de diputados, alcaldías e intendencias.

Poco a poco, sin embargo, se comienza a comprender que el mundo de la política es un mundo de responsabilidad. Entonces entran a un segundo periodo, de un cierto candor, de una cierta ingenuidad, de creer que nosotros, pentecostales, o evangélicos en este caso —honestos, que hemos dejado el pecado, que hemos dejado el alcohol, que hemos dejado el vicio, etc.—, podemos llevar honestidad a la vida política. Se empieza a pensar en votos con candidatos propios —si es posible dentro de un partido que se defina como partido evangélico—, o buscando de alguna manera colocar a nuestros hijos en el Parlamento.

—¿*Eso sucede en la Guatemala de Ríos Montt, por ejemplo?*

—En Guatemala no fue una decisión de la Iglesia, sino un golpe militar. Sin tomar en cuenta a Ríos Montt, Elías Se-

> Luego surge un protestantismo autóctono latinoamericano. Ya no portador de liberalismo, sino un protestantismo popular que está creciendo en toda América Latina: son los pentecostales. Se caracterizan por un gran entusiasmo y por una exigencia de un cambio de vida radical. Trabajan por lo general durante muchas décadas con los migrantes rurales hacia las ciudades.

rrano fue el segundo presidente evangélico de Guatemala. Fue electo con el voto popular evangélico, que en Guatemala ya debe configurar más de 30% de la población. Ése fue un voto masivo hacia Serrano.

—¿Y Fujimori?

—Fujimori no es evangélico, él es católico, pero fue sostenido por los grupos evangélicos que se organizaron con nuestras técnicas de trabajo de evangelización casa por casa. Así se hizo el trabajo de la campaña política de Fujimori. Ésa fue una gran sorpresa, porque mientras Vargas Llosa tenía la televisión, Fujimori no aparecía para nada en la televisión, pero tenía esa red enorme de hormiguitas trabajando en todos los barrios miserables alrededor de Lima y en el interior del país en una forma extraordinaria.

—¿Qué les ofrecía Fujimori?

—Colocar en sus listas a evangélicos.

—¿Y los colocó?

—El vicepresidente era un pastor bautista, Carlos García. Un gran tipo, que renunció en seguida que Fujimori dio el golpe.

—¿Esto corresponde a la segunda fase que usted señala, la de asumir responsabilidades directas en la política, más que simplemente apoyar a quien pactara con la iglesia?

—Pero estamos en ese periodo en el cual se pasa a asumir responsabilidades con ese cierto angelismo. Esto se presta a que poderes más hábiles de la vida política utilicen esa ingenuidad. El caso más concreto y visible lo tienen en Chile.

> Algunos han hablado de la siesta social del pentecostalismo, porque los obreros que entraban en las iglesias pentecostales encontraban todo el sentido de su vida en la Iglesia y no estaban disponibles para la lucha sindical, para la lucha política y demás. Hay que mantener, creo yo, el balance de las dos cosas.

Al año del golpe, Pinochet quiere tener un *Te Deum* de celebración. El cardenal Silva Henríquez se niega, y entonces él se va a la catedral pentecostal en Santiago, que es un templo que puede albergar alrededor de 15 000 personas, y les ofrece tener el culto de conmemoración del golpe. Primera vez en la vida que un general —un presidente— se acercaba a esta gente que venía ascendiendo. Y además venía con un argumento que en ese momento —estamos hablando de 25 años atrás— todavía era muy importante: ¡la iglesia católica decía que no, y entonces era una oportunidad de darle por la cabeza a la iglesia católica! Eso también influyó.

¡Traía prestigio al presidente y nosotros estábamos al nivel de la Iglesia católica! Y se hace un *Te Deum,* ya que el *Te Deum* de las fiestas patrias se hace siempre en la catedral. Resultado: algunos sectores del protestantismo —Chile es un caso, Brasil es otro, Guatemala es otro— se utilizaron para legitimizar y dar cierto apoyo religioso a los procesos militares. No fue el caso de Uruguay, ni Argentina, ni Paraguay, pero sí, reitero, fue parcialmente el caso en Brasil y bastante visible en el caso de Chile y Guatemala.

—¿Qué quedó de los principios liberales originales?

—Queda la corriente liberal, que es la corriente que, por ejemplo, aquí en Uruguay, está representada por la Iglesia metodista, por la Iglesia valdense, por la Iglesia luterana y por la Iglesia de origen alemán; y en los otros países también está representada por esas iglesias. Eso queda.

El grupo pentecostal mayoritariamente sigue ese camino que les estoy diciendo: de desconfianza primero hacia lo político, de aprovechamiento luego y de angelismo más tarde, y en ese angelismo son atrapados para dar una cierta sacralización a posiciones políticas.

Ahora, de estos grupos pentecostales se van desprendiendo otros que toman conciencia y que se distancian del fenómeno inicial, entran en contacto con las iglesias históricas y entran también a militar en la cuestión de los derechos humanos. En la Argentina ha habido iglesias pentecostales junto a las iglesias protestantes históricas; y en Chile, en esa organización Fasic, también han trabajdo iglesias pentecostales.

Es decir, el panorama protestante es un poco caótico, porque no hay una central. Pero también dentro de la iglesia católica se podrían ver corrientes.

EL FUROR PENTECOSTAL

—*¿Por qué ese furor pentecostal?*

—El crecimiento pentecostal que se ha dado en América Latina responde, en mi opinión, a los clamores objetivos de la población. ¿Por qué el candomblé y la umbanda, los terreiros, etc.? ¿Qué hay en nuestra sociedad que genera un hambre tal de significado y la búsqueda de una ayuda para problemas que al parecer la ciencia asequible no soluciona? La ciencia tiene soluciones para la inmensa mayoría de los problemas, pero sólo para los que tenemos acceso a ella; pero no la tiene para los que tienen que dejar de trabajar para ir a las 5 de la mañana a sacar una orden para el Hospital Maciel,[1] y que, cuando llega, está en huelga.

—*¿Influye en los más pobres, en los más pauperizados...?*

—Por ahí va la cosa.

—*¿Qué le ofrecen ellos?*

—El calor de un grupo humano, una experiencia religiosa, el misticismo en relación con la divinidad.

—*Respecto de otras corrientes protestantes, ¿son más místicos?*

—Sí, los pentecostales son más místicos. Nosotros somos demasiados racionales, destacamos la palabra, la predicación,

> El crecimiento pentecostal que se ha dado en América Latina responde, en mi opinión, a los clamores objetivos de la población. ¿Por qué el candomblé y la umbanda, los terreiros, etc.? ¿Qué hay en nuestra sociedad que genera un hambre tal de significado y la búsqueda de una ayuda para problemas que al parecer la ciencia asequible no soluciona?

el sermón. La democracia está en la racionalidad, está en la individualidad, está en la organización de las iglesias, donde se hacen pequeñas escuelas de democracia: se elige, se controla, se levantan actas, hay auditores. Todo eso es lo nuestro, el protestantismo histórico tradicional. Lo otro es el entusiasmo, es el calor, es la experiencia cara a cara. Y es el aceptar que el pastor tiene la misma formación, o la mínima formación, que tienen también los miembros de esa iglesia: es nada más que un líder natural que quizá ha leído un poco más la Biblia que los otros. Pero la comunicación pasa a darse muy fácilmente, aun en su ignorancia, en lo que puede haber de errores de apreciación histórica, geográfica o lo que fuere. Pero al mismo tiempo pasa a darse en un nivel de autenticidad.

Voy a contar una pequeña anécdota. Estoy en Chile, en un culto pentecostal, veo cómo la gente participa con entusiasmo, y le digo a un colega pastor: "Ustedes sí que se saben comunicar con el pueblo". Él me mira con gran sorpresa a los ojos: "Nosotros no, nosotros somos pueblo". Para mí era un problema de técnica de comunicación, para él era ser como él era.

Entonces, es el pueblo pobre que ha encontrado esa forma de organización. La iglesia católica —sobre todo en Brasil, con las comunidades eclesiales de base— ofrece algo bastante similar: el ejercicio del pequeño grupo, en el cual

[1] Se refiere a la demora en ser atendido en un hospital público de Montevideo.

> Lo importante es lo que está pasando al interior de estas comunidades en materia de organización, en materia de distribución de responsabilidades, en materia de personalización, en materia de individualización, en materia de exigencia, de comprensión de lo que está pasando. Y todo este acervo —cuando venga el desencanto de la ingenuidad actual— va a quedar como una base subyacente, que va a ser muy útil para la vida política de los países.

se vive una experiencia espiritual y se discuten sus problemas. Ahora, en el ámbito pentecostal, se configuran sociedades de apoyo y de control recíproco. Se espera que la gente deje de tomar, por ejemplo; entonces se están viendo permanentemente, se están preguntando cómo va la cosa, y es una gran vergüenza volver a caer.

—*¿En su opinión, qué evolución puede llegar a tener —en términos de futuro— el fenómeno pentecostal respecto de la democracia como régimen político?*

—Veo una potencialidad enorme de participación popular en la democracia, pero una participación con capacidad organizativa. No voy a cometer el error de decir, por ejemplo, que las camadas populares no participaban en la democracia uruguaya: difícilmente habrá partidos más populares que el Partido Colorado y el Partido Nacional[2] en sus grandes líneas tradicionales, juntaban masa, etc. Pero en general ha sido la línea de seguir al caudillo, la figura emblemática. En los grupos evangélicos se están generando las organizaciones populares que van a crear hábitos de organización, que van luego a entrar en la sociedad probablemente con la exigencia de una participación más concientizada, más organizada, más exigente del encuentro cara a cara y menos masificada.

TRASVASAMIENTO PENTECOSTAL HACIA EL PROTESTANTISMO TRADICIONAL

—*¿Cómo se van a ir perfilando las identidades de las dos vertientes referidas de las iglesias protestantes?*

—Esta pregunta me obliga a entrar en el fenómeno del neopentecostalismo, especialmente en relación con Brasil, donde el crecimiento es tan enorme: se estima que más o menos medio millón de personas entra en las iglesias pentecostales y neopentecostales cada año. Una cosa increíble.

En 10 o 15 años tendrán millones de miembros e imperios de comunicación enormes, con una red de televisión que prácticamente ya cubre todo el país, cadenas radiales que cubren todo el país. Con ese crecimiento tan impresionante es imposible evitar el triunfalismo que hace que en este momento se piense que la solución es un bloque de diputados evangelistas: hay ya una media docena o algo así. Yo ahora me pongo en cínico realista político y digo que esto pasará hasta que llegue el momento en que se enfrenten con los problemas reales de la vida política y tengan las mismas tentaciones que tienen los otros políticos; cuando tengan que entrar en los compromisos en los que tienen que entrar los otros políticos para lograr llevar adelante la cosa pública. En ese momento habrá un matizamiento del mesianismo actual que prevalece.

Mientras tanto, para mí, lo importante no es esta decisión frente a la política de hoy en día —que no es muy positiva—, sino lo que está pasando al interior de estas comunidades en materia de organización, en materia de distribución de responsabilidades, en materia de personalización, en materia de individualización, en materia de exigencia, de comprensión de lo que está pa-

---

[2] Partidos históricos de Uruguay, fundados en 1836, hasta hoy en el gobierno del país.

sando. Y todo este acervo —cuando venga el desencanto de la ingenuidad actual— va a quedar como una base subyacente, que va a ser muy útil para la vida política de los países.

—*¿Ese potencial es, a su juicio, patrimonio fundamentalmente de los pentecostales o también lo es de las demás iglesias protestantes?*

—Aquí es donde el movimiento ecuménico desempeña su papel, porque el movimiento ecuménico las aproxima. Por ejemplo, en Chile, son iglesias de tipo liberal tradicional —iglesias abiertas a los fenómenos de la sociedad contemporánea y sostenedoras del proceso democrático— las que están proveyendo formación teológica, formación bíblica, para los líderes de las iglesias pentecostales. En consecuencia, ahí hay un trasvasamiento. Ahora también, en la medida que crecen también en edad, es decir, que viene una segunda y tercera generación, buscan sus raíces y se reentroncan con el protestantismo clásico. Y ahí estará nuestro problema: saber si tendremos la capacidad de compartir los valores del protestantismo tradicional, que son los valores de la democracia, los valores de la individualidad, los valores de la participación.

—*Haciendo un paralelo, la Iglesia católica está viviendo una cierta rejerarquización de la religiosidad popular y uno tiende a pensar que —entre otras causas— eso ha sido una repuesta al fenómeno popular de demanda de religión. En el caso protestante ¿lo que usted está describiendo es que las nuevas iglesias —de inicio portadoras de una religiosidad digamos más espontánea— evolucionarán hacia posiciones más tradicionales y el protestantismo tradicional contribuirá, a su vez, a través del ecumenismo, a dotarlas de valores y racionalidad?*

—Ése para mí es el gran desafío ecuménico en América Latina: conseguir el entronque de las dos grandes vertientes protestantes, de tal manera que, guardando esa autoctonía, ese carácter espontáneo, ese carácter popular, se recuperen los valores tradicionales de una forma de mirar la vida y de mirar la historia, que es la contribución específica del mensaje protestante.

Es decir, estos grupos pentecostales que sostienen ser evangélicos tendrán que demostrarlo recuperando la historia evangélica.

ACERCAMIENTO CON LOS PENTECOSTALES

—*¿Cómo se hace esa confluencia entre el protestantismo tradicional con los pentecostales y los no pentecostales? ¿Cómo va a ser ese proceso de acercamiento entre esos dos fenómenos que aparentemente no se compatibilizan fácilmente?*

—Reconozco que lo que ustedes dicen es correcto, pero no se compatibilizan ni fácilmente ni difícilmente, simplemente no se compatibilizan, y tienen que compatibilizarse. Es decir, ahí yo ya lo presento como proyecto, como compromiso de acción histórica, y digo que ésa es la vocación del movimiento ecuménico. Acá tenemos masas de gente que se reconocen a través de los símbolos cristianos, muchas veces los utilizan en formas muy diferentes. Cuando tenemos una historia común, a partir de esa historia podemos generar procesos de reflexión que nos ayuden a superar las deforma-

En los grupos evangélicos se están generando las organizaciones populares que van a crear hábitos de organización, que van luego a entrar a la sociedad probablemente con la exigencia de una participación más concientizada, más organizada, más exigente del encuentro cara a cara y menos masificada.

Ése para mí es el gran desafío ecuménico en América Latina: conseguir el entronque de las dos grandes vertientes protestantes, de tal manera que guardando esa autoctonía, ese carácter espontáneo, ese carácter popular, se recuperen los valores tradicionales de una forma de mirar la vida y de mirar la historia, que es la contribución específica del mensaje protestante.

ciones que podamos tener los unos y los otros. Nosotros tendremos que ser muy humildes para escuchar de ellos qué es lo que han aprendido con este entusiasmo, qué es lo que han aprendido con la incorporación de camadas populares.

Nuestras iglesias son más bien de clase media, estamos aprendiendo con ellos qué significa encontrarse realmente en el barro con la gente. Pero ellos, a su vez, tendrán que aprender de nuestra reflexión, de nuestra sociología, de las ciencias sociales, etc., cómo interpretar la situación, no simplemente con el "cree y todo se arreglará", sino también con la realidad de la solidaridad, de la fraternidad humana a ser construida no sólo en una comunidad pequeña sino en una comunidad más grande.

Yo no lo veo como un proceso que se vaya a dar automáticamente, sino que debemos trabajar para que se dé. Pero tiene promesas de darse porque no tenemos más remedio que estar juntos, porque nos une la Biblia. A partir de ese punto inicial creo que tenemos una oportunidad

—¿Qué dimensión numérica va a tener ese fenómeno cuando se concrete, pongamos por caso, en quince o veinte años?

—En este momento se puede estimar en 18% aproximadamente en América Latina. Hay proyecciones fantasmagóricas que hablan de 50% para el año 2015.

En general, el catolicismo sería de 75 a 80% en América Latina, salvo el Uruguay. El agnosticismo es un fenómeno pequeño numéricamente, lo que no supone que no sea significativo intelectualmente, ya que, como se sabe, muchos de nuestros grandes escritores son agnósticos: Carlos Fuentes, García Márquez, etc. Es un fenómeno curioso. Pero numéricamente el pueblo latinoamericano es pobre y creyente, sin ninguna duda.

—¿Y esa proyección de 50%...?

—Descansa en que ya se llega a 40% en Puerto Rico y que ya se supera 30% en Guatemala. Es así que se dan las tendencias.

—¿Decrece la iglesia católica y crece la iglesia protestante?

—Claro. Pero el catolicismo subyacente en nuestros pueblos es muy fuerte, y el catolicismo también tiene sus vertientes; la teología de la liberación puede ofrecer lo que ofrece el protestantismo histórico más la mística, más el arraigo tradicional. El catolicismo tiene el catolicismo tradicional, que también da salida a la necesidad de expresión de un sector popular y al mismo tiempo puede acompañar ese catolicismo para que no quede en superstición popular, que sea realmente catolicismo.

Yo no creo que el catolicismo esté muerto en América Latina. Aun cuando Juan Pablo II y su línea perdieron una gran oportunidad, porque la teología de la liberación era el instrumento de evangelización y de publicidad más importante que había en el catolicismo en América Latina. Acá en Uruguay se veía claramente. Hasta los años sesenta a la muchachada católica le daba vergüenza decir que era católica. A partir de que la Unión Cívica pasa a ser la Democracia Cristiana es que empiezan a militar: se veían las crucecitas por todos lados y salían a la calle manifestando su fe.

LUCES Y SOMBRAS DEL PROTESTANTISMO

—*¿Qué consecuencias traerá en América Latina, en su opinión, ese encuentro y potenciación de las dos vertientes protestantes que usted está imaginando? Nos referimos a la repercusión de los valores de la cultura en el desarrollo económico...*

—El protestantismo tiene sus grandes luces y sus grandes sombras. Es interesante recordar que la democracia nace en suelo protestante. La visión de Calvino para la democracia es muy distinta de la de Rousseau: no tiene nada que ver con el optimismo sobre la bondad del hombre, todo lo contrario. La división de poderes se impone en realidad para que haya control de la pecaminosidad humana. Es decir, hay un tremendo realismo en la base de reflexión protestante. La democracia es el único sistema que permite controlar las peores consecuencias del pecado humano, porque de lo contrario habría que confiárselas al príncipe, y éste es tan pecador como cualquier otro. Por ahí nace la democracia moderna dentro del esquema protestante. Y toda la vida de la iglesia se organiza también en función de controles de poder recíprocos entre el pastor, las auditorías, etc. ¿Por qué? Porque básicamente existe como concepto básico ese realismo sobre la condición humana.

Al mismo tiempo, el protestantismo configura un llamado a la responsabilidad individual, a la participación personal. Hay una ironía histórica: mientras el protestantismo insiste en que no podemos hacer nada para salvarnos, que la salvación es un don gratuito de Dios —Calvino llega hasta la predestinación—, se enseña y se exige que hay que mostrar los frutos de la salvación, y los frutos de la salvación son frugalidad, trabajo, acumulación y generosidad. Tiene que haber frugalidad de vida, que permite acumulación, trabajo y genero-

sidad, que es fruto de la santificación y que no es simple fruto del egoísmo personal.

Pero todo ese modelo, que en su conjunto es muy bonito, puede quedar constreñido sólo a la primera parte. A la acumulación y al trabajo, a una afirmación del ahorro, a creer que los frutos del trabajo son la bendición que Dios me da a mí: al individuo.

Por eso digo luces y sombras. La gran luz es que el protestantismo permite afirmar la democracia moderna y brindarle el tipo humano que le ha dado a esta su dinámica social: la dinámica productiva que ha estado en la base del capitalismo. Pero al mismo tiempo esa luz, convertida ahora en sombra, ha estado también en los peores pecados del capitalismo. Es decir en la acumulación desenfrenada que implica la explotación del prójimo. Y en la generosidad que se ha convertido, a veces, en beneficencia y no en solidaridad.

El gran problema que tenemos hoy en día es si vamos a tener un desarrollo económico primero y luego lo que sobra se va a distribuir a los de abajo, o vamos a buscar un modelo que nos permita desarrollarnos todos juntos aunque vayamos más lento y no lleguemos tan alto. Ahí está planteado bien concreto el dilema del protestantismo histórico.

Nos faltan teóricos. Han venido algunos teóricos americanos a presentar libros insistiendo en que lo que precisa América es el protestantismo como base

> La visión de Calvino para la democracia es muy distinta de la de Rousseau: no tiene nada que ver con el optimismo sobre la bondad del hombre, todo lo contrario. La división de poderes se impone en realidad para que haya control de la pecaminosidad humana. La democracia es el único sistema que permite controlar las peores consecuencias del pecado humano.

ideológica del desarrollo neoliberal, del desarrollo capitalista. Hay una potencialidad protestante de proveer cuadros para el modelo de desarrollo neocapitalista. Eso es evidente. El gran desafío que nosotros tenemos es ver si esa dinámica —que no debiéramos matarla—, esa capacidad de personalización y de individualización típicamente protestante, será acompañada por la solidaridad, por la pertenencia a la comunidad en su conjunto y por la convicción de que o nos salvamos todos o no se salva nadie.

—*Vayamos del problema teórico hacia una imagen un poco más prospectiva.*

—Aquí, evidentemente, las convicciones teológicas e ideológicas se mezclan. Yo hago una lectura de muy corto plazo para el sistema neoliberal. Creo que las contradicciones que está generando, aun en lugares exitosos como Chile, hacen que no tenga futuro. Cuando nos ponen como ejemplo a los "tigres asiáticos", no nos explican que ellos no han configurado de ninguna manera la marginalización de grandes sectores de la sociedad, como está ocurriendo en América Latina.

En Corea del Sur los temas de los derechos humanos y los derechos sindicales fueron una lucha titánica, pero fue una lucha que se ha ganado, por la cual los sindicatos impusieron su existencia y obligaron al sistema a tomarlos en consideración. Es cierto que hay diferencias, que alguien gana 50 veces más que otros, pero en un escenario donde no hay un nivel de miseria. Digamos que han conseguido integrar la dimensión de justicia y de seguridad básica dentro del sistema de desarrollo, lo cual les ha configurado en sí la capacidad de desarrollo. Lo mismo ocurre en el sistema japonés, que no ha generado la miseria que está generando ese esquema en América Latina. Aun en Singapur —que no es un modelo santo de mi devoción

porque es una dictadura—, tengo que reconocer que en lo social un obrero de Singapur vive un nivel de vida superior al de los obreros uruguayos.

Yo no le veo al modelo neoliberal un futuro muy largo en nuestros países. Yo creo que las contradicciones que ha generado hace que mantenga un discurso ambiguo. Si usted ve el programa de Sanguinetti, tenía que ser socialdemócrata, porque los que están pensando ven —aun cuando no sepan qué hacer o no tengan libertad de hacer otra cosa— que por ahí no funciona la historia.

Todo esto para responder a su pregunta de la prospectiva. Frente a la ineluctabilidad del fracaso del sistema neoliberal y la necesidad de configurar alternativas, yo creo que las iglesias —la católica también— tienen una posibilidad de contribuir con cuadros que incorporen esa dinámica de sociedad, esa dinámica de producción, esa dinámica de construcción histórica, pero que la incorporen con una referencia de solidaridad en el proceso mismo y no al fin del proceso.

EL PROTESTANTISMO Y LA TEOLOGÍA
DE LA LIBERACIÓN

—*¿Cómo es la dialéctica entre el protestantismo, la teología de la liberación que usted ya ha mencionado y la Iglesia católica actual?*

—El protestantismo histórico, primera vertiente, ha tenido mucha simpatía con la teología de la liberación.

Para Juan Pablo II y el *establishment* en Roma, el temor fundamental era el marxismo, el comunismo. Era su enemigo en la experiencia polaca. En consecuencia, si allá lo enfrentó poder a poder, no podía permitir que se le metiera por el costado en otro terreno tan importante para la Iglesia católica como es América Latina. Entonces, el dilema fundamental para él era cómo detener el marxismo, cómo evitar infiltraciones. Por otro lado, esa preocupación se mezcla con el deseo de poner orden dentro de la vida de la iglesia católica.

Con la teología de la liberación, el miedo era más bien que no fueran manipulados, que no fueran usados por sectores marxistas. Tan es así que una vez que el marxismo real cae, la actitud de Roma hacia la teología de la liberación ha cambiado. En este momento es una actitud amable, yo diría que casi como aquel que dice "¿Aprendiste, no?". La palabra adecuada sería una actitud condescendiente. Pero la dimensión de la teología de la liberación que va a seguir funcionando es aquella que parte de las situaciones de marginalidad. Es decir, la teología de la liberación no es más que una reflexión a partir de una práctica que trata de combatir la pobreza, la miseria, la marginalización. Y como esos fenómenos continúan, continuará habiendo teología de la liberación.

El papa mismo ha vivido en carne propia el proceso de apertura de horizontes. Si uno recuerda, por ejemplo, cuando el papa llega a Puebla en la conferencia de obispos, su discurso allí fue ley y orden, ¡cuidado, cuidado, cuidado! Luego deja la conferencia, empieza a viajar por México y, cuando llega a Monterrey, le suelta un discurso a los obreros donde lo menos que les dijo fue: "Proletarios, uníos, no tenéis que perder más que vuestras cadenas". El Manifiesto Comunista redivivo. ¿Por qué? Por la sensibilidad propia frente a la realidad.

En Brasil, donde había una fuerte presencia de obispos en esta línea, se les ha ido reemplazando por obispos que han sido designados buscando otros cambios, otros estilos de ser iglesia; sin embargo, la "santa madre realidad brasileña" está allí para abrir los ojos. Por ejemplo, la Conferencia Nacional de Obispos de Brasil está ahora en manos relativa-

La gran luz es que el protestantismo permite afirmar la democracia moderna y brindarle el tipo humano que le ha dado a esta su dinámica social: la dinámica productiva que ha estado en la base del capitalismo. Pero al mismo tiempo esa luz, convertida ahora en sombra, ha estado también en los peores pecados del capitalismo. Es decir, en la acumulación desenfrenada que implica la explotación del prójimo. Y en la generosidad que se ha convertido, a veces, en beneficencia y no en solidaridad.

mente conservadoras; sin embargo, la Pastoral de la Tierra de la iglesia no ha cambiado en absoluto y están acompañando las ocupaciones de tierras que se están produciendo en distintos lugares de Brasil.

—La revalorización de la religiosidad popular que se relegitima a partir de Puebla trata de entroncar la historia del catolicismo con la historia misma de Latinoamérica. ¿Cómo se lleva el protestantismo con este nuevo sesgo?

—Hay problemas. Por ejemplo, en la última asamblea de la Conferencia Latinoamericana de Iglesias Evangélicas que tuvo lugar en enero en Concepción, Chile, por primera vez no se invitó a la iglesia católica a enviar delegados fraternales u observadores, en marcado gesto de protesta o disgusto por lo que consideran una toma de distancia, una marcha atrás de la iglesia católica en distintos países de América Latina. Cuando la asamblea discutió ese tema,

En este momento se puede estimar la presencia protestante en América Latina —creciendo por el lado pentecostal— en 18% aproximadamente. Hay proyecciones fantasmagóricas que hablan de 50% para el año 2015. Esa proyección descansa en que ya se llega a 40% en Puerto Rico y que ya se supera 30% en Guatemala.

> Juan Pablo II y su línea perdieron una gran oportunidad, porque la teología de la liberación era el instrumento de evangelización y de publicidad más importante que había en el catolicismo en América Latina.

desautorizó a la comisión directiva que no la había invitado. No, señor, se dijo, precisamente por eso tendrían que haberla invitado.

Hay dos maneras de buscar ese entronque. La una de neocristiandad, buscando reafirmar el monolitismo cultural anterior y soñando con restituir una sociedad monorreligiosa. La otra manera es la de reclamar la herencia de Bartolomé de las Casas y tantos otros que vivieron el evangelio en el amor al pobre y en la defensa del indígena. Hacia este entronque positivo va el trabajo de CEHILA (Comisión Ecuménica de Historia de la Iglesia en Latinoamérica). Con este segundo entronque los protestantes están de acuerdo y entusiasmados. Ésa es raíz común. En cambio rechazan el retorno a una situación de cristiandad donde protestantes y liberales serían considerados ciudadanos de segunda clase, y donde se perderían los valores del pluralismo cultural, valores adquiridos a través de la lucha por la libertad de conciencia.

—Le preguntábamos sobre ese rescate historicista católico. ¿Hay alguna corriente paralela en el universo protestante?

—Ese rescate va acompañado de un proyecto de reevangelización de América Latina, de recatolización, de recristianización de la cultura latinoamericana. En el caso del protestantismo, está tan ocupado en hacer la historia que tiene muy poca mirada hacia atrás. Sólo algunas iglesias históricas como la

nuestra, pequeñas, tienen un pequeño museo, un pequeño archivo histórico. Pero en general no hay esa reflexión, no se siente esa necesidad; están creciendo, están acelerados en otra dirección.

Mientras que en la Iglesia católica hay división de opiniones sobre eso, Juan Luis Segundo[3] estaría completamente al de la teorización que ustedes mencionan, diciendo que la Iglesia católica tiene que aceptar su carácter de minoría, porque es así, a partir de una minoría, que los cristianos pueden servir al mundo, y no siendo mayoría; por el contrario, siendo mayoría, masa, se tiende a bajar los niveles. Juan Luis Segundo fue el teólogo más brillante del catolicismo contemporáneo en América Latina.

—En una etapa, la Iglesia católica trató de propiciar sindicatos católicos, de influir por la vía de tener partidos católicos, etc. ¿Las iglesias protestantes han tenido políticas semejantes?

—No, en general se ha rechazado ese camino, y los líderes de iglesias protestantes históricas han militado en diferentes partidos políticos. En Uruguay, por ejemplo, hemos tenido un tesorero del Partido Nacional y líderes del Partido Colorado —como Martínez Trueba— que se educaron en nuestras iglesias. Y en el Partido Socialista también se encuentran vetas protestantes: Armand Ugón, un valdense, fue consejero de gobierno por el Partido Colorado.

Es el neopentecostalismo, en función del crecimiento numérico muy grande, el que se tienta con la misma dinámica católica de buscar una neocristiandad, pero ahora de cuño protestante, de cuño pentecostal. Pienso que es una ilusión que va a fracasar, que vamos a aprender de eso, y por eso se están preparan-

---

[3] Sacerdote y teólogo uruguayo, recientemente fallecido, proclive a la teología de la liberación.

do los cuadros para lo que vendrá después. Pero la tentación existe.

EL PROTESTANTISMO Y LA SOCIEDAD CIVIL

—*En cuanto al tema de la gobernabilidad, parece que en la cultura de la responsabilidad del protestantismo hay un activo para moverse en el campo de la sociedad civil...*

—Dos cosas. Primero una anotación al concepto de gobernabilidad. Lo primero que debemos apuntar es a crear una sociedad cuya gobernabilidad sea digna de ser sostenida; es decir, que la gobernabilidad no sea un *statu quo* que continúa con la marginalización de grandes sectores populares. Hay una primera contribución de las iglesias a la búsqueda de la gobernabilidad que se basa en la exigencia de una dinámica de gobierno al servicio de un proyecto de justicia, un proyecto de solidaridad. Y si faltara eso, entonces sería ayudar a una gobernabilidad cimentada en la injusticia existente, que sólo puede ser tomada como punto de partida pero no como punto de llegada.

Ahora, una vez dicho eso, es cierto que el protestantismo en todas sus vertientes tiene una existencia de organización no gubernamental, donde se reconoce el activo que ustedes mencionan en la pregunta, pues se aglutina gente que se reconoce a través de símbolos comunes, instrumentos de mediación, de información, instrumentos de interpretación e instrumentos de sostén de la gente.

Una de las grandes tentaciones que tenemos es precisamente, en virtud del neoliberalismo —que reduce las posibilidades de apoyo a los sectores pobres—, entrar en sustitución del Estado. Ése era el sueño dorado de Reagan, que las iglesias tomaran en los Estados Unidos todo lo que el Estado retirara en ayuda a la vejez, en ayuda a los sin techo, etcétera.

Las iglesias tienen esa potencialidad y cumplen mucho ese servicio. Ha sido un servicio tradicional y lo pueden volver a cumplir: desde las ollas populares hasta los orfelinatos para niños. Pero tenemos que tener cuidado de mantener eso en tensión con la dimensión profética —señalábamos que se trataba de solidaridad y no de beneficiencia—, de tal manera que no se constituya en un escape para la sociedad. Pero la potencialidad está allí.

—*¿Esa presencia de articulación social requiere una función crítica?*

—La función crítica me parece que va a ser muy importante, ya lo es y lo va a ser aún más.

Yo diría que los sectores llamados históricos de la primera década mantienen la tradición liberal. Liberal en el viejo sentido de que generaba el capitalismo —qué interesante, ¿no?—, de promover la apertura de la sociedad. Esa corriente sí es crítica del neoliberalismo. Es crítica porque ve que el proyecto no incorpora en su esencia la solidaridad. O si se quiere en términos religiosos, que la exigencia de la total libertad del mercado levanta un ídolo, pero nadie puede ser libre, sólo Dios es libre, todos los demás vivimos dentro de limitaciones. Y ejercemos nuestra libertad dentro de las limitaciones que me son creadas para vivir en sociedad con el prójimo y demás. Y el mercado mismo no puede ser un ídolo librado a sí mis-

El hincapié de la *new age* en el karma —reencarnación— es individualista y egoísta. Si el otro sufre es consecuencia de una vida anterior. La sociedad se despersonaliza. Los proyectos comunitarios se relativizan. En fin, para el protestante que soy, la construcción de una historia solidaria es fundamental.

mo, porque entonces lo adoramos y, como todos los ídolos, termina devorándonos.

Por allí viene la crítica a esa exigencia de la disminución del papel del Estado, que puede entenderse en términos económicos como disminución del costo del Estado, pero se le ve como disminución de la protección de los débiles en la lucha por la existencia. Porque el Estado ha cumplido ese papel de distribuidor, de protector. Ha sido opresor también, desde luego, y podría volver a serlo, pero no tiene por qué serlo. La función del Estado es el equilibrio de la totalidad.

Entonces, la crítica hacia el neoliberalismo pasa por esa falta de pensamiento económico solidario. Esto me lo dijo acá un empresario católico: nuestro lema es cómo mantener la solidaridad en nuestra fábrica cuando se nos exige la competitividad feroz hacia el exterior. Pero por lo menos que la mantengamos dentro, con nuestros obreros, o de lo contrario lo de ser cristiano católico ya no tiene ningún sentido, si entramos todos en ese esquema neoliberal a ultranza.

LOS PROTESTANTES Y LAS RELIGIONES NO BÍBLICAS

—¿*Qué política tienen ustedes respecto de las religiones no bíblicas, como el umbanda?*

—Otra vez vamos a encontrar una división de conductas, no tanto de convicciones. Los grupos neopentecostales están en lo que llaman una guerra santa contra el umbanda, porque compiten en el mismo mundo simbólico de los demonios, de los espíritus, de las posesiones, etc., y en consecuencia toman una actitud de juicio-condena. En Rio de Janeiro sucede lo que se llama la guerra de las playas, porque los dos bandos hacen sus cultos en las playas y puede pasar cualquier cosa...

—*Umbandistas por un lado contra neopentecostales por el otro.*

— No nos gusta, "no nos convence". Creo que están equivocados, pero es otra religión con la que tenemos que dialogar, que tenemos que respetar. No pretendemos tener el monopolio de la verdad ni mucho menos exacerbar ánimos en contra de otros. Lo que me preocupa, tanto dentro del cristianismo como fuera del cristianismo, es el daño que podemos hacer cuando fanatizamos a la gente. Es tan fácil fanatizar... Cuando viene gente a verme y me dice que le han hecho "un trabajo" y está de "mala onda", ahí sí me da una indignación terrible, porque veo el sufrimiento de la gente, víctima del miedo. Pero como fenómeno religioso, esas religiones están ahí, como está el judaísmo, como está el Islam, o los mormones u otros. Con ellos discreparé, pero el diálogo se impone para la convivencia.

—*El Islam está más lejos; sin embargo, hay por ahí la afirmación que sostiene que tienden a crecer conceptos más asiáticos, más budistas, como el tema de la* new age, *la "nueva era"...*

—No quiere llamarse religioso, pero es profundamente religioso. Los que leen el horóscopo dicen que no es religión. Pero si no es religión, es superstición, una de las dos.

—*En Norteamérica esa corriente es muy fuerte en California...*

—En California, en Europa. Ha habido un enfrentamiento, respetuoso pero polémico. Es decir, no se puede negar que existe, que tiene derecho a existir, que hay libertad religiosa para todos, pero al mismo tiempo no se puede menos que pensar que están equivocados. La *new age* es una forma religiosa que mezcla de todo un poco. El único gran problema que tiene es no comprometerse, no arriesgar nada por algo que implique un compromiso colectivo.

—¿*Está ausente la noción de responsabilidad que usted ha descrito tan intrínseca del protestantismo?*

—Y la noción de solidaridad. El hincapié de la *new age* en el karma —reencarnación— es individualista y egoísta. Si el otro sufre es consecuencia de una vida anterior. La sociedad se despersonaliza. Los proyectos comunitarios se relativizan. En fin, para el protestante que soy, la construcción de una historia solidaria es fundamental.

Pedro Morandé: La misión de la Iglesia permitió un encuentro que —desde el barroco hasta el realismo mágico— define a América Latina

El patio estaba lleno de estudiantes ese día de octubre de 1995. Dos de ellos —de la Pontificia Universidad Católica de Chile, en Santiago— le indicaron a los autores dónde quedaba el decanato de la Facultad de Ciencias Sociales, donde su titular, Pedro Morandé, aguardaba ese mediodía para conceder la entrevista. Morandé, historiador y teólogo, es un laico con un pensamiento reconocidamente influyente en las jerarquías de la Iglesia latinoamericana. Llama la atención tanto por su afabilidad como por su perspicacia intelectual. La amena charla, de casi dos horas de duración, comenzó refiriéndose al intelectual uruguayo Alberto Methol Ferré, amigo común.

—*¿Qué idea tiene usted sobre el papel de la Iglesia en la formación de la identidad latinoamericana?*

—Yo pienso que ha tenido un papel sustancial. Es decir, la historia de América Latina sería ininteligible sin la Iglesia: ésta es una suerte de clave hermenéutica en la historia de América Latina. Por eso, una de las cosas que a mí más me llamó la atención en alguno de los encuentros en torno al V Centenario es que nada se dijera sobre la presencia de la misma, como si América Latina pudiese ser lo que es sin ella.

Yo he investigado muchísimo personalmente sobre el papel de la Iglesia en la primera época, época a la que en términos eclesiales se le llamó la primera evangelización. Allí ocurre la formación de la cultura de América Latina y lo que algunos han llamado —y yo personalmente llamo— el sustrato barroco de la cultura de América Latina. Y me parece que desde entonces, sufriendo los avatares de la historia, ha acompañado ininterrumpidamente la historia de América Latina. Es decir, la Iglesia es más antigua que nuestros Estados naciona-

PEDRO MORANDÉ, decano de la Facultad de Ciencias Sociales de la Pontificia Universidad Católica de Chile, nació en Santiago de Chile en 1948. Se licenció en sociología en dicha universidad y realizó cursos de posgrado en Alemania Federal. En 1973 es designado asesor del rector de la Universidad Técnica, en Valparaíso. Su área de especialización es la sociología de la cultura y de la religión. Es autor de numerosos estudios y publicaciones, en su mayor parte sobre la identidad cultural latinoamericana.

les, estuvo en la síntesis original de pueblos, en la mezcla de pueblos, en el mestizaje que caracteriza prácticamente a toda la población de América Latina. Tuvo un papel muy importante en relación con las etnias originarias, tanto en la comunicación, generalizando el uso del lenguaje castellano como idioma de toda América Latina, como también en la traducción de lenguas vernáculas al castellano. Varios de los idiomas originales se han preservado gracias a la labor de muchos misioneros.

LA IGLESIA CATÓLICA Y LA IDENTIDAD LATINOAMERICANA

—*Por definición la Iglesia es supranacional...*
—Básicamente. Ése es el punto clave. Yo destacaría varias ideas. Primero, que la Iglesia vino a América con un sentido de misión. Es decir, nadie va a otro lado del mundo, con riesgo de su vida, si no es porque cree que tiene algo que ofrecer. Lo dice el padre José de Acosta, jesuita, en una de las pocas crónicas jesuitas que se conservan: nadie podría pensar que uno abandone toda la realidad de su país, cruce el mar y venga acá, si no es porque piensa que lo que trae es lo más valioso que tiene para ofrecer a los hombres.

De modo que hay un sentido de misión que se hace con sentido de globalidad. En la época que ocurre la llegada de la Iglesia a América Latina, los religiosos no sólo vienen a este continente, sino que van al mundo entero, van también a India, a China, a Japón. Es decir, los viajes se dan dentro de un espíritu de universalidad con esta idea de misión, de poder ofrecer a los pueblos algún elemento valioso cultural, moral, religioso.

—*¿Por qué la misión es latinoamericana y no panamericana, por ejemplo?*

—Habría que decir que eso es posterior, ya que parte de lo que hoy es los Estados Unidos también fue evangelizado, porque era territorio de México, español, más exactamente. De modo que no es que haya habido una predilección, en términos actuales, sobre América Latina. Pero revela la diferencia en el sentido de lo que fue la colonización de los Estados Unidos y la de América Latina, cosa que han estudiado muchísimo los historiadores. En América del Norte lo que ocurre es propiamente una colonización; es decir, colonias de disidentes europeos se trasladan a suelo americano para poder vivir su propia experiencia, sin interés mayor de incorporar a las personas nativas en esta experiencia.

En el caso de América Latina, por el contrario, hay un sentido de misión, de salir al encuentro de las culturas para anunciarles el evangelio. No hubo simplemente un sentido de venir a ocupar un territorio, a buscar un exilio con relación con Europa, sino de venir al encuentro de las personas. No cabe duda de que toda la obra de la evangelización, como también de la colonización de América, se hace con una responsabilidad política central. Es decir, la Corona se juega su propio prestigio —tanto en el ámbito oficial como en el civil— en esta obra de colonización. Hay una responsabilidad política en este salir al encuentro. No es que se toparon con otras personas y trataron de vivir una convivencia pacífica, sino que lo buscaron, buscaron su lengua, sus costumbres, sus tradiciones religiosas.

Hay en esa vocación de encuentro, creo yo, una característica de la primera formación de la cultura de América La-

La historia de América Latina sería ininteligible sin la Iglesia: ésta es una suerte de clave hermenéutica en la historia de América Latina.

[491]

> La Iglesia es más antigua que nuestros Estados nacionales, estuvo en la síntesis original de pueblos, en la mezcla de pueblos, en el mestizaje que caracteriza prácticamente a toda la población de América Latina.

tina. Unida a eso está toda la reflexión —ya en el plano más jurídico e intelectual— de la escuela de Salamanca. Esta escuela es la primera en el mundo moderno que se preocupa justamente del encuentro de pueblos distintos. Reflexiona sobre aquello en lo que consiste propiamente la soberanía y sobre cómo la soberanía no sólo está vinculada a un principio jurisdiccional de dominio territorial, sino que está relacionada con la identidad cultural de los pueblos.

EL ORIGEN DE LA RELIGIOSIDAD POPULAR

—¿Cree usted que la llamada "religiosidad popular" tiene su origen en ese encuentro?

—Así es. He investigado muchísimo ese periodo y he llegado a la siguiente conclusión. Esa síntesis que efectivamente se produce no fue una síntesis producida en el plano del pensamiento, en el plano intelectual. Porque lo que ocurrió es que Europa, concretamente España, era una cultura que ya estaba pasando a la etapa de la escritura —no hay que olvidar que 1492 es el año de la publicación de la primera gramática de la lengua castellana— y encuentra acá una variedad de culturas muy desarrolladas, pero ninguna cultura escrita. Entonces el encuentro es asimétrico entre una cultura escrita y una cultura de tradición oral. Y naturalmente no puede darse el encuentro a nivel de la reflexión entre distintos pensamientos escritos, sino que se da fundamentalmente a través del culto y del ritual, que correspondía, por lo demás, a las tradiciones orales.

Yo pienso que es muy importante esta primera época cultural, que llamamos barroca. Es una cultura de la imagen, no del concepto. Por lo tanto, si bien hay una reflexión —como en el caso de la escuela de Salamanca—, que tiene un papel muy importante en Europa y en España, lo que compone y constituye a América, lo que queda, es más bien la síntesis en el plano de la oralidad.

—¿En ese momento se genera, en su opinión, esa matriz cultural latinoamericana que sigue predominando?

—Yo pienso que sigue mandando. Y no sólo en el plano religioso. Es decir, nuestra cultura latinoamericana es una cultura de la imagen, incluso hasta cuando vemos las expresiones más interesantes del texto, como la poesía o la novela; nos encontramos ahí con una escritura sobre la imagen, es la trasposición de la imagen al texto. Lo que se ha llamado "realismo mágico", por ejemplo.

LA IGLESIA Y LA INDEPENDENCIA

—En la época de independencia, sin embargo, se ven algunos desencuentros de la Iglesia, no con la población pero sí con sus élites.

—Sí. Yo siempre llamo la atención sobre uno de los hechos políticos a mi juicio más importante de la historia de América Latina: la expulsión de los jesuitas. Hasta la segunda mitad del siglo XVIII América Latina no sólo tenía esta cultura generalizada de la imagen, sino que sus fronteras nacionales no existían, había unidad, la cual fue, no diré que producida pero, por lo menos, sí recordada y retroalimentada por la presencia de las órdenes religiosas, que se sostenían en el mismo carisma, en el mismo espíritu, incluso en la misma estructura de obediencia y de organización. Estaban los franciscanos, los dominicos, los jesuitas.

Y los jesuitas, adicionalmente, habían creado un conjunto de universidades, de las más importantes del continente. Entonces, la expulsión de los jesuitas rompió esta unidad latinoamericana, esta unidad cultural, y dejó de lado a los que eran los sujetos portadores de esta visión generalizada, o más universal, de América Latina. Eso permitió que las oligarquías locales se criollizaran, es decir, comenzaran a ocupar los huecos, los lugares, especialmente en el caso de la educación y de las haciendas: porque los jesuitas, como se sabe, tenían grandes haciendas para financiar las universidades. Comenzaron a generarse estas oligarquías locales totalmente desconectadas unas de otras, con rivalidades incluso dentro de lo que hoy día son los territorios nacionales.

—¿Así ve usted el germen de los actuales Estados nacionales?

—Claro. Para mí sería impensable la independencia sin esta medida anterior de la expulsión de los jesuitas, que fue la verdadera condición de posibilidad para la división de América Latina.

—En algunos casos puede decirse que el desencuentro de la Iglesia con la independencia durante siglo XIX fue bastante fuerte...

—Fue muy fuerte. Es interesante reparar en que muchas de estas oligarquías locales eran católicas, se habían formado en las iglesias, en las universidades. Sin embargo, por católicos que fuesen, no tenían esta visión global que sí tenían las órdenes religiosas. Entonces, defendieron sus intereses con una visión bastante más reducida que una visión global.

Por ejemplo, cuando Bolívar plantea sus sueños de una América unida, eso no es más que rememorar lo que ya había sido...

—Se vuelve a encontrar con la Iglesia...

—Claro. Eso fue lo que había hecho la Iglesia.

—¿Qué efecto tuvo, entonces, la idea bolivariana dentro de la Iglesia?

—Desgraciadamente, para entonces había cambiado muy sustancialmente la composición del clero. Si uno compara los finales del siglo XVI con los finales del siglo XVIII, observa que, en el XVI dos tercios del clero, tal vez un poco más, es clero de órdenes y solamente un tercio es clero diocesano. En cambio, a fines del XVIII —y especialmente después de la salida de los jesuitas— se invierte totalmente la proporción, y entonces es más numeroso el clero diocesano que el regular. Aparece también la criollización del clero, pues ese proceso de criollización no se dio sólo en la sociedad, afectó también a la Iglesia. De hecho, parte de los mismos obispos comienzan a pertenecer a las oligarquías locales

> En América del Norte lo que ocurre es propiamente una colonización; es decir, colonias de disidentes europeos se trasladan a suelo americano para poder vivir su propia experiencia, sin interés mayor de incorporar a las personas nativas en esta experiencia. En el caso de América Latina, por el contrario, hay un sentido de misión, de salir al encuentro de las culturas para anunciarles el evangelio; no es un sentido simplemente de venir a ocupar un territorio, a buscar un exilio en relación con Europa, sino que es venir al encuentro de las personas.

En ese sentido, cuando viene la propuesta bolivariana, la Iglesia ya no tiene esa unidad continental garantizada por las órdenes.

—Ya que, como usted ha señalado, el concepto latinoamericano radica en las las órdenes y no el clero secular.

—Exactamente. El clero secular siempre mira a la diócesis, a su parroquia.

> La síntesis del encuentro de culturas no fue una síntesis producida en el plano del pensamiento, en el plano intelectual. El encuentro es asimétrico entre una cultura escrita y una cultura de tradición oral. Y naturalmente no puede darse el encuentro a nivel de la reflexión entre distintos pensamientos escritos, sino que se da fundamentalmente a través del culto y del ritual, que correspondía, por lo demás, a las tradiciones orales. Yo pienso que es muy importante esta primera época cultural, que llamamos barroca.

IGLESIA Y LIBERALISMO POLÍTICO

—*¿Cómo ve usted la relación de la Iglesia en el plano de las ideas con el liberalismo de aquella época? Era un momento de enfrentamiento también filosófico...*
—Claro. Pero yo pienso que en el caso concreto de América Latina el enfrentamiento filosófico es bastante menor. Aquí nosotros no tuvimos —a pesar de que hay influencias— lo que en Europa: un Voltaire, un Renán, un Feuerbach. Gente que desde fuera de la Iglesia —o que siendo religiosa después se seculariza— hace una crítica sistemática a la religión. Acá no ha habido nunca una crítica sistemática a la religión como tal. Lo que había era un montón de conflictos de poder que solucionar. Desde luego, las tierras eclesiásticas ocupan un lugar clave entre esos conflictos. La expulsión de los jesuitas dejó un conjunto enorme de tierras que fueron distribuidas entre las oligarquías: propiedades urbanas.

Otros conflictos hubo, como la cuestión de los impuestos, la cuestión del patronato, que era una herencia de la época anterior, y especialmente la cuestión de la educación. Yo pienso que tal vez el tema más importante entre los que han enfrentado la Iglesia y el Estado en el siglo pasado ha sido el tema educacional. La expulsión de los jesuitas significó que varios de los centros educacionales quedaran sin profesores. En seguida se limitó a las otras órdenes, precisamente en la posibilidad de tener seminarios autónomos.

El Estado trata de ir creando universidades nacionales. En algunos casos, incluso, como en el caso de Sarmiento, intenta organizar la educación de los maestros: trae profesores metodistas para crear una educación alternativa a la educación que había realizado la Iglesia.

Yo pienso que ése fue el campo mayor de litigio o desencuentro, que en parte era ideológico —obviamente, detrás de la educación siempre hay alguna idea— pero en parte tenía que ver con intereses muy concretos, especialmente con la defensa de estos enclaves criollos.

—*En este paneo rápido de la relación de la Iglesia con las demás instituciones, ¿cuándo cree usted que se reencuentra con los Estados nacionales?*
—A mí me parece que cambia completamente la situación en 1899, cuando se realiza el primer Concilio Latinoamericano de la Iglesia, convocado por el papa León XIII, que se realiza en Roma. En parte fue una iniciativa de un obispo chileno, del arzobispo de Santiago en esa época, Mariano Casanova, quien fue a las festividades del IV Centenario en España y se encontró con esta tendencia —que también se manifestó en toda América Latina— de la lucha entre indigenistas e hispanistas. Y entonces le pareció que las iglesias, en la medida que coordinaran, podrían hacer una suerte de reconciliación, de puente, entre las dos dimensiones, porque precisamente a ellas les había correspondido un papel en el mestizaje. Entonces se realiza este primer encuentro, Concilio Plenario Latinoamericano, en Roma. Es

decir, todavía no estaban dadas las condiciones para celebararlo en América Latina...

—*Iglesias nacionales débiles...*

—Muy débiles. Pongamos por caso la Iglesia mexicana con una guerra frontal contra ella. Después de un siglo entero de lucha con el Estado, especialmente por el asunto de la educación, viene en seguida todo el tema jurídico de la división entre Iglesia y Estado, del reconocimiento de la autonomía de una y otro... De modo que todavía, a pesar de estas intenciones globales sobre América Latina, cada Estado y cada Iglesia nacional debió resolver su propio estatuto jurídico. Por eso, recién ahora, en la segunda mitad del siglo, se da primero la Conferencia de Rio, y después Medellín.

IGLESIA Y ACTORES POLÍTICOS

—*En los Estados populistas ¿cuál fue la relación con la Iglesia? ¿Fue una buena relación, en su opinión?*

—Yo pienso que fue muy buena. El caso más notable es el de Argentina, porque gran parte de la clase obrera y de los sectores populares era católico. Entonces, de hecho, existe una larga tradición que se remonta a la época colonial, de la organización popular en cofradía, en torno a patronos, santos patronos, etc., y de organizaciones de ayuda mutua. Esa misma base es la que después aparece en las organizaciones de los sindicatos en la clase obrera. La Iglesia desempeñó un papel, por ejemplo, en favor de la sindicalización, que fue bastante temprana en toda América Latina.

En el caso de la sindicalización, menciono el caso de Argentina porque precisamente este país desempeñó el papel de líder en cuanto a la organización obrera. Ahí la Iglesia tuvo una presencia muy activa. No es que después se haya metido en lo social, siempre estuvo en lo social. Y en este caso concreto eran masas católicas.

Ahí habría que hacer diferencias. En algunos lugares se enfrentó un sindicalismo católico con un sindicalismo más bien anarquista, y en otros lados ya surgió el Partido Comunista como alternativa de sindicalización. Pero la Iglesia no estuvo ajena a este proceso en absoluto.

—*En Roma, ¿qué estaba pasando de relevante, a su juicio, cuando todo esto sucedía en América Latina?*

—León XIII es el que convoca el primer Concilio Latinoamericano, y después Pío XI. De León XIII en adelante viene todo lo que se ha llamado la doctrina social de la Iglesia, la preocupación especial por la clase obrera y por la naciente industrialización, y eso es continuado por todos sus sucesores. Aquí en América tuvo mucha importancia el Cuadragésimo Anno, en el año 1931, 40 años después de la encíclica *Rerum Novarum*. Ahí ya están planteados todos los temas de la presencia social de la Iglesia, no sólo en el plano político sino también respecto de la base social.

Y a partir de esta preocupación comienzan a surgir los socialcristianismos, tanto en Europa como acá, con distintas fuerzas. Algunos se orientaron un poco más por un modelo corporativista, con una especie de idea de retorno a los principios medievales de organización gremial. Otros se vincularon al tema de la democracia y buscaron por esa línea.

Nuestra cultura de América Latina es una cultura de la imagen, incluso hasta cuando vemos las expresiones más interesantes del texto, como la poesía o la literatura, la novela. Nos encontramos ahí con una escritura sobre la imagen, es la transposición de la imagen al texto. Lo que se ha llamado "realismo mágico", por ejemplo.

La expulsión de los jesuitas rompió esta unidad latinoamericana, esta unidad cultural, y dejó de lado a los que eran los sujetos portadores de esta visión universal de América Latina. Eso permitió que las oligarquías locales se criollizaran; es decir, comenzaron a generarse estas oligarquías locales totalmente desconectadas unas de otras, con rivalidades incluso dentro de lo que hoy día son los territorios nacionales. Sería impensable la independencia sin la expulsión de los jesuitas, que fue la verdadera condición de posibilidad para la división de América Latina.

—*¿En qué momento se clarifica, en su opinión, la relación de las iglesias con los Estados nacionales?*

—Yo creo que comienza a darse cuando se clarifica la situación jurídica de los Estados.

—*Principios de siglo...*

—Claro, dependiendo un poco de las situaciones. En el caso de Chile, ya la Constitución de 1925 separa claramente a la Iglesia del Estado.

—*¿La separación permite verse el uno al otro sin conflictos, sin competencia?*

—Tomemos como ejemplo el caso de la educación. La Universidad Católica es un buen ejemplo. Esta universidad es de las más antiguas universidades católicas de América Latina. Fue creada, justamente, al calor de la lucha por la educación entre el Estado y la Iglesia. El arzobispo de Santiago por su cuenta —primaba en esa época la idea del Estado docente del año 1888—, con un decreto arzobispal, creó la Universidad Católica.

—*Sin autorización estatal.*

—Sin ninguna autorización estatal. Después, cuando se clarifica un poco la situación jurídica, el Estado reconoce la existencia de la Universidad como una existencia de hecho. Llegada la Constitución de 1925, se reconoce a la Iglesia

como persona jurídica de derecho público que tiene, por lo tanto, la posibilidad de otorgar personería jurídica a sus instituciones. Y el Estado la reconoce.

Una vez clarificada esa situación jurídica, la relación se hace mucho más fluida, aunque haya enfrentamientos ideológicos. Sin embargo, se puede decir que cada uno está en lo suyo. La Iglesia no intenta cambiar el aparato estatal, ni tampoco el Estado se mete en los asuntos eclesiales.

—*Con los partidos políticos, ¿cómo cree usted que se dio la relación de la Iglesia?*

—Los partidos de América Latina que siguieron la tradición de la Iglesia en su visión ideológica fueron los partidos conservadores, con distintos nombres aquí y allá. Lo que no significa que los liberales fuesen todos anticatólicos: había muchos católicos dentro de los partidos liberales. Pero no incorporaban o no asumían el tema doctrinario, eran más tolerantes, en parte influidos por la masonería.

La formación de las democracias cristianas o del socialcristianismo es una tendencia que se da en el interior de los partidos conservadores.

—*¿Autorizada por la Iglesia?*

—Sí. De hecho, en la mayor parte de los países, los líderes de ese socialcristianismo fueron curas. Ellos eran asesores universitarios y entonces formaban a los estudiantes, principalmente a los estudiantes de derecho. En esa época la mayor parte de los políticos se reclutaba de ahí.

Yo personalmente tengo una interpretación más global, y es la siguiente. Como consecuencia de todo el reajuste que tuvo que sufrir la Iglesia después de la Revolución francesa y de la constitución civil del clero, la Iglesia no pudo opinar o inmiscuirse directamente en los asuntos públicos, especialmente, en los asuntos políticos. Y queda durante mucho tiempo, más allá de sus obras de caridad, reducida al ámbito educacional, como veíamos antes. Entonces, para incrementar su presencia en el ámbito público, de alguna manera necesitaba alguna suerte de partido católico para hacer valer su punto de vista, y, por otro lado, para la defensa de sus propios intereses. Poco a poco va cambiando la cultura, especialmente en el sentido de la introducción de los medios electrónicos: el periódico primero, después la radio y luego la televisión. Y progresivamente la Iglesia ya no necesita mediadores. Hoy día el papa aparece en los televisores de todas las personas, posiblemente la gente conoce más al papa que al cura de su propia parroquia, lo ve y lo escucha más.

Es indudable que la presencia de la Iglesia ahora no se hace por mediación de nadie. Y ocurre más bien que un obispo, precisamente porque tiene la investidura de obispo, es primera plana o puede ser primera plana en los diarios.

En esa época, cuando surgieron los partidos socialcristianos, era una verdadera necesidad de la Iglesia tener una presencia laica en la arena política. Hoy día yo pienso que ésa es una etapa totalmente superada. Desde el punto de vista doctrinal, el Concilio Vaticano II ya no habla de partidos católicos. Todo católico puede tener la opción política que su conciencia le dicte, siempre y cuando no atente contra principios fundamentales de derecho natural.

LA TEOLOGÍA DE LA LIBERACIÓN

—*Durante todo este siglo existió una relación muy tensa, naturalmente, entre la Iglesia y el ateísmo: particularmente con la versión política del ateísmo, entre otros con los partidos marxistas. En determinado momento, en Latinoamérica se trata de plantear como síntesis de* ambos polos la teología de la liberación. ¿Cómo ve usted el desarrollo de ese proceso?

—Es una cosa muy complicada, porque la verdad es que no es teología propiamente, sino que es una corriente política religiosa que apunta a una cierta crítica a la jerarquía de la Iglesia para poder hacer esta composición con las tendencias socialistas no católicas. Es interesante recordar —y Alberto Methol Ferré escribió unos artículos muy hermosos en la revista *Nexos*— que los primeros socialismos fueron católicos. La doctrina social de la Iglesia de alguna manera mantiene vigente el socialismo, o las ideas de justicia social, etcétera.

Aparece también esta gran ola del socialismo marxista en todo el mundo, en América Latina a partir de la Revolución cubana, y entonces en sectores importantes del clero —porque esto nace en el clero, yo no conozco líderes de la teología de la liberación que no sean curas o ex curas— surge la idea de un distanciamiento de la jerarquía para poder hacer alianzas con el marxismo, donde había posibilidades de mejoras de la justicia social, etcétera.

Si uno ve estas alianzas, fueron un fracaso en todas partes. O bien no lograron penetrar los aparatos donde se tomaban las decisiones, o bien donde se involucraron en los aparatos —como fue el caso de Nicaragua— terminaron con una contraposición y una ruptura tal que, o abandonaban la Iglesia o abandonaban el partido, pero no era conciliable una cosa con la otra. La orientación de la jerarquía iba en una dirección totalmente distinta. Muchas veces se le

> Creo que no está muy lejano el día que tengamos un primer papa latinoamericano. Por el hecho de que América Latina representa aproximadamente la mitad del catolicismo del mundo.

> La teología de la liberación, aunque se generaliza en América Latina, lo que hace en todas partes es debilitar los únicos nexos orgánicos eclesiales de América Latina, que son las jerarquías.

analiza en términos de conservadurismo y progresismo. Yo personalmente creo que no tiene nada que ver con eso, sino que es un problema geopolítico mayor.

Como le decía, desde el año 1899, del primer Concilio Plenario Latinoamericano, la Iglesia de América Latina comienza a percibir que tiene una vinculación con Roma, que va cobrando creciente importancia. Esto se hace evidente ya con la segunda Guerra Mundial. Pío XII especialmente se da cuenta de que él tiene que sacar a la Iglesia de los conflictos intraeuropeos, donde se ha producido la guerra, el nacionalsocialismo, el fascismo...

—*Trata de universalizar.*

—Sí. Y comienza a nombrar obispos, cardenales, en América Latina. Se crea entonces un vínculo de corresponsabilidad —que no había existido nunca— del Vaticano con las iglesias de la periferia. Antes, la relación con el Vaticano se daba por las órdenes religiosas, ahora pasa a darse por los obispos. Entonces los obispos, en lugar de aspirar a una ruptura con el Vaticano —como le proponían los teólogos de la liberación—, se dan cuenta de que tienen que estrechar lazos con el Vaticano. Yo personalmente creo que no está muy lejano el día que tengamos un primer papa latinoamericano.

—¿*Como consecuencia de este reencuentro?*

—Claro. Y por el hecho de que América Latina representa aproximadamente la mitad del catolicismo del mundo. Es lógico que haya una universalización. En eso estaban la Iglesia y la jerarquía de nuestro continente. Entonces

se produce este desencuentro con la teología de la liberación, más allá del problema doctrinario de si el marxismo es evangelizable o no lo es. La teología de la liberación, aunque se generaliza en América Latina, lo que hace en todas partes es debilitar los únicos nexos orgánicos eclesiales de América Latina, que son las jerarquías.

—¿*Pero eso muere o murió?*

—Claro.

—¿*Después de Puebla y de la reposición en valor de la "religiosidad popular"?*

—Claro. Tal vez un poquito después de Puebla, en el sentido de que estaba todavía ahí la experiencia del sandinismo, en la que muchos habían puesto grandes expectativas. También estaba pendiente la eventual elección de Lula en el Brasil, la que había arrastrado a las comunidades cristianas de base.

IGLESIA Y DEMOCRACIA

—*En cuanto a la Iglesia y al concepto de democracia, no siempre fueron términos necesariamente bien avenidos.*

—El punto para mí es el siguiente. No es que la Iglesia haya tenido problemas con el concepto de democracia como tal, sino con el concepto de democracia que no respeta el derecho natural. Si usted analiza la polémica del siglo pasado con respecto al tema de la democracia, lo que la Iglesia defiende es el naturalismo. Que la democracia es una forma de gobierno, está bien. Que la democracia se funda en la soberanía popular sin otro límite que la sola soberanía, es decir en el solo ejercicio de la libertad, eso es lo que la Iglesia no ha aceptado nunca, ni siquiera el día de hoy.

Entonces, en un primer momento —especialmente por la Revolución francesa—, se veía que las ideas de democracia fundadas en la pura soberanía popular destruían no sólo a la Iglesia en su realidad material y organizativa, sino que no ponían ningún límite a la voluntad de poderes. Y eso es lo que defiende la Iglesia con el naturalismo, y lo ha defendido desde entonces hasta ahora. Incluso si uno toma la *Rerum Novarum*, el inicio de la doctrina social de la Iglesia, la afirmación primera es que la persona es anterior a la organización social y al régimen político. Es decir, que tiene valor por sí misma, tiene derechos naturales.

Ahora, ¿cuándo comienza a cambiar la tensión entre Iglesia y democracia? Especialmente por la experiencia alemana, con la experiencia del nacionalsocialismo que, como sabemos, fue perfectamente legal. Incluso las leyes raciales fueron dictadas con todos los procedimientos legales. Luego de la guerra, la Constitución alemana decide establecer un principio de limitación de la soberanía, incluso para el constituyente, y reconocer entonces que hay ciertos derechos que emanan de la persona. Eso, aunque no lo diga con esas palabras, es el naturalismo.

La Constitución chilena, que se plebiscitó en el año 1980 y nos rige ahora, justamente en el artículo quinto introduce este mismo principio diciendo que hay derechos que emanan de la esencia de la persona y que son intangibles, no sólo para el legislador sino para el constituyente.

Yo creo que la aceptación en muchos países de este principio de derecho natural, aunque no se especifique claramente en qué consiste, reconcilia totalmente a la Iglesia con la democracia.

Yo haría una distinción entre el concepto de democracia del que estamos hablando, que se origina en la Revolución francesa, y el concepto anglosajón con el que yo creo que nunca ha habido problemas, porque el anglosajón siempre sabe que la democracia es una forma de gobierno, pero que existe un sentido común relativo a la moralidad, que está reservado al ámbito privado. Por lo tanto, no es materia de los políticos.

Entre paréntesis, hay una gran diferencia entre nuestros sistemas y el sistema inglés, por ejemplo, en lo que hace a todo el tema del divorcio. En los Estados Unidos, ése es un problema que se resuelve por vía judicial, como un derecho de las personas. El Estado no tiene por qué que meterse. En cambio acá, con el régimen de la democracia francesa, el Estado tiene que legislar sobre el asunto.

En el fondo, la tesis mía es que allí donde comenzó a aceptarse por parte de los propios liberales que el principio de soberanía no basta y que con la soberanía sola se pueden cometer las peores atrocidades y el peor totalitarismo, allí donde aparecen estos principios de reserva en las constituciones, ya la Iglesia no tiene ningún reparo a la democracia.

—*¿En América Latina usted marcaría algún punto de inflexión en particular?*

—Yo lo ubicaría después de la segunda Guerra Mundial porque ésa es la experiencia que hace pensar que un liberalismo extremo ya no es más factible; es decir, ni siquiera los propios liberales podrían plantearse un postulado de la Revolución francesa a ultranza.

LA AGENDA DE LA IGLESIA
LATINOAMERICANA

—*En cuanto a la agenda de la Iglesia latinoamericana de hoy, ¿cuáles serían en su opinión los temas principales?*

—Yo creo que sigue siendo un proble-

> Frente a la droga y la corrupción hay que tomar una opción radical. Fue lo mismo 20 o 25 años atrás, con el tema de la guerrilla.

> El pentecostal en América Latina, desde el punto de vista cultural, es un católico popular que tiene una forma particular de organización.

ma capital el tema de la integración. En ese sentido la Iglesia ha hecho un trabajo silencioso, más difícil que el de la época de las órdenes religiosas, porque las órdenes tienen una estructura. Es una Iglesia ya diocesana, con muchos obispos. Pero se está haciendo un esfuerzo de coordinación impresionante. En eso el CELAM ha desempeñado un papel importante. El temario de la Iglesia en los distintos países de América Latina —incluidas por cierto algunas variaciones nacionales— es el mismo en todas partes.

¿Qué cosas incluye el temario? Primero, el tema de la promoción humana, la defensa de los marginados y de los pobres en relación con la política de mercado. No es porque haya un ataque frontal con el mercado, si el mercado respeta que las personas tienen derecho a vivir. Y eso es lo que ha estado en cuestión. No tanto por razones ideológicas, sino porque en la práctica la Iglesia ha tenido que invertir en estos años muchos recursos humanos y materiales para darle de comer a mucha gente en forma gratuita, en toda la pastoral de enfermos, sanitaria, también en las escuelas.

Todo ese tema de promoción humana y social como respuesta a las políticas modernizadoras sigue siendo en mi opinión un tema clave para la Iglesia, en algunos países con más urgencia que en otros, pero sigue siendo fundamental en todos los países capitalistas.

El de la integración de América Latina es el segundo tema fundamental.

Y lo que también aparece ahora es el tema de la cultura de América Latina, y la cultura de la tradición católica es muy importante. No tanto en esta etapa que estamos ahora, como un recuento del pasado —da la impresión de que con el V Centenario ese tema ya quedó zanjado—, sino para ofrecer la tradición de América Latina a la Iglesia universal. Es decir, lo que decía antes, la Iglesia en América Latina está asumiendo creciente responsabilidad en la Iglesia universal. Ya hay varios cardenales latinoamericanos en el Vaticano, y de los más importantes.

Entonces se espera cada vez más que la Iglesia de América Latina desempeñe un papel en la Iglesia universal, ya no sólo recordando su propia historia, sino ofreciendo soluciones al mundo. Es muy interesante que el papa haya pedido para el año 1999 —con ocasión del cambio de milenio— un sínodo de los obispos de América, es decir, no sólo de América Latina. Como diciendo —y ésta es una interpretación mía, por cierto, totalmente antojadiza, pero lo leo así—: las reuniones de los obispos de América Latina ya están bien, ya rindieron sus frutos, tienen su coherencia; ahora, desde América Latina, hay que pensar más allá.

El más allá inmediato es América del Norte, especialmente los Estados Unidos. Al papa le impresiona mucho el fenómeno, porque la mayor parte de las comunidades católicas de ese país son latinas, de origen chicano, puertorriqueño, cubano. Y entonces se está produciendo una penetración bastante fuerte de la tradición latinoamericana en los Estados Unidos. Es en ese marco que el papa convoca ahora a un sínodo para el año 1999 que incluye a la América en su conjunto.

—*Ésos son los tres puntos de la agenda más notorios. Respecto a los puntos de fricción con el Estado, por ejemplo el aborto ¿es un punto de tensión tan importante como aparece?*

—Yo creo que es un punto importante, pero con una salvedad. Debe considerarse el hecho de que las personas que eran socialistas —y que se quedaron sin banderas— han comenzado a tomar los temas éticos como las nuevas banderas, un poco para definir posiciones diferentes de las posiciones de élite. Aquí hemos tenido debates sobre legalización de la sodomía, del adulterio, del tema del divorcio, los que, si usted lo ve desde el punto de vista de la agenda social de los gobiernos, son insignificantes. Sin embargo, desde el punto de vista de la recomposición ideológica de los políticos, estos temas comienzan a ser muy relevantes.

Seguirá habiendo bastante confrontación de la Iglesia con políticos, sobre todo por los temas de la moralidad, de la dignidad de la persona —el tema de la mujer, desde ya—, que en mi opinión son temas muy relevantes, pero son más ideológicos que reales, desde el punto de vista social. Las demandas de la sociedad, ¿cuáles son? El tema de la educación, el incremento de la productividad, el salario, etc. Y el tema de la salud —el financiamiento, el acceso a la salud—, que es un tema horrible en toda América Latina. En lo que realmente demanda la sociedad yo veo que hay grandes coincidencias entre los gobiernos y la Iglesia. Yo creo que nunca ha habido más coincidencias.

—*¿Y respecto del debate sobre el aborto en la conferencia de El Cairo?*

—Nuevamente ahí tenemos una cuestión ideológica. Nosotros sabemos que hay políticas de control de la natalidad desde la época de la Alianza para el Progreso. Ellos fueron los que comenzaron. Lo mismo en la segunda mitad de los sesenta con la difusión masiva de la píldora. Pero ¿qué aparece en El Cairo? Una discusión ideológica sobre la posibilidad de utilizar el aborto como técnica de control de la natalidad. En nuestro país, por ejemplo, el aborto está penalizado y nadie, cuando se ha hablado de despenalizarlo, lo defiende. Hablan más

bien en el sentido de que la mujer que aborta es una víctima, que no es la verdadera causante. Pero nadie ha dicho que el aborto no sea un delito ni un mal.

A raíz de discusiones ideológicas que se proyectan en el plano internacional se desvía la atención sobre los problemas reales, y especialmente porque los problemas reales no generan identidad. Ése es el drama que tiene especialmente, creo yo, la izquierda que se recompone después del socialismo. Hoy en día no es de izquierda el que defiende a los pobres, lo que había sido su bandera tradicional.

—*¿En su opinión, entonces, la izquierda está cada vez más implicada en estos temas que usted está mencionando como más ideológicos que reales?*

—Claro. Son temas de la clase media, incluso de la clase media alta.

Otros temas que están en la agenda de la Iglesia cada vez con más preocupación son la droga y la corrupción. Se está viendo que uno de los modos que tiene la droga de meterse es precisamente usando como traficantes a los más débiles, a los pobres, incorporándolos al negocio. Tal vez el caso más dramático es el de las favelas de Rio: ocupan a los niños, que son inimputables desde el punto de vista penal, para llevar a cabo el tráfico de droga. Ése es un problema real que a la Iglesia la tiene muy preocupada en todas partes. En el fondo tiene mucho que ver con el tema global de la gobernabilidad, que pasa por el tema de la droga.

—*¿Cómo puede entrar la Iglesia en el tema de la corrupción?*

—Creo que hasta ahora ha hecho un llamado de atención a la conciencia de

Yo pienso que tal vez el tema más importante de los que ha enfrentado la Iglesia y el Estado en el siglo pasado es el tema educacional.

La Iglesia desempeñó un papel en favor de la sindicalización bastante temprana en toda América Latina.

que frente a la droga y a la corrupción hay que tomar una opción radical. Fue lo mismo, si usted quiere, 20 o 25 años atrás, con el tema de la guerrilla. Lo que ha demostrado es que los que quieren —para evitar males mayores— tener una actitud complaciente, terminan envueltos en la situación y sin poder salirse. Es decir, el que entra en la droga no sale más; el que entra en la corrupción no sale más, como el que ha entrado en la guerrilla no sale más. Entonces lo que ha hecho hasta el momento la Iglesia es tener una postura absolutamente radical y clara: la droga no, la corrupción no, como antes lo hizo con la guerrilla. Me refiero fundamentalmente a la jerarquía, porque hubo clero que se involucró en eso.

LAS SECTAS

—*Uno cree ver que la "religiosidad popular", donde parece afincarse la fuerza de la Iglesia de América Latina, está siendo contestada por las sectas.*

—Ciertamente. Ahí hay un fenómeno que, desde un punto de vista sociológico, hay que mirar todavía con un plazo más largo. Lo que se sabe es lo siguiente: que las sectas —más que la sectas son los pentecostales— reclutan católicos, no es que recluten gente no religiosa y la conviertan a la religión, sino que son católicos que se hacen pentecostales. Ése es un dato estadístico, ya está estudiado.

Lo que uno se pregunta es cómo se va a soportar esto en el mediano plazo, desde el punto de vista cultural, porque el pentecostalismo es de origen metodista norteamericano, algo profundamente ajeno a la tradición cultural de América Latina.

Pueden ocurrir varias cosas. Primero, que a través de estos movimientos pentecostales se produzca una especie de nuevo sincretismo; es decir, que el pentecostalista no sea pentecostalista en el sentido originario, sino que lo sea en un sentido compartido con el catolicismo. De hecho, uno puede observar que hay gente que se declara pentecostal pero participa de las fiestas y de los ritos populares católicos. Ésa es una posibilidad. Otra posibilidad es que algunos, después de un tiempo, retornen al catolicismo. Yo creo que es un fenómeno que, desde el punto de vista cultural, no está decidido. Y ciertamente no es ideológico, porque el pentecostalismo es popular fundamentalmente.

—*Juan Pablo II está manteniendo una postura muy abierta en relación con las demás iglesias.*

—Así es. Es por eso que incluso ni siquiera dentro de la iglesia católica se usa la palabra secta para referirse a los pentecostales, porque son cristianos. Ahora, a propósito del milenio, el papa está hablando muy fuertemente del tema de la unidad de los cristianos.

—*Y eso en América Latina, ¿cómo se expresa?*

—Yo creo que aquí no tiene mucha expresión porque, como digo, el tema del pentecostalismo no es un tema fundamentalmente ideológico, sino más bien de personas que dejan la iglesia católica. Lo hacen porque logran la experiencia religiosa en una pequeña comunidad en su barrio, en su cuadra —con personas que reconocen—, para lo que no necesitan una gran preparación doctrinal, sino la libre interpretación de la Biblia y de los sentimientos. Entonces cualquier persona se siente en condiciones de expresar su religiosidad, incluso de predicar, de no estar sujeta a la jerarquización propia de la iglesia católica.

Hay una serie de factores prácticos que explican esto. Por ejemplo, está muy

> Los partidos de América Latina que siguieron la tradición de la Iglesia en su visión ideológica fueron los partidos conservadores.

asociado entre nosotros al tema del alcoholismo; es decir, los pentecostales han sido más eficientes en sacar a las personas del alcoholismo.

—*En función de temas puntuales...*

—Sí, de temas puntuales. Una vez vino un estudioso del pentecostalismo en América Latina y planteó el problema de una manera provocativa, diciendo que Max Weber estaba vivo y vivía en Guatemala. Quería decir que el pentecostalismo estaba retomando sus fuerzas, pero en el sentido originario de Weber, de una cultura orientada a la productividad, al trabajo, al ahorro. Yo pienso que este estudioso está profundamente equivocado. El pentecostal en América Latina, desde el punto de vista cultural, es un católico popular que tiene una forma particular de organización.

IGLESIA Y GOBERNABILIDAD

—*¿Usted cree que la Iglesia tiene propuesto algún papel activo en el tema de la gobernabilidad?*

—Yo no sé si propuesto, pero yo pienso que es un actor clave, incluso hasta más importante que los gobiernos. Ciertamente un político se escandalizaría de esto, pero los gobiernos son, cada vez más, un aparato que administra recursos, pero su conexión con las personas, con la población real, es más bien impersonal, lejana.

La Iglesia es todo lo contrario de eso, la Iglesia tiene escuelas, tiene centros asistenciales, atiende enfermos. Yo no conozco una red social mayor que la de la Iglesia en América Latina. Ninguna ONG, ni los municipios, han podido establecer redes equivalentes. Entonces

llega un momento de una crisis importante y la población sabe que a la que tiene que recurrir es a la Iglesia, sea en el caso de derechos humanos, en el de sobrevivencia material, o en el caso de la educación.

—*El Estado y el actor político pueden contar con la Iglesia como un actor democrático fiable.*

—Ciertamente. La Iglesia ¿qué es? ¿Qué podría cuestionar al sistema democrático? Yo le insisto en el punto anterior. Donde se va a encontrar con la Iglesia en una confrontación es si se impone un principio de soberanía por arriba de la gente. Yo creo que los que todavía piensan en esos términos lo hacen más bien para debates ideológicos de salón, porque ningún político razonable está dispuesto a creer que su soberanía no tiene condiciones. Su soberanía está totalmente limitada por la existencia de la población y sus tradiciones culturales. Yo creo que todo el mundo sabe eso.

En ese sentido uno encuentra posturas interesantes o notables, como la de Menem en el caso de El Cairo y la discusión sobre la mujer. Evidentemente que yo no creo que él tenga una comunión muy especial ideológica con la Iglesia, pero se da cuenta de que su pueblo sí es católico —y que la Iglesia tiene un papel social muy importante— y está dispuesto a a decir: "yo defiendo al Vaticano, soy el portavoz del Vaticano, porque sé que sobre eso va a tener una postura razonable".

Yo creo que a muchos gobernantes les pasa lo mismo. Es decir, poner en conflicto a la Iglesia con los Estados en América Latina, además de que sería algo innecesario, es enajenarse la población.

—*Este tipo de conflictos usted los considera anacrónicos. ¿También los planteos sobre planificación familiar de Fujimori?*

—Es un conflicto que llega a la prensa porque él dice que va a hacer una campaña, pero a nivel real sabemos que existe control de natalidad desde la Alianza para el Progreso, y la Iglesia ha tenido que ir juzgando situaciones particulares. Es distinto cuando la cosa queda en un plano de hecho que cuando la situación crece, por ejemplo, y llega al Parlamento, éste aprueba la esterilización por ley.

Yo me pregunto qué va a ganar Fujimori con eso.

Monseñor Óscar Rodríguez: La misión de la Iglesia es recordar que, sin ética, no puede haber ni economía ni desarrollo ni familia

El presidente del CELAM, *monseñor Óscar Rodríguez, fue entrevistado el 14 de agosto de 1996 en la sede del Arzobispado en Tegucigalpa, en un ambiente de impresionante austeridad, la que contrasta con el hombre que recorre el mundo constantemente, codeándose con altas jerarquías religiosas, políticas y de la sociedad civil de la región. Rodríguez, un hombre joven y delgado, en cuyas venas corre sangre indígena, respondió el cuestionario con agilidad, en un tono humilde y servicial. Monseñor Óscar Rodríguez representa una corriente de la Iglesia muy cercana al Vaticano. Su praxis personal muestra una enorme vocación de servicio hacia los pobres.*

—*Muchos de los valores vigentes en América Latina parecen poner en cuestión la vigencia de principios morales. ¿Estamos frente a una crisis de los valores cristianos, o estamos frente a un cambio?*

—Como estamos viviendo una época de cambios, lógicamente ello implica, como ustedes muy bien dicen, una crisis. Una crisis es una transición de una época a otra. Hay muchas cosas que cambian cuando hay crisis. Por ejemplo, la crisis más grande que sufre el ser humano es la adolescencia, todo entra en crisis, empezando por el cuerpo. ¿Por qué? Porque se pasa de niño a joven, y lógicamente hay cosas que deben cambiar, y cambian. No hay crecimiento sin crisis. Yo pienso que la crisis es positiva. En general es buena porque no puede haber crecimiento y maduración sin crisis.

El problema es la manera de resolver la crisis. Una crisis no resuelta se queda en la inmadurez; una crisis resuelta produce mayor madurez. Entonces a este tiempo yo no lo veo como negativo sino

MONSEÑOR ÓSCAR RODRÍGUEZ es presidente del CELAM por el periodo 1995-1999. Fue consultor de la Congregación para el Clero, miembro de la Pontificia Comisión para América Latina, miembro del Consejo Pontificio de Justicia y Paz y miembro del Consejo Pontificio "CorUnum" de la curia romana. Rodríguez nació en Tegucigalpa el 29 de diciembre de 1942. Es licenciado en filosofía y teología moral —habiendo cursado sus estudios en Roma— así como en psicología clínica y y psicoterapia. Es miembro de la Asociación Europea de Terapia del Comportamiento. Ejerció la docencia en institutos salesianos de El Salvador, Guatemala y Honduras, y fue rector del Instituto Filosófico Salesiano.

> Nosotros hemos hecho ese diálogo interesante con el FMI, con el BID. Antes era casi imposible.

como la oportunidad de que cambie la jerarquía de valores. No desaparecen los valores, sino que cambia su jerarquía. Y al cambiar, hay muchos valores que antes eran secundarios y ahora pasan a ser primarios.

El problema es que la ética ha sido en cierto sentido marginada. Entonces la misión de la Iglesia está en recordar que no puede haber proyecto de desarrollo sin ética, no puede haber economía sin ética, no puede haber familia sin ética. La ética es una dimensión de la persona, una dimensión especial. No es algo impuesto desde fuera. Y tal vez eso es lo que está cambiando y es lo que puede llevar a la crisis.

—*¿El predominio en América Latina, a su juicio, ha sido de valores cristianos o de valores cívicos?*

—Yo diría que los valores cristianos han impregnado a los valores cívicos. Por ejemplo, san Juan Bosco decía que él quería formar en su escuela buenos cristianos y honrados ciudadanos. Son dos cosas que no pueden estar separadas. Aquel que es buen cristiano lógicamente es un honesto ciudadano. ¿Qué pasa con la deshonestidad? ¿Qué pasa con la corrupción, por ejemplo, que es uno de los temas más actuales? Se ha hecho una dicotomía. Entonces la persona, en lugar de ser una honrada ciudadana, prefiere ser una rica ciudadana, aunque la riqueza venga por caminos deshonestos. Ahí está la consecuencia, pienso yo, de haber marginado la ética. Se traiciona la misma condición humana para tener otras metas, como el bienestar humano, la riqueza solamente material, aunque sea mal habida. La honestidad no viene simplemente del cristianismo, viene de los valores de la humanidad.

LA ANOMIA FRENTE A LOS VALORES

—*Otro fenómeno extendido en América Latina —para algunos causado por el vacío ideológico que caracteriza a este momento, o por la ausencia de referencias confiables— es la anomia de la población latinoamericana, fundamentalmente en lo vinculado a la confianza en lo público. ¿Usted coincide con esta afirmación?*

—Yo creo que sí, porque se ha creado casi como un estilo de lo público. ¿Cuál es el estilo? Se enfrenta al Estado no como un ente que es nuestro y al que queremos servir. El Estado se vuelve como un botín al cual hay que llegar con mentalidad de piratas. Entonces muchos de nuestros políticos quieren entrar en la política para resolver un problema económico propio. Básicamente tomar el poder y enriquecerse con el poder, y después pasar el resto de los días sin trabajar. Y ahí encontramos una contradicción muy grande, porque la ley de Dios es que el trabajo produce riqueza, pero el saqueo de los bienes públicos produce riqueza al que los saquea y pobreza a la mayoría de los pueblos.

—*En medio de este panorama que usted está describiendo ¿la Iglesia tomará o retomará el papel de generar ideas para América Latina?*

—Yo creo que no se ha perdido ese papel. Observando, por ejemplo, los documentos del Magisterio Episcopal desde Medellín para acá, en todos ellos hay una fuerza muy grande. Recientemente he leído en un periódico de Colombia una encuesta que ha hecho la Universidad Complutense sobre qué institución tiene más credibilidad para los jóvenes. Y es la Iglesia, y con mucho margen, frente a otras instituciones, la que tiene más credibilidad. ¿Por qué? Porque precisamente la Iglesia quedó como la única voz de los que no tienen voz, la única voz que hace resonar ciertos criterios morales que se han querido apagar.

Le pongo un ejemplo. Aquí encontré una persona que estuvo en la administración pública en otro gobierno y que pasó con mucha honestidad sirviendo en su cargo. ¿Qué le han dicho los compañeros? "Eres un estúpido, porque tuviste oportunidad y no aprovechaste." Eso es casi como una ideología nueva que hay entre muchos servidores públicos. No son servidores públicos, son servidores de sí mismos a través de lo público. Yo creo que lo opuesto a eso es algo del compromiso de la doctrina social de la Iglesia que debemos hacer resonar cada vez más.

Hay algo que a nosotros nos consuela. Cuando hay alguna crisis se busca a la Iglesia como la única reserva moral que queda. Creo que nosotros no debemos perder eso.

LA PRESIÓN PENTECOSTAL

—*La iglesia católica no tiene ya la presión que generaba, dentro de ella, la tendencia que quería la alianza con el marxismo. Sin embargo ahora le surge una nueva presión, que es la de las llamadas sectas pentecostales y neopentecostales. ¿Hay riesgo de que la Iglesia pierda parte de la influencia que tiene en América Latina? ¿Qué está haciendo la Iglesia para superar esa competencia?*

—En primer lugar, diría yo que riesgo hay siempre. Lo que hubo tal vez fue un vacío de evangelización. La primera evangelización fue muy creativa. Cuando se dice que ya han pasado cinco siglos y América Latina no parece muy católica, ello no es así. El hecho es que hubo vacío y muy poca gente habla de ese vacío. Los dos primeros siglos de la evangelización fueron muy positivos, muy creativos. Basta ver los recursos que usaron los misioneros, por ejemplo. Los audiovisuales de aquel tiempo eran los retablos coloniales. En los retablos está toda la historia de la salvación,

> Se ha hecho una dicotomía: la persona en lugar de ser un honrado ciudadano prefiere ser un rico ciudadano, aunque la riqueza venga por caminos deshonestos.

desde la Trinidad por allí arriba, y Dios padre y Dios hijo, la Redención, todos los misterios de la salvación están ahí. Eso hablaba por sí solo.

Se usaba el canto y la danza. Los autos sacramentales, los teatros. Aquí tuvimos un sacerdote muy creativo que hacía lo que se llamaban pastorelas.

—*Fue una evangelización muy simbólica...*

—Exacto. Utilizando lo que llamaba la atención del indígena y del mestizo. Ahora bien, a principios del siglo XIX, cuando vienen todos los movimientos independentistas, por lo menos en Centroamérica y en México, hay una característica común: en todos los movimientos independentistas hubo sacerdotes, y eran sacerdotes criollos. ¿Quién era en aquel tiempo el que tenía más instrucción? El sacerdote y el maestro. Entonces la revolución iba a venir de ahí. Y después viene la reacción, la desconfianza. Así como el cura hizo revolución contra los españoles, se pensaba, la va a hacer también contra el gobierno.

Luego viene la influencia del iluminismo francés, entonces se crea una mutua desconfianza y una separación muy grande. Ese siglo XIX es muy dañino para el crecimiento de la fe. Mucha gente quedó con la etiqueta de católica pero sin formación católica. El sacar a Dios de la escuela fue verdaderamente negativo, porque de ahí se vino formando todo esto que ahora vemos como la corrupción administrativa, la ingobernabilidad.

Al arzobispo emérito, monseñor Héctor E. Santos, hace algunos años le preguntaron qué pensaba de la desmoralización de este país. Y él dijo: la culpa la tienen los que hicieron la educación

> Encontramos una contradicción muy grande porque, según la ley de Dios, es el trabajo el que produce riqueza, mientras que el saqueo de los bienes públicos también produce riqueza al que los saquea y pobreza a la mayoría de los pueblos.

laica, poniendo el término *laico* como enemigo de Dios. Si hubieran dejado a Dios en la escuela habría valores morales desde la educación.

—*Volviendo al tema de las sectas pentecostales y neopentecostales. ¿Por qué razón tienen tanto éxito popular?*

—En primer lugar, porque están muy cerca del pueblo. Para hacer un templo nosotros necesitamos 10 o 15 años, para organizar una secta basta un garaje, o una choza. No hay ningún requisito de formación, hay pastores que se improvisan en tres meses. Aquí hay uno de una secta que es, tal vez, la que más arraigo tiene, y era dentista. El día menos pensado él vio que no le daba mucho la odontología y ahora es un gran pastor. Porque ofrecen, además, lo que la gente pide.

—*¿Qué pide la gente?*

—La moral es muy flexible. Los primeros en ser atraídos por las sectas son aquellos que a lo mejor fracasaron en su unión matrimonial y quieren otro matrimonio o un tercer matrimonio, y ahí lo encuentran. Entonces, claro, eso cumple como el papel de estar llenando un vacío. Tal vez encuentran que en la Iglesia católica quizá es muy duro, muy exigente. En cambio allí es más atractivo. Sin quitar que ellos tienen algunos méritos. En las congregaciones de las sectas son grupos más pequeños, en los cuales cada uno se siente útil, participa. Nuestras reuniones muchas veces eran frías, masivas, la gente estaba ahí como observadora pasiva. Digo *estaba* porque ahora la evangelización ha cambiado muchísimo, la Iglesia está hecha de pequeñas comunidades, y en las pequeñas

comunidades se vive eso que muchas veces ofrece la secta. De tal manera que las sectas han cumplido también una misión positiva, porque han hecho repensar la pastoral y vivirla de otra manera. Llenaron un vacío. Y donde la pastoral ha estado dormida —tradicionalista— ahí las sectas tienen mucho arraigo. Porque hay un nuevo estilo de vida que la Iglesia no tiene.

—*Salimos de un mundo bipolar: el orden internacional estaba basado en la bipolaridad, cuyo signo central era una confrontación ideológica total. Se trata de construir un nuevo orden ahora sin esa confrontación. ¿Qué conceptos está trabajando la iglesia católica?*

—En primer lugar, ya el papa nos habla del vacío al terminar esa confrontación ideológica Este-Oeste, del vacío que puede quedar cuando el sistema triunfante quede como la única superpotencia —esa única superpotencia imponiendo criterios como un imperio—, y sobre todo referido al vacío ético. Hoy en día no importa lo que uno haga, lo que importa es que no se den cuenta. Entonces encontramos, por ejemplo, un presidente de la nación más poderosa que tiene problemas de infidelidad matrimonial, ¡con tal de que no se den cuenta! Puede haber problemas de fraude en asuntos de terrenos, el llamado caso Whitewater, ¡con tal de que no se den cuenta! En todo es la opinión pública la que define los criterios éticos, y no los valores éticos en sí y la honestidad de la persona. Así que lo que importa es la imagen relativizando algo que es tan importante como el ser humano en tanto tal. Porque la ética no viene de fuera, la ética viene de la esencia de la persona.

LA CONFERENCIA DE SANTO DOMINGO

—*¿Cuáles son las tareas prioritarias de la agenda latinoamericana hacia fin* *de siglo? ¿Cuáles son las tareas que surgen de la última reunión del CELAM, la llamada Conferencia de Santo Domingo?*

—Santo Domingo tiene tres parámetros: la nueva evangelización, la promoción humana y la cultura cristiana. Nueva evangelización no significa que haya cosas distintas. Cristo es el mismo ayer, hoy y siempre. Pero hay que presentarlo al hombre de hoy, ante todo no como un personaje del pasado, sino como una persona viva, como un camino para varias cosas.

Primero para la conversión. Porque lógicamente el ser humano a veces se desvía, y necesita reencontrar su camino.

En segundo lugar, para la comunión, porque estamos llamados como continente a integrarnos. Una de las líneas de fuerza de Santo Domingo es la integración latinoamericana. Una integración que parece que no llega, pero que sin embargo tiene caminos maravillosos, porque somos un solo pueblo en razas, en culturas, en religiones, en lenguas...

Ése es uno de los caminos de comunión, como integración. El tercer camino es el de la solidaridad. Yo pienso que en el combate a la pobreza, que es casi el denominador común de nuestros pueblos, la primera respuesta se llama solidaridad. Solidaridad entre nosotros mismos. Aquí en Honduras existe la idea de que todas las soluciones tienen que venir de afuera. No pueden venir de afuera. Yo decía en un encuentro que tuve con los diputados, citando a Benito Juárez, que nadie va a hacer por nosotros lo que nosotros no hagamos. Yo creo que ése es un camino todavía poco motivado, y es el camino que nos pone el papa para la doctrina social de la Iglesia.

Entonces nuestras tareas son: un encuentro con Jesucristo vivo como camino para conversión, comunión, solidaridad, y luego la promoción humana que es inseparable de la evangelización.

> Cuando hay alguna crisis se busca a la Iglesia como la única reserva moral que queda.

Y no me gustó a mí cuando Santo Domingo utilizó el término *cultura cristiana,* porque puede ser equívoco, podrían pensar que es volver a la época de la cristiandad. Debe, en cambio, hablarse de una cultura que refleje los valores cristianos. Así como la cultura oriental refleja los valores del budismo. Debemos reflejar los valores. Y no hacer, por ejemplo, ese escándalo donde Latinoamérica es el continente más católico pero es el más corrupto. Es corrupto no por ser católico, es por no serlo, por llevar una etiqueta que no quiere decir lo que en realidad es.

—*En relación con lo que usted está diciendo y en relación con lo que está programado, el Concilio de las Américas, el jubileo del año 2000, ¿hay un nuevo protagonismo de la Iglesia en América Latina?*

—Yo pienso que sí, y es un protagonismo que Santo Domingo expresa muy claramente, un protagonismo de la Iglesia, pero no de las jerarquías; un protagonismo de los laicos. Y ése es para mí el camino. La jerarquía tiene una misión, tal vez se ha sobredimensionado en algunas épocas por vacío, pero su misión es muy clara. Su misión es motivar al laico, y el laicado va creciendo. En Honduras sólo somos 380 sacerdotes, pero tenemos 10 000 laicos delegados de la Palabra. La mayoría de los laicos son campesinos, que actúan en sus aldeas y en sus pueblos, son como sacerdotes. No por clericalismo, porque eso sería totalmente equivocado. No hay que clericalizar a la gente; el laico debe desempeñar su misión como bautizado. Y en eso se va caminando lentamente. Donde hay un vacío grande todavía es en la política.

—¿*Que sentido tiene el previsto jubileo del año 2000 y el sínodo americano?*
—La palabra *sínodo* quiere decir "caminar juntos". Y es una institución que ideó el papa Pablo VI al terminar el Concilio Vaticano II. Dijo: "Algo que hemos vivido en estos tres años ha sido tan grande que no se puede perder". Entonces instituyeron ese nuevo estilo de comunicación que se llama sínodo, que reúne más o menos 200 obispos de todo el mundo cada tres años, que hablan al papa. El papa no habla. Los obispos hablan sobre un tema determinado y él escucha lo que dice la Iglesia en todo el mundo. Y eso se ha venido haciendo desde 1967 hasta nuestros días. En preparación del jubileo el papa pensó que es bueno hacer sínodos especiales para cada continente. Ya se llevó a cabo el de África, está en preparación el de América, que será el año próximo, en 1998 se harán en Asia y Oceanía, y en 1999 en Europa.

—*La nueva evangelización reafirmada en Santo Domingo, ¿implicará un nuevo diálogo con el poder civil, con los gobernantes?*
—Sin duda, con todas las esferas. Por ejemplo con los economistas. Nosotros hemos hecho ese paso interesante con el FMI, con el BID. Diálogos que antes eran casi imposibles. Hemos hecho seminarios con instituciones de economistas. Antes decían que los curas no sabían economía, y nosotros les decíamos que somos expertos en humanidad. Y la economía no puede ser deshumanizada.

—*¿Qué se busca con ese diálogo? ¿Influir de alguna manera?*
—No, simplemente despertar otros criterios. No basta, por ejemplo, sanear los índices macroeconómicos si los índices macrosociales están perdidos. La ciencia económica no puede ser químicamente pura porque es una ciencia humana, debe tener en consideración al hombre. Y eso se piensa también en el diálogo con los políticos. Es un diálogo interdisciplinario. Ya no el paternalismo de decir: yo hablo y ustedes escuchan. Es simplemente hacer escuchar otra voz, pero lógicamente dentro del respeto y el pluralismo.

—*Nos queda una inquietud de lo que usted planteaba en relación con Santo Domingo, ¿por qué evangelizar la cultura en América Latina cuando América Latina es cristiana? ¿No es como evangelizarse a sí mismo?*
—Lo que sucede es que muchos valores han sido marginados de la cultura, muchos valores cristianos auténticos. Lo vemos, por ejemplo, en la política. ¿Qué es lo que ocurre con el político? Una vez que entran en lo que ellos llaman política —porque eso no es política, es politiquería—, se sienten como que ya no pueden pertenecer a la Iglesia. Porque hay contradicciones. Muchas veces hay que robar. Entonces ahí es evidente. Muchas veces hay que mentir y engañar. Y ahí hay una contradicción. Entonces, para tranquilizar la conciencia, mejor marginan todo lo que es Iglesia y no creen. No es que no crean, sino que no quieren creer, porque si no ellos tienen que enfrentar exigencias muy fuertes. Para "triunfar" en esa politiquería hay que usar todo ese tipo de artimañas. Entonces prefieren no ser cristianos.

—*Quiere decir que a juicio de la Iglesia, del CELAM, la cultura latinoamericana había sido vaciada en algunos aspectos de sus contenidos cristianos.*

—Yo siento que sí. En varios elementos permanecía, como dice Puebla, una religiosidad popular; o sea, "santiguarse", tal vez ir a alguna misa en ocasión de un funeral o de un bautismo o de un matrimonio. Pero una cosa es dentro del templo y otra cosa es de la puerta del templo para afuera. Lo que Pablo VI llamaba el divorcio entre fe y vida, eso ha ido tomando mucha fuerza. Por eso se necesita evangelizar de nuevo esa cultura que marginó a la fe y los valores.

—*¿Usted cree que estamos en un momento adecuado para que esa idea prenda?*

—Yo siento que sí, porque en ciertos aspectos como que vamos tocando fondo. Uno de los síntomas es la violencia ciudadana, que es un flagelo en todas nuestras naciones. El mismo hecho de la desconfianza o el desinterés de los jóvenes por la política. Ya no le creen a los líderes. Cuando hay elecciones hay un abstencionismo muy alto.

LA TEOLOGÍA DE LA LIBERACIÓN

—*Medellín y Puebla —cada uno a su modo— hicieron una clarísima opción por los pobres y los marginados. Sin embargo, la realidad latinoamericana es mucho más rica que los pobres y los marginados. Hay una América Latina pujante también, hay empresarios, hay obreros, hay profesionales. ¿Ya la Iglesia ha tomado conciencia de eso?*

—Esa idea ha tomado bastante fuerza. Y en la Conferencia de Santo Domingo es una de las cosas que hace avanzar la Pastoral sin marginar lo que se llamó la opción preferencial por los

> Yo decía en un encuentro que tuve con los diputados, citando a Benito Juárez, que nadie va a hacer por nosotros lo que nosotros no hagamos.

> Yo pienso que en el combate de la pobreza, que es casi el denominador común de nuestros pueblos, la primera respuesta se llama solidaridad.

pobres. Era una opción ante todo evangélica. Porque hubo una opción que fue ideologizada. Ésta es una opción, además, no excluyente. No excluyente significa que se abre a todos los sectores. No se trata simplemente de la cuestión de la pobreza extrema; se dirige a todos los sectores de la sociedad. Y hay un gran esfuerzo por trabajar con los empresarios. Hay retiros espirituales, hay movimientos apostólicos dirigidos a los empresarios, a los militares, a los políticos. Hay una mayor serenidad en el ambiente, y mucha creatividad.

—*¿A qué se debe esa mayor serenidad?*

—Tal vez a la década perdida. Tal vez porque hubo tanta violencia, tanta muerte provocada por enfrentamientos ideológicos tomados de algunas corrientes de la teología de la liberación que creían en la lucha armada. Yo creo que pasado ese torbellino, se serenaron las aguas y uno empieza a ver de otro modo la realidad. Hoy día yo creo que nadie apuesta por la violencia.

—*¿Qué le deja al CELAM la teología de la liberación?*

—Hay algunas corrientes que siguen. Más que de la teología de la liberación, yo le hablaría de la pastoral liberadora. Ése fue tal vez el mejor fruto de algunas corrientes de la teología de la liberación. Estoy hablando de una Iglesia más sencilla, de una jerarquía más cercana a la mayoría del pueblo. Estoy hablando de, tal vez, dejar muchas cosas que no eran esenciales y darle importancia a otras que sí lo son. Por ejemplo, ustedes ven que nuestro estilo episcopal también es distinto. Nosotros en general estamos en medio del pueblo, en las visitas pastorales, etc., eso me parece que es una cosa muy buena, no sólo para los obispos sino también para los sacerdotes. La mayoría de las comunidades sienten al sacerdote como algo suyo. Es más, ese aprecio y ese cariño hace que nos busquen, y eso torna más difícil nuestra misión, pero más feliz.

CELAM Y LA REFORMA DEL ESTADO

—Parece claro que hay un modelo de Estado que está muriendo, y estamos en medio de enormes proyectos de reforma del Estado. A juicio de la Iglesia, ¿hacia qué tipo de Estado debemos ir?

—Yo creo que éste es un signo de los tiempos al que en general la Iglesia recibe con optimismo. Porque en el pasado se sobredimensionó al Estado. Desde los regímenes de tipo socialista-marxista, hasta los regímenes populistas que tuvimos en América Latina, que cultivaban un paternalismo del Estado. Y el Estado debe estar en el tamaño que debe estar. En nuestros países creció mucho el Estado como una manera de dar empleo a los activistas políticos. Se apoyó el clientelismo, la recompensa por el trabajo político, dando un puesto en el Estado. Fue una burocracia exagerada, y lógicamente que estas prácticas incidían sobre el déficit fiscal. Eso se pudo sostener por un cierto tiempo, pero después, con la crisis económica, se vio que era imposible. Entonces los organismos financieros internacionales pidieron reducir déficit fiscales. Y entre las recomendaciones, una de ellas era reducir el Estado. Pero reducirlo simplemente no es el camino, hay que hacer una reforma del Estado. Una verdadera reforma implica otra cosa. Yo creo que se precisan de dos elementos que han faltado: la educación para la democracia —la educación ciudadana— y la educación del servidor público —la educación del estadista—.

—La doctrina social de la Iglesia afirma que uno de los deberes del Estado es promover el "bien común". Usted que conoce varias experiencias de reforma del Estado en América Latina, ¿cree que van en esa dirección?

—Yo creo que sí, aunque avanzan lentamente, porque algunos han descuidado ese aspecto. Por ejemplo, Chile pasó por cosas tremendas, pero luego se ha ocupado fuertemente de la educación. Entonces se ve a un Estado que va por otras vías. En segundo lugar, yo pienso que una de las debilidades para que la reforma del Estado funcione es la justicia. Cuando no hay una justicia para todos, imparcial, independiente de los otros poderes, no es tan fácil, porque el flagelo de la corrupción sigue ahí.

—Se habla de que al fin de este siglo hay una convergencia de valores, al menos en democracias y economía de mercado. ¿Los modelos económicos vigentes contemplan los principios de la doctrina social de la Iglesia? ¿La Iglesia reconoce en la idea de la economía de mercado un valor a respetar?

—Sin duda. Con algunos matices. Cuando se absolutiza algo comienza ya el aspecto negativo. Yo creo que el problema actual será sólo pensar que hay un sistema, un modelo. Yo creo que sobre todo las escuelas, las universidades de ciencias económicas, deben buscar alternativas. Este modelo que se está aplicando se ve que es útil en los índices macroeconómicos, pero en la parte social es muy débil y genera pobreza. En un encuentro que tuvimos con el BID precisamente ésa fue una de las conclusiones cuyo reconocimiento por los eco-

> Estoy hablando de una Iglesia más sencilla, de una jerarquía más cercana a la mayoría del pueblo, de tal vez dejar muchas cosas que no eran esenciales y darle importancia a otras que sí lo son.

nomistas costó más, aunque finalmente reconocieron que este modelo genera pobreza.

DESARROLLO HUMANO

—*¿Cuánto tiempo, a su juicio, soporta América Latina estos niveles de pobreza?*

—No creo que mucho. Y lo que la economía de mercado buscó como paliativo del ajuste, que era la compensación social, no es suficiente. Porque esa compensación es como las migas que se caen de la mesa para paliar el hambre por un poquito de tiempo. Más bien debería buscarse una solución en el desarrollo humano, no simplemente en la competencia. Si el sistema es capaz de generar desarrollo, entonces se va a mitigar y a eliminar la pobreza. Pero si sólo se piensa en el superdesarrollo —el G7, por ejemplo— a costa del subdesarrollo del resto del mundo, esto no puede durar. Yo creo que ahí está el gran desafío para las grandes potencias.

Por ejemplo, nos preocupa el desinterés sobre América Latina. América Latina desempeñó un papel importante cuando era interesante para ellos por el aspecto ideológico: que no cayera en la esfera del socialismo. Cuando terminó eso, la mayoría de los países de América Latina ya dejaron de ser importantes. Ahora también América Latina puede hacerse importante. Por ejemplo, para mí el Mercosur significa mucho, mucho más que el TLC. Para mí el TLC fue un engaño.

—*¿Por qué?*

—Porque quisieron incorporar a México y a Canadá, pero sin equidad. El

> Para mí el Mercosur significa mucho, mucho más que el TLC. Para mí el TLC fue un engaño.

gobierno norteamericano ha buscado beneficios para la nación norteamericana, aunque para los otros dos miembros del TLC no sea igual.

—*¿Y por qué dice usted que significa mucho el Mercosur?*

—El Mercosur es una alternativa que me parece interesante, es una alternativa muy fuerte. Las economías más grandes de América Latina están en el Cono Sur, son Brasil, Argentina y Chile. Chile al principio planteó integrarse con el TLC. No lo hizo precisamente porque descubrió que era en condiciones de desigualdad, que el poderoso quería hacer las cosas a su manera. El libre tránsito sí, pero para camiones norteamericanos en México, no mexicanos en los Estados Unidos. Y eso se ha visto recientemente. O sea que ahí sí eran condiciones completamente desiguales. En cambio en el Mercosur está un gran futuro, hay mercado porque hay población, y eso es clave. Hay población, hay desarrollo, hay preparación. Entonces yo lo veo como una magnífica alternativa, y llena de esperanzas.

LA DEUDA EXTERNA

—*Le he leído expresiones muy firmes sobre el problema de la deuda externa hondureña. ¿Es una posición de la Conferencia Episcopal hondureña?*

—Sí.

—*No es una posición del CELAM.*

—También.

—*¿Cuál es concretamente su posición sobre la deuda externa?*

—El problema no es simplista, es muy complejo. Cuando uno va a adquirir una deuda, va a un banco por un prés-

> En el Mercosur está un gran futuro, hay mercado porque hay población, y eso es clave. Hay población, hay desarrollo, hay preparación.

> No es que América Latina sea una pobre víctima de una deuda externa, sino que fueron muchos los países donde se usó mal mucha parte de la deuda.

tamo. Allí, lo primero que le piden son garantías. Ya desde la década del setenta, pero más desde la década del ochenta, había un exceso de dinero en muchos organismos, especialmente por los petrodólares. Era necesario mover ese dinero, era necesario ponerlo afuera. Y se prestó a diestra y siniestra, sin pensar mucho en las garantías y en cómo lo iban a pagar. Lo importante era colocarlo. Y se colocó. Y después vinieron los problemas de pagar, sobre todo cuando subieron los intereses, y cuando vino un poco de recesión económica. Gran parte de ese préstamo no se usó para el desarrollo del continente, fue para la corrupción. Aquí mismo se creó una corporación nacional de inversiones. El Estado ayudó a prestamistas, para dar dinero a industrias que después saquearon al país y quedaron en quiebra. Ésa fue una de las mejores maneras que se idearon para robar y defraudar.

Entonces no es que América Latina sea una pobre víctima de una deuda externa, sino que fueron muchos los países donde se usó mal mucha parte de la deuda. El problema es que esa deuda ha ido aumentando, hasta llegar a ser, en algunos países, impagable. ¿Por qué nos metemos nosotros en eso? El papa, en la carta del Tercer Milenio dice: "Israel, cuando celebraba un jubileo, perdonaba la deuda. La tierra volvía a sus dueños, y se la dejaba descansar todo un año, con mucha sabiduría. Entonces, ¿por qué una humanidad que se apresta al tercer milenio de cristianismo no puede pensar que ya es hora de reformar el sistema financiero, y dar oportunidad a esos países que están como con una lápida encima?"

—*¿Ésa es la posición de la Iglesia?*
—Sí.
—*Hemos oído referencias en cuanto a la posibilidad de una reclamación más formal hacia el jubileo del año 2000 respecto de un tratamiento especial para algunos países muy pobres a efectos de que les sea condonada la deuda externa.*
—Sobre todo que los mismos organismos financieros ya la tienen clasificada, ellos la llaman países de bajos ingresos", SILIC *(severe indebted low income countries)*. En América sólo hay tres: Nicaragua, Honduras y Guyana. Incluso Haití, siendo más pobre que Honduras, no está tan endeudado. En África hay 25 en esa categoría. En el documento postsinodal de África, el papa pide a los gobernantes de ese país que no opriman más a sus pueblos, ni con deudas externas ni internas. Y a los países desarrollados, en las conferencias episcopales de los países desarrollados, que dialoguen con sus gobiernos para ver de qué manera pueden hacer un poco de desarrollo... y no simplemente cobrar intereses.

El problema es que lo que América más exporta no son ni bananas, ni café, ni azúcar, ni ningún producto, sino dinero. Honduras lo que más exporta es dinero, y no de fuga de capitales, sino de servicios de la deuda. No habrá desarrollo mientras esa deuda exista en esos términos.

IGLESIA Y POLÍTICA

—*¿La Iglesia está promoviendo que los cristianos participen en política más activamente?*
—Sí, lo está promoviendo. Aunque

> No es bueno ponerle apellido cristiano a un partido, el cristianismo debe estar en todos los partidos.

No basta, por ejemplo, sanear los índices macroeconómicos si los índices macrosociales están perdidos.

cuesta muchísimo, porque la mayoría de la gente tiene la idea de que la política es algo sucio, y que no hay que meterse. Romper con eso cuesta mucho. Pero sin querer particularizar en un partido, me parece que, con lo bueno que pudo tener la Democracia Cristiana, no es bueno ponerle apellido cristiano a un grupo político. El cristianismo debe estar en todos los partidos. Porque si no, caemos en lo que cayó Italia: un Partido Demócrata Cristiano que se disuelve por sí solo debido a la corrupción. Aquí tampoco fue positiva la Democracia Cristiana. Empezaron con muy buena intención: estudiando la doctrina social de la Iglesia. Pero lo que aplicaron después no fue eso, y por esa razón cayeron en un descrédito muy grande. Hoy día creo que se buscan nuevos caminos.

—*Quiere decir que la relación privilegiada que la Iglesia tenía con las democracias cristianas latinoamericanas es cosa del pasado.*

—Es cosa del pasado. Ahí entró también el virus de la corrupción, y no entró la conversión. Piense en Venezuela, un país tan rico, está ahora postrado a causa de la corrupción. Es una cosa espantosa.

—*¿Y la relación privilegiada con algunos sindicatos?*

—Nosotros trabajamos siempre mucho con la Confederación Latinoamericana de Trabajadores, ellos tienen inspiración cristiana.

—*Hay una preferencia.*

—Trabajamos bastante con ellos. Y, aquí en Honduras, todos los movimientos campesinos, sindicalistas, etc., fueron alfabetizados por la Iglesia. Y ellos lo reconocen. Y eso ha sido como una válvula de escape social. ¿Por qué no hemos tenido guerrillas como en El Salvador, Nicaragua o Guatemala?

—*Parecería que usted entiende que hay una crisis de los partidos políticos en toda América Latina. Si esta crisis existe, ¿el motor del cambio dónde está?*

—Es una pregunta compleja. En primer lugar, tenemos un vacío de líderes. Ustedes pueden ver en todas partes que los candidatos, con algunas excepciones muy honrosas, son mediocres, y apelan a cosas de sentimiento al momento de motivar para las elecciones. No hay programa definido de política. Ni interesa tampoco, porque muchas veces se vota por el cacique, por el caudillo, no se vota por el programa de un partido. Ése es uno de los defectos.

Otro defecto es que nuestros sistemas son poco representativos. ¿Un diputado a quién representa? ¿Al pueblo que lo eligió? Pero el pueblo no lo eligió, sino que él ganó una lotería. Fue incluido en una fórmula de un presidente y entonces con ello se ganó la lotería. Pero él no es representante directo del pueblo, representa los intereses de un partido, y muchas veces de un grupito. Es una debilidad de nuestras democracias. Porque en nuestras democracias, una vez que pasaron las elecciones, ya no hay manera de que la voz del pueblo llegue, de que se conozca. Ya empiezan intereses partidistas. Ese sistema debería cambiar. Yo he propugnado siempre para que los diputados sean elegidos directamente. Me dicen que no se puede porque la gente no está capacitada. No quieren que esté capacitada.

Hay un problema de vacío de líderes. No los hay, y si los hay no tienen seguidores porque no son tramposos. Me da dolor decirlo, pero muchas veces he hablado con algunos políticos que se retiran porque en el partido, a la hora de proponer un candidato para primer diputado, no lo aceptan porque nadie va a votar por él porque es muy bueno. Es

[515]

tristísimo. Tiene que tener fama de sinvergüenza para que la gente pueda votar por él.

—¿*En el concepto de la Iglesia, la sociedad civil significa algo en cuanto a capacidad para comenzar a cambiar?*

—Empieza a ser y es una buena alternativa. En el CELAM estamos muy empeñados en un programa que llamamos megatendencia. Sin hacer futurología, el programa supone leer algunos signos de esta realidad para que, al terminar nuestro periodo en 1999, a los que van a emprender el tercer milenio podamos decirles: lo que hemos visto en estos cuatro años es hacia allá. Y entre esas megatendencias, una que vemos que puede tomar fuerza es la sociedad civil. Dialogando al respecto con una fundación de Alemania, la Konrad Adenauer, manifestó sentirse interesada en el programa, y lo van a financiar. El primer programa será sobre sociedad civil. El segundo será el de corrupción. El tercero es en Santiago de Chile en mayo del año próximo. Y tercero y cuarto nos queda todavía por decidir.

Entonces, sociedad civil es un tema de interés.

—¿*Y qué papel piensa desempeñar la Iglesia como motor del cambio?*

—Yo creo que el primero es tratar de volver a suscitar la conciencia ética. O sea, el discurso ético se ve hoy día como una necesidad urgentísima. Hay ciertos problemas que no tienen solución sin la ética, el de la corrupción es uno de ellos. Y con corrupción no se puede pensar que tengamos democracias estables.

Y luego constituyendo el ámbito donde se pueda dialogar de todos estos temas —como una concertación—, un ámbito de unidad para poder tratar abiertamente una problemática que nos incumbe a todos.

TESTIMONIO DE UNA CRISIS
DE GOBERNABILIDAD

Carlos Andrés Pérez: Entre la espada y la pared

Cuando en el vestíbulo del hotel de Caracas, los autores mencionaron al conserje que necesitaban un coche para dirigirse a la quinta La Ahumada, en las zonas altas de la ciudad, se produjo un escozor generalizado en el personal. Carlos Andrés Pérez sigue despertando pasiones cruzadas en Venezuela. La entrevista —donde el ex presidente hace una larga crónica de su derrocamiento— se realizó en diciembre de 1995, cuando Pérez estaba todavía en prisión domiciliaria. Una situación paradójica, sin duda: expulsado de su partido y condenado por la justicia, Carlos Andrés Pérez despliega, desde su reclusión domiciliaria, una actividad política febril.

—*Se afirma que los presidencialismos latinoamericanos generan tensiones entre el presidente y su partido. ¿Cuál ha sido su experiencia?*

—Creo que el presidencialismo latinoamericano tiene como origen la autocracia, el caudillismo, y que eso ha generado un presidencialismo que desborda la Constitución. Tenemos presidentes a quienes la comunidad de su país le da atribuciones imaginarias que no figuran en el texto constitucional. Y eso concentra entonces, en el presidente de la República, la función de presidente y de *pater familias*.

Esto trae como consecuencia también que el conflicto social del país se concentre de manera extrema en una sola persona. Me parece que éste es el grave mal del presidencialismo latinoamericano. Ha hecho crisis y obliga necesariamente a estudiar con seriedad la institución de primer ministro. No dentro de la fórmula parlamentaria tradicional,

CARLOS ANDRÉS PÉREZ, vicepresidente –por tercera vez consecutiva– de la Internacional Socialista, fue presidente de Venezuela en dos oportunidades. Nació el 27 de octubre de 1922 en Rubio, Táchira. A los 15 años comenzó la militancia política en la organización política entonces clandestina, Partido Democrático Nacional, núcleo matriz de Acción Democrática (AD). En 1945 actuó como enlace entre el palacio presidencial y los líderes de AD involucrados en el movimiento revolucionario. Nombrado secretario de Rómulo Betancourt —presidente de la Junta—, se convierte en secretario del gabinete en 1946 y en secretario general de AD al año siguiente. Dos años más tarde será prisionero y confinado al interior para ser expulsado del país poco después. Inicia un largo periplo durante el cual intenta volver a Venezuela y es nuevamente apresado y deportado. Colabora activamente con Betancourt para derrocar al dictador Pérez Jiménez (1950). Varias veces electo diputado por Táchira (1947, 1959, 1962, 1969), en 1972 es electo candidato a la presidencia de la República y resulta triunfador en las elecciones. En 1975 nacionaliza el hierro y al año siguiente el petróleo. Participa en la firma de los acuerdos Carter-Torrijos sobre el Canal de Panamá. En 1987 vuelve a ser electo presidente de la República (1989-1994).

> Nuestros presidencialismos concentran en el presidente de la República la función de presidente y de *pater familias*. Esto trae como consecuencia también que el conflicto social del país se concentre, de una manera extrema, en una sola persona.

sino buscando un presidente con poderes importantes, pero un jefe de gobierno que administre el país y que permita resolver conflictos, sin que se extremen las crisis, como sucede en nuestro sistema presidencialista, en que el presidente, en última instancia, se convierte en dictador o es derrocado.

—*¿Y su propia experiencia?*

—La organización de nuestros partidos reproduce más o menos lo que fueron los partidos leninistas, pero con la diferencia de que en el sistema original el presidente o jefe de Estado es al mismo tiempo jefe del partido. En cambio en nuestros sistemas presidenciales se separa la función de jefe del partido y la función de jefe de gobierno o de presidente de la República. Y esto trae necesariamente una situación que se presta a los conflictos. En regímenes parlamentarios el jefe del gobierno es el jefe del partido. En nuestros sistemas esa dicotomía tiende a generar conflictos por la existencia de un poder paralelo.

LA REFORMA DEL ESTADO

—*Permítanos ingresar un poco en su experiencia a partir de que asumió su segundo gobierno. Usted trata de llevar adelante un proceso de reforma del Estado, o reforma de la economía...*

—Reforma del Estado y reforma de la economía, porque yo entendí que era necesario atender paralelamente las dos situaciones: la modernización de la economía y la modernización del Estado en sí mismo. De manera que aquí iniciamos el proceso de reforma del Estado mediante la descentralización y racionalización de un Estado extremadamente centralista. Al propio tiempo iniciamos la reforma, la modificación de la economía, partiendo de una economía extremadamente estatista y paternalista.

Creo que la situación venezolana es atípica en América Latina. Dentro de un cuadro general de problemas similares y de sistemas más o menos parecidos, Venezuela tiene una atipicidad muy importante por cuanto aquí se generó un sistema paternalista como no ha existido en otros países.

—*A la reacción a este primer conjunto de medidas se le llamó, más o menos peculiarmente, el "caracazo".*

—No. La verdad es que en esto hay una confusión. Lo que se llamó el "caracazo" fue una acción producida en Caracas exclusivamente y que fue estimulada por la televisión. No tuvo que ver con el programa, que entró en discusión en fecha posterior a ese momento. Se originó con el aumento del precio del pasaje de transporte, que era la base: primero se aumentaría el pasaje y después la gasolina. Aumentar el pasaje era una discusión que comenzó entre los transportistas interurbanos y el gobierno anterior, y que culminó en mi gobierno con la concreción de dicho aumento. Esto generó un conflicto en Caracas, que fue, como decía, estimulado por la televisión.

Pero esto a su vez viene de atrás, porque durante toda la década de los ochenta hubo una disminución muy sensible del salario real de los venezolanos. De manera que, al comienzo del año 1989, las condiciones de irritabilidad ya estaban dadas. Pero ha sido siempre una equivocación situar esto como una acción producto de las reformas.

—*¿Sobre qué bases políticas imaginó usted la reforma del Estado y la reforma de la economía que planteó?*

—Desde luego que yo entendía que iba a ser sumamente difícil, que no iba a contar con mayores respaldos, pero que era inevitable que yo asumiera la responsabilidad. Al punto que, después de electo presidente de la República, en un discurso celebrando el 30 aniversario de la revolución del 23 de enero —de la caída de Pérez Jiménez—, yo planteo las bases de mi futuro gobierno. Eso produjo un estremecimiento, una conmoción dura en mi propio partido, en los propios dirigentes del partido. Yo estaba plenamente convencido de que, si esto hubiera sido sometido a debate interno, no hubiera sido aprobado. Precisamente mi liderazgo era mi fuerza, porque esto contrariaba las bases clientelares de la organización. Y yo planteo la elección directa de los gobernadores de Estado, la elección de los alcaldes, la reforma económica. Eso lo hago el 23 de enero de 1988.

—*Usted habrá calculado, naturalmente, que sería una reforma difícil pero exitosa.*

—Sí, pero hay un problema muy serio con que no contaba cuando yo fui candidato. Y es que yo gané las elecciones, pero el partido las perdió. Yo tuve una inmensa votación, pero como partido tuvimos minoría en el Congreso. Y realizar en nuestros países —dentro de nuestros sistemas, en una democracia bastante abierta— una reforma de este tamaño sin contar con mayoría en el Congreso era algo prácticamente imposible. Yo estaba entre la espada y la pared. El país aguantó durante muchos años. Aguantó el gobierno de Lusinchi, que todavía contó con recursos y fondos para mantener el sistema anterior. Cuando yo llegué al gobierno, las reservas internacionales estaban absolutamente agotadas, el país tenía una deuda vencida con el exterior bastante cuantiosa, además de 6 500 millones de dólares en cartas de crédito vencidas, y la reserva del tesoro era de 300 millones de dólares. De manera que yo tomé el gobierno en una situación de emergencia.

Pretender una coalición era imposible. Sin embargo, durante todo el año 1989 realicé reuniones constantes de concertación con partidos políticos, con sectores empresariales, con sectores sindicales, etc. Pero, indudablemente, no había ambiente favorable para realizar reformas que para el país significaban un verdadero trauma.

—*¿En qué sectores encontraba cierto nivel de apoyo?*

—Era un apoyo relativo. Por ejemplo, los sectores empresariales manifestaban un apoyo a la apertura, pero cuando esa apertura —la reforma comercial, por ejemplo— lesionaba sus intereses, venía la reacción. El país estaba muy sumergido en el sistema de controles y en el sistema de subsidios. Aquí, por ejemplo, el proceso industrial siempre estuvo bajo la protección del Estado. La acción impositiva era nula, los subsidios eran indirectos, el Estado prácticamente subsidiaba todas las actividades. Eso en cuanto a la actividad empresarial. En la actividad social normal, todos los servicios estaban extremadamente subsidiados, las tarifas de agua, las tarifas de luz eléctrica, las de teléfono, estaban totalmente inadecuadas al costo mismo de los servicios, en lo que Venezuela se diferencia mucho de otros países de América Latina.

El presidencialismo latinoamericano ha hecho crisis y obliga necesariamente a estudiar con seriedad la institución de primer ministro. No dentro de la fórmula parlamentaria tradicional, sino buscando un presidente con poderes importantes, pero un jefe de gobierno que administre el país y que permita resolver conflictos, sin que se extremen las crisis, como sucede en nuestro sistema presidencialista.

> Yo gané las elecciones pero el partido las perdió. Yo tuve una inmensa votación pero, como partido, tuvimos minoría en el Congreso. Y realizar en nuestros países una reforma de este tamaño sin contar con mayoría en el Congreso era algo prácticamente imposible.

—*El país tenía un sistema bipartidista, que parecía bastante estable...*

—Yo intenté apoyarme en este sistema bipartidista. Mantenía por lo menos una reunión semanal con los líderes de los dos partidos políticos fundamentales. Y por lo regular siempre llegaba a acuerdos, pero acuerdos que luego no se ejecutaban.

—*En general los partidos latinoamericanos son partidos muy sometidos a estas prácticas clientelares que hacen buena parte de su existencia. La reforma del Estado que seguramente usted planteaba ¿afectaba duramente esas bases?*

—Indudablemente. Afectaba muy profundamente las prácticas clientelares. Por otra parte, en el resto de la población productora, por ejemplo, la eliminación de la política de controles le quitaba al Estado, al gobierno, una serie de instrumentos de poder muy importantes. Nadie se sentía sujeto a lo que decidiera el gobierno para sus negocios particulares, no había control de cambios, no había permisos de importación, se eliminaron las exoneraciones de impuestos, de tasas. Es decir, se quitaron todas las alcabalas que obligaban a cada sector del país a pasar periódicamente por el gobierno para obtener sus beneficios.

—*Se ha afirmado que este tipo de reformas se ha podido llevar a cabo o en medio de una dictadura o a partir de procesos hiperinflacionarios muy fuertes.*

—Exacto, y aquí no existía ninguna de las dos cosas. Eso es muy importante. En los países de América Latina donde se implementó la reforma, esta medida era la salvación del país. Por ejemplo, una vez vino Cavallo aquí y me dijo: "Presidente, a mí me están condecorando porque he bajado la inflación a 80%, y a usted lo están fusilando porque no tiene una inflación menor de 30%". Eso es evidente. Y Venezuela nunca sufrió esas situaciones, como para que se pudieran ver los beneficios resultantes de los sacrificios que se exigían, luego de los abusos ocurridos dentro de la economía. Eso es evidente. Pero yo creo que aquí, en medio de todo, se fue llevando la situación hacia adelante. Cuando se produce el colapso de mi gobierno es cuando precisamente ya las políticas están en una marcha ascendente y ya son apreciables por sus resultados. Un desempleo de 11% se bajó a 5%; se detuvo la caída del salario real de los venezolanos, que cayó desde 1980 a 1990 permanentemente. Es decir, los programas sociales fueron programas muy efectivos porque llegaron hasta donde debían ir.

LAS DIFICULTADES

—*¿Cuándo se complican las cosas?*

—Se complican por problemas de orden político. El momento en que se inician estas reformas coincide con una decadencia de los partidos políticos, con una decadencia de las organizaciones empresariales y con una decadencia de las organizaciones sindicales. Estas estructuras fueron fundamentales para conformar la democracia en los años sesenta. Pero ya para el momento de iniciarse las reformas, claramente no tenían liderazgo. La organización empresarial, con quien normalmente negociaba el gobierno, ya no representaba a los capitalistas. La organización sindical, que había sido muy poderosa para los conflictos de la democracia, también estaba muy debilitada. Y las organizaciones políticas, Acción Democrática y el COPEI, estaban en franco deterioro.

Todo esta situación conforma un cuadro que permite ver las dificultades que yo tuve que enfrentar. Porque en el fondo, desde luego, yo no tuve una oposición frontal de mi partido. Si bien no se quería asumir los costos políticos de la situación, en líneas generales el apoyo estaba, pero no había mayoría en el Congreso. Nuestra gestión parlamentaria no era muy eficiente para lograr esa mayoría. Por su parte el COPEI —que ofrecía respaldos para muchos de estos programas— estaba muy hundido internamente por los pleitos, se había separado de su fundador, Rafael Caldera...

—¿Qué equipo tuvo usted para hacer las reformas?

—Ése es otro problema. Al comienzo de la democracia, los ministros eran del partido que estaba en el gobierno. Pero conmigo la situación cambió, inevitablemente, porque para la reforma que iba a hacer tenía que buscar hombres idóneos para el manejo de las distintas áreas. Y esa gente, lamentablemente, no se encontraba dentro de las estructuras intelectuales del partido. Esto indudablemente creó un conflicto, un roce y un resentimiento. De manera que ésta fue otra dificultad bastante grande, y yo no tenía más remedio que poner a la gente adecuada. Desde luego dentro de un pensamiento, de una idea. Pero la que yo elegí era gente que no provenía del partido. Ni iba a obedecer los requerimientos para el nombramiento de subalternos en sus ministerios tomando en cuenta solamente el activismo político, sino tomando en cuenta la capacidad de cada quien. Éstas eran cosas muy fuertes, remedios muy duros para la realidad venezolana.

—¿Usted era el único respaldo político que tenía el proyecto?

—Exacto.

El proceso industrial siempre estuvo bajo la protección del Estado. La acción impositiva era nula, los subsidios eran indirectos, el Estado prácticamente subsidiaba todas las actividades. Eso en cuanto a la actividad empresarial. En la actividad social normal, todos los servicios estaban extremadamente subsidiados, las tarifas de agua, las tarifas de luz eléctrica, las de teléfono, estaban totalmente inadecuadas al costo mismo de los servicios.

—A voluntad y a fuerza de liderazgo iba tratando de llevarlo adelante.

—Ésa es la realidad. Hay otra cosa: yo nunca esquivé las reuniones y los debates de mi partido. Yo tenía reuniones semanales con los dirigentes del mismo, pero siempre los problemas eran más por cuestiones de nombramientos y de personas que por cuestiones de programas.

PATERNALISMO ESTATAL

—¿La sociedad venezolana estaba hecha desde el Estado?

—Totalmente. El paternalismo estatal aquí se manifestó por el tipo de caudillos dictadores que tuvimos. Y se confirmó con la presencia del petróleo como la gran riqueza nacional. Se abandonó la agricultura, se abandonó toda otra actividad, y el petróleo pasó a ser el maná que proveía todo. Entonces el per capita petrolero era de 4 000 dólares. Hasta que tiempo después caíamos a 300 o 400 dólares, y por supuesto el Estado ya no podía desempeñar el mismo papel.

—¿Usted trató de implementar una reforma que modificaba sustancialmente las relaciones de ese Estado con esa sociedad?

—De una manera muy honda.

—En aquel momento, ¿qué esperaba de esa sociedad, de esa población que

La reforma afectaba profundamente los intereses clientelares. Nadie se sentía sujeto a lo que decidiera el Gobierno para sus negocios particulares, no había control de cambios, no había permisos de importación, se eliminaron las exoneraciones de impuestos, de tasas. Es decir, se quitaron todas las alcabalas que obligaban a cada sector del país a pasar periódicamente por el Gobierno para obtener sus beneficios.

había votado por usted pocos meses antes en un porcentaje abrumador?

—Es un problema muy complejo, porque indudablemente hay que entender que una sociedad, una persona, un individuo, nunca cree que está disfrutando de privilegios, cree que son derechos que tiene. Cuando esos privilegios se tocan cree que se le están tocando sus derechos. Aquí teníamos una sociedad totalmente dependiente del Estado, unos empresarios totalmente dependientes de los subsidios, de las exoneraciones, de toda esta "permisología" que el Estado tenía para favorecerlos, así como de los créditos estatales. Y la sociedad en general, la clase media sobre todo, era dependiente de los subsidios para todos los servicios.

—El precio de la gasolina, por ejemplo...

—El agua, la electricidad, todos eran servicios pagados a precios irrisorios. Una de las primeras cosas que uno notaba cuando salía de Venezuela, cuando iba a pasar unos días a casa ajena, era que la gente estaba pendiente del prendido y apagado de las luces. Aquí no, aquí las luces se prendían al comenzar la noche y se dejaban prendidas, porque la electricidad no costaba absolutamente nada. Aquí es difícil entrar a cualquier vivienda y que los grifos no estén averiados y goteando agua. Cuando se iba a pedir un crédito para ampliar el acueducto de Caracas lo primero que

me decía el Banco Mundial era que estábamos consumiendo el doble del agua que necesitaba la población. Que no podíamos seguir manteniendo esas tarifas.

De manera que ésa era una sociedad completamente acostumbrada a depender de los subsidios. Y esos subsidios no estaban destinados a los pobres, sino que eran generalizados para pobres y ricos. Aquí se subsidiaba, por ejemplo, la producción de leche. Pero no era leche solamente para los venezolanos, sino para los colombianos y los de las Antillas. Ésta era nuestra tragedia. Y trancar esto de la noche a la mañana fue un proceso bastante difícil. Además, esto se podría haber hecho progresivamente, con más tiempo. Pero era un tiempo del que carecíamos, porque ni siquiera teníamos divisas internacionales.

—¿Eso es lo que lo determina a usted a tomar las medidas?

—Claro, yo estaba dispuesto a un programa de este tipo, pero no imaginábamos lo que nos íbamos a encontrar. Por ejemplo, una de las sorpresas más grandes que tuvimos en el año 1989 fue la de las cartas de crédito. Y el consecuente ofrecimiento del gobierno de asumir la diferencia cambiaria. De acuerdo con la contabilidad que llevaban el Banco Central y el ministro de Hacienda, había unos 2 000 millones de dólares en cartas de crédito. Y cuando se presenta el programa y se pone el dólar a flotar, resulta que las cartas de crédito ya no eran de 2 000 millones sino de 6 500 millones de dólares. Eran 4 500 millones de dólares más para pagar inmediatamente, porque eran cartas de crédito. Todo esto significó un choque muy violento. El sector privado defendía la tesis de que el gobierno había ofrecido asumir esa deuda. En primer lugar, bajo qué norma legal podía el gobierno asumir la deuda. En segundo lugar, cómo podía el sector privado pagar en bolívares, ya de inmediato, el valor de 6 500 millones de dólares. Y el propio gobierno cómo podía hacerlo. Al fin se llegó a una solución de transición, donde el gobierno asumía la mitad de la deuda. Y eso trajo como consecuencia que la inflación se fuera a 80%, y hubo una paralización de la inversión, tanto pública como privada.

REFORMA IRREVERSIBLE

—¿Qué parte de la reforma usted logró implementar?

—Creo que la reforma se implementó, y creo que se logró que fuera irreversible el proceso. Eso trajo como consecuencia que pudiéramos llegar al Pacto Andino. Con nuestra economía subsidiada y de controles hubiera sido imposible un entendimiento. Eso nos permitió en poco tiempo llegar a la realidad del Pacto Andino, e ir a un entendimiento —el G3— con México. Todos éstos fueron éxitos evidentes. Tuvimos un crecimiento promedio en los tres años de 8% del PIB. Pero teníamos el problema del déficit. Aunque lo frenamos, lo tenemos aún estancado, porque no se nos aprobó el impuesto al valor agregado.

—¿No se aprobó la reforma tributaria?

—No se aprobó la reforma tributaria en ninguna forma. Nosotros metimos el paquete completo, la ley del IVA, la reforma del impuesto a la renta, pero de este último impuesto lo único que se nos aprobó fue la baja del impuesto corporativo, que era de cincuenta y tanto por ciento, a 30-35%. Pero, además, se establecía una serie de exenciones absurdas. Es decir, aquí se exceptuaba del pago del impuesto a las personas naturales hasta por la reparación de los vehículos. Todo quedaba exceptuado. Se llegó a un punto tal que las exenciones desmoronaron el sistema. Y del otro lado no se aprobó siquiera el impuesto al valor agregado.

Una vez vino Cavallo aquí y me dijo: "Presidente, a mí me están condecorando porque he bajado la inflación a 80%, y a usted lo están fusilando porque no tiene una inflación menor de 30%".

—¿La ley de bancos?

—Tampoco se aprobó la ley de bancos que era fundamental. Nosotros teníamos una ley de bancos completamente clásica, el banco de dos ventanillas, una para pagar y otra para cobrar. No se consideraba la cibernética dentro de esta situación, y había toda una serie de operaciones, las mesas de dinero, etc., que estaban fuera de nuestra legislación. La Superintendencia de Bancos tenía una capacidad de control absolutamente limitada, lo cual era muy peligroso, porque preveíamos en el futuro próximo una grave crisis financiera por la falta de una moderna ley bancaria. A ello se sumaba la necesidad de introducir la banca internacional en el país como elemento de estímulo y de modernización de nuestro propio sistema, y aun de competencia. De manera que esas leyes se discutieron tres años, siempre recibiendo la promesa, por parte de la mayoría del Congreso, de que iba a ser aprobada. Pero no era aprobada.

—Y cuando usted veía que esa reacción se iba montando, ¿qué podía hacer?

—Yo seguía enfrentando la situación, reuniéndome con todos los sectores, visitando el país. Encontrábamos, por ejemplo, una gran agitación en Caracas pero una situación temperada y comprensiva en el interior del país. Los disturbios no provenían de clases medias, sino de grupos subversivos que quedaban desde la lucha guerrillera de Castro, que incitaban a esto en las puertas de los liceos. Eran pequeños motines en los que quemaban un autobús o un automóvil, y reducido a Caracas, si acaso a Valencia y Maracaibo. Pero eso tenía

> Lo que hice fue nombrar un Consejo Consultivo para que examinara la situación del país y le encontrara una salida. Este Consejo Consultivo lo que hizo fue obligarme a desandar las medidas que ya estaban en marcha. Ése fue un error muy grave. Debí darle mayor fuerza a mi gobierno.

una gran repercusión en los medios de comunicación. Ellos le daban la primera página, publicaban fotos, y eso mantenía un estado de exacerbación de los ánimos permanente. Pero aquí nunca hubo una manifestación en un barrio, con excepción de eso que se llamó el "caracazo". Aquí nunca hubo una reunión de siquiera 100 personas.

—*Es la segunda vez que usted nos habla de los medios de comunicación. ¿Por qué esa actitud de los medios contra su gobierno, contra usted?*

—En primer lugar, por primera vez los medios se sentían absolutamente libres, no tenían el control del gobierno ni para sus dólares ni para su papel, para nada. Eso pudo influir. Y luego el problema se fue inflando porque en esto había factores políticos y factores revanchistas de por medio, no era una cosa provocada solamente por la situación económica. Había un grupo de sectores que, si bien eran muy disímiles en su pensamiento, se unieron en una acción contra el gobierno y contra los partidos. Porque esto fue una acción que no solamente procuraba dañar al gobierno, sino que buscaba dañar a nuestro sistema democrático.

LA REACCIÓN MILITAR

—*Viene una reacción militar y de hecho fueron dos intentos fuertes de golpe de Estado contra su gobierno. ¿Cuál es el origen?*

—Éste es el factor curioso y realmente sorpresivo de esta situación: una cosa que yo ignoraba. Había existido una logia militar, creada en los tiempos de la lucha contra la subversión extremista, que se había juramentado para tomar el poder en el momento oportuno. Lo habían intentado durante el gobierno de Herrera, hicieron un conato en el gobierno de Lusinchi cuando salieron tanques en Caracas y llegaron hasta la toma de Las Flores, pero quedó como una equivocación.

No tuvieron éxito, y ese movimiento —esa logia militar— consideró que la situación estaba madura para dar el golpe, pero no lograron conmover la solidez institucional del gobierno. La verdad es que el del 4 de febrero, que era un movimiento que tenía un elemento muy fuerte, fue liquidado con mi presencia en la televisión.

—*Eso fue de inmediato...*

—Sí. Lo de finales de año —el segundo intento militar— ocurrió por los errores de inteligencia cometidos dentro de las fuerzas armadas. Porque ésa fue la parte del movimiento militar del 4 de febrero —que era el sector aéreo— que no pudo estallar, que no podía comenzar en el primer intento, sino al amanecer el día 5 de febrero. Como el movimiento fue abortado en la propia madrugada, cuando hablé por televisión, esa parte del operativo no estalló y quedó pendiente. Entonces, luego, lo del 27 de noviembre fue espectacular, pero en ningún momento fue peligroso para la estabilidad. No llegaron a tener ni un batallón de gente de tierra que los apoyara. Pero los aviones hicieron ruido, conmovieron a Caracas rompiendo la barrera del sonido, me tiraron bombas sobre el Palacio.

En realidad el 4 de febrero se destapa abiertamente una conspiración civil. Aquí verdaderamente lo que se desarrolla ya no es un golpe militar sino un golpe civil. El 4 de febrero varios actores

—comenzando por el actual presidente, que aprovechó ese movimiento, y otros sectores del sistema derrocado en 1945— convergieron en una acción subversiva.

De manera que el 4 de febrero es indudablemente el punto de partida de una acción ya muy amplia y de muchos sectores que va dirigida a derrotar al gobierno y a derrotar a los partidos, a derrotar a la democracia.

—*Hay cierta similitud entre este movimiento de mandos medios dentro de las fuerzas armadas con los llamados "carapintadas" de Argentina y otros movimientos que empiezan a aparecer en América Latina con un fuerte contenido nacionalista en su discurso. ¿En su opinión, eso ya está definitivamente controlado o es un tema que está latente?*

—La verdad es que al desmantelarse este golpe y este grupo, la situación cesó. Vuelve a tomar algún incremento cuando el presidente Caldera sobresee estos casos. Incluso él admite que muchos de esos oficiales vuelvan a las fuerzas armadas y eso ha creado, ahora, problemas peligrosos. Pero es tan fuerte el elemento institucional en las fuerzas armadas de Venezuela que yo veo difícil —aunque no imposible— que pudiera reproducirse una situación así.

—*Después de su experiencia, y viendo más en perspectiva todo lo pasado, ¿cree que es viable la reforma del Estado?*

—Desde luego. Yo creo que mi pecado estuvo en no haber endurecido mi posición el 4 de febrero. Lo que hice fue nombrar un Consejo Consultivo para que examinara la situación del país y le encontrara una salida. Este Consejo Consultivo lo que hizo fue obligarme a desandar las medidas que ya estaban en marcha. Ése fue un error muy grave. Debí darle mayor fuerza a mi gobierno. Dentro de la situación democrática, desde luego, ya que mi historia y mi ideología jamás me hubieran permitido —ni

siquiera en mi más íntimo pensamiento— buscar una solución de tipo dictatorial, violar la Constitución y las leyes. Ni siquiera cuando se presentó la situación del golpe constitucional, que era el juicio político y que no tenía ninguna validez.

Ni siquiera en ese momento yo pensé en desconocer la legitimidad democrática de mi gobierno y mi propia lucha de 50 años por la democracia. Tal vez el 4 de febrero debí darle una mayor fuerza de gobierno y, sin embargo, fui por este camino fácil: entonces por allí entró abiertamente la conspiración. No hay duda de que desde el 4 de febrero se empieza a conspirar para sacarme del poder de cualquier forma.

—*Usted decía que fue una conspiración civil, ¿política y económica?*

—Política y económica. Los sectores económicos que aparentemente aceptaban los cambios, en el fondo no lo hacían, porque esos cambios los obligaban a trabajar, los obligaban a la reconducción de sus empresas, porque sin duda nosotros abrimos la economía —con la reforma comercial— a la competencia. Venezuela era un país con una protección arancelaria como ningún otro país de América Latina. Aquí había tasas hasta de 2 000% y había miles de ítems protegidos. Todo estaba sometido a control. Y esto se abre tomando en cuenta una serie de factores y protegiendo áreas determinadas. Pero esto obligaba a nuestros empresarios, desde luego, a cambiar totalmente —y a disminuir sus

Pero cuando Caldera ofrece quitar el IVA, cuando Caldera ofrece que no subirá la gasolina, entonces le viene una oleada de popularidad inmensa, la gente vio que volvíamos al pasado. Los empresarios no hicieron ningún esfuerzo por fortalecer mi gobierno. En el fondo ellos también tenían íntimamente el deseo de volver atrás.

> Siempre los problemas con el partido eran más por cuestiones de nombramientos y de personas que por cuestiones de programas.

utilidades— porque todos tienen que empezar a pagar la luz eléctrica, el teléfono, el agua, a mejorar el pago de sus impuestos. Entonces los proyectos que estaban en el Congreso no eran aprobados.

Fíjense ustedes qué sucede en las elecciones después que salí del gobierno. No es verdad que Caldera haya tenido un triunfo. Como ustedes saben, Caldera no logra sacar más allá de 29% con una abstención inmensa. Fue la primera vez que hubo una gran abstención en el país, que llegó a 56%. De manera que Caldera saca 29% de 44% de los votos. Pero cuando Caldera ofrece quitar el IVA, que había puesto Velázquez, cuando Caldera ofrece que no subirá la gasolina, entonces le viene una oleada de popularidad inmensa, la gente vio que volvíamos al pasado. Los empresarios no hicieron ningún esfuerzo por fortalecer mi gobierno. En el fondo ellos también tenían íntimamente el deseo de volver atrás.

—¿Y qué ha cambiado ahora?

—Lo que ha cambiado es que ahora la gente ha entendido que aquello era necesario, que no ha sido posible echar atrás, que no ha habido un plan sustitutivo del mío, sino que lo que ha venido ha sido una perduración de la incertidumbre a lo largo de estos años. Entonces, en primer lugar, el país ha tenido que pagar más caro porque lo que ya habíamos hecho en 1990, en 1991 y en 1992, había creado una situación estabilizada. De manera que el *shock* que ha tenido ahora la sociedad venezolana ha sido más fuerte que el *shock* dirigido que mantuvimos en aquellos tres años. Los daños que se le han impelido al modo de vida de los venezolanos han

sido ahora muy profundos. Y entonces ahora hay más comprensión, ahora ya no se ve como ayer. Es más, mi nombre y prestigio se han rehecho porque la gente entiende que era el camino correcto a seguir.

—*Respecto a la población, ¿qué datos arrojan las encuestas en relación con todo el tema de las reformas?*

—Vean ustedes, por ejemplo, estas últimas elecciones no presidenciales. Aquí sencillamente fue un voto contra el gobierno, contra Caldera. ¿Y quién recibe los votos? Acción Democrática, que ha sido el partido básicamente de oposición a Caldera y al Copei.

EL PAPEL DE LOS PARTIDOS

—*¿Qué han hecho los partidos en este escenario que usted describe?*

—Como les decía, mi crisis coincide con la crisis de los partidos. Es decir, los partidos han perdido su fuerza, su representatividad, su vigor, y no tienen liderato. Y eso persiste todavía, ése es uno de los aspectos de la incertidumbre que estamos viviendo.

—*Algunas posiciones académicas sostienen que se salvan aquellos partidos que llevan adelante procesos de democratización muy intensos —de participación de todos los sectores y no solamente de sus cúpulas— refiriéndose a los partidos tradicionales...*

—Pues fíjense ustedes que no. Aquí en Venezuela —y esto en cierta forma es satisfactorio—, en estas elecciones regionales hemos tenido una recuperación de los partidos a pesar de que no se lo merecen, porque no se han modificado, no tienen un liderato claro, carecen de políticas sensibles a la colectividad y se han quedado en el pasado. Si bien Acción Democrática perdió la mitad de los votos, de todas maneras hubo una recuperación de los partidos. Los grupos que han surgido contra los partidos, como Causa, se debilitaron, se destruyeron, y el partido que quiso fundar el presidente Caldera, Convergencia, no tiene ninguna oportunidad.

—*¿Quiere decir que los partidos no han hecho nada pero mantienen su poder?*

—Por desgravitación política. Y el partido que ha representado en Venezuela el progreso y la renovación —que es Acción Democrática— obtiene de sus militantes una votación bastante significativa.

EL PRIMER MINISTRO

—*Creímos entender, cuando le preguntamos sobre el tema del presidencialismo, que usted haría alguna modificación institucional. Tradicionalmente su posición ha sido presidencialista.*

—Yo me vengo planteando desde el primer gobierno la necesidad de crear la institución del primer ministro para que el conflicto social no se concentre en una sola persona. Por ejemplo, el presidente puede cambiar al primer ministro y darle 180 grados de viraje a la política, pero si el presidente sólo gira 180 grados se desacredita y es desbordado. El presidencialismo ha sido exagerado: sobre todo en Venezuela.

—*¿Sin ir a un parlamentarismo?*

—Tiene que ser un poco más parlamentarista de lo que hizo De Gaulle en Francia.

—*¿Un semipresidencialismo?*

—Un semipresidencialismo pero con un jefe de gobierno real. Por otra parte, en el mundo actual, que se ha globalizado, el jefe de Estado tiene que atender cosas muy importantes dentro de la política internacional. Hoy las relaciones, más que los embajadores, las hacen los presidentes. Y el Pacto Andino fue posible porque justamente al día siguiente de la toma de posesión, en mi reunión con los presidentes del Pacto Andino,

Los sectores económicos que aparentemente aceptaban los cambios, en el fondo no lo hacían, porque esos cambios los obligaban a trabajar, los obligaban a la reconducción de sus empresas. Porque sin duda nosotros, en la economía —con la reforma comercial—, abrimos la competencia.

apoyamos el que los presidentes asumiéramos la responsabilidad del Pacto y que nos reuniéramos cada seis meses para dar los programas. De otra manera no hubiera sido posible. Lo mismo sucede con el Grupo de Río, que también se ha venido abajo. Para darle una presencia política a la región latinoamericana, es necesaria la acción permanente de los presidentes en reuniones, viajes, etc. Y eso requiere entonces un conductor diferente en lo interno de cada país.

Otra cosa más: la administración pública se está haciendo cada vez más compleja y por lo regular los presidentes no atienden a condiciones específicas...

—*...la gerencia de la administración...*

—...sino a otras características. Entonces es conveniente incluir al ministro que ya tenga esas características esenciales de gerencia de administración.

LÍDERES MEDIÁTICOS

—*El tema de los partidos políticos es un problema recurrente en toda América Latina, ¿qué hacer con los partidos en Venezuela?*

—Yo creo que tenemos que ver también que aquí hay una revolución, la de las comunicaciones, la de la información. Éste es un hecho que enmarca nuestra época y a todos los países sobre la tierra, y que ha afectado a nuestras naciones. En primer lugar, es lo que destruye a los partidos fundados sobre aquella disciplina vertical y el centralismo democrático. Porque al pueblo, las consignas se las gritan por la radio, por la televisión, por los grandes medios de comunicación, ya no es tan fácil conducirlos desde un centro, desde una oficina.

—*Ahora hay que ser un líder mediático...*

—Exacto. De manera que las comunicaciones han cambiado el panorama. Todavía no sabemos hasta dónde nos van a llevar. Yo creo que todavía el hombre no está dominando las comunicaciones, sino que las comunicaciones nos están dominando. Es uno de los grandes retos de esta civilización. Y no nos podemos dedicar a quejarnos, a rechazar esos hechos, sino adecuarnos a ellos y ponerlos a nuestro servicio. Esta es una situación que ha transformado totalmente la vida de nuestros países, y entonces ya los partidos no pueden volver a ser como eran.

Vamos a tener que crear un tipo de partidos más abierto, porque el clientelismo los ha devorado. Si ustedes me preguntan ahora quiénes son los líderes de Acción Democrática —con una fuerza como la que tiene ese partido— tengo que decirles que no se ven esos líderes porque no se les da una oportunidad, porque los que tomamos el partido en nuestras manos lo cercamos, no permitimos la renovación constante.

Nosotros somos producto de un país donde no había sino una universidad, donde no había sino 26 institutos de educación secundaria y muy pocos institutos de primaria. El analfabetismo abarcaba más de 50% de la población. Y pasamos a un país donde tenemos más de un cen-

tenar de ciudades con extensiones universitarias, más de 40 universidades en el país, donde tenemos una masificación de la educación primaria y la explosión de la educación media. Ésos son los hombres de ahora. En Venezuela, por ejemplo, yo desarrollé un sistema que llevó a más de un centenar de jóvenes a todos los grandes centros del mundo.

Es decir, la sociedad latinoamericana hoy es una sociedad completamente diferente a la de ayer. Lo que se está derrumbando es la vieja sociedad latinoamericana. Y ese derrumbe trae muchos ruidos y muchas catástrofes. Y eso es lo que estamos viviendo. De manera que yo veo hacia adelante una América Latina muy superada: no soy nada pesimista en cuanto al porvenir. Aquí vendrán los nuevos partidos, los nuevos líderes —que ya no serán los autodidactas y los hombres que fuimos nosotros— hombres con otra concepción, con otra formación.

LA SOCIEDAD CIVIL

—*Nos gustaría ahora alguna reflexión suya sobre el papel que ha desempeñado la llamada sociedad civil.*

—La sociedad civil es algo sobre lo que hablamos mucho y no existe. Precisamente uno de los problemas que tenemos en nuestros países es que el equilibrio, el balance que debe haber en una sociedad democrática no funciona. De golpe los partidos se enquistaron para conducir al país y dejaron de ser representativos de la comunidad. Y ha venido surgiendo lo que llamamos la sociedad civil, pero que todavía no está conformada debidamente en nuestros países. De ahí el crecimiento de las clases medias que ahora se ven empobrecidas por estas reformas y reaccionan contra el sistema partidista.

—¿*Qué papel desempeñaron en su gobierno los organismos internacionales?*

—Yo le doy, le di y le seguiré dando una importancia fundamental a este proceso de globalización de la política y de la economía, y creo que han venido desempeñando un papel cada vez más importante y le van a ir dando mayores posibilidades de estabilidad a la reforma que pretendemos en nuestros países. Porque como latinoamericanos tenemos que entender de dónde surgió en el pasado aquella tendencia estatista a la defensa ante lo que llamamos los imperialismos que entraban a saco en

> Aquí vendrán los nuevos partidos, los nuevos líderes —que ya no serán los autodidactas y los hombres que fuimos nosotros—, hombres con otra concepción, con otra formación.

nuestros países. No existía derecho internacional, no existían los organismos de las Naciones Unidas, no existían todas estas normas que se han desarrollado en defensa de los débiles. De manera que los organismos internacionales han sido un factor muy importante para el progreso de nuestras naciones. Yo creo que el sistema internacional es sumamente importante en el proceso de reforma en nuestros países, y que tenemos que seguir avanzando en su conformación.

Este libro se terminó de imprimir en julio de
1997 en los talleres de Impresora y Encua-
dernadora Progreso, S. A. de C. V. (IEPSA),
Calz. de San Lorenzo, 244; 09830 México,
D. F. En su composición, parada en el Taller
de Composición del FCE, se usaron tipos New
Century de 10:12 y 9:11 y Helvética de 8:11
puntos. El diseño tipográfico lo hizo *Gerardo
Cabello,* y la edición, de 3 000 ejemplares, la
cuidó *Manlio Fabio Fonseca.*

24.99